Konrad Scherf / Hans Viehrig (Hrsg.)
Berlin und Brandenburg

Perthes Länderprofile

Geographische Strukturen, Entwicklungen, Probleme
(vormals Klett/Länderprofile)

Wissenschaftliche Beratung:
Prof. Dr. Gerhard Fuchs, Universität-Gesamthochschule Paderborn

Perthes Länderprofile

Geographische Strukturen, Entwicklungen, Probleme

Konrad Scherf / Hans Viehrig (Hrsg.)

Berlin und Brandenburg

auf dem Weg in die gemeinsame Zukunft

mit einem Anhang
Fakten – Zahlen – Übersichten

117 Karten und Abbildungen sowie 30 Übersichten und 115 Tabellen

Justus Perthes Verlag Gotha

Die Deutsche Bibliothek – CIP-Einheitsaufnahme

Berlin und Brandenburg
auf dem Weg in die gemeinsame Zukunft:
mit einem Anhang: Fakten – Zahlen – Übersichten;
117 Karten und Abbildungen sowie 30 Übersichten und 115 Tabellen /
Konrad Scherf und Hans Viehrig (Hrsg.). [Autoren: Edith Lotzmann ...]. –
1. Aufl. – Gotha : Perthes, 1995
  (Perthes Länderprofile)
  ISBN 3-623-00671-8
NE: Scherf, Konrad [Hrsg.]

ISBN 3-623-00671-8
1. Auflage
© 1995, Justus Perthes Verlag Gotha GmbH
Alle Rechte vorbehalten.
Fotomechanische Wiedergabe nur mit Genehmigung des Verlages
Gesamtherstellung: Druckhaus „Thomas Müntzer" GmbH, Bad Langensalza
Einbandgestaltung: Klaus Martin und Uwe Voigt, Arnstadt und Erfurt

Inhalt

Vorbemerkungen 11

Einführung (KONRAD SCHERF) 13
Das Für und Wider einer Länderfusion von Berlin und Brandenburg
*Verfassungsrechtlicher und finanzpolitischer Rahmen 13 ·
Länderfusion – Pro und Contra 13 · Fusionsvorteile – Fusionsrisiken 16 ·
Raumstrukturelle Heterogenität – ambivalente Bedingung einer Länderfusion? 20*

**1 Die politisch-administrative Raumgliederung – Ergebnisse
und aktuelle Probleme** (KONRAD SCHERF) 23
1.1 Historischer Rückblick 23
*Länderstruktur – von den Siegermächten verordnet und historisch
begründet 23 · Die besondere politische Einheit Berlin –
Viermächtestatus und Teilungstendenzen 24 · Zerschlagung der Länderstruktur 25*
1.2 Die Neubildung der Länder Brandenburg und Berlin 27
1.3 Gebietsreform – Ergebnisse und Probleme 31
*Verzicht auf eine Mittelbehörde – ein Fehler? 32 ·
Zersplitterte Kommunalstruktur – Ämter als Lösung? 32 ·
Gebietsreform in Brandenburg – neue Großkreise und kreisfreie Städte 34 ·
Räumlicher Zuschnitt der neuen Kreise 35 ·
Ausstehende Verwaltungs- und Gebietsreform in Berlin 37*

2 Naturraum- und Landschaftsstruktur (FRANK SCHRADER) 39
2.1 Landschaftliche Kontraste – Reichtum und Herausforderung 39
2.1.1 Landschaftskontraste als Charakteristikum der Region 39
2.1.2 Die Landschaft von Berlin 42
*Teltower Platte 42 · Spreeniederung 44 · Barnim 45 ·
Umweltbelastungen und Grünzonen Berlins 46*
2.1.3 Die Landschaft der Prignitz 48
2.1.4 Die Landschaft des Ober-Spreewaldes 50
*Genese und Naturraumstruktur der Landschaft des Ober-Spreewaldes 50 ·
Aktuelle Veränderungen im Selbstreinigungspotential 52 ·
Reichtum von Pflanzen- und Tierarten im Biosphärenreservat
Spreewald 52 · Naturräume und Landnutzungsformen zwischen Werben,
Burg und Byhlegure 53*
2.1.5 Die Landschaft des Niederlausitzer Braunkohlegebietes zwischen Cottbus,
Spremberg und Welzow 53
*Geologie 57 · Landschaftsveränderungen durch Braunkohleabbau
im Raum Welzow-Spremberg 58 · Hydrologische Situation 59 ·
Künftige Landschaftsentwicklung im Raum Cottbus-Welzow 60*
2.2 Potentiale und Risiken der Naturraum- und Landschaftsstruktur 61
2.2.1 Vorbemerkungen 61
2.2.2 Geologie, Oberflächengestalt, Naturräume und Lagerstätten 61
*Geologie 61 · Oberflächengestalt 61 · Altmoränengebiet 61 ·
Jungmoränengebiet 62 · Lagerstätten 63 · Naturräume 63*

2.2.3	Klima und Zustand der Lufthülle in Brandenburg und Berlin *Großklimatische Charakteristik von Brandenburg und Berlin 65 ·* *Klimafaktoren von Brandenburg 65 · Temperaturverteilung in Brandenburg 65 ·* *Niederschlagsverteilung 66 · Stadtklima von Berlin 67 ·* *Agrarklimatische und bioklimatische Potential- und Risikoeigenschaften 67*	65
2.2.4	Oberflächen- und Grundwasser *Gewässerentwicklung und Flußeinzugsgebiete 69 · Abflußbildung 69 ·* *Gestalt und Entstehung von Oberflächengewässerbecken 71 ·* *Potential und Nutzung der Oberflächengewässer 71 ·* *Oberflächengewässergüte 73 · Grundwasserneubildung 74 ·* *Grundwasserqualität und Grundwasserschutz 75*	69
2.2.5	Böden und Altlasten *Geologische Grundlagen und Klima als Grundlagen der Bodenbildung 76 ·* *Typen, Geologie und Verbreitung von Böden sowie Bodenpotential 78 ·* *Bodenbelastungen und Bodenschutz 81 · Altlasten 81*	76
2.2.6	Biotope, Pflanzen und Tierwelt *Entwicklung der aktuellen Flora 82 · Potentiell-natürliche Vegetation 82 ·* *Biotope und Biotoptypen 85 · Biotopverbund 85 ·* *Wälder und Forsten 86 · Fauna Brandenburgs 86*	82
2.2.7	Potentiale und Risiken der Großlandschaften Brandenburgs	90

3	**Die Stellung der Region Berlin-Brandenburg in der Bundesrepublik Deutschland und in Europa** (KONRAD SCHERF)	**91**
3.1	Das Lagepotential	91
3.2	Das Bevölkerungs- und Flächenpotential	97
3.3	Das Wirtschaftspotential und seine Nutzung *Wirtschaftskraft – Ausdruck der Nutzung des Wirtschaftspotentials 101 ·* *Strukturschwächen und -stärken der Wirtschaft 102 ·* *Veränderungen im regionalen Wirtschafts- und Funktionsgefüge 108*	101
3.4	Wirtschaftsstruktur und Spezialfunktionen von Berlin und Brandenburg – Entwicklungstendenzen und -erfordernisse	110
3.5	Stärken-Schwächen-Vergleich der Region Berlin-Brandenburg – Gegenüberstellung von Standortvor- und -nachteilen	115

4	**Berlin und Brandenburg bis zum Ende des Zweiten Weltkrieges**	**117**
4.1	Die Mark und Provinz Brandenburg im raumstrukturellen Wandel	117
4.1.1	Generelle raumwirksame Entwicklungstendenzen (HANS VIEHRIG) *Politisch-geographische Veränderungen und historischer Landesausbau 117 ·* *Die Bevölkerungsentwicklung und Verstädterung im 19. und* *20. Jahrhundert 122 · Verkehrnetze und -ströme im historischen Wandel 124*	117
4.1.2	Der bergbaulich-industrielle Südosten Brandenburgs (Niederlausitz) als Beispiel für die Genese wirtschaftlicher Teilräume in Brandenburg (EDITH LOTZMANN) *Die Entwicklung des textilen Gewerbes zur Textilindustrie 126 ·* *Glasindustrie 127 · Keramische und Ziegelindustrie 129 ·* *Anfänge und Entwicklung des Braunkohlenbergbaus im Lausitzer Revier 129*	126
4.2	Grundzüge der Großstadtentwicklung von Berlin (HANS RUMPF)	132
4.2.1	Berlin als brandenburgisch-preußische Residenz- und Hauptstadt *Berlin – führende Manufakturstadt Deutschlands 133 · Strukturwandel* *der Berliner Industrie 133 · Verkehrsknoten Berlin 134 ·* *Bevölkerungsexplosion 134 · Spreeathen – Stadt der Kunst und Wissenschaft 136*	132

4.2.2	Berlin als Hauptstadt des Deutschen Reiches	136
	Industriedynamik – Berlins Weg zur „Elektropolis" 136 ·	
	Randwanderung der Berliner Industrie 137 ·	
	Hochrangiger Dienstleistungssektor – Metropolenentwicklung 139 ·	
	Die Berliner City und ihre Viertel 141 · Citybildung – Bevölkerungsverdrängung 141 ·	
	Größte Mietskasernenstadt der Welt – Bevölkerungssegregation 141 ·	
	Villenviertel im wohlhabenden Westen 142 ·	
	Metropolitane Region in Brandenburg 146	
4.2.3	Berlin als Großgemeinde und Metropole	146
	Groß-Berlin als hervorragendes Wirtschaftszentrum 146 ·	
	Großindustrie und Wissenschaft – Synergieeffekte 147 ·	
	Polyfunktionalität der Metropole Berlin 149 ·	
	Bevölkerungsentwicklung – sozialräumliche Tendenzen 151 ·	
	Niedergang der Metropole im Dritten Reich 152	
4.3	Funktionsräumliche Verflechtungen zwischen Berlin und Brandenburg	152
4.3.1	Das Berliner Umland – Einflußgebiet und Verflechtungsraum (Hans Rumpf)	152
	Flächenexpansion 152 ·	
	Bevölkerungsdynamik – urbane und suburbane Wachstumsprozesse 153 ·	
	Industrialisierung – zweite Randwanderung der Berliner Industrie 154 ·	
	Versorgungs- und Entsorgungsraum der Metropole 155 ·	
	Attraktiver Erholungsraum 155	
4.3.2	Verflechtungen mit dem weiteren Umland – die stadtnahe Landwirtschaft als Fallbeispiel (Siegfried Thieme)	157
	Das Gebiet Werder-Glindow – der havelländische Obstgarten Berlins 157 ·	
	Gurken aus dem Spreewald 158 · Das Oderbruch – der Gemüsegarten Berlins 158	
4.4.	Berlin und Brandenburg am Ende des Zweiten Weltkrieges (Hans Rumpf, Hans Viehrig)	159

5 Berlin und Brandenburg in der Nachkriegszeit. Tiefgreifende Veränderungen politisch-geographischer Lage- und Entwicklungsbedingungen sowie raumstruktureller Wandel (1945 bis 1989/90)   163

5.1	Räumliche Konsequenzen der Teilung von Groß-Berlin (Hans Rumpf)	163
5.1.1	Groß-Berlin als Viersektorenstadt und ihre Zweiteilung	163
5.1.2	Die neue Raumsituation der Teilstädte Berlins	166
5.2	Berlin (West) als Großstadt unter Sonderbedingungen (Hans Rumpf)	168
5.2.1	Lagemerkmale und Entwicklungsbedingungen	168
5.2.2	Wesentliche (strukturbestimmende) Bereiche der Wirtschaft und des Verkehrs im Wandel	170
	Berlin (West) – hochrangiges Dienstleistungszentrum 173 ·	
	Die Industrie – weiterhin eine tragende Säule der Stadt 175 ·	
	Räumliche Leitlinien der Industrie 177 ·	
	Gravierende sektorale und räumliche Veränderungen im Verkehr 179	
5.2.3	Entwicklungstendenzen und Veränderungen der Bevölkerungs- und Wohnstruktur	181
5.2.4.	Naherholung, Tourismus und Fremdenverkehr	186
5.3	Berlin (Ost) als Hauptstadt der DDR (Hans Rumpf, Konrad Scherf)	188
5.3.1	Entwicklungsmerkmale und Hauptstadtfunktion	188
5.3.2	Wirtschafts- und Verkehrsstruktur	190
	Berlin (Ost) – größte Industriestadt der DDR 190 ·	
	Raumstrukturelle Leitlinien der Ostberliner Industrie 191 ·	
	Verkehrsstruktur – Kontinuität und Wandel 193	

5.3.3	Bevölkerungsstruktur und Wohnbedingungen	195
	Gravierende Veränderungen in der Stadtstruktur 199	
5.3.4	Naherholung und Fremdenverkehr	201
5.3.5	Geographische Differenzierung der Stadtstruktur nach Teilräumen	203
5.4	Städtebau und Stadtstruktur im geteilten Berlin – ein zusammenfassender Vergleich (HANS RUMPF, KONRAD SCHERF)	208
5.5	Veränderte Raumstrukturen in Brandenburg (Bezirke Cottbus, Frankfurt [Oder] und Potsdam)	
5.5.1	Raumstrukturelle Wirkungen der politisch-administrativen Neugliederung des Landes Brandenburg 1950/52 (HANS VIEHRIG)	215
5.5.2	Gemeinsamkeiten im Strukturwandel	217
	Strukturwandel in der Landwirtschaft (SIEGFRIED THIEME) *217 ·*	
	Die forcierte Industrialisierung (HANS VIEHRIG) *221 ·*	
	Erholungs- und Fremdenverkehr – räumliche Aspekte (GABRIELE SAUPE) *224 ·*	
	Verkehrsentwicklung und -strukturen (HANS VIEHRIG) *227 ·*	
	Veränderungen in der Bevölkerungs- und Siedlungsstruktur	
	(GABRIELE SAUPE) *229*	
5.5.3	Raumstrukturelle Stabilität und Anpassung im Bezirk Potsdam (HANS RUMPF, GABRIELE SAUPE)	234
5.5.4	Die Entwicklung des Bezirkes Cottbus zum Kohle- und Energiezentrum der DDR (EDITH LOTZMANN, HANS VIEHRIG)	239
5.5.5	Der Strukturwandel im Oderraum (HANS VIEHRIG)	243
	Industriegebiet Frankfurt (Oder)-Eisenhüttenstadt 244 ·	
	Fürstenwalde 245 · Eberswalde 246 · Schwedt (Oder) 246	
5.6	Veränderungen im räumlichen Beziehungsgefüge zwischen Berlin und dem brandenburgischen Umland (HANS RUMPF)	246

6 Berlin und Brandenburg im vereinigten Deutschland (seit 1990) 257

6.1	Gegenwärtige raumstrukturelle Veränderungen in Berlin (KONRAD SCHERF)	257
6.1.1	Annäherungs- und Differenzierungstendenzen zwischen beiden Stadthälften	258
	Bevölkerungsstruktur 258 · Berlin – geteilte Stadt für Ausländer? 260 ·	
	Bevölkerungsentwicklung in Berlin – Gestorbenenüberschuß und	
	Wanderungsgewinn 266 · Innerstädtische Mobilität der Bevölkerung 268 ·	
	Heiraten von Partnern aus „Ost" und „West" – noch die Ausnahme	
	in der Stadt 269 · Herausbildung eines einheitlichen Beschäftigungs-	
	und Arbeitsmarktes in Berlin und seinem Umland 270 ·	
	Einkommen und Lebenshaltungskosten im Ost- und Westteil der Stadt	
	– wesentliche Faktoren der sozialen Niveauangleichung 273 ·	
	Soziale und kulturelle Infrastruktur – gesamtstädtischer Integrationsfaktor 277 ·	
	Die technische Infrastruktur – wesentlicher Faktor für die Reintegration	
	beider Stadthälften 282	
6.1.2	Der wirtschaftliche Strukturwandel Berlins – Tertiärisierung versus De- und Reindustrialisierung?	285
	Deindustrialisierungsprozesse 285 · Randwanderung der Westberliner	
	Industrie 286 · Notwendiger Strukturwandel der Berliner Industrie 289 ·	
	Erwerbstätigenentwicklung im Ost- und Westteil der Stadt 289 ·	
	Raumstruktur des Verarbeitenden Gewerbes 291 · Tertiärisierung der Berliner	
	Wirtschaft 291 · Standortvorteile Berlins 297 · Regionale Verflechtung der Wirtschafts-	
	und Arbeitsplatzstruktur Berlin-Brandenburgs 298	
6.1.3	Entwicklungstendenzen strukturbestimmender Teilräume Berlins	299
	Raumstrukturelle Ausgangslage und Entwicklungsbedingungen 299 ·	

Inhalt 9

*Faktoren stadtstruktureller Ausprägung und Veränderung 301 ·
Entwicklungstendenzen nach stadtstrukturellen Teilräumen 304 ·
Vom dualen über ein geteiltes zum einheitlichen, aber funktionsräumlich
differenzierten Stadtzentrum in Berlin 307 ·
Ist das Leitbild der dezentralen Konzentration auch für Berlin gültig? 313 ·
Stadterneuerung und -ergänzung contra Stadterweiterung? 315*

6.1.4	Berlin – künftige Metropole?	316
6.2	Neue Tendenzen und Probleme der raumstrukturellen Entwicklung in Brandenburg	318
6.2.1	Der agrarstrukturelle Wandel (SIEGFRIED THIEME)	318
6.2.2	Die Deindustrialisierung und Umstrukturierung industrieller Kerne (EDITH LOTZMANN, HANS VIEHRIG)	324

*Braunkohlenbergbau und Kraftwerke 325 · Energiewerke Schwarze Pumpe 327 ·
Grundstoff- und Produktionsgütergewerbe 328 · EKO-Stahl GmbH Eisenhüttenstadt 328*

6.2.3	Strukturanpassung in wichtigen Wirtschaftsräumen	330

*Die Bergbau und Industrieregion Cottbus (HANS VIEHRIG) 331 ·
Der engere Verflechtungsraum um Berlin (HANS VIEHRIG) 334*

6.2.4	Raumwirksame Veränderungstendenzen im Verkehr (HANS VIEHRIG)	335

*Straßenverkehr und Motorisierung 335 · Eisenbahn- und kombinierter Verkehr 336 ·
Binnenschiffahrt 339 · Luftverkehr 339*

6.2.5	Naherholung und Tourismus – neue Chancen und Probleme (FRANK SCHRADER, GABRIELE SAUPE, HANS VIEHRIG)	340

*Das Biosphärenreservat „Schorfheide-Chorin" 343 ·
Das Havelland südwestlich von Berlin 344 · Der Senftenberger See –
Naherholungsgebiet in einer Bergbaufolgelandschaft 346*

6.2.6	Konversion in der Region Berlin und Brandenburg (FRANK SCHRADER)	

Altlasten und Altlastenverdachtsflächen 350 · Naturschutz und Naturhaushalt 351

6.2.7	Siedlungsstruktur im Wandel und die besondere Stellung der Landeshauptstadt Potsdam (HANS VIEHRIG)	351

*Strukturen, Entwicklungsprozesse und planerische Aufgaben 351 ·
Die Landeshauptstadt Potsdam 354*

6.3	Funktionsräumliche Verflechtungen zwischen Berlin und Brandenburg – Revitalisierung und Innovation	355
6.3.1	Migrationsverflechtung (TORSTEN MACIUGA)	355

*Entwicklung der Migrationsverflechtung in der Region Brandenburg-
Berlin 355 · Überregionale Migrationsverflechtung 358 · Kleinräumige
Migrationsverflechtung innerhalb der Region Brandenburg-Berlin 360*

6.3.2	Arbeitspendler (TORSTEN MACIUGA)	363

*Die Pendelverflechtung im Raum Berlin-Brandenburg vor 1989 363 ·
Entwicklung der Pendelverflechtung seit 1990 363 ·
Pendlerverflechtung zwischen Westberlin und Ostberlin sowie Brandenburg 364 ·
Entlastung des Brandenburger Arbeitsmarktes durch Arbeitspendler 366*

6.3.3	Der Verkehrsverbund Berlin-Brandenburg – VBB (HANS VIEHRIG)	367
6.3.4	Flughafen Berlin-Brandenburg-International (BBI) – Projekt oder Flop? (FRANK SCHRADER, HANS VIEHRIG)	368
7	**Raumplanung in Brandenburg/Berlin**	**373**
7.1	Die Spezifik der Aufgabe – Leitbilder (GABRIELE SAUPE)	373

*Das Leitbild der Dezentralen Konzentration – Zwei Raumkategorien 374 ·
Die Zentren 374*

7.2	Organisation und Instrumente der Raumplanung (GABRIELE SAUPE)	376

7.3	Unterschiedliche Planungsstände	383
7.3.1	Landesentwicklungsplan I „Zentralörtliche Gliederung" (GABRIELE SAUPE)	383
7.3.2	Sektorale Planung und Raumwirksamkeit – Beispiel: Landschaftsplanerisches Gutachten Engerer Verflechtungsraum Brandenburg-Berlin (GABRIELE SAUPE)	385
7.3.3	Planungen auf kommunaler Ebene (GABRIELE SAUPE) *Flächennutzungsplanung Berlin 387*	386
7.3.4	Grenzübergreifende Planungen mit der Republik Polen (EDITH LOTZMANN)	387
7.4	Landschafts- und Umweltplanung in Berlin und Brandenburg (FRANK SCHRADER)	388
7.4.1	Brandenburg *Naturschutz 388 · Bodenschutz und Altlasten 391 · Luftreinhaltung 391 · Gewässerschutz 391*	388
7.4.2	Berlin	392
7.5	Schlußbemerkungen (KONRAD SCHERF)	393

Literaturverzeichnis 395

Anhang/Berlin und Brandenburg – Daten, Fakten, Übersichten 405

A 1	Die Stellung von Berlin und Brandenburg in der Bundesrepublik Deutschland *Statistischer Vergleich* (TORSTEN MACIUGA) *406*	406
A 2	**Berlin und seine 23 Bezirke** *Statistischer Vergleich* (TORSTEN MACIUGA) *414 · Kurzcharakteristiken* (HANS RUMPF) *419*	414
A 3	**Brandenburg und seine 14 Kreise sowie 4 kreisfreien Städte** *Statistischer Vergleich* (TORSTEN MACIUGA) *442 · Kurzcharakteristiken* (EDITH LOTZMANN, GABRIELE SAUPE, SIEGFRIED THIEME, HANS VIEHRIG) *447*	442

Verzeichnis der Abbildungen 465
Verzeichnis der Tabellen 468
Verzeichnis der Übersichten 472

Register 473

Vorbemerkungen

Die Darstellung zweier Länder – Berlin und Brandenburg – in einem Band stellt in der Länderprofilreihe zunächst einen Sonderfall dar. Sie liegt in diesem Teilraum der Bundesrepublik Deutschland in den vielfältigen Gemeinsamkeiten, engen Zusammenhängen und Verflechtungen, aber auch in gravierenden Unterschieden und reizvollen Kontrasten natur-, wirtschafts- und kulturräumlicher Art beider Länder in der Vergangenheit, Gegenwart und Zukunft begründet. Diese können in eine Länderfusion münden, ohne es zu müssen. Sie sollen daher auch in diesem Band in ihrer Vielfalt, Stabilität und Veränderlichkeit, Gemeinsamkeit und Gegensätzlichkeit unter dem geographischen Aspekt ihrer Raumgebundenheit und -wirksamkeit dargestellt werden.

Als u. a. mögliche methodische Ansätze und Aspekte der Darstellung waren dabei die Verhältnisse von geographischer (räumlicher) und historischer (zeitlicher), regional-komplexer und sektoraler Betrachtungsweise sowie der Teilraumbezug (Landschaft, Region, politisch-administrative Raumeinheit) zu klären.

Dabei kam es schließlich zu folgendem Kompromiß (s. Gliederung im Inhaltsverzeichnis):

— In der Einführung sowie in den Kapiteln 1 bis 3 werden die politisch-administrativ-territorialen, natur- und wirtschaftsräumlichen Differenzierungen und Zusammenhänge im neuen Gesamtrahmen der Region Berlin-Brandenburg und in zeitlicher Aktualität dargestellt.
— Die Kapitel 4 bis 6 behandeln dagegen die raumstrukturelle Entwicklung und Veränderung von Berlin und Brandenburg nach drei historischen Abschnitten, die gravierende Wirkungen gerade in dieser Region auslösten:
  • Vorkriegszeit und Zeit im Zweiten Weltkrieg (bis 1945)
  • Nachkriegszeit – als Periode der Teilung (von 1945 bis 1989/1990)
  • Zeit der Wiedervereinigung Berlins und Neubildung des Landes Brandenburg im deutschen Einigungs- und gesamteuropäischen Annäherungsprozeß (seit 1989/1990).

Als strukturbestimmende Teilräume werden dabei
  • Berlin (als Kern), zeitweilig in Berlin-Ost und Berlin-West geteilt,
  • das Berlin-Brandenburger Umland sowie
  • die historischen Landschaften und relativ eigenständigen Regionen Brandenburgs

in ihren regionstypischen Merkmalen problemorientiert, exemplarisch und vergleichend dargestellt sowie auch unter sektoralen Gesichtspunkten in die funktionsräumlichen Zusammenhänge und Verflechtungen des Gesamtraumes Berlin-Brandenburg eingebunden. Die Untersuchung der Stadt-Umland-Beziehungen, deren Genese, zeitweilige Einengung und Unterbrechung sowie Wiederbelebung und Erneuerung in der Region Berlin-Brandenburg besitzt demzufolge für die Gesamtdarstellung beider Länder – inhaltlich und methodisch betrachtet – übergreifende Bedeutung und einen hohen Stellenwert.

— Das abschließende 7. Kapitel des Bandes rückt daher auch die Gesamt-

region Berlin-Brandenburg mit ihrem engeren Verflechtungsraum und äußeren Entwicklungsraum unter planerischen und Zukunftsgedanken erneut in das Zentrum der Betrachtung.
– Im Anhang des Bandes schließlich werden nach einem kurzen statistischen Vergleich der Länder Berlin und Brandenburg im Gesamtrahmen des Bundesgebietes geographische Kurzcharakteristiken der einzelnen Teilregionen auf der Basis politisch-administrativer Raumeinheiten (Landkreise, kreisfreie Städte Brandenburgs, Berliner Bezirke) systematisierend dargestellt. Dadurch sollen die problemorientierten Überblicks- und Beispieldarstellungen der vorangegangenen Kapitel ergänzt sowie insbesondere der potentielle Leserkreis, dessen Wirkungsbereiche an diese räumlichen Verwaltungseinheiten gebunden sind (Bildung, Kultur, Kommunalpolitik, Verwaltung usw.), angesprochen werden.

Durch eine auf Aktualität orientierte, genetisch-historisch begründete *Gesamtdarstellung* des Berlin-Brandenburger Raumes auf der Grundlage o. g. Kombination von politisch-, physisch-, wirtschafts-, sozial- und kulturgeographischen Sachverhalten in strukturprägenden Teilräumen und Zeitabschnitten wird eine neue Qualität gegenüber den im Literaturverzeichnis aufgeführten Buchtiteln angestrebt. Die Kurzfristigkeit der neuen raumwirksamen Prozesse (seit 1990), die in vielen Fällen erst allmählich Kontur annehmen, widerspiegelt sich in der Vorläufigkeit und in den spätere Korrekturen bedürfenden Aussagen der gegenwarts- und zukunftsbezogenen Teile des Buches. Gerade hier erschien deshalb eine problemhafte Darstellung einzelner raumwirksamer Veränderungen besonders angebracht. Dennoch wird bereits zu diesem frühen Zeitpunkt (1994) der Versuch unternommen, einsetzende Strukturveränderungen im vereinten Berlin darzustellen und jene mit davon abhängigen, aber auch eigenständigen raumwirksamen Prozessen in Brandenburg in Beziehung zu setzen. Der Vergleich zwischen historisch-geographischen Sachverhalten und diesen aktuellen Veränderungen im völlig neuen politischen, gesellschaftlichen und räumlichen Rahmen von Berlin und Brandenburg stellt ein fachwissenschaftliches Experiment dar, das u. W. hiermit erstmalig versucht wird. Es sollte sowohl unter diesem Blickwinkel als auch unter anderen Gesichtspunkten fortgesetzt werden. Für entsprechende kritische Hinweise und Anregungen wären die Autoren des Bandes sowie der Verlag und der wissenschaftliche Berater dieser Buchreihe, die dieses Buchprojekt hilfreich unterstützten, dankbar. Die gebotene Eile bei der Erarbeitung dieses Bandes ergab sich aus dem gemeinsamen Anliegen von Autorenschaft und Verlag, ihn als Beitrag Brandenburger und Berliner Geographen zum 50. Deutschen Geographentag, der Anfang Oktober 1995 in Potsdam stattfinden wird, präsentieren zu können.

Berlin und Potsdam im März 1995
K. SCHERF und H. VIEHRIG
im Namen der Autoren

Einführung:
Das Für und Wider einer Länderfusion von Berlin und Brandenburg

Seit der knappen Entscheidung des Bundestages vom 20. Juni 1991 für Berlin nicht nur als Hauptstadt, sondern auch als Parlaments- und Regierungssitz der erweiterten Bundesrepublik Deutschland – von den 660 anwesenden Bundestagsabgeordneten votierten 338 für Berlin, 320 für Bonn bei einer Enthaltung und einer ungültigen Stimme – ist die mögliche Fusion der beiden Länder Berlin und Brandenburg zu einem Land in das Blickfeld politischen Interesses getreten. Unmittelbar nach dem Berlin-Votum des Bundestages schlugen der Regierende Bürgermeister von Berlin Diepgen (CDU) und der brandenburgische Ministerpräsident Stolpe (SPD) vor, parallel zum Umzug des Parlaments und von wesentlichen Teilen der Regierung nach Berlin die Vereinigung beider Länder in die Wege zu leiten.

Verfassungsrechtlicher und finanzpolitischer Rahmen

Im deutschen Einigungsvertrag vom 31. August 1990 ist die Möglichkeit einer Neuregelung für den Raum Berlin-Brandenburg durch Vereinbarung der beteiligten Länder ausdrücklich vorgesehen (Art. 5), und zwar abweichend von dem Verfahren nach dem Grundgesetz (Art. 29). Dabei soll auf Antrag von Berlin und Brandenburg die „Südweststaatklausel", die 1952 bei der Bildung des Landes Baden-Württemberg angewandt wurde, zu einem ergänzenden Artikel 118a umgebaut werden. Am 1. Juli 1993 stimmte die Verfassungskommission von Bundestag und Bundesrat dem entsprechenden Antrag beider Länder zu. Bereits in Vorbereitung der Ländereinführung in der damaligen DDR wurde ein gemeinsames Land Berlin-Brandenburg in Erwägung gezogen. Dies konnte jedoch erst nach der Aufhebung des Viermächte-Sonderstatus von Berlin angestrebt werden (s. Kap. 1). Es hatte auch die Herstellung der staatlichen Einheit Deutschlands sowie die Wiedervereinigung beider Stadthälften Berlins zur Voraussetzung.

Die Vorbedingung beider „Heiratspartner" für eine Länderfusion, nämlich daß sich aus einer Vereinigung keine finanziellen Nachteile im Rahmen des Länderfinanzausgleichs ergeben dürften, wurde durch eine Fortschreibung des finanziellen Stadtstaatenbonus für Berlin auch nach der Fusion (10 Jahre mit vollem Stadtstaatenfinanzzuschuß, anschließend fünf Jahre mit schrittweisem Abbau) nach einigem Hin und Her von der Bundesregierung, dem Bundestag und Bundesrat im Sommer 1994 garantiert.

Der verfassungsrechtliche und finanzpolitische Rahmen für die Länderfusion wäre also gegeben!

Länderfusion – Pro und Contra

Zu den Fusionsabsichten beider Länder stehen sich, gestützt auf unterschiedliche Überlegungen und Argumente, die von gemeinsamen historischen Traditionen bis zu gegensätzlichen politischen Tagesfragen reichen, Pro- und Contra-Vertreter gegenüber, wobei sowohl die Vereinigungsverfechter als auch die Fusionsgegner in Berlin und Brandenburg beheimatet sind und quer durch die Parteienlandschaft beider Länder gehen.

Folgende kontroverse Auffassungen für und wider eine Länderfusion werden dabei vertreten:

- Die jüngste Geschichte mit der Überwindung der Teilung Berlins nach dem Fall der Mauer und nach Beseitigung der Grenzanlagen, die den Westteil Berlins von seinem historisch gewachsenem brandenburgischen Umland jahrzehntelang isoliert hatten, spricht politisch und moralisch-emotional gegen eine Konsolidierung der erst 1990 zwischen den neugebildeten Ländern Berlin und Brandenburg gezogenen politisch-administrativen Grenzen.
- Die Befürworter der Fusion stützen sich dabei auf die langen gemeinsamen, wenngleich sehr wechselvollen historischen Traditionen Berlins und Brandenburgs. Ausgehend von den märkischen Handelsstädten Cölln und Berlin im Mittelalter waren die brandenburg-preußischen Residenzstädte mit ihren Vorstädten und deren Einbeziehung (1709) erst Anfang des 18. Jahrhunderts auch größenmäßig zur dominanten Stadt in Brandenburg aufgestiegen. Auf brandenburgischem Territorium entstand in der Folgezeit im 19. und Anfang des 20. Jahrhunderts in und um Berlin eine alles überragende Städteagglomeration, die dann im Jahre 1920 durch die administrative Zusammenlegung von acht Städten, 59 Landgemeinden und 27 Gutsbezirken zur Einheitsgemeinde von Groß-Berlin in der preußischen Provinz Brandenburg des Deutschen Reiches, dessen Hauptstadt sie seit 1871 war, vereinigt worden ist. Gemeinsame Geographie und Geschichte waren also für die raumstrukturelle Entwicklung der Region Berlin-Brandenburg entscheidend (s. Kap. 4).

Von den Fusionsgegnern, die z. T. auch gegen die Übernahme der Hauptstadt- und Regierungssitzfunktion durch Berlin waren, wird gerade die Traditionslinie der preußischen Hegemonie in der deutschen Geschichte mit Berlin als dem einen überragenden Machtzentrum zeitweilig metropolitanen Charakters abgelehnt. Einer Vormachtstellung Berlin-Brandenburgs „preußischen Anstrichs" wird der rheinisch-südwestdeutsch, aber auch mitteldeutsch geprägte Föderalismus und Regionalismus gegenübergestellt. Als Exponenten dafür werden historische und rezente Machtzentren, wie Frankfurt (Main) (1848, heutiges Finanzzentrum der Bundesrepublik von europäischem Rang), Bonn (seit 1949 provisorische Hauptstadt mit Parlaments- und Regierungssitz sowie Verwaltungszentrum), aber auch die Millionenstädte München und Hamburg sowie Köln und Düsseldorf im polyzentrischen Niederrhein-Ruhrgebiet, ferner Stuttgart, Hannover und künftig auch wieder die sächsischen Großstädte Dresden und Leipzig und die thüringische Städtekette mit dem Doppelzentrum Erfurt/Weimar hervorgehoben sowie als Ausgleichs- und Gegenpole zu Berlin betrachtet.

Es wird aber auch an verschiedene, z. T. konträre Erfahrungswerte der brandenburgischen und Berliner Bevölkerung aus der jüngsten Geschichte angeknüpft, z. B. an die wirtschaftliche und soziale Bevorzugung Ostberlins als Hauptstadt der DDR sowie die Vernachlässigung des Berliner Umlandes einerseits; andererseits wird auf Erscheinungen westlicher Vorherrschaft im Berliner Vereinigungsprozeß seit 1990 hingewiesen, die analog auch bei einer Fusion zwischen Berlin und Brandenburg wirksam werden könnten. In diesem Kontext wird – insbesondere in Wahlkampfzeiten – die zahlenmäßige Dominanz der Gesamtberliner Abgeordneten in einem gemeinsamen Landtag Berlin-Brandenburg hervorgehoben. Auch Veränderungen in der Parteienlandschaft werden in Er-

Gemeinsam sind wir stärker – gemeinsam sind wir mehr!	Drum prüfe, wer sich ewig bindet, ob er nicht doch was Bess'res findet!
Sieben Gründe für ein gemeinsames Land Berlin-Brandenburg!	*Sieben Gründe dagegen!*
1. Vorteile für die Wirtschaftsentwicklung und die Schaffung neuer Arbeitsplätze 2. Höhere Leistungskraft durch Wegfall teurer Länderkonkurrenz 3. Eine gewichtige Stimme im Bund und in der Europäischen Union 4. Gemeinsame Raumordnung und Landesplanung 5. Moderne, leistungsfähige und bürgernahe Verwaltung in Stadt und Land 6. Werkstatt der Einheit und Reformprojekt für den Bundesstaat 7. Historische Zusammengehörigkeit	1. Nur eine Neugliederung des Bundesgebietes insgesamt gewährleistet eine ausgeglichene Länderstruktur 2. Alle Probleme zwischen den Ländern Berlin und Brandenburg lassen sich durch Staatsverträge und Verwaltungsvereinbarungen genauso gut lösen 3. Die gegenwärtige politische Landschaft in Berlin und Brandenburg 4. Erst Angleichung der Lebensverhältnisse und Regierungsumzug, dann Zusammenschluß 5. Berlin als Kommune ist finanziell nicht lebensfähig – Brandenburger Kommunen werden durch Sonderregelungen für Berlin benachteiligt 6. Berlin dominiert Brandenburg – Brandenburg dominiert Berlin – wechselseitige Befürchtungen vor einer Übermacht des Partners 7. Überforderung Berlins durch die Gleichzeitigkeit von Regierungsumzug, Verwaltungsreform und Länderzusammenschluß

Quelle: Berlin-Brandenburg. Ein Land für alle. 1995, S. 7ff.

Übersicht 1: Vor- und Nachteile einer Länderfusion von Berlin und Brandenburg – Argumentation

wägung gezogen. So befürchten z. B. Westberliner Politiker – beeinflußt durch Befindlichkeiten und Ressentiments vergangener Teilungs-, Mauer- und Frontstadtzeiten im isolierten Westberlin – eine „Verostung" durch neue Mehrheiten (Ostberlin und Brandenburg).

Von brandenburgischen Politikern und Bürgern wird dagegen vermutet, daß ökologische und soziale Ziele sowie plebiszitäre Züge der brandenburgischen Verfassung vom 14. Juni 1992 (z. B. sozial- und arbeitsmarktpolitische Ziele; Bürgerbefragungen und -entscheide, Volksabstimmungen) in einer gemeinsamen Verfassung für Berlin-Brandenburg infolge veränderter Mehrheitsverhältnisse verlorengehen könnten. Es wird befürchtet, daß notwendige Personaleinsparungen im Berliner Beamtenapparat auch negative Auswirkungen auf die Personalsituation in Brandenburg zeitigen könnten.

Dazu kommt als allgemeines Syndrom der Stadtstaat-Flächenland-Gegensatz. Während die Fusionsbefürworter auf die schlechten Erfahrungen vor allem der traditionsreichen Stadtstaaten Hamburg und Bremen mit ihren administrativ getrennten Umländern in den Flächenstaaten Schleswig-Holstein und Niedersachsen verweisen, die man bei einer Vereinigung von Berlin und Brandenburg hier vermeiden könnte, wird die Tatsache, daß es dort trotz analoger Absichten bisher nicht zu einer Länderfusion gekommen ist, als Beleg für deren Realitätsferne und Unvereinbarkeit herangezogen. Neben diesen und weiteren, meist subjektiv und oft parteipolitisch gefärbten Argumenten des Für und Wider werden stärker versachlichte Gründe für und gegen die Länderfusion von Berlin und Brandenburg genannt, die im folgenden gegenübergestellt werden sollen (s. a. Übersicht 1).

Fusionsvorteile – Fusionsrisiken

Ausgehend von den historisch-geographischen Gemeinsamkeiten Berlins und Brandenburgs werden von den Fusionsbefürwortern als Notwendigkeiten und Vorzüge der Vereinigung beider Länder folgende Sachverhalte angeführt:

– Die neue – zentrale – Stellung Berlin-Brandenburgs als gesamteuropäische Region mit ihrer Scharnier- und Brückenfunktion zwischen West-, Mittel- und Osteuropa in einem schrittweise unter demokratischen und marktwirtschaftlichen Bedingungen zusammenwachsenden europäischen Kontinent. Die dafür notwendige Sicherung der Funktionsfähigkeit und Wachstumsdynamik der Region könnten von einem einheitlichen Bundesland besser unterstützt und reibungsloser vonstatten gehen.
– Berlin-Brandenburg könnte mit z. Z. über 6 Mio. Menschen und bevorzugten Entwicklungschancen als führendes Land Ostdeutschlands und fünftgrößtes Bundesland (nach Nordrhein-Westfalen, Bayern, Baden-Württemberg und Niedersachsen) insbesondere für den strukturschwachen Nord-Ost-Raum der Bundesrepublik, aber auch darüber hinaus ein erhebliches politisches und wirtschaftliches Gewicht einbringen.
– Die wirtschaftliche und geistig-kulturelle Ausstrahlung der Bundeshauptstadt mit längerfristig wieder Kontur annehmenden metropolitanen Zügen könnte durch den Wegfall administrativer Schranken erleichtert werden und käme nicht nur dem Berliner Umland, sondern auch dem weiter entfernten ländlichen Raum Brandenburgs zugute. Das Angebot zentralörtlicher Leistungen mit hohem Spezialisierungsgrad und Qualitätsniveau (Verwaltung und Rechtswesen, Universitäten und Fachhochschulen, Theater und andere hochrangige Kultureinrichtungen, Akademien, Massenmedien u. a.) könnte in Berlin und Brandenburg besser koordiniert, effizienter gestaltet und umfangreicher genutzt werden.
– Im engeren Verflechtungsraum von Berlin und Brandenburg hat sich bereits ein zusammenhängender, kommunizierender Arbeits-, Wohnungs- und Immobilienmarkt herausgebildet, der in der Region aufeinander abzustimmenden länderübergreifenden Handlungsbedarf erzeugt und dringend nach gemeinsamen Lösungen verlangt. Überflüssigen Konkurrenzerscheinungen zwischen beiden Ländern hinsichtlich der Ansiedlung von Unternehmen im Gewerbe- und Dienstleistungsbereich sowie von Wohnungssuchenden könnte durch aufeinander abgestimmte Förder- und Restriktionsmaßnahmen wirksamer entgegengetreten werden; jene könnte daher auch raum- und umweltverträglicher erfolgen. Die Herausbildung eines sogenannten Speckgürtels, die sich gegenwärtig insbesondere in verkehrsgünstig (am Autobahnring, an Bundesstraßen und Vorortverkehrstrassen der Eisenbahn) gelegenen Segmenten des Berliner Umlands bereits abzeichnet, kann sowohl für Ber-

lin (Abwanderung von Gewerbe und damit von Arbeitsplätzen sowie Arbeits- und Wohnbevölkerung, d. h. von Steuer- und Kaufkraft) als auch für Brandenburg („Zersiedlung" der Landschaft, Erschwerung der Gewerbeansiedlung in berlinfernen Räumen Brandenburgs) negative Auswirkungen haben. Dies erfordert gemeinsame Handlungsstrategien.
- Die Durchsetzung gemeinsamer Ziele und Methoden der Raumordnung, Landes- und Regionalplanung, wie z. B. des „Leitbildes der Dezentralen Konzentration" und eines Regionalverkehrskonzeptes könnte wesentlich vereinfacht und erleichtert werden. Dies trifft nicht nur auf die besonders dringend abzustimmende Planung raumwirksamer Maßnahmen sowie die Steuerung des Suburbanisierungsprozesses im Verflechtungsraum von Berlin und Brandenburg zu, der sich beiderseits der Landes- bzw. Stadtgrenze sowie der „Stadtkante" Berlins vollzieht (s. Kap. 6 und 7), zumal Berlin überdies beachtliche Besitzungen im Land Brandenburg hat. Es geht auch um die Einbeziehung und bewußte Förderung der anderen Teilräume Brandenburgs. Diese müssen wie die entfernte Prignitz, Uckermark und Niederlausitz ihre demographischen und landschaftlichen, land-, forst- sowie erholungs- und bauwirtschaftlichen, bergbaulichen, gewerblichen und touristischen, versorgungs- und entsorgungswirtschaftlichen Entwicklungspotentiale zwar eigenständig, aber auch unter Beachtung des Großabsatzmarktes und Kooperationszentrums Berlin nutzen und erhalten, vermehren und verbessern (s. Kap. 2 und 3).
- Gleiches Recht und vereinheitlichte Verwaltung in einem Land bedeuten Vereinfachungen für die Bürger und Wirtschaftsunternehmen in diesem funktionell miteinander verflochtenem Raum. Damit könnten gleichzeitig eine höhere Qualität und größere Effizienz der öffentlichen Hand auf dem Wege der Zusammenlegung von Parlamenten und Landesverwaltungen sowie von damit möglichen finanziellen und personellen Einsparungen in diesem Bereich erzielt werden.
- Schließlich wären mit dem „politischen Kraftakt" des Zusammenschlusses von Berlin und Brandenburg Synergieeffekte und positive Wirkungen für Politik, Wirtschaft, Geistes- und Kulturleben im Raum Berlin-Brandenburg zu erwarten. Diese könnten dann auch als „Initialzündung" auf andere Teilräume der Bundesrepublik, wo Länderfusionen seit längerer Zeit anstehen (ERNST 1993, BENZ 1993), ausstrahlen.

Die Fusionsgegner führen als Risiken und Nachteile, Probleme und Gefahren einer Ländervereinigung außer den bereits o. g. historischen, politischen sowie mental-emotionalen Argumenten vor allem folgende Fakten an:

- Berlins „strukturelle Mehrheit" und Dominanz in einem gemeinsamen Land, die sich auf die Landespolitik zuungunsten von Brandenburg auswirken könnten. Spezielle Brandenburger Interessen, wie z. B. der periphere ländliche Raum, der Braunkohlenbergbau in der Niederlausitz sowie die Umweltsituation und -belastung nicht nur im Berliner Umland, würden bei Politikentscheidungen keine Mehrheiten finden.
- Die Zusammenführung beider äußerst angespannten Länderhaushalte würde die finanziellen Rahmenbedingungen verschlechtern; insbesondere könnten beim notwendigen interregionalen und -kommunalen Finanzausgleich zwischen der übermächtigen Einheitsgemeinde der 3,5-Mio-Stadt Berlin und den rd. 1700 überwiegend sehr kleinen Kom-

munen Brandenburgs bestehende Ungleichgewichte weiter verstärkt werden.
- Die noch ausstehende Funktional- und Gebietsreform in Berlin müßte als Vorbedingung einer Länderfusion zur Dezentralisierung der politischen Macht- und Verwaltungsstruktur in Berlin durch Kompetenzverlagerung auf die Stadtbezirke führen.
- Andererseits wird bemängelt, daß die tortenstückartig auf Berlin zugeschnittenen acht Sektoralkreise und fünf Planungsregionen, die im Ergebnis der brandenburgischen Gebietsreform und der Festlegungen zur Regionalplanung in Brandenburg 1993 entstanden sind (s. Kap. 1 u. 7), ein Zusammenwirken zwischen Berlin und seinem Umland, d. h. im engeren Verflechtungsraum, auf Verwaltungs- und Planungsebene komplizieren.
- Die Länderfusion würde die angestrebte Herausbildung einer neuen landsmannschaftlichen Identität der Bevölkerung im neugebildeten Bundesland Brandenburg erschweren. (Dazu muß allerdings vermerkt werden, daß sich im Berlin-Brandenburger Raum eigentlich eher an einzelne historische Landschaften und Regionen, z. B. Prignitz, Uckermark, Niederlausitz, Havelland, gebundene regionale Identitäten und Heimatbeziehungen herausgebildet und erhalten haben. Ansonsten haben die strukturell dominierenden Raumeinheiten Preußen und Berlin gesamtmärkische Bindungen und Identitäten weitgehend überlagert; s. Kap. 1).
- Durch die Neubildung und Umstrukturierung von Behörden und Verwaltungsabläufen entstünden – zumindest in einer längeren Übergangszeit – Reibungsverluste, die sich auf die wirtschaftliche und soziale Entwicklung und Umweltgestaltung in der Region Berlin-Brandenburg negativ auswirken würden.

Den objektiven Gegebenheiten entsprechend haben sich sowohl Arbeitgeber als auch Arbeitnehmer im Raum Berlin-Brandenburg in gemeinsamen Verbänden organisiert (Unternehmerverband, DGB und Einzelgewerkschaften). Es gibt auch ein Landesarbeitsamt Berlin-Brandenburg. Zur administrativen Absicherung notwendiger gemeinsamer Aktivitäten sind bereits mehrere Staatsverträge zwischen beiden Ländern abgeschlossen worden (z. B. zur Feuersozietät, zur Stiftung Preußischer Schlösser und Gärten, zum Rundfunk, zu den gemeinsamen Akademien der Künste und der Wissenschaften, zur Landesplanungsbehörde).

Während die Fusionsgegner diese Einzellösungen als echte Alternative gegenüber einer Länderfusion bewerten, sehen die Vereinigungsbefürworter darin nur Vorstufen einer Fusion, die höchstens die Wertigkeit einer „zweitbesten" Ersatzlösung erreichen könnten. Ein Staatsvertrag der Länder Berlin und Brandenburg über die Bildung eines gemeinsamen Bundeslandes (Neugliederungsvertrag) ist im April 1995 zwischen den Regierungen von Berlin und Brandenburg unterzeichnet worden. Am 22. Juni 1995 wurde der Fusionsvertrag von den Parlamenten beider Länder mit der erforderlichen Zweidrittelmehrheit angenommen. Am 5. Mai 1996 findet in Berlin und Brandenburg eine Volksabstimmung statt, die über die Fusion und deren Zeitpunkt (1999 oder 2002) entscheiden soll (s. Übersicht 2).

Die hier aufgeführten und sicher zu ergänzenden historischen, politischen, ideologischen, verwaltungsrechtlichen, wirtschafts- und finanzpolitischen, raumplanerischen sowie nicht zuletzt mentalen und emotionalen Aspekte des Für und Wider einer Länderfusion zwischen dem Stadtstaat Berlin und dem dünnbesiedelten Flächenland Brandenburg sind zweifellos

- Name des gemeinsamen Landes wird Berlin-Brandenburg sein.
- Im Wappen trägt der rote brandenburgische Adler auf der Brust einen Schild mit dem Berliner Bärenwappen.
- Am 5. Mai 1996 findet in Berlin und Brandenburg eine Volksabstimmung statt. Dabei müssen mindestens 25 Prozent der Wahlberechtigten mit ja votieren, damit die Länderehe vollzogen werden kann. Stimmen entweder in Berlin oder Brandenburg weniger als 25 Prozent der Wahlberechtigten zu, sind die Fusionspläne gescheitert.
- Bei dieser Volksabstimmung ist auch über den Zeitpunkt der Fusion zu entscheiden. Dabei werden die Jahre 1999 oder 2002 zur Wahl gestellt. Kommt es in beiden Ländern zu unterschiedlichen Ergebnissen über den Termin, so findet der Zusammenschluß am Tag der ersten gemeinsamen Landtagswahl im Jahr 2002 statt.
- Beim Finanzausgleich zwischen der „großen Stadt Berlin" und dem künftigen gemeinsamen Land soll die Sonderstellung Berlins ohne Zeitbegrenzung erhalten bleiben. Dieses „Ausgleichsprinzip" erhält Verfassungsrang, das heißt, es kann nur mit einer Zweidrittel-Mehrheit des Landtages geändert werden.
- Die Netto-Kreditaufnahme muß durch Sparmaßnahmen bis zum Fusionszeitpunkt in Berlin um 4,7 Milliarden Mark und in Brandenburg um drei Milliarden Mark abgebaut werden.
- Im vereinigten Land Berlin-Brandenburg wird die Zahl der öffentlich Bediensteten auf insgesamt 159000 begrenzt. Die bisher erwogene Regelung, wonach ein bestimmter Anteil davon aus Brandenburg kommen sollte, wurde fallengelassen. Im Staatsvertrag steht aber ausdrücklich, daß es „keine fusionsbedingten Kündigungen" geben wird.
- Sitz von Regierung und Parlament wird Potsdam sein. Der Wunsch Berlins, als Parlamentssitz den Preußischen Landtag in Berlin-Mitte vorzusehen, kommt also nicht zum Zuge.
- Der künftige Landtag von Berlin-Brandenburg hat in der ersten Legislaturperiode 200 Abgeordnete, die in der darauffolgenden Periode auf 150 verringert werden. Der bisherige Plan, nur 125 Mandate vorzusehen, ist damit vom Tisch.
- Die künftige Berliner Stadtverordnetenversammlung wird 150 Mitglieder zählen. Der Oberbürgermeister wird vom Volk direkt gewählt. Bis 1997 ist zu entscheiden, wieviel Stadträte der Magistrat der Hauptstadt haben wird.
- Die Hochschulen des gemeinsamen Landes werden 134000 Studienplätze haben, von denen 100000 auf Berlin entfallen.
- Auch die allgemeine Verwaltung und die Krankenhaus-Struktur werden gemeinsam geplant und abgestimmt.
- Beide Länder verpflichten sich unter Berücksichtigung des Strompreisniveaus zu einer „ökologisch vertretbaren" Nutzung von Niederlausitzer Braunkohle. Für Berlin heißt dies, daß der Senat einem zwischen BEWAG und VEAG ausgehandelten Vertrag über den Bezug von 300 Megawatt-Stunden Braunkohle-Strom zustimmen wird. Ein Briefwechsel regelt demnächst alles Nähere.
- Über die Aufteilung des sieben Milliarden Mark umfassenden Vermögens der Berliner Banken-Holding wird erst 1997 entschieden. Die Mehrheit des Unternehmens bleibt in öffentlicher Hand. Im Fall, daß Berlin aus rechtlichen Gründen nicht Eigner bleiben kann, erfolgt ein Ausgleich an anderer Stelle.
- Für die Übergangszeit bis zur Fusion wird ein gemeinsamer Ausschuß beider Parlamente und eine Kommission beider Regierungen das Zusammenwachsen fördern.
- Bis Ende 1997 werden beide Länder eine neue Polizeistruktur entwickeln. Dabei muß auch den besonderen Anforderungen Berlins als Bundeshauptstadt Rechnung getragen werden.
- Berlin bleibt – wie seit 1920 – Einheitsgemeinde.
- Grundlage der gemeinsamen Landesentwicklung ist das Leitbild der „dezentralen Konzentration". Berlin muß in Bezirke aufgegliedert sein. Über die Höchstzahl dieser Bezirke wird im Entwurf allerdings nichts gesagt. Es bleibt also dem im Oktober neuzuwählenden Berliner Abgeordnetenhaus überlassen, wie es die Bezirks-Gebietsreform gestalten möchte.

Quelle: Die Länderfusion: Der Vertragsinhalt – eine Chronologie. In: Berliner Morgenpost vom 3. 4. 1995, S. 2; Senatskanzlei des Landes Berlin, Staatskanzlei des Landes Brandenburg (Hrsg.): Entwurf zum Staatsvertrag der Länder Berlin und Brandenburg über die Bildung eines gemeinsamen Bundeslandes (Neugliederungs-Vertrag) Berlin und Potsdam, 6. April 1995

Übersicht 2: Die wichtigsten Regelungen des Staatsvertrages zur Länderfusion von Berlin und Brandenburg

	Kreisfreie Städte				
	Berlin	Potsdam	Cottbus	Brandenburg	Frankfurt (Oder)
Bevölkerungszahl (1000, gerundet)	3454	139	123	88	85
Proportionen	1 :	0,040 :	0,036 :	0,029 :	0,029

Angaben: 30. 06. 1992, Relativwerte auf drei Stellen hinter dem Komma gerundet
Quelle: Statistisches Jahrbuch für die Bundesrepublik Deutschland 1994, S. 59/60, vom Verfasser ergänzt.

Tab. 1: Bevölkerungsproportionen zwischen Berlin und den kreisfreien Städten in Brandenburg

auch mit der raumstrukturellen Heterogenität der Region Berlin-Brandenburg verbunden.

Raumstrukturelle Heterogenität – ambivalente Bedingung einer Länderfusion?

Je nach der Betrachtungsweise werden die gravierenden Unterschiede im geographischen Raum beider Länder zur Begründung entweder für die gegensätzliche Interessenlage zwischen beiden Ländern sowie deren staats- und verwaltungsrechtliche Unvereinbarkeit oder als wesentliche raumstrukturelle Grundlage für eine sinnvolle Ergänzung und Komplementarität zwischen dem hochurbanisierten Berlin und dem vorwiegend ländlich geprägten, landschaftlich attraktiven Brandenburg interpretiert und bewertet. Diese wie in keinem anderen Teilraum der Bundesrepublik Deutschland bestehende raumstrukturelle Heterogenität der Region Berlin-Brandenburg, an die unterschiedliche – gegensätzliche oder komplementäre, sich günstig ergänzende – Standort-, Lebens- und Umweltqualitäten gebunden sind, sollen hier ausgewählte Beispiele verdeutlichen. Sie dienen als Einstieg in die **geographische** Problemsituation des Untersuchungsraumes und werden in den folgenden Abschnitten des Buches in ihrer räumlichen Differenziertheit und zeitlichen Veränderung vertieft und ergänzt.

– Mit Berlin und Brandenburg würden der mit deutlichem Abstand größte (nahezu 3,5 Mio Ew.) und am dichtesten bevölkerte deutsche Stadtstaat (rd. 3900 Ew./km^2) mit dem flächengrößten neuen Bundesland (reichlich 29000 km^2), dessen relativ geringe Bevölkerungszahl von rd. 2,5 Mio Menschen zu einer extrem niedrigen Bevölkerungsdichte von nur 88 Ew./km^2 führt (lediglich Mecklenburg-Vorpommern liegt mit 79 Ew./km^2 noch darunter), vereinigt werden.

– Der Einheitsgemeinde Berlin würde das brandenburgische Territorium gegenüberstehen, das mit seinen z. Z. 1700 Gemeinden (1993) den höchsten Grad der kommunalen Zersplitterung, gemessen an der Einwohnerzahl je Gemeinde sowie am Prozentanteil kleiner (unter 500 Ew.) und kleinster (unter 200 Ew.) Gemeinden, im gesamten Bundesgebiet aufweist (s. Kap. 1).

– Daraus resultieren extreme Unterschiede bezüglich der Flächen- und Bevölkerungsanteile sowie Bevölkerungsdichte zwischen Berlin und Brandenburg, bezogen auf ein vereintes Land:

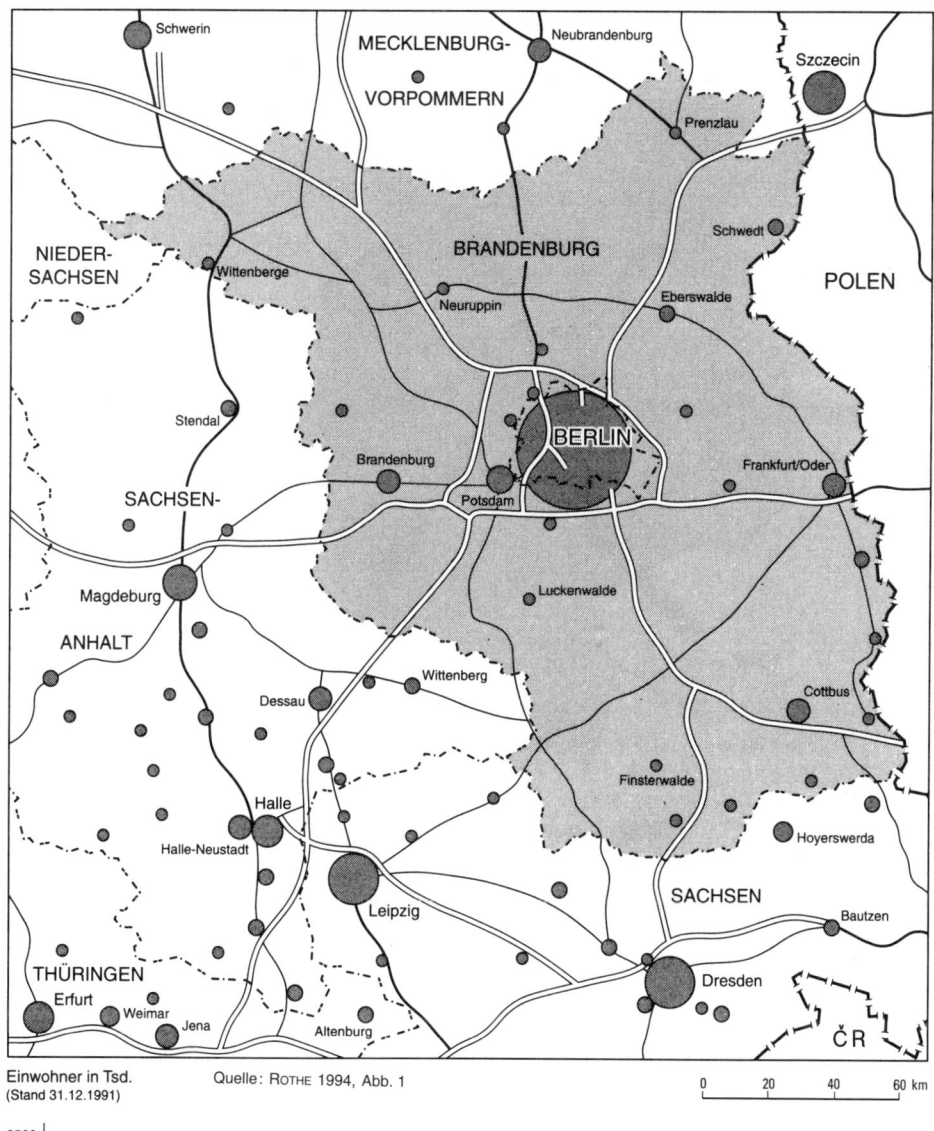

Einwohner in Tsd.
(Stand 31.12.1991)

Quelle: ROTHE 1994, Abb. 1

Abb. 1:
Räumliche Situation der Länder Berlin und Brandenburg

- Von den rd. 30000 km² Fläche entfielen 98,8 Prozent auf das Land Brandenburg, wogegen das Land Berlin als dann kreisfreie Stadt deutlich über die Hälfte (57,6%) der Landesbevölkerung auf seinem kleinen Territorium (889 km² = 1,2 Prozent der Fläche) konzentrieren würde.

Gegenüber den anderen vier kreisfreien Städten des Landes ergäbe sich ein Ungleichgewicht, das in Tabelle 1 zum Ausdruck kommt.
- Die vier kreisfreien brandenburgischen Städte verfügen zusammen mit rd. 435000 Ew. lediglich über ein Achtel (12,6%) des Bevölkerungspotentials der Bundeshauptstadt; sie liegen nicht mehr als 80 km von ihr entfernt im Gravitationsfeld der 3,5-Mio-Ballung, in deren „Bannmeile" sich bisher keine „echte" Großstadt (mit ca. 300000 Ew.) entwickeln konnte. Jene haben mit Magdeburg, Halle, Leipzig, Dresden und dem polnischen Szczecin (Stettin) jeweils einen Abstand von ca. 150 km und mehr (s. Abb. 1).
- Die Bevölkerungsdichte (Ew./km^2) zwischen Berlin und Brandenburg verhält sich wie 44 : 1.

– Entwicklungs-, struktur- und krisenbedingte Rückstände, Ähnlichkeiten und Unterschiede weisen beide Länder hinsichtlich Niveau und Struktur ihrer Wirtschaft auf. Es zeichnen sich aber auch Ansätze für sich sinnvoll ergänzende innerregionale Arbeitsteilungen zwischen Berlin und Brandenburg ab (s. Kap. 3 u. 6).

Der erforderliche wirtschaftliche, soziale und kulturelle Aufschwung der Region Berlin-Brandenburg im Rahmen einer nachhaltigen, ökologisch verträglichen Raumentwicklung verlangt nach einer Nutzung, Erhaltung und Verbesserung des vielfältigen endogenen Potentials sowie der funktionsräumlichen Beziehungen nicht nur im engeren Verflechtungsraum von Berlin und Brandenburg, sondern auch in den berlinfernen Regionen im Entwicklungsraum Brandenburgs (s. Kap. 6 u. 7). Das Ganze könnte dabei mehr sein als die Summe seiner Teile (ARNDT/KUJATH u. a. 1994)!

Diese vielschichtige Aufgabe besteht hier und heute, und zwar unabhängig von einer Länderfusion zwischen Berlin und Brandenburg! Ihre Lösung könnte jedoch durch jene höchstwahrscheinlich politisch, administrativ und planerisch sowie durch den aufeinander abgestimmten gebündelten Einsatz des Human- und Sachkapitals, der wirtschaftlichen Kapazitäten und finanziellen Mittel bei pfleglicher Nutzung und Erhaltung der Naturraumpotentiale und landschaftlichen Werte befördert und erleichtert werden.

1 Die politisch-administrative Raumgliederung – Ergebnisse und aktuelle Probleme

Die seit dem Herbst 1989 erfolgte politische Wende in der ehemaligen DDR ordnete sich in die fundamentalen politischen und ideologischen, sozio-ökonomischen, wirtschaftlichen und sozialen Umbrüche und Wandlungen in Ost- und Mitteleuropa seit der zweiten Hälfte der 80er Jahre unseres Jahrhunderts ein. Sie führte unter den nationalen Bedingungen der Deutschen am 3. 10. 1990 zur staatlichen Vereinigung Nachkriegsdeutschlands, d. h. der beiden deutschen Teilstaaten, und zur Wiedervereinigung seiner zweigeteilten Hauptstadt Berlin. Dies war auch mit gravierenden Veränderungen der politisch-administrativen Gliederung im Raum Berlin-Brandenburg verbunden.

Dabei sind vor allem zwei raumwirksame Veränderungen in der politisch-administrativen Gliederung erkennbar:

– Die Wiedereinführung der Länderstruktur auf dem Territorium der ehemaligen DDR und – damit verbunden
– die Gebiets- und Funktionalreform innerhalb der neugebildeten Länder.

Die mit der politischen Wende in der DDR verbreitet geforderte Wiedereinführung der Länderstruktur ging nicht nur auf neue politische, wirtschaftliche und soziale Interessen vieler Menschen zurück. Sie stützte sich auch auf traditions- und emotionsbetonte Affinitäten dortiger Bürger zu den ehemaligen Ländern sowie zu deren landsmannschaftlichen, landschaftlichen, historischen, sozio-kulturellen und regionalen Grundlagen.

1.1 Historischer Rückblick

Länderstruktur – von den Siegermächten verordnet und historisch begründet

Historisch-geographisch konkrete Ansatzpunkte bot dafür die Länderstruktur, die nach dem Zweiten Weltkrieg entstanden war, auf dem Territorium der sowjetischen Besatzungszone weitgehend auf historische Vorformen zurückging und auch in der DDR bis zum Jahre 1952 existiert hatte.

Zum besseren Verständnis der aktuellen Problematik erscheint an dieser Stelle ein kurzer historischer Rückblick auf die besonders komplizierte Lage im Raum Berlin-Brandenburg erforderlich (s. a. Kap. 5.1 u. 5.5)

Mit der bedingungslosen Kapitulation der Deutschen Wehrmacht am 8./9. Mai 1945 war das besiegte „Dritte Reich" ohne Regierungsorgane und damit handlungsunfähig. Am 5. Juni 1945 übernahmen die Hauptsiegermächte (Großbritannien, USA, UdSSR und später Frankreich) die oberste Regierungsgewalt in Deutschland. Das Territorium bis zur Oder und Lausitzer Neiße wurde in vier Besatzungszonen sowie das besondere Gebiet von Groß-Berlin aufgeteilt. Berlin wurde zum Sitz der vier Oberbefehlshaber des Alliierten Kontrollrates der Siegermächte und in vier Sektoren zergliedert.

Nach dem „Potsdamer Abkommen" vom 2. August 1945 sollten auf der Basis des Viermächte-Abkommens vom 26. Juli 1945 eine Dezentralisierung der politischen und wirtschaftlichen Macht bzw. Potentiale im Nachkriegsdeutschland gewährleistet und der Staatsaufbau „von unten nach oben" erfolgen: „The administration in Germany should be directed towards the decentralization of the political structure and the development of local responsibility" (MAMPEL 1992, S. 104).

Damit wurde ein föderativer Staatsaufbau in Nachkriegsdeutschland gefordert und an Traditionen des deutschen Föderalismus angeknüpft.

In der sowjetischen Besatzungszone (SBZ) war mit dem Befehl Nr. 5 vom 9. 07. 1945 der Sowjetischen Militäradministration in Deutschland (SMAD) – bezogen auf den Berlin-Brandenburger Raum – zunächst die Provinz Mark Brandenburg (später kurz Brandenburg) gebildet worden. Sie stimmte im wesentlichen mit der preußischen Provinz Mark Brandenburg (ohne Gebiete östlich von Oder und Neiße) überein. Nachdem durch Gesetz Nr. 46 des Alliierten Kontrollrates vom 25. Februar 1947 der Teilstaat Preußen auch formal-juristisch aufgelöst worden war, nahm die Provinz Brandenburg den Status eines Landes mit der Hauptstadt Potsdam an, das sich wie die anderen deutschen Länder in allen Besatzungszonen auch als „Gliedstaat" einer deutschen demokratischen Republik bzw. Bundesrepublik auffaßte.

Die besondere politische Einheit Berlin – Viermächtestatus und Teilungstendenzen

Der Viermächtestatus der besonderen politischen Einheit Berlin wurde im Verlaufe der Nachkriegszeit unter den Bedingungen des Kalten Krieges und der fortschreitenden Teilung Deutschlands und Berlins schrittweise aufgeweicht und ausgehöhlt.

Die drei westlichen Sektoren Berlins waren bereits vor der Gründung der Bundesrepublik Deutschland durch vielfältige und intensive Beziehungen politischer, wirtschaftlicher und sozio-kultureller Art an die westlichen Besatzungszonen gebunden. Im Parlamentarischen Rat der drei Westzonen war die Stadt Berlin (de facto deren Westteil) mit beratender Stimme vertreten. Gründung (1946) und zunehmende, auf die sowjetische Besatzungsmacht gestützte diktatorische Hegemonie der SED im Ostsektor Berlins und in der sowjetischen Besatzungszone, Ausscheiden der sowjetischen Vertretung aus dem Alliierten Kontrollrat und der Alliierten Stadtkommandantur (1948), Währungsreformen (1948) und sowjetische Blockade Westberlins (1948/49) vertieften im Zusammenhang mit der Bildung zweier getrennter Stadtverwaltungen (1948) die Teilung der Stadt. Der Ostteil Berlins wurde zur Hauptstadt des zweiten deutschen Teilstaates (am 7. 10. 1949) bestimmt, obwohl er nicht zur SBZ und der daraus hervorgegangenen DDR gehörte.

Sowohl das Grundgesetz der Bundesrepublik Deutschland vom 23. Mai 1949 als auch die Verfassung der DDR vom 7. Oktober 1949 beanspruchten „Berlin" bzw. „Groß-Berlin" für sich: auf der westlichen Seite als Land der Bundesrepublik (später in der Verfassung des Landes Berlin vom 1. Oktober 1950 verankert); auf der östlichen Seite als Hauptstadt der Republik Deutschland, später der Deutschen Demokratischen Republik (WETZLAUGK 1993, S. 9).

Der getrennte wirtschaftliche und städtebauliche Wiederaufbau in Berlin mit starker Hilfe der Westmächte und des Bundes („Berlinhilfe") im Westteil einerseits und – zeitlich versetzt – später im Ostteil Berlins („Hauptstadtprogramm") auf Kosten der Städte und Regionen in der DDR andererseits war mit politischen und administrativen Teilungsmaßnahmen verbunden. 1952 errichteten die DDR-Behörden in Abstimmung mit der sowjetischen Besatzungsmacht einen bewachten Sperrgürtel an der innerdeutschen Staatsgrenze und äußeren Stadtgrenze Westberlins; den Bewohnern

Abb. 2: Kreisgliederung des Landes Brandenburg 1950

Quelle: RUTZ, SCHERF und STRENZ 1993, Abb. 7

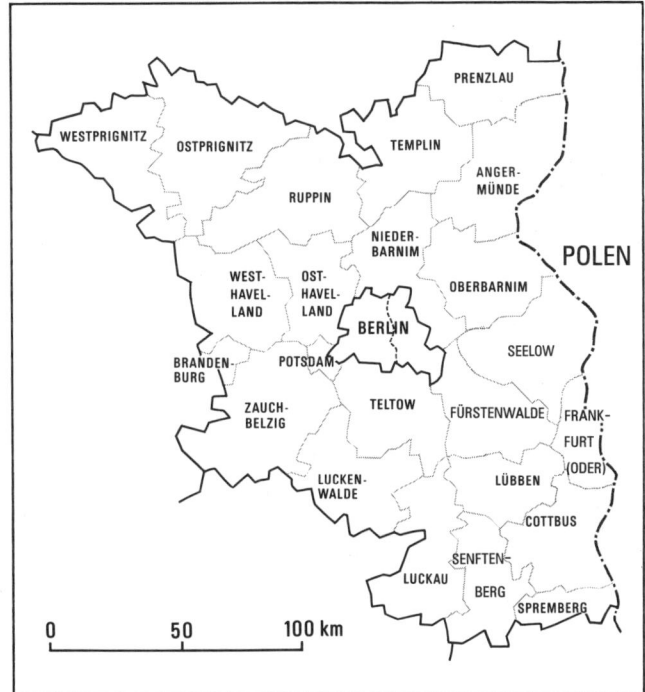

Westberlins wurde damit der Zutritt in das Umland verwehrt; 1961 unterbrach der Mauerbau die vorher bereits stark reduzierten innerstädtischen Verbindungen (s. a. HOFMEISTER 1990, S. 37ff.; u. Kap. 5.1).

Zerschlagung der Länderstruktur

Inzwischen war nach der II. Parteikonferenz der SED (Juni 1952), die den „Aufbau der Grundlagen des Sozialismus in der DDR" beschlossen hatte, eine Verwaltungsreform zur Durchsetzung zentralistischer Politik und Administration sowie Leitung, Planung und Kontrolle der Wirtschaft und wichtiger Lebensbereiche der Bevölkerung intern vorbereitet und am 23. Juli 1952 mit Zustimmung aller „Blockparteien" als „Gesetz über die weitere Demokratisierung des Aufbaues und der Arbeitsweise der staatlichen Organe in den Ländern der DDR" von der Volkskammer der DDR verabschiedet worden. Auf dieser Gesetzesgrundlage wurden die fünf Landtage und Landesregierungen aufgelöst. Die Länderstruktur und die Länderkammer hatten pro forma bis 1958 weiteren Bestand; insbesondere die kirchlichen und kulturellen Organisationsformen wahrten ihre Beziehungen zu den Ländern auch danach. Im Denken und Fühlen der Menschen mit ihren landsmannschaftlichen, historischen und regionalen Bindungen und Identitäten blieben die Länder – zeitlich und räumlich in unterschiedlicher Ausprägung – erhalten. Dagegen traten in der Folgezeit in der offiziellen Politik, Verwaltung und Wirtschaft der DDR 14 Bezirke an die Stelle der fünf Länder. Die historisch gewachsene föderative Raumstruktur wurde aufgelöst, Länder und historische Kreise, die insbesondere im Land Brandenburg einen deutlichen landschaftlichen Bezug besaßen

Abb. 3:
Bezirks- und Kreisgliederung auf dem Territorium Brandenburgs 1952

Quelle:
RUTZ, SCHERF und STRENZ 1993, Abb. 8

(Abb. 2), verschwanden. Der Ostteil Berlins erhielt als Hauptstadt der DDR Bezirksstatus und wurde damit auch administrativ enger in das DDR-Territorium eingebunden.

Das bisherige Land Brandenburg bildete die Hauptsubstanz für die drei vorwiegend brandenburgischen Bezirke Cottbus, Frankfurt (Oder) und Potsdam. Während das Territorium des Bezirkes Potsdam in seinem westlichen Teil durch Gebiete der Kreise Burg und Genthin (Sachsen-Anhalt) ergänzt wurde, fielen im Norden brandenburgisches Territorium mit Teilen der Westprignitz an den Bezirk Schwerin und uckermärkische Landstriche mit den Kreisen Prenzlau und Templin sowie um Strasburg an den Bezirk Neubrandenburg. Hauptsächlich unter wirtschaftlichen und planerischen Gesichtspunkten (Braunkoh-

lengebiet der Niederlausitz als Brennstoffgrundlage für das künftige Energiezentrum der DDR) wurde der Bezirk Cottbus aus Territorien dreier Länder (Brandenburg, Sachsen und Sachsen-Anhalt) gebildet. Neben dem dominierenden brandenburgischen Gebiet wurden Territorien der Kreise Liebenwerda, Herzberg und Wittenberg (Sachsen-Anhalt) sowie der Kreise Hoyerswerda, Niesky und Torgau (Sachsen) einbezogen.

Die Zahl der Landkreise hatte sich von 22 auf 38 erhöht, d. h. nahezu verdoppelt (Abb. 3). Damit sanken die mittlere Flächengröße und Bevölkerungszahl der Kreise erheblich. Auch die Anzahl der Stadtkreise stieg von zwei (Brandenburg/Havel und Potsdam) in der Folge im Zusammenhang mit der funktionellen Aufwertung ausgewählter Zentren durch Übernahme politisch-administrativer Funktionen, mit bedeutenden Industrieansiedlungen und Bevölkerungszunahmen auf sechs. Dazu kamen Frankfurt/Oder, Cottbus, Eisenhüttenstadt und Schwedt (s. Kap. 5.5).

Im geteilten Berlin blieben ausgehend von der Verwaltungsgliederung Groß-Berlins im Westteil der Stadt die 12 Stadtbezirke unverändert. Dagegen wurden im Ostteil Berlins im Zuge der Schwerpunktverlagerung der Wohnfunktion und Bevölkerung in den Nordosten (umfangreicher Wohnungsneubau in Plattenbau-Großwohnsiedlungen insbesondere seit Ende der 70er Jahre) aus Teilgebieten der Stadtbezirke Lichtenberg und Weißensee drei neue Stadtbezirke gebildet: Marzahn (1979), Hohenschönhausen (1985) und Hellersdorf (1986). Damit erhöhte sich die Anzahl der Ostberliner Stadtbezirke von 8 auf 11, wobei in Ahrensfelde und Hönow die Stadtgrenze durch Bautätigkeit überschritten wurde.

Mit diesen historisch entstandenen politisch-administrativen Raumstrukturen, an die wirtschafts- und sozialräumliche Verflechtungen, raumwirksame Denk-, Verhaltens- und Handlungsweisen der Politiker und breiter Kreise der Bevölkerung gebunden waren, mußten sich die letzten beiden Regierungen der DDR unter den Ministerpräsidenten Modrow und de Maizière in der politischen Wende- und Vorbereitungszeit auf die Wiederherstellung der staatlichen Einheit Deutschlands bei ihren Überlegungen zur politisch-administrativen Neugliederung des Territoriums der DDR auseinandersetzen. Während die grundlegende demokratische Erneuerung der Gesellschaft in der DDR eigentlich einer vordringlichen Organisation der kommunalen Selbstverwaltung in Verbindung mit dem Subsidiaritäts- und Gegenstromprinzip auf der Ebene der Städte, Landgemeinden und Kreise bedurft hätte, konzentrierte sich das öffentliche Interesse jedoch prioritär auf die Wiedereinführung der Länder auf dem Territorium der damaligen DDR.

1.2
Die Neubildung der Länder Brandenburg und Berlin

Neben den o. g. Interessen und Emotionen der Bevölkerung spielten für die Priorität der Wiedereinführung der Länderstruktur folgende politische Ziele eine übergeordnete Rolle:

– Die Zerschlagung des zentralistischen Staatsapparates der DDR und seiner räumlichen Organisationsformen (Bezirke und Kreise nach der politisch-administrativen Gliederung von 1952) und
– die Vorbereitung auf die staatliche Vereinigung mit der nach den politischen Prinzipien des Föderalismus verfassungs- und staatsrechtlich föderativ aufgebauten Bundesrepublik. Dies schien durch den Beitritt der auf dem Territorium der DDR neuzubildenden – eigentlich zu revitalisierenden – Länder zum Wirkungsbereich des Grundgesetzes gemäß Artikel 23 GG am schnellsten und ohne größere verfassungsrechtliche Komplikationen möglich.

Während die Wiedereinführung der Länderstruktur in der DDR bis auf wenige Ausnahmen allgemeine Zustimmung fand, entbrannten um die Kriterien für die Länderbildung, die Anzahl, Größe und vor allem über den räumlichen Zuschnitt der neuen Länder in der politischen und wissenschaftlichen Öffentlichkeit heiße Debatten.

Die Regierungskommission „Verwaltungsreform" der letzten beiden Regierungen der DDR ging zunächst von folgenden Kriterien für die Länderneubildung aus:

- Heimat- und Regionalverbundenheit der Bevölkerung; kulturelle Identität der Bevölkerung in Regionen, regionale Eigenarten der Geschichte, wobei die kulturelle Autonomie der nationalen Minderheit der Sorben zu sichern war,
- ausreichende Bevölkerung und Fläche, wirtschaftliche Zweckmäßigkeit und Wettbewerbsfähigkeit künftiger Länder im deutschen sowie europäischen Rahmen,
- bestehende funktionsräumliche Verflechtungen innerhalb von Ballungsgebieten, Stadt-Umland-Regionen sowie natur- und landschaftsräumliche Zusammenhänge,
- Erfordernisse der Raumordnung und Regionalplanung.
- Außerdem sollten historisch gewachsene Territorialstrukturen beachtet werden. Diese ergaben sich hauptsächlich

  • aus der Territorialgliederung vor 1945, die regional unterschiedlich stark ausgeprägt und im Bewußtsein der Menschen verhaftet war;
  • aus der Ländergliederung, die nach 1945 geschaffen und in den Länderverfassungen von 1946/47 sowie in der Verfassung der DDR von 1949 (bis 1968) verankert worden war;
  • aus der Bezirks- und Kreisgliederung von 1952, die bis auf geringe Veränderungen bis 1990 relativ stabil war und auf deren Basis sich wirtschafts- und sozialräumliche Strukturen entwickelt hatten (RUTZ/SCHERF/STRENZ 1993, S. 79ff.).

Von politischen Strömungen und Bürgerbewegungen auf regionaler Ebene wurde in erster Linie die Wiedergeburt der bis 1952 vorhandenen fünf Länder eingefordert, aber auch die Bildung weiterer kleinerer Länder wie z. B. „Lausitz" durch die Zusammenlegung der brandenburgischen Niederlausitz mit der sächsischen und niederschlesischen Oberlausitz oder „Vorpommern" im Nordosten der DDR. Dagegen schlugen Fachleute unter Einbeziehung von Erfahrungen und Vorschlägen aus dem bisherigen Bundesgebiet größere Länder (zwei, drei oder vier Länder) in verschiedenen Varianten vor. Für den Raum Berlin-Brandenburg wurde z. B. ein größeres einheitliches Land Berlin-Brandenburg mit oder ohne Lausitz, unter Einbeziehung der Altmark und des Magdeburger Raumes diskutiert (BLASCHKE 1990 und 1992, DUDEK 1993, RUTZ 1991, SCHERF, ZAUMSEIL 1990), wobei sich die Verfasser z. T. auf ältere Arbeiten (z. B. MÜNCHHEIMER 1954) stützten (RUTZ, SCHERF, STRENZ 1993).

Während die konzeptionellen Arbeiten zur Vorbereitung des Ländereinführungsgesetzes unter starkem politischen und zeitlichen Druck der herannahenden Vereinigung Deutschlands durchgeführt werden mußten, konstituierte sich das politische und gesellschaftliche Leben an der Basis, „vor Ort", bereits im Rahmen der ehemaligen Länder.

Unter diesen zugespitzten Bedingungen entschied sich die Regierungskommission im Frühjahr 1990 für die Fünfländervariante, die letzten Endes als einzige politisch akzeptable und in kurzer Zeit durchführbare Variante erschien.

Die neuen Länderverfassungen mußten mit dem Grundgesetz der Bundesrepublik Deutschland kompatibel sein, sollten aber auch neue, z. B. plebiszitäre Elemente, die in der Bürgerbewegung der DDR 1989/90 u. a. mit der Praxis der „Runden Tische" neue politische Akzente gesetzt hatten, enthalten und das neue, demokratische Kommunalgesetz der DDR von 1990 berücksichtigen.

Der räumliche Zuschnitt der neuen Länder erfolgte in starker Anlehnung an die bis 1952 bestandene Länderstruktur in der DDR; in bezug auf die Praktikabilität der

Länderbildung wurde von den im Jahre 1990 bestehenden Bezirken, Stadt- und Landkreisen ausgegangen.

Das bedeutete für die Wiedergeburt des Landes Brandenburg die Integration der Territorien, die seit 1952 zu den Bezirken Frankfurt (Oder), Potsdam und Cottbus (ohne die Kreise Jessen, Hoyerswerda und Weißwasser) gehört hatten. Hinzu kamen der Prignitzkreis Perleberg (bisher Bezirk Schwerin) sowie die Uckermarkkreise Prenzlau und Templin (bisher Bezirk Neubrandenburg).

Dort, wo Diskrepanzen zwischen der ehemaligen Landes- und bisherigen Bezirkszugehörigkeit auftraten, und gerade in den Randgebieten des zentral gelegenen Landes Brandenburg gab es die meisten Divergenzen, konnten sich die wahlberechtigten Bewohner über Bürgerbefragungen im Sommer 1990 auf Kreisebene für die Landeszugehörigkeit entscheiden, wobei den im Mai 1990 neugewählten Kreistagen die endgültigen Entscheidungen vorbehalten blieben.

Dies wurde auf Gemeindeebene in analogen Fällen fortgeführt und später durch Staatsverträge zwischen den beteiligten Ländern besiegelt. Mit Wirkung vom 1. August 1992 veränderten sich auf dieser Rechtsgrundlage zwischen den Ländern Brandenburg und Mecklenburg-Vorpommern das Territorium und die Landesgrenze im Nordosten und Nordwesten Brandenburgs. Insgesamt 22 Gemeinden wechselten zu diesem Zeitpunkt nach Brandenburg, darunter 16 in den Kreis Prenzlau und sechs in den Kreis Perleberg. Zwei Gemeinden und zwei Ortsteile aus dem Kreis Perleberg gingen nach Mecklenburg-Vorpommern. Die Einwohnerzahl und die Fläche des Landes Brandenburg erhöhten sich damit per Saldo um 10 700 Personen und 419 km^2 Fläche (Brandenburg regional '93, 1994).

Bereits am 22. Juli 1990 war das Ländereinführungsgesetz von der ersten demokratisch gewählten Volkskammer der DDR verabschiedet worden. Auf dessen Grundlage wurde im Rahmen des Einigungsvertrages vom 31. August 1990 der Beitritt der neugebildeten Länder Ostdeutschlands zur Bundesrepublik Deutschland am 3. Oktober 1990 bewerkstelligt, wobei die Länder erst durch die Landtagswahlen am 14. Oktober 1990 demokratisch legitimiert worden sind.

Die Einbeziehung beider Teile Berlins in die Länderneubildung war zu diesem Zeitpunkt aufgrund des politischen Sonderstatus der Stadt nicht möglich, demzufolge auch keine Integration in das Land Brandenburg.

Die politisch-administrative Vereinigung beider Teile Berlins zu einem Land Berlin war erst nach der Herstellung der deutschen Einheit, dem die Unterzeichnung des Zwei-plus-Vier-Vertrages am 12. September 1990 vorausgegangen war, möglich geworden. Mit ihm wurden die volle Souveränität Deutschlands und das Ende des Sonderstatus von Berlin bewirkt. Die Wahl zum neuen gemeinsamen Abgeordnetenhaus des Landes Berlin wurde mit den Bundestagswahlen am 2. Dezember 1990 gekoppelt. Davor gab es eine westlich dominierte „Doppelherrschaft" von Senat (Berlin-West) und Magistrat (Berlin-Ost), unter der in Berlin der Anpassungsprozeß des Ostteils an den Westteil der Stadt auf rechtlichem, administrativem, verkehrlichem, wirtschaftlichem, sozialem und kulturellem Gebiet auf engem Raum einsetzte.

Am 24. Januar 1991 wurde der Gesamtberliner Senat gewählt. Am 20. Juni 1991 beschloß der Bundestag mit knapper Mehrheit nach einer kontrovers geführten Hauptstadtdebatte Berlin als Sitz von Parlament, Bundespräsident und Regierung. Schließlich verlegte am 1. Oktober 1991 der Berliner Senat seinen Sitz vom Schöneberger Rathaus in das traditionelle Rote

Abb. 4: Verwaltungsgliederung des Landes Brandenburg
a) 1990 (vor der administrativen Neugliederung)

Rathaus in das historische Stadtzentrum, den Bezirk Mitte, während das Berliner Stadtparlament (Abgeordnetenhaus) nicht nur aus Platzgründen später in den renovierten alten Preußischen Landtag (Bezirk Mitte) einzog.

Zusammenfassend kann festgestellt werden, daß die unter großem politischem und zeitlichem Druck stehende Ländereinführung auf dem Territorium der damaligen DDR neben den o. g. politischen Prioritäten insbesondere beim Zuschnitt der Länder den historischen Aspekten vor allem der Nachkriegszeit gerecht geworden ist. Dabei dürften landsmannschaftliche Bindungen und Traditionen im Raum Berlin-Brandenburg im Vergleich zu den Ver- hältnissen in Sachsen, Thüringen und Mecklenburg-Vorpommern eine geringere Rolle gespielt haben. Bei Berlin als historischer Hauptstadt und ehemaliger Metropole – als „Schmelztiegel" von Menschen zahlreicher Nationen und Regionen – spielte dieser Aspekt ohnehin eine geringe Rolle. Auch Brandenburg teilt sich eher in einzelne historische Landschaften und Regionen auf, in denen sich insbesondere in größerer Entfernung vom Dominanzbereich Berlins, wie in der Niederlausitz, in der Uckermark und in der Prignitz, regionale Identitäten und Bindungen der Menschen erhalten konnten. Dies wurde dann auch in Vorbereitung der Gebietsreform im Land Brandenburg sehr deutlich. Die Er-

Abb. 4: **Verwaltungsgliederung des Landes Brandenburg**
b) nach der administrativen Neugliederung 1993

fordernisse wirtschaftlicher Leistungsfähigkeit in einem künftigen „Europa der Regionen" sowie die Beachtung raumordnerischer und regionalplanerischer Gesichtspunkte blieben weitgehend unbeachtet (RUTZ/SCHERF/STRENZ 1993). Dafür könnte u. a. die Fusion der Länder Berlin und Brandenburg, wie bereits erwähnt, günstigere politisch-administrative Rahmenbedingungen schaffen.

Nach der Konstituierung der Länderstruktur im Osten des vereinten Deutschland traten nun – bezogen auf den Raum Berlin-Brandenburg – vorrangig im neuen Bundesland Brandenburg im Zuge der Demokratisierung, der Einführung der kommunalen Selbstverwaltung und der Anglei-chung der Verwaltung an die Verhältnisse in den alten Bundesländern Aufgaben der Gebiets- und Funktionalreform in den Vordergrund öffentlichen Interesses.

1.3
Gebietsreform –
Ergebnisse und Probleme

Das flächengrößte neue Bundesland Brandenburg (5. Position unter allen 16 Bundesländern) hatte bis zum 5. Dezember 1993 38 Landkreise und sechs kreisfreie Städte (Abb. 4a). Die durchschnittliche Einwohnerzahl lag bei rd. 53 000 Ew. je Landkreis (Stand 1991) bei einer mittleren

Flächengröße von 749 km² je Landkreis. Dies entsprach mit 42,4% bzw. 93,5% der Bundesdurchschnittswerte (1991) insbesondere hinsichtlich der Einwohnerzahl keineswegs modernen und effizienten Verwaltungsanforderungen. Darüber hinaus differierten Einwohnerzahlen, Flächengröße und Bevölkerungsdichte der Land- und Stadtkreise erheblich voneinander. Die Bevölkerungszahl bei den Landkreisen lag Ende 1991 zwischen knapp 20000 Ew. (Eisenhüttenstadt-Land) und fast 125000 Ew. (Oranienburg). Die Territorialfläche der Landkreise schwankte zwischen 307 km² (Forst) und 1264 km² (Neuruppin) (Brandenburg regional '93, 1994).

Verzicht auf eine Mittelbehörde – ein Fehler?

Aus politischen und ideologischen Gründen verzichtete die neue Landesregierung Brandenburgs im Unterschied zu der Sachsens und Sachsen-Anhalts sowie der großen Mehrheit der alten Bundesländer (bis auf Schleswig-Holstein und das Saarland) auf eine Mittelbehörde (Regierungspräsidien mit Regierungsbezirken). Dafür hätten sich die bisherigen drei Bezirke Cottbus, Frankfurt (Oder) und Potsdam angeboten. Im Falle von Potsdam und Frankfurt (Oder) hätte man auch an historische Vorformen der Regierungsbezirke Potsdam und Frankfurt (Oder) anknüpfen können.

Das Fehlen einer Mittelbehörde könnte sich bei einem künftigen Zusammengehen mit Berlin für Brandenburg als ungünstig erweisen. Hier hätten als Ausgleichsfaktor für die Berliner Dominanz drei brandenburgische Regierungsbezirke einem möglichen Regierungsbezirk Berlin gegenübergestellt werden können. Die im Vorschaltgesetz zum Landesplanungsgesetz und Landesentwicklungsprogramm (1991) festgelegten vier Oberzentren (s. Kap. 7) hätten bis auf Brandenburg (Havel) durch die Regierungspräsidien im Zusammenhang mit einer regional koordinierten Bündelung von Landesbehörden und höherrangigen Diensten innerhalb und zwischen den Regierungsbezirken für die Ausprägung und Aufwertung ihrer zentralortlichen Stellung und Funktion eine verwaltungsmäßige Unterstützung erfahren.

Mit dem Verzicht auf eine Mittelbehörde zwischen der Landes- und Kreisebene ergab sich konsequenter Weise das Erfordernis, die Anzahl der neuzubildenden Kreise möglichst niedrig zu halten. Nur so konnten die Beziehungen zwischen der Landesregierung und den Kreisverwaltungen in ihrer Doppelfunktion als Vertreter kommunaler und Landesinteressen bei Wahrung der Subsidiaritäts- und Gegenstromprinzipien übersichtlich gestaltet und handhabbar gemacht werden.

Zersplitterte Kommunalstruktur – Ämter als Lösung?

Dabei war aber auch zu beachten, daß das Land Brandenburg von allen 16 Ländern der Bundesrepublik den höchsten kommunalen Zersplitterungsgrad besitzt:

Mit zwei Dritteln (66 Prozent) aller Gemeinden unter 500 Ew. erreicht das Land Brandenburg – deutlich über dem Durchschnittswert der neuen Länder liegend (49,4 Prozent) – im Bundesmaßstab (33,6 Prozent) den Maximalwert. Auch bezüglich der Kleinstgemeinden unter 200 Ew. nimmt es mit 20,5 Prozent, d. h. mit deutlichem Abstand gegenüber den nachfolgenden Ländern Rheinland-Pfalz (17,0 Prozent), Thüringen (16,4 Prozent) und Schleswig-Holstein (14,8 Prozent), bundesweit die Spitzenposition ein.

Die damit verbundenen Schwächen auf kommunalpolitischem und finanziellem sowie Entscheidungs-, Verwaltungs- und Planungsgebiet können zwar durch die ge-

Gebietsreform – Ergebnisse und Probleme

bildeten Ämter teilweise gemildert, jedoch nicht beseitigt werden, zumal der Abschluß der notwendigen Funktionalreform noch aussteht.

Um die eklatanten Widersprüche zwischen den angestrebten 14 Großkreisen und den rd. 1700 Gemeinden (1992) verringern zu können, wurden deshalb im Jahre 1992 umgehend Ämter gebildet. Zum Vergleich: im Durchschnitt kommen auf einen Kreis rd. 120 Gemeinden; der Durchschnitt der alten Bundesländer lag (1992) bei 36 Gemeinden je Landkreis; darunter das Maximum im Land Rheinland-Pfalz mit 96 Gemeinden je Landkreis; das Minimum im Land Nordrhein-Westfalen mit 12 Gemeinden je Landkreis. Durch die Ämter sollen insbesondere im ländlichen Raum mit vorherrschenden kleinen Gemeinden die Funktionsfähigkeit und Effizienz der kommunalen Verwaltung gewährleistet und möglichst erhöht werden, ohne lokale Bindungen, Identitäten und Interessen der dort lebenden Menschen verletzen zu müssen.

Die Aufgabenschwerpunkte der Ämter sind kommunale Selbstverwaltungsaufgaben für die ihnen zugeordneten Gemeinden sowie vom Staat übertragene Pflichtaufgaben. Daraus abgeleitet haben die Amtsverwaltungen u. a. das Finanz-, Sozial-, Ordnungs-, Melde-, Bau- und Liegenschaftswesen für die ihnen zugeordneten Gemeinden zu führen (Brandenburg regional '93, 1994).

Im Land Brandenburg sind die Ämter nach drei Amtsmodellen (a bis c) gebildet worden:

a) Mindestens fünf Gemeinden, die i.d.R. zusammen nicht unter 5000 Einwohner haben dürfen, bilden eine gemeinsame Amtsverwaltung;
b) mehrere Gemeinden bedienen sich der Verwaltung einer größeren, dem Amtsgebiet angehörigen Gemeinde, die selbst mehr als 5000 Einwohner hat und geschäftsführend ist;
c) mehrere Gemeinden bedienen sich der Verwaltung einer größeren, dem Amtsgebiet nicht angehörigen Gemeinde, die selbst mehr als 5000 Einwohner hat. Die geschäftsführende Gemeinde ist demzufolge amtsfrei.

Seit Ende 1993 bestehen 158 Ämter und 60 amtsfreie Gemeinden. Die Einwohnerzahl der Ämter ist je nach Ämterbildungsmodell und Zusammensetzung (mit oder ohne größere städtische Zentren) sehr differenziert. Sie schwankt zwischen rd. 31000 Ew. (Rathenow), in dem die neue Kreisstadt vom Kreis Havelland Mitglied und Sitz des Amtes ist und das fünf Gemeinden im Umland der Stadt umfaßt, und Schenkendöbern (Spree-Neiße-Kreis) mit lediglich rd. 3850 Ew. in 15 kleinen Landgemeinden, wobei die bisherige Kreisstadt Guben als amtsfreie Gemeinde Sitz des Amtes ist. Jänschwalde (Spree-Neiße-Kreis) mit rd. 3370 Ew. besitzt in vier zugeordneten Landgemeinden noch weniger Einwohner. Auch bei der Flächengröße treten zwischen den Ämtern große Unterschiede auf. Zwischen dem Maximalwert von rd. 412 km² Fläche des dünnbesiedelten und waldreichen Amtes Templin-Land (Kreis Uckermark) und dem Minimalwert des dichtbesiedelten Amtes Hoppegarten (Kreis Märkisch-Oderland) im Berliner Umland mit nur rd. 33 km² Fläche besteht ein Größenverhältnis von 12:1.

Die amtsfreien Gemeinden weisen ebenfalls erhebliche Größenunterschiede auf, die zwischen rd. 140000 Ew. (kreisfreie Stadt Potsdam) und rd. 3000 Ew. (Gemeinde Dallgow im Berliner Umland) differiert. Die einer Verbandsgemeinde ähnliche amtsfreie Gemeinde Nuthe-Urstromtal hat mit 334 km² Fläche einen Spitzenwert; die kleinere Mittelstadt Neuruppin übertrifft durch umfangreiche Eingemein-

Kenngröße	Alte Kreisgliederung	Neue Kreisgliederung
Anzahl der Stadtkreise	6	4
Durchschnittsbevölkerung eines Stadtkreises (1000)	89,2	111,4
Anzahl der Landkreise	38	14
Durchschnittsbevölkerung eines Landkreises (1000)	53,1	150,6

Quelle: BRANDENBURG REGIONAL '93, 1994, S. 49, Tab. 4.1., verändert

Tab. 2: Alte und neue Kreisgliederung im Land Brandenburg

dungen mit fast 300 km² Fläche die Territorien der vier Oberzentren Brandenburg (219 km²), Cottbus (158 km²), Frankfurt/Oder (148 km²) und Potsdam (103 km²) ganz erheblich. Mit den gravierenden Unterschieden hinsichtlich Größe und innerer Organisationsstruktur der Ämter sowie amtsfreien Gemeinden sind auch die Problemlagen einer effizienten Verwaltung unterschiedlich akzentuiert. Bei den Ämtern als Verwaltungseinheiten sind generell die Entscheidungsbefugnisse eingeengt. Die Interessenlage der Gemeinden, bei denen die kommunalen Rechte und Pflichten verbleiben, die jedoch mehrheitlich nur ehrenamtliche Bürgermeister haben, wird oft durch Gegensätzlichkeit bzw. Uneinheitlichkeit bestimmt. Hieraus ergeben sich auch im Zusammenhang mit der Funktionalreform vielfältige Probleme und Aufgaben. Vielleicht hätte als Alternative zur Ämterbildung die Konstituierung von Verbandsgemeinden bzw. Samtgemeinden nach dem Vorbild mehrerer alter Bundesländer sowie unter Einbeziehung von Erfahrungen aus den in DDR-Zeiten (70er Jahre) gebildeten Gemeindeverbänden gerade unter den Bedingungen der extrem zersplitterten Kommunalstruktur des Landes Brandenburg einige Vorteile gebracht. Eingemeindungen und Gemeindezusammenlegungen nach demokratischer Entscheidung der davon betroffenen Bürger in den Kommunen, wie im Falle der Städte Neuruppin, Potsdam, Cottbus u. a. bereits erfolgt, erscheinen unter den herrschenden Bedingungen mittel- und langfristig unerläßlich, um schrittweise eine demokratische und effiziente Selbstverwaltung in Verbindung von Legislative und Exekutive auf kommunaler Ebene verwirklichen zu können.

Gebietsreform in Brandenburg – neue Großkreise und kreisfreie Städte

Die Schaffung bevölkerungsstärkerer, wirtschaftlich leistungsfähiger und verwaltungsmäßig effizienter Kreise bei Beachtung landes- und regionalplanerischer Erfordernisse (s. Kap. 7) sowie historischer und landschaftlicher Zusammenhänge waren Hauptziele der Gebietsreform.

Die Landesregierung Brandenburg beschloß dazu „Leitlinien der Gebietsreform" mit 14 Landkreisen und vier kreisfreien Städten. 33 der 44 Kreise und kreisfreien Städte reichten dazu – oft nach „vor Ort" lebhafter und leidenschaftlicher, z. T. kontrovers und bürgerinitiativ geführten Diskussion – schriftliche Stellungnahmen zu Kreisgliederung und -zuschnitt, Kreisnamen und Kreissitz beim Innenminister ein. Das Kreisneugliederungsgesetz wurde Ende 1993 durch den Landtag verabschiedet. Es legte 14 Landkreise und die weitere Kreisfreiheit der vier Oberzentren Brandenburg, Cottbus, Frankfurt (Oder) und Potsdam fest. Die neuzubildenden Kreise entstanden mit Ablauf des Tages der landesweiten Kreistagswahl am 5. 12. 1993 (Brandenburg regional '93, 1994, S. 48).

Das Ergebnis der Kreisneugliederung, die im wesentlichen durch die Zusammenlegung jeweils mehrerer (2 bis 4 Kreise) unter Beachtung neuer Ämtergrenzen erfolgte, geht aus Tabelle 2 sowie Abbildung 4b hervor.

Die angestrebte Mindestgröße der Bevölkerung der Landkreise von 120000 Ew. wurde (Stand Ende 1991) nur in den extrem dünnbevölkerten Kreisen Prignitz (106 TEw.) und Ostprignitz-Ruppin (116 TEw.) nicht ganz erreicht. Die Bevölkerungszahl der anderen Landkreise liegt zwischen rd. 130 TEw. (Havelland) und rd. 190 TEw. (Oder-Spree). Die Flächengröße der neugebildeten Landkreise reicht von 1217 km^2 (Oberspreewald-Lausitz) bis 3058 km^2 (Uckermark) (s. a. Anhang, 3.1). Damit wurde in Extremfällen die Flächengröße des Saarlandes (rd. 2570 km^2) übertroffen, allerdings bei nur weniger als einem Fünftel der Bevölkerung des kleinsten Flächenlandes der Bundesrepublik Deutschland. Das Land Brandenburg besitzt damit bundesweit die flächengrößten Landkreise.

Mit einer Durchschnittsfläche von rd. 2042 km^2 je Kreis wird nahezu das Doppelte der Durchschnittsgröße der Kreise in den neuen Bundesländern (mit 1211 km^2 nach Vollendung der Kreisreform 1994) sowie über das Doppelte der alten Bundesländer (997 km^2/Kreis) erreicht. Trotz der hinter Mecklenburg-Vorpommern (79 Ew./km^2) geringsten Bevölkerungsdichte unter allen Bundesländern (Bundesdurchschnitt 225 Ew./km^2) liegt Brandenburg (88 Ew./km^2) mit reichlich 150 TEw. pro Kreis deutlich über der Durchschnittsbevölkerungszahl je Kreis in den neuen Bundesländern (rd. 122 TEw./Kreis). Es nähert sich damit dem Durchschnittswert der alten Bundesländer (rd. 180 TEw./Kreis), die allerdings fast die dreifache Bevölkerungsdichte (259 Ew./km^2) besitzen. Zugespitzt wird die Größenproblematik der neuen Kreise im Land Brandenburg durch die extrem starke Zersplitterung der Kommunalstruktur, auf die bereits hingewiesen wurde.

Räumlicher Zuschnitt der neuen Kreise

Beim räumlichen Zuschnitt der neuen Kreise spielten landesinterne Kriterien, insbesondere raumordnungspolitische, landes- und regionalpolitische Gesichtspunkte eine hervorragende Rolle. Mit der Zusammenlegung struktur- und wachstumsstärkerer sowie -schwächerer bisheriger Kreise sollen innerhalb und zwischen den neugebildeten Kreisen ausgewogenere regionale Wirtschafts-, Sozial- und Umweltstrukturen im Sinne der Schaffung gleichwertiger Lebensverhältnisse – gemäß Bundesraumordnungsgesetz und Leitbild der dezentralen Konzentration – angestrebt werden (s. Kap. 7).

Danach stehen acht heterogen strukturierten Sektoralkreisen, die tortenstückartig auf Berlin zulaufen, sechs peripher im Nordwesten, Nordosten und Süden gelegene Großkreise gegenüber. Letztere haben eine relativ hohe Eigenständigkeit gegenüber Berlin. Sie sind in sich vergleichsweise homogener strukturiert und besitzen jeweils eine ähnliche Problemlage (ländliche Räume im Norden und Südwesten, bergbaulich-industriell geprägte Umstrukturierungs- und Sanierungsräume im Südosten). In den dualistisch strukturierten Sektoralkreisen stehen die spezifischen Probleme des Berliner Umlandes, d. h. des engeren Verflechtungsraumes Brandenburg/Berlin, den völlig anderen Problemen der Umstrukturierung und Stabilisierung ländlicher Räume bzw. altindustrieller Gebiete sowie Solitärstandorte im äußeren Entwicklungsraum Brandenburgs gegenüber (s. Kap. 6 und 7). Damit verbundene natürliche Interessengegensätze zwischen den Berliner Umland- und äußeren Randgebieten der Sektoralkreise brachen bei der Bestimmung der neuen Kreisstädte auf. Bis auf den Kreis Oberhavel (mit Oranienburg) wurden die bisherigen Kreisstädte in den randlichen bzw. mittleren Lagen der neugebildeten Kreise als Kreissitze bevorzugt. Dies betraf jedoch nicht immer die funktions- und strukturschwächeren kleineren Kreisstädte, wie im Fall der Städte Seelow, Beeskow, Lübben und Belzig. An die regionalen Bindungen und Identitäten der Menschen in historischen Landschaften konnte nur in einigen Fällen (Uckermark, Havelland, Barnim) relativ eindeutig ange-

Noch offen:
Zukünftig 23, 18 oder 12 Bezirke in Berlin? Oder zumindest wegen der Bundeshauptstadts-Aufgaben ein Zusammenschluß im Zentrum?

Der Neugliederungsentwurf verpflichtet Berlin zu einer Bezirksgebietsreform bis zur Bildung des gemeinsamen Landes. Brandenburg hat seine Kreisgebietsreform bereits durchgeführt.

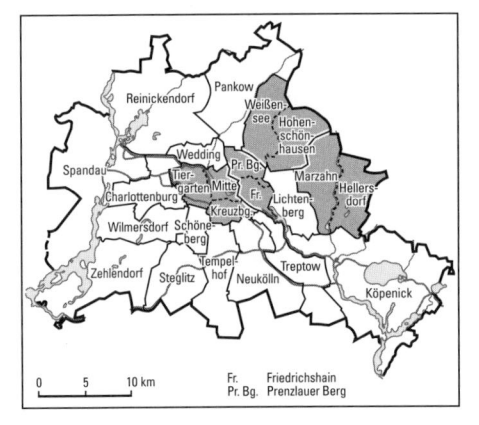

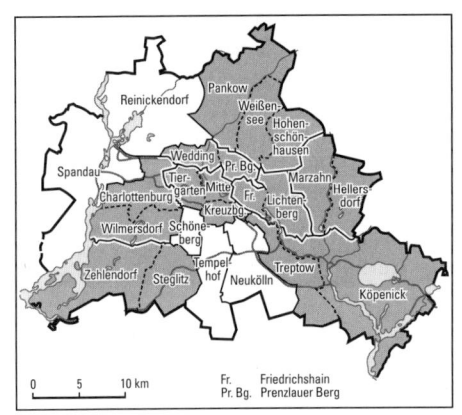

Abb. 5: Verwaltungsgliederung Berlins
a) 1995
b) Neugliederungsentwurf (kleine Variante)
c) Neugliederungsentwurf (große Variante)

Quelle: für b und c: Berlin-Brandenburg. Ein Land für alle. 1995

(Grau schraffiert in b und c: die zur Zusammenlegung vorgesehenen Stadtbezirke.)

knüpft werden. Inwieweit die vorgenommene Kreisneugliederung des Landes Brandenburg, insbesondere unter dem Aspekt der Vereinigung von Berlin und Brandenburg zu einem Bundesland, der Durchsetzung raumordnungspolitischer, umwelt-, regional- und wirtschaftspolitischer Ziele dienen wird, bleibt abzuwarten (s. Kap. 7).

Aus alledem ergibt sich zunächst, daß die neugebildeten Kreise wirtschaftlich, sozial, kulturell und auch mental zusammenwachsen müssen. Dies ist umso dringlicher, weil den im Land Brandenburg neugebildeten 14 Landkreisen und vier kreisfreien Städten (die bisherigen Stadtkreise Eisenhüttenstadt und Schwedt verloren ihre Kreisfreiheit) bei der regionalen Umsetzung und Verwirklichung der Ziele und Maßnahmen der Raumordnung und Landesplanung, der Sozial- und Arbeitsmarktpolitik, der Wirtschafts- und Umweltpolitik des Landes sowie der überörtlichen Kommunalplanung die entscheidende Rolle zukommt. Dies ergibt sich generell aus der Doppelstellung und -funktion der Kreise als kommunale Gebietskörperschaften einerseits sowie als regionale Verwaltungseinheiten des Landes andererseits, wobei deren Bedeutung durch den Verzicht auf eine Mittelbehörde (Regierungspräsidien mit Regierungs- bzw. Verwaltungsbezirken) im Land Brandenburg im Vergleich zur Mehrheit der anderen Bundesländer besonders stark ausgeprägt ist (SCHERF 1994, S. 5).

Ausstehende Verwaltungs- und Gebietsreform in Berlin

Die im vereinigten Berlin anstehende Verwaltungs- und Gebietsreform ist vor dem Hintergrund der komplizierten Prozesse beim Zusammenwachsen beider jahrzehntelang getrennter Stadthälften bisher zurückgestellt worden.

Grundidee der Verwaltungsreform in Berlin ist eine Dezentralisierung der Verantwortlichkeiten und finanziellen Mittel von der Landesebene (Senat) auf die Ebene der Stadtbezirke und Bezirksverwaltungen, begleitet von einer Kosteneinsparung auf allen Ebenen, insbesondere durch Reduzierung des Personalbestandes. Dazu soll auch eine Gebietsreform dienen, mit der nach bisherigen Senatsvorstellungen die Anzahl der Stadtbezirke durch Zusammenlegungen von 23 auf 18 oder 12 Stadtbezirke verringert werden soll (Abb. 5). Damit würde sich bei der Zwölfervariante die durchschnittliche Stadtbezirksgröße (gemessen an der Einwohnerzahl und Flächengröße) von 149,5 TEw. bzw. 38,65 km^2 (bisher) auf künftig 286,5 TEw. bzw. 74,1 km^2 erhöhen. Dies hätte auch eine wesentliche Verringerung der Schwankungsbreite zwischen den Extrema zur Folge:

Die Bezirke Neukölln mit rd. 305 TEw. und Weißensee mit rd. 52 TEw. bzw. die Bezirke Köpenick mit rd. 127 km^2 und Friedrichshain mit knapp 10 km^2 würden den künftigen Verwaltungseinheiten Schöneberg/Tempelhof mit rd. 340 TEw. und Köpenick/Treptow mit rd. 210 TEw. bzw. Köpenick/Treptow mit rd. 168 km^2 und Prenzlauer Berg/Wedding mit rd. 26 km^2 Fläche als Maximal- bzw. Minimalwerten Platz machen.

Dennoch darf man sicherlich die Erhöhung der Verwaltungseffizienz nicht auf Kostensenkung und Personaleinsparungen beschränken sowie Konzentrationseffekte nicht nur durch Vergrößerung der Verwaltungseinheiten erwarten.

Bei entsprechenden Vergleichen zwischen den Ost- und Westberliner Bezirken müssen auch die historisch entstandenen Unterschiede in der Aufgabenstruktur der Stadtbezirke berücksichtigt werden. Während die öffentlichen Bildungs-, Sozial-, Gesundheits- und Kulturausgaben die Budgets in den Ostberliner Bezirken noch wesentlich belasten, sind die spezifischen Verwaltungskosten in den Westberliner Bezirken höher. Allerdings ist dort in Abhängigkeit von der Größe der Stadtbezirke eine auf die Einwohnerzahl bezogene Kostendegression erkennbar. Jedoch sollte die Bürgernähe der Verwaltung nicht durch zu große Bezirke beeinträchtigt werden. Dies trifft auch auf Privatisierungseffekte in den kommunalen Diensten und sozialen Bereichen zu (Verkehr, Gesundheitswesen, Bildungswesen, Kultur und Sport). Sie können zu Defiziten und Verteuerungen der entsprechenden Leistungen führen, die soziale Differenzierung und Segregation verstärken sowie im Extremfall die soziale Benachteiligung und Verarmung wachsender Teile der Bevölkerung – verbunden mit permanenter Arbeitslosigkeit und Obdachlosigkeit – forcieren.

Bei der Zusammenlegung von Stadtbezirken sollten sowohl funktionsräumliche Zusammenhänge, historische Traditionen und soziale Integrationsmöglichkeiten beachtet werden. Sie könnte unter den spezifischen Bedingungen Berlins auch das Zusammenwachsen beider Stadthälften unterstützen. Natürlich bildet die räumliche Nachbarschaft entsprechender Bezirke dafür die „conditio sine qua non". In der vorgeschlagenen Zwölf-Bezirks-Variante wird z. T. in den innerstädtischen Bereichen Tiergarten/Mitte/Kreuzberg; Prenzlauer Berg/Wedding in diese Richtung gezielt.

2 Naturraum- und Landschaftsstruktur

2.1
Landschaftliche Kontraste – Reichtum und Herausforderung

2.1.1
Landschaftskontraste als Charakteristikum der Region

Die Landschaft der Region Berlin und Brandenburg wird durch das *naturräumliche* Mosaik glazialer Formen von Hochflächen und Niederungen bestimmt. Die Hochflächen werden durch weitflächige, auch als „Platten" bezeichnete Grundmoränen geprägt, auf die teilweise Endmoränenhügel und Sander aufgesetzt sind. Die Platten werden durch ein dichtes Netz von Niederungen mit zahlreichen kleinen und großen Seen und den Tieflandsflüssen Spree, Dahme und Havel zergliedert. Diese, die eiszeitliche Gestaltung des Raumes (s. Abb. 6) nachzeichnenden landschaftlichen Kontraste gehören zum Reichtum der Mark Brandenburg. Mit den mittelalterlichen Rodungen entstand im wesentlichen die heutige Wald-Feld-Verteilung. Die landschaftlichen Gegensätze wurden durch bäuerliche Offenlandschaften vergrößert, wodurch die frühere natürliche Waldbedeckung nutzungsbedingte Abwandlungen erhielt. Es entstanden so alte Ackerbaulandschaften wie die Uckermark, die Prignitz, der Teltow oder die Calauer Platte. Mit der auf den naturräumlichen Strukturen beruhenden, ressourcenschonenden Acker- und Weidenutzung entstand etwa zum Beginn des 19. Jahrhunderts (FISCHER/PÖTSCH 1994) die größte Fülle von Natur- und Lebensräumen sowie Pflanzen- und Tierarten.

Im Mosaik der Naturräume des östlichen Norddeutschlands bildeten sich mit dem Wachsen der Großstadt Berlin weitaus größere *nutzungsbedingte* Landschaftskontraste heraus: Es entstand die heutige 3,5 Mio. Einwohner zählende Agglomeration mit Flächen dichtester Bebauung, mit großen Industrie- und Gewerbeflächen, die häufig durch Linienstrukturen der technischen Infrastruktur des Verkehrs wie der Fern- und S-Bahn, der Stadtautobahn, der Wasserver- und -entsorgung sowie der Energieversorgung zerschnitten werden. Jährlich wächst die Bebauung und Versiegelung der Stadtregion. Innerstädtisches Grün geht verloren. Die Natur- und Lebensbedingungen Berlins werden mehr und mehr durch die in diesem städtischen Raum verursachten Umweltbelastungen wie Emissionen von Wärme, Abgasen und Wasserinhaltsstoffen bestimmt. Der motorisierte Verkehr wird bei steigender Anzahl von PKW und LKW zur Hauptbelastung eines gesunden Lebens in der Großstadt.

All dies hat auf großen Flächen die ursprünglichen Naturräume überprägt, wodurch der Kontrast zur Offenlandschaft Brandenburgs sich stetig vergrößerte. Häufig noch in der Stadt oder direkt an der Stadtkante beginnen jedoch Landschaften, die den ursprünglichen Naturraum widerspiegeln. Sie werden durch die folgenden Naturwertigkeiten bestimmt:

– Ungefähr 35% der Fläche Brandenburgs sind mit *Wald* bedeckt, wobei viele Gebiete wie Schorfheide, Hoher Fläming oder Spreegebiet südlich von Fürstenwalde großflächig durch zusammenhängende Forsten gekennzeichnet werden.

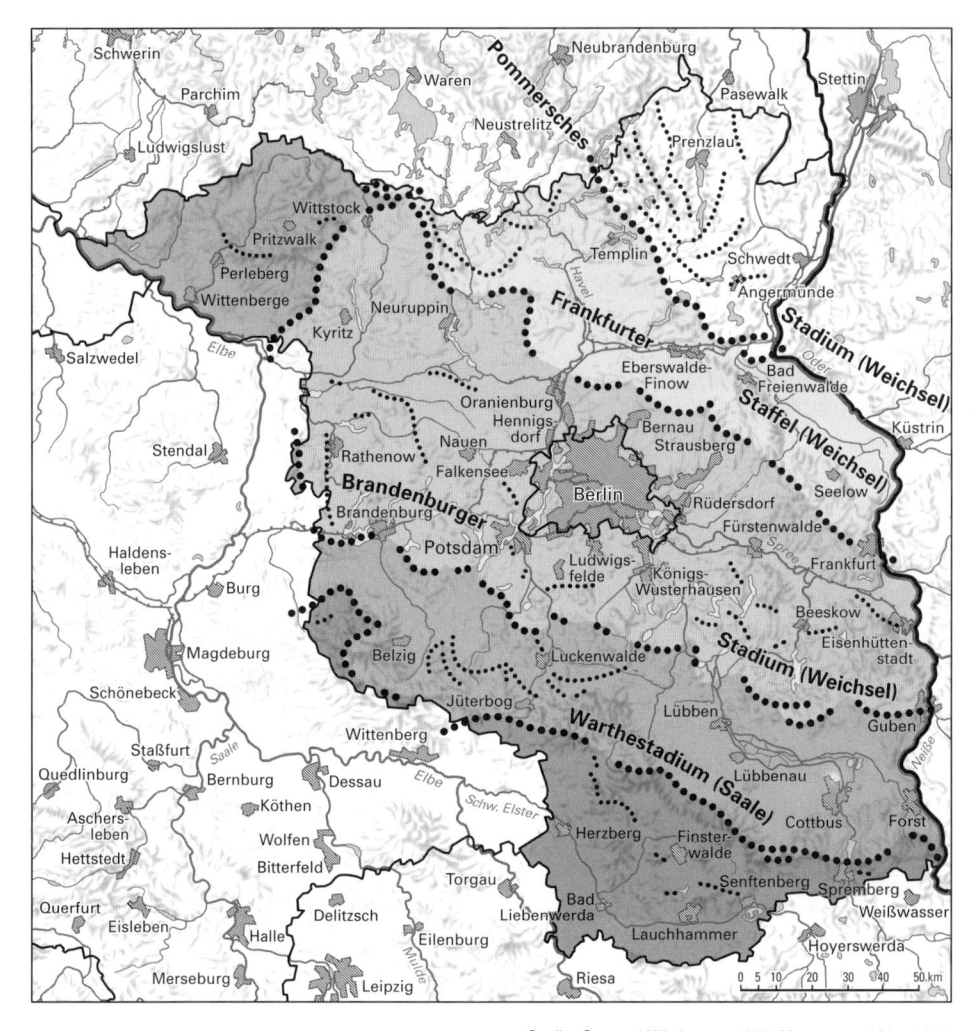

Quelle: SCHOLZ 1970, LIEDTKE 1973, MARCINEK und NITZ 1973

Abb. 6: Pleistozäne Eisrandlagen in der Region Berlin und Brandenburg

Daß 80,9% davon auf Nadelforsten, insbesondere Kiefern, entfallen, entspricht zum einen den geringen Nährstoffangeboten der märkischen Sandböden, zum anderen der langanhaltenden, auf Ertrag orientierten forstlichen Bewirtschaftungsweise.
– Weitflächige Niederungsräume der *Tieflandsflüsse* wie Oder, Havel und Spree, aber auch kleinerer wie Rhin, Buckau oder Karthane mit häufig sehr weitläufigen Wiesenlandschaften auf Niedermoorböden durchschneiden Brandenburg. Teilweise sind die Bruchwälder mit Schwarzerle noch vorhanden. Flüsse und Bäche bestimmen – oft noch mit ihren Mäandern – die Auenbereiche. Die Vernetzungsstrukturen der Niederungssysteme sind noch häufig intakt.

- Brandenburg besitzt auf Grund seiner Landschaftsentwicklung zahlreiche *Seen* in unterschiedlicher Größe und Tiefe mit verschiedenartigem Charakter, die in Vergesellschaftung mit Waldflächen, Ackerlandschaften oder Wiesen reizvolle Landschaftswechsel bedingen. Hierzu zählen nicht nur der glasklare Stechlinsee, sondern auch viele Havelseen, Seen der Uckermark oder die kleinflächigen Sölle und Hochmoore.
- Das Land Brandenburg besitzt ein entwickeltes *System von Schutzgebieten*. 3,8% der Landesfläche waren im Mai 1994 als Naturschutzgebiete bestätigt bzw. einstweilig gesichert. Auf weiteren 24% der Fläche werden in einem System von Großschutzgebieten – vom 1994 noch in Planung befindlichen Nationalpark „Untere Oder" über die Biosphärenreservate „Schorfheide-Chorin" und „Spreewald" sowie Naturparke „Märkische Schweiz", „Lychen-Feldberg", „Elbtalaue" bis zu zahlreichen weiteren Landschaftsschutzgebieten – Ziele von Natur-, Biotop- und Artenschutz sowie Erholung verwirklicht.
- Unter den Bedingungen naturnaher, wenig zerschnittener Landschaften hat sich teilweise die standorttypische *Flora* und *Fauna* erhalten können. Hier können noch zahlreiche seltene und nach der Bundesartenschutzverordnung sowie der „Roten Liste Brandenburg" geschützte Pflanzen- und Tierarten nachgewiesen werden. Dazu gehört auch, daß der Anteil des jagdbaren Wildes beträchtlich ist. Wölfe wandern vereinzelt wieder in die brandenburgischen Gebiete ein, finden aber noch keine stabilen Lebensbedingungen.
- Brandenburg hat zahlreiche Räume mit typischem *Landschaftsbild* und großer Ruhe und Weitläufigkeit. Fremdenverkehr und Naherholung besitzen wesentliche Voraussetzungen für eine landschaftstypische wirtschaftliche Entwicklung.
- Auf großen Flächen Brandenburgs ist die *Leistungsfähigkeit des Naturhaushaltes* noch erhalten und in den letzten Jahren durch Minderungen von nutzungsbedingten Belastungen teilweise wieder besser ausgeprägt worden. Dies betrifft die Regeneration der erneuerbaren Ressourcen Wasser und Luft ebenso wie die Ertragsfähigkeit der Böden zur Erzeugung gesunder Nahrungsmittel, aber auch das genetische Potential von naturnahen Landschaften.

Zugleich bestehen im Raum Brandenburg aber auch Landschaften, die infolge ihrer Nutzung wenig naturnah oder stark belastet sind. Hierzu zählt das Niederlausitzer Braunkohlerevier mit vielen völlig zerstörten und nicht wieder rekultivierten Flächen, die hoch belasteten ehemaligen Truppenübungsplätze ebenso wie Alt-Industriestandorte mit umfangreichen Kontaminationen von Böden, Grundwasser und Pflanzen wie im Bereich der Gaskokerei Lauchhammer, des Teerwerkes Erkner, der Eisenhütte EKO-Stahl von Eisenhüttenstadt oder die vielen nicht entsprechend gesicherten Deponien.

Fazit zur Landschaftsstruktur der Region Berlin-Brandenburg:

Ein Mosaik großflächiger naturnaher Landschaften mit eingelagerten hoch belasteten Räumen erzeugt Kontraste, die *Reichtum* und zugleich *Herausforderung* der Region Berlin und Brandenburg darstellen.

Diesem Reichtum an Landschaften der Region Berlin und Brandenburg mit ihren Potentialen und Risiken soll in den folgenden Abschnitten nachgegangen werden. Ausgangspunkt ist zunächst die Stadtlandschaft von Berlin. Anschließend werden die Landschaften der Prignitz, des Ober-Spreewaldes sowie des Niederlausitzer Braunkohlengebietes Welzow bei Cottbus behandelt. Hierbei wurde im ersten Abschnitt eine mehr kleinräumige Betrachtungsweise gewählt, um die landschaftsgenetischen Naturstrukturen sowie die Umwelt- und Landschaftsbelastungen besser darstellen zu können.

Im Abschnitt 2.2 werden die Grundzüge der Naturraumbestandteile, deren räumliche Verbreitung sowie Potentiale und Risiken in der Region Berlin und Brandenburg untersucht. Betrachtet werden Geologie, Oberflächengestalt und Lagerstätten, Klima, Grund- und Oberflächengewässer, Böden sowie Pflanzen und Tierwelt. In der abschließenden Darstellung des Landschaftszustandes Brandenburgs werden Leistungsfähigkeit der Naturgüter und nutzungsbedingte Naturrisiken – bezogen auf Großlandschaften – zusammenfassend bewertet. Ziele, Konzepte und Instrumente des Natur- und Umweltschutzes in Berlin und Brandenburg werden im Kapitel 7 vorgestellt.

2.1.2
Die Landschaft von Berlin

Berlin bildete sich an einer etwa 4 bis 4,5 km breiten Verengung des Spreetales (s. Abb. 7). Heute überdeckt die Stadt mit einer Fläche von 889 km^2 das Spreetal und weitere angrenzende Landschaften. Die ursprüngliche Oberflächengestalt mit weitgehend flachwelligen bis ebenen Grundmoränen als den Hochflächen und den Talsand- und Auenterrassen des Niederungsbereiches wird heute mehr oder weniger vollständig durch die Bebauung überdeckt. Die Stadtlandschaft von Berlin wird durch die folgenden Teillandschaften bestimmt:

Teltower Platte

Von Süden reicht eine große Grundmoränenfläche, die Teltower Platte, in das Stadtgebiet. Sie wird im Westen durch das Nordost-Südwest verlaufende Haveltal – eine subglaziale Rinne – sowie Nord-Südverlaufende sandbestimmte Erhebungen der Havelberge begrenzt. Der nördliche Rand der Teltower Platte ist heute im Stadtgebiet in den Ortsteilen Bohnsdorf, Altglienicke, Britz, Tempelhof, Schmargendorf sowie Westend morphologisch noch deutlich vorhanden. Der Raum, der in seinen südlichen Bereichen bis zum Anfang dieses Jahrhunderts von weiten Ackerflächen auf den vorherrschenden fruchtbaren Parabraunerden eingenommen wurde, ist heute von der Stadtlandschaft der Bezirke Wilmersdorf, Zehlendorf, Steglitz, Tempelhof und Teilen von Schöneberg, Kreuzberg, Neukölln sowie Treptow bedeckt. Die Höhenlage dieses Raumes befindet sich überwiegend zwischen 48 und 52 m. Die landschaftlich sehr reizvollen, als Kamesbildungen (s. Übersicht 3) gedeuteten bewaldeten Havelberge begrenzen mit Höhen über 100 m wie am Teufelsberg, Karlsberg und Havelberg die Teltower Platte nach Westen. Interessant sind Oser im südlichen Bereich von Westend und im östlichen Grunewald.

Weitere subglaziale Rinnen durchziehen in gleicher Ausrichtung wie das Haveltal die Platte und prägen die stadtökologische Gliederung und den Charakter des Südwestens von Berlin. Besonders markant, weil die kurzen steilen Hänge noch gut erhalten sind und Seen sie noch gut nachzeichnen, erstreckt sich die Rinne von Charlottenburg vom Lietzensee nach Südwesten. Zu diesem Rinnensystem gehören Halensee, Königs- und Dianasee, Hundekehlesee, Grunewaldsee, Krumme Lanke, Schlachtensee, Kleiner Wannsee, Pohlesee, Stölpchensee sowie Griebnitzsee im Raum Pots-

Landschaftliche Kontraste 43

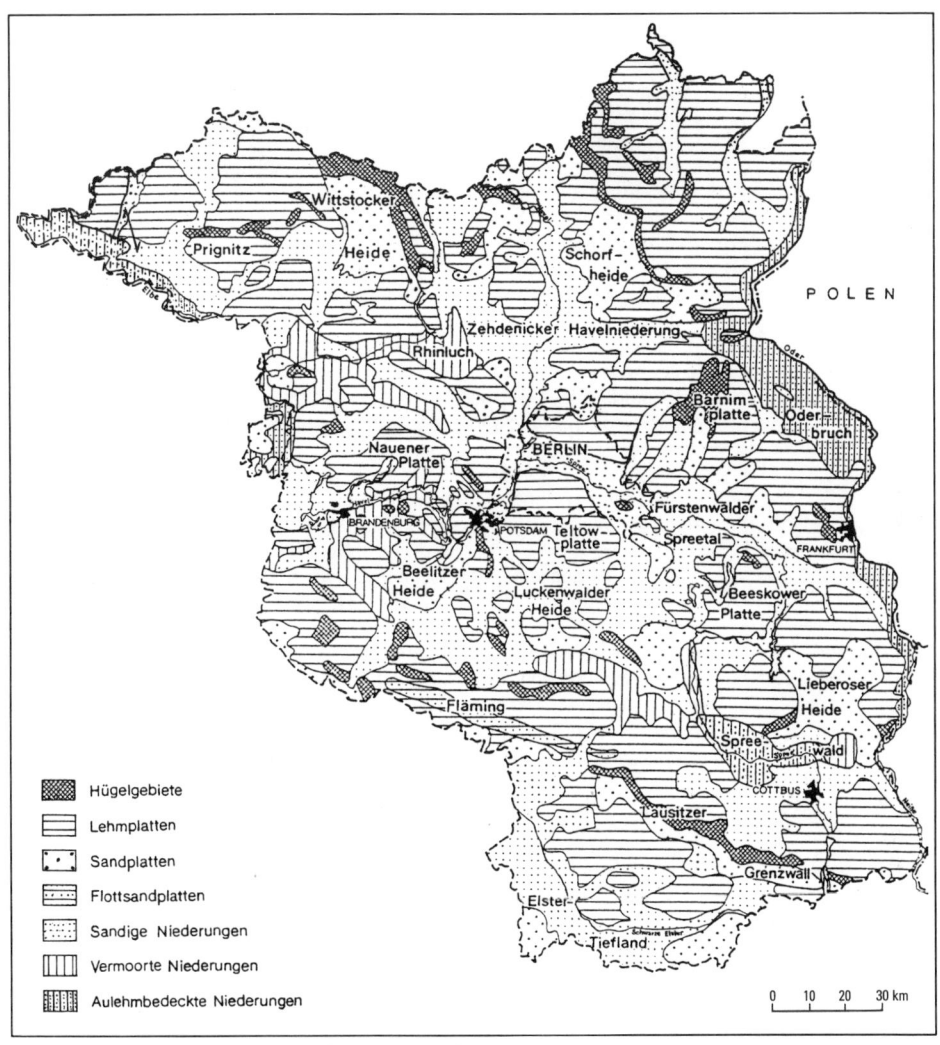

Legende:
- Hügelgebiete
- Lehmplatten
- Sandplatten
- Flottsandplatten
- Sandige Niederungen
- Vermoorte Niederungen
- Aulehmbedeckte Niederungen

Quelle: ergänzt und verändert nach BARSCH, SCHWARZKOPF und SÖLLNER 1993

Abb. 7: Naturräume in der Region Berlin und Brandenburg

dam-Babelsberg. Die Seen werden durch Fließe und grundwasserbestimmte, vermoorte Landschaften miteinander verbunden. Hundekehlefenn, Langes Luch und Riemeisterfenn sind noch heute als reichhaltige Biotope erhalten; andere Talbereiche sind stärker entwässert und überbaut. Eine zweite Rinne wird heute durch den Teltow-Kanal im Bereich Bäke-Tal nachgezeichnet. Eine weitere läuft von Rudow in Richtung Stadtgrenze bei Groß Ziethen. Auch sie ist heute noch mehr oder weniger intakt. Der südöstliche Bereich zwischen Britz, Mariendorf und Lichtenrade, teilweise bis nach Rudow, wird durch die mehr als 10 m mächtigen Geschiebemergel

Grundmoräne	– beim Niedertauen des Eises sich flächenhaft ausbildender Geschiebemergel – in sich ungeschichtete Lockergesteinslage – Gemisch von Ton, Schluff und Sand sowie mit Geschiebe – flachwellig und eben – im Jungmoränengebiet überwiegend in Höhenlage von 40–55 m, im Altmoränengebiet deutlich darüber – teilweise durch nachfolgende Beanspruchung in Schuppen gelegt, zwischen denen Sande auftreten
Endmoränen	– Kuppenrelief mit Höhenbereich von vor allem 80 bis 120 m, selten darüber – Bildung am Eisrand – überwiegend grobe Lockermaterialien (Kiese, Sande sowie Geschiebe), Feinerde ausgewaschen – teilweise bei Stauchmoränen auch Geschiebemergel
Sander	– glazifluviale Bildung von Sandkegeln und -ebenen vor dem Eisrand – vor allem an Sanderwurzel stärker reliefiert, sonst flachwellig – in Niederungen als Talsandflächen mit ebener Oberfläche
Kames	– glazifluvial gebildete, geschichtete Sande im Stillwasserbereich – nachfolgend häufig durch randliche Rutschungen als Hügel ausgebildet
Urstromtal	– durch glazifluviale Prozesse ausgeformte große Talungen – Akkumulation von Talsanden und im Holozän Niedermoore – niedrigste Lage im pleistozänen Formungsraum, im allgemeinen niedriger als 30 m – häufig weitflächige Niederungslandschaften mit Flußläufen
Soll	– durch Austauen von Toteis entstandene Hohlform – zumeist rundlich, geringe Ausmaße – häufig wassergefüllt

SCHRADER 1994

Übersicht 3: Geologisch-geomorphologische Typen der Glaziallandschaft

der Teltower Grundmoräne bestimmt. Hier findet man heute noch eine größere Zahl ehemaliger Sölle (s. Übersicht 3), die vielfach noch oder wieder reiche Biotopstrukturen mit offenen Wasserflächen und Riedbereichen aufweisen.

Spreeniederung

Nördlich des Randes der Teltower Platte senkt sich die Oberfläche von etwa 50 m über NN zum Spreetal auf 32 bis 34 m Höhenlage. Das hier anzutreffende Tal stellt einen Abschnitt des Berliner Urstromtales dar. Spree- und Dahme-Tal sind im Südosten Berlins etwa 12 km breit und verengen sich in der Mitte Berlins bis auf 4 km, um dann mit der Einmündung der Pankeniederung und der Spree in die Havel wieder auf mehr als 10 km Breite anzuwachsen (s. Abb. 7). Hierbei handelt es sich großflächig um grundwasserfreie Talsandflächen, die mit Köpenicker, Spandauer und Tegeler Forst die großen Forstflächen Berlins tragen. Unter periglaziären Bedingungen wurden die Talsande häufig verweht, so daß zahlreiche Dünenkomplexe im Spree-, Dahme- und Haveltal verbreitet sind. Der Endmoränenkomplex von Müggelbergen und Gosener Bergen wird von weitflächigen Sanderflächen umgeben, die von grundwasserfreien Talsanden in die Niederungsbereiche mit dort vorherrschenden grundwasserbestimmten Talsanden und Auenterrassen überleiten. Hier treten Niedermoore als holozäne Bildungen noch großflächig auf. Die großen und Berlin prägenden Seen wie Müggelsee, Tegeler See und Havelseen liegen in der Spree-Niederungslandschaft. Im Stadtzentrum ist sie bis auf den Tiergarten dicht bebaut. Der Grundwasserstand im Bereich der Spreeniederung vom Müggelsee bis zum Tiergarten liegt im Bereich 2 bis 5 m. Die oberen Talsandterrassen im Bereich Wedding und Reinickendorf weisen noch höhere Grundwasserflurabstände auf. Sie sind gegenüber den ursprünglichen Verhältnissen durch fehlende Infiltration infolge Bebauung und Versiegelung sowie durch Wasserentnahme und Baumaßnahmen um einige Dezimeter bis 1...2 Meter abgesenkt. Die ursprünglichen Bodenbildungsbedingungen zur Entstehung der Gleye und Niedermoore bestehen nicht mehr. Die Wasserversorgung der Bäume und des sonstigen Stadtgrüns ist gefährdet. Die Menge der im Oberflächengewässer gelösten Stoffe, insbesondere bei Nährstoffen wie Stickstoff und Phosphor, aber auch bei anderen Inhaltsstoffen, ist relativ hoch.

Wasserwirtschaftlich sehr bedeutsam ist der Müggelsee, der mit einer Fläche von 7,4 km² und einem Volumen von 36,6 Mio m³ zu den großen Seen der Region Berlin und Brandenburg gehört. Seine Oberfläche besitzt eine Höhenlage von 32 m über NN. Die mittlere Tiefe wird mit 4,9 m angegeben. Mit seiner größten Tiefe von 7,7 m ist er relativ flach. Hydrologisch wird er durch den Zufluß der Spree bestimmt, deren mittlerer Durchfluß mit 34,5 m³/s noch größer als der der Neiße bei Guben ist. Allerdings besitzt die Spree mit 10 104 km² ein etwa 2,6fach größeres Einzugsgebiet. Ein Großteil der Trinkwassermenge Berlins wird im Wasserwerk Friedrichshagen aus dem Uferfiltrat des Müggelsees entnommen. Mit der 1991 begonnenen Reduzierung der Braunkohleförderung und der Auffüllung der Grundwasserkörper in der Lausitz drohen beträchtliche Minderungen der Abflußmenge, die auch zu erheblichen Mengen- und Güteproblemen bei der Wasserversorgung im Berliner Raum führen können (s. a. Kap. 2.1.5).

Berliner Gewässer erhalten nach der bundesdeutschen Gütebewertung (LAWA, 1985) nach wie vor nur mäßige bis schlechte Gütewerte. Insbesondere der Ammoniumgehalt, aber auch der mancher Schwermetalle wie Blei, Cadmium, Kupfer sowie der von Kohlenwasserstoffverbindungen übersteigt häufig die zulässigen Grenzwerte. Kräftige Schwankungen der Konzentration von Inhaltsstoffen werden auch durch hydrologisch bestimmte Variation der Wasserführung ausgelöst. Regionale Güteunterschiede zeigen sich in der mäßigen Belastung von Dahme und Spree, bevor sie das Stadtgebiet erreichen. Mit den vor allem durch ehemalige Rieselfelder des Nordostens Berlins belasteten Zuflüssen von Erpe und Panke sowie im Südosten mit dem Teltowkanal, in den die großen Berliner Wasserwerke Ruhleben und Marienfelde entwässern, verschlechtert sich die Gewässergüte drastisch. Die Havel ab Spandau, vor allem mit dem Zufluß des Teltowkanals im Raum Potsdam, stellt sich als wenig sauberes Oberflächengewässer dar, das im Potsdamer Raum zeitweilig als Badegewässer nicht freigegeben werden kann.

Barnim

Der Barnimrand zum Spreetal verläuft in Ost-West-Richtung von Kaulsdorf, Biesdorf und über Lichtenberg bis nach Prenzlauer Berg. Mit der Weitung des Panketals endet die Barnim-Platte im Innenstadtbereich. Der Barnim besitzt als Grundmoränen-Hochfläche ein flachwelliges Relief, dessen Höhenniveau zwischen 45 und 60 m über NN liegt und nach Süden zum Spreetal geneigt ist. Das Panketal teilt die Platte in den Ostbarnim, zu dem die Berliner Bezirke Pankow, Prenzlauer Berg, Weißensee, Hohenschönhausen, Marzahn, Hellersdorf und Lichtenberg gehören. Auf dem Niederbarnim westlich des Panketals liegen solche Ortsteile wie Rosenthal, Buchholz und Lübars. Aufgesetzte Endmoränen fehlen auf dem Barnim völlig. Auch hier reichte zu Beginn des Jahrhunderts die landwirtschaftliche Nutzung weit von Norden in die Stadt hinein. Flächenhaft treten Lehm-Parabraunerden auf, die bei mächtiger Sandüberdeckung stellenweise durch Sand-Podsole unterbrochen werden. Auf den großen ehemaligen Rieselfeldflächen im Nordosten Berlins entstanden Böden, die – wie großflächig auch im Süden von Berlin – infolge 70 bis 100 Jahre anhaltender Abwassereinträge noch heute nährstoffreich und schwermetallbelastet sind. Sie sind im Berliner Nordosten heute überwiegend durch Neubaugebiete genutzt sowie aufgeforstet worden. Die Grundwässer sind somit häufig wegen der Abwasserverrieselung stickstoffbelastet.

Umweltbelastungen und Grünzonen Berlins

Der Versiegelungsgrad als ein wesentliches Merkmal städtischer Belastungen des Naturhaushaltes – vor allem im Hinblick auf die Grundwasserneubildung, das Vorhandensein von Pflanzen und Tieren sowie bezüglich der klimatischen Streßfaktoren für Pflanzen, Tier und Mensch – liegt insbesondere in den Bezirken Charlottenburg, Wilmersdorf, Tempelhof, Kreuzberg, Friedrichshain, Mitte und Prenzlauer Berg über 70%, teilweise 85–100%. Von diesen Innenstadtbezirken nimmt die Versiegelung nach außen im allgemeinen deutlich ab. Allerdings weisen die Kerne der verschiedenen Bezirke wie Köpenick oder Spandau eine ähnlich dichte Bebauung und Versiegelung auf. Außerhalb des Autobahn-Stadtringes dominiert Einfamilienhaus-Bebauung, weshalb der Versiegelungsgrad hier im allgemeinen nur bei 10 bis 15% liegt.

Dennoch hat sich Berlin in der Innenstadt zahlreiche wertvolle Grünzäsuren in Form von großflächigen Biotopen mit hohem Anteil aktiver Vegetation erhalten. So besitzt die Stadt Berlin im Grunewald, im Spandauer und Tegeler Forst, im Forst Köpenick sowie in kleineren Waldflächen immerhin 16% Forstfläche. Hinzu kommen gerade auf den Talsandflächen der Spree weitflächige Kleingartenanlagen. Sie stellen zusammen mit den Grünflächen des Tiergartens, des Prenzlauer Berges, des Friedrichshains, des Humboldthains, des Treptower Parkes und Plänterwalds, der Hasen- sowie Wuhlheide bedeutsame Grünzonen Berlins dar. Stadtökologisch besonders günstig ist die polyzentrische Struktur der Hauptstadt. Die beiden Zentren um den Alexanderplatz und in Charlottenburg werden durch die „grüne Lunge" des Tiergartens getrennt. Am Rand der Stadt sind neben Einfamilienhäusern teilweise noch Ackerflächen sowie vor allem ehemalige Rieselfeldflächen (Pankow, Weißensee, Hohenschönhausen, Waßmannsdorf, Groß-Ziethen, Osdorf sowie Spandau-Karolinenhöhe) vorhanden.

Die stadtklimatischen Verhältnisse werden kaum noch von den ursprünglichen naturräumlichen Bedingungen bestimmt. Vor allem ist die Lufttemperatur der Innenstadt gegenüber dem Umland verändert. Die Ursachen sind einerseits in der Wärmeabgabe durch Gebäude sowie Verbrennungsprozesse von Hausbrand, Industrie, Gewerbe und Verkehr zu finden. Wesentlich sind aber auch die Albedoveränderungen durch bebaute Flächen (s. a. Kap 2.2.3). Betrug die Fläche Berlins in der Mitte des 17. Jahrhunderts noch weniger als 1 km^2, wuchs sie bis zur Mitte des 18. Jahrhunderts auf knapp 15 km^2. 100 Jahre später war sie auf 50 km^2 angewachsen. Die heutige Stadtfläche ist mit 889 km^2 seit 1920 nahezu konstant. Allerdings verändern sich die Verhältnisse der begrünten zur bebauten und versiegelten Fläche ständig. So betrug der tägliche Freiflächenverlust infolge Bebauung in Berlin-West zwischen 1979 und 1989 durchschnittlich 3400 m^2. Mit gleichen Verhältnissen ist im östlichen Zentrum Berlins zu rechnen. Die Jahresmitteltemperatur von 10,2 °C am Alexanderplatz im Vergleich zum in Schönefeld ermittelten Wert von 8,5 °C demonstriert die kräftigen flächennutzungsbedingten Modifizierungen des thermischen Zustandes der Lufthülle in und über der Stadt gegenüber der wenig veränderten Brandenburger Umgebung. Insbesondere im Sommer treten räumliche Abweichungen der Monatsmittel von + 2,0 K auf. Die Folge ist eine verdunstungsbedingte Minderung der absoluten Luftfeuchte in der Innenstadt. SUKOPP u. a. (1974) konnten daher unter anderem die Zunahme von wärme- und trockenheitsliebenden südlichen und südöstlichen Pflanzen, insbesondere der Ruderalpflanzen, im urbanen und suburbanen Berlin feststellen. Diese Verhältnisse bedingen auch bioklimatische Belastungen und Anpassungen der Menschen. Darüber hinaus dürfte der sogenannte „Sommer-Smog", die photochemische Bildung von Ozon infolge Reduktion durch Stickoxide des Kraftfahrzeugverkehrs, in den stark befahrenen Wohngebieten der Innenstadt an der Erhöhung allergischer Erkrankungen kräftig beteiligt sein. Aber auch die Bäume der Stadt sind belastet, wenn der von der Europäischen Union festgelegte Grenzwert für Ozon-Tagesmittelwerte zum Schutz der Vegetation allein im Jahr 1994 im Zeitraum April bis Juli an zwei Dritteln der Tage überschritten worden war (s. Der Tagesspiegel, 13. 10. 1994).

Die mit der Vereinigung der beiden Teile Berlins und der Vorbereitung des Regierungssitzes entstandenen politischen und wirtschaftlichen Möglichkeiten stellen nicht nur neue Belastungen des Naturhaushaltes der Stadtlandschaft und des Umlandes dar, sondern bieten der natürlichen Umwelt auch neue Chancen. So werden die beiden ehemaligen Stadthälften durch einen sich spontan schnell „begrünenden" Mauerstreifen bereichert. Zugleich erhöht aber die Lückenschließung – gerade zwischen Potsdamer und Pariser Platz – den Anteil der bebauten Fläche in der Mitte Berlins. Hiermit könnten die bisherigen stadtökologischen Entlastungen durch die riesige Fläche mit Ruderalflora wieder gemindert werden: Frischluftbildung und ungehinderter Transport in die dicht bebaute Straße Unter den Linden und Leipziger Straße werden mit der Bebauung künftig erschwert. Dringend erforderlich sind Ausgleichsflächen (nach § 8 BNatSchG), wie sie auf dem 30 ha großen Areal des Gleisdreiecks geschaffen werden sollen. Planungsunsicherheiten entstanden jüngst (s. Der Tagesspiegel, 12. 10. 1994), wonach der vorgesehene Stadtteilpark nur 16 ha groß sein oder sogar vollständig auf diesen verzichtet werden sollte. Erhebliche Belastungen von Naturhaushalt und Lebensqualität im Stadtzentrum wären hiermit verbunden. Flächenrecycling alter Industrieanlagen oder die Errichtung eines „grünen" Wohngebietes im Bereich des heutigen Flughafens Tempelhof, wenn der geplante Flughafen „Berlin-Brandenburg International" im Jahr 2004 oder später in Betrieb genommen werden sollte, würden wichtige Ausgleichspotentiale schaffen.

Der stark zugenommene Straßenverkehr stellt wohl *die* Umweltbelastung Berlins dar. Wesentliche Belastungen müssen auch dem bereits zu beobachtenden Prozeß der Suburbanisierung in Form einer Zersiedelung der Stadtkante und des Ausuferns von Berlin in das brandenburgische Umland beigemessen werden. Der 1994 verabschiedete Flächennutzungsplan der Stadt Berlin und die Bildung von Regionalparks in Brandenburg sollen diesen Siedlungsdruck im unmittelbaren engeren Verflechtungsraum aufhalten (s.a. Kap. 7).

2.1.3
Die Landschaft der Prignitz

Die Landschaft der Prignitz im Sinne des von FEILER (1992) mit 3350 km² angegebenen alten brandenburgischen Siedlungsraumes bildet den äußersten Nordwesten des Landes (s. Abb. 7). Die Prignitz besteht im wesentlichen aus dem westlichen Teil der Nordbrandenburgischen Platten im Vorland der Pommerschen Randlage, insbesondere der Kyritzer Platte im östlichen sowie der eigentlichen Prignitz-(Grundmoränen)-Platte im nordwestlichen Teil. Vergesellschaftet ist die Perleberger Heide, hinter deren weiten Forstflächen sich das Elbtal befindet. Die Begrenzung nach Osten stellen das Dosse-Tal sowie nach Süden das Tal von Havel und Rhin dar.

Gemeinsame naturräumliche Kennzeichen der Prignitz sind die geologisch-geomorphologischen Strukturen der glaziären Hochflächen mit überwiegend flachwelliger, teilweise ebener Oberfläche. Kuppige waldbestimmte Landschaften sind mit den Ruhner Bergen und im Raum Meyenburg lediglich im Norden des Gebietes vorhanden. Eine Vielzahl schmaler Rinnen mit von Nordosten nach Südwesten gerichteten und das Vorland der Pommerschen Randlage bis zum Elbtal entwässernden Bächen und Flüssen durchschneidet die Prignitz. Vom Nordwesten bis zum Kyritzer Osten sind die größten die Löcknitz, Stepenitz, Karthane und Jäglitz.

Das Landschaftsbild der Prignitz wird wesentlich geprägt durch die sanften warthezeitlichen Oberflächenformen, in die sich die Landnutzung charakteristisch einpaßt. Die Grundmoränenflächen sind seit langer Zeit ackerbaulich genutzt. Die stärker sandbestimmten Flächen, häufig ein wenig höher gelegen, sind durch Kiefernforsten, teilweise auch Buchen- und Mischwälder mit Fichten eingenommen. Das Landschaftsmosaik wird durch die vermoorten und durch Wiesen- und Weidenutzung bestimmten langgestreckten schmalen Flußniederungen eindrucksvoll gegliedert. Beschauliche Kleinsiedlungen ordnen sich in das ruhebestimmte Landschaftsmosaik ein. Dem Endmoränen-Höhenzug der Weinberge (83 m), Kronsberge (125 m) bis zu den mächtigen Moränenrücken im Raum Blandikow-Heiligengrabe-Wittstock (103 m) ist die Talsandfläche der Perleberger Heide nach Südwesten vorgelagert.

Bestimmend ist das Mosaik von glazigenen und holozänen Substraten. Auf den Grundmoränen von Prignitz-Platte und Kyritzer Platte stehen vor allem Lehme bzw. Tieflehme (Lehm unterhalb einer 40 und 80 cm mächtigen Sandüberlagerung) sowie Sande an. Die hier auftretenden Böden sind im wesentlichen anhydromorph. Es herrschen Parabraunerden, Podsol-Braunerden und Podsole vor. Die eingetieften Niederungen werden durch humose Sande und Torf mit grundwasserbestimmten Böden wie Gleyen und Niedermooren charakterisiert.

Das Gewässernetz wird mindestens durch zwei Besonderheiten bestimmt. Einerseits fällt das Fehlen jeglicher stehender Gewässer auf, was im Altmoränengebiet typisch ist. Auffällig sind andererseits die

NE-SW-gerichteten und nach Süden bzw. Südwesten entwässernden Rinnen und Talungen. Sie trugen zugleich zur weiteren Zergliederung der Grundmoränen bei. Die überwiegend geringen Reliefunterschiede bewirken im Bereich von feinerdereicheren Grundmoränenstandorten eine langsame Entwässerung in die Bäche und Flüsse, wodurch die aktuelle Bodenfeuchte hoch ist. Hieran dürften auch die mesoklimatischen Bedingungen beteiligt sein, da infolge der stärkeren ozeanischen Einflüsse die Niederschläge über 600 mm/a liegen und die Verdunstungswerte geringer als im kontinentaleren Binnenland (s. BÖER 1967, HEYER 1959) sind. Die Rinnen, in denen sich grundwasserbestimmte Gleye und Niedermoore herausbilden konnten, werden somit randlich häufig durch stauvergleyte Standorte begleitet. Durch diese Vergesellschaftung entstand teilweise ein für diesen Raum typisches Bild von in Wiesen- und Weidenutzung übergehender Ackerflächen, ohne daß diese Standortunterschiede morphologisch deutlich hervortreten. Die fruchtbarsten Standorte der die Grundmoränenplatten dominierenden Ackerflächen sollten auch weiterhin einen ertragsfähigen Landbau ermöglichen, wenngleich sich seit 1989 umfangreiche Flächen außerhalb der landwirtschaftlichen Nutzung befinden. Weitflächig wird gegenwärtig das Landschaftsbild durch Ackerbrachen bestimmt.

Die potentiell-natürliche Vegetation des Raumes wird für die Prignitz großflächig als „Eichen-Hainbuchenwald mit Winterlinde" (s. Abb. 8) angegeben, was auf die höheren Feuchtemengen sowie die nährstoffreicheren Podsol-Braunerden und Parabraunerden der anhydromorphen Lehmplatten hinweisen dürfte. Gerade hier wurde der Wald bereits im Mittelalter gerodet und die jahrhundertlange Tradition des Ackerbaus der Prignitz begonnen. Ackerflächen gehen bei zunehmender Feuchteansammlung und einsetzender Stauvergleyung sowie vor allem im Grundwasserbereich der Niederungen in eine Wiesen- und Weidenutzung über. Die höheren Standorte bestehen vor allem aus Sanden. Die hier entstandenen Podsole und Braunerde-Podsole waren für eine agrarische Nutzung wenig bedeutsam, wodurch sie der Forstwirtschaft vorbehalten blieben.

Dies bedeutet, daß weitflächige Ackerlandschaften durch Wasserläufe gegliedert werden. Sie sind zu großen Teilen – vor allem in den nördlichen Abschnitten – noch wenig verbaut und weisen die typische Ufervegetation von Kopfweiden oder Gebüschen auf. Darüber hinaus wurden Konzeptionen zum naturnahen Fließgewässerausbau im Raum der Prignitz in den vergangenen Jahren durchgeführt. Einen hohen Naturwert besitzt insbesondere der Oberlauf der Stepenitz, weshalb alle Quell-Gewässerläufe der Stepenitz bis zur Einmündung der Domnitz im Raum Wolfshagen schon im Jahre 1990 als Naturschutzgebiet mit insgesamt 1117 ha ausgewiesen wurden. Hierbei wurden – auch durch weitere Schutzfestlegungen für die eigentliche Einzugsgebietsfläche der oberen Stepenitz – Voraussetzungen geschaffen, die reiche Fauna und Flora wie die naturnahen Erlenbruchwälder entlang des Stepenitzlaufes weiter zu entwickeln.

Die Gewässergüte nach LAWA (1985) entspricht dieser Biotopsituation, da gerade die oberen Bachläufe der Prignitz-Flüsse noch wenig belastet sind. Die Gewässergütekarte des Landes Brandenburg 1990/91 kennzeichnet den Oberlauf der Stepenitz auf 43,1 km der insgesamt 70,5 km als „gering belastet" (Stufe I-II). Eine gleich hohe Bewertung erfährt von den untersuchten Flüssen Brandenburgs lediglich noch der Oberlauf des Rhins bis Neuruppin. Bis Perleberg ist die Stepenitz immerhin noch auf weiteren 22,7 km nur „mäßig belastet" (LAWA-Klasse II), während die restlichen 4,7 km unterhalb von Perleberg als „stark verschmutzt" (III) eingestuft werden mußten, was auf die fehlende Klärung der kommunalen Abwässer in der Kreisstadt Perleberg hinweist.

Zu den Bedingungen dieser Gewässersituation der agrarischen Räume der Prignitz-Platte gehört, daß industrielle Belastungen fast völlig fehlen und die Bevölkerungsdichte – insbesondere, wenn man die in den Zentren Perleberg, Putlitz und Pritzwalk wohnenden Menschen einmal abzieht – mit weniger als 50 Ew./km^2 sehr gering ist. Damit stellt die Landwirtschaft mit ihren Düngern, Pestiziden, Gülle sowie auch durch Nährstofffreisetzungen infolge Entwässerungen der Niedermoore die wesentliche Belastungsquelle der Grund- und Oberflächengewässer dar. Diese Bedingungen hierfür haben sich jedoch nach der Wende wesentlich verändert. Viele Flächen werden nicht mehr bestellt. Eine intensive Bewirtschaftung, insbesondere Chemisierung, findet auf zahlreichen Flächen nicht mehr statt. Deutliche Entlastungen der Stoffkonzentrationen in den Prignitzbächen und -flüssen sind die erfreuliche Folge.

2.1.4
Die Landschaft des Ober-Spreewaldes

Wesentlich stärker als das harmonische Züge tragende Landschaftsbild der Prignitz im peripheren Nordwesten Brandenburgs liegt die reizvolle Landschaft des Ober-Spreewaldes als Erholungs- und Tourismusgebiet im Blickfeld der Berliner. Einen besonderen Stellenwert besitzen hierbei die folgenden Landschaftsmerkmale:

- endlos scheinende schmale Fließe, die den Ober-Spreewald durchschneiden
- Bild einer Auenlandschaft mit Erlenwäldern, Weiden und weitflächigen Wiesen und Äckern
- Gebäude und Siedlungen der Niederlausitzer Landschaft mit zahlreichen Zeugen sorbischer Lebensweise und Kultur.

Genese und Naturraumstruktur der Landschaft des Ober-Spreewaldes

Der Ober-Spreewald wurde als Talweitung während der äußersten Randlage des Brandenburger Stadiums der Weichselvereisung ausgeformt. Die Schmelzwässer folgten der Nordwest-Abdachung des präweichselzeitlichen Reliefs, wodurch zwischen Cottbus und Vetschau (auf warthezeitlichen Grundmoränenplatten gelegen) sowie Peitz und Straupitz im Norden (auf weichselglazialen Grundmoränen) eine bis zu 15 km breite Talung durch Erosion und Akkumulation geschaffen wurde. Dabei flossen die Schmelzwässer zunächst im Baruther Urstromtal aus dem Raum Forst über den heutigen Ober-Spreewald in Richtung Baruth weiter. Erst mit Aufgeben der äußersten Brandenburger Eisrandlage im Pleistozän flossen die Schmelzwässer bei Lübben in die heutige Talweitung des Unter-Spreewaldes.

Der Naturhaushalt des Ober-Spreewaldes zwischen Lübbenau und Cottbus wurde durch regelmäßige Überschwemmungen geprägt. So umfaßte bis 1930 die Überflutungsfläche noch 24680 ha, wobei in den Frühjahrsmonaten nur wenige Flächen inselartig aus der Überschwemmungsfläche herausragten. Durch die auf landwirtschaftlichen Ertrag orientierte Entwässerung reduzierte sich diese Fläche im Zeitraum bis 1975 auf 13380 ha und im Zeitraum danach weiter bis auf 5600 ha. Die von der Spree vor allem zur Zeit der Schneeschmelze mitgeführten Schwebstoffe aus der Lößregion um Bautzen akkumulierten sich während des Holozäns als Auensedimente in weiten Teilen des Ober-Spreewaldes. Die Bodenstruktur, die hydrographischen Bedingungen, aber auch Vegetation und Landnutzung des gesamten Raumes wurden hierdurch beeinflußt. Es entstanden naturnahe Landschaften, die in Brandenburg in ihrer Gesamtheit wegen der folgend aufgeführten Merkmale als singulär gelten dürfen:

- Als geologische Substrate dominieren Talsande glazifluvialer Prägung des Brandenburger Stadiums der Weichselvereisung sowie holozäne Sande und Niedermoore. Nur stellenweise – wie wohl mit der Leiper Insel – ragen auch glazigene Geschiebelehme bzw. -mergel auf. Teilweise unterbrechen auch Talsande die Niedermoorbedeckung. Diese „inselartigen" Standorte sind weniger stark grundwasserbeeinflußt, weshalb sie bevorzugt für die Anlage von Siedlungen und den Ackerbau genutzt werden. Sie tragen im Spreewald die Bezeichnung „Kaupen".
- Wesentliches Kennzeichen der Talweitung des Ober-Spreewaldes sind weiterhin die sehr geringen Reliefunterschiede mit oft nur wenigen Dezimetern bis zu einem Meter.
- Das spreewaldtypische Kleinstrelief übt im Zusammenwirken mit den Überschwemmungen einen sehr bedeutsamen, den Boden- und Grundwasserhaushalt steuernden Einfluß aus, da bei den jahresperiodischen Überschwemmungen stets große Flächen des Ober-Spreewaldes für einige Zeit überstaut waren und noch sind. Hierdurch können beträchtliche Hochwassermengen für einige Zeit gesammelt werden, weshalb die Überschwemmungsgefahr unterhalb des Pegels Leibsch während der Schneeschmelze in der Oberlausitz weitaus geringer war.

- In Wechsellagerung mit Sanden bzw. vor allem Niedermooren wurden Auentone und -schluffe abgelagert, die vertikal wenig oder nicht durchlässig sind. Damit entstanden Bodenwasserregime, die häufig im Unterboden durch gespanntes Grundwasser bestimmt werden. Zugleich wirken sie infiltrationsmindernd, woraus sich nicht nur das bereits dargestellte hohe Retentionsvermögen dieser Räume ergibt, sondern auch die sehr bedeutsame Entsorgungsfunktion des Ober-Spreewaldes begründet. In den feinereichen Substraten wie Ton und Schluff, die häufig, durch Humus angereichert, als Schlick-, Mudde- oder Klock-Bänder die Niedermoore unterlagern oder auch nach oben abschließen, werden gelöste Nähr- und Schadstoffe adsorbiert und können durch die Wiesen- und Waldvegetation abgereichert werden.
- Charakteristisch ist das dichte Netz von Kanälen und Fließen, das zusammen mit dem hohen Grundwasservorrat nicht nur die Bedeutung als Wasserreservoir verdeutlicht, sondern auch die Unzugänglichkeit vieler innerer Bereiche des Ober-Spreewaldes noch heute bestimmt. Eine sehr geringe Zerschneidung durch übergeordnete Verkehrstrassen verdeutlicht dies.
- Infolge der verschiedenen Faktoren konnte sich teilweise noch die natürliche bzw. naturnahe Auenvegetation der Erlen- sowie Erlen-Eschen-Bruchwälder und reiche Feucht- und Frischwiesen erhalten.
- Das Landschaftsmosaik wird damit durch den Gegensatz von überwiegend vollhydromorphen Gley- und Niedermoor-Böden mit hohen organischen Anteilen (vor allem Humus und Torf) und häufig auftretenden Muddeschichten sowie im Oberboden überwiegend grundwasserfreien sandbestimmten Kaupen charakterisiert.

- Jahrhundertelang wurde der Ober-Spreewald durch ein Nutzungsmuster von Auenwald, extensiv genutzter Wiese und Weide sowie Ackerflächen mit Gemüseanbau, insbesondere von Gurken, Weißkohl, Zwiebeln, auf den Kaupen bestimmt.

*Aktuelle Veränderungen
im Selbstreinigungspotential*

Die Selbstreinigungsvorgänge der Spree – insbesondere die Sedimentation bei Überschwemmung und der biologische Abbau von Phosphor- und Stickstoffverbindungen – sind im Spreewald beträchtlich. So gibt RUMMEL (1991) eine abfiltrierbare Stoffmenge von 6 mg/l an. Noch 1990 wurde eine Zunahme der organischen Belastung des Spreewassers durch Dünger und Gülle oberhalb des Spreewaldes, aber auch am Ausgang des Unter-Spreewaldes am Pegel Leibsch festgestellt.

In der jüngsten Vergangenheit und Gegenwart werden Auensedimente nur noch eingeschränkt abgelagert. Dies ist einerseits der immer stärkeren Regulierung der Frühjahrshochwässer geschuldet. Andererseits hat die geplante Reduzierung der Wassermenge der Spree infolge der Veränderung im Niederlausitzer Braunkohlenrevier bereits begonnen, wodurch eine Abnahme der Grubenwassereinleitung in die Spree entsteht. Es wird eine Abnahme des Spreeabflusses um 40% gegenüber dem gegenwärtigen Stand angenommen (s.a. Kap. 2.2.4.) Damit können Beeinflussungen auftreten, die den Naturhaushalt und auch die Nutzungsstruktur schwerwiegend verändern:

Das Wasserspeichervermögen des Spreewaldes sinkt und mit ihm die Fähigkeit der Selbstreinigung der Spreewässer ebenso wie die Humifizierung der Niedermoore. Mit der großflächigen Entwässerung wurden die Auensedimentschichten vielfach durchschnitten, wodurch die substratbedingten Bodenwasserregime sich veränderten. Wassermangel der ackerbaulich genutzten Böden erfordert zusätzliche Bewässerung. Mit der Verringerung des Wasserdargebotes der Spree durch die Grubenwassereinleitung muß zugleich eine Erhöhung der Phosphatbelastung angenommen werden, da das eisenreiche Grubenwasser bisher eine Festlegung des Phosphats bewirkte.

*Reichtum von Pflanzen- und Tierarten im
Biosphärenreservat Spreewald*

Ober- und Unter-Spreewald wurden wegen der noch vorhandenen Naturwertigkeiten und zur Sicherung der Naturhaushaltsfunktionen im September 1990 als 47 480 ha großes Biosphärenreservat gesetzlich ausgewiesen und heute durch eine Naturschutzstation entwickelt. Totalreservate und ein sich entwickelnder Naturschutz im Rahmen nachhaltiger Bewirtschaftungskonzepte sowie eine standortentsprechende Landschaftspflege bilden eine Einheit.

Fauna und Flora des Spreewaldes nehmen im Land Brandenburg einen besonderen Stellenwert ein. Die Artenzahl wird insgesamt mit 1247 wildlebenden Farn- und Blütenpflanzen angegeben. Vergleicht man diese Zahl mit der für Brandenburg insgesamt ermittelten Zahl von 1685, so wird deutlich, daß der Spreewald ein Gebiet mit hoher floristischer Repräsentanz ist. Bei der Bewertung der spreewald-typischen naturnahen Feuchtbiotope wie Reste des Erlenbruchwaldes im Bereich des Nordumfluters südlich von Alt Zauche und Straupitz, der Erlen-Eschenwald entlang den Fließen, die Schlankseggen-, Rohrglanz- und Pfeiffengraswiesen und die Seerosen- sowie Wassernußgesellschaften, aber auch Trockenbiotope mit Steppenpflanzen, fällt mit 543 bestandsgefährdeten Pflanzenarten der sehr hohe Anteil nach

Zeit	Waldfläche (ha)	Wiesenfläche (ha)
1628	6920	204
1719	5474	1650
1751	1612	5512
Ende 18. Jh.	470	6654
um 1800	–	7124

nach KRAUSCH (1965) in: Entwurf Landschaftsrahmenplanung, Büro ROSENKRANZ (1994)

Tab: 3: Historische Veränderungen der Wald- und Wiesenfläche im Oberspreewald

„Rote Liste Brandenburg" (1993) auf. Die besondere Naturschutzfunktion des Spreewaldes wird an den vom Aussterben bedrohten Pflanzen wie Wassernuß, Sand-Tragant, Sumpf-Weichwurz sowie verschiedenen Orchideen sichtbar.

Bedeutsam sind auch die Fischotterpopulation sowie Fledermäuse, Schwarzstörche, See- und Fischadler, Waldwasserläufer, Zwergschnäpper, Weidenmeise, Kranich, Großer Brachvogel und zahlreiche andere Vögel, aber auch Lurche, Amphibien, Fische und Mollusken sowie Insekten, die zahlreiche Vorkommen bestandsgefährdeter Arten (Rote Liste Brandenburg 1992) besitzen.

Naturräume und Landnutzungsformen zwischen Werben, Burg und Byhlegure

Der noch im 17. Jahrhundert fast die gesamte Fläche des Ober-Spreewaldes bedeckende Wald wurde im 18. Jahrhundert zunehmend gerodet. Tabelle 3 verdeutlicht diese Landnutzungsänderungen. Heute wird der Raum um die Siedlung Burg durch ein Mosaik von charakteristischen Wiesenflächen mit Baumreihen, die eine typische Kammerung ergeben, durch Reste der Erlenbruch- sowie Erlen-Eschenwälder im Norden sowie mehr oder weniger ausgeräumte Feuchtwiesen und Ackerflächen auf Niedermooren mit Auensedimenten bestimmt. Die Höhenlage des Gebietes um Burg beträgt durchschnittlich 4 bis 8 dm über den Vorflutern. Auf Grund der nährstoffreichen Substrate und der nicht so langandauernden Überschwemmung ist hier die Wiesen- und Ackernutzung bereits sehr lange betrieben worden. Damit ist auch häufig die Um- und Auflagerung von Bodenmaterial zu Horstäckern verbunden. Vergesellschaftet sind Flachmoortorfe, die oft Mudde-Lagen aufweisen. Die Böden sind wegen hoher Feinerdegehalte schwer zu bearbeiten, woher der Begriff der „Stundenböden" stammt. Wiesengesellschaften mit Kohlkratzdistel und Glatthafer weisen auf geogene und nutzungsbedingte Nährstoffstärke der Standorte hin. Die Landschaftstypen vor allem dieses Teilraumes der Niederungslandschaft des Ober-Spreewaldes werden in Übersicht 4 zusammenfassend dargestellt.

2.1.5
Die Landschaft des Niederlausitzer Braunkohlegebietes zwischen Cottbus, Spremberg und Welzow

Die Landschaft der Niederlausitz mit ihren Moränen und Niederungen unterscheidet sich zunächst wenig von anderen im Mit-

Landschaftstyp	Substrat/Wasser	Boden	Biotoptyp	Besonderheiten
Laubwald (mit Lichtungen) zumeist auf Flachmooren	Flachmoortorf auf Sand bei nahem Grundwasser	Niedermoor, Anmoorgley	Erlenbruchwald Erlen-Eschenwald	ehemals häufig überschwemmt Grabenentwässerung teilweise spontane Bewaldung der Lichtungen
Nadelwald (mit Kahlschlägen und Aufforstungen) auf trockenen Sandebenen	trockener Sand der Sander und Hochflächen	Braunerde-Podsol	Kiefernforst	nicht überschwemmt teilweise Sandentnahme
durch Baumreihen (oft Schwarzerle) gekammerte Mähwiesen auf Flachmooren (teilweise mit Auensedimenten)	Flachmoortorf auf Sand bei nahem Grundwasser (z. T. Moorerde auf Wiesenton)	Anmoorgley, Niedermoor	Rasenschmielenwiese Schlankseggenried	ehemals häufige Überschwemmungen starke Grabenentwässerung spontane Bewaldung
Wiesen auf Flachmooren (teilweise mit Baumgruppen)	Flachmoortorf auf Sand bei nahem Grundwasser, teilweise auf Ton	Anmoorgley, Gley, teilweise Auenböden	Rohrglanzgraswiese Schlankseggenried Rasenschmielenwiese	ehemals häufig überschwemmt geringer Anteil von Gehölzen
ausgeräumte Wiesen mit Acker- und Einzelhofflächen auf Auensedimenten	Klockerde auf Sand, humosem Ton bis tonigem Humus auf Sand, oft Zwischenlagerung von Torf	Auenböden, Anmoorgley, Gley,	Kohldistelwiese Glatthaferwiese Pfeiffengraswiese mit Rohrschwingel	ehemals seltener überschwemmt Horstäcker verbreitet Rodungen/ Ausräumungen

Landschaftliche Kontraste

Wiesen-Polder (z. T. mit Ackerflächen) auf Flachmoortorfen sowie humosen vernäßten Sandebenen	Flachmoortorf auf Sand und humosen, Sand bei nahem Grundwasser, teilweise Klock	Gley, Anmoorgley, teilweise Auenböden	Pfeiffengras-, Kohldistel-, Glatthafer- und Rasenschmielenwiese Erlen-Eschenwald Erlen-Hainbuchenwald	bereits lange Zeit trockengelegtes ehemaliges Überschwemmungsgebiet Rodungen
Acker- und Saatgrünland auf überwiegend sandigen Auensedimenten	humoser Sand bei nahem Grundwasser, nur an Fließen Klock oder Moor	Gley, Anmoorgley, teilweise Auenböden	Kohldistelwiese Glatthaferwiese	selten überschwemmt ackerbaulich und durch Bebauung genutzt
Acker auf trockenen ebenen bis flachwelligen Sandstandorten	trockener Sand auf Talsand und Hochflächen	Braunerde-Podsol	Acker	nicht überschwemmt teilweise Deponien
überwiegend locker bebaute Dorfkerne auf höher gelegenen, trockenen Sandinseln	Sand auf Hochflächenresten und Talsandinseln (Kaupen)	Braunerde-Podsol	Acker Siedlung Gärten	ehemals nur in Randbereichen überschwemmt

nach SCHRADER/SYRBE (1991)

Übersicht 4: Landschaftstypen des Ober-Spreewaldes und deren Struktur

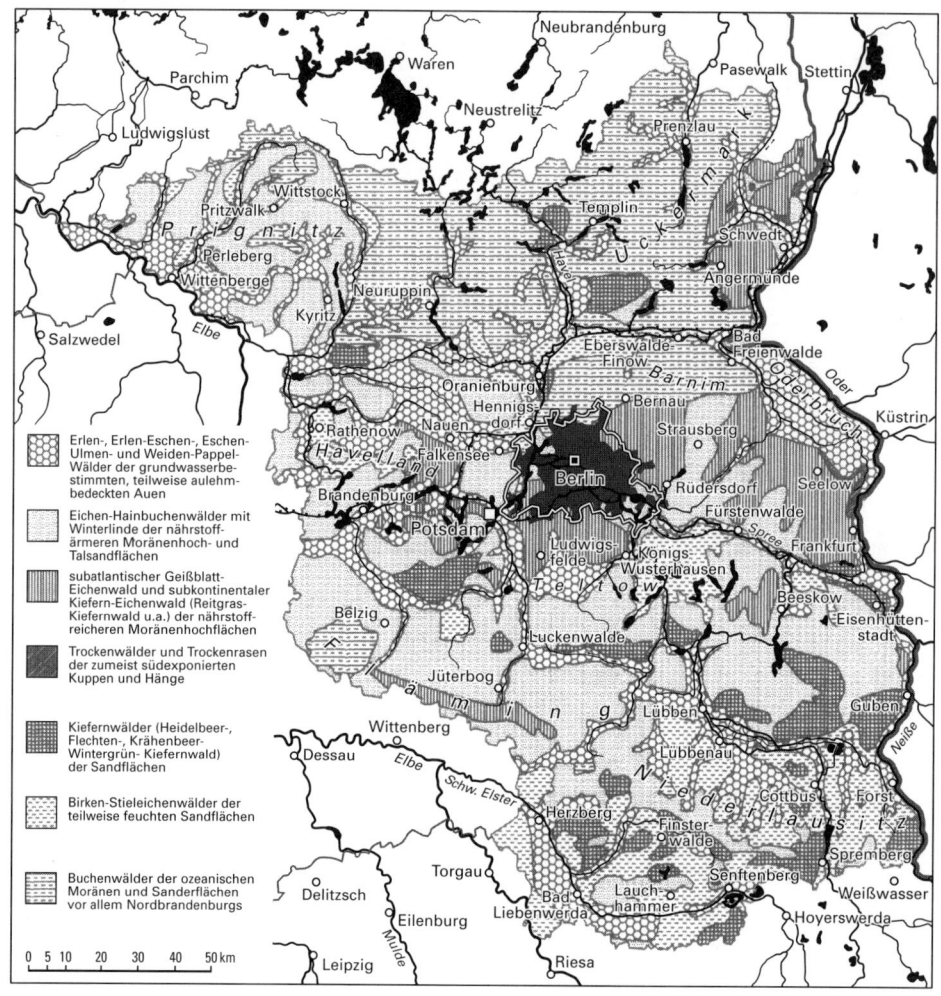

Abb. 8: Potentielle natürliche Vegetation in der Region Berlin und Brandenburg

Legende:
- Erlen-, Erlen-Eschen-, Eschen-Ulmen- und Weiden-Pappel-Wälder der grundwasserbestimmten, teilweise aulehmbedeckten Auen
- Eichen-Hainbuchenwälder mit Winterlinde der nährstoffärmeren Moränenhoch- und Talsandflächen
- subatlantischer Geißblatt-Eichenwald und subkontinentaler Kiefern-Eichenwald (Reitgras-Kiefernwald u.a.) der nährstoffreicheren Moränenhochflächen
- Trockenwälder und Trockenrasen der zumeist südexponierten Kuppen und Hänge
- Kiefernwälder (Heidelbeer-, Flechten-, Krähenbeer-Wintergrün- Kiefernwald) der Sandflächen
- Birken-Stieleichenwälder der teilweise feuchten Sandflächen
- Buchenwälder der ozeanischen Moränen und Sanderflächen vor allem Nordbrandenburgs

Quelle: SCAMONI u. a. in Atlas DDR 1981, Karte 12

Kartographie: EDV- & Büroservice Masuch, Klett/Perthes

telpleistozän geprägten Landschaften, wenn hier nicht große Mengen tertiärer Braunkohle oberflächennah anstehen und bis heute intensiv genutzt werden würde (s. NOWEL u. a. 1994). Bereits seit längerer Zeit wird die Braunkohle als Rohstoff hier in umfangreichem Maße abgebaut. Der Raum wurde durch den Tagebaubetrieb umfassend verändert:

- Zerstörung der glazialen Landschaft durch riesige Tagebaulöcher
- Senkungsfließen und Rutschungen in ausgekohlten Tagebauen
- umfangreiche Veränderungen im Oberflächengewässernetz und Trockenlegung von Niederungen
- Luftbelastungen infolge Verstromung und Stoffchemie.

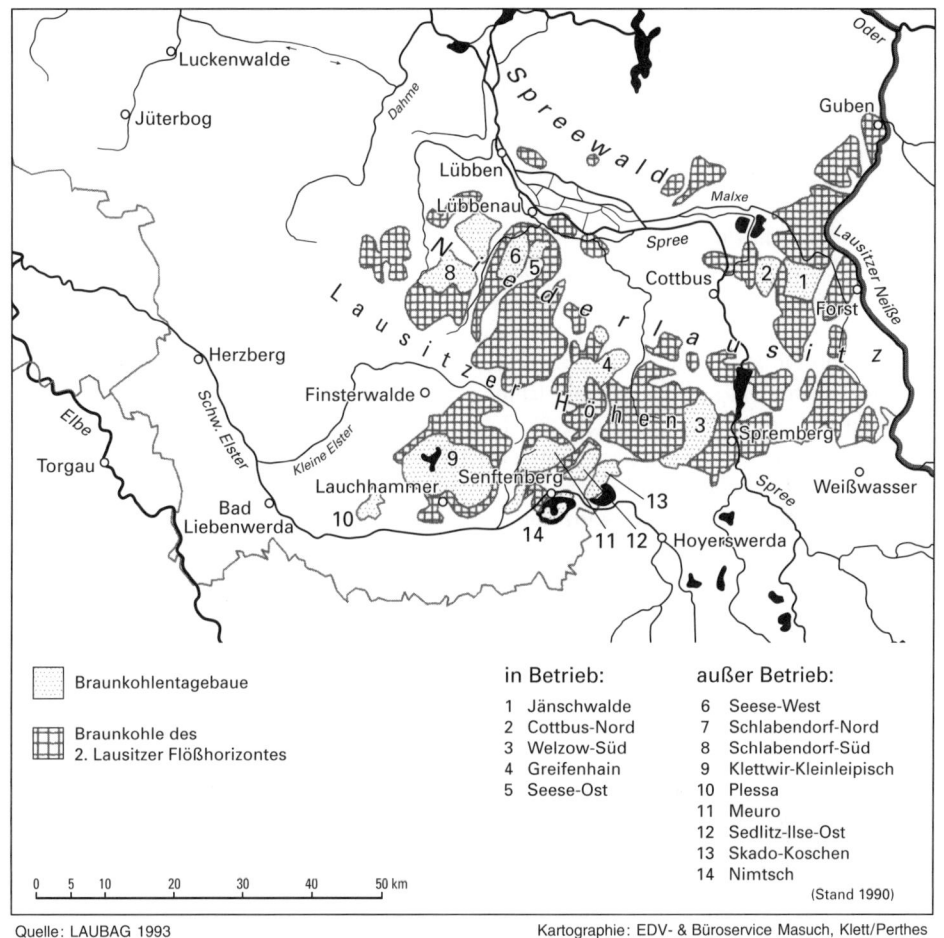

Landschaftliche Kontraste 57

Abb. 9: Braunkohle und Braunkohlentagebaue im brandenburgischen Teil des Lausitzer Reviers

Quelle: LAUBAG 1993   Kartographie: EDV- & Büroservice Masuch, Klett/Perthes

Legende:
- Braunkohlentagebaue
- Braunkohle des 2. Lausitzer Flößhorizontes

in Betrieb:
1. Jänschwalde
2. Cottbus-Nord
3. Welzow-Süd
4. Greifenhain
5. Seese-Ost

außer Betrieb:
6. Seese-West
7. Schlabendorf-Nord
8. Schlabendorf-Süd
9. Klettwir-Kleinleipisch
10. Plessa
11. Meuro
12. Sedlitz-Ilse-Ost
13. Skado-Koschen
14. Nimtsch

(Stand 1990)

Im folgenden sollen die Naturmerkmale der Niederlausitzer Landschaft im Bereich des Braunkohlereviers Welzow dargestellt werden.

Geologie

Charakteristische Glieder der Oberflächengestalt der Niederlausitzer Landschaft sind der Lausitzer Grenzwall als östliche Fortsetzung der warthezeitlichen Endmoränen des Flämings sowie Grundmoränen der Calauer und Luckauer Platte und des Schliebener Bereiches (s. a. Abb. 6 und 9). Die Moränenhochflächen werden durch ein vielgestaltiges pleistozänes Rinnensystem gegliedert. Die oligozänen und miozänen Kohlelagerstätten wurden und werden trotz der faltenartigen Aufpressungen von Flözen am Lausitzer Hauptabbruch (s. Abb. 10) weitflächig abgeteuft. Das 1. Lausitzer Flöz der Niederlausitz, das maximal 25 m (s. NOWEL u.a 1994), im Mittel 9 bis 12 m mächtig war, ist heute nahezu vollständig ausgekohlt worden. Es stand auch außerhalb des eigentlichen Lausitzer Gebietes an und wurde – wie bei Schenkendorf südlich Berlin – umfangreich genutzt. So wurde selbst hier ab 1870 zeitweilig Braunkohle in fünf Tagebauen gefördert. Das 3. und 4. Lausitzer Flöz besitzen wegen der größeren Tiefenlage keine wirtschaftliche Bedeutung. Bergbaulich bedeutsam ist vor allem das 2. Lausitzer Flöz. Es besteht aus einem 8 bis 10 m, im Raum Welzow 10 bis 14 m dicken Kohleflöz, das von 40 bis 80 m mächtigem Deckgebirge überlagert wird. Ein Abbau im Tagebau bis 120 m Teufe wird durchgeführt. Dieses Flöz ist weitflächig in Brandenburg (und im angrenzenden Sachsen) verbreitet (s. Abb. 10).

Sehr einschneidend sind die hydrologischen Beeinflussungen durch den Tagebau, da das als Gruben- oder Sümpfungswasser bezeichnete Grundwasser im Gebietswasserhaushalt fehlt. Die Wasserbilanz (in Mrd. m³/a) für den Zeitraum 1959–1989 wird in Übersicht 5 dargestellt. Im Zusammenhang mit dem Bergbau und anderen Entnahmen bildete sich ein riesiger Absenkungstrichter, dessen Volumen mit etwa 40 Mrd. m³ beziffert wird.

Landschaftsveränderungen durch Braunkohleabbau im Raum Welzow – Spremberg

Das südlich von Cottbus liegende Revier Welzow gehört zum Spree-Neiße-Kreis. Es reicht von der Ortschaft Welzow im Westen nach Osten bis fast an die Spree. Die hochliegende Quartärbasis der Welzower Hochfläche schuf eine geringe Deckmächtigkeit, die dem Gebiet eine besondere bergbauliche Gunst zuwies. Durch Abtragung der tertiären und quartären Deckschichten und Auskohlung der Flöze entstand ein Grubengelände von 4 km Breite

Grundwasserneubildung	28
Grundwasserentnahme	–24
Gebietsabfluß	–14
Grundwasserdefizit	–10

Quelle: Niederlausitz, Dornier 1994

Übersicht 5: Wasserbilanz des Niederlausitzer Braunkohlegebietes (in Mrd. m³/a)

und mehr als 12 km Länge. Der Tagebaubetrieb hat bereits die westlichen Randsiedlungen der Stadt Spremberg erreicht. Im Norden bewegt sich der Abbau auf die landschaftlich reizvollen Hügel des Lausitzer Grenzwalls zwischen Drebkau und Groß Döbbern zu. Im Süden blieb ein schmaler Landstreifen im Raum Proschim-Bluno-Sabrodt erhalten, auf dem die Eisenbahnlinie Senftenberg-Schwarze Pumpe und die Bundesstraße 156 verlaufen. Südlich dieses Landstreifens beginnt das auslaufende Abbaurevier Meuro nördlich von Hoyerswerda (Sachsen).

Die zum Lausitzer Becken- und Hügelland gehörende Landschaft wurde durch waldbedeckte Kuppen bestimmt, die sich ca. 30 bis 40 m über die ebene bis flachwellige Cottbuser Sandplatte erhoben hatten. Das westlich des Tagebaus Welzow sich zwischen Neupetershein und Drebkau erstreckende Landschaftsschutzgebiet „Steinitz-Geisendorfer Endmoräne", zu dem auch durch Stauerscheinungen bedingte Feuchtstandorte der Senken und Fließe wie das Steinitzer Wasser gehören, demonstriert das ursprüngliche Landschaftsbild. Die Altmoränenrücken wurden durch Podsole auf kiesig-sandigen Ausgangssubstraten bestimmt. Die potentiell-natürliche Vegetation dieser Standorte stellen überwiegend Kiefernwälder dar (s. Abb. 8). Vor dem Bergbau traten teilweise großflächige Kiefernmischwälder auf den bestimmenden Podsolen auf. Sie bildeten mit den

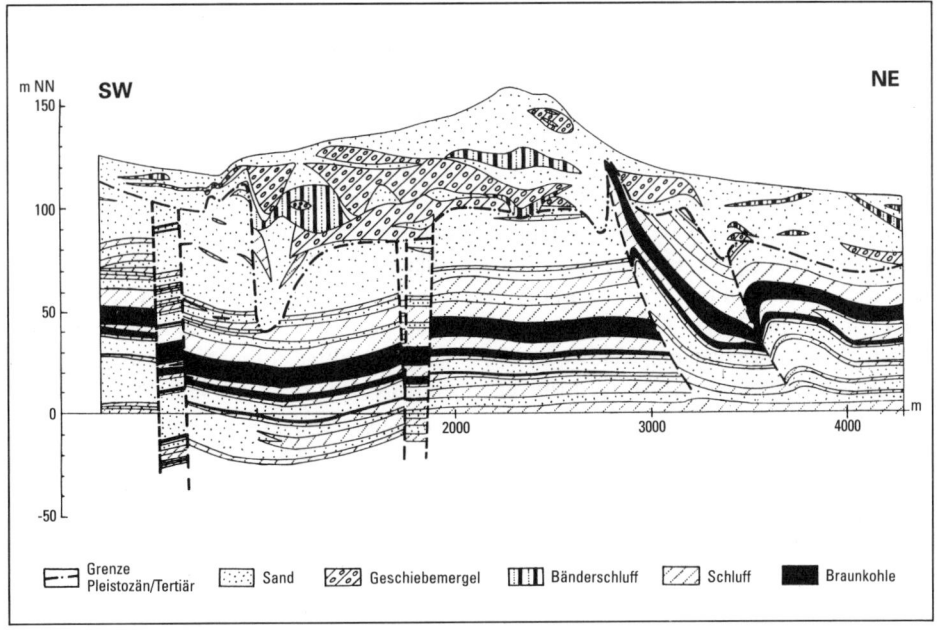

Landschaftliche Kontraste 59

Abb. 10: Geologischer Schnitt durch den Tagebau Welzow-Süd

Quelle: LAUBAG, Land Brandenburg

ackerbaulich genutzten ertragsstärkeren Braunerden auf lehmunterlagerten Sanden die charakteristische Niederlausitzer Landschaft. Der landschaftliche Reiz des Gebietes, insbesondere der Gegensatz von Endmoränenkuppen des Lausitzer Grenzwalls und Spree-Engtal bei Spremberg, litt unter dem Tagebau empfindlich. Allein dem Tagebau Welzow mußten auch zehn Siedlungen weichen.

Im früheren Tagebaubetrieb wurden aus Kostengründen und wenig ausgeprägtem Landschaftsverständnis oft Überflurkippen geschüttet, die zu Rutschungen und Senkungsfließen neigen und eine Rekultivierung und Wiedernutzung erschweren. Häufig erfolgte keine Trennung der humosen Bodenhorizonte, was für die spätere Landschaftsentwicklung wesentliche Erschwernisse darstellte. Indirekt mit dem Bergbau verbunden waren auch umfangreiche Emissionen von Staub und Luftschadstoffen im Raum Schwarze Pumpe. Die bei der Strom- und Fernwärmeerzeugung, Verkokung und in der Großchemie in Schwarze Pumpe entstandenen Schwefel- und Stickstoffverbindungen, aber auch an Ruß gebundene polyzyklische aromatische Kohlenwasserstoffe (PAK) sowie von Blei trugen zur außerordentlich hohen Immissionsbelastung der Niederlausitz bei.

Hydrologische Situation

Die schwerwiegendsten Beeinflussungen fanden im Gewässerbereich statt. Dies gründet sich auf die Großräumigkeit und Langzeitwirksamkeit geohydrologischer Erscheinungen. Die Oberflächengewässersituation wird durch die Zugehörigkeit zum Altmoränengebiet bestimmt, in dem Seen fast völlig fehlen. Die natürliche Entwässerung der nördlich des Lausitzer Grenzwalls liegenden Flächen findet über kleine, teilweise Auensedimente besitzende Bäche in die Spree statt, während die südliche Abdachung der Endmoränen zum Flußgebiet der Schwarzen Elster gehört. Wegen der flächenhaft auftretenden, durchlässigen pleistozänen und tertiären Sedimentschichten hat der gesamte Raum trotz seines etwas kontinentaleren Charakters eine große Bedeutung für die Grundwasserneubildung. Sie wurde im Mittel mit 5 bis 6 l/s je km^2 angegeben (Landschaftsrahmenplanung Welzow 1994). Mit dem Tagebau wurden die Vorflutverhältnisse völlig verändert, wodurch Fließe umgelegt werden mußten und durch Tieferlegung des oberflächennahen Grundwassers Feuchtbiotope verschwanden. Dem Ackerbau stellen sich enorme Erschwernisse und Ertragseinbußen in den Weg. Noch schwerwiegender sind die beim Bergbau notwendigen Abtragungen der hangenden Geschiebemergelschichten und tonig-schluffigen Tertiärsedimente. Dies führte zur Zerstörung der natürlichen Grundwasserstockwerke mit großflächigen Absenkungen der für die Trinkwassergewinnung bedeutsamen Aquifer. So reichte der Absenkungsbereich des Tagebaus Welzow noch 1991 bis nach Groß-Gaglow und damit nur wenige Kilometer bis an die Stadtgrenze von Cottbus.

Künftige Landschaftsentwicklung im Raum Cottbus – Welzow

Neben den Revieren Cottbus-Jänschwalde sowie Welzow-Greifenhain ist eine Tagebauentwicklung in Welzow – zunächst nach Westen und Südwesten bis Proschim, später nach Nordwesten – vorgesehen. Es wird davon ausgegangen, daß im Jahr 2032 ein Restloch von 17 km^2 Fläche östlich von Bahnsdorf verbleibt. Bei der weiteren Westverlagerung des Tagebaus ist eine großflächige Trockenlegung des Liegenden des 2. Lausitzer Flözhorizontes notwendig. Damit verkleinert sich der Absenkungstrichter von Cottbus weg bis an den nördlichen Rand des heutigen Tagebaus, verschiebt sich jedoch nach Westen und überlappt sich dort mit dem Absenkungstrichter des Tagebaus Greifenhain sowie mit denen der ehemaligen Tagebaue im Süden wie Spreetal, Skado und Sedlitz. So sind gewaltige Sümpfungswassermengen von 85 Mio. m^3/a im Jahr 2015 und bis zum Jahr 2032 sogar 115 Mio. m^3/a zu heben, da das Lausitzer Urstromtal durch die Südverlagerung des Tagebaus angeschnitten wird. Sie fehlen dem oberflächlichen Gebietswasserhaushalt und vor allem für die langfristige Erneuerung der Grundwasservorräte. Erst mit dem Ende des Abbaus in Welzow kann sich nach Restlochflutung der Grundwasserstand wieder erhöhen. Es wird jedoch eine Absenkung gegenüber der früheren Situation um 5 m bleiben. Zugleich sind die geologischen „Fenster" durch den Abbau der geologischen Barrieren wie Tone oder Mergel nicht wieder zu schließen, wodurch ein wirksamer Grundwasserschutz künftig nicht möglich ist. Die Sümpfungs- oder Grubenwässer werden in die Vorfluter geleitet und beeinflussen damit auch deren Wassergüte. Künftig ist eine Reinigung der Grubenwässer vorgesehen, wodurch ca. 90% der Sümpfungswässer für die Trink- und Brauchwassernutzung zur Verfügung stehen. Mit der bergbaulich bedingten Reduzierung der Grubenwässer können erhebliche Probleme der Sicherung der Oberflächengewässerbilanz der Spree entstehen, selbst wenn durch den Tagebau Welzow zunächst über längere Zeit ein erhöhter Grubenwassereintrag in die Spree erreicht wird.

2.2
Potentiale und Risiken der Naturraum- und Landschaftsstruktur

2.2.1
Vorbemerkungen

Für Einschätzungen der Leistungsfähigkeit und Belastbarkeit der Naturräume und Landschaften Brandenburgs stellen geologischer Bau, Oberflächengestalt und Lagerstätten, Klima, Wasser, Boden sowie Vegetation und Tierwelt die Grundlagen dar. Im folgenden wird deren Aufbau und räumliche Gliederung behandelt. Ihre Naturraumpotentiale stellen Gunstfaktoren des Naturhaushaltes – wie Lagerstätten, Grundwasserneubildung, Grundwasserschutz, Agrar- und Bioklima, Biotope und Arten – in ihrer regionalen Verteilung dar. Deren Nutzung ist heute jedoch oft an die naturraumspezifischen Belastbarkeitsgrenzen gelangt, die die Risiken für Naturhaushalt und Mensch kenntlich machen.

2.2.2
Geologie, Oberflächengestalt, Naturräume und Lagerstätten

Geologie

Bis auf wenige Ausnahmen ist das Alter der die Oberfläche bildenden Formen und Lockergesteine Brandenburgs mit weniger als 300000 Jahren, im mittleren und nördlichen Gebiet sogar mit nur 20000 Jahren, erdgeschichtlich sehr jung. Das Norddeutsche Tiefland wurde weitgehend während des Eiszeitalters geprägt, einer Abfolge periodischer Inlandcisbedeckungen (s. Eisrandlagen in Abb. 6) und Gebirgsvergletscherungen von Nord- und Mitteleuropa, die weltweiten Klimaschwankungen folgten. Dabei ist das Vordringen von Inlandeis im Norden des heutigen Deutschlands von Skandinavien mit der Ausräumung der älteren, also tertiären Oberfläche und vor allem mit mächtigen Akkumulationen von Sanden, Kiesen sowie Mergeln mit Geschieben verbunden. Die Mitteleuropäische Senke wurde infolge der mehrmaligen glazigenen Sedimentation während des Pleistozäns durch Lockermaterialen bedeckt. Die Mächtigkeit der pleistozänen Sedimente schwankt von 0 m in den Räumen Rüdersdorf (südöstlich von Berlin) und Sperenberg (südlich von Berlin), wo die mesozoischen bzw. paläozoischen Ablagerungen freigelegt wurden, bis über 300 m. So mißt die wohl größte Tiefe der präquartären Basis Brandenburgs im Raum Genshagen, also unmittelbar südlich von Berlin, 287 m unter NN, was – bezogen auf das heutige Relief – eine Gesamtmächtigkeit von mehr als 330 m ausmacht. Da die gegenwärtigen Höhendifferenzen in Brandenburg 200 m nicht übersteigen, wird deutlich, daß im Pleistozän ein sedimentärer Ausgleich der tertiären Landoberfläche erfolgt war.

Oberflächengestalt

Die geologische und geomorphologische Prägung erhält der Raum von Brandenburg während des mittleren und vor allem jüngeren Abschnittes der Inlandeisbedeckung. Im Zusammenhang mit dem phasenweisen Vordringen und Abschmelzen des Eises von Norden nach Süden bildeten sich mehrere glazialen Serien aus (s. Abb. 6). Jede glaziale Serie wird durch die in Übersicht 3 charakterisierten geologisch-geomorphologischen Typen der Glaziallandschaft aufgebaut.

Altmoränengebiet

Der südliche Teil von Brandenburg zwischen Belzig, Jüterbog, Lübben, Cottbus und Forst wurde während des Warthe-Glazials geformt (s. Abb. 6). Auch die Prignitz bis in den Raum Heiligengrabe-Wittstock wird der Warthevereisung zugeordnet, was auch die weicheren, weil denudativ stärker beanspruchten Formen der Moränen verdeutlichen. In das Vorland des warthezeitlichen Lausitzer Grenzwalls flossen während der Wartherandlage die Schmelzwässer. Damit ist die Bildung von Sander- und Talsandflächen im Bereich Bad Muskau, Spremberg, Sonnewalde (nördlich Finsterwalde) bis Schönwalde (nördlich von Herzberg) verbunden. Es ist anzunehmen, daß die Schmelzwässer weiter in Richtung Westen zur (Prä)-Elbe zwischen Riesa, Torgau und Elster den ost-west-verlaufenden Talraum der heutigen Schwarzen Elster nahmen. Verbunden war dies mit der erosiven Zergliederung und Überdeckung der drentheglazialen Grundmoränenplatten der Gebiete um Schlieben, Bad Liebenwerda und Senftenberg.

Während der sich an die Saale-Vereisung anschließenden Eem-Warmzeit begann die denudative Überformung mit Abtragung schroffer Reliefformen und der Verfüllung von Senken. Die Seenarmut der Altmoränenräume hat hier ihre Anfänge. Zugleich wurde Brandenburg wieder durch eine geschlossene, wärmeliebende Vegetation bedeckt. Mit ihr bildeten sich Böden dieser Zwischeneiszeit heraus. Erst mit Wiedereinsetzen der kälteren Periode des Eiszeitalters, der Weichsel-Kaltzeit, wich sie einer Tundrenvegetation und später völlig fehlender Vegetation. Solifluktionserscheinungen mit Materialsortierung, Eiskeilen und Windkantern, aber auch äolischen Ablagerungen bestimmten im Vorland des weichselglazialen Eises die Periglazialperiode und setzten die Abtragung fort. Hauptergebnis des Periglazials ist auch ein etwa 10 km breiter und 100 km langer Flottsandstreifen südlich von Jüterbog, der von Niemegk über Oehna, Petkus bis fast nach Dahme reicht. Wegen seiner guten Bodenbedingungen stellt dieser Raum seit dem Mittelalter ein bevorzugtes Landwirtschaftsgebiet dar. Die an feinerdereiche Substrate gebundenen Hohltäler, die in diesem Raum als „Rummeln" bezeichnet werden, zeichnen die Verbreitung des fruchtbaren Lößlehms nach.

Jungmoränengebiet

Mittel- und Nordbrandenburg wird überwiegend dem Jungmoränengebiet zugeordnet. Die Einschränkung ergibt sich aus der Besonderheit des Abknickens der Moränenwälle in Westbrandenburg nach Norden (s. Abb. 6), weshalb die Prignitz warthezeitlich geprägt wurde. Im übrigen Gebiet Brandenburgs verlaufen die Randzonen und deren glaziale Serien im allgemeinen NW-SE-streichend. Das Baruther Tal markiert die äußerste Verbreitung des Weichselglazials. Das Abtauen der Inlandeisgletscher begann an dieser als Brandenburger Randlage (s. Abb. 6) bezeichneten Linie etwa vor 16000 Jahren. Die Schmelzwässer flossen vor dem Eisrand in Richtung Nordwesten und formten somit das breite Baruther Tal aus. Die im Rückland der Endmoränen beim Niedertauen gebildete weichselzeitliche Grundmoräne stellt einen breiten Streifen von Kyritz, Rhinow, Bernau bis Eisenhüttenstadt und Guben dar. Auffällig ist die Zergliederung der Grundmoräne, wobei das breite Berliner Urstromtal deutlich hervortritt. Zumeist quer zu diesen großen Talungen angeordnete, präquartär oder subglazial angelegte Rinnen gliedern die Platten. Sie wurden von Schmelzwässern der weichselglazialen Rückzugsstaffeln in Richtung Süden durchflossen, aber teilweise auch später durch Richtungsumkehr der Fließe weiter gestaltet. Hat die nachfolgende markante Stillstandsphase des Eises, die heute als Frankfurter Randlage bezeichnet wird, auch keine durchgehende Grundmoräne ausbilden können, so stellt die Hügellandschaft zwischen Zechlin, Rheinsberg, Gransee, Biesenthal, Buckow morphologisch einen um so mehr beeindruckenden Endmoränengürtel dar.

Lagerstätten

Für die Lagerstätten Brandenburgs sind zunächst die präquartären geologischen Strukturen bedeutsam. So treten im Süden Brandenburgs weitflächig tertiäre braunkohleführende Schichten vor allem des Oligozäns und Miozäns auf, deren räumliche Verbreitung mittels des 2. Lausitzer Flözhorizonts in Abbildung 9 verdeutlicht wird. Deren Teufe ist relativ gering, wodurch ein Abbau der Braunkohleflöze im Tagebau möglich ist. Darüber hinaus ist infolge der germanotypen Gebirgsbildung eine Muschelkalkscholle im Raum Rüdersdorf relativ weit herausgehoben worden, auf deren Grundlage seit längerer Zeit ein intensiver Kalkabbau betrieben wird. Aus Lagerstättensicht heute nicht mehr bedeutsam ist der im Raum Sperenberg anstehende Zechstein des dort weit aufgepreßten Salzdoms. Hier begann der Gipsabbau nachweislich im Mittelalter und endete erst mit diesem Jahrhundert. Die damaligen Gipsbrüche werden durch die zumeist wassergefüllten Abbaugruben, die Halden am Ortsrand der Stadt Sperenberg sowie durch die oberflächlich freigelegten Festgesteine nachgezeichnet. Südlich von Senftenberg steht darüber hinaus noch präkambrische Grauwacke an.

Bis auf die erwähnten geologischen Strukturen wird Brandenburg durch pleistozäne und holozäne Lockergesteine dominiert. Die glazigenen Lockermaterialien wie Geschiebelehme und -mergel sind teilweise mit nordischen Geschieben angereichert. Flächenhaft verbreitet sind glazifluviale Sande und Kiese (s. Karte 1 : 300000 Lagerstätten Brandenburgs). Sie besitzen als Baumaterialien eine wesentliche Bedeutung, weshalb sie gegenwärtig in sehr starkem Maße abgebaut werden. Bei einem Bedarf von 40 Mio. t Sand und Kies (s. Der Tagesspiegel 26. 11. 94) wurden allein im Jahre 1993 25 Mio. Tonnen in Brandenburg gefördert, womit gravierende Landschaftszerstörungen nicht nur durch den Braunkohleabbau entstehen. Kies- und Sandlagerstätten sind entsprechend ihrer Genese an die Glaziale Serie gebunden und somit sehr zahlreich. Tertiäre Glassande, die im Gebiet der Niederlausitz noch vor kurzer Zeit umfangreich genutzt wurden, haben aus Rentabilitätsgründen der Glaswerke ihre Bedeutung verloren. Übersicht 6 gibt Grundzüge ihrer regionalen Verbreitung entsprechend der Karte von BERNER (in: Ökologische Ressourcen-Planung 1991) wieder und beschreibt deren Entstehung.

Geologische Grundlagen findet die Nutzung der Geothermie. So wurde nach Versuchen in der Stadt Waren (heute Mecklenburg-Vorpommern) bereits in den achtziger Jahren in Prenzlau kürzlich eine geothermische Heizungsanlage für 1100 Wohnungseinheiten in Betrieb genommen. Die Anlage pumpt kaltes Wasser in geothermisch begünstigte Tiefen von 3 km und erhält erwärmtes Wasser zurück, das mittels Gas auf die notwendige Temperatur gebracht wird.

Naturräume

Die Naturräume Brandenburgs sind landschaftsgenetisch an die Abfolge der glazialen Serien gebunden. Es entstanden die auf Abbildung 7 dargestellten und in Übersicht 6 erläuterten geologisch-geomorphologisch bestimmten naturräumlichen Muster der Glaziallandschaft. Vor allem die Naturraumtypen der Platten und Niederungen korrespondieren deutlich mit den von

Bezeichnung	Geologie	Relief	Wasser	Boden	Vegetation [1]
Hügelgebiete	Endmoränen, Sander, Kames; Sand, z. T. Lehm	kuppig, wellig	Sickerwasser-Regime	Podsol, Braunerde-Podsol	Traubeneichen-Mischwald, Südseiten von Kuppen auch Trockenrasen
Lehmplatten	Grundmoränen; Lehm, stellenweise Decksand	flachwellig, eben, z. T. kuppig	Sickerwasser, bei höherem Feinerdeanteil Stauwasser	Parabraunerde Pseudogley, Parabraunerde	Armer Buchenwald, Reicher Buchenwald
Sandplatten	Sander, Kamesebenen; Sand	eben flachwellig	Sickerwasser	Podsol, Braunerde-Podsol	Traubeneichen-Mischwald, Kiefernwald
Flottsandplatten	periglaziale Aufwehungsfläche; ton- und schluffhaltiger Sand („Flottsand", Löß-lehm)	flachwellig	Stauwasser, Sickerwasser	Parabraunerde	Armer und Reicher Buchenwald, Traubeneichen-Hainbuchen-Mischwald
sandige Niederungen	untere Talsandterrassen; teilweise Binnendünen aufgesetzt; Sand	eben, bei Dünen kuppig	periodisches Grundwasser, bei Dünen Sickerwasser	Gleye, bei Dünen Podsol	Birken-Kiefernwald, bei Dünen Kiefernwald
vermoorte Niederungen	Talauen; humoser Sand,	eben	Grundwasser	Niedermoor, Moor-Niedermoor und Anmoorgley	Erlenbruchwald, Erlen-Espen-Bruchwald
aulehmbedeckte Niederungen	Talauen von Flüssen aus dem Mittelgebirge; Humoser Sand, Auenton/-lehm	eben	Grundwasser, Stauwasser	Gley, Vega, Niedermoor	Erlenbruchwald, Erlen-Espen-Bruchwald

[1] potentiell-natürliche Vegetation

Übersicht 6: Charakteristik der Naturräume Brandenburgs

SCHRADER 1994

MEYNEN/SCHMITHÜSEN (1961) ausgeschiedenen Einheiten der Naturräumlichen Gliederung Deutschlands.

2.2.3
Klima und Zustand der Lufthülle in Brandenburg und Berlin

Großklimatische Charakteristik von Brandenburg und Berlin

Die Klimaregion Brandenburg und Berlin ist der Westwindzone der Nordhalbkugel zugeordnet, weshalb die Klimaverhältnisse und Witterungsabläufe durch folgende Merkmale bestimmt werden:

- die geographische Breite zwischen 51°20′ N und 53°34′ N
- die geringe Höhenlage zwischen etwa 1 m Meereshöhe im Bereich der Unteren Oder sowie 201 m über NN auf dem Hagelberg (Hoher Fläming)
- eine relativ geringe Meeresentfernung der Nordsee zur Prignitz im Nordwesten Brandenburgs
- ganzjähriges Auftreten von Großwettertypen atlantischen Ursprungs, insbesondere von Südwest- bis Nordwest-Lagen.

So sind selbst die Sommermonate durch einen hohen Anteil atlantischer Luftmassen bestimmt, die zu einem sommerlichen Maximum der Niederschläge führen. Die insgesamt hohe Variabilität des Wettergeschehens wird auch durch den beträchtlichen Anteil von antizyklonalen Wetterlagen begründet. Der sonnenscheinreiche und damit noch durch relativ hohe Tagesmaxima bestimmte „Altweibersommer" im September zeigt dies sehr häufig an. Hochdruckperioden im Winter erbringen ebenfalls wolkenarmes, doch kaltes „Ausstrahlungs"-Wetter.

Klimafaktoren von Brandenburg

Bei einer etwa 300 km betragenden NW-SE-Ausdehnung treten in Brandenburg – wenngleich stark abgeschwächt – räumliche Differenzierungen klimatologischer Erscheinungen auf. Die nicht seltene Situation, daß die Region zu einem bestimmten Zeitpunkt im Wettergeschehen durch deutliche räumliche Temperatur- und Feuchtigkeitsunterschiede gekennzeichnet wird, ist einerseits an die unterschiedliche räumliche Wirksamkeit und Häufigkeit der Großwetterlagen gebunden. Weitaus stärker sind andererseits die von HEYER (1959) dargestellten mesoklimatischen Faktoren wirksam, nämlich

a) Stauwirkungen mit erhöhten Niederschlägen vor allem an NW-exponierten Hügelbereichen
b) Leewirkungen mit verringerten Niederschlägen in Niederungen
c) starker (kontinentaler) Jahresgang der Lufttemperatur in Niederungsgebieten.

Temperaturverteilung in Brandenburg

Die Januarmittel der Lufttemperatur liegen in Brandenburg zwischen –0,5 und –1,4°C und besitzen damit nur eine geringe räumliche Variabilität. Ähnliche Differenzen als Ausdruck unterschiedlicher Kontinentalität bzw. Maritimität treten im Juli auf. Während die Stationen im nordwestlichen Quadranten Brandenburgs zwischen Neuglobsow, Kyritz, Neuruppin und Angermünde Julimittel zwischen 17,1 und 17,5 °C aufweisen, wurden in Cottbus und Frankfurt/Oder durchschnittlich Werte über 18 °C gemessen. Dies ergibt eine kontinentalitätsbedingte Zunahme der Jahrestemperatur von Norden bzw. Nordwesten nach Südosten um 0,5 bis nahezu 1 K. Im selben Sinne verhält sich auch die Jahresamplitude der Temperatur.

Abb. 11: Jährliche Niederschläge und Klimagebiete in der Region Berlin und Brandenburg

Quelle: FISCHER und PÖTSCH 1994

Niederschlagsverteilung

Die Niederschlagsverteilung in Abbildung 11 weist für Brandenburg mit etwa 200 mm Jahresniederschlag größere räumliche Unterschiede auf, die hauptsächlich expositionsbedingt sind: Die höchsten Niederschläge von über 600 mm treten im Bereich der Prignitz und der Hügelgebiete der Frankfurter und Pommerschen Randlage wie von Zechlin-Rheinsberg (Fürstenberg/ Havel mit 612 mm/a) und im Hohen Fläming (Wiesenburg mit 649 sowie Raben mit 600 mm/a) und vor dem Lausitzer Grenzwall auf. Wegen ihrer Leelage erhalten die Niederungen, vor allem das Oderbruch, demgegenüber deutlich weniger Niederschläge. Zwei Stationen im Oderbruch (Kreis Märkisch-Oderland) – Manschnow und Zechin-Wollup – liegen mit

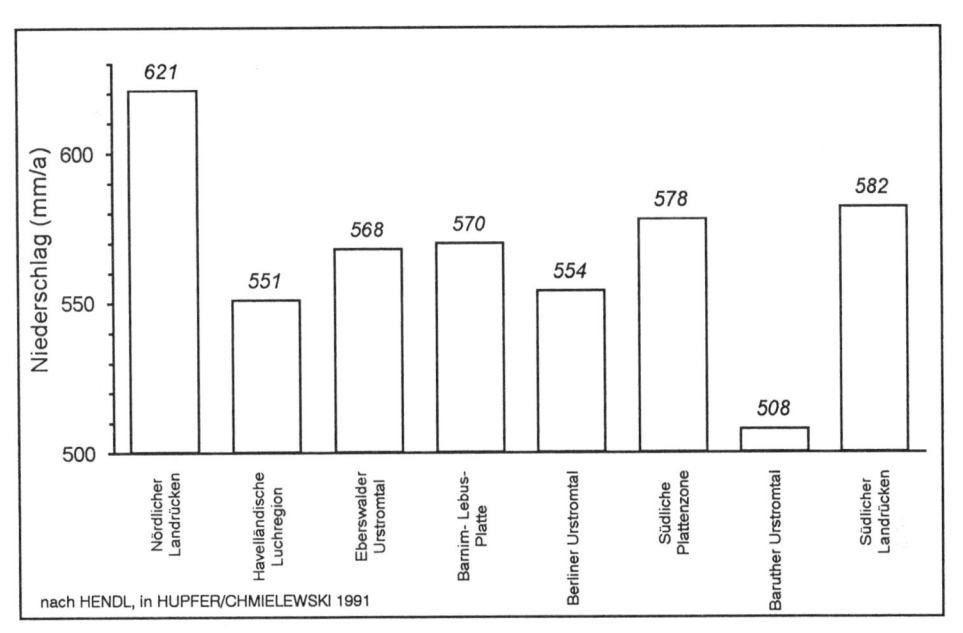

Abb. 12: Charakteristische jährliche Niederschläge zwischen Nördlichem und Südlichem Landrücken

434 bzw. 443 mm/a weit unter der für Brandenburg kritischen Marke von 500 mm/a, weshalb HEYER (1959) in seiner fünfklassigen Gliederung des Klimas von Brandenburg gesondert das „Niederungsklima des Oderbruchs" ausschied. Die niederschlagssteuernde Wirkung der brandenburgischen Oberflächenformen hatte HENDL (in HUPFER/ CHMIELEWSKI 1991, S. 24) treffend dargestellt (s. Abb. 12).

Stadtklima von Berlin

Durch die große Stadtfläche von Berlin und dessen technogene Wärmeoutputs (s. Kap. 2.1.2) entstehen kräftige urbane Klimamodifizierungen. Insbesondere im Sommer können räumliche Temperaturunterschiede von bis zu + 2 K zwischen dicht bebauter Innenstadt und dem Umland auftreten. HUPFER/CHMIELEWSKI (1990) gaben für die Meßreihe 1951/80 entsprechende Temperaturwerte an. Hervorzuheben sind die enge Lokalisierung der städtischen Temperaturzunahme, die höheren sommerlichen Maxima und die schwächer ausgeprägten Minima der Lufttemperatur im Stadtgebiet. Ausdruck dessen ist die mit 16 Tagen – gegenüber 40 bis 42 Tagen in Brandenburg – geringe Anzahl der Frosttage wie auch die hohe Variabilität der Winter insgesamt. Die Niederschlagssituation für Berlin zeigt Abbildung 13. Hierbei wird sichtbar, daß die Niederschläge mit der Bebauung der Stadt auf etwa 580 bis 600 mm ansteigen, was wohl eine Folge der Staueffekte an Hügelbereichen wie Barnim-Hochfläche, Grunewald und Müggelberge ist.

Agrarklimatische und bioklimatische Potential- und Risikoeigenschaften

Die Landwirtschaft Norddeutschlands mit ihren traditionellen Kulturen findet in Brandenburg keine wesentlichen agro-

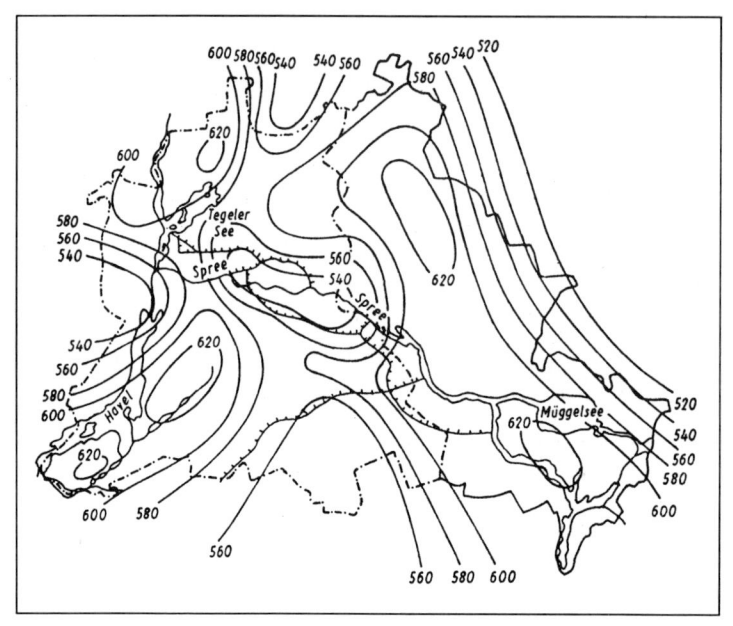

Quelle: SCHLAAK 1972, in HUPFER und CHMIELEWSKI 1990

Abb. 13: Angenäherte langjährige mittlere Niederschlagsverteilung in Berlin*

* mm/a, Meßreihen 1891–1930, 1901–1950 sowie zehnjährige Messungen eines dichten Niederschlagsmeßnetzes in Berlin (West) für 1960–1969

klimatischen Einschränkungen vor. Die Dauer der Vegetationsperiode und auch die Temperatursummen sind ausreichend, wenngleich die phänologischen Unterschiede zwischen dem Nordwesten und Südosten doch mehrere Tage betragen. Bedeutsamer sind Auswirkungen der bereits dargestellten luftmassenbestimmten Unbeständigkeit meteorologischer Abläufe. Dies betrifft insbesondere die klimatische Wasserverfügbarkeit für die Pflanzenversorgung. Während in den Niederungen Brandenburgs im „Jahrhundertsommer" 1994 bei einer übernormal hohen Zahl von Hitzetagen (Tagesmittel der Temperatur über 30 °C) eine Reduzierung der Überschußwässer erfolgte, was eine sehr gute Feuchteversorgung der Wiesen sicherte, litten „leichte" Böden der Sander und trockenen Talsandflächen sowie Grundmoränen unter Austrocknung. Ertragseinbußen in diesen Naturräumen sind wegen der sommerlichen Feuchtedefizite häufig.

Agrarklimatisch bedeutsam sind auch Frostwirkungen, insbesondere Spätfröste, die in der Zeit der Blüte in niedrigen Lagen gerade Obstbestände schwer schädigen können (s. BRUNNER/HEINE 1984). Sie wurden bereits durch HEYER (1959) definiert und aus der Oberflächengestalt und den Wärmespeichereigenschaften der organischen Böden der Niederungen begründet. Ergebnis sind Temperaturminima unter 0 °C während Ausstrahlungsnächten Ende April und noch im Mai, die gerade in Senken und Talungen beträchtliche räumliche Unterschiede der frühmorgendlichen Temperaturen, vor allem am Boden, verursachen. Bedeutsam sind weiterhin Windwirkungen, die auf exponierten Flächen wie Hügeln, Rändern und den nahezu ebenen, weitflächigen Grundmoränenplatten ungehindert auftreten. Folgen können Windbruch und Winderosion sein.

Für das Gebiet von Berlin (West) wurde im Rahmen einer Kennzeichnung der Stadtökologischen Raumeinheiten eine Bewertung der Windreduzierung in sechs Stufen vorgenommen (Senatsverw. f. Stadtentw. u. Umweltschutz 1985). Hierbei wurden die nächtliche Reduzierung gegenüber den Kuppenlagen mit den höchsten Windgeschwindigkeiten für die Räume Berlins untersucht. Ergebnis ist, daß die Müll- und Trümmerberge „sehr hoch windgefährdet" und die bebauten Flächen wie Straßen, die City selbst sowie Gewerbeflächen noch als „hoch windgefährdet" ausgewiesen wurden.

Mit dem dargestellten Klimaelement Wind – insbesondere seiner Beeinflussung in Städten und auf anderen bebauten Flächen – werden bereits bioklimatische Potentialeigenschaften berührt. Bedeutsam sind neben den dargestellten thermischen Belastungen die stadtinternen Luftbelastungen. LAHMANN hatte bereits 1984 auf das Ozon-Problem in der bodennahen Luftschicht infolge Verkehrsemissionen hingewiesen. Die von ihm angegebene Erhöhung der Ozonwerte auf bis zu 50 Mikrogramm/m^3, die damals in Berlin-Dahlem gemessen wurde, wird gegenwärtig in vielen Städten bzw. deren Umland weit überschritten. Dies deutet auch der Sommersmog-Grenzwert von 180 Mikrogramm an. Die vom Emissionskataster Industrie (Senatsverw. f. Stadtentw. u. Umweltschutz 1984b) für Berlin (West) gegebene Verteilung zeigt große räumliche Disproportionen. Sowohl bei Schwefeldioxid als auch bei Stickoxiden sind die Stromerzeuger (Siemensstadt) und Müllverbrennungsanlagen (Lichterfelde) durch sehr hohe Emissionen bestimmt. Die Kfz-Emissionen (Emissionskataster Kraftfahrzeugverkehr, Senatsverw. f. Stadtentw. u. Umweltschutz 1984a) – insbesondere bei Kohlenmonoxid und Stickoxiden – treten insbesondere in den Kernen der Bezirke Charlottenburg, Wilmersdorf, Tempelhof und Schöneberg auf. Hier sind gesundheitliche Beeinträchtigungen für kranke und alte Menschen vor allem über die verstärkte Bildung von Ozon anzunehmen. Untersuchungen in Brandenburg zeigen in gleicher Weise Belastungsgebiete in den Städten wie Potsdam, Brandenburg, Oranienburg und Hennigsdorf sowie im gesamten „Engeren Verflechtungsraum" und der Lausitz. Noch weitgehend ungeklärt ist das Phänomen der Zunahme der Ozonwerte im Umland der Emittenten.

Mit der Reduzierung der Eisen- und Stahlherstellung, der chemischen Industrie, der Braunkohleverstromung sowie mit der Hausbrandumstellung ist eine Entlastung der genannten Zentren vor allem im Bereich Staub, Kohlenmonoxid, Schwermetalle und Schwefeldioxid eingetreten. Zunehmend gewinnen die durch den Straßenverkehr abgegebenen Stickoxide – auch in absoluten Mengen – an Bedeutung. Bioklimatische Bedeutung haben die großen Waldflächen sowie die wenig besiedelten großen landwirtschaftlich bestimmten Flächen Brandenburgs, die vor allem eine Filterung der Luft von Stäuben bewirken. Für eine landschaftsbezogene Erholung bestehen somit günstige Voraussetzungen.

2.2.4
Oberflächen- und Grundwasser

Gewässerentwicklung und Flußeinzugsgebiete

Von der Landschaftsgenese vor allem des Pleistozäns sowie des Holozäns sind verschiedenartige Einflüsse auf die Einzugsgebietsgliederung ausgegangen. Mächtige glazigene Schichtfolgen wurden akkumuliert, die häufig Einfluß auf oberirdische Wasserscheiden und präpleistozäne Gewässerläufe sowie unterirdische Abflußverhältnisse besaßen. Von besonderer landschaftsprägender Bedeutung waren die Bildungen breiter Entwässerungsrinnen, der „Urstromtäler", wie das im Anschluß an das Warthestadium gebildete, insgesamt 1600 km lange Baruther Tal sowie die weichselglazialen Berliner und Eberswalder Urstromtalungen. Infolge der weitaus längeren Denudationsperiode im warthestadialen Süden Brandenburgs sowie in der Prignitz während des Periglazials und des anschließenden Holozäns verlandete die Mehrzahl der Standgewässer, so daß natürliche Seen hier weitgehend fehlen. Hervorzuheben ist für den nördlichen Raum Brandenburgs auch das Phänomen der Binnenentwässerung (s. MARCINEK, in BRAMER u. a., 1991), selbst wenn – wie SCHUMANN 1968 (in MARCINEK/NITZ, 1973, S. 216/217) nachweisen konnte – ihr Flächenanteil im Vorland der Pommerschen Randlage wegen der längeren Denudationsphase bedeutend geringer ist. Laufverlegungen, teilweise auch Richtungsumkehr und fehlender Anschluß an das oberflächliche Einzugsgebiet charakterisieren den Raum des Jungglazials Brandenburgs ebenso wie der Seenreichtum.

Die Oberfläche Brandenburgs ist überwiegend dem Elbe-Einzugsgebiet zugeordnet und entwässert somit in die Nordsee. Dabei hat der Nordwesten Brandenburgs mit dem Grenzverlauf an der Elbe bei Lenzen sowie mit Elbe-Nebenflüssen in der Prignitz wie Löcknitz, Stepenitz und Karthane auch direkten Elbekontakt. Über das Havel-System hinaus, zu dem Spree und Dahme, Nuthe sowie Dosse gehören, entwässert eine sehr große Fläche in die Elbe. Das gesamte Havel-Einzugsgebiet mißt 24024,8 km^2, woran nur kleine Anteile auf Mecklenburg-Vorpommern und etwas größere Flächenanteile im oberen Spreebereich auf Sachsen entfallen. Im Südwesten gehört auch die Schwarze Elster zum Elbe-Flußgebiet. Die Wasserscheide zum Oder-Flußgebiet verläuft im Bereich der Lebuser Platte, des Barnims sowie der Uckermark. Zahlreiche Kanäle bestimmen Brandenburg. Sie haben die Aufgabe, die verschiedenen Flußgebiete – insbesondere das von Havel-Spree und Oder – miteinander zu verbinden. Hierbei sind teilweise beträchtliche Höhenunterschiede zu überwinden. Besonders eindrucksvoll ist dies im Bereich des Oder-Havel-Kanals zwischen Oberer Havel bei Zehdenick und Oranienburg sowie dem Odertal, wobei durch das Schiffshebewerk Niederfinow ein Reliefunterschied von 36 m ausgeglichen wird.

Abflußbildung

Brandenburg besitzt als Ergebnis der klimatischen Abflußbildung aus der Zehrung des Niederschlages durch die Verdunstung der Landflächen und der Vegetation zwar einen ganzjährigen Abfluß. Im Vergleich zu anderen Gebieten Deutschlands ist jedoch die Menge von 100 und 200 mm/a relativ gering, weshalb der Raum als abflußarm eingeschätzt werden muß. Dies ist vor allem der für das humid bestimmte Tiefland Mitteleuropas charakteristischen Niederschlagsmenge zwischen 500 und 600 mm/a geschuldet. Die durch höhere Niederschläge bestimmten Hügelgebiete der Pommerschen und Frankfurter Randlage, aber auch der Niederlausitz, bei denen sich westliche und nordwestliche Luftmassen stauen, besitzen jedoch Beträge von 200 mm/a Abflußhöhe. BERKNER/SPENGLER (1991) haben für die Niederungsgebiete von Baruther Tal, Fiener Bruch, Rhin- und Havelländischem Luch, aber auch im Spreewald, Oderbruch und im Bereich der Schwarzen Elster mittlere jährliche Abflußhöhen sogar deutlich unter 50 mm/a berechnet. Diese niedrige oder sogar eine fehlende Abflußrate ergibt sich auch aus dem überwiegenden Zufluß in den Niederungsräumen.

Die jahreszeitliche Verteilung des Abflusses ist trotz des sommerlichen Niederschlagsmaximums relativ ausgeglichen, selbst wenn wegen der Zehrung durch die Verdunstung ein Abflußminimum in den Monaten August und besonders September feststellbar ist. Nach MARCINEK (in: BRAMER u. a. 1991) ist der gesamte Raum Brandenburgs dem „kontinentalen Abflußtyp" zuzuordnen, der durch das spätsommerliche Abflußminimum und ein Abflußmaximum im Februar und März ausgewiesen wird.

Gestalt und Entstehung von Oberflächengewässerbecken

Die Flüsse und Bäche verdanken ihre Entstehung der Oberflächengestalt der glazialen Landschaft. Viele Flüsse folgen nicht nur den heutigen natürlichen Gefälleverhältnissen von den Moränen in die Urstromtäler, sondern auch glaziären Entwässerungslinien. Die Täler von Stepenitz, Karthane, Dosse, Rhin, Ücker, Welse oder Buckau stellen schmale Rinnen dar, deren Anlage oft subglazial erfolgte. Angesichts der geringen Abflußmenge und des jungen Alters der Gewässer hatten sie sich später nur wenig einschneiden können. Kräftige Impulse auf die Talbildung gingen, worauf die „Rummeln" im warthezeitlichen Fläming und Kerbtäler im älteren Weichselglazialgebiet hinweisen, von den periglaziären Bedingungen aus. Da unter den warmzeitlichen Bedingungen des Holozäns kaum weitere Tiefenerosion stattfindet, neigen die Tieflandsflüsse wie die Spree im Raum Fürstenwalde-Friedrichshagen

sowie die Havel zwischen Potsdam und Brandenburg und unterhalb von Rathenow stärker zum Mäandrieren. Im Zusammenhang damit stehen auch die weitflächigen Flachmoorbildungen der Niederungen der Urstromtäler wie Ober- und Unter-Spreewald, Baruther Tal, Fiener Bruch, Nutheniederung, Havelländisches Luch, Rhinluch, Untere Havel sowie Oderbruch, die allerdings auch durch die menschliche Einflußnahme wie Mühlenstauwerke, Wehre u. a. begünstigt wurden. Im 18. Jahrhundert setzten im Spreewald, im Havelländischen und Rhinluch, im Dosse- und Oderbruch Trockenlegungen riesiger Niedermoorflächen ein, die verstärkt in der Periode 1970 bis 1985 fortgesetzt wurden. Die bedeutende Retentionsfähigkeit der Moorkörper Brandenburgs wurde damit empfindlich eingeschränkt. Dennoch werden große Flächen der Auen Brandenburgs als „überschwemmungsgefährdet" ausgewiesen, um einen natürlichen Hochwasserschutz bei Starkregen zu sichern. Selbst wenn die klimatisch-hydrologischen Bedingungen des Rhein-Main-Flußgebietes, in dem in den Jahren 1993/94 sowie 1994/95 verheerende Hochwässer auftraten, nicht übertragbar sind, scheinen die natürlichen Hochwasserschutzeigenschaften der brandenburgischen Flußauen noch intakt zu sein.

Die Vielzahl der stehenden Gewässer im Jungmoränengebiet verdankt ihre Entstehung der glaziären Formung. Übersicht 7 zeigt Seentypen, deren Form und Bildungsbedingungen und nennt einzelne Beispiele.

Potential und Nutzung der Oberflächengewässer

Das Oberflächenwasserdargebot für das Land Brandenburg wurde noch nicht ermittelt. Seitens der früheren Wasserwirtschaftsdirektion Oder-Havel liegen Anga-

Seentyp	Gestalt	Bildung	Verbreitung
Rinnensee	langgestreckt, schmal	subglazial	Gamengrund (Strausberg), Stolper bis Bantikower See (bei Kyritz), Halensee bis Stölpchensee (westliches Berlin), Werbellinsee, Scharmützelsee (südlich Fürstenwalde), Stechlinsee (bei Fürstenberg), Klobichsee (Buckow)
	langgestreckt, breiter (Übergang zum Beckensee)	subglazial und Ausschürfung durch Inlandeis, Toteis meist beteiligt	
Zungenbeckensee	langgestreckt, breit	Ausschürfung im unmittelbaren Rückland des Eisrandes	Unter- und Ober-Ückersee (südlich Prenzlau), Müggelsee (Berlin), Grimnitzsee (Joachimsthal)
Kombinationssee	unregelmäßig	oft auch in Kombination mit weiteren Faktoren (Zungenbecken, Toteis)	Havelseen unterhalb Spandau, Tiefer See, Templiner und Schwielowsee (Potsdam), Parsteiner See (bei Chorin)
Grundmoränensee	rundlich, unregelmäßig	Exaration konkaver Formen	Briesensee (westlich von Schwedt)
Faltensee	schmal, zumeist gebogener Verlauf	Toteisbildung und Stauchung am Eisrand	Pinnowseen (Schorfheide)
Soll	rundlich, klein	Toteishohlform	auf vielen Grundmoränen, im Berliner Raum z. B. als Pfuhle bezeichnet

SCHRADER 1994

Übersicht 7: Seentypen Brandenburgs

ben für die ehemaligen Bezirke bezogen auf ein sogenanntes „Trockenjahr" vor; und zwar: Potsdam: 1500 Mio. m^3/a; Cottbus: 880 Mio. m^3/a; Frankfurt/Oder: 580 Mio. m^3/a. Insgesamt ergab dies ein Dargebot von 2960 Mio. m^3/a (STILLE 1994), was insgesamt ausreichend erscheint. Im zurückliegenden Zeitraum gehäuft auftretende Witterungsperioden mit einem sommerlichen Niederschlagsdefizit (wie 1990) und fehlenden Rücklagen (wie im Winter 1990/91) verdeutlichen jedoch, daß das Wasserdargebot begrenzt ist. Da im Zusammenhang mit den gesellschaftlichen Veränderungen nach 1989 der Wasserbedarf in Brandenburg von 1990 bis 1992 um 40% sank, machten sich die natürlichen Dargebotsbegrenzungen bisher nicht bemerkbar. Die Wasservorräte unterliegen bei hoher volkswirtschaftlicher Be-

Flußgebiet	Trinkwasser	Brauchwasser	Bewässerung
Spree	78,5	332,0	85,0
Oder-Neiße	53,9	140,9	20,6
Havel	101,5	312,5	302,0
Elbe-Randgebiet	31,5	38,0	20,0
Land Brandenburg	265,5	832,4	427,6

Quelle: Umweltbericht Brandenburg 1992

Tab. 4: Wasserbedarf im Land Brandenburg im Jahr 1991 (Mio m³/a)

anspruchung qualitativen Belastungen, denen im folgenden noch nachzugehen ist. Die Bedarfsanteile der einzelnen Flußgebiete Brandenburgs zeigt Tabelle 4. Die dargestellten Reduzierungen des Wasserbedarfes betrugen 1991 gegenüber 1990 beim Trinkwasser 15 Mio. m³/a (5.6%), in der Industrie 240 Mio. m³/a (28.8%) und in der Landwirtschaft 155 Mio. m³/a (36.2%).

Oberflächengewässergüte

Die Güteeinstufung der Fließgewässer Brandenburgs basiert auf der LAWA-Richtlinie (1985) und stützt sich auf die regelmäßige Beprobung von Gütemeßstellen (s. Umweltbericht 1992). Übersicht 8 zeigt die Gütebewertung der Fließgewässer Brandenburgs.

Von den 3087 Standgewässern Brandenburgs mit einer Fläche größer als 1 ha werden in einer Untersuchung „Seenkataster" des Landesumweltamtes Brandenburg seit 1991 insgesamt 380 Seen beprobt. Hiervon haben 54% nur noch eine mittlere Gewässerqualität. Kennzeichen sind nicht nur stark verringerte Sichttiefe während der sommerlichen Planktonproduktion, sondern vor allem ganzjährig verringerter Sauerstoffgehalt, der die Selbstreinigungskraft des Gewässers bei hydrochemischen und bakteriologischen Verschmutzungen maßgeblich einschränkt. Dies wurde in den vergangenen 10 Jahren auch durch deutliche Niederschlagsdefizite verstärkt, womit die Konzentration der Inhaltsstoffe bei verringerter Wasserführung der Flüsse und Seen anstieg. Die Überbeanspruchung der natürlichen Regenerationsfähigkeit stellt eine Herausforderung für die nachhaltige Gewässernutzung dar. Riesige Kläranlagen dürften aus wirtschaftlichen Erwägungen keine Vorzugslösung sein, wenngleich gegenwärtig nur 55.4% der Bevölkerung Brandenburgs an eine zentrale Kläranlage angeschlossen sind, wovon wiederum nur wenige eine zeitgemäße biologische Reinigung besitzen. Dennoch sind nicht nur wegen der Kosten für Bau und Betrieb der Kläranlagen und der ungeklärten Verwertungs- und Deponieprobleme des Klärschlamms die Konzepte vielmehr in der Vermeidung von Gewässerverunreinigungen, im geringeren Verbrauch von Düngern, im Ersetzen von chemischen Schädlingsbekämpfungsmitteln durch natürliche Formen, im naturnahen Fließgewässerausbau sowie im verstärkten Nutzen biologischer Abwasserreinigungsverfahren zu sehen. Nicht zuletzt zwingt die geringe Bevölkerungsdichte Brandenburgs im ländlichen Raum zu „kleinen Lösungen" bei der Abwasserreinigung.

Klasse	Länge (km)	Anteil (%)	Beispiele
I	0	0	kein Gewässer
I–II	80,1	4,5	obere Stepenitz, oberer Rhin bis Neuruppin
II	494,60	28,2	mittlere Stepenitz, obere und untere Dosse, obere Jäglitz, Plane, Nuthe unterhalb Luckenwalde bis Saarmund, Dahme unterhalb Märkisch-Buchholz bis Königs Wusterhausen, Spree unterhalb Cottbus bis Müggelsee, Friedlandkanal
II–III	683,6	38,9	untere Jäglitz, unterer Rhin, obere Havel bis Oranienburg, Havelkanal von Hennigsdorf bis Brieselang, Havel ab Trebelsee bis Havelberg, Neiße, Oder unterhalb Eisenhüttenstadt bis Lebus, Oder unterhalb Küstrin, Untere Welse, Oder-Spree-Kanal und Oder-Havel-Kanal
III	298,5	17,0	untere Stepenitz ab Perleberg, Dosse unterhalb Wittstock, Havelkanal ab Brieselang bis Ketzin, Havel unterhalb Berlin bis Ketzin, Alte Oder, Oder unterhalb Lebus bis Küstrin, Schwarze Elster oberhalb Bad Liebenwerda bis Schwarzheide, Elbe bei Mühlberg sowie im Raum Havelberg-Wittenberge-Lenzen
III–IV	69,4	4,0	Dahme unterhalb Staakow bis Märkisch-Buchholz, Nuthe unterhalb Luckenwalde, mittlere Welse
IV	103,3	7,4	Nuthe unterhalb Jüterbog bis Luckenwalde, Dahme unterhalb Dahme bis Golßen, Schwarze Elster unterhalb Senftenberg bis Schwarzheide sowie unterhalb Bad Liebenwerda, obere Welse, Ücker unterhalb Prenzlau

Quelle: Umweltbericht Brandenburg 1992; ergänzt SCHRADER

Übersicht 8: Verteilung der LAWA-Güteklassen auf die 1990/91 im Land Brandenburg klassifizierten Wasserläufe

Grundwasserneubildung

Die Grundwasserneubildung wird durch die geologischen Bedingungen, insbesondere den Durchlässigkeitsbeiwert der Substrate, die klimatische Situation, vor allem die Niederschlagsmenge, sowie die Art der Flächennutzung bestimmt. Die geologischen Voraussetzungen der Grundwasserneubildung sind in Brandenburg insgesamt günstig, da infiltrationshemmende Fels-, Ton- und Schluffgesteine nicht oder flächenmäßig nur untergeordnet auftreten. Die dominierenden Sande, Kiese und Lehme der Glaziallandschaft, vor allem im pleistozänen Hochflächenbereich mit größeren Abständen zum oberen Grundwasserleiter, bieten gute Infiltrationsbedingungen. Die Flurabstände des oberflächennahen Grundwassers liegen im Durchschnitt zwischen 5 und 10 Meter, werden aber in Kuppenbereichen – wie die Hydrogeologische Karte der DDR 1:50000 („HYKA 50") beispielsweise für das Gebiet des Niederen Flämings ausweist – mit 20 bis 60 m Grundwasserflurabstand teilweise beträchtlich übertroffen. Im Bereich des Golmberges, der mit 178 m höchsten

Kuppe des Niederen Flämings, wird sogar ein Grundwasserflurabstand von über 60 m angegeben. In Niederungen steht das Grundwasser jedoch überwiegend im Bereich kleiner 1 m an.

Die Grundwasserneubildungsrate nach GLUGLA u. a. (in: Ökologische Ressourcenplanung 1991) weist dem Niederen Fläming z. B. einen Wert von 150 bis 199 mm/a zu, zumal auch die klimatischen Faktoren wegen der hier teilweise über 600 mm/a liegenden Niederschläge güstig gestaltet sind. Diese Beträge unterstreichen die Bedeutung derartiger Moränenbereiche Brandenburgs für die künftige Trinkwassernutzung, dem durch die Ausweisung von Trinkwasser-Vorbehaltsgebieten Rechnung getragen wird (s. Vorschaltgesetz 1991). Wegen der geringen Grundwasserflurabstände und des geringen Speichervolumens besitzen demgegenüber die Niederungen eine niedrige oder sogar negative Grundwasserneubildungsrate. Die Flächennutzung übt weiterhin über Versiegelung, Verdunstung von Landflächen, Wasseraufnahme sowie Transpiration durch Pflanzen einen wesentlichen Einfluß auf die Grundwasserneubildung aus. Danach ist die Grundwasserneubildung auf nicht bewachsenem Boden sowie auf Acker weitaus höher als im Wald. Allerdings bleiben bei dieser Bewertung qualitative Fragen der Gewässergüte unberücksichtigt.

Grundwasserqualität und Grundwasserschutz

Die Neubildung von Grundwasser gerade im Bereich glazialer Hochflächen der Grund- und Endmoränen sowie der Sander Brandenburgs schließt auch An- und Abreicherungsvorgänge der infiltrierenden Wässer während der Passage durch die Bodenzone und die darunter anstehenden geologischen Substrate ein. Im Wasser gelöste Verbindungen von Stickstoff und Phosphor aus Düngemitteln und Gülle, von Schwefel und Schwermetallen aus der Luftverschmutzung, aber auch durch eine Vielzahl von Kohlenwasserstoffen aus Mineralölen und Pestiziden können in Abhängigkeit von den Ton-, Schluff- und Humus-Anteilen des geologischen Filterkörpers durch Adsorption abgereichert werden. Voraussetzung ist die Erhaltung der Infiltrationsmöglichkeit der Naturraumfläche, was jedoch angesichts der in Siedlungen und Gewerbegebieten stark zunehmenden Versiegelung durch Gebäude, Straßen, Fußwege und Flächen für den ruhenden Verkehr unmöglich ist. Das Abspülen der in Städten auf den Versiegelungsflächen sich akkumulierenden Stoffe belastet die Vorflut sehr, da keine natürliche Reinigung stattfindet. Das Grundwasser-Entsorgungspotential ist jedoch in Brandenburg auf den durch Forst- und Agrarflächen bestimmten Moränen, Sandern und Niederungen wegen der physikochemischen Abreicherungsvorgänge von Böden und geologischen Schichten und der biologischen Abbauprozesse während der Vegetationsperiode noch überwiegend intakt. Die bereits niedrige Adsorptionsfähigkeit der Naturräume mit feinerdearmen Regosolen und Podsolen auf Sandern, Talsandflächen, Dünen sowie Grund- und Endmoränen ist dann weiter eingeschränkt, wenn in ihnen die Humusmenge verringert und durch SO_2- und NO_x-Immissionen der pH-Wert erniedrigt worden ist. Untersuchungen zum Säuren-Basen-Status der Böden (Ökologische Ressourcenplanung 1991) zeigen eine deutlich erhöhte Immissionsbelastung im Berliner Umland, im Niederlausitzer Industriegebiet sowie im Umgebungsraum der Städte Brandenburg, Oranienburg, Eberswalde, Schwedt und Eisenhüttenstadt, was in diesen Räumen zu erheblichen stofflichen Belastungen der Grundwasserkörper führen kann.

Typ	Geschütztheitsgrad und Hydrogeologie	Verbreitungsgebiete in Brandenburg
A	*Grundwasserleiter gegenüber Einträgen nicht oder nur wenig geschützt,* da keine söhlig ausgebildeten Lehm-, Mergel- oder Tonschichten den Grundwasserleiter bedecken sowie geringer Grundwasserflurabstand (kleiner 2 m)	große Talungen der Spree, Havel, Schwarzen Elster, des Spreewaldes, des Baruther Tales, Fiener Bruches, des Havelländischen und Rhinluchs sowie zahlreicher kleinerer Fluß- und Bachtäler; ausgekohlte Flächen des Niederlausitzer Braunkohlengebietes
B	*Grundwasserleiter gegenüber Einträgen teilweise geschützt,* da un- bzw. wenig durchlässige Lehm-, Mergel- oder Tonschichten mosaikartig vorhanden	aulehmbedeckte Niederungen von Elbe, Oderbruch und Ober-Spreewald, Grundmoränenplatten sowie Stauchmoränen im Ruppiner und Templiner Raum, in der Uckermark, auf dem Barnim, der Lebuser Platte, des Lieberoser Landes, großflächig im Fläming und in der Niederlausitz
C	*Grundwasserleiter gegenüber Einträgen geschützt,* da Lehm-, Mergel- oder Tonschichten im Hangenden flächenhaft ausgeprägt sowie großer Grundwasserflurabstand (größer 10 m)	Grundmoränenplatten wie Prignitz, Ruppiner und Granseer Platte, Uckermark, Glin, Barnim, Lebuser Platte, Nauener und Teltower Platte, Beeskower Platte, Fläming-Hochfläche südlich von Jüterbog

SCHRADER 1994 (nach Hydrogeologische Karte der DDR 1 : 50 000)

Übersicht 9: Geschütztheitsgrade des Grundwassers

Der unbedeckte obere Grundwasserleiter weist damit häufig stoffliche Beeinträchtigungen auf, worauf die zeitweilige Beprobung der Hauswasseranlagen hinweist. Gegenwärtig wird der Nitrat-Grenzwert von 50 mg/l für Trinkwasser in mehr als 25% der noch zahlreichen Hausbrunnen Brandenburgs überschritten (Umweltbericht 1992). Das aus kommunalen Wasserwerken bereitgestellte Trinkwasser, das überwiegend aus dem 1. (bedeckten) und 2. Grundwasserleiter und nur zu kleineren Anteilen aus dem Uferfiltrat gewonnen wird, weist in der Regel keine Nitratbelastung über dem Grenzwert auf. Gerade im oberflächlichen Grundwasser des Berliner Umlandes sowie im Umgebungsbereich der Städte und ehemaliger Industrieflächen sind in der Vergangenheit intensive stoffliche Veränderungen durch Eindringen von Stoffen aus Düngung, Gülle, Pflanzenschutzmitteln, Deponien, industriellen Einleitungen wie Phenole, Lösemitteln, Schwermetallen abgelaufen. Die hydrogeologischen Bedingungen für den Grundwasserschutz werden in Übersicht 9 zusammengefaßt.

2.2.5
Böden und Altlasten

Geologische Grundlagen und Klima als Grundlagen der Bodenbildung

Als geologische Ausgangsmaterialien für die Bodenbildung in Brandenburg dienen im Hochflächenbereich Sande und Lehme

Gestein	Morphogenese	Verbreitung
Torf	holozäne Entstehung in Niederungsbereichen, insbesondere der Urstromtäler; kleinflächig in Bach- und Flußtälern der Grundmoränen, abflußlosen Senken der Sander und Talsandflächen	Verbreitung auf 10..20 % der Fläche Brandenburgs, zusammenhängende große Areale in Urstromtälern und Talungen wie Untere Havel, Rhinluch, Havelländisches Luch, Mittlere und Obere Havel, Untere Oder, Oderbruch, Neißetal, Unter- und Ober-Spreewald, Niederungen von Spree, Dahme und Nuthe, Baruther Tal, Fiener Bruch, Schwarze Elster,
Mudde, Klock	Ablagerung von Auenton und -schluff unter Humifizierungsbedingungen	Untere Havel, Oderbruch, Ober-Spreewald
Sand, Kies	glazifluviale Bildung der Endmoränen und vor allem Sander sowie Kames und Oser,	in Brandenburg mit 40...50 % der Gesamtfläche vorherrschend, jedoch häufig unterbrochen durch Lehm- und Torfflächen sowohl auf trockenen Hochflächen wie der Wittstocker und Ruppiner Heide, der Schorfheide, auf Teilen des Barnims, des Beelitzer Sanders, der Luckenwalder Heide, des Flämings, der Luckauer und Calauer Platte, der Lieberoser Heide, des Lausitzer Grenzwalls als auch in großen Talungen wie dem mittleren Spreetal
Geschiebemergel **Geschiebelehm**	glazigene Bildungen der Grundmoränen, teilweise in Stauchendmoränen auftretend	in Brandenburg auf etwa 20% der Fläche verbreitet, Hochflächen wie Prignitz und Kyritzer Platte, Ruppiner, Granseer Platte, Uckermark, Barnim, Nauener Platte, Teltower und Lebuser Platte
Lößlehm	periglaziäre äolische Bedeckung (Sandlöß bzw. Flottsand)	Lößlehm im Flämingstreifen südlich von Jüterbog bis Dahme
Ton, Schluff	glazifluviale Bildung als Beckentone und -schluffe	nur lokal auftretend vor allem auf Grundmoränen wie der Uckermark und in der Prignitz (Wittstock-Heiligengrabe)
	holozäne Bildung als Auentone und -schluffe	Untere Havel, Oderbruch, Ober-Spreewald
präquartäre Gesteine	Gips (Zechstein) Kalk (Muschelkalk) Grauwacke (Präkambrium)	Sperenberg (südwestlich von Zossen) Rüdersdorf bis Erkner (östlich von Berlin) südlich von Senftenberg

SCHRADER (nach BERNER, in: Ökologische Ressourcenplanung, Berlin 1991)

Übersicht 10: Lockergesteine Brandenburgs und deren Verbreitung

Gestein	Morphogenese	Verbreitung
Bildungen der Endmoränen	Sand, Kies, Blöcke (unsortiert)	Nördlicher Landrücken mit warthezeitlichen Prignitz-Hügeln, Hügelkomplexen der Frankfurter und Pommerschen Randlage im Raum von Zechlin, Templin bis Prenzlau, Brandenburger Randlage (südlich von Brandenburg über Ravensberge bei Potsdam, Krausnicker Berge bis Lieberoser Endmoränen) sowie Südlicher Landrücken mit Fläming und Lausitzer Grenzwall bis Muskauer Faltenbogen

Übersicht 10 (Fortsetzung): Lockergesteine Brandenburgs und deren Verbreitung

(s. Übersicht 10). Stellenweise kommen – vor allem auf Endmoränen – Kiese vor. Das einzige Vorkommen von Löß befindet sich im Bereich der Fläming-Hochfläche. Die Niederungen Brandenburgs werden durch teilweise großflächig unter Feuchteeinfluß stehende Sande und vor allem Torf eingenommen. Lediglich Niederungen mit Ablagerungen aus dem Mittelgebirge und der Lößregion werden stellenweise durch Decken oder eingelagerte Bänder von Auenton und Auenschluff bestimmt.

Bodengenetisch bedeutsam sind seitens der klimatischen Verhältnisse die Niederschlagsmengen und deren zeitliche Verteilung. Die im Mittel in Brandenburg zwischen etwa 450 mm/a (Oderbruch) und 650 mm/a (Fläming) betragenden Niederschlagsmengen haben auch im jahreszeitlichen Verlauf beträchtliche Schwankungen: Minimum-Niederschlägen von 27 bis 32 mm/Monat in den Wintermonaten mit fehlender Verdunstung stehen Niederschlagsmengen zwischen 60 und 70 mm/Monat im Sommer gegenüber. Allerdings ist im Winter der Verdunstungsverlust praktisch gleich null. Damit ist ganzjährig überwiegend ausreichend Bodenwasser für die Gesteinsverwitterung und den Lösungstransport vorhanden. Einschränkungen ergeben sich auf sehr „leichten" Bodenarten wie Kies und Sand während Dürreperioden. Von Bedeutung sind Wirkungen der Vegetation, deren abgestorbene Pflanzenreste Huminsäuren entstehen lassen. Auf den Platten tragen sie zur Gesteinsverwitterung, insbesondere zur Neubildung von Tonmineralen, neben Humus die wichtigsten Sorptionsträger, bei.

Typen, Geologie und Verbreitung von Böden sowie Bodenpotential

Die Bodentypen Brandenburgs werden in Übersicht 11 dargestellt. Hierbei wird deutlich, daß Bodengesellschaften als Komplexe von genetisch ähnlichen Bodentypen an die geologisch-geomorphologischen Einheiten mit den jeweiligen Leit-Substraten gebunden sind. Die räumliche Verteilung der Bodengesellschaften gibt Abbildung 14 wieder. Sie zeigt ein stark vereinfachtes Raummuster der Bodengesellschaften (als Zusammenfassungen von Bodentypen) der Bodenkarte 1:500000 der DDR (HAASE/SCHMIDT u. a. 1981) und wurde vor allem bei den Auensedimentböden mittels der Mittelmaßstäbigen Landwirtschaftlichen Standortkartierung (MMK) sowie bei den Gleyböden der schmalen Flußtäler unter Nutzung der potentiell-natürlichen Vegetation nach SCAMONI ergänzt. Hiernach werden die sorptionsstärksten Böden der Braunerde/Pa-

Boden-Gesellschaft	Geologische Einheit	Bodenart	Verbreitung	Bodenpotential
Braunerde/ Parabraunerde/ Podsol-Braunerde	Grundmoränen, Stauchmoränen	Lehm, Lehm unter Sand	Prignitz, Ruppiner und Granseer Platte, Uckermark, Barnim und Lebuser Platte, Nauener, Teltower und Beeskower Platte, Luckauer Platte	gute Bodenfruchtbarkeit wegen relativ hoher Sorption, ausreichender Basensättigung und guter Wasserspeicherung
Podsol/ Regosol	Sander, Satzendmoränen, Kames, bodentrockene Niederungen, Dünen	Sand, Kies	Talsandflächen wie Perleberger Heide, Fürstenwalder Spreetalniederung, Luckenwalder Heide, Lieberoser Heide, Perleberger Heide, Fürstenwalder Spreetalniederung	geringe Bodenfruchtbarkeit wegen geringer Sorption und schlechtem Wasserspeicherungsvermögen (lange sommerliche Trockenphasen)
Parabraunerde/ Pseudogley	Flottsandflächen	Lößlehm	Streifen südlich von Jüterbog	sehr gute Bodenfruchtbarkeit wegen hoher Sorption und guter Wasserspeicherung, in Feuchtperioden pseudovergleyungsgefährdet
Gley/ Niedermoor	grundwasserbestimmte Niederungen	Sand (humusangereichert) Niedermoor	Niederungen von Spree, Havel, Rhin, Unter-Spreewald, Baruther Tal, Fiener Bruch, Havelländisches Luch,	gute Bodenfruchtbarkeit wegen hoher Sorption des Humuskörpers, in Trockenperioden gute Wasserversorgung, in Feuchtperioden häufig überschwemmt und damit Bodenluftmangel
Vegagley/ Gleye/ Niedermoor	aulehmbedeckte Niederungen	Auenlehm, Auenton	Oderbruch, Elbtal zwischen Havelberg und Lenzen, Ober-Spreewald, Teile der Niederung der Unteren Havel sowie der Schwarzen Elster	hohe Bodenfruchtbarkeit wegen sehr großer Sorptionskapazität, wegen Ton- und Muddelagen bei hohem Wasserangebot durch Niederschläge und Überstau stagnierende Bodennässe

Übersicht 11: Charakteristik und Fruchtbarkeit von Böden

SCHRADER 1994

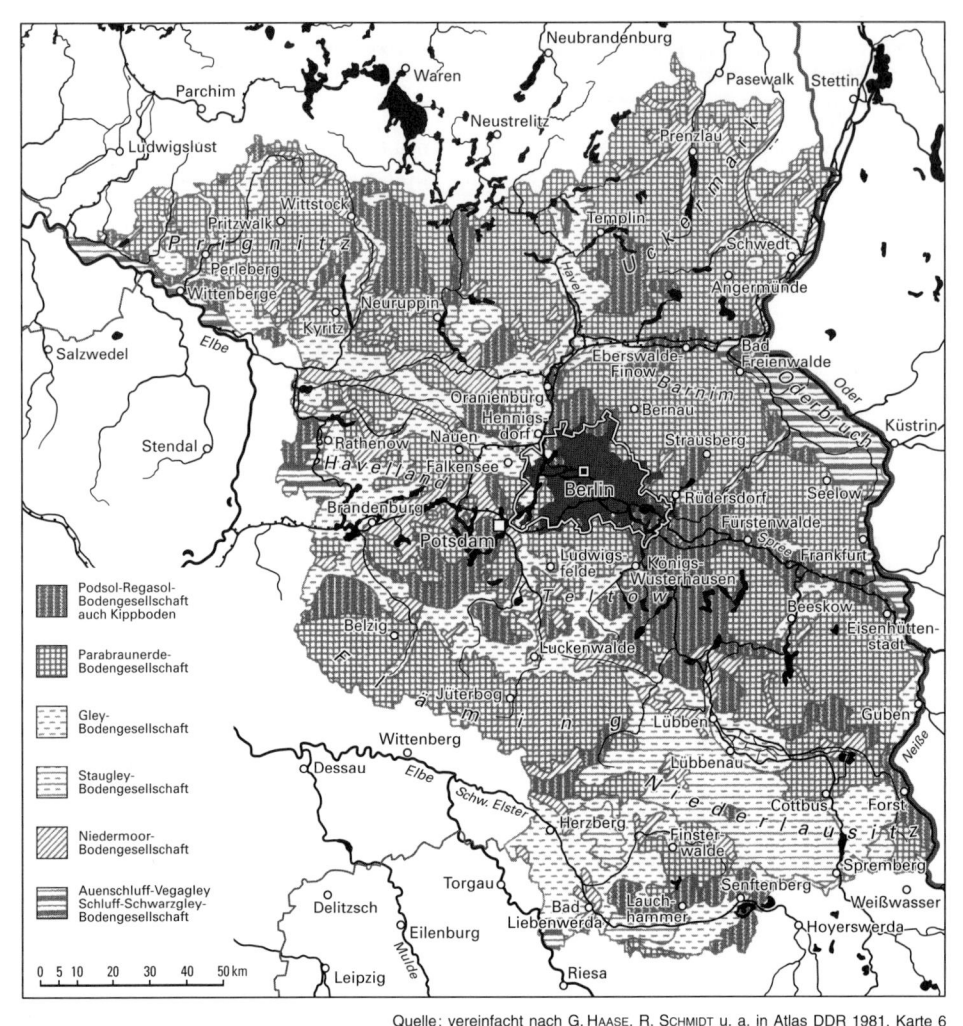

Abb. 14: Böden in der Region Berlin und Brandenburg

Quelle: vereinfacht nach G. HAASE, R. SCHMIDT u. a. in Atlas DDR 1981, Karte 6
Kartographie: EDV- & Büroservice Masuch, Klett/Perthes

Legende:
- Podsol-Regosol-Bodengesellschaft auch Kippboden
- Parabraunerde-Bodengesellschaft
- Gley-Bodengesellschaft
- Staugley-Bodengesellschaft
- Niedermoor-Bodengesellschaft
- Auenschluff-Vegagley Schluff-Schwarzgley-Bodengesellschaft

rabraunerde/Podsol-Braunerde-Bodengesellschaft im Bereich der lehmbestimmten Grundmoränen sowie der aulehmbedeckten Niederungen Brandenburgs angetroffen. Die fruchtbarsten Böden finden sich auf den schluffreichen Böden der Flottsande des Flämings. Die für Brandenburg typischen Heidelandschaften werden durch Böden der Podsol/Regosol-Bodengesellschaft charakterisiert. Gleye und Niedermoor bestimmen die weitflächigen Niederungen gerade in der Mitte Brandenburgs, aber auch zahlreiche schmale Täler im Hochflächenbereich.

Die insgesamt niedrige Bodenfruchtbarkeit der Böden Brandenburgs, die der Dominanz nährstoffarmer Sande entspricht, äußert sich in der Bodennutzung: Große

Flächen dieser Böden werden durch Wald- bzw. Forstnutzung, insbesondere einen artenarmen Kiefernwald, gekennzeichnet. Die landwirtschaftliche Nutzung wird traditionell durch Anbau von Roggen, Kartoffeln, Hafer, aber auch verschiedene Gemüse mit dem auf Sanden weit verbreiteten Spargel bestimmt, die geringere Ansprüche an Nährstoffvorräte stellen.

Bodenbelastungen und Bodenschutz

Wesentliche Bodenbelastungen werden in Übersicht 13 dargestellt. In Brandenburg besonders bedeutsam sind Bodendegradierungen durch bearbeitungsbedingte Verdichtung, Wind- und Wassererosion. Winderosionsgefährdet sind z. B. 8% der Landwirtschaftlichen Nutzfläche Brandenburgs. Wegen des geringen Feinkornanteils neigen zur Auswehung vor allem Podsole und Regosole der Sander und trockenen Talsandflächen, aber auch feinerdereichere Lehm- bzw. Sandlöß-Parabraunerden der Grundmoränen und humose Niederungsböden wie Niedermoore und Anmoorgleye. Darüber hinaus bestehen Bodenbelastungen durch technogene Wirkungen, die relativ unabhängig von den Bodentypen sind. Hierzu zählen die Bodenversauerung (3% der Böden) in der Nähe von Emittenten saurer Luftschadstoffe, durch Eutrophierung mit Stickstoff und Phosphor bei Klärschlamm- und Rieselwassereinsatz sowie Kontamination mit Schwermetallen durch Rieselwasser- und Klärschlämme und in der Nähe entsprechender Emittenten (wie Blei und Cadmium entlang von Autobahnen; Eisen, Cadmium bei Eisenhütten) sowie von Kohlenwasserstoffen in der Nähe von Werken der Chemischen Industrie.

Die diese Bodenbelastungen auslösenden Faktoren und Bedingungen sind schrittweise zu vermindern. Die weitaus geringere Intensität der landwirtschaftlichen Nutzung sowie die Entlastung der Luft infolge stark gesunkener industriell-gewerblicher Luftschadstoffemissionen sind Bestandteile eines teilweise aktiven Bodenschutzes.

Altlasten

Der Übergang von Bodenbelastungen zu Altlasten ist häufig fließend. Im wesentlichen sind dies Alt-Industriestandorte wie Stahlwerk Brandenburg, EKO-Stahl Eisenhüttenstadt, Teerwerk Erkner, Gaskokerei Lauchhammer, Chemiefaserwerk Premnitz, Kombinat „Schwarze Pumpe" und andere, bei denen unterschiedlichste Stoffe auf dem Luft- oder Wasserpfad in die umgebenden Landschaften eingedrungen waren. Der Wirkungsraum hängt von der Technologie der früheren bzw. heutigen Produktion sowie den naturräumlichen Bedingungen ab. Hieraus leiten sich auch die jeweiligen Aufgaben der Sanierungsdringlichkeit und anzuwendenden Verfahren ab. So liegen die Schwermetalle im Umkreis von Eisenhüttenstadt entsprechend der Emissionsrichtung weit verteilt und relativ fest am Bodenkörper gebunden. Demgegenüber sind die Kohlenwasserstoffe wie Phenole des Teerwerkes Erkner auf dem Wege der Infiltration in das Grundwasser bereits in das Tal der Spree gewandert. Hier ist schnelle Sanierung erforderlich.

Zu den Altlastflächen gehören weiterhin die Abfalldeponien, deren Belastungen häufig räumlich konzentrierter auftreten. Da viele Deponien jedoch unsachgemäß betrieben wurden, wie fehlende oder mangelnde Trennung der Abfallarten, insbesondere des Sondermülls, und die mangelhafte geologische und technische Abdichtung der Deponie nach unten, sind auch hier umfangreiche Sanierungen entsprechend der TA Siedlungsabfall (1993) erforderlich.

Eine dritte große Gruppe der Altlasten bzw. Altlastenverdachtsflächen ist an ehemalige militärische Nutzungen gebunden. Auch hier tritt eine große Palette von stofflichen Belastungen auf: Fundmunition, Schrott, verschiedene Sonderabfälle, Kohlenwasserstoffe wie vor allem Mineralöle und letztlich verschiedene Nitroverbindungen als Rückstandsreste von Explosivstoffen.

2.2.6
Biotope, Pflanzen und Tierwelt

Entwicklung der aktuellen Flora

Die aktuelle Vegetation Brandenburgs entspricht den ursprünglichen Laubmischwäldern mit Rotbuche, Traubeneiche, Sommerlinde, Hainbuche und Stieleiche nur noch an wenigen Stellen. Die heute vorherrschende Kiefer soll nach FISCHER/ PÖTSCH (1994) damals nur etwa 14% der Fläche eingenommen haben. Etwa bis zum Zeitraum der Jahre 900 bis 1300 u.Z. war die gesamte Fläche durch Wälder bedeckt. In dieser Periode wurden Rodungen zum Zweck ackerbaulicher Nutzung durchgeführt, die etwa um das Jahr 1500 die heutige Wald-Feld-Verteilung entstehen ließen. Die noch bestehenden Wälder wurden zunächst als Hutewälder genutzt und später zu den heutigen Wirtschaftsforsten umgestaltet, in denen sich der Anteil der Kiefer auf etwa 80% erhöhte. In Siedlungs- und Industrieräumen wurde die Pflanzendecke nahezu vollständig zerstört. Im Zusammenhang mit der Rodung drangen Pflanzen der Offenlandbereiche und damit häufig wärmeliebende Pflanzen aus dem kontinentaleren Florenraum Südosteuropas ein. FISCHER/PÖTSCH (1994) nehmen somit an, daß die Lebensraum- und Artenvielfalt zu Beginn des 19. Jahrhunderts ihren Höhepunkt besaß.

Potentiell-natürliche Vegetation

Die potentiell-natürliche Vegetation charakterisiert die Pflanzengesellschaften, insbesondere die klimatisch-edaphischen Verhältnisse vor Einsetzen der menschlichen Beeinflussungen. Die für Mitteleuropa angenommenen Vegetationsformationen zeigen ausnahmslos Wälder, deren Ausprägung ein Abbild der holozänen naturräumlichen Differenzierung darstellt. Zugleich stellen sie Leitvorstellungen für Landschaftspflege, Biotopentwicklung und Naturschutz dar. So wird z. B. beim Waldumbau jüngst verstärkt auf die ursprünglich vorherrschenden heimischen Laubhölzer orientiert, die häufig auch immissionsresistenter als Nadelhölzer sind. Das Wiedererrichten der ehemaligen Waldflächen verbietet sich wegen der Erhaltung der heute geschaffenen Landschaft, wäre aber auch aus der Sicht der Gebietswasserbilanz problematisch, da das Retentionsvermögen von Wäldern das von Offenlandschaften weit übersteigt (s. a. PRIES 1993; EBERWEIN 1994) und damit Abflußminderungen im Oberflächen- wie Grundwasserbereich verursacht würden.

Die nach SCAMONI (1975) erstellte Karte der potentiell-natürlichen Vegetation Brandenburgs zeigt trotz aller Vereinfachung, daß charakteristische Naturräume deutlich hervortreten: Die feuchteren Gebiete des Nordens Brandenburgs bis zu Barnim und Lebuser Platte – mit Ausnahme der vermoorten Niederungen entlang der Oberläufe von Dosse, Rhin, Havel und Ücker – wurden durch Buchenmischwälder bestimmt. Dabei stockte auf den ärmeren sandbestimmten Endmoränen- und Sanderflächen der Frankfurter Staffel vor allem der Traubeneichen-Buchenwald. Die Parabraunerden der Grundmoränen der Ruppiner und Granseer Platte sowie der südwestlichen Uckermark und Teile der Barnim-Hochfläche besitzen einen reicheren

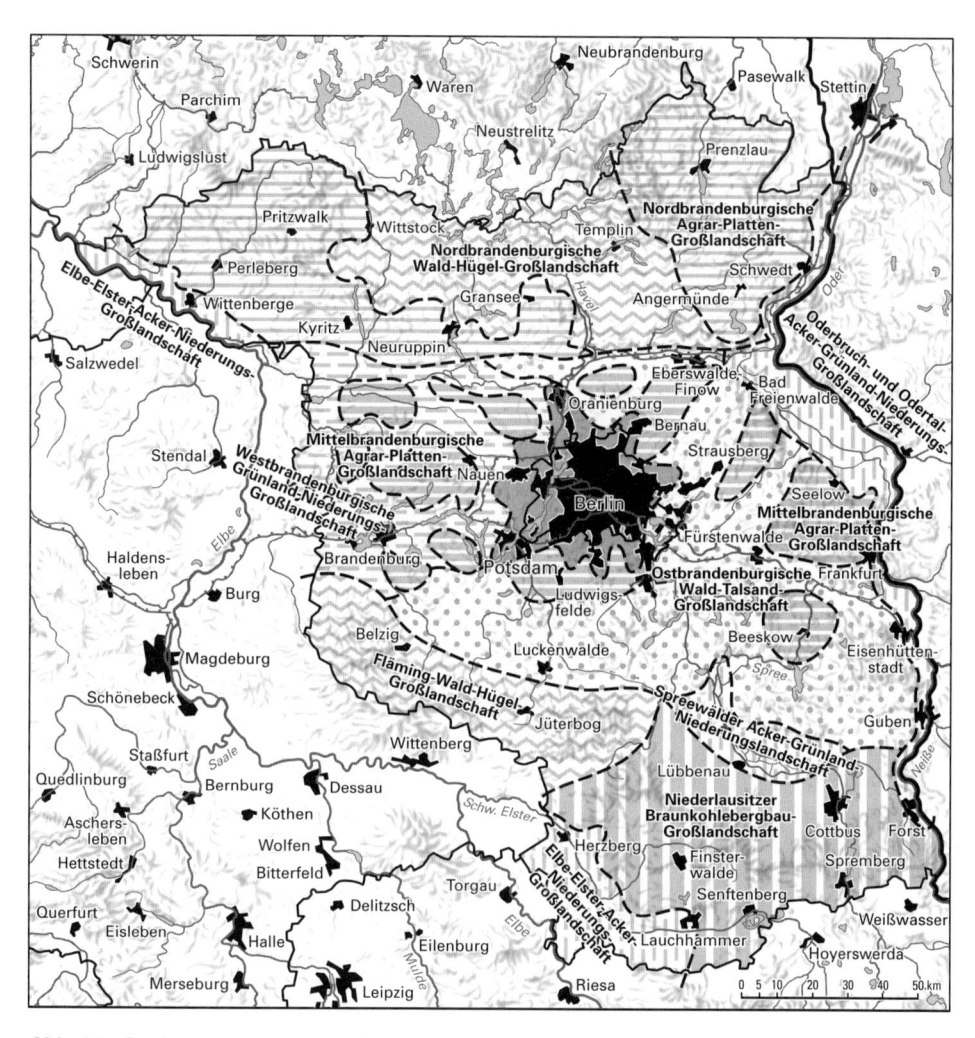

Abb. 15: Großlandschaften der Region Berlin und Brandenburg

Buchenmischwald des feuchteren Übergangsbereiches, einen Perlgras-, Waldmeister-Buchenwald. Ein weiteres Gebiet findet sich westlich von Jüterbog im Bereich des niederschlagsreicheren Hohen Flämings (s. Abb. 15), in dem heute noch Buchenwälder weitflächig auftreten.

Große Gebiete Brandenburgs wurden mehr oder weniger zusammenhängend durch Eichen-Hainbuchenwälder bestimmt. Hierzu zählen unter anderem die trockeneren südöstlichen Bereiche der Uckermark und des Barnims, die Lebuser Platte sowie die Teltowplatte. KRAUSCH (1993) charakterisierte diese Räume jüngst als Kiefern-Traubeneichenwald, womit die geringere Trophie der Böden verdeutlicht werden sollte. Mittlere und arme subatlantische Eichenwälder, insbesondere der Geißblatt-Eichenwald, bestimmten nach SCAMONI (1975) die nordwestlichen Plattenbereiche der Prignitz. Im Bereich der

Bedeutsame Biotoptypen	Naturraumbedingungen
naturferne und naturnähere Nadelholzforsten, vor allem Kiefer	nährstoffarme, bodentrockene Podsole und Regosole der Endmoränen, Sander, Kames sowie trockenen Talsandflächen und Dünen wie Hügelgebiete Nordbrandenburgs, der Mittelbrandenburgischen Platten und der Niederlausitzer Moränenbereiche
Buchenwälder*	feuchtere, basenreichere Standorte der Braun- und Parabraunerden auf lehmigen Grundmoränenplatten wie Fläming, Schorfheide
Seggen- und Röhrichtmoore*, Feuchtwiesen und -weiden*, Frischwiesen und -weiden*, Erlenbruchwälder*	permanent grundwasserbestimmte Niederungen mit Niedermoor und Gley, auch im Aulehmbereich mit Vegagleyen wie Auen der Unteren und Mittleren Havel, des Elbtals, Ober- und Unter-Spreewalds und des Unteren Odertales
Moorgewässer* Äcker und Ackerbrache	anthropogene Bildung der vermoorten Niederungen im allgemeinen bodentrockene, lehmig-sandige bzw. sandig-lehmige Braun- und Parabraunerden sowie Podsole der Grundmoränen sowie trockenen Talsandflächen
aufgelassenes Grasland	ehemalige Wiesen und Weiden in Niederungen wie Rhin- und Havelländisches Luch
dörfliche Ruderalfluren	Siedlungen und Siedlungsränder, aufgelassene Industrieflächen, Ränder von Deponieflächen
Trockenrasen*	Hänge der Platten und Hügel, vor allem südexponiert; anthropogene Bildung wie Seelower Höhen, Neuenhagener Insel, Uckermark sowie nährstoffarme Konversionsflächen auf Podsolen und Regosolen wie Niederer Fläming, Lieberoser und Wittstocker Heide
Heiden* und Vorwälder	Altmoränen mit bodentrockenen nährstoffarmen Standorten, vor allem der Konversionsflächen auf Sanden und Kiesen mit Regosolen wie ehemalige Truppenübungsplätze Altes Lager, Heidehof, Lieberose sowie Flugplatz Sperenberg (Kummersdorfer Heide)
Binnendünen*	zumeist Kiefernforsten und teilweise lichte trockenrasendurchsetzte Vorwälder auf Regosolen in und am Rand von Niederungen der großen Urstromtäler wie Rhinluch, Baruther Tal
Sölle*	Toteishohlformen der Grundmoränen, zumeist wassergefüllt
Hoch- und Zwischenmoore*	Toteishohlformen vor allem der Grundmoränen und Sander auf unterlagernder Stauschicht mit Moorkörper und randlichen Rest-Wasserflächen
Alleen*	vor allem entlang Straßen auf ackerbaulich genutzten Grundmoränen

SCHRADER (1994) unter Nutzung der Anleitung zur Biotopkartierung Brandenburg (1994)
* kennzeichnet die nach §§ 31, 32 Brandenburger Naturschutzgesetz besonders geschützten Biotoptypen

Übersicht 12: Biotoptypen Brandenburgs und deren Naturraumbedingungen

mittelbrandenburgischen Platten und Niederungen vollzieht sich allmählich der Wandel von der subatlantischen zur subkontinentalen Ausprägung. Hierzu zählen die westliche Zauche, der Ravensbergkomplex, große Teile der Beeskower Platte sowie vor allem die sehr große Fläminghochfläche mit der Fortsetzung der warthezeitlichen Moränen im Lausitzer Grenzwall. Infolge der glazialen und holozänen erosiven Zergliederung Mittelbrandenburgs zwischen Eberswalder und Baruther Tal ist eine zusammenhängende Fläche der anhydromorphen Eichenwälder nicht vorhanden gewesen. Die schmalen vermoorten Rinnen und die breiten Niederungen der Urstomtalungen mit Niedermooren und Gleyen besitzen noch heute Reste der ehemaligen Erlen- sowie Erlen-Eschen-Wälder. Hierzu zählen die Niederungen der Spree, Dahme, Plane, Nuthe, des Rhins und der Havel. Noch heute sind Reste der Erlen-Bruchwälder wie im Ober-Spreewald nördlich von Burg erhalten. Vor allem im Ober- und Mittellauf der Spree gingen die Erlen- bzw. Erlen-Eschenwälder jedoch über in einen Komplex der Birken-Stieleichenwälder, insbesondere auf den trockenen Talsandflächen mit Kiefer durchsetzt. Ebenfalls im kontinentaleren Südosten, der Niederlausitz, werden natürliche Kiefernwälder (Heidelbeer-, Flechten-, Krähenbeer-, Wintergrün-Kiefernwald) als bestandsbildend angenommen. Ähnlich strukturiert ist das Tal der Schwarzen Elster im Bereich Bad Liebenwerda-Herzberg. Das Oderbruch mit seinen Auensedimenten wird mit einer potentiell-natürlichen Vegetation von Eschen-Ulmen sowie Weiden-Pappeln-Auenwäldern ausgewiesen.

Biotope und Biotoptypen

Die heutigen Flächen Brandenburgs werden durch Biotope eingenommen, die die jeweiligen Standortverhältnisse widerspiegeln, jedoch in der Regel in viel stärkerem Maße die aktuellen und vergangenen Nutzungseinflüsse verdeutlichen. In Übersicht 12 wurden wesentliche Biotoptypen Brandenburgs aufgeführt und die jeweiligen Naturraumtypen hinzugefügt. Zugleich wurde die Einstufung nach §§ 31, 32 BbgNatSchG vermerkt. Der Reichtum Brandenburgs besteht auch im sehr vielfältigen Bestand von seltenen und naturnahen Biotopen und Biotoptypen, was sowohl für solche Niederungslandschaften wie Ober- und Unter-Spree-Wald, Untere Oder, Elbtal unterhalb von Havelberg als auch für Buchen- und Eichen-Mischwälder der Schorfheide und des Flämings sowie der Trockenrasen- und Heide-Standorte der Konversionsflächen gilt. Aber auch die Ackerflächen der Grundmoränen besitzen noch häufig gut erhaltene Sölle.

Biotopverbund

Die vor allem ost-west-ausgerichteten streifenartigen Moränenhochflächen wurden während der nachfolgenden glazifluvialen Periode durch zahlreiche, häufig nord-süd-verlaufende Rinnen zergliedert. Damit bestehen für anhydromorphe Biotopverbünde der Wälder ungünstige natürliche Voraussetzungen. Demgegenüber sind die großen Talungen durch zahlreiche schmale Rinnen naturräumlich vernetzt. Im Verlaufe der kulturgeschichtlichen Landnutzungsentwicklung erfolgte eine anthropogene Zerschneidung ehemals zusammenhängender Lebensräume und damit die Zurückdrängung natürlicher bzw. naturnaher Biotope. Ergebnis ist eine Verinselung der Restflächen.

Zur Erhaltung der Funktionsfähigkeit des Naturhaushaltes sowie wegen der Sicherung der Artenstruktur der brandenburgischen Fauna und Flora ist eine Wiederverknüpfung noch intakter Biotopstrukturen dringend geboten. Dem hat sich das Land Brandenburg erfolgversprechend zugewandt und vor allem Erkundungsarbeiten zur Funktionsfähigkeit von Fließgewässer-Biotopen durchgeführt. Grundlagen für ein landesweites Konzept der Trockenbiotope wie der Wälder und Forsten sowie der Heiden und Trockenrasen werden gegenwärtig im Rahmen des Landschaftsprogramms Brandenburgs erarbeitet. Einzelne Vorhaben, vor allem solche zur Vernetzung von wertvollen Biotopen der Ackerfluren durch Raine, Gebüsche, Hecken oder Baumgruppen sind bereits – wie im Bereich des höchsten Berges Brandenburgs, des Hagelberges (Fläming) – begonnen worden.

Wälder und Forsten

Wälder und Forsten nehmen 35,0% der gesamten Fläche Brandenburgs ein. Die 1012 Mio. ha Wald- bzw. Forstfläche (Jahresbericht Forstwirtschaft 1991) stellen im gesamtdeutschen Wald 9,4% dar, womit Brandenburg auf dem vierten Platz aller Bundesländer liegt. Wald ist damit ein bedeutender Reichtum der Natur Brandenburgs, selbst wenn dies vor allem sogenannte einstufige Reinbestände von Kiefer sind. Die Flächenanteile der Baumarten zeigt Tabelle 5: Besondere Bedeutung besitzen damit Laubholzarten, die – wie oben dargestellt – in den ursprünglichen natürlichen Wäldern Brandenburgs weitaus stärker verbreitet waren. Reste dieser Laubwälder befinden sich vor allem in der Prignitz, der Uckermark, der Schorfheide, im Barnim und Fläming.

Fauna Brandenburgs

Brandenburg hat eine reiche Fauna, was seine Ursachen nicht nur in der großen Waldfläche hat, sondern auch durch den geringen Nutzungsdruck in vielen Räumen während der DDR-Periode bestimmt wird. Zahlreiche Arten in Brandenburg besitzen

Nadelholz 84,6 %	davon in %	Kiefer	80,5
		Lärche	1,4
		Fichte	2,2
		Sonstiges Nadelholz	0,5
Laubholz 15,4%	davon in %	Eiche	3,6
		Buche (Rotbuche)	2,3
		Sonstiges Hartlaubholz (Weißbuche, Esche, Ahorn, Rüster, Robinie, Roteiche)	1,9
		Erle (Roterle)	2,3
		Pappel	0,8
		Sonstiges Weichlaubholz	4,5

Quelle: Jahresbericht Forstwirtschaft 1991

Tab. 5: Gehölzarten und deren Anteile

noch einen relativ hohen Anteil – bezogen auf die Gesamtvorkommen in Deutschland. Hierzu zählen Fisch- und auch See- und Schreiadler, Baumfalke, Rotmilan, Kranich und Schwarzstorch (s. a. RYSLAVY 1993). Besondere Bedeutung für Brandenburg – insbesondere für grasbestimmte Niederungsstandorte der Belziger Landschaftswiesen sowie des Gebietes um Buckow – besitzt die Großtrappe, bei der nur wenige Exemplare außerhalb des Territoriums von Brandenburg leben. Bedeutsam sind auch die Vorkommen der Elbebiber und der Sumpfschildkröte in verschiedenen Niederungsräumen. Das sehr entwickelte Naturschutzprogramm – nicht

Naturraumpotentiale und -risiken

Großlandschaft	Naturraum-bedingungen	Flächennutzung	Potentiale	Risiken
Nordbrandenburgische Wald-Hügel-Großlandschaft	überwiegend bodentrockene Sande; Sander, Endmoränen im Raum Ruppin – Templin; teilweise kuppig, Podsol-Bodengesellschaft; feuchte Rinnen und Seen eingelagert	Kiefernforst vorherrschend, teilweise naturnähere Ausprägung, Erholungsnutzung, Naturschutz (Biosphärenreservat Schorfheide-Chorin)	hohes Regenerationspotential für Naturraum, Pflanzen, Tiere; weitflächig intakte Naturhaushaltsfunktionen: Grundwasser, Luft; Sande/Kiese; geringe Zerschneidung; Ruhe	Konflikte mit Naturschutz (wie im Biosphärenreservat Schorfheide-Chorin) durch Verkehr (A 11; A 24), Überlastung durch Tourismus und Naherholung
Nordbrandenburgische Agrar-Platten-Großlandschaft	überwiegend bodentrockene Lehme/Tieflehme; Grundmoränen von Prignitz, Ruppin, Uckermark, eben bis flachwellig; Braunerde-Bodengesellschaft; z. T. Sandkuppen aufgesetzt	Ackerbau, ländliche Siedlungen, sich entwickelnde Erholungsnutzung („Ferien auf dem Bauernhof") zumeist Kiefernforst	hohes agrarisches (und auch forstliches) Ertragspotential; gute Entsorgungsfähigkeit, hoher Grundwasserschutz; zahlreiche Seen	Bodenverdichtungen, Wind- und Wassererosion; Zerstörung biotischer Kleinstrukturen; Überlastung durch landwirtschaftliche Dünger/ Pestizide
Oderbruch- und Odertal-Acker-Grünland-Niederungs-Großlandschaft	überwiegend bodenfeuchte Auleume und Niedermoore des Neiße- und Odertales; Talaue/Auenterrasse eben; Gley-Vega-Bodengesellschaft;	Ackerbau, Grünland, ländliche Siedlungen	hohes agrarisches Ertragspotential; noch unzerstörte naturnahe Auenbereiche (Untere Oder)	Verminderung der Retentionsfähigkeit für Wasser und Wasserinhaltsstoffe (Entsorgung); Eutrophierung – Grund- und Oberflächenwasser; ausgeräumte Agrarlandschaft

Übersicht 13: Potentiale und Risiken der Großlandschaften Brandenburgs

Westbrandenburgische Grünland- Niederungs-Großlandschaft	überwiegend bodenfeuchte Aulehme und Niedermoore; Talaue/Auenterrasse von Rhin und Havel; Gley-Niedermoor-Bodengesellschaft	Grünland Ackerbau	hohes Ertragspotential für Grünland, dichtes Fließgewässernetz, teilweise naturnahe Fließe; Trappen/Fischotter	Eutrophierung – Grund- und Oberflächenwasser; ausgeräumte Agrarlandschaft
Mittelbrandenburgische Agrar-Platten-Großlandschaft	überwiegend bodentrockene Sande; Sander, Endmoränen zwischen Schollene und Lebus; wellig, Podsol-Bodengesellschaft; feuchte Rinnen und Seen eingelagert	Ackerbau, ländliche Siedlungen, sich entwickelnde Erholungsnutzung („Ferien auf dem Bauernhof") zumeist Kiefernforst	hohes agrarisches (und auch forstliches) Ertragspotential; guter Grundwasserschutz; gute Entsorgungsfähigkeit, Sölle	Bodenverdichtungen, Wind- und Wassererosion; Zerstörung biotischer Kleinstrukturen; Überlastung durch landwirtschaftliche Dünger/Pestizide
Berliner Stadt-Großlandschaft	vor allem bodentrockene Sande/Tieflehme von Barnim und Teltow sowie Spree- und Havel-Niederung, wellig-eben, Braunerde/Podsol-Bodengesellschaften	dichte Bebauung im Zentrum und Bezirkskernen 70–100% Versiegelung; Einfamilienhausbebauung umfangreich (bis ins Umland), Industrie, Gewerbe, intensive Verkehrsinfrastruktur	hohes Bebauungspotential (Lehme und grundwasserfreie Sande) Seenreichtum, Grundwasserneubildung und Grundwasserschutz teilweise gut (Teltow und Barnim)	hohe Lärm- und Immissionsbelastung, Kontaminationen auf Alt-Industrieflächen; riesige Abwassermengen; Versiegelung zunehmend; Veränderung thermischer Verhältnisse
Ostbrandenburgische Wald-Talsand-Großlandschaft	vor allem bodentrockene Sande von Spreeniederung, Ränder des Baruther Tales; eben, Podsol-Bodengesellschaften durch Feuchtbereiche der Fließe eingelagert	Kiefernforst vorherrschend, Erholungsnutzung, Naturschutz an Naturparke gebunden, Erholungsnutzung im Berliner Umland	weitgehend noch intakte Naturhaushaltsfunktionen: Luft, Grundwasser, Lagerstätten von Sanden/Kiesen; zahlreiche Gewässer, geringe Zerschneidung (Ruhe)	Konflikte durch Verkehr (A 9, 10, 11, 12, 13), Überlastung durch Tourismus und Naherholung, bei Naturschutz lokale Immissionsbelastungen (Eisenhüttenstadt, Erkner, Oranienburg)

Naturraumpotentiale und -risiken

Großlandschaft	Standort/Böden	Nutzung	Potentiale	Risiken
Spreewälder Acker-Grünland-Niederungs-Großlandschaft	überwiegend bodenfeuchte Aulehme und Niedermoore des Ober-Spreewaldes; Talaue/Auenterrasse eben; Gley-Vega-Bodengesellschaft; Sandinseln (Kaupen) aufgesetzt (Äcker, Siedlungen)	Grünland, Ackerbau (vor allem Gemüseanbau) ländliche Siedlungen mit hohem Anteil an Naherholung	hohes agrarisches Ertragspotential; noch unzerstörte naturnahe Auenbereiche (Auenwald und Fließe) (Biosphärenreservat Spreewald) zahlreiche geschützte Arten (Fischotter, Adler, Schwarzstorch)	Verhinderung der Retentionsfähigkeit für Wasser und Wasserinhaltsstoffe (Entsorgung) durch fehlende Überschwemmung; Eutrophierung von Grund-/Oberflächenwasser; ausgeräumte Agrarlandschaft
Fläming-Wald-Hügel-Großlandschaft	vor allem bodentrockene Sande, Kiese, teilweise Flottlehme der Altmoränen des Flämings, Podsol-Bodengesellschaften	Kiefernforst sowie größere Mischwald-/Buchenwaldstandorte Erholungsnutzung, Naturschutz an Naturparke gebunden Erholungsnutzung	hohes Grundwasserneubildungspotential gutes forstliches, teilweise agrarisches Ertragspotential, geringe Zerschneidung (Ruhe)	Konversionsflächen bei Jüterbog mit großflächigen Altlasten
Elbe-Elster-Grünland-Niederungs-Großlandschaft	vor allem bodenfrische Sande, entlang der Schwarzen Elster feuchte aulehmbestimmte Talaue; Gleye, Niedermoor und Vegagley-Bodengesellschaften	Ackerbau, Grünland	hohes agrarisches Ertragspotential;	Eutrophierung von Grund-/Oberflächenwasser; ausgeräumte Agrarlandschaft
Niederlausitzer Bergbau-Großlandschaft	überwiegend bodentrockene Standorte der Altmoränen des Lausitzer Grenzwalls und der saalezeitlichen Grundmoränen; hügelig, flachwellig; Podsol-Bodengesellschaft	Braunkohle-Tagebau, Kiefernforsten, Ackerbau	hohes Lagerstättenpotential (Braunkohle, Glassande, Kiese, Sande), Sümpfungswässer des Bergbaus als Spree-Zufluß,	großflächige Grundwasserabsenkungen; hohe Immissionsbelastung im Raum Lübbenau-Vetschau, Schwarze Pumpe, Spremberg, Senftenberg; mangelnde Rekultivierung

Übersicht 13 (Fortsetzung): Potentiale und Risiken der Großlandschaften Brandenburgs

SCHRADER 1994

nur bezogen auf Reservate – kann diese Bestände schützen und entwickeln (s. Kap. 7).

2.2.7
Potentiale und Risiken der Großlandschaften Brandenburgs

Zusammenfassend zum Kapitel „Naturraum- und Landschaftsstuktur" Brandenburgs und zugleich im Sinne einer Überleitung zu den nachfolgenden wirtschafts- und sozialgeographischen Abschnitten werden in Übersicht 13 wesentliche Potentiale und Risiken von Teilräumen angerissen. Dies wird auf Großlandschaften bezogen, die bis auf den mittelbrandenburgischen Raum zusammenhängende Landschaften mit relativ einheitlichem naturräumlichen Baustil und ähnlichen Nutzungsbedingungen darstellen (s. Abb. 15).

Die Großlandschaften Brandenburgs besitzen charakteristische Naturraum- und Nutzungsmuster, die den Reichtum und den Reiz brandenburgischer Landschaften bestimmen. Hier sollen stellvertretend die Wald-Hügel-Großlandschaften Nordbrandenburg und Fläming hervorgehoben werden, die noch große, wenig zerschnittene Naturräume mit Resten einer naturnahen Flora und Fauna darstellen. Doch auch die Agrar-Platten-Großlandschaften der Prignitz und Uckermark sowie Mittelbrandenburgs und die Spreewald-Großlandschaft stellen trotz der Ausräumung der Ackerflur von Kleinbiotopen Brandenburg-typische Landschaftszüge dar. Hierzu gehören auch viele Kilometer einprägsamer Alleen. Zugleich wird sichtbar – ohne Anspruch auf Vollständigkeit bei der Beschreibung der Risiken zu erheben –, daß insbesondere die Bergbauregion der Niederlausitz besondere Nutzungsbelastungen erfahren hat, die noch heute wirksam sind. Die großflächigen Entwässerungen in den Niederungslandschaften für landwirtschaftliche Nutzungen haben ähnlich große, weil flächenhafte und irreversible Veränderungen der Feuchtbereiche verursacht, ohne die Dimension der Veränderungen durch den Braunkohlentagebau in der Cottbuser Region zu erreichen.

3 Die Stellung der Region Berlin-Brandenburg in der Bundesrepublik Deutschland und in Europa

Die Lage-, Flächen-, Bevölkerungs-, Naturraum- sowie Wirtschafts-, Wissenschafts- und Kulturpotentiale sind wichtige Grundlagen für die Stellung und Funktionsentwicklung der Region Berlin-Brandenburg im nationalen und europäischen Maßstab. Während den Naturraumpotentialen bereits im umfassenderen Zusammenhang der Naturraum- und Landschaftsstruktur entsprechende Aufmerksamkeit gezollt wurde (Kap. 2), befaßt sich der folgende Abschnitt überblicksmäßig mit den anderen Entwicklungspotentialen.

Regionale und sektorale Ergänzungen und Untersetzungen spezieller Art dazu enthalten die Kapitel 4 bis 7 sowie der Anhang.

3.1 Das Lagepotential

Unter den Entwicklungspotentialen der Region Berlin-Brandenburg, die in diesem Kontext mit dem Gesamtterritorium der beiden Länder gleichgesetzt wird, besitzt gerade hier das Lagepotential eine hervorragende Bedeutung.

Die inneren Lageverhältnisse der Region werden durch die funktions- und verkehrsräumliche Einbettung des Regionkerns – der hauptstädtischen 3,5-Mio.-Ballung Berlin – in das Zentrum des Großraumes Berlin-Brandenburg begünstigt. Die äußeren geographischen Lagebeziehungen Berlin-Brandenburgs werden durch ihre zentrale Positionierung im langfristig zusammenwachsenden Europa zu vorteilhaften Entwicklungspotenzen. Die politisch-, militär- und wirtschaftsgeographische Lage dieser geschichtsträchtigen Region unterlag im Verlauf der Geschichte grundlegenden Wandlungen und Umbewertungen.

Aus einer Randlage als östliche Grenzmark im mittelalterlichen „Heiligen Römischen Reich Deutscher Nation" (s. a. Kap. 4.1) entwickelte sich Brandenburg mit seinen Handels- und späteren Residenzstädten Berlin und Coelln sowie deren märkischen Vorstädten zum Kernraum des preußischen Staates, der hauptsächlich nach Osten (Pommern, Ost- und Westpreußen, Schlesien) expandierte und sich schließlich im Kaiserreich Deutschland (1871) mit der Reichshauptstadt Berlin etablierte. Berlin und Brandenburg – letzteres in seiner Doppelrolle als Ursprungs- und später Durchgangsland der zeitweiligen Metropole – erhielten im deutschen und europäischen Eisenbahn-, Land- und Wasserstraßennetz eine hervorragende verkehrsgeographische Lage, deren wirtschaftliche, kulturelle und individuellzivile, aber auch militärische Nutzung allerdings von den jeweils herrschenden politischen Verhältnissen abhängig war und ist. Auch nach dem Ersten Weltkrieg blieben die Grenzen gegenüber Polen und der Tschechoslowakei – ähnlich wie im Westen mit Frankreich – vorwiegend feindselig geprägt.

Die Katastrophe des von Nazideutschland verschuldeten Zweiten Weltkrieges veränderte die Lagesituation Berlins und Brandenburgs auf dem internationalen, nationalen und regionalen Level ganz entscheidend. Das der Provinz bzw. (seit 1947 nach Auflösung Preußens) dem Land Brandenburg westlich der Oder-Neiße-

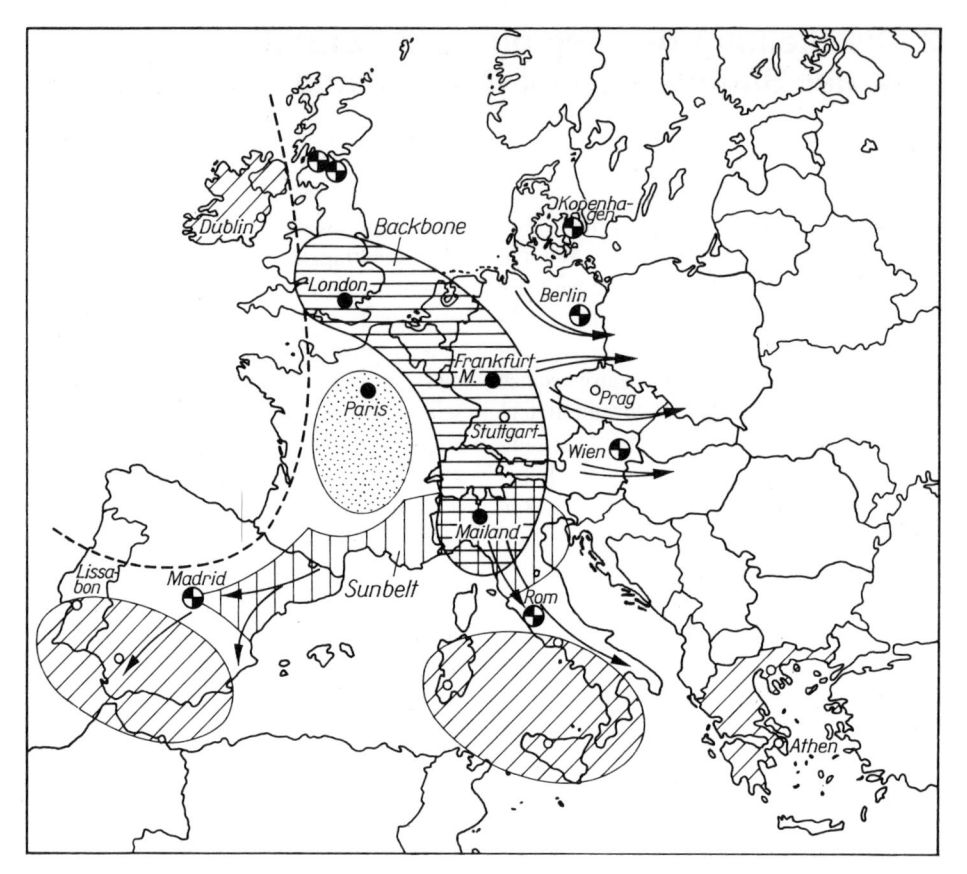

Quelle: BRUNET 1989 aus POPP 1994

Grenze verbliebene Gebiet im geteilten Nachkriegsdeutschland geriet in eine unmittelbare Grenzlage zu Polen, deren Trennfunktion sich in Abhängigkeit von der jeweiligen politischen und ökonomischen Situation in dem von der UdSSR dominierten Militärpakt des „Warschauer Vertrages" und der regionalen Wirtschaftsorganisation des „Rates für gegenseitige Wirtschaftshilfe" (RGW/COMECON) nur graduell veränderte.

Westberlin als „Quasi-Bundesland", das unter dem Einfluß der westalliierten Besatzungs- und Schutzmächte stand, gelangte unter den Bedingungen des Kalten Krieges in eine Insellage innerhalb der sowjetischen Besatzungszone (SBZ) und der aus ihr hervorgegangenen DDR. Für die politische und wirtschaftliche Entwicklung Westberlins und vor allem für seine Bevölkerung wirkte sich diese isolierte politisch- und wirtschaftsgeographische Lage in Abhängigkeit von der welt- und deutschlandpolitischen Situation sowie von deren Schwankungen, Zuspitzungen und teilweisen Entspannungen mehr oder minder nachteilig aus. Sie war nur durch die Schutzmächte der westlichen Alliierten und durch die umfangreiche Berlinhilfe seitens der Bundesrepublik Deutschland, die zeitweilig über die Hälfte des Stadthaushaltes von Westberlin ausmachte, aber

Lagepotential 93

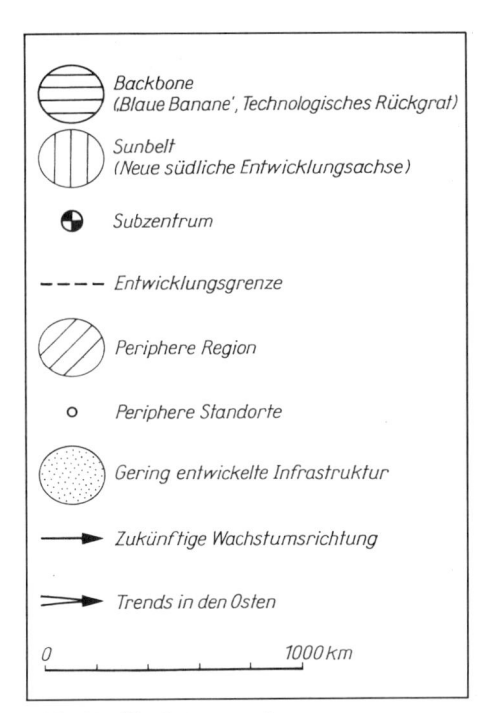

- Backbone (*Blaue Banane*, Technologisches Rückgrat)
- Sunbelt (Neue südliche Entwicklungsachse)
- Subzentrum
- Entwicklungsgrenze
- Periphere Region
- Periphere Standorte
- Gering entwickelte Infrastruktur
- Zukünftige Wachstumsrichtung
- Trends in den Osten

0 ─────────── 1000 km

Abb. 16: Wachstumsregionen im europäischen Binnenmarkt

auch durch Vereinbarungen zwischen der DDR-Regierung und dem Senat von Berlin (West), mit denen ein Teil der elementaren Lebensgrundlagen der Menschen, z. B. Abfallentsorgung, Verkehr und Energienotversorgung betreffend, notdürftig gesichert wurde, aufrecht zu erhalten.

Dennoch war insbesondere in politischen und wirtschaftlichen Krisenzeiten die Abwanderung von Konzernbetrieben (Siemens, AEG u. a.), innovativen Industrie-, Technologie- und Forschungsbereichen, hochqualifizierten Fachkräften, Topleuten aus Politik und Wirtschaft, Wissenschaft, Kunst und Kultur nicht zu verhindern. Diese Substanzverluste konnten durch Zuwanderungen aus dem Bundesgebiet, der DDR und dem Ausland nicht kompensiert werden. Die Umlandbeziehungen zu Brandenburg wurden zunehmend eingegrenzt (1952, 1961) und weitgehend außer Kraft gesetzt (Kap. 1 und 5.1). Die Westberliner mußten sich in den berlinnahen Teilen des Bundesgebietes ein „Ersatzumland" suchen (Kap. 5.2 und HOFMEISTER 1990, S. 126).

Auch Ostberlin (seit 1949 Hauptstadt der DDR) litt unter der Teilung Berlins, seines Umlandes sowie Deutschlands und Europas insgesamt. Dazu gehörten neben den fehlerhaften politischen und wirtschaftlichen Bedingungen des „Ostblocks", in den der Ostteil Berlins zunehmend integriert worden war, auch der umfangreiche Abfluß von Human- und Sachkapital über die bis 1961 offene Sektorengrenze in Berlin sowie der bis Anfang der 70er Jahre stark geminderte internationale Status der DDR; ferner die sehr aufwendige und deformierte stadt- und verkehrsräumliche Entwicklung innerhalb des Ostteils der Stadt sowie in dessem Umland (u. a. Umgehungstrassen der Eisenbahn und Wasserwege). Dennoch war die verkehrsgeographische Lage Ostberlins in diesem eingegrenzten politischen und räumlichen Rahmen relativ günstig (Kap. 5.3).

Dies trifft auch für das Land Brandenburg zu, das – seit 1952 in drei Bezirke zergliedert (Kap. 1) – in das sternförmig von Berlin ausgehende Verkehrsnetz – durch die Teilung Berlins sektoral begrenzt – eingebunden war (Kap. 5.5). Während unter den Bedingungen der beiden gegensätzlichen Militär- und Wirtschaftsblöcke sowie der Teilung Deutschlands und Berlins das geographische Lagepotential in seinen West-Ost-Relationen völlig ungenügend genutzt wurde, kam es – durch die neutralen Staaten Österreich und Schweiz im Süden sowie Schweden und Finnland im Norden begünstigt – zu einer graduellen Verstärkung der Nord-Süd-Verbindung, an der allerdings Berlin (Ost) und Brandenburg – vorwiegend Transitgebiet – einen verhältnismäßig kleinen Anteil hat-

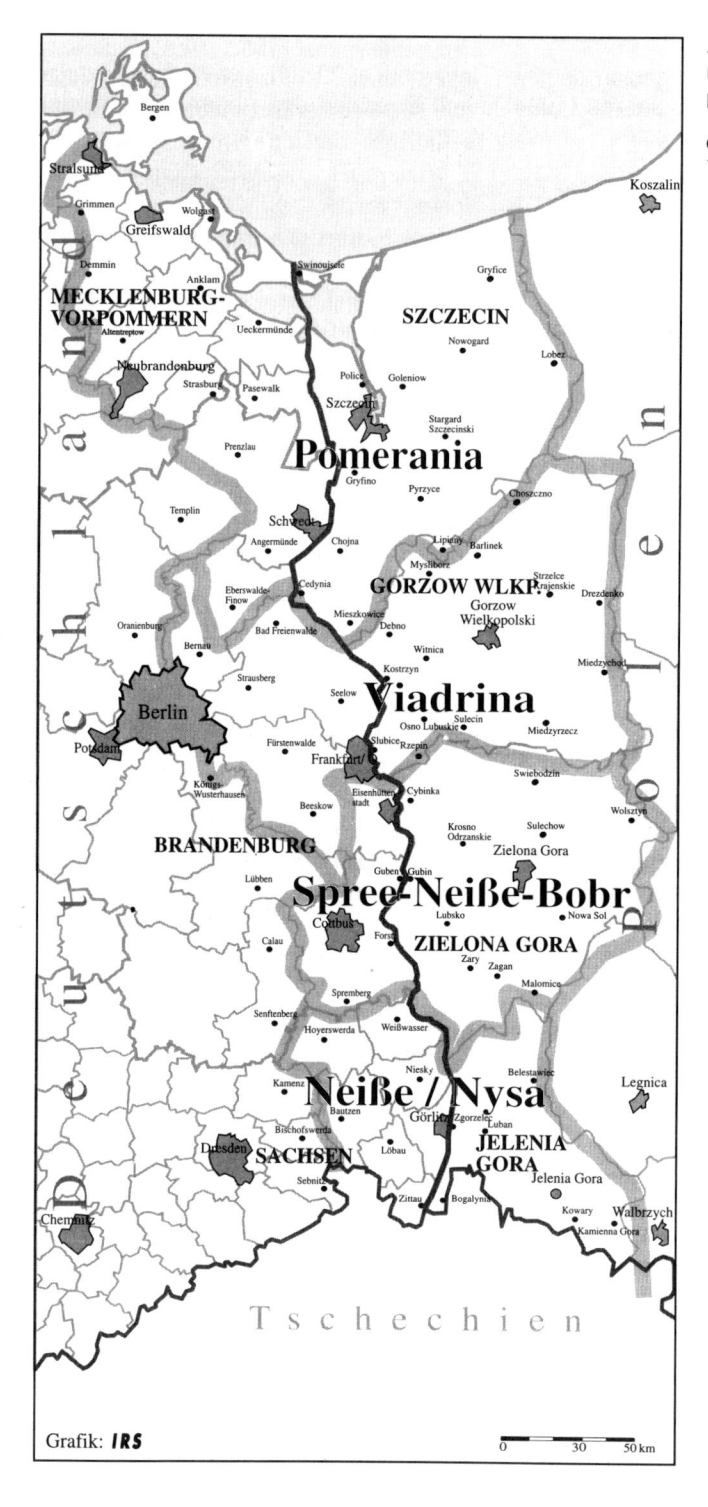

Abb. 17: Planungsregionen im deutsch-polnischen Grenzraum

Quelle: Regio, Beiträge des IRS, 5, 1994, Abb. 8

ten und geringen wirtschaftlichen Nutzen zogen.

Eine völlig neue Situation ist mit dem Zerfall des Sowjetimperiums in Ost-, Südost- und Teilen Mitteleuropas mit den dort sich vollziehenden grundlegenden politischen und ideologischen, wirtschaftlichen und sozialen Veränderungen, mit dem Fall des „Eisernen Vorhangs" in Mitteleuropa sowie mit der Vereinigung in Deutschland und dessen Hauptstadt Berlin eingetreten.

Im nationalen Einigungsprozeß Deutschlands, in dem mittel- und langfristig gleichwertige Lebensverhältnisse und die dazu erforderlichen wirtschaftlich effizienten sowie sozial und ökologisch verträglichen Regionalstrukturen in allen Teilen des Bundesgebietes geschaffen werden sollen (Raumordnungsgesetz der Bundesrepublik Deutschland 1993), fällt der Region Berlin-Brandenburg insbesondere für den insgesamt (noch) strukturschwachen Nordostraum des Bundesgebietes eine hervorragende Rolle zu.

Südlich flankiert durch den sächsisch-anhaltischen Ballungsraum Dresden-Chemnitz-Leipzig-Halle/Merseburg kann im Osten Deutschlands ein raumstrukturelles Gegengewicht zur dominierenden „Rheinschiene" mit ihren Ausläufern nach Süddeutschland, die als „Rückgrat" der „Blauen Banane" Westeuropas fungiert, entwickelt und als Impulsgeber – auch grenzüberschreitend in Richtung Osten – wirksam gemacht werden (Abb. 16).

Eine besondere Bedeutung erhält in diesem Kontext die Entwicklung von grenzübergreifenden „Euroregionen" beiderseits der politisch und historisch, wirtschaftlich und mental höchst sensiblen Oder-Neiße-Grenze, an denen die Region Berlin-Brandenburg im Gesamtrahmen der Bundesrepublik den größten Anteil hat (Abb. 17).

Über 500 km vom polyzentrischen 10-Mio.-Ballungsraum des Rhein-Ruhr-Gebietes entfernt, wobei die europäischen 10-Mio.-Metropolen London und Paris im Westen und Moskau im Osten sowie die größenmäßig eher mit Berlin vergleichbaren Metropolen Athen, Rom, Madrid, Wien/Budapest und St. Petersburg Distanzen von über 1000 km aufweisen, könnte sich Berlin mit seinem brandenburgischen Verflechtungsraum – gestützt auf die Hauptstadt-, Parlaments- und Regierungssitzfunktion sowie auf die bedeutenden Natur-, Bevölkerungs- und Wirtschaftspotentiale der Gesamtregion – künftig wieder zu einer Metropole von europäischem Rang entwickeln.

Dabei ist aber im föderativen Staatsaufbau der Bundesrepublik und in der historisch geprägten polyzentrischen Raumstruktur Deutschlands begründet, daß – zeitweilig auch begünstigt durch die Teilungen in Nachkriegsdeutschland – mehrere Großstädte einzelne metropolitane bzw. metropolenbildende Funktionen (z. B. Parlaments-, Regierungs- und Verwaltungssitz in Bonn; Wirtschafts-, Wissenschafts-, Kultur- und Medienfunktionen nationaler und internationaler Reichweite in Hamburg, München, Frankfurt/Main; Stuttgart, Hannover, Dresden, Leipzig; Weimar/Erfurt sowie im polyzentrischen Niederrhein-Ruhrgebiet mit Köln, Düsseldorf, Essen, Duisburg, Dortmund und Bochum) ausüben und interregionale Arbeitsteilungen bestehen (Abb. 18 und 19). Diese werden sich im Zuge des „Wettbewerbs der Regionen" auf nationaler und internationaler Ebene weiter ausprägen und neben den bereits genannten deutschen Großstädten und europäischen Metropolen auch solche Zentren wie Brüssel, Lille, Lyon, Straßburg, Genf und die Randstad Holland, Kopenhagen, Stockholm und Helsinki sowie Warschau und Prag einbeziehen. Insofern unterliegt die Region Berlin-Brandenburg einem starken interregionalem Konkurrenzdruck.

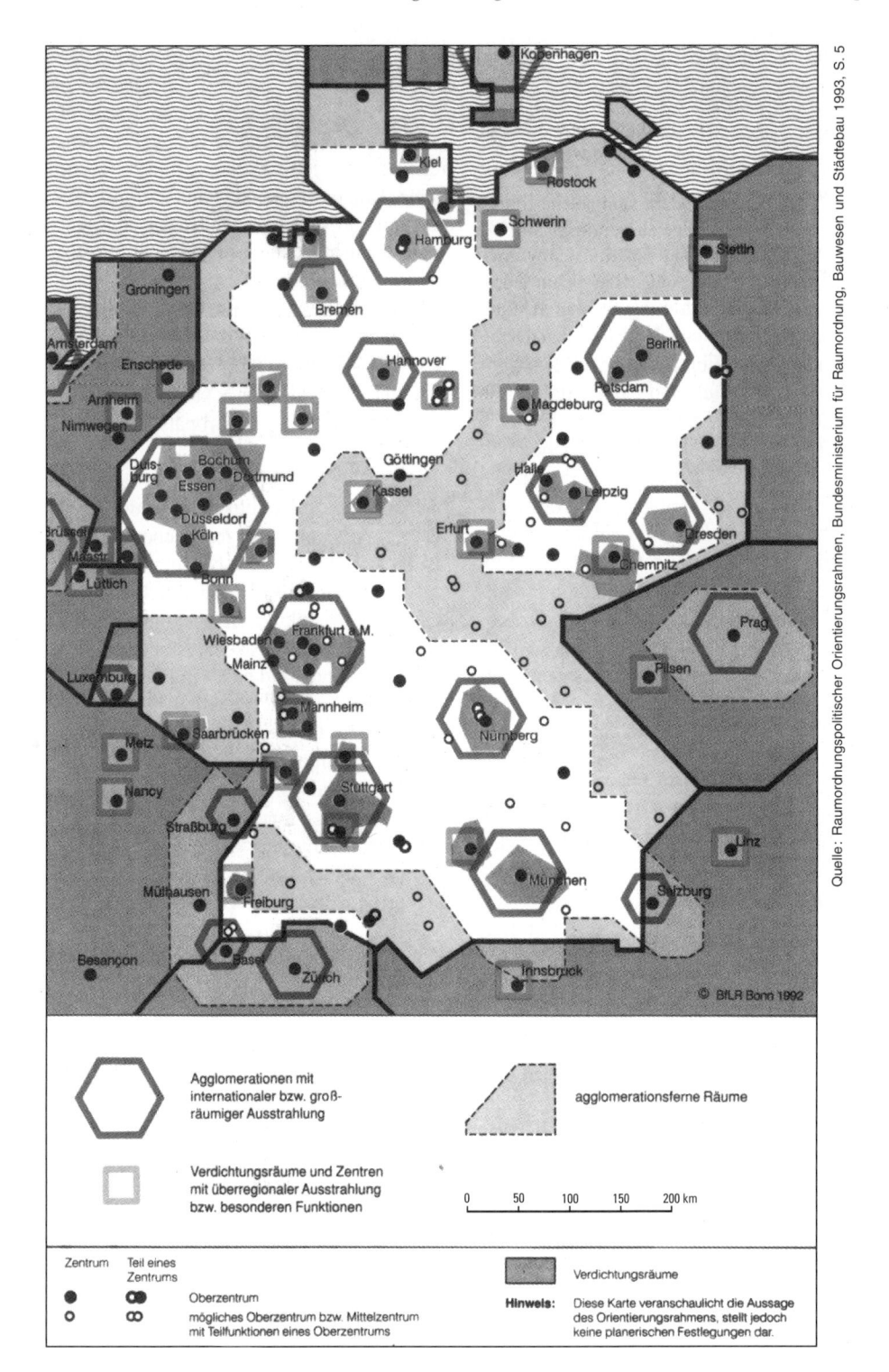

96 *Stellung der Region in der BR Deutschland und Europa*

Quelle: Raumordnungspolitischer Orientierungsrahmen, Bundesministerium für Raumordnung, Bauwesen und Städtebau 1993, S. 5

Agglomerationen mit internationaler bzw. großräumiger Ausstrahlung

agglomerationsferne Räume

Verdichtungsräume und Zentren mit überregionaler Ausstrahlung bzw. besonderen Funktionen

0 50 100 150 200 km

Zentrum	Teil eines Zentrums	
●	⚭	Oberzentrum
○	⚬	mögliches Oberzentrum bzw. Mittelzentrum mit Teilfunktionen eines Oberzentrums

Verdichtungsräume

Hinweis: Diese Karte veranschaulicht die Aussage des Orientierungsrahmens, stellt jedoch keine planerischen Festlegungen dar.

Abb. 18 (S. 96):
Raumstrukturelle Situation in der Bundesrepublik Deutschland

3.2
Das Bevölkerungs- und Flächenpotential

Nach der Bevölkerungs- und Flächengröße (3,45 Mio. Ew., 889 km² Fläche) ist Berlin der größte Stadtstaat der Bundesrepublik, wogegen Brandenburg als flächengrößtes neues Bundesland (29 053 km²) hinter Bayern, Niedersachsen, Baden-Württemberg und Nordrhein-Westfalen die fünfte Position, allerdings mit lediglich rd. 2,54 Mio. Menschen nur den 12. Rangplatz unter allen 16 Bundesländern (vor Mecklenburg-Vorpommern, Hamburg, Saarland und Bremen) einnimmt.

Mit einem Flächenanteil von über einem Zwölftel (rd. 8,4%) am Bundesgebiet und knapp einem Dreizehntel (rd. 7,4%) an der Bevölkerung Deutschlands ordnet sich die Gesamtregion Berlin-Brandenburg flächenmäßig mit rd. 30 000 km² zwischen die Länder Nordrhein-Westfalen (34 068 km²) und Mecklenburg-Vorpommern (23 835 km²) sowie mit ihrem Bevölkerungspotential (rd. 6 Mio. Ew.) zwischen Niedersachsen (7,3 Mio. Ew.) und Hessen (5,7 Mio. Ew.) in den Länderrahmen der Bundesrepublik ein (s. Anhang, A 1). Nach dem Ruhrgebiet (mit über 5 Mio. Ew.) bilden Berlin und sein Umland mit rd. 4 Mio. Einwohnern den zweitgrößten Verdichtungs- bzw. Ballungsraum in Deutschland, mit dem jener auch eine vergleichbare Ausdehnung bei jedoch sehr unterschiedlicher Raumstruktur (monozentrisch – polyzentrisch) besitzt.

Die *innere Lagegunst* des Raumes Berlin-Brandenburg nimmt – bezogen auf den Eisenbahn- und Individualverkehr zwischen Agglomerationsraum (in diesem Fall Berlin) und den Gebieten (Kreisen) des umgebenden Landes Brandenburg – im Gesamtmaßstab des Bundesgebietes eine mittlere Position ein. Es herrschen ähnliche Anbindungsverhältnisse der Kreise an das Zentrum wie in Sachsen-Anhalt, Thüringen, Baden-Württemberg, Rheinland-Pfalz sowie Schleswig-Holstein vor. Sie sind jedoch den Kreisen Nordrhein-Westfalens und Hessens mit dem polyzentrischen Rhein-Ruhrgebiet bzw. dynamischen Ballungszentrum Frankfurt (Main) sowie insgesamt dichtem Verkehrs- und Siedlungsnetz, aber auch dem großflächigen Bayern mit München und Nürnberg-Fürth-Erlangen als attraktiven Verdichtungskernen z. Z. deutlich unterlegen (Brandenburg regional '93, 1994, S. 19).

Mit der Verwirklichung der Verkehrsvorhaben „Deutsche Einheit", die vor allem die Anbindung des Berlin-Brandenburger Raumes an die wirtschaftlichen Kernräume der alten Bundesländer wesentlich verbessert, wird mit einer Aufwertung der äußeren Verkehrslage der Region gerechnet, die sich – ergänzt durch den Ausbau des Regionalverkehrs – auch günstig auf deren innere Verkehrslage und -erschließung auswirken wird (s. Kap. 6.4). Dazu könnte auch der Bau leistungsfähiger Verkehrsstrassen (ICE-, Transrapidstrecken, Autobahnen) nach Ost- und Südosteuropa längerfristig beitragen.

Mit einer durchschnittlichen Bevölkerungsdichte von 200 Ew./km² bleibt die in sich sehr heterogene Region Berlin-Brandenburg unter dem Bundesdurchschnitt (227 Ew./km²), über der von Bayern (168 Ew./km², mit der 1,3 Mio.-Stadt München), jedoch deutlich unter dem Mittelwert von Hamburg/Schleswig-Holstein (276 Ew./km², mit der 1,7 Mio.-Stadt Hamburg) und weit unter dem Dichtewert von Nordrhein-Westfalen (519 Ew./km², mit der flächenhaft ausgeprägten und hochurbanisierten Niederrhein-Ruhr-Agglomeration).

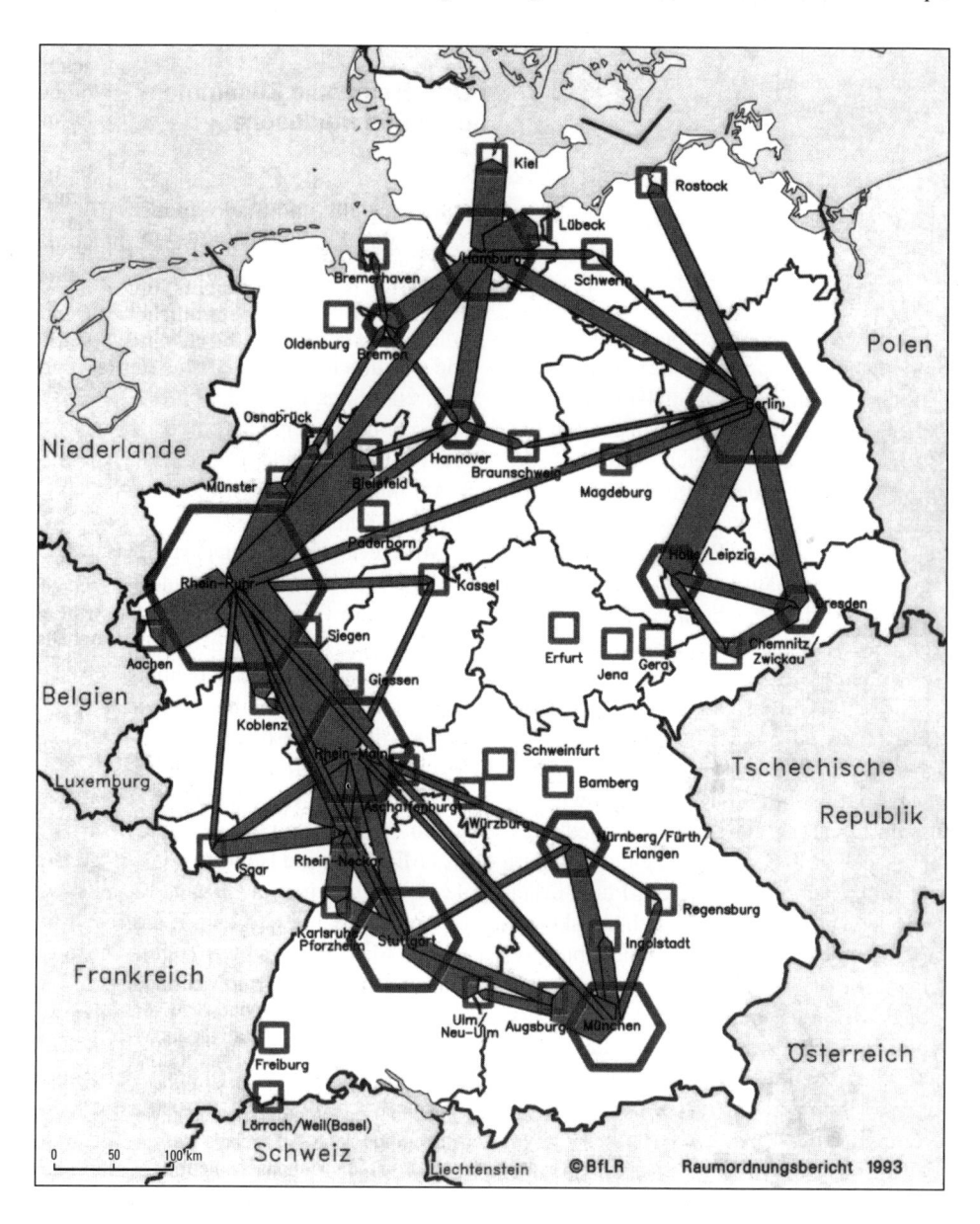

Seit Anfang der 90er Jahre stellt die Region Berlin-Brandenburg die einzige Region in Ostdeutschland (neue Bundesländer) dar, die ein durch Wanderungsgewinne (positive Migrationssalden) bedingtes leichtes Bevölkerungswachstum, allerdings regional begrenzt auf Berlin und Teile seines Umlandes, aufweisen kann.

Auch die Altersstruktur der Bevölkerung in der Region – hier im wesentlichen be-

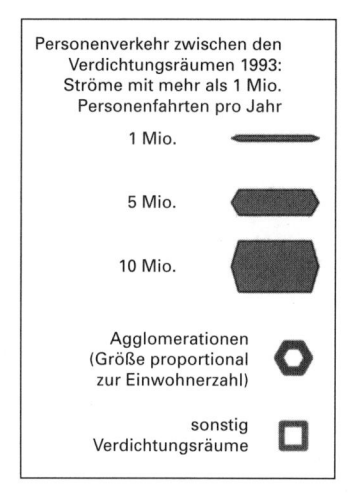

Abb. 19: Personenverkehrsströme zwischen den Verdichtungsräumen in Deutschland 1993

Personenverkehr zwischen den Verdichtungsräumen 1993: Ströme mit mehr als 1 Mio. Personenfahrten pro Jahr
- 1 Mio.
- 5 Mio.
- 10 Mio.
- Agglomerationen (Größe proportional zur Einwohnerzahl)
- sonstig Verdichtungsräume

Quelle: Raumordnungsbericht 1993, Bundesministerium für Raumordnung, Bauwesen und Städtebau 1994

grenzt auf Berlin und sein Umland sowie wenige Zentral- und Industrieorte mit hohen Neubauwohnanteilen – zeigte bisher eine relativ günstige Ausprägung:

Während das Land Brandenburg noch eine hauptsächlich durch die in der Vergangenheit höhere Fertilität (Geburtlichkeit) bedingten größeren Kinder- und Jugendanteil (bis 18 Jahre) verzeichnen konnte, der über dem Durchschnitt der neuen Bundesländer und – noch stärker – dem Bundesmittel lag, verfügte Berlin – vor allem wanderungsbedingt – über einen höheren Anteil jüngerer Altersjahrgänge der Bevölkerung im erwerbsfähigen Alter (25 bis 45 Jahre). Beide Länder – Brandenburg stärker, Berlin schwächer – besaßen einen niedrigeren Seniorenanteil (60 Jahre und mehr), verglichen mit den Durchschnittswerten der neuen Bundesländer und dem Bundesgebiet insgesamt (s. Anhang, A 1).

Infolge der gravierenden Veränderungen im generativen Verhalten der Bevölkerung in Brandenburg und im Ostteil Berlins seit der Wende (1989/1990) mit einem drastischen Rückgang der Geburtenziffern sowie der anhaltend rückläufigen natürlichen Bevölkerungsbewegung, die durch umfangreiche Abwanderungen hauptsächlich jüngerer Menschen und deren Familien noch potenziert wurde, stoßen Vorhersagen wahrscheinlich eintretender Bevölkerungsveränderungen in der Region Berlin-Brandenburg auf große Unsicherheiten. Dazu kommt, daß insbesondere der Faktor „Migration" in Abhängigkeit von den innen- und außenpolitischen sowie wirtschaftlichen Entwicklungstendenzen schwer kalkulierbar ist. So schwanken dann auch die Prognosen für eine mittel- und langfristige Bevölkerungsveränderung in der Region Berlin-Brandenburg (bis 2010) ganz erheblich, nämlich zwischen einem bescheidenen Wachstum von 100000 Personen und dem Zehnfachen, nämlich einer Mio. Menschen (s. ARNDT/KUJATH u. a. 1994, S. 9 bis 11, Abb. 2/3, und Brandenburg regional '93, 1994, S. 84–88).

In Abhängigkeit von der Wirtschafts- und insbesondere Arbeitsplatzentwicklung, von der Erhaltung vorhandener und der Schaffung neuer Wohnungen differenzierten Standards und örtlichen Bedarfs sowie von der demographischen Eigenentwicklung der Region ist, hauptsächlich wanderungsabhängig (migrationsbedingt), ein schwaches bis mittleres, in jedem Fall aber regional differenziertes Bevölkerungswachstum in der Region Berlin-Brandenburg zu erwarten, und zwar:

– geringe Bevölkerungszunahme in den innerstädtischen, zentrumsnahen Bezirken Berlins (innerhalb des S-Bahn-Ringes) im Zusammenhang mit der Citybildung, Sanierung und Modernisierung im „Wohngürtel", mit Segregations- und Abwanderungstendenzen,
– stärkere Bevölkerungszunahme in den Berliner Außenbezirken und im Berliner

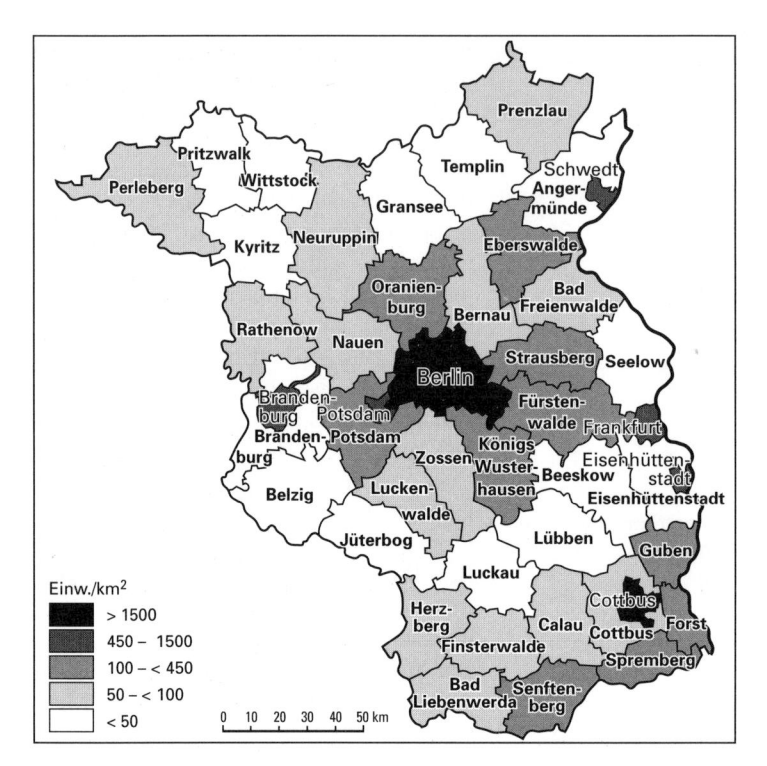

Abb. 20: Bevölkerungsdichte in Brandenburg 1992 nach Kreisen (Altkreisen)

Quelle: Regio, Beiträge des IRS, 5, 1994, Abb. 1

Einw./km²
- \> 1500
- 450 – 1500
- 100 – < 450
- 50 – < 100
- < 50

Umland, d. h. im engeren Verflechtungsraum von Berlin und Brandenburg, im Kontext mit Urbanisierung und Suburbanisierung,
- weitere Bevölkerungsabnahme in den peripheren, vor allem ländlich geprägten Räumen Brandenburgs.

Gerade bei letzterem muß jedoch beachtet werden, daß dieser ländliche Raum Brandenburgs einerseits bereits weiträumig extrem niedrige Bevölkerungsdichten (Basis: bisherige Kreise) unter 50 Ew./km² besitzt (Abb. 20), andererseits die dort vorhandenen Naturraumpotentiale für die Landwirtschaft, Forstwirtschaft sowie den Fremdenverkehr/Tourismus, einschließlich ausgedehnter Konversionsflächen (bisheriger Militärflächen), weit unter der Flächen- und Arbeitsintensität des Bundesdurchschnittes außerordentlich extensiv genutzt werden (s. Kap. 2). Dies steht sowohl der Verwirklichung des übergeordneten strategischen Ziels der deutschen Raumordnung, in allen Teilen gleichwertige Lebensverhältnisse bei einer ökologisch verträglichen, nachhaltigen Raumentwicklung schaffen zu wollen (Raumordnungsbericht 1993, 1994, Plenartagung der ARL 1993, 1994), als auch dem Raumordnungskonzept der dezentralen Konzentration im Raum Berlin-Brandenburg (s. Kap. 7) entgegen.

Aus wirtschaftlichem, sozialem und politischem Blickwinkel erscheint außerordentlich bedenklich, daß der hohe Anteil der Arbeitslosen, der zwischen 12% und 14% deutlich über dem Bundesdurchschnitt von ca. 9% liegt und sich zwischen den Teilregionen Berlin (West), Berlin (Ost) und Brandenburg unter dem Einfluß der stark gewachsenen Arbeitspendelung von Ost nach West angenähert hat, durch eine weitaus größere Anzahl von Nicht- bzw. Unterbeschäftigten (Kurzarbeitern, Vorruheständlern, Altersübergangsgeld- und Sozialhilfe-Empfängern, Frührentnern, ABM-Kräften, Umschulungsteilnehmern sowie aus der Arbeitswelt meist für immer verdrängten Erwerbsfähigen) wesentlich vergrößert wird. Dies führt in einigen Regionen zur Erwerbslosigkeit bzw. gravierenden Erwerbseinschränkung bei der Hälfte bis zu zwei Dritteln der erwerbsfähigen Bevölkerung. Neben den zugespitzten sozialen Problemen ist damit auch eine wesentliche Verringerung der Wirtschaftskraft dieser Regionen, die sich wirtschaftsstrukturell im Umbruch und z. T. im Niedergang befinden, verbunden.

3.3
Das Wirtschaftspotential und seine Nutzung

Wirtschaftskraft – Ausdruck der Nutzung des Wirtschaftspotentials

Die Wirtschaftskraft der Region Berlin-Brandenburg – gemessen am Bruttoinlandprodukt (BIP) – liegt z. Z. noch deutlich unter dem Bundesdurchschnitt, wenn man die Beziehung zum Bevölkerungspotential herstellt (s. Fischer Weltalmanach '95, S. 155, und Anhang, A 1): Dem Bevölkerungsanteil der Länder Berlin und Brandenburg von 7,4% stand (1993) ein Anteil am Bruttoinlandprodukt (BIP) von nur 5,7% gegenüber.

Zum Vergleich:
Der zweitgrößte Stadtstaat, die Hansestadt Hamburg, erbrachte zusammen mit einem Teil seines Umlandes, dem Flächenland Schleswig-Holstein, bei einem niedrigeren Bevölkerungsanteil von 5,4% immerhin 7,2% (4,0% + 3,2%) des bundesdeutschen BIP (1993).

Auch bei den Steuereinnahmen der öffentlichen Haushalte (Länder und Kommunen) blieben Berlin (4,00%) und Brandenburg (1,53%), d. h. mit nur rd. 5,5 Prozent an den genannten Steuern im Bundesmaßstab erheblich hinter ihrem Bevölkerungsanteil zurück (1993).

Hier werden struktur- und krisenbedingte Effizienznachteile gegenüber den alten Bundesländern sichtbar, die allerdings seit 1991/92 durch wesentlich höhere Zuwachsraten des BIP der neuen gegenüber den alten Bundesländern schrittweise über einen längeren Zeitraum abgebaut werden (Tab. 6).

Die hervorragende Stellung der Wirtschaftsregion Berlin-Brandenburg im Osten Deutschlands kommt u. a. darin zum Ausdruck, daß sie mit ihrem Anteil von 5,7% am bundesdeutschen BIP (1993) nahezu den gleichen Umfang wie die vier anderen neuen Bundesländer Sachsen (2,6,%), Sachsen-Anhalt (1,6%), Thüringen (1,3%) und Mecklenburg-Vorpommern (1,0%), d. h. von insgesamt 6,5%, erreicht, die fast das Doppelte der Bevölkerung (14,5% der Bundesbevölkerung) auf ihrem Territorium haben. Innerhalb der Region Berlin-Brandenburg besteht ein deutliches raumrelevantes Gefälle in der wirtschaftlichen Leistungskraft, und zwar von Berlin-West (130%) über Berlin-Ost (52%) nach Brandenburg (48%), jeweils gemessen am Bundesdurchschnitt des BIP (1993 = 100). Das Gefälle zwischen dem West- und Ostteil Berlins ist also wesentlich steiler als zwischen Berlin-Ost und Brandenburg.

Das Wachstums- und Angleichungstempo in dieser Region bleibt z. Z. (1992/93/94) hinter dem der anderen neuen Bundesländer zurück (Tab. 6). Allerdings muß in diesem Kontext berücksichtigt werden, daß ca. 175000 Erwerbstätige aus dem Osten Berlins und dem Brandenburger Umland als Arbeitspendler

Bundesland	Flächen-anteil (1993) (%)	Einwohner-anteil (1993) (%)	BIP-anteil (1992) (%)	BIP-anteil (1993) (%)	Veränd. des BIP (1991/92) (%)	Veränd. des BIP (1992/93) (%)
Berlin	0,2	4,3	4,2	4,2	5,4	3,6
darunter						
Berlin-West	0,1	2,7	3,5	3,4	5,0	1,4
Berlin-Ost	0,1	1,6	0,7	0,8	8,0	14,1
Brandenburg	8,3	3,1	1,3	1,5	5,2	15,7
Mecklenburg-Vorpommern	6,6	2,3	0,9	1,0	7,7	16,9
Sachsen-Anhalt	5,7	3,5	1,4	1,6	8,5	17,1
Sachsen	5,2	5,7	2,3	2,6	5,3	19,1
Thüringen	4,5	3,1	1,1	1,3	8,0	23,3
Neue Bundes-länder[1] insgesamt	30,4	19,3	7,7	8,8	6,8	18,0
Bundes-republik Deutschland ingesamt	100	100	100	100	2,0	2,6

[1]) einschließlich Berlin-Ost

Quelle: Hessisches Statistisches Landesamt (Statistischer Bericht Mai 1994, Bayrisches Landesamt für Statistik und Datenverarbeitung (Bayern in Zahlen, lt. 7/94), Landesamt für Statistik und Datenverarbeitung Brandenburg. Zitiert in: Fischer Weltalmanach, Zahlen, Daten, Fakten '95, Frankfurt/Main 1994, S. 155; ergänzt vom Verfasser

Tab. 6: **Vergleich der neuen Bundesländer und Berlin nach ihrer Wirtschaftskraft (Bruttoinlandprodukt = BIP) für die Jahre 1992 und 1993**

im Westteil Berlins beschäftigt und dort an dessen Wertschöpfung (BIP) beteiligt sind. Damit werden einerseits die wirtschaftlichen Disparitäten zwischen den genannten Teilregionen vergrößert, während andererseits die einkommensbedingten sozialen Unterschiede zwischen West (Westteil Berlins) und Ost (Ostteil Berlins und Brandenburg) partiell verringert werden.

An das West-Ost-Gefälle der Wirtschaftskraft sind ursächlich und folgerichtig Kapitalstock-, Produktivitäts-, Arbeitsplatz- sowie private, kommunale und betriebliche Einkommensunterschiede gebunden, die durch das sich schnell verringernde gleichgerichtete Gefälle im Lebenshaltungsniveau (Mieten, Pachten, Tarife, Immobilienpreise usw.) zunehmend nicht mehr kompensiert werden können.

Strukturschwächen und -stärken der Wirtschaft

Vor allem struktur- und krisenbedingt traten neben der allgemeinen Kapitalstockschwäche sowie der „Überfremdung" der Unternehmen in Brandenburg und Berlin folgende Strukturschwächen sowie Defizite

Sektor/Region	Region Berlin/ Brandenburg	darunter Land		Region Hamburg/ Schleswig-Holstein	darunter		BRD insgesamt
		Berlin	Brandenburg		Hamburg	Schleswig-Holstein	
Landwirtschaft, Forstwirtschaft, Fischerei	0,58	0,16	1,72	1,03	0,17	2,09	1,09
Produzierendes Gewerbe	36,32	35,60	38,28	25,21	21,33	29,96	36,27
Handel und Verkehr	12,55	12,58	12,47	19,58	22,28	16,28	13,89
Dienstleistungsunternehmen	29,79	31,88	24,09	40,24	45,90	33,30	34,20
Staat, private Haushalte, private Organisationen ohne Erwerbszweck	20,76	19,78	23,44	13,94	10,32	18,37	14,55
Insgesamt	100,00	100,00	100,00	100,00	100,00	100,00	100,00

[1]) Bereinigte Bruttowertschöpfung

Quelle: Nach Angaben des Stat. Jhb. der BRD, 1994, S. 34/35, berechnet

Tab. 7: Sektorale Struktur des Sozialproduktes[1]) nach ausgewählten Sektoren und Regionen (Bundesländern) 1993 (%)

in der regionalen und sektoralen Wirtschaftsstruktur Berlin-Brandenburgs gegenüber dem Bundesdurchschnitt und vergleichbaren alten Bundesländern (Hamburg und Schleswig-Holstein) auf (s. Tab. 7 und Anhang, A 1).

Während der Anteil des produzierenden Gewerbes bei Berlin und Brandenburg etwa gleichanteilig im Bundesdurchschnitt, aber erheblich über den Anteilswerten der Vergleichsregion Hamburg/Schleswig-Holstein lag, traten insbesondere im Bereich Dienstleistungsunternehmen große Defizite auf. Bemerkenswert und unnormal sind diese auch im Bereich der Land- und Forstwirtschaft, bezogen auf Brandenburg.

Die Notwendigkeit, in der Region Berlin-Brandenburg im tertiären Sektor, insbesondere bei der wirtschaftsnahen Infrastruktur und hochrangigen Dienstleistungsbereichen, erhebliche Rückstände aufzuholen, läßt sich daraus ebenso ableiten wie die dringende Erhöhung der Leistungskraft und Effizienz des produzierenden Gewerbes, aber auch die teilweise Wiederauffüllung des gewerblich-industriellen Potentials bei Anteilserhöhung von Finalproduzenten in innovativen Bereichen. Die Region Berlin-Brandenburg erbrachte bei einem Anteil von rd. 5,3% an den Erwerbstätigen im produzierenden Gewerbe Deutschlands nur rd. 4,8 Prozent von dessem Umsatz, dar-

Jahr	Ausfuhr insgesamt (1000 DM)	Ernährungs- wirtschaft (%)	Gewerbliche Wirtschaft	davon		
				Roh- stoffe (%)	Halb- waren (%)	Fertig- waren (%)
1991	2 376 572	7,9	92,1	4,2	17,2	78,6
1992	2 603 991	13,2	86,8	4,2	13,8	82,0
1993	2 465 210	12,7	87,3	2,5	15,7	81,8
1994[1]	591 718	11,3	88,7	3,2	24,4	72,4
	Einfuhr	Ernährungs- wirtschaft (%)	Gewerbliche Wirtschaft	davon		
				Roh- stoffe (%)	Halb- waren (%)	Fertig- waren (%)
1991	5 323 926	3,2	96,8	57,8	8,2	34,0
1992	4 824 356	5,5	94,5	43,8	11,1	45,1
1993	4 452 230	5,9	94,1	46,6	12,4	41,0
1994[1]	1 118 873	6,0	94,0	49,5	9,5	41,0

[1]) 1. Quartal

Quelle: Aus- und Einfuhr des Landes Brandenburg, März 1994, Landesamt für Datenverarbeitung und Statistik/März 1994, Statistische Berichte G III 1/m03/94; zusammengestellt und berechnet

Tab. 8: Export und Import des Landes Brandenburg, Umfang und Struktur 1991 bis 1994

unter lediglich 1,7% des Auslandsumsatzes (1993).

Die niedrigen Anteile der Region Berlin-Brandenburg am Außenhandel Deutschlands verdeutlichen sowohl wirtschaftliche Niveau- als auch Strukturschwächen Berlins und Brandenburgs. 1993 entfielen auf Berlin mäßige 1,9 Prozent und auf Brandenburg lediglich 0,4 Prozent der deutschen Exporte. Hier wirken sowohl die jahrzehntelange Isolierung der Westberliner Wirtschaft, ihre Funktion als „verlängerte Werkbank" gegenüber westdeutschen Unternehmen nach, als auch der produktivitäts-, struktur- und absatzbedingte Zusammenbruch der Ostberliner Industrie. Dies trifft in ähnlichem Ausmaß – mit bisheriger gradueller Ausnahme von Braunkohle- und Energieindustrie sowie – bedingt – auch von Eisen- und Stahlindustrie sowie Erdölverarbeitung – analog auch auf Brandenburg zu.

Die sektorale und regionale Importstruktur und Exportstruktur des Landes Brandenburgs wird (seit 1991 bis Anfang 1994; s. Tab. 8) durch folgende Merkmale charakterisiert:

– Ungleichgewicht der Export-Importleistungen: Der Import erreicht fast das Doppelte des Exportwertes.
– Der Anteil der gewerblichen Wirtschaft ist im Außenhandel insgesamt hoch, er liegt jedoch beim Export niedriger als beim Import.
– Während beim Export innerhalb der gewerblichen Wirtschaft die Fertigwaren dominieren, erreicht beim Import der Anteil der Rohstoffe und Halbwaren mehr als die Hälfte des Einfuhrwertes.

Sie widerspiegeln die Dominanz der Grundstoffindustrie (Eisen- und Stahlindu-

Ländergruppen	Ausfuhr	Einfuhr
EU-Länder	40,8	25,2
EFTA-Länder	11,8	10,0
Andere europäische Länder	24,6	59,2 (Rußland: 46,3)
Außereuropäische Länder	22,8	5,6
Insgesamt	100	100

Quelle: BWI – Wirtschaftsdienst Brandenburg 4 (1994) 19, S. 18, 21

Tab. 9: Aus- und Einfuhr des Landes Brandenburg nach Ländergruppen Januar bis Mai 1994, Anteil in v. H.

strie, Erdölverarbeitung), die in erster Linie zusammen mit der Energiewirtschaft auf Braunkohlenbasis in die regionale und nationale Wirtschaftsstruktur eingebunden ist und gleichzeitig das Überwiegen der Rohstoffimporte erklären.

Die Integration in den EU-Wirtschaftsraum ist mit zwei Fünftel (40,8%) beim Export und nur einem Viertel (25,2%) beim Import bisher schwach; die Beziehungen zu den ehemaligen RGW-(COMECON)-Ländern, insbesondere zu Rußland, sind nur beim Import (46,3%) stärker ausgeprägt (Tab. 9).

Der durch den Westteil Berlins bestimmte Außenhandel der Hauptstadt (1993 entfielen über neun Zehntel des Berliner Exportwertes auf Berlin-West) wird durch eine ähnliche Regionalstruktur – Anteil strukturbestimmender Ländergruppen – beider Stadtteile beim Import (Dominanz der EU- und EFTA-Länder) geprägt. Dagegen läßt der Ostteil Berlins – ähnlich wie Brandenburg – beim Export nach wie vor eine Dominanz der ehemaligen Staatshandelsländer, vor allem Rußlands, erkennen (Abb. 21).

Auch hierin widerspiegelt sich die Strukturschwäche der Region, die, bezogen auf Ostberlin und Brandenburg, neben den Kapitalstock- und Produktivitätsdefiziten, der Konkurrenzschwäche auf dem Weltmarkt – zugespitzt durch die bedeutende Schrumpfung des bisherigen Hauptabsatzmarktes Osteuropa und die durchgängige Privatisierung (einschließlich von „Konkurrenzdemontagen" in einigen Industriezweigen, wie z. B. Wälzlager- und Stahlindustrie) – einen eklatanten Rückgang der Industriearbeitsplätze hinnehmen mußte. Von 1989 bis 1993 sank die Anzahl der industriellen Arbeitsplätze auf ein Fünftel (20%).

In den ostdeutschen Ländern fiel der Industriebesatz von 277 Beschäftigten im Bergbau und verarbeitenden Gewerbe je 1000 erwerbsfähige Personen (1989) auf 56 (Anfang 1994). Damit lag der Industriebesatz um mehr als 60% unter dem Niveau der alten Länder. Dies ist auch EU-weit das mit Abstand niedrigste Niveau. Das Ausmaß der Deindustrialisierung erreichte bereits bis 1992 in der Region Berlin-Brandenburg die durchschnittlichen Negativwerte der neuen Bundesländer, wobei folgende regionale Differenzierung bestand:

Während Berlin, Mittel- und Nordostbrandenburg die zweitniedrigste Industriebesatzquote (80 – unter 190) erreichte, wies der Nordwesten (Prignitz-Ruppin) zusammen mit der Altmark (Sachsen-Anhalt) und Mecklenburg-Vorpommern die geringsten Werte (unter 80) in Deutschland auf. Nur die Niederlausitz – vor allem durch Bergbau und Energiewirtschaft her-

Stellung der Region in der BR Deutschland und Europa

Ausfuhr

- Westteil Berlins: 42,60% / 11,10% / 4,00% / 4,40% / 69,70% (Ostteil Berlins) / 10,60% / 18,20% / 10,40% / 16,30% / 12,40%

Einfuhr

- Westteil Berlins: 39,20% / 40,10% (Ostteil Berlins) / 21,20% / 11,20% / 24,00% / 3,50% / 11,20% / 15,20% / 18,30% / 16,10%

▦ EG-Länder ▤ EFTA-Länder ▨ übrige westliche Industrieländer

☐ ehemalige Staatshandelsländer ☐ Entwicklungsländer

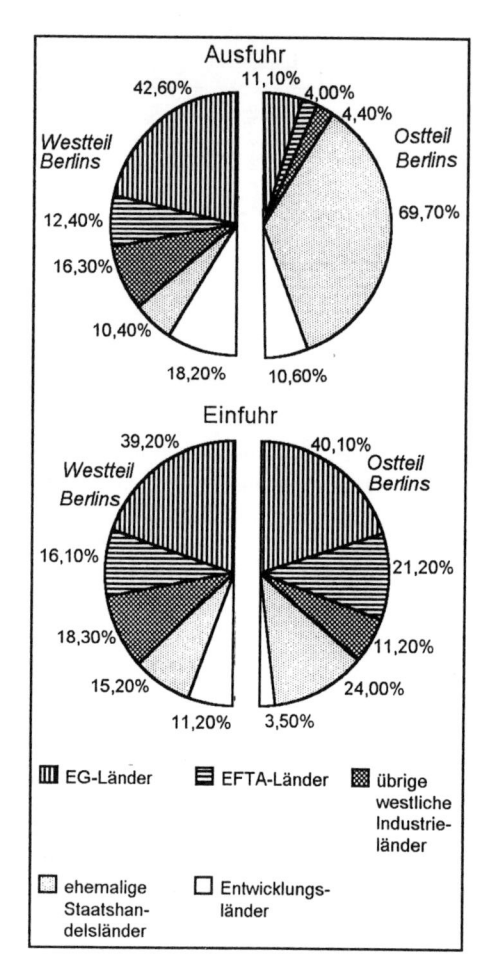

Quelle: Wirtschaftsbericht Berlin 1994, Senatsverwaltung für Wirtschaft und Technologie Berlin 1994, Schaubild 7

Abb. 21: Einfuhr und Ausfuhr von Berlin (Westteil und Ostteil) 1993 nach Ländergruppen

vorgerufen – lag im Besatz etwas höher (130 bis unter 180) und war diesbezüglich mit den durchschnittlich industrialisierten Regionen der alten Bundesländer vergleichbar (MARETZKE 1994, S. 1/2).

Mit dem Wegfall der Berlinförderung haben sich die Standortbedingungen auch im Westteil Berlins verschlechtert. Steigende Immobilienpreise, Mieten und Pachten in Berlin (West), dessen Niveau noch über den vergleichsweise hohen Werten Ostberlins und Brandenburgs liegt, führen zur Abwanderung lohn- und flächenintensiver Gewerbezweige (z. T. „verlängerter Werkbänke") in Richtung Ostteil Berlins und Umland, wobei dortige Fördermittel, Steuer- und Lohnkostenvorteile bei Vorhandensein billigerer Arbeitskräfte oft hoher Qualifikation und Motivierung genutzt werden können (s. Kap. 6).

Seit 1993 zeichnen sich in den neuen Bundesländern – auch in Berlin und Brandenburg – folgende Stabilisierungstendenzen im produzierenden Gewerbe ab, die allerdings bisher noch nicht den Arbeitsplatzabbau stoppen konnten:
- kontinuierliche Steigerung des Umsatzes,
- Annäherung der Umsatz-Lohn-Relation an das Niveau der alten Bundesländer, wobei die Lohnkostensteigerung hinter der Umsatzsteigerung zurückbleibt.

Die Stellung der beiden Länder Berlin und Brandenburg wird in Tabelle 10 sichtbar, die ausgewählte Indikatoren des Bergbaus und verarbeitenden Gewerbes nach Ländern vergleicht.

Während Berlin und Brandenburg hinsichtlich Industriebesatz und Konzentrationsgrad der Betriebe gemeinsam hintere bzw. mittlere Plätze einnehmen, erreicht Berlin (durch Einfluß seines Westteils) bei einigen Effizienzindikatoren des produzierenden Gewerbes im Gesamtrahmen des Bundesgebietes Spitzenwerte. Brandenburg nimmt dagegen unter den neuen Bundesländern nur mittlere Positionen ein und bleibt weit unter dem Bundesdurchschnitt.

Für das Land Brandenburg, in dem in großen Teilregionen die Land- und Forstwirtschaft zu DDR-Zeiten eine hervorragende Rolle spielte, hat die im EU- und Bundesrahmen forcierte Umstrukturierung der Landwirtschaft, des Ernährungsgewerbes und des Absatzmarktes für agrarische Produkte in Berlin-Brandenburg z. T. ver-

Bundesland	Industrie-besatz[2]	Zahl der Beschäftigten je Betrieb	Umsatz je Beschäftigten (DM)	Umsatz-Lohn-Relation[3]
Schleswig-Holstein	99	107	23 763	5,0
Hamburg	115	179	29 878	5,1
Niedersachsen	132	155	26 247	5,8
Bremen	174	224	28 795	5,7
Nordrhein-Westfalen	164	167	22 201	4,5
Hessen	159	167	20 221	4,0
Rheinland-Pfalz	148	144	23 882	4,9
Baden-Württemberg	218	150	20 254	3,6
Bayern	180	145	20 880	4,4
Saarland	179	217	19 651	4,2
Berlin	92	147	24 170	5,8
Brandenburg	95	170	8 016	3,4
Mecklenburg-Vorp.	48	125	9 880	4,4
Sachsen	100	154	7 678	3,4
Sachsen-Anhalt	110	175	9 268	4,0
Thüringen	91	121	6 999	3,3
Alte Länder	167	155	22 031	4,4
Neue Länder	93	150	11 333	4,3
Bundesgebiet	150	154	20 586	4,4

1) Betriebe von Unternehmen mit 20 Beschäftigten und mehr
2) Beschäftigte je 1000 erwerbsfähige Personen (15- bis 64jährige)
3) Umsatz (DM) je DM Lohnkosten

Quelle: Laufende Raumbeobachtung der BfLR, eigene Berechnungen, Maretzke, 1994, S. 2

Tab. 10: Ausgewählte Indikatoren des Bergbaus und Verarbeitenden Gewerbes in der Bundesrepublik Deutschland[1] Juni 1992

heerende Auswirkungen auf diesen Produktionsbereich und auf den von ihm geprägten ländlichen Raum gehabt.

Bei einem Anteil von rd. 7,6% an der landwirtschaftlich genutzten Fläche, darunter von rd. 8,7% am i. d. R. arbeitsintensiveren Ackerland (1993) – bezogen auf das Bundesgebiet – waren im Land Brandenburg (Stand April 1993) nur noch rd. 2,4% der landwirtschaftlichen Arbeitskräfte Deutschlands beschäftigt.

Mit dem Arbeitskräftebesatz von rd. 2,8 AK/100 ha LF wurden lediglich ein Drittel (33,3%) des Bundesdurchschnittswertes (8,4 Ak/100 ha LF) erreicht. Auch die Rinder-, Milchkuh- und Schweinebestände lagen mit Anteilen zwischen wenig über und knapp vier Prozent (4,4% bis 3,7%) erheblich unter den LF- und AF-Anteilen.

Das trifft ebenfalls auf die Anteile an der Getreide- und Kartoffelernte sowie Milcherzeugung (zwischen rd. 4,2% und 4,8%) zu. Diese übermäßige Extensivierung in der Landwirtschaft führt zur ungenügenden Nutzung des Naturraumpotentials für die Landwirtschaft in weiten Teilen Brandenburgs durch zu starke Arbeitskräfte- und Flächenrückgänge, auch wenn man die mit Recht gewachsene Beachtung ökologischer und ökonomischer (vor allem betriebswirtschaftlicher) Rahmenbedingungen in Rechnung stellt (s. a. Kap. 6.2.1).

Die günstigen Relationen zwischen den Produktionsanteilen bei den landwirtschaftlichen Haupterzeugnissen Getreide, Kartoffeln und Milch und dem Arbeitskräftebesatz (s. o.) andererseits deuten jedoch darauf hin, daß die brandenburgische

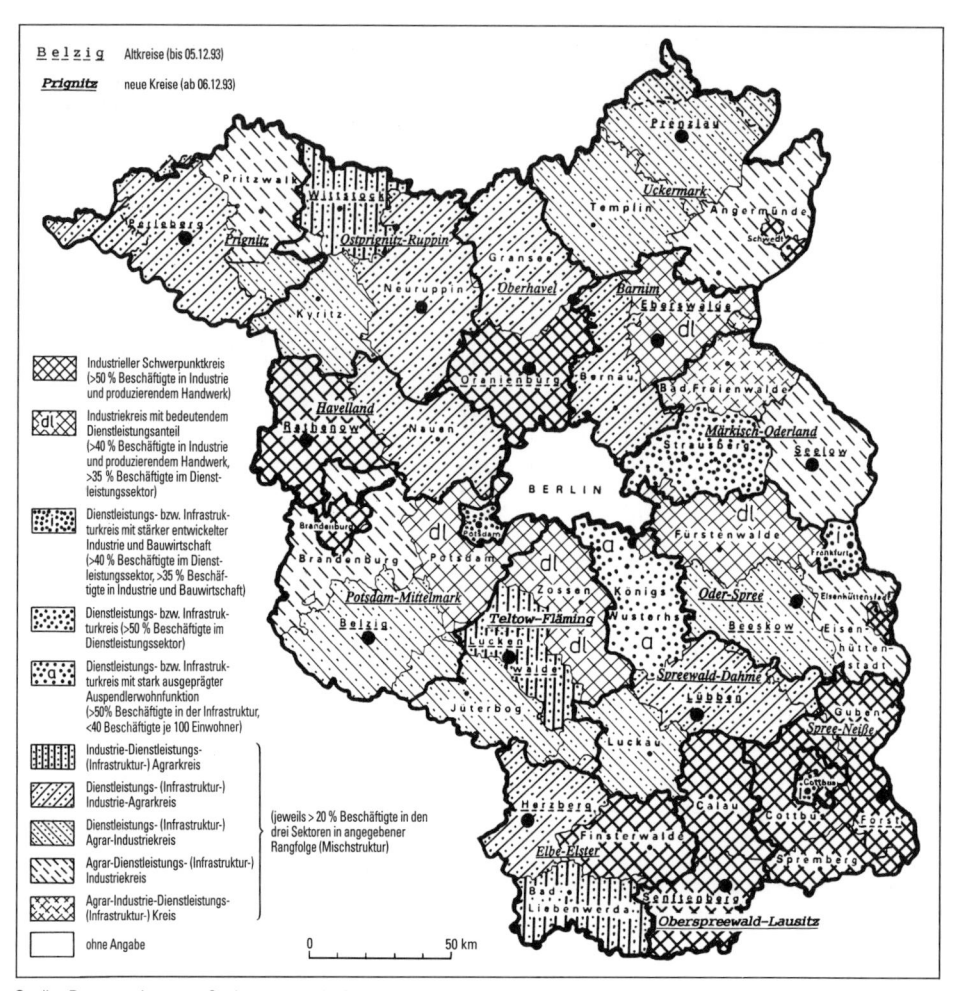

108 Stellung der Region in der BR Deutschland und Europa

Abb. 22: Funktionelle Kreistypen im Land Brandenburg 1989

Quelle: Datenangaben aus „Strukturanalyse der Wirtschaft des Landes Brandenburg", Kap. 2/3, Software-Union Berlin 1993, Anlage 2/21

Entwurf und Zeichnung: SCHERF/NIEMEYER 1993

Landwirtschaft bei Chancengleichheit für alle Eigentums- und Betriebsformen, die durch einen „brandenburgischen Weg" in der Landwirtschaft angestrebt wird, im Bundes- und EU-Rahmen konkurrenzfähig wäre. Damit könnte sie in Gebieten mit günstigen Produktionsbedingungen als wesentlicher Faktor bei der Stabilisierung des ländlichen Raumes mitwirken.

Veränderungen im regionalen Wirtschafts- und Funktionsgefüge

Die seit 1990 erfolgte durchgängige Entagrarisierung und Deindustrialisierung in der Region Berlin-Brandenburg vollzog sich vor allem von 1990–1992, setzte sich sektoral und regional differenziert in den nachfolgenden Jahren (1993/1994) fort,

Wirtschaftspotential 109

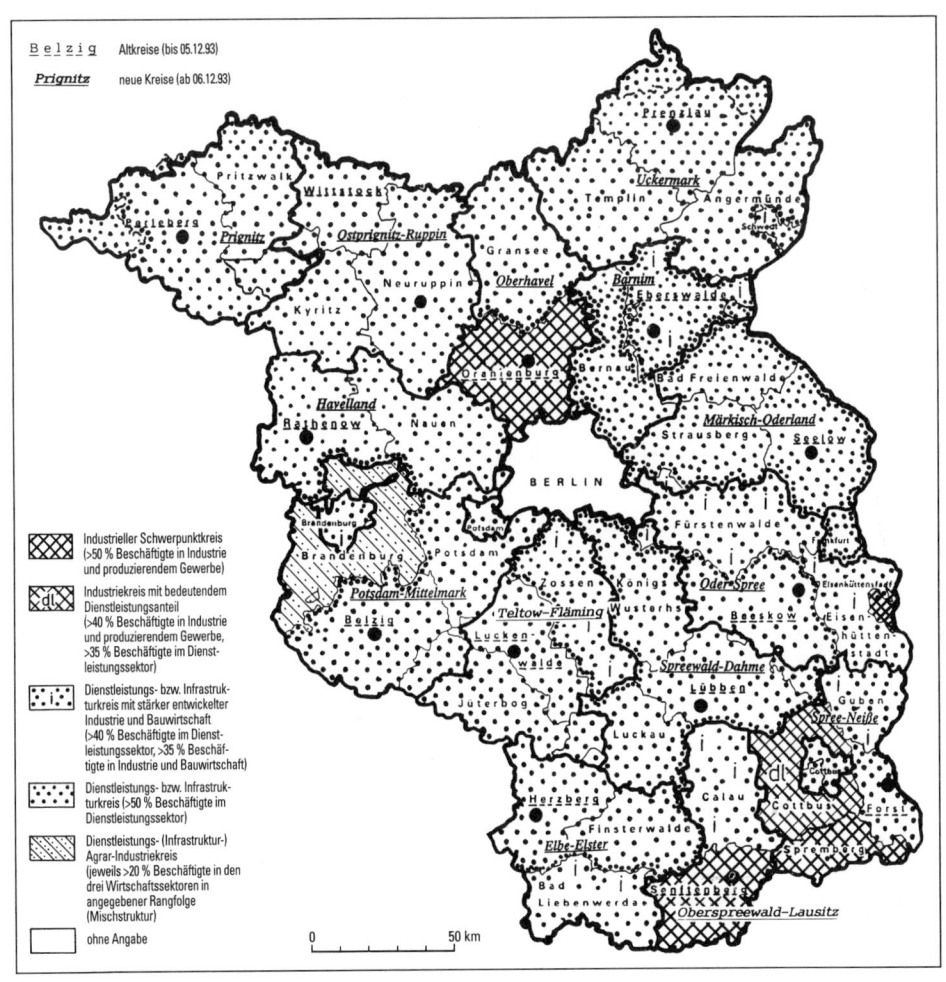

Quelle: Datenangaben aus „Strukturanalyse der Wirtschaft des Landes Brandenburg", Kap. 2/3, Software-Union Berlin 1993, Anlage 2/19

Entwurf und Zeichnung: SCHERF/NIEMEYER 1993

Abb. 23: Funktionelle Kreistypen im Land Brandenburg 1992

wobei der Arbeitsplatzabbau im verarbeitenden Gewerbe in den letzten Jahren – wenn auch wesentlich geringer – ebenfalls auf den Westteil Berlins übergegriffen hat. Im Unterschied zu den als normal erscheinenden Trends im Westteil Berlins fand in Ostberlin und Brandenburg die damit verbundene „Tertiärisierung" der Wirtschaftsstruktur bei starker Abnahme der Gesamtzahl der Beschäftigten, d. h. hauptsächlich „passiv" statt, wobei vor allem konsumtive Bereiche des tertiären Sektors teilweise gewachsen sind. Dies führte zu einer „Uniformierung" der regionalen Wirtschaftsstruktur im Land Brandenburg. Dies wird bei einem Vergleich funktionaler Kreistypen des Landes Brandenburg der Jahre 1989 und 1992 gut sichtbar (Abb. 22 und

Land	Gewerbliche Wirtschaft					Infrastruktur		
	Investitionsvolumen (Mio.DM)	Anzahl der Vorhaben	Zusätzliche Arbeitsplätze	gesicherte Arbeitsplätze	Bewilligte GA-Mittel (Mio.DM)	Investitionsvolumen (Mio. DM)	Anzahl der Vorhaben	Bewilligte Ga-Mittel (Mio. DM)
Mecklenburg-Vorpommern	9964,8	2213	28187	43530	1641,7	2218,2	530	1377,5
Brandenburg	16538,2	2252	55301	29826	3349,5	2024,9	172	1463,8
Berlin-Ost	4953,0	1190	20057	31155	918,7	1006,5	89	877,7
Sachsen-Anhalt	19119,3	2613	77212	48814	3615,5	2333,8	615	1431,9
Thüringen	16454,0	3994	115576	8871	3258,0	2413,7	382	1285,1
Sachsen	23365,1	5377	92892	122032	3721,6	5273,9	1756	3657,8
insgesamt	90394,5	17639	389225	284228	16505,0	15271,0	3544	10093,8

Quelle: Wirtschaftsatlas Neue Bundesländer. Gotha 1994, S. 70

Tab. 11: Ergebnisse der regionalen Wirtschaftsförderung in den neuen Bundesländern (1990 bis 1995)

23): Die industriell und multistrukturell geprägten Kreistypen des Jahres 1989 sind bis auf wenige „Restinseln" vorwiegend im Südosten (Niederlausitz) vom tertiären Sektor (Dienstleistungen bzw. Infrastruktur) dominierten Kreistypen gewichen. Diese Transformation in Richtung tertiärer Sektor kann jedoch nicht als Indikator eines innovativen, zukunftsträchtigen Struktur- und Funktionswandels der Region angesehen werden; sie signalisiert vielmehr eine z. Z. noch bestehende allgemeine Strukturschwäche auf drastisch gesunkenem Arbeitsplatz- und Beschäftigtenniveau. Eine analoge Veränderung – allerdings ohne den wesentlichen Faktor Landwirtschaft – hat sich im Ostteil Berlins vollzogen (Kap. 6.1.2).

Mit dem notwendigen wirtschaftlichen Aufschwung sollte die erforderliche sektorale Neuprofilierung und Diversifizierung der Wirtschaft – bei Bewahrung erhaltenswerter Bestandteile – mit einer Erneuerung der regionalen Wirtschaftsstruktur in den Teilräumen verbunden werden. Dazu müssen die Finanzmittel aus den „Fördertöpfen" der EU, des Bundes und der Länder effektiv und konzentriert eingesetzt werden. Der Gemeinschaftsaufgabe „Verbesserung der regionalen Wirtschaftsstruktur" kommt dabei eine hervorragende Bedeutung zu (Tab. 11).

3.4 Wirtschaftsstruktur und Spezialfunktionen von Berlin und Brandenburg – Entwicklungstendenzen und -erfordernisse

Im Spannungsfeld zwischen notwendiger Erhaltung und Veränderung der Wirtschaftsstruktur sowie wachstumsbestimmender Spezialfunktionen in der Region Berlin-Brandenburg ergeben sich bei Nutzung der bedeutenden endogenen Poten-

Wirtschaftsstruktur und Spezialfunktionen

tiale folgende arbeitsteilige, sinnvoll ergänzbare *Entwicklungstendenzen und -erfordernisse für deren Teilräume*:

Der *Regionskern Berlin* muß sich als Bundeshauptstadt auf die Übernahme wesentlicher Regierungsfunktionen einstellen. Will er darüber hinaus auf längere Sicht Metropolenfunktion ausüben, kann auch unter den sich grundlegend veränderten Rahmenbedingungen im Deutschland und Europa der Gegenwart an bestimmte Traditionslinien vor 1933 angeknüpft werden:

– Entwicklung Berlins zum Zentrum hochrangiger Dienstleistungen in Wirtschaft und Gesellschaft. Dazu müssen vor allem Führungszentren in- und ausländischer Großunternehmen der Wirtschaft (Industrie-, Bank- und Versicherungskonzerne), verbunden mit Forschungs- und High-Tech-Zentren zur Ansiedlung in Berlin und Brandenburg bewegt werden.

– Die Industrie muß im Ostteil der Stadt nach unverhältnismäßig hohen Verlusten revitalisiert, saniert und konkurrenzfähig gemacht werden, wobei innovative Bereiche, gestützt auf modernisierte Industriekerne, neue Klein- und Mittelbetriebe sowie eine leistungsfähige technologie- und wirtschaftsnahe Infrastruktur, Forschung und Entwicklung, gefördert werden sollten. Dabei kann an traditionsreiche Berliner Industriebranchen, wie Elektrotechnik, Kommunikationstechnik, Maschinenbau, Leichtchemie sowie Leicht- und Ernährungsindustrie angeknüpft werden. Im Westteil der Stadt sollten subventionsgestützte Industrien aus der „Inselzeit", sofern sie sich unter den neuen Standortbedingungen innerhalb einer modernen Industriestruktur nicht mehr behaupten können, durch zukunftsträchtige Gewerbe im Industrie- und Dienstleistungsbereich ersetzt werden. Auch dort gibt es dafür ähnlich wie im Ostteil der Stadt traditionsreiche industrielle Ansatzpunkte, die u. a. der gemeinsamen Geschichte Berlins als „Elektropolis" entspringen (s. Kap. 4.2) und hier im Unterschied zum Ostteil Berlins weitgehend funktionsfähig sind.

– Wissenschaft, Kultur und Kunst sollten nicht in einem unproduktiven Konkurrenzstreit innerhalb der Region und durch kurzsichtige Sparmaßnahmen zu provinzieller Größe und entsprechend niedrigem Niveau „krankgeschrumpft" werden. Sie sollten sich vielmehr unter Nutzung bewahrenswerter Traditionen, Kapazitäten, Kunst- und Kulturschätze in Berlin und Brandenburg bei Beachtung innovativer Einflüsse auch von außen in einem chancengleichen Wettbewerb der schöpferischen Kräfte zu metropolitaner Größe, Qualität und Vielfalt entwickeln.

Die bereits vorhandene mannigfaltige Kunst und Kultur in Berlin, in der sich auch multikulturelle Züge abzeichnen, die attraktiven Erholungs- und Freizeitpotenzen der Hauptstadt Berlin sowie des natur- und kulturlandschaftlich reizvollen Landes Brandenburg müssen für den wirtschaftlichen und sozio-kulturellen Aufschwung der Region als positive „weiche" Standortfaktoren nutzbar gemacht werden.

Es geht also nicht um Alternativen einer Industrie- oder Dienstleistungs- oder Kultur„metropole" Berlin! Wenn die Hauptstadt des vereinigten Deutschland die Entwicklung zur Metropole von europäischer Ausstrahlung und Rangstufe anstreben will, ist dafür eine ausgewogene *polyfunktionale Struktur höchster Wertigkeit* erforderlich. Diese muß sich auf einen wachsenden Dienstleistungssektor hoher Qualität, einen innovativen, marktgerechten Strukturwandel in der Industrie und im produzierenden Gewerbe sowie auf die Erhaltung und weitere Verbesserung des Wissenschafts-, Kultur- und Kunstpotentials in der Region stützen können. Freizeit-, Erholungs-, Tourismus- und Siedlungspotenzen von Berlin und Brandenburg müssen dazu bei Beachtung ökologischer Rahmenbedingungen und Restriktionen länderübergreifend genutzt werden. Die Entwicklung zu einer metropolitanen Region setzt ein möglichst reibungsarmes Zusammenwirken von Berlin und Brandenburg voraus.

In *Brandenburg*, in dem die Landwirtschaft unverhältnismäßig stark reduziert wurde und die oft sehr einseitig strukturierte Industrie entweder gänzlich weggebrochen ist oder auf niedrigem Niveau umstrukturiert wird, müssen Effizienz-, Absatz-, Kapitalausstattungs- und Strukturnachteile schrittweise überwunden sowie marktgerechte, innovative regionale Industrie- und Gewerbestrukturen geschaffen werden. Dazu zählen – ausgehend von z. T. noch vorhandenen „Industriekernen" und neuerschlossenen Gewerbegebieten

– eine ökologisch und sozial verträgliche Braunkohlen-Energiewirtschaft (Elektrizitäts- und Stadtgasgewinnung, Brikettherstellung) in der Niederlausitz, regional untersetzt durch eine Diversifizierung der Gewerbe- und Arbeitsplatzstruktur in diesem wichtigsten Verdichtungsraum Brandenburgs, der – relativ unabhängig von der Berlin-Umland-Region – eine eigenständige Entwicklung nehmen kann;
– die vorrangige Erhaltung der Eisen- und Stahlerzeugung in der Oderregion mit dem metallurgischen Standort Eisenhüttenstadt bei Nutzung lage- und technologiebedingter Standortvorteile – auch gegenüber westdeutschen und anderen EU-Konkurrenten – als Kristallisationskern für die notwendige Erhöhung der sektoralen, branchenspezifischen und standortlichen Bandbreite in der Oder-Neiße-Grenzregion Küstrin/Kostrzyn – Frankfurt/Oder/-Slubice – Guben/Gubin sowie bei Beachtung grenzüberschreitender Entwicklungen in den Euroregionen „Pomorania", „Mittlere Oder (Pro Viadrina)" und „Neiße-Bobr"; und ferner die Erhaltung ergänzender kleinerer Stahlstandorte in Hennigsdorf, Brandenburg sowie Eberswalde-Finow;
– die Ausnutzung der Standortvorteile von Schwedt/Oder für die Erdölverarbeitung bei Erweiterung und Vertiefung der Erzeugnispalette zur Stabilisierung des ländlichen Raumes der Uckermark mit der Grenzstadt Schwedt;
– die Erschließung der mineralischen Rohstoffe (Sande, Kiese, Tone, Kalkstein u. a.) in räumlicher Anlehnung an traditionelle Standorte (Rüdersdorf, Zehdenick, Milmersdorf, Niederlehme u. a.; Braunkohlengebiet der Niederlausitz – Nutzung der mineralischen Inhaltsstoffe des Deckgebirges) für eine möglichst umweltgerechte Baustoffindustrie, die den großen Bedarf an heimischen Baustoffen im Berlin-Brandenburger Raum weitgehend decken könnte;
– Wiederbelebung ausgewählter marktgerechter Standorte mit innovativen höheren Stufen der verarbeitenden Industrie, insbesondere der Elektrotechnik/Elektronik, der Kommunikations- und Umwelttechnik, der Biotechnologie, des Fahrzeugbaus und verschiedener Bereiche des Maschinenbaus. Dazu bieten sich Industrie- und Landwirtschaftsbrachen, Konversionsflächen und im Siedlungs- und Verkehrsnetz günstig gelegene neue Gewerbeflächen an (z. B. in Potsdam, Frankfurt/O., Cottbus, Brandenburg; Hennigsdorf, Oranienburg, Velten, Falkensee, Eberswalde, Rathenow, Premnitz, Werder, Teltow-Stahnsdorf, Wildau, Königs Wusterhausen; Erkner, Rüdersdorf, Strausberg; Wit-

tenberge, Pritzwalk, Wittstock, Neuruppin, Zehdenick, Prenzlau; Guben, Forst, Spremberg, Senftenberg, Lauchhammer, Elsterwerda, Finsterwalde, Herzberg).

Mit der Verlagerung der Leitzentrale für Verkehrstechnik von Siemens nach Berlin, dem die Fusion von Daimler-Benz und ABB unlängst in der gleichen Branche mit dem Führungszentrum in Berlin folgte, entsteht im Berlin-Brandenburger Verflechtungsraum unter Einbeziehung von Produktionskapazitäten der Waggonbau AG ein leistungsstarker Standort im Bereich Schienenfahrzeugbau. Er könnte zusammen mit Technologie- und Forschungskapazitäten in der Region eine Impulsgeberrolle für den Aufschwung der Industrie übernehmen.

Weist die Landwirtschaft Brandenburgs z. Z. vor allem arbeitskraft- und naturbedingte geringere Intensitätswerte („Flächenproduktivität") auf, läßt sie bessere Arbeitsproduktivitätswerte erkennen, die u. a. an die vorherrschende Großbetriebs- und -raumstruktur der Landwirtschaft sowie an das hohe berufliche Qualifizierungsniveau der landwirtschaftlichen Arbeitskräfte gebunden zu sein scheinen (s. Kap. 6.2). Bei gleichen rechtlichen, finanziellen und wirtschaftlichen Entwicklungschancen für alle Eigentums- und Betriebsformen besäße die brandenburgische Landwirtschaft in ihren natürlich (vor allem boden-klimatisch) bevorzugten Agrarregionen (wie z. B. Uckermark, Oderbruch, Teilgebiete der Prignitz und des Niederen Fläming, lehmigen Grundmoränenplatten des Barnim und Teltow sowie der Nauener Platte, aber auch grünlandreiche Niederungen der Elbe, Oder, Havel, Spree, Schwarzen Elster sowie deren Nebenflüsse) in Interessenabwägung mit den Aufgaben von Natur- und Landschaftsschutz sowie Wasserschutz und -gewinnung, ferner mit einem naturerlebnisbetonten und vorwiegend bäuerlich betriebenen Ferien- und Urlaubstourismus („Ferien auf dem Bauern- bzw. Reiterhof") im Bundes- und EU-Rahmen günstige Konkurrenzbedingungen (s. a. Kap. 2.2 und 6.2).

Dazu kommen die regionsspezifischen Standortvorteile und Entwicklungschancen für eine kapitalintensive stadtnahe Landwirtschaft (Frischgemüse- und Obstanbau, Frischmilch- und Eierproduktion), in die auch ökologische Anbau- und Tierhaltungsarten im Großraum Berlin-Brandenburg integriert werden könnten.

Um die dafür erforderliche Quantität und Qualität landwirtschaftlicher Arbeitskräfte sichern zu können, müßte die Infrastrukturausstattung im ländlichen Raum gesichert werden. Dies erfordert wiederum eine Mindestzahl und -dichte der Bevölkerung im ländlichen Raum, die neben den Arbeitsmöglichkeiten in der Landwirtschaft weitere Erwerbsquellen im ländlichen Raum sowie in dessen Zentren in erreichbarer Nähe bzw. Entfernung finden müßte. Dazu gehören Forst- und Holzwirtschaft, Fremdenverkehr, verarbeitendes Gewerbe für landwirtschaftliche Erzeugnisse, ländliches Handwerk und Gewerbe, Infrastruktur, Dienstleistungen und produzierendes Gewerbe innerhalb der Zentralortstruktur des ländlichen Raumes.

In den ausgedehnten, landschaftlich attraktiven, wald- und seenreichen Gebieten, an denen Brandenburg zusammen mit Mecklenburg-Vorpommern, Schleswig-Holstein und Bayern als vorwiegend glazial gestalteter Landschaftsraum in Deutschland besonders reich ist (s. Kap. 2) und die oft durch sakrale und profane Bau- und Kunstdenkmäler aufgewertet werden, bestehen für den Tourismus und das Erholungswesen günstige Voraussetzungen. Diese sollten für die wirtschaftliche, so-

Standortvorteile

- Zentrale geographische Lage in Europa, die im Prozeß wachsender Wirtschaftskooperation zwischen den EU- und den anderen, insbesondere östlichen Wirtschaftsregionen sowie mit der Wahrnehmung einer Brückenfunktion zwischen West- und Osteuropa unter Beachtung der „Euroregionen" beiderseits von der Oder und Neiße mittel- und langfristig in Wert gesetzt werden kann;
- nutzbare Flächenpotentiale in den z. T. infolge Krieg und Teilung Berlins vorhandenen Freiflächen im Zentrum, aber auch in den äußeren Stadtbezirken sowie in allen Teilen Brandenburgs. Dabei müssen eine „Überhitzung" der Immobilienpreise, Gewerbe- und Wohnungsmieten sowie Bodenspekulationen großen Stils verhindert, die vorhandenen Brachflächen von Industrie und Landwirtschaft sowie Militär-(Konversions-) flächen im weiträumigen Brandenburg *vor* neuen Gewerbeflächen auf hochwertigen Ackerböden sowie in landschaftsgeschützten Gebieten für die Gewerbeansiedlung genutzt werden;
- umfangreiches und breitgefächertes Innovations- und Wissenschaftspotential, das weder quantitativ noch qualitativ weiter verringert werden darf, sondern durch Stabilisierung und Ausbau von innovativer Industrie- und Technologieforschung sowie Hochschul- und außer universitärer Grundlagen- und Anwendungsforschung in sinnvoller Abstimmung zwischen Berlin und Brandenburg bei Einbeziehung brachliegender bzw. nur extensiv genutzter personeller Wissenschaftspotentiale vor allem im Ostteil Berlins weiter ausgebaut werden kann;
- differenziertes akademisches Aus- und Weiterbildungsangebot, das im Sinne der dezentralen Konzentration durch neue Universitäten und Fachhochschulen vor allem in Ober- und Mittelzentren Brandenburgs ausgebaut und verbreitert wird;
- reichhaltiges und vielgestaltiges Angebot an Kultur und Kunst, wobei der Wettbewerb zwischen den bedeutenden kulturell-künstlerischen Potentialen im Ost- und Westteil Berlins einerseits und mit Brandenburg andererseits zur Erzielung produktiver Synergieeffekte sowohl für die „Macher" als auch für die „Konsumenten" von Kunst und Kultur in der Gesamtregion genutzt werden können;
- hoher Freizeit- und Erlebniswert der Region insbesondere auch durch den Kontrast hochurbaner, sich in Richtung Metropole entwickelnder Freizeitangebote in Berlin einerseits sowie naturnaher, kunsthistorischer Erholungs-, Bildungs- und Freizeitmöglichkeiten in verschiedenen natur- und kulturlandschaftlich attraktiven Regionen des weitständigen ländlichen Raumes in Brandenburg andererseits.

Standortnachteile

- Periphere Lage im Bundesgebiet und der EU, deren Negativwirkungen kurz- und mittelfristig durch gezielte regionale Wirtschaftsförderung und Strukturverbesserung sowie Verkehrsanbindung unter gesamtdeutschen und -europäischen Entwicklungsaspekten eingeschränkt werden müssen;
- Defizite an Unternehmenszentralen der Wirtschaft und damit verbundenen Entscheidungszentralitäten, die mit der Übernahme von Regierungsfunktionen durch Berlin und zunehmende Attraktivität für in- und ausländische Konzern- und Wirtschaftsleitungen, d. h. für das Topmanagement, beseitigt werden müssen;
- Kapitalschwäche und Engpässe bei wirtschaftsnaher Infrastruktur und produktionswirksamen Dienstleistungen vor allem im Ostteil Berlins und in Brandenburg, die abgebaut werden müssen;
- Dominanz standardisierter industrieller Massenproduktion, z. T. „verlängerter Werkbänke" mit niedrigem Qualifikationsniveau der Arbeitskräfte und ungenügenden Anteilen an Forschung und Entwicklung sowie geringer Veredlung und Wertschöpfung sowie niedrigen Anteilen an Finalprodukten, die wissenschaftsintensiven, innovativen Gewerbestrukturen traditionsreicher und neuer Branchen weichen müssen;
- Vorherrschen monostrukturierter Industriestandorte vor allem in Brandenburg, die bei Erhaltung „industrieller Kerne" eine Erweiterung und Diversifizierung ihres industriell-gewerblichen Spektrums zur Stärkung der empfindlich geschwächten regionalen Wirtschaftsstruktur hauptsächlich durch die Ansiedlung multistruktureller Mittel- und Kleinbetriebe führen müssen;
- geringe intraregionale Verflechtungen der Unternehmen in den Bereichen des produzierenden Gewerbes, des Groß- und Einzelhandels, der Dienstleistungen, des Gaststättenwesens und Tourismus sowie des Verkehrs und der Kommunikation, die es bewußt zu entwickeln gilt;
- Mangel an Wohnungen differenzierten Standards in Berlin und in Brandenburg, der nicht nur durch geförderten Eigenheimbau beseitigt werden kann, sondern auch umfangreichen Neubau von Sozial- und Komfortwohnungen differenzierter Niveaustufen in städtischen und ländlichen Wohnlagen der Region verlangt;
- Rückstände in der öffentlichen Verwaltung, Sektoral- und Raumplanung (Raumordnung, Landes-, Regional- und Kommunalplanung), die nicht nur aktuelle Investitionsentscheidungen verzögern, sondern auch eine mittel- und langfristig aufeinander abgestimmte, ökologisch und sozial verträgliche, nachhaltige regionale Wirtschaftsentwicklung erschweren (s. Kap. 7).

Übersicht 14: Standortvorteile und Standortnachteile der Region Berlin-Brandenburg

ziale und demographische Stabilisierung dieser ländlichen Räume in Interessenabgleichung mit den oben genannten anderen Nutzungsarten stärker als bisher, aber in ökologisch vertretbarem Maße, ausgeschöpft werden. Eine derartige Entwicklungstendenz läßt sich bereits – regional differenziert – recht deutlich erkennen (s. Kap. 6.2.5).

Faßt man die endogenen Potentiale sowie die gegenwärtigen sektoralen und regionalen Strukturmerkmale der Wirtschafts-, Kultur-, Lebens- und Landschaftsregion Berlin-Brandenburg zusammen, so lassen sich in einem Stärken-Schwächen-Vergleich unter dem Gesichtspunkt regionaler Entwicklung z. Z. die in Übersicht 14 dargestellten harten und weichen Standortfaktoren verifizieren, deren vorteilhafte Seiten verstärkt und deren nachteilige Komponenten künftig eingeschränkt bzw. gänzlich überwunden werden müßten.

3.5 Stärken-Schwächen-Vergleich der Region Berlin-Brandenburg – Gegenüberstellung von Standortvor- und -nachteilen

(s. Übersicht 14)

Die sowohl bei den Standortvorteilen als auch Standortnachteilen jeweils vorgenommenen Einschränkungen deuten auf deren Relativität und Veränderlichkeit hin. Während die Standortnachteile der Region großenteils historisch bedingt und damit in der Zeit veränderbar sind, weisen die Standortvorteile – insbesondere in Form sogenannter weicher Standortfaktoren und möglicher Synergieeffekte – stärker geographische Züge und damit Raumgebundenheit auf. Sie sind demzufolge stabilerer Natur. Dennoch müssen auch sie in Zeit und Raum langfristig erhalten und möglichst verbessert, vervollkommnet bzw. vermehrt werden.

4 Berlin und Brandenburg bis zum Ende des Zweiten Weltkrieges

Die heutigen Bundesländer Brandenburg und Berlin haben eine lange gemeinsame Geschichte. Sie beginnt mit der Siedlungsgründung der späteren Städte Berlin und Coelln, urkundlich erstmalig 1244 bzw. 1237 erwähnt, inmitten des brandenburgischen Kernlandes.

Neue Forschungen (bei HOFMEISTER 1990 genannt) legen die Vermutung nahe, daß die deutsche Besiedlung des Raumes der heutigen Berliner Innenstadt unter Umständen schon bis um 1170 zurückreicht. Nach Übertragung der brandenburgischen Kurfürstenwürde an den Burggrafen Friedrich VI. von Hohenzollern im Jahre 1415 wählten seine Nachfolger ab 1486 Berlin (Coelln und Berlin seit 1307 vereinigt) zu ihrer ständigen Ersten Residenz. Die Erhebung Berlins nach der Eingliederung der Kurfürstenstädte 1709 zur Königlichen Residenzstadt Preußens symbolisiert den Aufstieg Berlins zum politischen Machtzentrum Brandenburg-Preußens in dieser Zeit. Obgleich Berlin im 19. Jh. zur Millionenstadt heranwuchs und mit der Reichsgründung 1871 auch politische Zentrale des Reiches wurde, blieb es bis 1920 noch verwaltungsrechtlich Bestandteil der Provinz Brandenburg. Gleichzeitig löste die Entwicklung Berlins zur überragenden Viermillionenballung im Herzen Brandenburgs beträchtliche raumstrukturelle Wirkungen im Lande aus.

4.1 Die Mark und Provinz Brandenburg im raumstrukturellen Wandel

4.1.1 Generelle raumwirksame Entwicklungstendenzen

Die Herausbildung der Mark Brandenburg stand in engem historischen Zusammenhang mit der deutschen Ostexpansion des 10. bis 13. Jh. im Raum östlich von Saale und Elbe. Dort trafen die deutschen Eroberer auf eine westslawische Bevölkerung, die hier seit dem 6./7. Jh. lebte. Mit der Inbesitznahme slawischen Siedlungsgebietes im Havelland und in der Prignitz begann mit den Feldzügen Heinrich I. (928/29) die deutsche Einflußnahme auf die Landesentwicklung dieses Raumes.

Politisch-geographische Veränderungen und historischer Landesausbau

Die Eroberung von Teilgebieten West- und Mittelbrandenburgs im 10. Jh. zielte zunächst ausschließlich auf deren militärische Sicherung und die Christianisierung der slawischen Bevölkerung (Gründung der Bistümer Havelberg 946 und Brandenburg 949). Ein Aufstand der slawischen Stämme beseitigte im Jahre 983 wieder die deutsche Herrschaft östlich der Elbe. Erst im Hochmittelalter erfolgte dann die endgültige Eroberung und Kolonisierung des Landes zwischen Elbe und Oder. Zwischen 1137 und 1157 brach Albrecht der Bär aus dem Geschlecht der Askanier den Widerstand der slawischen Heveller und verlegte

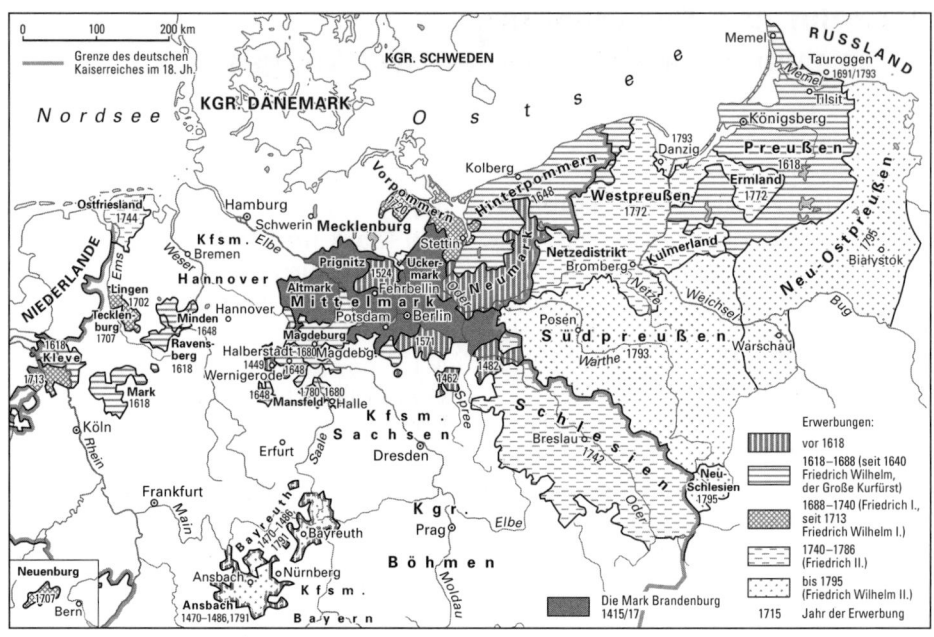

Abb. 24: Territorialentwicklung Brandenburg-Preußens 1415/17- 1795

die östliche Grenze des deutschen Herrschaftsraumes an die Havel-Nuthe-Linie. Fortan bezeichnete er sich nach dem erwählten Hauptort als Markgraf von Brandenburg (1157). Nach einer Etappe der deutschen Frühkolonisation bis 1220 setzten die Askanier ihre Eroberungszüge nach Norden und Osten fort und dehnten ihren Herrschaftsbereich auch im gelegentlichen Widerstreit mit pommerschen, polnischen, tschechischen und meißnischen Machtinteressen weit über die Grenzen des heutigen Bundeslandes Brandenburg aus, im Osten bis zur Netze (Noteć) in der Neumark, im Süden bis zur Oberlausitz und im Norden bis zur Uckermark (Abb. 24). Im Laufe des 14. Jh. gingen der Mark dann größere Territorien (u. a. Niederlausitz) wieder verloren. Die politisch-geographische Herausbildung der Mark war seither mit bedeutsamen Erschließungs- und Gestaltungsprozessen der Kulturlandschaft verbunden, die bis heute nachwirken. Die deutsche dörfliche Kolonisation des 12. und 13. Jh. mit Neusiedlern aus dem Harzvorland, dem Rheinland und den Niederlanden war vorrangig auf die Erschließung der pleistozänen Platten, in Westbrandenburg auf Ergänzung schon bestehender slawischer Kleinsiedlungen, in Mittel- und Ostbrandenburg im Rahmen der Hochkolonisation ab 1220 auf die Anlage großer Straßen- und Angerdörfer mit ausgedehnten Plangewannfluren gerichtet (KRENZLIN 1983). Zum mittelalterlichen Landesausbau haben in bemerkenswerter Weise Zisterzienserklöster beigetragen: Dobrilugk (1165), Kloster Zinna (1171), Lehnin (1180), Lindow (1230), Neuzelle (1234), Chorin (1273) und Heiligengrabe (1289). Die dörfliche Kolonisation war von zahlreichen Städtegründungen begleitet; im Ergebnis zeichnete sich Ende der Askanierzeit (1319) bereits das heutige brandenburgische Städtenetz ab. In vielen Fällen handelte es sich um planmäßige Neugründungen, allein 30 Städte erhielten Stadtrecht zwischen 1220 und 1267, beispielsweise Berlin im Jahre 1237, Frankfurt (Oder) 1253, Pritzwalk 1256 und Prenzlau 1251. Leider brachten die folgenden Jahrhunderte drastische Veränderungen des Siedlungsbestandes mit der Aufgabe vieler kleiner dörflicher Siedlungen besonders im Streifen unmittelbar südlich der Pommerschen Endmoräne infolge Agrarkrisen (15. Jh.) und Kriegswirren (15. u. 17. Jh.). Der Dreißigjährige Krieg verursachte außerdem Bevölkerungsverluste, die in der Mark auf 30–50% der Einwohner geschätzt werden. Die Landeserschließung war von Eingriffen der Gesellschaft in die hydrographischen Verhältnisse der Urstromtäler begleitet. Zum Überstau und zur Vermoorung der Niederungen hatten maßgeblich vor allem in West- und Mittelbrandenburg die Mühlenstaue von Rathenow, Brandenburg, Spandau und Oranienburg (Bötzow) beigetragen. Erst unter der Regentschaft Friedrich II. (1740–86) wurden umfangreiche Meliorationen durchgeführt und die Besiedlung der vermoorten Niederungen gefördert. In Zusammenhang mit der von den Hohenzollern seit 1685 praktizierten Einwanderungspolitik suchten Emigranten aus den Niederlanden, der Schweiz, aus Böhmen, der Pfalz und aus Frankreich nicht nur in den Städten, sondern auch im ländlichen Raum der Mark eine neue Heimat (1740–86 allein 125000 Kolonisten in der Mark). In vielen Dörfern wurden Büdner angesetzt. Die meist sehr kleinen Städte in der Mark waren aber zum Teil erst im 18./19. Jh. in der Lage, ihren ursprünglichen Bevölkerungsstand von vor dem Dreißigjährigen Krieg wieder zu erreichen. Eine Reihe von Städten profitierte in ihrer Entwicklung (Garnison, Manufakturwesen) vom politischen Aufstieg des brandenburgisch-preußischen Staates im 18. Jh.; im Königreich Preußen (ab 1701) war die Mark dessen Kernland mit den Residenzen Berlin (1801 ca. 172000 Ew.) und Potsdam (rd. 27000 Ew.) und bestand aus Kurmark (Altmark, Mittelmark, Prignitz, Uckermark und Teilen der Niederlausitz) sowie aus der Neumark, den brandenburgischen Ländereien jenseits der Oder. Trotz eines Wachstums der Bevölkerung in der Mark zwischen 1725 und 1801 von 469000 auf 1107000 Ew. lebten zu Beginn des 19. Jh. 80% der Bevölkerung auf dem Lande, und der Abstand in der gewerblichen Entwicklung und der Bevölkerungsdichte (1816 27 Ew./km^2) zu dem wirtschaftlich starken Sachsen (80 Ew./km^2) und Württemberg (72 Ew./km^2) war groß. Im Rahmen der preußischen Verwaltungsreformen von 1808–15 trat mit Gesetz vom 30.04.1815 die Provinz Brandenburg mit den Regierungsbezirken Potsdam und Frankfurt (Oder) (Neumark, Land Lebus, Niederlausitz) verwaltungsrechtlich an die Stelle der ursprünglichen Mark. Die Altmark fiel an die neugebildete Provinz Sachsen, ebenso wie die Kreise Jerichow und Ziesar im Westen von Brandenburg. Die Reformen betrafen auch die verwaltungsräumliche Gliederung der Regierungsbezirke in Kreise, die die bisherigen ritterschaftlichen Kreise (nur Gutsbesitz und Domänen) ablösten, so daß nunmehr Städte und ländlicher Raum insgesamt im Kreisverband erfaßt waren (Abb. 25). Ebenso veränderten sich die Rechtsverhältnisse der Städte und Gemeinden. Im wesentlichen blieb die beschriebene Abgrenzung, Territorialgliederung und Hierarchie der Verwaltung in der preußischen Provinz Brandenburg bis zu den Kriegsjahren 1944/45 erhalten. Einschränkungen beziehen sich auf die Bildung der Großgemeinde Berlin mit ihrer verwaltungsrechtlichen Herauslösung aus der Provinz Brandenburg (1920), die Bildung von Stadtkreisen, geringfügige Gebietsaustau-

Abb. 25: Historische Territorialgliederung auf dem Gebiet der heutigen Neuen Bundesländer
a) Erste Hälfte des 19. Jahrhunderts

Quelle: RUTZ, SCHERF und STRENZ 1993, Atlas zur Geschichte, Bd. 1, 4. Aufl., 1989, Karte 87/I

Legende:
- preußisches Staatsgebiet um 1830
- Grenze des Deutschen Bundes
- 1 Hzm. Schleswig
- 2 Hzm. Holstein
- 3 Ghzm. Mecklenburg-Vorpommern
- 4 Hzm. Braunschweig
- Provinzgrenze
- Regierungsbezirksgrenze
- Grenze anderer deutscher Territorien

Raumstruktureller Wandel 121

Abb. 25: Historische Territorialgliederung auf dem Gebiet der heutigen Neuen Bundesländer
b) Vor Beginn des Zweiten Weltkrieges

Quelle: RUTZ, SCHERF und STRENZ 1993, Amtliches Gemeindeverzeichnis für das Gebiet des Deutschen Reiches ..., 2. Aufl. 1941, Beilage

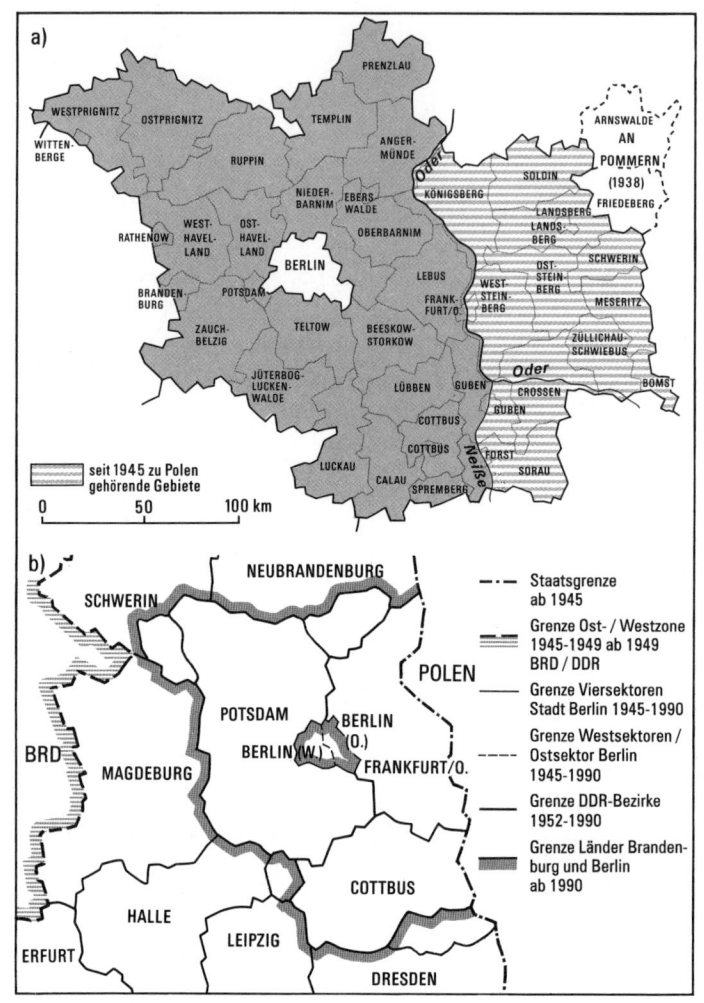

Abb. 26: Brandenburg 1939–1990
  a) Während des Zweiten Weltkrieges
  b) 1945–1990

Quelle: Terra, Unser Land Brandenburg, 1991

sche mit dem Land Mecklenburg und allerdings größere Gebietsverluste in der Neumark jenseits der Oder, vor allem zugunsten Pommerns (1938) (Abb. 26). Von größter Bedeutung für die regionale Entwicklung der Provinz Brandenburg erwies sich die Übernahme der Hauptstadtfunktion für das Deutsche Reich durch Berlin (1871) mit ihren vielschichtigen Impulsen für die Stadt und ihr Umland.

Die Bevölkerungsentwicklung und Verstädterung im 19. und 20. Jahrhundert

Die Bevölkerung im nur dünn besiedelten Brandenburg wuchs in der ersten Hälfte

Stadt/Gemeinde	Bevölkerung (1000)				
	1800	1871	1910	1933	1939
Regionalzentren					
Potsdam	26,9	43,8	62,2	73,6	136,0
Frankfurt (Oder)	12,5	42,5	68,3	76,0	76,9
Cottbus	5,6	1,8	48,6	52,3	55,5
Berliner Umland					
Nauen	2,6	5,3[1]	8,4[2]	9,5[3]	11,9
Falkensee	0.8	1,3[1]	1,7[2]	11,7[3]	24,8
Oranienburg	1,8	3,6	12,9	17,1	29,2
Hennigsdorf	0,2	0,4[1]	1,2[2]	7,7[3]	12,9
Strausberg	2,9	4,8	8,2	10,3	11,6
Bernau	1,7	5,5	9,8	12,4	13,8
Fürstenwalde	2,5	8,0	22,6	25,4	27,6
Königs Wusterhausen	0,3	1,4	4,5	5,6	6,5
Teltow	0,8	1,5[1]	2,8[2]	5,4[3]	12,1
Kleinmachnow	0,1	0,2[1]	0,2[2]	1,0[3]	12,5

[1]) 1858, [2]) 1895, [3]) 1925

Quellen: BECK 1962/92 u. a.

Tab. 12: Bevölkerungsentwicklung ausgewählter Städte und Gemeinden Brandenburgs bis 1939

des 19. Jh. zwar stetig, aber bis zur Reichsgründung (1871) nur in geringem Tempo. Zu ihrer Verdopplung war seinerzeit ein Zeitraum von nahezu 60 Jahren notwendig gewesen.

In erster Linie kam der königlichen Residenz und preußischen Hauptstadt Berlin schon vor 1871 die Ausweitung der Absatzchancen im Gebiet des Zollvereins und der Ausbau des Verkehrsnetzes mit seiner radialen Ausrichtung zugute; in Zusammenhang damit erreichte Berlin die Halbmillionengrenze seiner Bevölkerung schon 1860/61 und beherbergte 1870 bereits 774000 Ew. in seinen Grenzen. Dieser Zuwachs stammte in erster Linie aus der Zuwanderung von Bevölkerung aus der Provinz Brandenburg, deren Klein- und Landstädte besonders nach 1850 Arbeitskräfte an die Hauptstadt Preußens und die Siedlungen in ihrem Weichbild abgaben. Nach 1871 verstärkte sich noch die Sogwirkung Berlins auf eine weit ausgreifende überregionale Wanderungsbewegung, deren Herkunftsräume nur zu einem Drittel noch in Brandenburg lagen, dafür jetzt mit über der Hälfte des Wanderungsvolumens in Schlesien, Pommern, West- und Ostpreußen. Während die Bevölkerung im Umland Berlins und der südlichen Niederlausitz zunahm, verzeichneten viele Landgemeinden in der Neu- und Uckermark, im Land Lebus, der Prignitz und der nördlichen Niederlausitz besonders nach 1900 Bevölkerungsverluste. Die Industrialisierung verhalf bis zum Ersten Weltkrieg in der Provinz nur ausgewählten Regionalzentren, Kreisstädten sowie Industrieorten zu stärkeren Entwicklungsimpulsen (Tab. 12). Die Mehrzahl der Städte im ländlichen Raum blieb weiterhin nur Ackerbürgerwohnsitz und konnte lediglich im ortsorientierten Handel, Handwerk und Verkehr Wachstum verbuchen.

Im letzten Drittel des 19. Jh. verstärkte sich der Verstädterungsprozeß vor allem im näheren Umland des damaligen Berlin, so daß der Raum innerhalb der heutigen Stadtgrenzen bis zum Ersten Weltkrieg nahezu mit Siedlungen aufgefüllt wurde und großstädtischen Charakter annahm. Nachdem in den Grenzen Großberlins im Jahre 1900 noch nur 2,7 Mio. Ew. verzeichnet wurden, lebten dort 1920 zum Zeitpunkt der Bildung der Großgemeinde Berlin 3,8 Mio. Gefördert durch die verkehrsräumliche Anbindung des Großberliner Umlandes per Schiene (Netzerweiterung der Vorortbahnen, Zonentarife), Straße und zu Wasser, erreichte die Randwanderung der Industrie aus Berlin noch vor 1914 die Umlandkreise, wobei zuweilen ältere Industrieansätze von Neugründungen überlagert wurden (Potsdam, Teltow, Hennigsdorf, Velten, Oranienburg, Wildau, Erkner, Rüdersdorf). Eine neue Wachstumsphase der Verstädterung setzte ab 1925 ein, die jedoch erst nach 1933 durch rüstungswirtschaftlich bedingte Industriegründungen im Umland Berlins gestützt wurde, insgesamt aber von der Siedlungstätigkeit am Berliner Stadtrand getragen war. Schon vor dem Ersten Weltkrieg gab es an Vorortbahnen Bodenspekulation, zwischen den beiden Weltkriegen erfaßte dann eine unregulierte Siedlungsbewegung größere Flächen an Vorortbahnen, und zwar in einem Radius bis zu 40 km vom Stadtzentrum Berlins. Hoben sich die Umlandkreise Berlins schon bis zum Ersten Weltkrieg durch höhere Bevölkerungsgewinne als in anderen Teilen der Provinz ab, so konzentrierten sie von 1925 bis 1939 rund zwei Drittel der Bevölkerungszunahme Brandenburgs auf sich. Die elektrifizierte S-Bahn (seit 1924) bewirkte eine neue Qualität der Verkehrsanbindung der peripheren Siedlungsgebiete und erhöhte den Einfluß des Berliner Arbeitsmarktes im Umland. Nach Schätzungen betrug 1939 die Zahl der Einpendler aus den Umlandkreisen nach Berlin 200000/250000 Personen. Gleichzeitig gab es auch Pendlerströme in der Gegenrichtung wie nach Oranienburg, Ludwigsfelde, Teltow und Potsdam. In der Vorkriegsperiode erreichte die Bevölkerung im Jahre 1939 mit 4,3 Mio. in der Stadt Berlin und 0,9 Mio. in einem Umkreis von 50 km ihren vorläufigen Höchststand. Die außerhalb des 50 km-Radius in Berlin befindlichen Teile der Provinz Brandenburg nahmen an diesen Wachstumsprozessen nur begrenzt Anteil. Ausnahmen stellten vor allem die Verwaltungs- und Garnisonsstädte Potsdam im nahen Umland, Frankfurt (Oder), einige Kreisstädte sowie Standorte von rüstungswirtschaftlich bedeutsamer Industrie wie Brandenburg (Havel), Rathenow, Eberswalde und Wittenberge dar (Tab. 13). Abgesehen von der urbanen Entwicklung in der Berliner Region und Ansätzen zur Verdichtung der Siedlungsstruktur im Niederlausitzer Braunkohlenrevier um Senftenberg blieb die Provinz Brandenburg weithin ein stark agrarisch geprägter Raum mit vergleichsweise bedeutendem Entwicklungsrückstand und strukturell scharfen Zäsuren zum Agglomerationsrand Großberlins.

Verkehrsnetze und -ströme im historischen Wandel

Nach vorangegangener Herausbildung von Handelswegen, der Einrichtung von Postdiensten (ab 1654) auf denselben und einigen Kanalbauten zwischen Oder, Havel und Spree kam es erst im Industriezeitalter in Brandenburg zu merklichen Verbesserungen der Verkehrsverhältnisse, deren räumliches Muster eindeutig den Einfluß der preußischen Hauptstadt und Wirtschaftsballung Berlin verriet. Berlin wurde im 19. Jh. zum wichtigsten Eisenbahnknotenpunkt Deutschlands, nachdem 1838/46

Stadt/Gemeinde	Bevölkerung (1000)				
	1800	1871	1910	1933	1939
Untere Havel					
Brandenburg (Havel)	10,2	25,8	53,6	64,4	83,7
Rathenow	4,0	13,5	4,8	28,0	32,1
Nordbrandenburg					
Perleberg	2,4	6,4[1]	8,1[2]	10,2[3]	12,3
Wittenberge	0,8	5,3[1]	14,5[2]	25,6[3]	27,8
Pritzwalk	1,7	5,0[1]	6,8[2]	8,3[3]	8,9
Neuruppin	4,4	11,6	18,5[4]	18,2[3]	24,5
Zehdenick	2,3	3,4[1]	3,8[2]	4,3[3]	12,5
Prenzlau	7,1	13,4[1]	19,6[2]	1,5[3]	26,8
Eberswalde	3,0	8,5	26,0	32,6	38,1
Schwedt/Oder	3,6	9,0	9,4	8,8	10,0
Südbrandenburg/ Niederlausitz					
Belzig	1,8[5]	2,4	2,8[4]	4,6[3]	5,6
Luckenwalde	3,6	16,4	2,1[4]	24,8	28,6
Jüterbog	3,0[5]	6,6	9,1[4]	8,1[3]	15,5
Guben	7,4[6]	21,4	33,1[7]	40,6[3]	45,7
Forst	2,3[6]	7,9	32,0[7]	37,6[3]	44,7
Spremberg	2,7[6]	10,1	10,9[7]	12,7[3]	13,9
Senftenberg	0,9	2,1[8]	6,1[7]	17,4[3]	17,5
Finsterwalde	2,1[6]	7,3	10,7[7]	13,3[3]	19,4

[1]) 1858, [2]) 1895, [3]) 1925, [4]) 1905, [5]) 1806, [6]) 1818, [7]) 1900, [8]) 1875

Tab. 13: Bevölkerungsentwicklung ausgewählter Städte und Gemeinden Brandenburgs bis 1939

in kurzer Zeit 5 radiale Fernbahnen entstanden waren (Berlin – Magdeburg, – Dessau/Köthen, – Stettin, – Hamburg, – Frankfurt (Oder)/Breslau), denen dann mit 20jähriger Verzögerung und mehr von 1866/79 weitere 6 Fernbahnen mit Zielbahnhöfen in Berlin folgten. Über die Vernetzung mit den Hauptstrecken der anderen deutschen Länder erhielt damit Berlin eine Sonderstellung im Eisenbahnverkehr Preußen-Deutschlands, ohne die ihr wirtschaftlicher Aufschwung nicht denkbar gewesen wäre. Bis zum Ersten Weltkrieg wurden in der Mark weitere Ergänzungs-, Neben- und Stichbahnen wie die Brandenburgische Städtebahn Neustadt/Dosse – Brandenburg (Havel) – Belzig – Treuenbrietzen (1904), Teile eines Güterringes westlich und südlich Berlins (1902/15) oder die Nebenbahn Eberswalde – Frankfurt (Oder) (1877) angelegt. An der Oderlinie profilierten sich Küstrin (Kostrzyn) ab 1857, Frankfurt (Oder) und Guben (1870) zu wichtigen Knotenpunkten im Eisenbahnverkehr via Neumark jenseits des Flusses. In den Grundzügen wurde so bis zur Jahrhundertwende das heutige Raummuster des Eisenbahnnetzes geschaffen. Dennoch blieben während des 19. Jh. einige Teilräume der Provinz eisenbahnseitig vernachlässigt, darunter die Niederlausitz, die im Widerstreit preußisch-sächsischer Interessen erst mit dem Erstarken der südostbrandenburgischen Textil- und Braunkohlenindustrie Anschluß an das überregionale Eisenbahnnetz erhielt (Berlin – Cottbus – Görlitz 1866, Halle – Cottbus – Guben 1870). Die Stadt Cottbus wurde damit zum Verkehrsknotenpunkt Südostbrandenburgs. Zwar war es nach 1815 auch zu einem stärkeren Ausbau von Chausseen gekommen, aber das entstandene Netz wies funktional nur lokale Bedeutung auf. Unter dem Konkurrenzdruck des Eisenbahnverkehrs litt zunächst auch die Binnenschiffahrt, die in der Mark auf natürliche Wasserstraßen wie Havel und Spree sowie in der Merkantilzeit entstandene Kanäle geringer Leistungsfähigkeit zurückgreifen konnte. Deren Rückstände im Verkehrsmarkt konnten erst nach 1871 durch Stromregulierungen an Spree und Havel (ab 1880), Oder (1840/60, ab 1875) und Unterelbe (ab 1879), Kanalbauten wie des Sacrow-Paretzer-Kanals an der Havel (1874/76) und des Oder-Spree-Kanals (1887/90) sowie Erweiterungen vorhandener Kanalquerschnitte und Schleusen allerdings auch nur teilweise überwunden werden. Dennoch war Berlin schon nach der Jahrhundertwende nach Duisburg der zweitgrößte Binnenhafen des Deutschen Reiches. Später wurde mit dem Bau des Großschiffahrtsweges Berlin – Stettin (1906/14) eine neue Verbindung zum Ostseehafen Stettin (Szczecin) geschaffen, so daß dann im Verbund mit den Berliner Gewässern, der Unteren Havel-Wasserstraße sowie dem Anschluß an den Mittellandkanal nördlich Magdeburgs (1938) eine leistungsfähige Ost-West-Magistrale (760-/ 1000-t-Schiffe) noch vor dem Zweiten Weltkrieg vorlag. Das bis 1914 entstandene Verkehrswegenetz war im Berliner Umland verdichtet, stimulierte fortan dort die räumliche Expansion von Siedlung, Bevölkerung und Industrie und verbesserte zugleich die Anbindung der peripheren Räume der Provinz an die Reichshauptstadt. Es wurde auch in der folgenden Zwischenkriegszeit, abgesehen vom Autobahnbau, nur wenig verändert, erfuhr aber durch technische Erneuerung (Elektrifizierung des Berliner S-Bahnnetzes, Straßenausbau) Zuwachs an Kapazität und Durchlaßfähigkeit. Zwischen 1936 und 1939 bildete sich im Berliner Raum ein radial auf die Hauptstadt orientiertes System von 5 Reichsautobahnen aus den Richtungen Magdeburg, Hannover, Halle – Leipzig, Dresden mit Abzweig Cottbus/Breslau, Frankfurt (Oder) und Stettin heraus, deren Verkehrsströme aber nur unzureichend in einem unvollendeten Ring um Berlin gesammelt wurden. In erster Linie dienten sie dem Fernkraftverkehr, haben aber seither mit ihrer tangentialen Ordnung zu den radialen Fernstraßen auch nahräumliche Wirkungen im Umland Berlins ausgeübt und die Verdichtungsprozesse dort gefördert.

4.1.2 Der bergbaulich-industrielle Südosten (Niederlausitz) als Beispiel für die Genese wirtschaftlicher Teilräume in Brandenburg

Wie in keinem anderen Teilraum Brandenburgs haben Gewerbe, Bergbau und Industrie im Südosten des Landes – in der Niederlausitz – einen nachhaltigen Einfluß auf die Regions- und Landschaftsentwicklung genommen.

Die Entwicklung des textilen Gewerbes zur Textilindustrie

Bereits im 12. Jh. sollen flämische Siedler das textile Gewerbe in die Niederlausitz gebracht haben. Die auf den mageren und trockenen Sandstandorten weit verbreitete

Schafzucht sowie der in den Niederungen häufig anzutreffende Flachsanbau waren die Grundlage für eine bodenständige Woll- und Leineweberei. Mit der Bildung des Zunftgewerbes in den aufblühenden mittelalterlichen Städten besaßen diese gewisse Vorzüge. So siedelte sich die Wollweberei mehr und mehr in den Städten an, während die Leineweberei in den ärmeren ländlichen Gebieten verblieb.

Der Dreißigjährige Krieg sowie Konkurrenz aus England, den Niederlanden und Sachsen bewirkten einen Rückgang des Tuchgewerbes. Erst mit der Zuwanderung schlesischer Tuchmacher und polnischer Wollweber erholte sich das textile Gewerbe wieder.

Von ca. 1800 bis etwa 1850 konnten sich textile Gewebe mehr und mehr zum Exportschlager entwickeln. Die Leineweberei wurde teilweise auf die Herstellung baumwollener und gemischter Gewebe umgestellt. Allerdings brachten Rohstoffmangel und das preußische Importverbot fremder Leinewand für die Leinenproduktion in Lübbenau, Lübben, Vetschau, Calau und Luckau erhebliche Einbußen. Neue Leinengewebestandorte kamen in Cottbus und Peitz hinzu.

Um 1785 waren etwa 10% der Bevölkerung von Cottbus im Wollgewerbe beschäftigt. Mit der Aufhebung der Kontinentalsperre wurde nach 1815 der Markt mit englischen Tuchen überschwemmt. Spinnmaschine, mechanischer Webstuhl und Dampfmaschine kamen in England bereits Ende des 18. Jhs. zum Einsatz. In der Niederlausitz wurde die Tuch-, Leinen- und Hutherstellung noch um 1840 meist in Heimarbeit handwerklich betrieben. Die englischen Brüder Cockerill gründeten in Guben und Cottbus die ersten Maschinenspinnereien, und damit begann die Zurückdrängung der handwerksmäßigen Produktion.

Die 1869 eingeführte vollständige Gewerbefreiheit, verstärkter Kapitalfluß nach dem deutsch-französischen Krieg 1870/71 und der zunehmende Einsatz von Dampfmaschinen bewirkten einen erheblichen Anschub der Lausitzer Textilindustrie. Bis 1857 wurde als Heizmaterial Holz verwendet. Doch mit dem Auffinden der Lausitzer Braunkohle, zusätzlicher Einfuhr schlesischer Steinkohle und böhmischer Braunkohle konnte eine wesentlich höherwertige Brennstoffgrundlage eingesetzt werden.

Während bis 1860 vor allem inländische Wolle der Cottbuser, Berliner und Breslauer Wollmärkte verarbeitet wurde (der Bedarf betrug um 1850 ca. 55000 Zentner), ging mit der Einfuhr überseeischer Wolle aus Australien, Neuseeland, Kapland, Argentinien, Uruguay die hiesige Schafzucht zurück. Auch in der Leinenindustrie kam es zur Verarbeitung neuer Pflanzenfasern wie Baumwolle und Jute. Die feinen Tuche aus Cottbus und Umgebung wurden zum größten Teil nach Amerika exportiert. Sie erlangten wie die Gubener Hüte Weltruf. Die erste Hutfabrik war 1864 in Guben gegründet worden.

Neben 700 Handwebstühlen existierten 1890 bereits 8000 mechanische Webstühle in der Niederlausitz. Fabrikantenvereinigungen wurden gegründet und Aktiengesellschaften wie die Berlin-Gubener Hutfabrik AG oder die Vereinigte Smyrna-Teppich-Fabriken AG in Cottbus gebildet. Mit der Textilindustrie entwickelten sich erste vertikale Verflechtungen z. B. mit der Herstellung von Maschinen für die Tuchfabriken durch Maschinenbauanstalten aus Cottbus. Die Niederlausitz hatte sich zum überragenden Schwerpunkt der Textilindustrie in Brandenburg entwickelt (Abb. 27.1 und Tab. 14).

Glasindustrie

Sogenannte „Waldhütten" in waldreichen Gegenden waren die ersten Glaserzeugungsstandorte in Deutschland. Aus Böh-

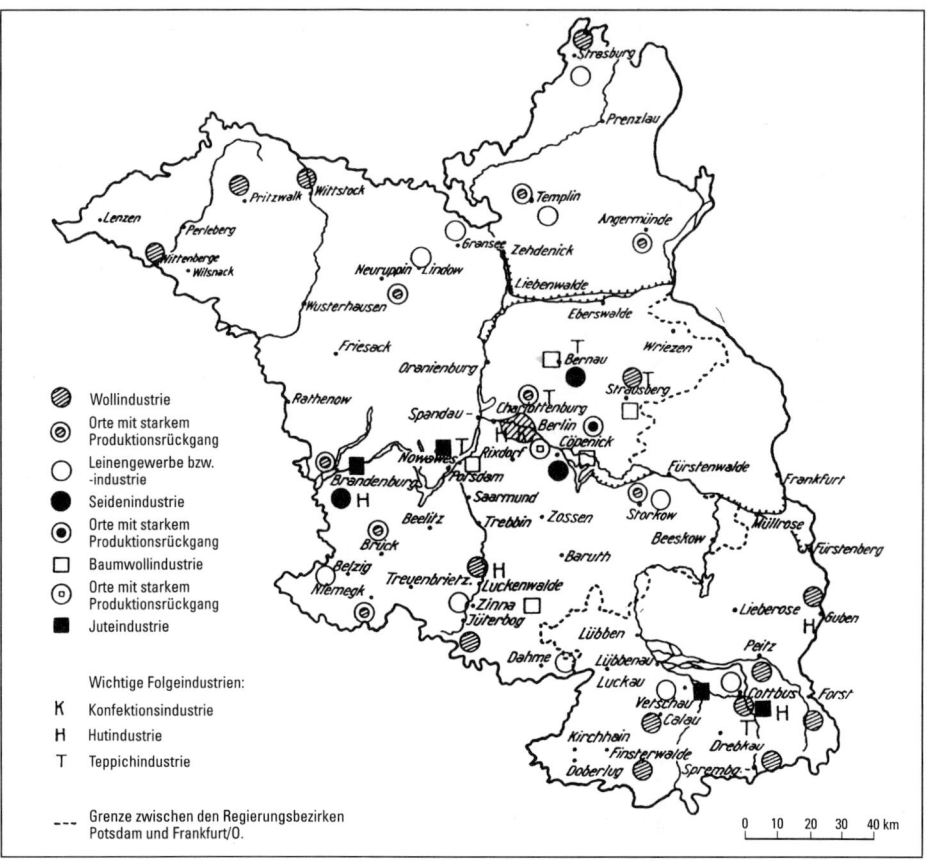

Abb. 27.1: Standortverteilung der Textilindustrie in Brandenburg westlich von Oder und Neiße um 1900

men eingewanderte Glasmacher nahmen besonderen Einfluß auf die Entwicklung der Glasindustrie. 1709 wurde die erste Glashütte der Niederlausitz bei Kostebrau (ehem. Kreis Senftenberg) auf Betreiben Augusts des Starken durch einen Böhmen eingerichtet. Im ehemaligen Kreis Spremberg folgten 1766 die Hütten in Friedrichshain, 1815 in Jämlitz, 1829 in Tschernitz, 1835 in Haidemühl. Während ursprünglich der Waldreichtum der Niederlausitz ausschlaggebender Standortfaktor war, kamen in zunehmendem Maße die Rohstoffvorkommen miozäner und altpleistozäner Quarzsande als Ausgangsbasis für die Glasherstellung hinzu. Für die Erzeugung von 1 kg Glas wurden bis zu 7,5 kg Holz verbraucht.

Mit der Erfindung der Regenerativgasfeuerung durch Friedrich von Siemens im Jahre 1856 und der Nutzung der heimischen Braunkohlenvorräte erfuhr die Glasproduktion in der Niederlausitz eine verstärkte Entwicklung. Der Bedarf nach Glasartikeln, Fortschritte im Beleuchtungswesen und die Konstruktion der Glas-

	Jahr	Anzahl der Betriebe	Anzahl der Beschäftigten
Cottbus	1925 1933	87 78	6732 5235
Forst	1925 1933	362 301	12946 18841
Spremberg	1925 1933 1936	47 42 30	5119 3822 5050

Tab. 14: **Anzahl der Betriebe und Beschäftigten in der Textilindustrie an einigen bedeutenden Standorten der Niederlausitz vor 1945**

schmelzwanne durch die Gebrüder Siemens bewirkten weitere Gründungen von Glashütten:

1863	Annahütte
1875	Senftenberg
1876	Tafelglashütten in Döbern (die erste 1867)
1888	Großräschen
1892–1895	zwei Hütten in Welzow
1895	Schönborn
1896	Neupetershain (1898 zwei weitere)
1896 und 1906	Hosena

Über die Hälfte der Glasprodukte wurde nach England und seine Kolonien, nach Frankreich, Holland, Italien usw. exportiert. Erster Weltkrieg und Weltwirtschaftskrise bewirkten einen erheblichen Rückgang des Absatzes. Erst in den 30er Jahren konnte sich die Glasindustrie wieder aufwärtsentwickeln. 1937 gab es in der Niederlausitz 28 Hohlglasfabriken und eine Tafelglasfabrik.

Keramische und Ziegelindustrie

Ein weiterer bodenständiger Industriezweig basierte auf den bereits frühzeitig entdeckten Vorkommen pleistozäner und oberflächennaher miozäner Tone. Die wertvollsten Tone, frei von Kalk, Eisen- und Magnesiumverbindungen, sind in einer Mächtigkeit bis zu 8 m im Hangenden der Kohle zu finden.

Die ersten Lehmziegeleien gab es bereits Anfang des 19. Jhs. Diese Ziegeleien brannten Geschiebelehm zu Ziegelsteinen. Andere Werke entstanden mit den Kohlegruben und verarbeiteten tertiäre Tone.

In den Kreisen Calau, Cottbus, Spremberg, Lübben und Luckau gab es 1920 35 Ziegeleien. Etwa 2000 Beschäftigte produzierten jährlich 80 Mill. Steine der verschiedensten Art.

Anfänge und Entwicklung des Braunkohlenbergbaus im Lausitzer Revier

Der erste Braunkohlenfund in der Lausitz wurde 1789 in Bockwitz (Lauchhammer) verzeichnet. Abnehmende Waldbestände und die höheren Brenneigenschaften gegenüber Holz oder Torf beschleunigten die Schürfungen nach Braunkohle. Mit Picke, Schaufel und Handkarren wurde nach dem Abbaurecht des Grundeigentümers zunächst für den Eigenbedarf gefördert. Mitte des 19. Jhs. entstanden die Braunkohlengruben vor allem in der Nähe von Brennereien, Ziegeleien, Glashütten und Textilbetrieben.

Der großräumigere Abbau der Braunkohle begann auf der Klettwitzer Hochfläche im 22 m mächtigen Oberflöz. Mit der Aufhebung des einschränkenden Bergrechts entwickelte sich die Kohleförderung zum selbständigen Industriezweig. 1872 entstand die erste Brikettfabrik Victoria II in Großräschen. Um 1880 wurde der Braunkohlentiefbau vom Tagebaubetrieb

Arbeits-kräfte	1880	1890	1900	1925
unter Tage	628	1416	3424	2156
über Tage	426	1726	7222	13880

	Anzahl der Brikettfabriken
1875	3
1893	25
1894	30
1900	47
1913	49

Jahr	Förderung von Rohkohle (t)	Erzeugung von Briketts (t)
1870	385 666	–
1875	909 104	
1880	1 105 805	42 472
1885	1 602 927	123 136
1890	3 093 973	458 929
1895	5 414 744	1 116 712
1900	9 670 211	2 297 183
1907	14 989 000	4 621 000
1910	16 563 000	5 370 000
1913	20 430 000	6 807 000

Tab. 15: Der Braunkohlentagebau in der Niederlausitz im Aufschwung

(Übergang vom Tief- zum Tagebau, Anstieg der Zahl der Brikettfabriken und Steigerung der Rohkohleförderung und Brikettierung im Niederlausitzer Revier vor dem Ersten Weltkrieg)

Braunkohlenförderung	ca. 35%
Braunkohlenbriketterzeugung	ca. 40%
Elektroenergieerzeugung	ca. 15%

Quelle: LOTZMANN 1990

Tab. 16: Anteil der Niederlausitz an der Braunkohlenwirtschaft in Ostdeutschland 1936
(bezogen auf das Gebiet der ehemaligen DDR)

abgelöst. Bei sinkenden Gewinnungskosten stiegen die Förderleistungen sprunghaft in die Höhe. 1879 gab es bereits 77 bergrechtlich angemeldete Gruben im Lausitzer Revier. Zwischen 1880 und 1900 gründeten sich kapitalkräftige Aktiengesellschaften wie z. B. die Ilsebergbau AG im Jahre 1888.

Auf das Kernrevier Großräschen-Senftenberg-Lauchhammer-Sallgast entfielen noch 1905 rund 75% der Braunkohlenförderung, 80% der Briketterzeugung und 70% aller in der Niederlausitzer Braunkohlenindustrie Beschäftigten. Briketts wurden vor allem in die nördlichen Länder, nach Rußland und Österreich exportiert.

Der Anstieg der Arbeitskräftezahlen in der Braunkohlenindustrie bewirkte auch ein Anwachsen der Einwohnerzahlen bestehender Siedlungen sowie den Bau neuer Ansiedlungen. Hatte Senftenberg 1880 2608 Einwohner, so waren es 1923 bereits 17472 Einwohner. Bergarbeitersiedlungen entstanden bereits ab Ende des 19. Jhs., z. B. in Großräschen, Klettwitz, Annahütte, Schipkau, Hörlitz, Reppist, Sedlitz oder Welzow.

Bereits kurz nach 1900 wurde begonnen, neben dem Oberflöz das nahezu ungestörte etwa 10 m mächtige Unterflöz abzubauen. Damit erstreckte sich der Braunkohlenbergbau über das Kernrevier in weitere Gebiete der Lausitz und erreichte eine enorme Steigerung der Förderleistungen (Tab. 15).

Raumstruktureller Wandel 131

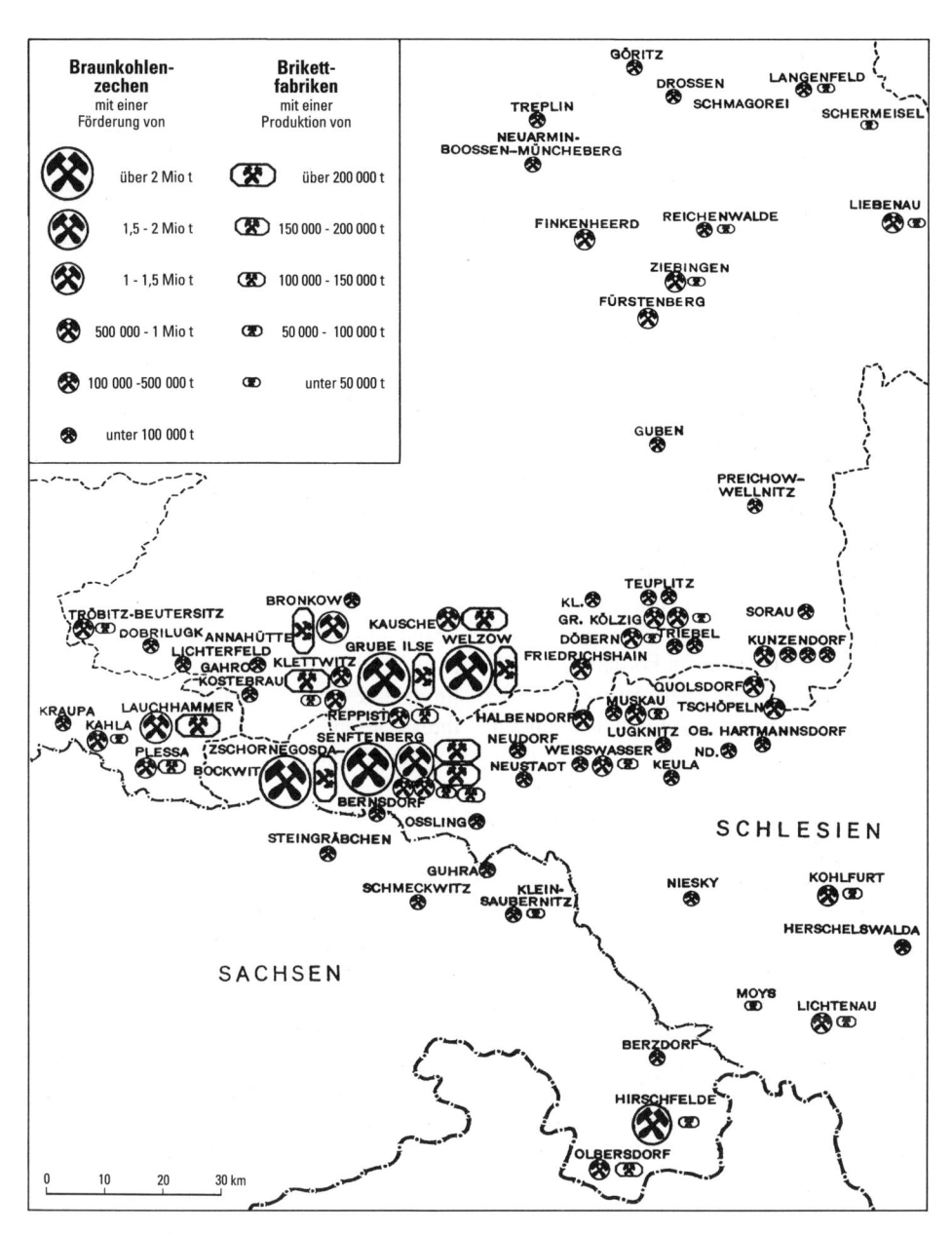

Abb. 27.2: Standortverteilung von Braunkohlenabbau und Braunkohlenindustrie im Lausitzer Revier und in benachbarten Regionen Ende der 20er Jahre des 20. Jahrhunderts

Quelle: Pfohl und Friedrich 1928

Der durch den Ersten Weltkrieg bedingte Energie- und Metallmangel führte neben der Kohlegewinnung und Brikettierung zu größeren Folgeindustrien. So entstanden 1915 die „Niederlausitzer Kraftwerke" (Trattendorf) und in unmittelbarer Nähe 1916 die Lonza-Werke für Karbidherstellung.

Die kriegsbedingte Kupferknappheit führte 1917-1919 zum Bau des Aluminiumwerkes Lauta (jetzt Sachsen). Wegen der sehr energieintensiven Aluminiumherstellung wurde ebenfalls ein Kraftwerk am gleichen Standort errichtet, das 1918 den ersten Strom lieferte und von 66 MW später auf 173 MW ausgebaut wurde.

Einen besonderen Einfluß hatte die Braunkohlenindustrie auch auf die metallverarbeitende Industrie. 1924 wurde im Lausitzer Revier die erste Förderbrücke im Tagebau Plessa eingesetzt. Aus wirtschaftlichen und betriebstechnischen Gründen nahmen die bergbaubedingten Folgemaßnahmen zu. So mußte 1924 Neu-Laubusch als erstes Dorf dem Braunkohlenbergbau weichen. Bis 1945 wurden 5 Orte mit insgesamt 2260 Einwohnern verlegt und umgesiedelt.

Kriegsvorbereitung und -versorgung richteten die Wirtschaft der Niederlausitz von 1933 bis 1945 fast vollständig auf die Braunkohle aus. Neben der Brennstoffversorgung für Bevölkerung und Industrie bildete die Lausitzer Braunkohle die Grundlage der Stromerzeugung in den Kraftwerken sowie der Benzinherstellung in der BRABAG Schwarzheide.

Vor 1945 konzentrierte sich die Braunkohlenindustrie auf das Gebiet Lauchhammer-Klettwitz-Senftenberg-Laubusch sowie die Einzelstandorte Welzow-Haidemühl, Domsdorf-Tröbitz, Greifenhain und die jetzt in Sachsen liegenden Standorte Knappenrode, Wiednitz und Burghammer (Abb. 27.2).

4.2
Grundzüge der Großstadtentwicklung von Berlin

In der vielhundertjährigen Geschichte Berlins war der Zeitraum vom 18. bis zur Mitte des 20. Jhs. für die politische, wirtschaftliche und räumliche Entwicklung der Stadt von besonderer Bedeutung. Berlin wurde nicht nur das politische und wirtschaftliche Zentrum von Brandenburg-Preußen, sondern auch die Hauptstadt des Deutschen Reiches. Ende des 19. und Anfang des 20. Jhs. stieg es zeitweise zu einer Metropole von Weltgeltung auf. Damit verbunden sind zugleich die Kulmination der Bevölkerungszahl (über vier Mio. Menschen) und die größte räumliche Ausdehnung des Stadtgebietes in die Mark Brandenburg hinein. Die in den 20er Jahren unseres Jhs. pulsierende Weltstadt Berlin erlebte aber auch den tiefsten Fall in ihrer Geschichte, als sie am Ende des Zweiten Weltkrieges in Schutt und Asche sank.

4.2.1
Berlin als brandenburgisch-preußische Residenz- und Hauptstadt

Eine Aufwertung der Bedeutung Berlins als politisches Zentrum von Brandenburg erfolgte bereits gegen Ende des 15. Jhs. durch die Erhebung zur ständigen Residenz der hohenzollernschen Kurfürsten von Brandenburg und später mit der Gründung des Königreiches Preußen (1701) zur Königlichen Residenz und Hauptstadt des brandenburgisch-preußischen Staates. Die damit verbundenen hauptstädtischen Funktionen förderten in vielfältiger Weise die Entwicklung der Wirtschaft und Bevölkerung sowie die baulich-räumliche Stadtentwicklung. Durch den Zusammenschluß der

Großstadtentwicklung von Berlin 133

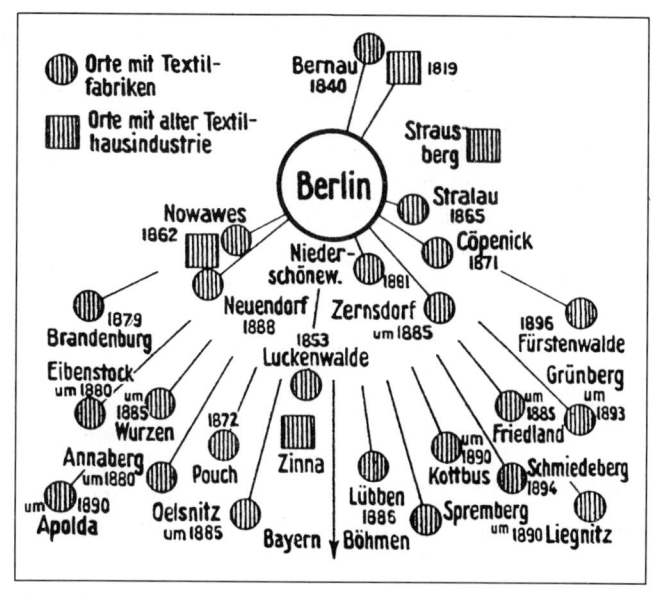

Quelle: PFANNSCHMIDT 1933

Abb. 28: Abwanderung der Berliner Textilindustrie im 19. Jahrhundert

Doppelstadt Berlin und Coelln mit den im Westen und Süden entstandenen kurfürstlichen Siedlungsgründungen Friedrichswerder (1662), Dorotheenstadt (1674) und Friedrichstadt (1688) wurde die neue Verwaltungs- und Wirtschaftseinheit Berlin gebildet (1709). In der Wirtschaftsstruktur spielt seit altersher der Handel, besonders der Fernhandel, eine große Rolle. Er wurde erheblich gefördert durch die steigende Bedeutung Berlins als Residenz-, Beamten- und Garnisonstadt (wachsender Bedarf des Hofes, der Behörden und des Militärs, das um 1800 auf etwa ein Fünftel der Stadtbevölkerung angewachsen war). Im 18. Jhs. begann aber auch der Aufschwung Berlins als Gewerbestadt. Vom Ende des 18. Jhs. bis zu den Napoleonischen Kriegen am Anfang des 19. Jhs. (1807–1813) wurde Berlin „... eine Gewerbe- und Handelsstadt von europäischer Bedeutung ..." (PFANNSCHMIDT 1937, S. 6).

Berlin – führende Manufakturstadt Deutschlands

Die Textilindustrie (v. a. Woll-, Baumwoll- und Seidenindustrie) entwickelte sich zur dominierenden Branche. Zur Deckung des steigenden Bedarfes wurden neue Siedlungen (Spinner- und Weberkolonien) außerhalb der Stadt in Niederungsgebieten gegründet. Zu Beginn des 19. Jhs. (vor allem nach Aufhebung der Kontinentalsperre gegen England) verlor die Textilindustrie ihre führende Position durch den Rückgang und die Verlagerung von Betrieben (Abb. 28).

Strukturwandel der Berliner Industrie

Mit dem Entstehen neuer Industrien im 19. Jh. vollzog sich ein tiefgreifender Wandel in der Branchenstruktur der Berliner Industrie. Das erfolgte im Zusammenhang mit industriell bedeutenden Erfindungen wie der Dampfmaschine, Spinnmaschine und Elektrizität. Ihre praktische Anwendung im Betrieb war „grundlegend für die Entstehung der deutschen Großindustrie zwischen 1840 und 1860" (PFANNSCHMIDT 1937, S. 14). In diesem Prozeß bildeten sich die Konfektion, die Maschinen- und Metallindustrie sowie die Anfänge der Elektroindustrie und chemischen Industrie heraus. Im Berlin-Brandenburger Wirtschaftsraum wurde Berlin zum Hauptstandort der Großindustrie.

Jahr	Einwohner	Jahr	Einwohner
1640	7500	1775	136000
1661	6500	1800	172000
1700	28500	1822	206309
1709	56600	1840	322626
1755	127000	1861	547571

Quelle: PFANNSCHMIDT 1937

Tab. 17: Entwicklung der Bevölkerung in Berlin von 1640–1861

Verkehrsknoten Berlin

Die Standortbildung der Berliner Industrie wurde in hohem Maße durch die Verbesserung der Verkehrsbedingungen gefördert (s. a. Kap. 4.1). Neben der Erweiterung des Straßennetzes mit starker Ausrichtung auf Berlin begann schon früh der Ausbau des Kanalnetzes zur Verbesserung des Gütertransportes. Die größte Bedeutung hatte jedoch der am Ende der 30er Jahre des 19. Jhs. beginnende Eisenbahnbau. Bis zum Ende der 40er Jahre erfolgten der Bau und die Inbetriebnahme der wichtigen Strecken Berlin – Potsdam (1838), Berlin – Frankfurt [Oder] (1842), Berlin – Stettin (1843) und Berlin – Hamburg (1846). Berlin wurde zu der deutschen Stadt mit den meisten radial von hier ausgehenden Fernbahnstrecken. Es bildete sich aber weder zu dieser noch in der Folgezeit der Stadtentwicklung ein zentraler (Haupt-)Bahnhof heraus. Zur Verbesserung des Stadtverkehrs wurde eine Berliner Pferdeomnibusgesellschaft gegründet (1860). Der Aufbau eines leistungsfähigen Eisenbahnnetzes hatte große Bedeutung für die Entwicklung des Berliner Wirtschaftsraumes, weil vor allem dadurch der Austausch von Massengütern mit entfernt gelegenen deutschen und ausländischen Wirtschaftsgebieten ermöglicht wurde und der steigende Bedarf an Eisenbahnen in hohem Maße den Aufschwung der kapitalistischen Großindustrie förderte. Im Zusammenhang mit der schrittweisen Formierung eines einheitlichen deutschen Eisenbahnnetzes wirkte auch die wirtschaftspolitische Vereinigung von Einzelstaaten im Deutschen Zollverein (1834) unter Führung Preußens positiv auf die Wirtschaftsentwicklung der Stadt. Berlin wurde ein wichtiger Bank- und Börsenplatz von europäischem Rang, und seine Bedeutung als Handelszentrum erhöhte sich.

Bevölkerungsexplosion

Mit dem wirtschaftlichen, insbesondere industriellen Aufschwung der Stadt verband sich ein kontinuierliches Wachstum ihrer Bevölkerung auf etwa das Zehnfache in anderthalb Jahrhunderten. Am Anfang des 18. Jhs. war Berlin noch eine Mittelstadt (1709: 56600 Einwohner), in der Mitte des 19. Jhs. aber schon eine Großstadt mit mehr als einer halben Mio. Einwohner (1861: 547571 Einwohner). Die rasche Zunahme beruhte vor allem auf Wanderungsgewinnen durch die steigende Berlin-Migration (Tab. 17).

Mit dem Wachstum von Wirtschaft und Bevölkerung expandierte Berlin auch räumlich durch Eingemeindung der Vorstädte und jeweils angrenzenden ländlichen

Großstadtentwicklung von Berlin 135

Abb. 29: Innere Gliederung Berlins um 1860

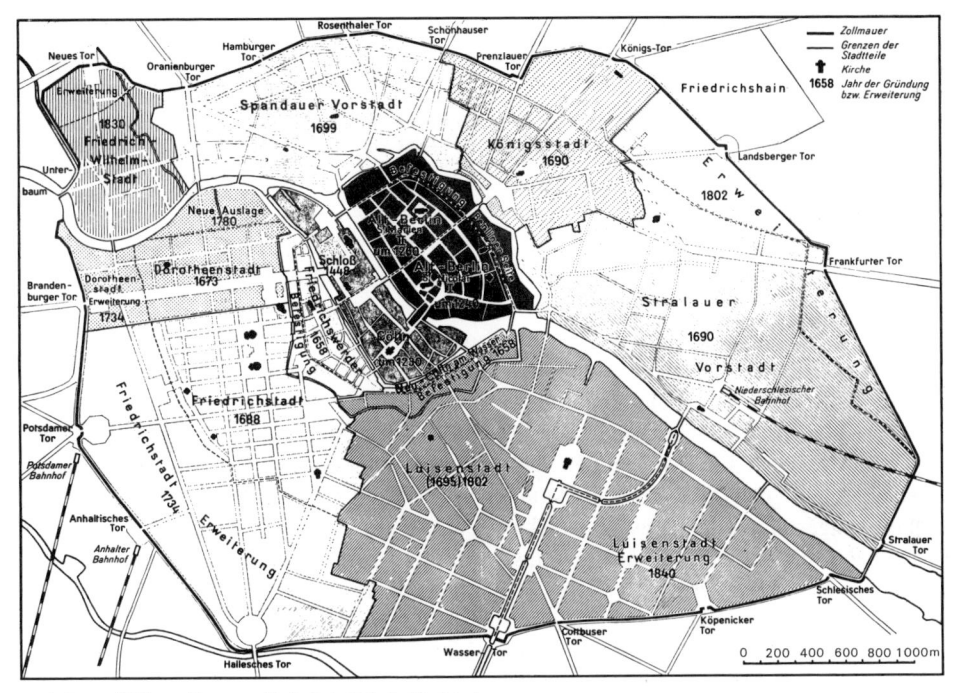

nach SCHINZ 1964, aus ZIMM: u. a. Berlin-Ost, 1990, S. 36, Abb. 4

Gebiete der Mark Brandenburg. Durch mehrere Stadterweiterungen vergrößerte die Stadt ihr Territorium von Beginn des 18. Jhs. bis zur Mitte des 19. Jhs. auf fast das Zehnfache (1709: 6,26 km^2; 1861: 59,20 km^2). Bis in die erste Hälfte des 19. Jhs. lag der Schwerpunkt der baulich-räumlichen Stadtentwicklung in dem Gebiet, das von einer Zollmauer umgrenzt wurde und über zahlreiche Tore aus allen Himmelsrichtungen zugänglich war (darunter das Brandenburger Tor im Westen; Abb. 29).

Mit fortschreitender Urbanisierung dehnte sich die Stadt aber bald über die Zollmauer-Begrenzung aus. Die Bebauung in den Stadterweiterungsgebieten stand wirtschaftlich unter dem Einfluß der Haus- und Grundbesitzer, die in der Stadtverordnetenversammlung die Mehrheit besaßen und den massenhaften Bau von vier- bis fünfgeschossigen Mietskasernen durchsetzten, der Mitte des 19. Jhs. begann. Die Mietskaserne war typisch für die Wohnbedingungen der Berliner Arbeiterschaft und lieferte „den größten Teil der Berliner Bevölkerung lebenslänglich dem Asphalt aus ...", während sich Haus- und Grundbesitzer „unerhörte Grundrentengewinne zu Lasten der minderbemittelten Bevölkerung" sicherten (PFANNSCHMIDT 1937, S. 77). In der baulich-räumlichen Stadtentwicklung häuften sich Mietskasernen vor allem im Süden (Luisenstadt, Friedrichstadt), im Norden (Friedrich-Wilhelm-Stadt, Spandauer Vorstadt), im Osten (Königstadt, Stralauer Vorstadt) und in Alt-Berlin. Hier befanden sich die am dichtesten besiedelten Stadtteile. Davon unterschied sich deutlich die im Westen Berlins gelegene Dorotheenstadt. Sie war ein bevorzugtes Wohngebiet für die Oberschicht der Bevölkerung wie auch Gebiete vor dem Potsdamer Tor in räumlicher Nachbarschaft zum Tiergarten.

Spreeathen – Stadt der Kunst und Wissenschaft

Die Residenz- und Hauptstadtfunktion Berlins widerspiegelten viele Repräsentationsbauten (z. B. Schlösser, Palais, Behörden), die vorwiegend im Westen der Stadt entstanden. In der baulich-architektonischen Stadtgestaltung kam das Wirken bedeutender Architekten zum Ausdruck, insbesondere von Karl-Friedrich Schinkel. Vor allem mit seinen Bauten (Neue Wache 1818, Schauspielhaus 1821, Altes Museum 1829 u. a. m.) entwickelte sich Berlin zu einem hochrangigen Zentrum der klassizistischen Architektur (Spreeathen). Die Stadt wurde mit dem Aufschwung der Wissenschaften, hauptsächlich der Naturwissenschaften, in steigendem Maße die Wirkungsstätte hervorragender Gelehrter. Hier lehrten und forschten Alexander von Humboldt, G. W. F. Hegel u. a. an zahlreichen Einrichtungen, die überwiegend neu entstanden. Neben den bereits bestehenden beiden Akademien (Akademie der Künste seit 1696, Akademie der Wissenschaften seit 1700) wurde 1810 von Wilhelm von Humboldt die Universität gegründet, die sich zu einer herausragenden Lehr- und Forschungsstätte der Stadt entwickelte. Außerdem entstanden verschiedene wissenschaftliche und kulturelle Gesellschaften und Vereine, die sich vorwiegend in den westlichen Stadtteilen ansiedelten (nach ihrem eingetragenen Sitz). Dazu zählten u. a. die Medizinisch-Chirurgische Gesellschaft (1810 von Christian Wilhelm Hufeland gegründet), der Berliner Künstlerverein (1814), die Gesellschaft für Erdkunde (1828), die Archäologische Gesellschaft (1842) und die Geologische Gesellschaft (1848).

4.2.2
Berlin als Hauptstadt des Deutschen Reiches

Im Jahre 1871 wurde Berlin mit der Gründung eines einheitlichen deutschen Kaiserreiches auch Reichshauptstadt. Die damit verbundene Entwicklung der hauptstädtischen Funktionen und die zunehmende Ansiedlung von Spitzen der Behörden und Wirtschaftsführung in Berlin, die Erweiterung des wirtschaftlichen Wirkungsraumes und das Profitieren von den hohen französischen Kriegskontributionen (5 Mia. Goldfranc) waren wesentliche Faktoren für den Aufstieg Berlins zur führenden Großstadt des Landes. Vor allem in der konjunkturellen Phase der „Gründerjahre" nach dem Kriege nahmen viele Funktionsbereiche einen stürmischen Aufschwung. Damit vollzogen sich tiefgreifende Entwicklungs- und Differenzierungsprozesse großstadtbildender Funktionsbereiche.

Industriedynamik – Berlins Weg zur „Elektropolis"

Die Industrie als wichtigster Wirtschaftsbereich beeinflußte die Entwicklung der Reichshauptstadt im letzten Drittel des 19. Jhs. und am Beginn des 20. Jhs. weitaus stärker als das Geschehen am Hofe und in den ansässigen Reichs-, preußischen und brandenburgischen Behörden. Berlin entwickelte sich um die Jahrhundertwende zur größten Industriestadt in Deutschland. Das quantitative und qualitative Wachstum der Industrie wurde wesentlich gefördert durch einen steigenden örtlichen Verbrauch (z. B. Aufträge der öffentlichen Hand,

Eisenbahnbau, Bevölkerungszunahme), das hohe technische Niveau (z. B. war der Maschinenbau in den meisten Branchen führend in Deutschland), die Ausweitung der innerdeutschen Märkte und durch die wachsende Exportorientierung (fast alle Bereiche der Berliner Industrie waren stark am Absatz auf ausländischen Märkten beteiligt). Im Zusammenhang mit der Entwicklung der Absatzbedingungen entwickelten sich die Industriebranchen unterschiedlich. Einerseits vollzog sich ein Bedeutungswandel in der Branchenstruktur und andererseits eine Stabilisierung traditionsreicher Gewerbe. Gegen Ende des 19. Jhs. nahm die Bekleidungsindustrie einen großen Aufschwung und setzte sich zeitweise vor den Maschinenbau an die erste Stelle. Zu Beginn des 20. Jhs. erfolgte dann der stürmische Aufstieg der Elektroindustrie zum bedeutendsten Industriebereich (er wurde von den beiden Konzernen Siemens und AEG beherrscht). Gleichzeitig entwickelten sich die chemische Industrie und der Fahrzeugbau zu wichtigen Bereichen (1895 konzentrierte sich z. B. ein Sechstel der deutschen Chemieproduktion in und um Berlin). Der wirtschaftliche Aufschwung der Reichshauptstadt wurde in hohem Maße von der weiteren Verbesserung des Fern- und Nahverkehrs günstig beeinflußt. Im Fernverkehr vor allem durch die Vollendung eines einheitlichen Eisenbahnnetzes in Deutschland um 1860 und im Nahverkehr besonders durch die Fertigstellung der Ringbahn und Stadtbahn 1882 für den Personen- und Güterverkehr. Berlin wurde zum zentralen Verkehrsknoten in Deutschland und entwickelte sich um die Jahrhundertwende zur wirtschaftlich dominierenden deutschen Großstadt. Die Entwicklung von Großbetrieben gewann an Umfang und Tempo. In der wachsenden Industrieballung auf dem relativ kleinen Stadtgebiet von 63,17 km^2 (1891) konzentrierten sich bereits rd. sieben Prozent der industriell-gewerblichen Betriebe und Beschäftigten des Reiches.

Randwanderung der Berliner Industrie

In der Industrie vollzog sich ein raumstruktureller Wandel, der zur gebietstypischen Ausprägung eines relativ stabilen Standortgefüges führte und vor allem durch die Randwanderung der Berliner Großindustrie gekennzeichnet war. Ihre Standortsituation wurde immer stärker durch Transportkosten, Grundstückskosten (Bodenpreise), den Arbeitsmarkt und verschiedene Fühlungsvorteile (Ballungsvorteile, Vorhandensein zahlreicher Verwaltungen, Wirtschaftsorganisationen, Geldinstitute) bestimmt. Für die Großindustrie waren daher besonders Wasserstraßen (auch für den Brauchwasserbedarf) und Eisenbahnlinien sowie deren Kreuzungspunkte und größere Flächen in „billiger Preislage" wesentliche Leitlinien der Standortverteilung. Diese Bedingungen waren vor allem in verschiedenen Gebieten am Stadtrand gegeben, so daß besonders die schweren Teile der führenden Industrien in steigendem Umfang zur Stadtperipherie und in das Umland wanderten. Die Randwanderung der Berliner Industrie begann schon in den 70er Jahren des 19. Jhs. und erreichte um die Jahrhundertwende ihren Höhepunkt. Sie war der Beginn eines Prozesses, in dessem Verlauf sich die Stadt-Umland-Beziehungen verstärkten, das Wachstum von Vorstädten und die Umwandlung von Dörfern in städtische Siedlungen (Suburbanisierung durch den sekundären Sektor) erheblich beschleunigten und sich der Berliner Einfluß auf die wirtschaftliche und soziale Entwicklung der stadtnahen und weiter entfernt gelegenen Teilräume der Mark Brandenburg wesentlich erhöhte. Ein typisches Beispiel für die Randwanderung bildete die Allokation

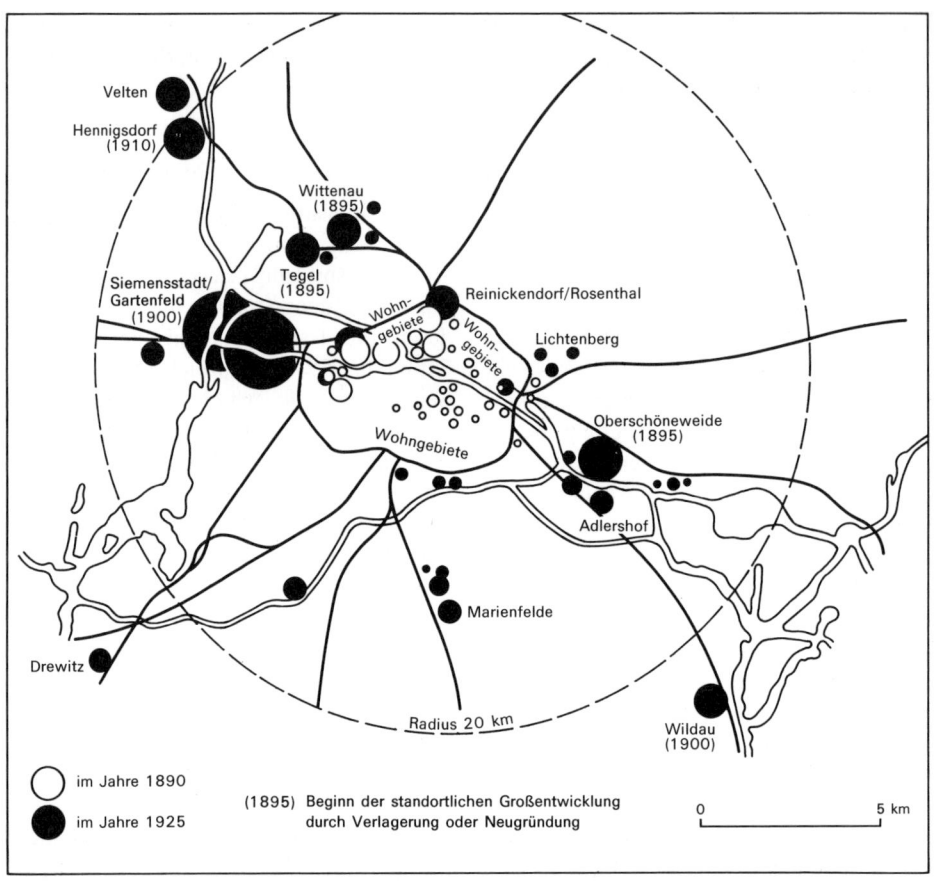

Abb. 30: Randwanderung und Standortentwicklung der metallverarbeitenden Großindustrie Berlins zwischen 1890 und 1925

der metallverarbeitenden Industrie. Sie wanderte in steigendem Maße von ihrem ursprünglichen Entwicklungsraum in der Innenstadt an den Stadtrand.

Allerdings war auch zu Beginn des 20. Jhs. die Innenstadt mit Klein- und Mittelbetrieben der Metallverarbeitung noch relativ stark durchsetzt. Aber die Großbetriebe entstanden und entwickelten sich am Stadtrand bzw. wurden dorthin verlagert. „Nachdem um 1890 das Stadtgebiet im Bereich der Ringbahn geschlossen bebaut worden ist und um 1895 die Vorortbahnen ausgebaut worden sind, werden alle Neugründungen außerhalb der Ringbahn angelegt" (PFANNSCHMIDT 1937, S. 34). An den Vorortbahnen bildeten sich neue Gebiete der metallverarbeitenden Großindustrie heraus, die für die Raumstruktur der Metallverarbeitung bestimmend waren. Dazu zählten die Standortkomplexe Siemensstadt/Gartenfeld im Westen, Wittenau/Tegel im Nordwesten und Oberschöneweide/Adlershof im Südosten (Abb. 30).

Im Unterschied zu den anderen führenden Industriebranchen dehnte sich der

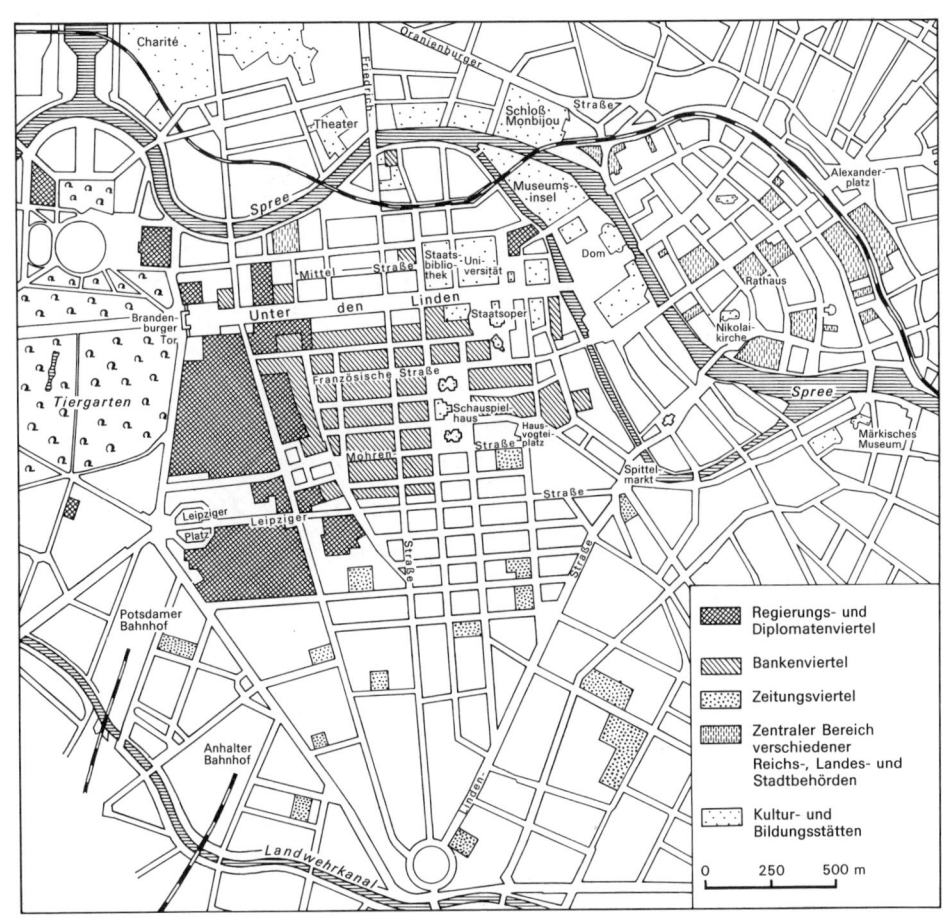

Abb. 31: Funktionsteilige Viertel (gebietstypische Funktionsbereiche) der ehemaligen City von Groß-Berlin

Quelle: ZIMM (Hrsg.) 1990, Abb. 9

Standortraum der Bekleidungsindustrie nicht aus, sondern blieb auf die Innenstadt beschränkt, unter Nutzung weiblicher Arbeitskräfte (Standortnähe von Wohnen und Arbeiten; Heimarbeit). Generell wurden Klein- und Mittelbetriebe kaum verlagert und blieben mit den Wohngebieten räumlich eng verflochten. Damit bildete sich die Berliner Hinterhofindustrie heraus, die besonders in den Mietskasernenvierteln des Wohnringes weit verbreitet war.

Hochrangiger Dienstleistungssektor – Metropolenentwicklung

Neben der Industrie wuchs die Bedeutung des Dienstleistungssektors für die Entwicklung tragender Funktionsbereiche und die räumliche Struktur der Stadt. Berlin bildete sich immer stärker als überragendes Banken-, Wissenschafts- und Kulturzentrum heraus. Am Beginn des 20. Jhs. (1912/13) war nahezu die Hälfte (49%) aller Bank-

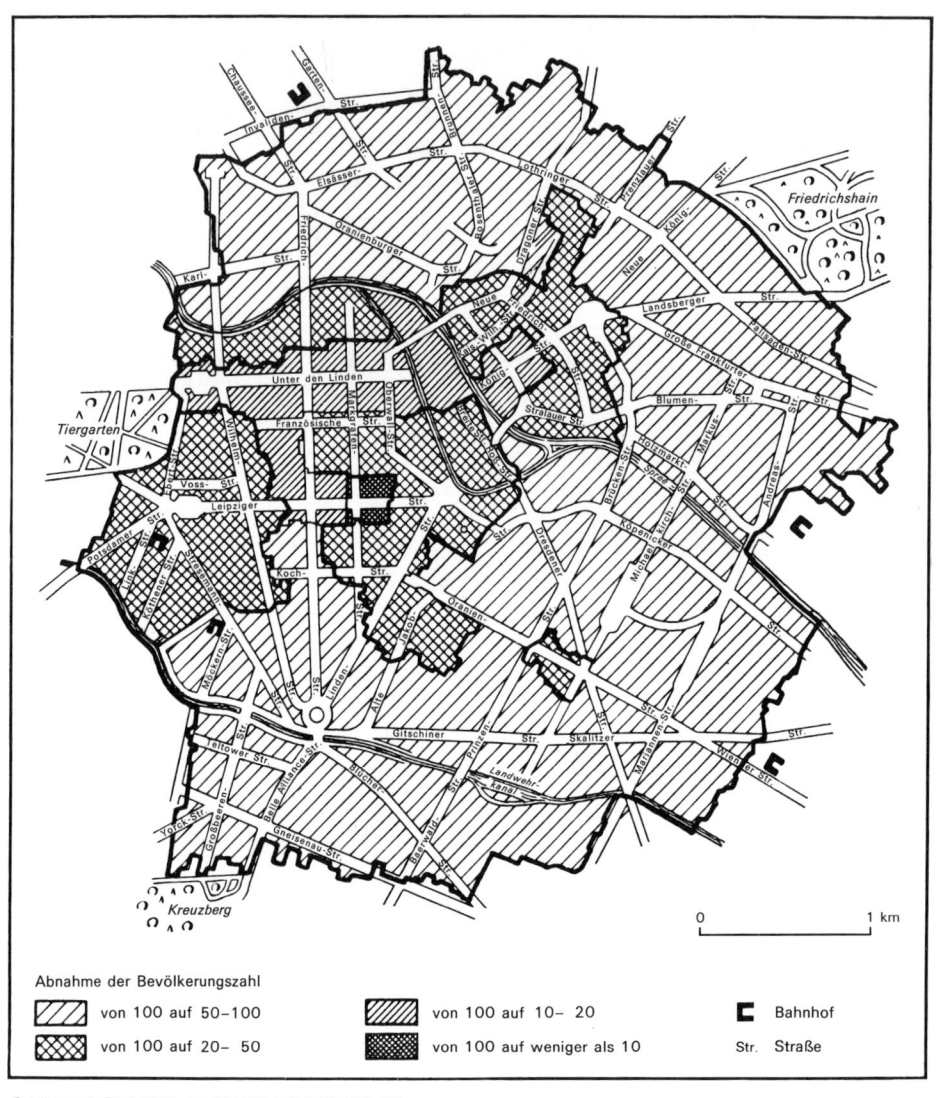

Abb. 32: Rückgang der Bevölkerungszahl in der Stadtmitte von Berlin 1885–1930 in Zusammenhang mit der Citybildung

Quelle: nach ZIMM 1959, aus ZIMM (Hrsg.) 1990, Abb. 13

einlagen im Deutschen Reich allein in neun Großbanken Berlins konzentriert. Die Stadt besaß mehr als 30 Theater (um 1910) und wurde zur Wirkungsstätte vieler Gelehrter von internationalem Rang (u. a. Rudolf Virchow, Robert Koch, Max Planck, Albert Einstein, Wilhelm Conrad Röntgen, Ferdinand von Richthofen, Albrecht Penck). Sie hatte damit wesentliche Züge metropolitaner Entwicklung angenommen.

Die Berliner City und ihre Viertel

Der bevorzugte Standortraum der metropolitanen Funktionsbereiche waren die zentralen Stadtteile, und mit ihrer Ansiedlung bildete sich nicht nur die City in der Stadtmitte als ein spezifischer Entwicklungsraum heraus, sondern es entstanden auch verschiedene Viertel als Konzentrationsräume spezifischer, hochrangiger Einrichtungen von zentraler Bedeutung. Zu diesen funktionsteiligen Vierteln gehörten das Regierungsviertel beiderseits der Wilhelmstraße mit gebietlicher Konzentration höchstrangiger Reichs- und Landesbehörden sowie das Diplomaten-, Banken- und Zeitungsviertel (Abb. 31).

In anderen Teilen der City häuften sich Behörden (z. B. im Gebiet des Rathauses), entstanden Repräsentationsbauten (z. B. Museen, Dom, Neues Stadthaus), Theater (z. B. das Deutsche Theater) und entwickelten sich hauptstadtgemäße Hotels, wie das „Adlon" als erste Adresse am Pariser Platz, der „Kaiserhof" mit dem Cafe Bauer in der Nähe des Anhalter und Potsdamer Bahnhofes, das „Central-Hotel" mit dem berühmten Varieté „Wintergarten" am Bahnhof Friedrichstraße.

Citybildung – Bevölkerungsverdrängung

Der mit der Citybildung verbundene Strukturwandel der Innenstadt bewirkte eine Verdrängung der Wohnbevölkerung. Von 1890 bis 1910 sank die Bevölkerungszahl von rd. 801 000 Einwohner auf rd. 629 000 Einwohner. Dieser Prozeß beschleunigte sich mit zunehmender Ansiedlung und Ausdehnung hauptstädtischer Funktionsbereiche und Dienstleistungseinrichtungen, mit der Verbesserung der Verkehrsmittel sowie der fortschreitenden Neubautätigkeit in den Randgebieten der Stadt und bezog auch andere Teile der Innenstadt mit ein. Die Gebiete der größten Abnahme lagen

Jahr	Einwohner	Jahr	Einwohner
1871	825 937	1905	2 037 269
1880	1 122 330	1910	2 071 257
1890	1 578 794	1912	2 095 000
1900	1 888 848	1918	1 748 000

Quelle: PFANNSCHMIDT 1937, S. 69; ZIMM (Hrsg.): 1990, S. 98

Tab. 18: Entwicklung der Bevölkerung in Berlin von 1871–1918

im Kernbereich der City. Die Bevölkerung des ehemaligen Zollmauerraumes hatte 1895 einen Anteil von 37,1 % an den Einwohnern von Berlin und 1910 nur noch von 24,7 % (Abb. 32). Aber trotz der beachtlichen Abwanderung der City-Bevölkerung blieb die Innenstadt Berlins einer der am dichtesten besiedelten Teilräume der Reichshauptstadt. Im Zuge des wirtschaftlichen Aufschwunges wuchs die Bevölkerung der Stadt geradezu sprunghaft, vor allem durch Zuwanderungen aus Brandenburg, anderen, vorwiegend östlichen Teilen Deutschlands und dem Ausland. Am Ende des 19. Jhs. wurde die erste Million überschritten, zu Beginn des 20. Jhs. war Berlin bereits eine Zweimillionenstadt. Damit hatte sich die Reichshauptstadt mit deutlichem Abstand zur größten Stadt in Deutschland und zu einer der bevölkerungsreichsten Großstädte Europas entwickelt (Tab. 18).

Größte Mietskasernenstadt der Welt – Bevölkerungssegregation

Die Bevölkerung konzentrierte sich auf einem Stadtgebiet, das sich flächenmäßig im Vergleich zur Mitte des 19. Jhs. nur geringfügig vergrößert hatte (1915: 65,72 km^2). Im Gefolge von räumlichen Differenzierungsprozessen sozialer Segregation bildeten sich immer stärker Wohngebiete mit unterschiedlichen Wohnbedingungen heraus.

Jahr	1890	1900	1910
Stadtgemeinden			
Berlin	1 575 013	1 885 901	2 071 297
Charlottenburg	76 859	189 305	305 978
Neukölln	35 702	90 422	273 289
Schöneberg	28 721	95 998	172 823
Lichtenberg	33 943	60 255	133 141
Wilmersdorf	5 164	30 671	109 716
Spandau	45 954	65 030	84 855
Köpenick	14 619	20 925	30 879
Landgemeinden			
Steglitz	12 530	21 425	62 954
Pankow	6 998	21 524	45 165
Weißensee	19 804	34 453	43 037
Lichterfelde	8 745	23 168	42 513
Friedenau	4 211	11 050	34 862
Reinickendorf	10 064	14 779	34 299
Treptow	1 780	5 348	24 469
Oberschöneweide	159	5 850	21 369
Tempelhof	5 248	9 991	20 733

Quelle: ZIMM (Hrsg.) 1990, S. 113

Tab. 19: Entwicklung der Bevölkerung in den Städten und in ausgewählten Landgemeinden auf dem Gebiet der späteren Einheitsgemeinde Groß-Berlin 1890–1910

Dieses Raumgefüge gewann an Stabilität. Die Aufnahmeräume für die insgesamt wachsende, jedoch in größerem Umfang aus der City abwandernde Bevölkerung waren hauptsächlich Teile von Alt-Berlin und seiner Vorstädte. Hier wurden in vielen Gebieten die Wohnbedingungen geprägt durch die Erweiterung bereits bestehender Mietskasernenquartiere. Die Mietskasernen bildeten das Grundgerüst des räumlich ausgedehnten „Wilhelminischen Ringes", der sich um Alt-Berlin (besonders den City-Bereich) herumlegte, zwischen 1862 und 1914 überbaut wurde und in dem seit der Baupolizeiordnung von 1892 eine „geschlossene Wohnhausbebauung mit 5 Vollgeschossen" zulässig war. Die vier- bis fünfgeschossigen, einschließlich Kellergeschoß oft auch sechsgeschossigen Mietskasernen mit Querflügeln, bis zu fünf Hinterhäusern auf einem Grundstück und engen, lichtlosen Höfen waren überwiegend die Wohngebiete einkommensschwacher Schichten, besonders der Arbeiter. Berlin erwarb den traurigen Ruf, die „größte Mietskasernenstadt der Welt" zu sein, wo in der zweiten Hälfte des 19. und zu Beginn des 20. Jhs. der überwiegende Teil der Berliner Bevölkerung lebte. Im Jahre 1910 entfielen z. B. von 100 Wohnungen in Berlin fast die Hälfte (48,4 %) auf Hinterhäuser und nur wenig mehr als die Hälfte (51,6 %) auf Vorderhäuser (PFANNSCHMIDT 1937, S. 98).

Villenviertel im wohlhabenden Westen

Im Gegensatz zu den Mietskasernen entstanden im Westen und Süden der Stadt

Großstadtentwicklung von Berlin 143

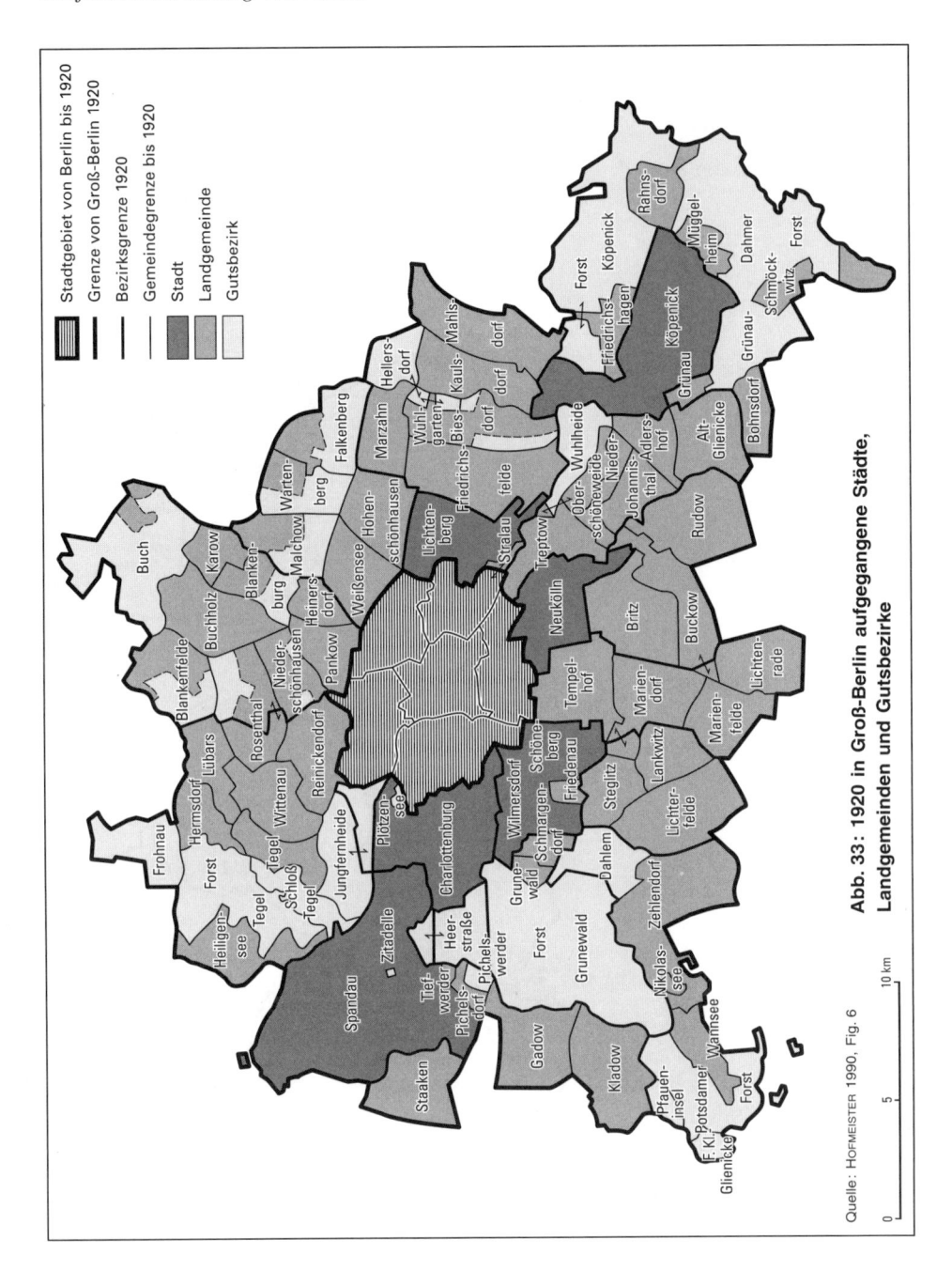

Abb. 33: 1920 in Groß-Berlin aufgegangene Städte, Landgemeinden und Gutsbezirke

Quelle: HOFMEISTER 1990, Fig. 6

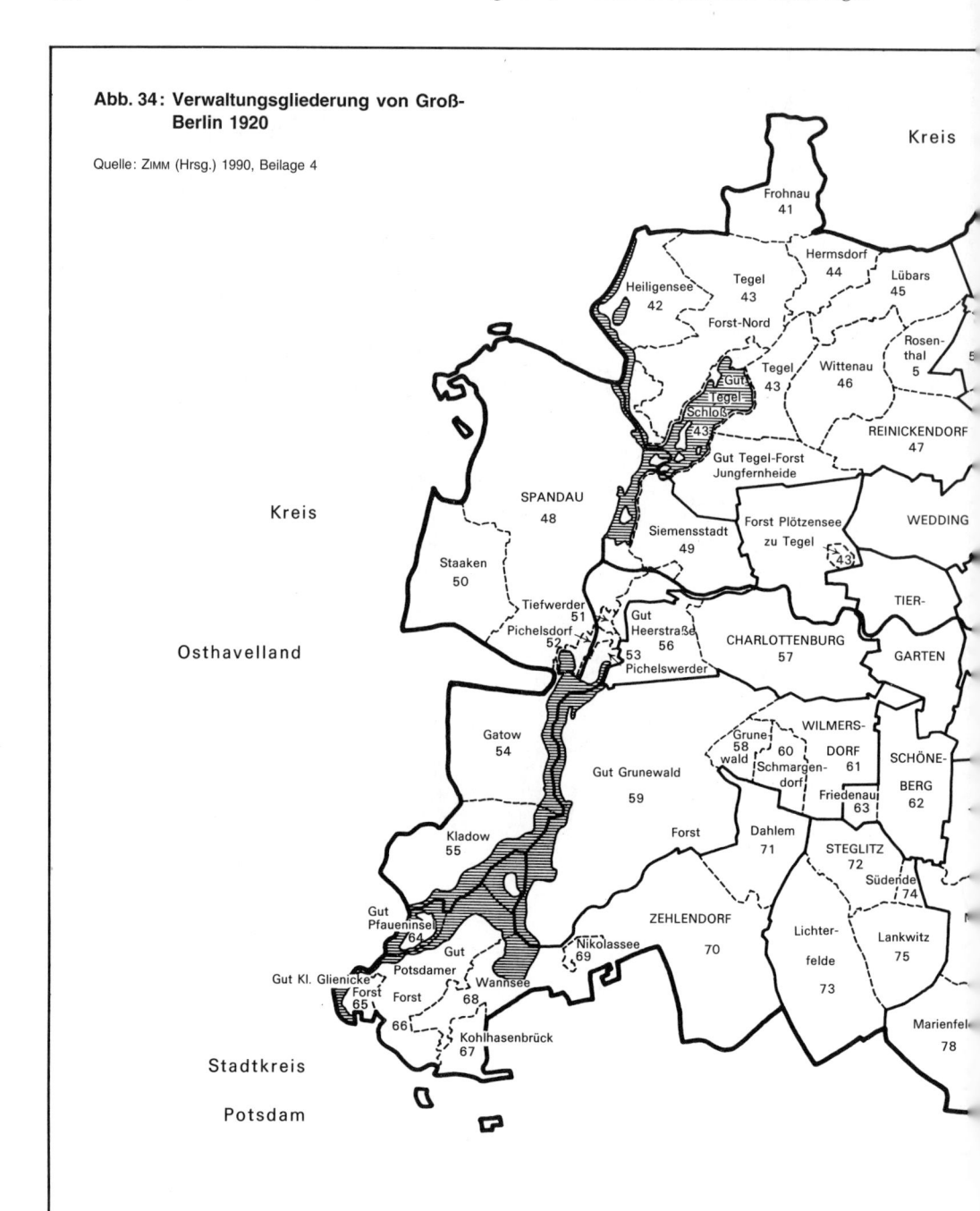

Abb. 34: Verwaltungsgliederung von Groß-Berlin 1920

Quelle: ZIMM (Hrsg.) 1990, Beilage 4

Groß-Berlin 1920

Großstadtentwicklung von Berlin 145

PANKOW Stadtbezirk
Buch Ortsteil

━━━ Stadtgrenze
─── Stadtbezirksgrenze
--- Ortsteilgrenze

Buch 1
Buchholz 3
Karow 4
Blankenburg 6
Heinersdorf 9
Malchow 10
Wartenberg 11
Falkenberg 12
WEIBENSEE 13
PRENZLAUER BERG
Hohenschönhausen 14
Marzahn 15
Hellersdorf 16
FRIEDRICHSHAIN
LICHTENBERG 17
Wuhlgarten 20
Kaulsdorf 21
Mahlsdorf 22
Friedrichsfelde 19
Biesdorf 18
Stralau 25
TREPTOW 26
NEUKÖLLN 80
Oberschöneweide 24
Wuhlheide 23
Niederschöneweide 27
Johannisthal 28
Adlershof 29
Britz 81
Buckow 82
Rudow 83
Alt-Glienicke 30
Grünau 35
Friedrichshagen 33
Köpenicker Forst 32
KÖPENICK 31
Rahnsdorf 34
Müggelheim 36
Bohnsdorf 37
Grünauer Forst 38
Dahmer Forst 39
Schmöckwitz 40

Nieder-barnim

Kreis Beeskow-Storkow

Kreis Teltow

0   5   10 km

10 Berlin/Brandenburg

und ihren Vororten exklusive Wohngebiete (z. B. Villen-Gebiete) für die gutsituierten Bevölkerungsschichten. Dazu gehörte u. a. das um die Jahrhundertwende sich herausbildende Wohnviertel im Gebiet von Kurfürstendamm und Tauentzienstraße im Westen. Es stieg zugleich zum luxuriösen Einkaufs- und Vergnügungszentrum von überregionaler Bedeutung und hoher Anziehungskraft für Berlin und seine gutsituierten Besucher auf.

Metropolitane Region in Brandenburg

Ein Teil der abwandernden Bevölkerung (besonders aus City- und Mietskasernenvierteln) ließ sich auch außerhalb der Stadt nieder. Nahräumlich gelegene Stadt- und Landgemeinden (im Gebiet der späteren Einheitsgemeinde) hatten sich zu Beginn des 20. Jhs. nach der Einwohnerzahl bereits in Groß- und Mittelstädte verwandelt (Tab. 19). Gegen Ende des zweiten Jahrzehnts im 20. Jh. hatte sich im zentralen Teil der Mark Brandenburg eine riesige Städteballung mit polyzentrischer Struktur entwickelt, in der Berlin den dominierenden Kern bildete.

4.2.3 Berlin als Großgemeinde und Metropole

Eine neue Periode der Berliner Stadtentwicklung begann mit der Bildung der Einheitsgemeinde Groß-Berlin (1920) durch den Zusammenschluß der acht Stadtgemeinden Berlin, Charlottenburg, Neukölln, Schöneberg, Lichtenberg, Wilmersdorf, Spandau, Köpenick sowie von 59 Landgemeinden und 27 Gutsbezirken (Abb. 33)

Die Gründung der Einheitsgemeinde war einerseits ein Ausdruck der expandierenden Stadtentwicklung, vereinigte aber andererseits die bereits weitgehend zusammengewachsenen und miteinander wirtschafts- und verkehrsräumlich eng verflochtenen Siedlungen des Berliner Raumes. In quantitativer Hinsicht vollzog Berlin die größte flächenhafte Ausdehnung des Stadtgebietes seiner Stadtgeschichte mitten in die Mark Brandenburg hinein. Die neue Großgemeinde umfaßte rd. 878 km^2 und hatte ihre Fläche gegenüber dem vorherigen Stand um etwa das 13fache vergrößert. Die Bevölkerung wuchs mit den eingemeindeten Gebieten auf rd. 3,8 Millionen Einwohner (1920). Damit reihte sich Groß-Berlin in die flächengrößten und bevölkerungsreichsten Metropolen der Erde ein und wurde nach der Einwohnerzahl damals nur von New York und London übertroffen. Auch in qualitativer Hinsicht veränderte sich die Raumsituation durch die Bildung der Einheitsgemeinde. Die neuen räumlichen Bedingungen beeinflußten wesentlich den raschen Aufstieg von Groß-Berlin zu einer pulsierenden Weltstadt. Die neue Einheitsgemeinde wurde politisch-administrativ in 20 Bezirke gegliedert, die sich langzeitig als stabil erwiesen und kaum veränderten (Abb. 34).

Groß-Berlin als hervorragendes Wirtschaftszentrum

Mit der Bildung von Groß-Berlin prägte sich die Stellung der Reichshauptstadt als dominierendes großstädtisches Wirtschaftszentrum in Deutschland weiter aus. Die Anzahl der Beschäftigten wuchs und war 1925 mit rd. 2,46 Mio. größer als die gesamte Bevölkerung der Stadt im Jahre 1912. Davon war ein bedeutender Teil in Industrie und Handwerk tätig. Auf diesen Sektor (Produzierendes Gewerbe) entfielen 1939 allein 48,4% der gesamten Beschäftigten von Groß-Berlin. Das räumlich hochkonzentrierte, alle Ballungsvorteile nutzende und auch im Maßstab des Rei-

Provinz bzw. Land	Betriebe		Beschäftigte	
	absolut (1000)	Anteil (% der Reichssumme)	absolut (1000)	Anteil (% der Reichssumme)
Bayern	429	12,4	1861	10,1
Sachsen	391	11,3	2144	11,7
Rheinprovinz	364	10,5	2327	12,7
Berlin	294	8,5	1712	9,3
Westfalen	196	5,7	1477	8,0
Württemberg	162	4,7	800	4,4

Quelle: HOFMEISTER 1990, S. 92

Tab. 20: Die industriewirtschaftliche Stellung Berlins im Deutschen Reich 1928

ches gewaltige Arbeitskräfte- und Produktionspotential war die Grundlage für die national und international herausragende Position von Groß-Berlin als Wirtschafts- und Industriestandort. Im Jahre 1928 nahm die großstädtische Ballung nach der Anzahl der Betriebe und Beschäftigten in der Industrie bereits die vierte Position in Deutschland ein und gehörte damit zu den wichtigsten deutschen Wirtschaftsgebieten (Tab. 20).

In der Industrie prägten sich die Richtungen mit hohem Veredlungsgrad weiter aus wie auch die enge Verbindung zwischen Industrie und Wissenschaft. Die breite Erzeugnispalette sowie die Entwicklung und Dominanz von Großbetrieben waren weitere Kennzeichen der Industrie. Der Anteil der Erwerbstätigen in Großbetrieben mit 1000 und mehr Beschäftigten betrug zu Beginn der 20er Jahre 41,7% (1922) und lag damit wesentlich über dem Durchschnitt von 32,3% im Deutschen Reich. Eine Ausnahme bildete die Bekleidungsindustrie, in der Klein- und Mittelbetriebe vorherrschten.

Großindustrie und Wissenschaft – Synergieeffekte

Die Branchenstruktur der Industrie bestimmten Bereiche mit überregionaler Bedeutung und relativ hohen Anteilen an den Beschäftigten im Deutschen Reich. Dazu gehörten 1925 die Elektroindustrie (51,8%), der Maschinen-, Apparate- und Fahrzeugbau (8,7%), die chemische Industrie (8,0%) und Bekleidungsindustrie (14,3%) sowie das Vervielfältigungsgewerbe (18,6%), Verlags- und Druckereigewerbe (17,8%). Im gleichen Jahr betrug der Anteil der Bevölkerung von Groß-Berlin an der Reichsbevölkerung 6,4%. In vielen Produktionsbereichen nahm die Hauptstadt eine herausragende Stellung in Deutschland ein. Das traf in besonders hohem Maße auf die Elektroindustrie zu, bei der Groß-Berlin in Deutschland eine eindeutige Monopolstellung hatte („Elektropolis"). Die Stadt konzentrierte nicht nur rd. die Hälfte der Beschäftigten dieses Zweiges im Reich, sondern war auch bei wichtigen Erzeugnissen der bedeutendste

Quelle: nach ZIMM 1959, aus ZIMM (Hrsg.) 1990, Abb. 16

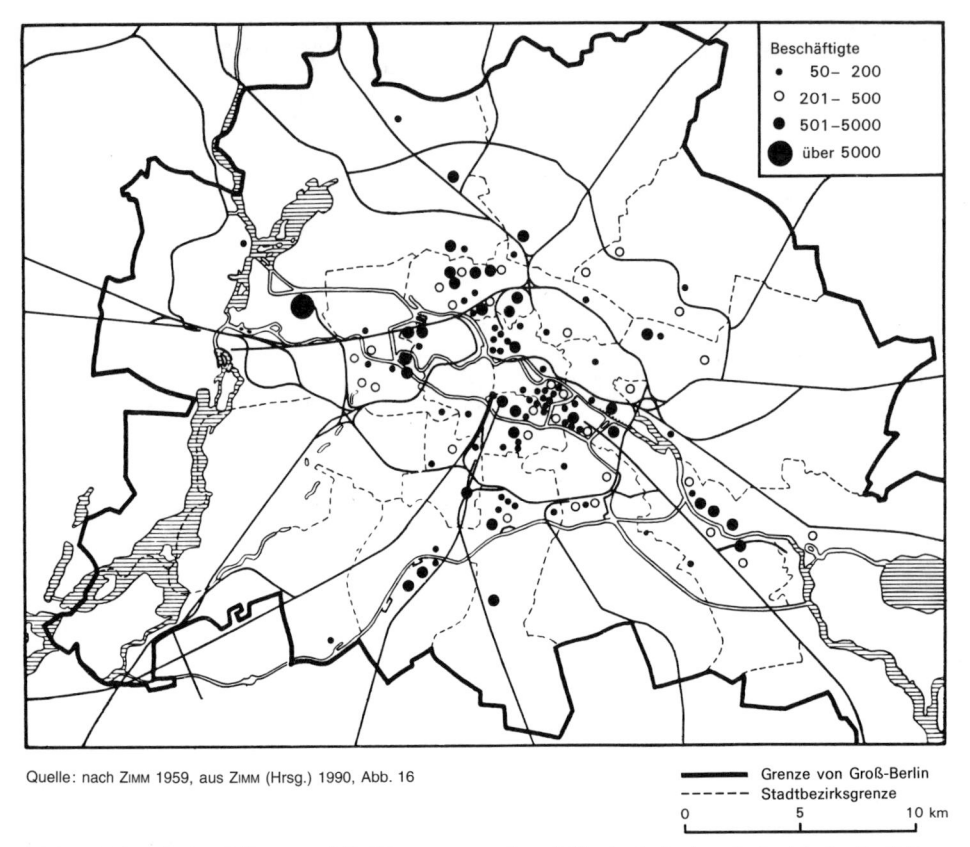

——— Grenze von Groß-Berlin
----- Stadtbezirksgrenze

Abb. 35: Standortverteilung und Größengruppen der elektrotechnischen Industrie in Groß-Berlin 1931

Produzent des Landes (1925 z. B. 90% der Glühlampen, 74% der elektrischen Geräte, 63% der Telefonapparate und 60% aller Kabel). Typische Merkmale dieser marktführenden Branche der Berliner Industrie waren weiterhin die enge Verbindung mit wissenschaftlichen Einrichtungen, der hohe Konzentrationsgrad der Produktion in Großbetrieben (hier war die Mehrzahl der Beschäftigten tätig) und die Dominanz der beiden Konzerne Siemens und AEG. Die räumliche Struktur der Elektroindustrie war gekennzeichnet durch Großstandorte im Westen der Stadt, im Bezirk Spandau mit Siemensstadt und Gartenfeld, in der Innenstadt, im Bezirk Wedding, südlich vom Humboldthain (AEG-Gelände), und im Südosten, im Bezirk Treptow, mit Standorten in Schöneweide (AEG) und einem Apparatewerk, sowie durch kleinere Standorte in Streulage, vor allem in der Innenstadt (z. B. Bezirke Kreuzberg, Mitte und Tiergarten; Abb. 35).

Die räumliche Struktur der Industrie Groß-Berlins kennzeichnete eine relativ hohe Stabilität. Das bis zur Bildung der Einheitsgemeinde entstandene Grundmuster der Standortverteilung blieb erhalten und prägte sich weiter aus. Die weitere industrielle Entwicklung vollzog sich vor allem in den Konzentrationsräumen der Großindustrie, die sich im Zuge der Rand-

Teilraum im Stadtgebiet	Betriebe		Beschäftigte	
	Anzahl	Anteil (%)	Anzahl	Anteil (%)
City (etwa Stadtgebiet von 1830)	96	17,8	50400	11,0
Gebiet innerhalb der Ringbahn (etwa Stadtgebiet von 1890/1900)	187	34,7	132600	28,9
Gebiet außerhalb der Ringbahn	256	47,5	275500	60,1
Stadtgebiet insgesamt	539	100,0	458500	100,0

Quelle: ZIMM (Hrsg.) 1990, S. 174

Tab. 21: Lage der Industriebetriebe mit mehr als 200 Beschäftigten in Groß-Berlin (Beschäftigtenstand Oktober 1937)

wanderungen an den Wasserstraßen, Bahnlinien und ihren Kreuzungspunkten herausgebildet hatten, sowie in der Innenstadt in Gebieten mit relativer Standortverdichtung (z. B. Bezirk Mitte als räumlicher Schwerpunkt des Vervielfältigungs-, Verlags- und Druckgewerbes) und in Gebieten mit Streulage vieler kleiner Industriestandorte (z. B. Heimindustrie im Bekleidungsgewerbe, Hinterhofindustrie). Das räumliche Grundmuster der Standortverteilung der Industrie kam darin zum Ausdruck, daß einerseits die Mehrzahl der Betriebe, aber die geringere Anzahl der Beschäftigten im Raum innerhalb der Ringbahn lokalisiert war und andererseits die Mehrzahl der Beschäftigten, aber die geringere Anzahl der Betriebe im Raum zwischen Ringbahn und Stadtgrenze lagen (Tab. 21).

Die Aufschwungphase nach der Weltwirtschaftskrise förderte das Wachstum der Groß-Berliner Industrieproduktion besonders durch die Erweiterung der Rüstungsindustrie. Damit verstärkten sich räumliche Verflechtungen mit dem Umland u. a. auf Grund einer erneuten Randwanderung der Industrie (s. a. Kap. 4.3.1), bewirkte aber keine wesentlichen Veränderungen des industriellen Raumgefüges im Stadtgebiet.

Polyfunktionalität der Metropole Berlin

Im Dienstleistungssektor waren 1939 mit 50,8% aller Beschäftigten der Stadt nur geringfügig mehr Menschen tätig als im produzierenden Sektor. Seine Bedeutung gründete sich zunächst auf dem großen Umfang der ansässigen Verwaltungsbehörden (Reichsregierung, preußische Regierung, Reichsbahn- und Reichspost-Hauptverwaltungen, Magistrat) und andere überregionale Funktionsbereiche. Die Dienstleistungsfunktionen der Hauptstadt wurden gefestigt und ausgebaut. Die Rolle Groß-Berlins als nationales und internationales Finanzzentrum prägte sich weiter aus. Hier konzentrierten sich 1925 (nach Beschäftigtenanteilen in Deutschland) u. a. 55,8% des Börsenwesens, 38,6% des Lotteriewesens und 37,6% der Notenban-

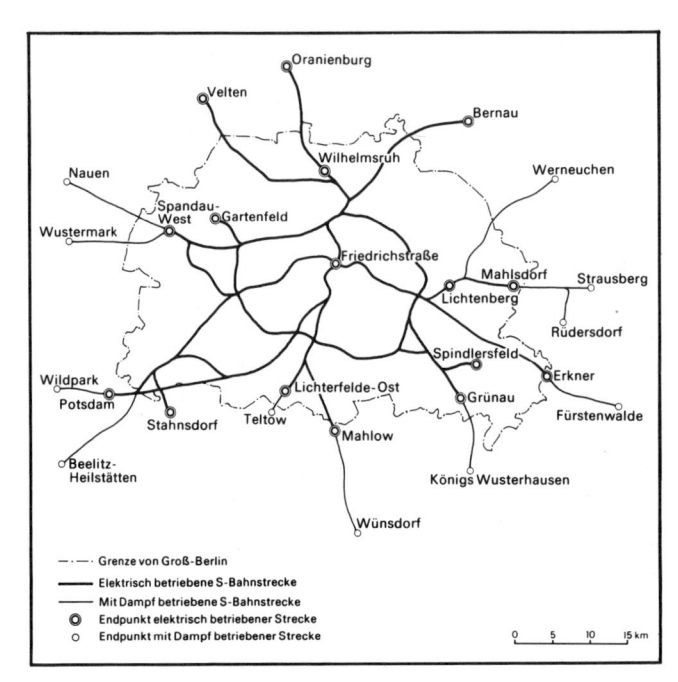

Abb. 36:
Grundschema des S-Bahn-netzes von Groß-Berlin 1939

Quelle: Zімм 1981, aus Zімм (Hrsg.) 1990, Abb. 20

ken sowie rd. ein Viertel aller Aktiengesellschaften (1926).

Berlin entwickelte sich in den 20er Jahren zu einer national und international führenden Stadt der Wissenschaft und Kultur. Auf Grund des hohen Entwicklungsstandes der Physik und Elektrotechnik erreichte Groß-Berlin Spitzenpositionen auf dem Gebiet elektronischer Medien und naturwissenschaftlicher Forschungen (1923 erster Rundfunksender Deutschlands, 1926 Inbetriebnahme der Bildtelegraphiestrecke Berlin – Leipzig, 1931 vollelektronisches Fernsehen, 1938 Urankernspaltung durch Otto Hahn und Fritz Strassmann).

Groß-Berlin wurde die herausragende deutsche Theaterstadt mit noch größerer Ausstrahlung und Anziehungskraft als vor dem Ersten Weltkrieg. Das war vor allem mit dem Wirken von Max Reinhardt als Regisseur von Weltruf verbunden, aber auch mit der Entwicklung verschiedener Formen des Sprech- und Musik-Theaters (Revue, Kabarett, Operette, Oper). Einen raschen Aufschwung nahm Berlin als Stadt des deutschen Films (1929 erster deutscher Tonfilm) und als bedeutendes Zentrum der Literatur, Malerei und Graphik. Unter den vielen Schriftstellern und Künstlern von internationalem Rang (z. B. Heinrich Mann, Gerhart Hauptmann, Bertolt Brecht, Friedrich Wolf, Kurt Tucholsky, Otto Nagel, Max Beckmann) beschäftigten sich einige speziell mit Themen aus dem Berliner Großstadtleben (u. a. Heinrich Zille, Alfred Döblin).

Die Bedeutung Berlins als Verkehrsknoten nahm weiter zu mit der Aufnahme des planmäßigen Luftverkehrs, dem Bau von Fernleitungen für die Fremdversorgung mit Elektroenergie, der Anlage von Verschiebebahnhöfen im Güterverkehr und der Erweiterung des Wasserstraßen-Transportes (nach Duisburg-Ruhrort zweitgrößter Binnenhafen Deutschlands). Für die Verbesserung des städtischen Nahverkehrs war die Elektrifizierung der Berliner S-Bahn von besonderer Bedeutung (1922 Ringbahn,

1926–1928 Vorortbahnen, 1929 Stadtbahn; Abb. 36).

Die Straßenbahn wurde nach Einstellung des Verkehrs mit Pferdeomnibussen (1920) ein Hauptverkehrsmittel und das U-Bahnnetz erweitert (1938 fünf Linien mit rd. 80 km Streckenlänge).

Die hier skizzierte Polyfunktionalität Berlins, verbunden mit hochrangiger Wertigkeit, bedeutender Quantität und überragender Stellung im Deutschen Reich läßt den Schluß zu, daß die deutsche Hauptstadt nach dem Ersten Weltkrieg zeitweise zu einer Metropole europäischen Ranges und von teilweiser Weltgeltung (Weltstadt) aufgestiegen war.

Bevölkerungsentwicklung – sozialräumliche Tendenzen

Im Jahre 1925 wurde Groß-Berlin eine Viermillionenstadt, die Tendenz einer leichten Bevölkerungszunahme (u. a. auf Grund eines anhaltenden Geburtenüberschusses) setzte sich fort, und im Zweiten Weltkrieg (1943) erreichte die Stadt das Maximum ihrer Einwohnerzahl (Tab. 22).

Mit dem Wachstum der Einwohnerzahl prägten sich bestehende Differenzierungsprozesse in der räumlichen Verteilung und sozialen Segregation der Bevölkerung weiter aus. Eine Grundtendenz in den räumlichen Bevölkerungsbewegungen war die Randwanderung der Bevölkerung, die sich nach der Elektrifizierung der S-Bahn und Vorortbahnen verstärkte. Das Hauptquellgebiet der Abwanderung war die Innenstadt innerhalb der Ringbahn. Dieses Gebiet höchster Bevölkerungsdichte der Stadt mit den Bezirken Mitte, Tiergarten, Wedding, Prenzlauer Berg, Friedrichshain und Kreuzberg (1939 Dichtewerte von 21000 bis über 35000 Einwohner/km² mit Ausnahme des Bezirkes Tiergarten) war zugleich das Gebiet der umfangreichsten Bevölkerungsabnahme (Verlust von rd.

Jahr	Einwohner	Jahr	Einwohner
1920	3 803 300	1939	4 338 756
1925	4 024 286	1943	4 489 700
1933	4 242 501	1945	2 807 400

Quelle: HOFMEISTER 1990, S. 30; ZIMM (Hrsg.) 1990, S. 144

Tab. 22: Entwicklung der Bevölkerung in Groß-Berlin 1920–1945

200000 Einwohner bzw. 10,8% zwischen 1925 und 1939). Die Schwerpunkträume der Abnahme bildeten die City, deren weitere Ausprägung die „Flucht" eines großen Teiles der bisherigen Bewohner bewirkte, und die Mietskasernenviertel. Die Zielräume der Stadtrandwanderungen waren Wohngebiete in den äußeren Bezirken, aber zunehmend auch das weitaus weniger dicht besiedelte Umland. In den übrigen Bezirken erhöhte sich die Bevölkerung von 1925 bis 1939 insgesamt um ein Viertel (24,7% bzw. rd. 506000 Einwohner), und die Bezirke Weißensee, Pankow, Reinickendorf im Norden Groß-Berlins hatten den höchsten Zuwachs (rd. 181000 Einwohner bzw. 68,5%). Zu den auffälligsten räumlichen Erscheinungsformen der sozialen Segregation zählte die weitere Ausprägung beträchtlicher Unterschiede in der Sozialstruktur der Bevölkerung. Die Wohngebiete der Arbeiter waren vor allem Bezirke der dicht bebauten Innenstadt mit hohen Anteilen an Mietskasernenvierteln (Wedding, Prenzlauer Berg, Friedrichshain, Kreuzberg) sowie äußere Bezirke mit Großindustrie (Spandau, Reinickendorf, Weißensee, Lichtenberg, Köpenick und Neukölln). Die Wohngebiete der kaufkräftigen Oberschicht (Selbständige, höhere Beamte, Angestellte und Offiziere) lagen hauptsächlich im Südwesten und erstreckten sich von Gebieten in der Nähe der Innenstadt bis zu den Villen- und Landhauskolonien am Stadtrand (z. B. zwischen dem Bereich des Kurfürstendamm und dem Stadtrand von Potsdam). Somit wurden von dem kleineren Teil der Bevölkerung besonders die locker bebauten Bezirke Wilmersdorf, Steglitz und Zehlendorf mit relativ geringer Bevölkerungsdichte (1939 unter 7000 Einwohner/km^2) als Wohngebiete bevorzugt.

Die ausgedehnten Wälder und zahlreichen Gewässer innerhalb der Stadt (u. a. Grunewald, Wannsee, Müggelsee) und im Umland (u. a. Wälder und Seen im Gebiet von Havel, Dahme und Spree, des Barnim und Teltow) bildeten reizvolle und attraktive Landschaften für die Naherholung und brachten Berlin den Ruf ein, zu den schönsten Hauptstädten der Erde zu gehören.

Niedergang der Metropole im Dritten Reich

Die wirtschaftliche und kulturelle Blüte Berlins als Weltstadt war jedoch nur von kurzer Dauer. Auf den Glanz folgte der Niedergang durch die Weltwirtschaftkrise, die Machtübernahme durch die Nazis und den Zweiten Weltkrieg. Während in den 30er Jahren die Wirtschaft der Reichshauptstadt vor allem durch eine forcierte Rüstungsproduktion und Autarkiebestrebungen Deutschlands im Zuge der Kriegsvorbereitung wieder einen Aufschwung nahm, erfuhr die bisher weltoffene kulturelle Funktion Groß-Berlins starke Einschränkungen. Es begann mit der Bücherverbrennung (10. Mai 1933) auf dem Berliner Opernplatz (gegenüber der Universität), setzte sich fort mit der Vertreibung hervorragender Vertreter des Berliner Geisteslebens aus Ämtern und aus dem Lande (u. a. Albert Einstein, Heinrich Mann, Max Reinhardt, Bertolt Brecht, Otto Klemperer) und endete mit Verhaftung und Einkerkerung (Carl von Ossietzky). Der Zweite Weltkrieg besiegelte den Niedergang der Weltstadt Berlin. An seinem Ende war sie die größte Trümmerstadt Deutschlands.

4.3 Funktionsräumliche Verflechtungen zwischen Berlin und Brandenburg

4.3.1 Das Berliner Umland – Einflußgebiet und Verflechtungsraum

Das Berliner Umland in den stadtangrenzenden Kreisen entwickelte sich unter dem wachsenden Einfluß der expandierenden Hauptstadt seit der zweiten Hälfte des 19. Jhs. zu einem Teilgebiet der Provinz Mark Brandenburg mit hoher wirtschafts- und sozialräumlicher Dynamik. Dieser Prozeß war gekennzeichnet durch eine positive Bevölkerungsentwicklung, die Erweiterung des Siedlungsnetzes (Suburbanisierung), die Herausbildung einer raum- und branchenspezifischen Wirtschaftsstruktur sowie vielfältiger und intensiver funktionsräumlicher Verflechtungen mit Berlin. Das Umland formierte sich als Teil der Berliner Ballungsregion sowie stadtbedienender Ergänzungs- und Verflechtungsraum.

Flächenexpansion

Der Einfluß Berlins prägte sich immer stärker flächenhaft aus und vollzog sich in verschiedenen Formen. Dazu gehörte die mehrfache Vergrößerung des Stadtgebietes durch Eingemeindungen von Teilen des Umlandes, die räumlich besonders umfangreich mit der Bildung der Gemeinde Groß-Berlin 1920 ausfielen. Aber auch danach dehnte sich die Berliner Agglomeration im Umland weiter aus durch die Herausbildung eines Randsiedelgebietes im Form von Eigenheimwohngemeinden sowie von Siedlungen für Arbeiter und Angestellte, die in Berlin beschäftigt waren, von Villensiedlungen und parzellierten Flächen.

Entfernungs-zone	Bevölkerung 1925	Wachstum der Bevölkerung			
		1925–1933		1933–1939	
		(absolut)	(%)	(absolut)	(%)
10–15 km	6 249	4 535	72,6	3 554	33,0
15–20 km	44 826	21 387	47,7	30 866	46,0
20–25 km	70 785	34 386	48,6	48 965	46,0
25–30 km	184 846	30 625	16,6	45 636	21,2
30–35 km	74 557	7 651	10,3	14 372	17,5
35–40 km	64 690	5 778	8,9	7 440	10,6
Summe	445 593	104 372	23,4	150 833	27,4

Quelle: ZIMM (Hrsg.) 1990, S. 189

Tab. 23: Bevölkerungswachstum der Umlandkreise von Groß-Berlin nach Entfernungszonen

Zu Beginn der 30er Jahre gehörten Berliner Erwerbern bereits 70 000 Parzellen (1931) in den angrenzenden Landkreisen mit einem jährlichen Zuwachs von annähernd 10 000 Parzellen. Allein auf Grund dieser Entwicklung war Groß-Berlin am Ende der 30er Jahre „unter Berücksichtigung der städtischen Flächennutzung innerhalb des ... Randsiedelgebietes etwa doppelt so groß wie innerhalb der Verwaltungsgrenze von 1920" (WERNER 1990, S. 14). Weiterhin kaufte die Stadt zahlreiche Güter, u. a. zur Flächengewinnung für die Abwasserentsorgung auf Rieselfeldern.

Bevölkerungsdynamik – urbane und suburbane Wachstumsprozesse

Ein Kennzeichen der fortschreitenden Suburbanisierungsprozesse war das Wachstum der Bevölkerung in den Siedlungen der Umlandkreise, besonders in den 20er und 30er Jahren. Die Bevölkerung wuchs dort von 1925 bis 1939 um mehr als vier Zehntel (1895–1919 nur rd. zwei Zehntel) und erreichte damit mehr als das Doppelte des Bevölkerungswachstums der Provinz Brandenburg. Im Jahre 1939 lebte bereits die Hälfte der Bevölkerung in den Umlandkreisen (Stadtkreis Potsdam, Landkreises Ost-Havelland, Niederbarnim, Beeskow-Storkow, Teltow, Zauch-Belzig) in Gemeinden ab 5000 Einwohner, und die Werte der Bevölkerungsdichte lagen hier deutlich höher als in den übrigen Teilen Brandenburgs. Das stadtangrenzende Umland (etwa Gebiet der Entfernungszone bis 40 km vom Mittelpunkt Berlins) bildete sich als Raum eines besonders umfangreichen Bevölkerungszuwachses und hoher Bevölkerungsverdichtung heraus (Tab. 23).

Hervortretende Gebiete der Bevölkerungskonzentration im Umland waren neben Potsdam die Berlin umgebenden Klein- und Mittelstädte, wie Oranienburg, Bernau, Strausberg, Fürstenwalde, Königs Wusterhausen, Zossen, Werder und Nauen; weiterhin die Siedlungen in den sich ausprägenden Siedlungsbändern entlang wichtiger berlinorientierter Verkehrstrassen, insbesondere der Vorortstrecken (z. B. im Norden Berlin – Oranienburg, im Westen Berlin – Falkensee – Nauen, im Süden Berlin – Königs Wusterhausen). Die Bevölkerungszunahme beruhte hauptsächlich auf Wanderungsgewinnen, vor allem durch die Verdrängung der Wohnbevölkerung aus der wachsenden City der Reichshauptstadt, steigende Ansprüche an bessere Wohnbedingungen und die Verbesserung der Verkehrsbedingungen. Vor allem die Elektrifizierung der S-Bahn auf wichtigen Vorortstrecken ermöglichte günstige Weg-Zeit-Relationen zwischen Groß-Berlin und seinem Umland zu günstigen Tarifen.

Im Ergebnis der vorwiegend durch die Expansion Berlins ausgelösten Suburbanisierungsprozesse wuchs die Wohnfunktion des Umlandes für Arbeitskräfte, die in der Hauptstadt beschäftigt waren. Das kam einerseits in umfangreichen und wachsenden täglichen Arbeitspendlerströmen nach Berlin zum Ausdruck (nach Schätzungen wuchs die Anzahl der Arbeitspendler zwischen 1925 und 1939 um rd. 150 000 Personen) und förderte andererseits die Genese ausgesprochener Arbeitspendler-Wohngemeinden an oder in der Nähe der Vorortstrecken im Umland (z. B. Falkensee, Hohen Neuendorf, Birkenwerder, Zepernick, Schöneiche, Schulzendorf, Stahnsdorf, Kleinmachnow). Auch Arbeitspendelungen von Berlin in das Umland nahmen zu, erreichten aber bei weitem nicht das Ausmaß der Ströme in umgekehrter Richtung.

Industrialisierung – zweite Randwanderung der Berliner Industrie

Das Berliner Umland profilierte sich zu einem führenden Industrie- und Gewerbegebiet in Brandenburg. Die Industrie entwickelte sich in Klein- und Mittelstädten auf der Grundlage einheimischer Rohstoffe (bedeutender Kalkvorkommen, Ton, Kies, Sand, Holz, landwirtschaftlicher Rohstoffe) und herangeführter Rohstoffe und Halbfabrikate (u. a. Erze, Kohle, Metalle) sowie durch die Verbesserung der Verkehrslage von Siedlungen und Standorten und damit der Zuliefer- und Absatzbeziehungen, insbesondere mit Berlin. Die Hauptstadt beeinflußte in steigendem Maße die Entwicklung der Kapazität, der Raum- und Branchenstruktur sowie der Leistungsfähigkeit der Industrie des Umlandes, vor allem durch den Aufbau neuer und die Erweiterung bestehender Werke sowie die Verlagerung von Betrieben und Betriebsteilen aus Berlin in das Umland. Diese Randwanderung der Berliner Industrie prägte sich zwischen 1934 und 1944 besonders umfangreich aus, und zwar auf Grund des wirtschaftlichen Aufschwunges nach der Weltwirtschaftskrise, einer schnell ansteigenden Investitionstätigkeit in der Hauptstadt, der günstigen Standortbedingungen im Umland (z. B. großes Arbeitskräftepotential, vergleichsweise zu Berlin niedrige Bodenpreise) und der angestrebten Dezentralisierung der besonders geförderten Rüstungsindustrie aus Sicherheitsgründen. Damit entstanden z. B. im nördlichen Umland (Oranienburg, Velten, Leegebruch) und südlichen Umland (Teltow, Ludwigsfelde) von Groß-Berlin bedeutende Industriestandorte, die seinerzeit nicht nur modernste Bereiche der Luftfahrt und Elektrotechnik repräsentierten, sondern auch ein umfangreiches Arbeitsplatzangebot darstellten (so hatte die Flugzeugindustrie des Kreises Teltow am Anfang der 40er Jahre etwa 35 000 Beschäftigte).

Es bildete sich eine vielseitige Branchenstruktur heraus, die in den verarbeitenden Bereichen deutliche Übereinstimmungen mit Berlin aufwies, aber auch andere Industrien umfaßte (z. B. Stahlindustrie in Hennigsdorf, Baustoffindustrie in Rüdersdorf, Filmindustrie in Babelsberg, Ofenkachelherstellung in Velten). Führende Industriebranchen waren Maschinenbau, Metallurgie, Elektrotechnik, chemische Industrie, Leicht-, Baustoff- und Lebensmittelindustrie. Raumstrukturell bildete sich die Industrie des Umlandes als ein Berlin umgebender Gürtel aus. Er

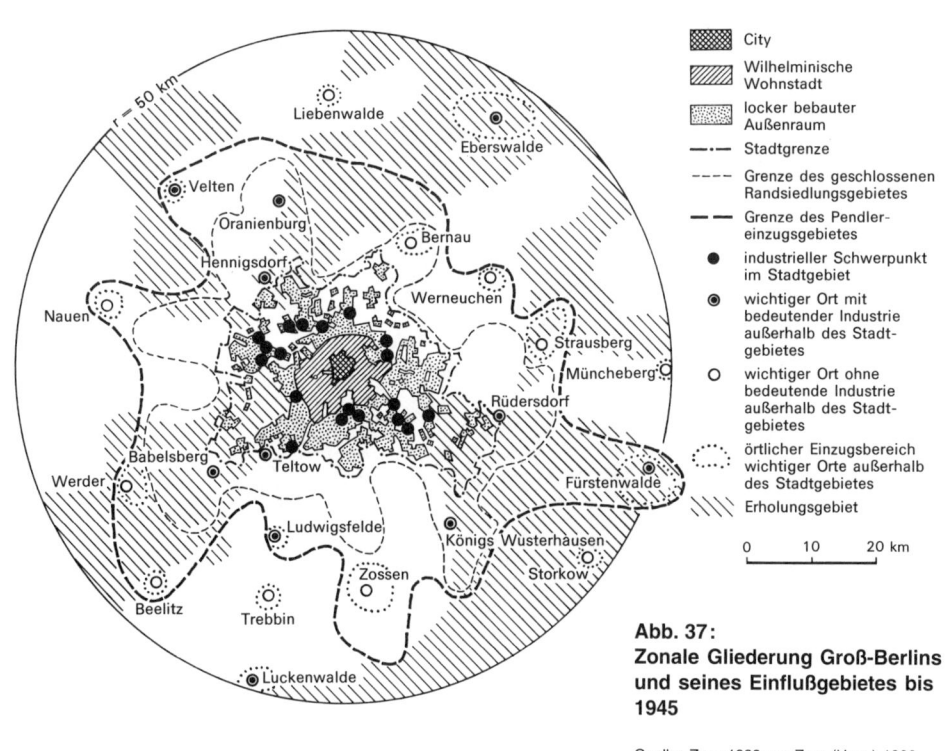

Abb. 37:
Zonale Gliederung Groß-Berlins und seines Einflußgebietes bis 1945

Quelle: ZIMM 1982, aus ZIMM (Hrsg.) 1990, Abb. 22

war einserseits gekennzeichnet durch relativ geschlossene Industriegebiete im Nordwesten (Raum Oranienburg, Velten, Hennigsdorf) und Südwesten (Raum Potsdam, Babelsberg, Teltow) sowie andererseits durch zahlreiche Einzelstandorte unterschiedlicher Größe und Bedeutung (u. a. Ketzin im Westen; Rüdersdorf, Erkner, Fürstenwalde im Osten; Wildau, Königs Wusterhausen, Ludwigsfelde im Süden; Abb. 37).

Versorgungs- und Entsorgungsraum der Metropole

Die Landwirtschaft des Umlandes orientierte sich in steigendem Umfang auf die Belieferung des gewaltigen Verbraucher- und Absatzmarktes von Berlin mit Milch, Eiern, Fleisch, Obst und Gemüse, Kartof-

feln und Getreide. Damit entwickelten sich auch spezifische Formen der stadtnahen Landwirtschaft wie die Ricselfeldwirtschaft (Gemüse- und Feldfutteranbau) am nördlichen und südlichen Stadtrand Berlins (Abb. 38) sowie der Obstanbau westlich der Hauptstadt im Raum Werder – Glindow mit traditioneller Obstweinherstellung als spezielles und beliebtes Erzeugnis.

Attraktiver Erholungsraum

Durch den Wald- und Seen-Reichtum, zahlreiche kultur-historisch wertvolle Stätten (z. B. Schlösser und Gärten) und eine Verbesserung der Erreichbarkeit attraktiver Landschaften und Orte auf dem Land- und Wasserwege (z. B. S-Bahn-Elektrifizierung, zunehmender Kraftfahrzeugverkehr, Ausbau von Dampferfahrtrouten) gewann

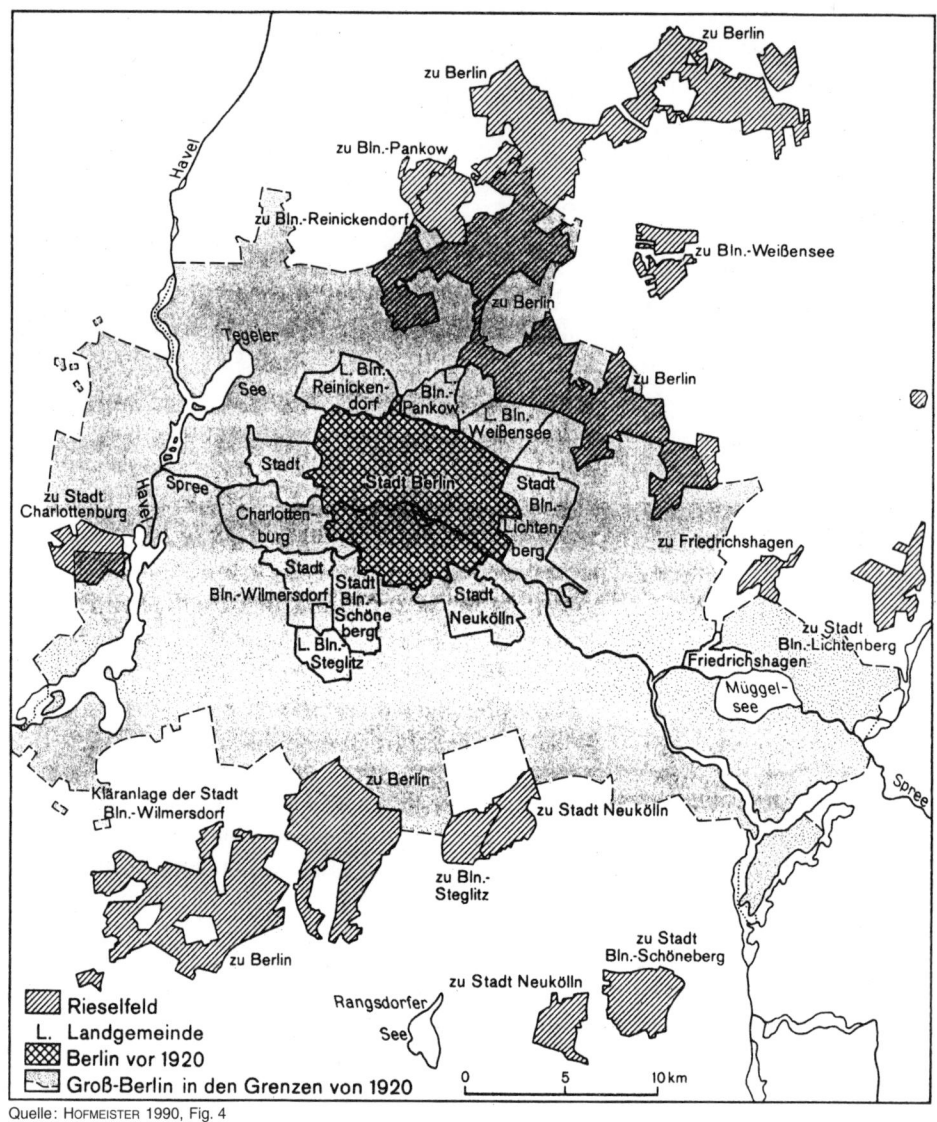

Abb. 38: Rieselfelder der Stadt Berlin und umliegender Gemeinden um 1915

die Erholungsfunktion rasch an Bedeutung. Vor allem an Wochenenden in der warmen Jahreszeit wuchs die Anzahl der Besucher in zahlreichen Ausflugsorten (z. B. Potsdam mit Sanssouci). Ihre Beliebtheit und Anziehungskraft beruhte manchmal nicht allein auf reizvollen Landschaften und historisch-kulturellen Sehenswürdigkeiten, sondern auch auf traditionellen örtlichen Attraktionen wie dem jährlich stattfindenden „Baumblütenfest" in Werder (s.a. Kap. 4.3.2). Eine spezifische Form der Naherholung bildeten Kleingärten, die sich in großem Umfang in verkehrsgünstigen

Nahbereichen der Hauptstadt entwickelten und vorwiegend von Berliner Bürgern genutzt wurden.

Am Ende der 30er Jahre hatte sich das Umland strukturell und funktionell als Teil der bedeutendsten Großstadtregion des Deutschen Reiches herausgebildet. Es war mit dem dominanten Regionskern Groß-Berlin eng verflochten und stellte für die wirtschaftliche und soziale Entwicklung der Reichshauptstadt einen wichtigen, ihren Interessen untergeordneten Ergänzungsraum dar.

4.3.2
Verflechtungen mit dem weiteren Umland – die stadtnahe Landwirtschaft als Fallbeispiel

Die preußischen Agrarreformen des 19. Jhs., die einen Differenzierungsprozeß auf dem Lande einleiteten, der zunehmende Bedarf an Lebensmitteln der schnell wachsenden Stadt Berlin sowie enorme wissenschaftliche und technische Fortschritte in der Produktion prägten die Entwicklung der brandenburgischen Landwirtschaft sowohl im 19. als auch in der ersten Hälfte des 20. Jhs. Zur ersten Intensitätszone im Sinne THÜNENS entwickelten sich vor allem Regionen in verkehrsgünstiger Lage, d. h. auch der Ausbau der Wasserstraßen, der Fernstraßen sowie der Eisenbahnbau trugen wesentlich zur Differenzierung und Spezialisierung der Landwirtschaft bei. Zunehmende Bedeutung für die Obst- und Gemüseeversorgung Berlins erhielten insbesondere das Havelland um Werder, das Oderbruch und der Spreewald.

Das Gebiet Werder-Glindow –
der havelländische Obstgarten Berlins

Auf eine lange Tradition im Obst- und Gemüseanbau kann vor allem der Kernraum des havelländischen Gebietes um Werder, Glindow und Plötzin zurückblicken. Vor etwa 400 Jahren fand der Weinbau, den die Zisterziensermönche des Klosters Lehnin (gegründet 1180) einführten und verbreiteten, in mehreren Orten Erwähnung. In Werder, das vom 14. bis 16. Jahrhundert grundherrlich dem Kloster unterstand, zählte man um 1740 etwa 130 Weinbergbesitzer. Da der Weinbau im Laufe des 19. Jhs. völlig zum Erliegen kam, wurde in der zweiten Jahrhunderthälfte vor allem der Anbau von Stein- und Beerenobst für den Berliner Markt verstärkt. In Werder vergrößerte sich die Anbaufläche von etwa 270 ha im Jahre 1853 bis 1893 auf über 660 ha und blieb bis zum Zweiten Weltkrieg nahezu konstant. Von den knapp 700 Familienbetrieben, die es vor 60 Jahren in Werder gab, verfügten nur 15 über eine Betriebsfläche von mehr als 5 ha, d. h., es dominierten Obstbauern, die Flächen zwischen 0,5 und 5 ha bewirtschafteten. Auf Grund der geringen Betriebsgrößen, der ertragsschwachen Böden und der starken Konkurrenz erfolgte der Anbau dreietagig, was bedeutete, daß neben Obst (Äpfel, Birnen, Kirschen, Pflaumen, Pfirsiche) Johannisbeeren, Stachelbeeren und Himbeeren sowie Blumen, Gemüse und Erdbeeren angebaut wurden. Der Transport der Produkte nach Berlin erfolgte anfänglich auf dem Wasserweg, wurde später auf die Schiene verlagert und seit 1930 per LKW durchgeführt.

Zu einer zusätzlichen Verdienstmöglichkeit für die Obstbauern entwickelte sich das seit 1879 jährlich stattfindende Baumblütenfest, das insbesondere Berliner Familien in die reizvolle Havellandschaft lockte. In den anderen Gemeinden setzte der verstärkte Obstanbau erst später ein. So vergrößerte sich in Glindow die Obstfläche zwischen 1878 und 1913 von 80 auf 550 ha, wobei Kirschen (50%) und Pflaumen (30%) die höchsten Anteile erreichten.

Mitte der zwanziger Jahre entstanden hier weitere Obstplantagen. Mit der Bildung der Obstzüchterkolonie Neu Plötzin wuchs die Obstbaufläche in der Gemarkung Plötzin bis 1913 auf 386 ha und erreichte 1927 477 ha. In vielen Gemeinden erfolgte die Landparzellierung zugunsten der Obst- und Gemüseproduktion erst wenige Jahre vor dem Ersten Weltkrieg (z. B. Bochow, Groß Kreutz, Phöben, Töplitz), in Schenkenberg und Damsdorf zwischen den beiden Kriegen. 1938 ging in Glindow ein genossenschaftliches Brauchwasserwerk zur Bewässerung der Obstplantagen in Betrieb.

Gurken aus dem Spreewald

In dem etwa 100 km südöstlich von Berlin gelegenen, zum Baruther Urstromtal gehörenden einzigartigen Niederungsgebiet des Spreewaldes (etwa 75 km lang und maximal 15 km breit) spielt auf Grund der hydrographischen Verhältnisse sowie der nährstoff- und humusreichen Böden (Nieder- und Anmoorböden sowie Humusgley) neben dem Anbau von Getreide und Kartoffeln, der Rinderhaltung und dem Fischfang der Gemüseanbau traditionell eine große Rolle. Als Zentren des Gemüsebaus gelten seit jeher die Gebiete um Lübbenau und Burg im Oberspreewald. So wird der Anbau von Zwiebeln schon im 15. Jh. erwähnt, und im 16. Jh. führten flämische Kolonisten den Gurkenanbau ein. Zur Bedeutung des Gartenbaus in der Herrschaft Lübbenau, die Mitte des 18. Jhs. neben der Stadt 20 Dörfer umfaßte, heißt es in einem Bericht aus dem Jahre 1799: „Ganz Berlin wird fast ausschließlich mit hiesigen Gartenfrüchten versehen." Der Transport von Gurken, Meerrettich, Zwiebeln und Knoblauch erfolgte bis Mitte des 19. Jhs. mit Schubkarre, Pferdegespann oder per Kahn nach Berlin, aber auch nach Sachsen und Böhmen.

Einen großen Aufschwung nahm der Gemüseanbau im Spreewald durch die bessere verkehrsmäßige Erschließung seit Mitte des 19. Jhs. Durch den zwischen 1843 und 1845 realisierten Bau einer befestigten Straße von Cottbus über Lübbenau nach Lübben und Golßen mit Anbindung an die heutige B 96 sowie durch die Inbetriebnahme der Eisenbahnlinie zwischen Berlin und Görlitz, die über Lübben, Lübbenau, Vetschau und Cottbus geführt wurde (Bauzeit 1865–1867), verkürzten sich die vorher tagelangen Transporte auf wenige Stunden. Im Gebiet um Lübbenau vergrößerte sich die Gemüseanbaufläche bis 1910 auf etwa 1000 ha. Vom Bahnhof der Stadt verließen im Jahre 1909 über 20000 t Salzgurken, fast 5000 t Meerrettich, 1000 t Mohrrüben, 465 t Zwiebeln sowie große Mengen Kürbis, Salatgurken, Sellerie, Salat und Majoran den Spreewald, hauptsächlich in Richtung Berlin. Außerdem entstanden in Lübbenau mehrere kleine Verarbeitungs- und Einlegebetriebe (saure Gurken, Meerrettich, Sauerkraut).

Das Oderbruch –
der Gemüsegarten Berlins

Seit Anfang des 20. Jhs. hat sich auch das nördlich von Frankfurt (Oder) gelegene Oderbruch zu einem Gemüsegarten Berlins entwickelt. Das etwa 60 km lange und maximal 15 km breite Oderbruch, das im Westen von der Barnimplatte und dem Land Lebus, im Norden von der südlichen Uckermark begrenzt wird, stellt eine Besonderheit im Toruń [Thorn]-Eberswalder Urstromtal dar – es handelt sich um ein saalekaltzeitlich angelegtes Gletscherzungenbecken. Die als Stundenböden bezeichneten ackerbaulich wertvollen Böden – meist Lehm/Ton-Halbgley-Bodengesellschaften – weisen auf Grund der starken Abhängigkeit ihrer Grundwasserverhältnisse vom Wasserstand der Oder sowie ihrer Härte bei Trockenheit

– mit einer Niederschlagssumme von weniger als 500 mm pro Jahr gehört das Oderbruch zu den niederschlagsärmsten Gebieten in Nordostdeutschland – einige Nachteile für ihre Bearbeitung auf.

Bis Mitte des 18. Jhs. dominierte im Oderbruch der Fischfang, spielte der Ackerbau nur eine untergeordnete Rolle. Erst mit den unter Friedrich II. von 1747 bis 1753 realisierten wasserwirtschaftlichen Maßnahmen – Begradigung der Oder, Kanal- und Deichbauten – wurden weite Teile des Gebietes trockengelegt (über 30000 ha LN). Etwa 1300 Familien aus vielen Teilen Deutschlands, aus Frankreich, der Schweiz, Schweden, Polen und den Niederlanden siedelten sich in der Folgezeit in den 43 Kolonistendörfern an.

Neben dem bevorzugten Anbau von Weizen und Zuckerrüben verstärkte sich seit Ende des 19. Jhs. vor allem im oberen und mittleren Teil des Oderbruchs die Feldgemüseproduktion, insbesondere von Gurken, Mohrrüben, Salat und Blumenkohl. Begünstigt wurde diese Entwicklung einerseits durch die bessere Verkehrserschließung und -anbindung des Gebietes an Berlin, seit 1877 durch die Bahnlinie Eberswalde – Frankfurt (Oder) sowie durch die heute nicht mehr existierende „Oderbruchbahn" (Dolgelin – Wriezen) über Fürstenwalde, sowie andererseits durch die Anwendung holländischer Gartenbaumethoden, u. a. die Erzeugung von Blumen und Frühgemüse in Gewächshäusern (besonders im Raum Golzow – Manschnow).

Kleinere Obst- und Gemüseplantagen mit spezialisierten Erzeugnissen, die ebenfalls vorrangig der Versorgung Berlins dienten, entstanden u. a. in Oranienburg und Gransee, in Guben und im Fläming. Etwa ein Drittel des in Berlin verbrauchten Gemüses kam Anfang des 20. Jhs. von den Rieselfeldern der Stadt.

Weitere lage- und sektoralbedingte Verflechtungsbeziehungen entwickelten sich u. a. in den Bereichen von Tourismus/Fremdenverkehr und Baustoffgewerbe, auf die teilweise an anderer Stelle eingegangen wird.

4.4
Berlin und Brandenburg am Ende des Zweiten Weltkrieges

In den letzten Kriegsjahren versank die einst pulsierende Reichshauptstadt durch die großen und permanenten anglo-amerikanischen Luftangriffe seit 1943 sowie die Kampfhandlungen im Frühjahr 1945 vor Einnahme der Stadt durch die sowjetische Rote Armee in Schutt und Asche. Der Krieg schlug auf den Ort seiner Planung und Auslösung hart und vernichtend zurück. Groß-Berlin war am Kriegsende vom Gesamtumfang her die am meisten zerstörte deutsche Stadt. Die bauräumlichen Strukturen waren weitgehend zerschlagen bzw. von schweren Schäden betroffen und kaum noch funktionstüchtig. Mehr als 28,5 km^2 der bebauten Stadtfläche waren zerstört, und die gesamte Trümmermenge, die der Krieg hinterlassen hatte, betrug 70–90 Mio. m^3 (Schätzung).

Schwere Einbußen hatte die Wohnfunktion erlitten (Abb. 39). Vom gesamten Wohnungsbestand 1943 wurde rd. ein Drittel vernichtet. Die größten flächenhaften Zerstörungen betrafen die dichtbesiedelten inneren Bezirke mit dem Stadtzentrum. Die Wohnraumverluste erreichten hier die höchsten Werte in den Bezirken Mitte (53,8%), Friedrichshain (50,8%) und Tiergarten (50,6%). Der verbliebene Wohnungsbestand war beschädigt und nicht uneingeschränkt nutzbar (Tab. 24).

Auch die Wirtschafts- und Verkehrsstruktur wurde schwer getroffen und deformiert. Die Industrie war nahezu produktionsunfähig durch Schäden an den noch vorhandenen und die Stillegung zahlrei-

über 50 %
bis 50 %

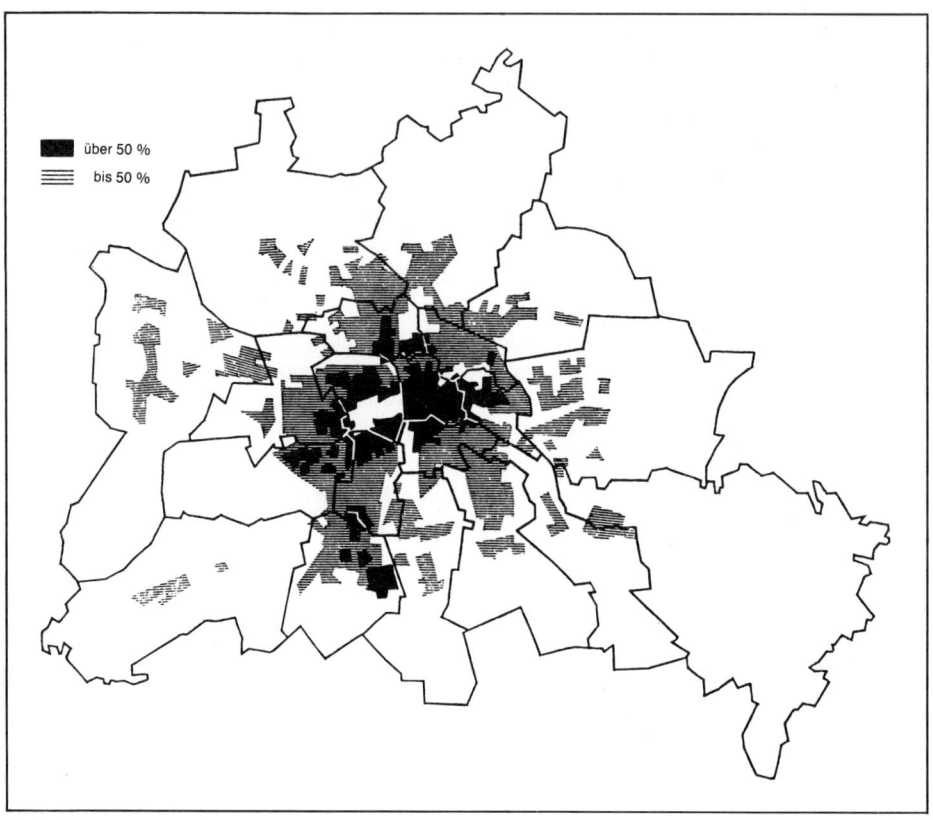

Quelle: KRUMHOLZ u. a., aus ELSNER/NITSCH 1992, Abb. 2

Abb. 39: Zerstörte Wohnungen in Berlin 1945

cher Betriebe. Trotz großer Anstrengungen zur Schadensbeseitigung unmittelbar nach Kriegsende (Mai – Juli 1945) arbeiteten von den 40 000 Betrieben der Vorkriegszeit erst 600 (Berlin. 800 Jahre Geschichte . . . 1980, S. 283). Auch das seinerzeit mustergültige öffentliche Nahverkehrssystem von Groß-Berlin war zerschlagen. Gleisanlagen und Bahnhöfe waren zerstört bzw. schwer beschädigt, und der vorhandene Fuhrpark war nahezu vollständig nicht einsetzbar. Zu den bedrückendsten Problemen gehörte die Zerstörung der Infrastruktur und damit der Versorgungsnetze. „Zum erstenmal seit 1847, als in Berlin die erste deutsche Gasanstalt entstand, war die Stadt gänzlich ohne Gas" (KEIDERLING, 1987, S. 39). Es gab auch kein Trinkwasser, keinen Strom und keine Lebensmittelvorräte. Die in der einstigen Viermillionenstadt Berlin noch verbliebenen 2,5 Mio. Einwohner (Mai 1945), davon in der Mehrzahl Frauen und Kinder, mußten unter äußerst schwierigen Bedingungen leben, zumal auch das Gesundheitswesen und die medizinische Betreuung vollständig zusammengebrochen waren.

Die Zerstörung bzw. schwere Schädigung des Raum- und Beziehungsgefüges innerhalb der Stadt war auch mit der

Die Region am Ende des Zweiten Weltkrieges 161

Stadtbezirk	Anzahl benutzbarer Wohnungen		Abnahme der Zahl der Wohnungen vom 1. 1. 1943 bis 13. 4. 1946		Abnahme der Bevölkerungszahl vom 17. 5. 1939 bis 29. 10. 1946 (%)
	Stand: 1. 1. 1943	Stand: 13. 4. 1946	Anzahl	Anteil (%)	
Mitte	96430	44550	51880	53,8	52,6
Tiergarten	75215	37161	38054	50,6	48,2
Wedding	121826	83729	38097	31,3	27,8
Prenzlauer Berg	113468	89500	23968	21,1	15,8
Friedrichshain	132779	65334	67445	50,8	44,2
Kreuzberg	129487	75502	53985	41,7	38,4
Charlottenburg	102673	82825	39848	38,8	30,5
Spandau	57167	49219	7948	13,9	6,3
Wilmersdorf	72738	40553	32185	44,2	38,8
Zehlendorf	26153	20353	5800	22,2	5,8
Schöneberg	93641	60168	33473	35,7	37,6
Steglitz	72100	39769	32331	44,8	34,7
Tempelhof	45303	35658	9645	21,3	11,5
Neukölln	113640	96328	17312	15,2	9,4
Treptow	42364	36190	6174	14,6	8,6
Köpenick	43547	38996	4651	10,7	5,5
Lichtenberg	69748	49312	20436	29,3	19,9
Weißensee	31558	26606	4952	15,7	9,1
Pankow	53520	48508	5012	9,4	7,0
Reinickendorf	69284	61685	7599	11,0	3,8
Groß-Berlin	1562641	1061846	500795	32,0	26,5

Quelle: Zahlen zeigen Zeitgeschehen ... 1947, S. 185, in ZIMM (Hrsg.) 1990, S. 154

Tab. 24: Verluste an Wohnungen und Rückgang der Bevölkerungszahl von Berlin infolge des Zweiten Weltkrieges

Lahmlegung der Außenfunktionen verbunden. Mit dem Ende Nazideutschlands und der späteren Auflösung des Preußischen Staates (1947) verlor Groß-Berlin als Regierungssitz auch seine hauptstädtischen Funktionen, und das Geflecht der Stadt-Umland-Beziehungen war ebenfalls zerfallen. Ein riesiges Trümmerfeld, eine zerstörte Wirtschaft, ein deformiertes strukturelles und funktionelles Raumgefüge und eine durch Tod, Gefangenschaft und Stadtflucht stark reduzierte, oft verzweifelte Bevölkerung als Hinterlassenschaft des Krieges charakterisierten einen Tiefpunkt in der Stadtentwicklung, den Berlin in seiner vielhundertjährigen Geschichte noch nicht erlebt hatte. Das war der Ausgangspunkt für eine neue Entwicklung der Stadt, die in der Folgezeit in ihren Teilräumen völlig unterschiedlich verlief.

Auch das *märkische Land* außerhalb der Reichshauptstadt hatte unter den Kriegseinwirkungen schwere Verluste an Menschen, Wohnbauten, Wirtschafts- und Verkehrsanlagen sowie Devastierungen im Kulturland zu beklagen.

Im Ergebnis des Zweiten Weltkrieges verlor die Provinz Brandenburg das Land östlich der Oder, die historische Neumark, mit über einem Viertel des Gebietsstandes von 1939. Die Furie des Krieges hinterließ besonders im Raum östlich von Berlin schwerste Schäden. Die Städte Frankfurt (Oder) und Schwedt wurden infolge der Kampfhandlungen zu über 90% zerstört, ihre Einwohnerverluste konnten erst später, im Falle von Schwedt in den 60er Jahren ausgeglichen werden. Besonders schwere Kämpfe fanden im Vorfeld von Berlin im Oderbruch und an den Randhöhen der Barnimplatte (Seelower Höhen) statt. Die Kleinstadt Wriezen im Oderbruch zählte 1939 7746 Einwohner, wurde stark zerstört und konnte dennoch schon 1946 wieder 5500 Personen in ihren Mauern beherbergen. Den Einwohnerstand von 1939 (3037 Ew.) konnte das kleine Landstädtchen Lebus, bis 1385 Bischofssitz und geistliches Zentrum der Region, bis zur Gegenwart nicht wieder erreichen (1992: 1750 Ew.). Schwere Kämpfe entbrannten in der Schlacht von Berlin im Frühjahr 1945 auch um Fürstenwalde (Spree). Bombardements der anglo-amerikanischen Luftflotten trafen gleichzeitig oder schon vorher die Stadtzentren und Industrieanlagen von Potsdam, Brandenburg (Havel), Cottbus, Oranienburg und Wittenberge. Aber der Lebens- und Arbeitswille der Überlebenden und der aus den Ostgebieten zuströmenden Bevölkerung bot letztlich die Chance zum Wiederaufbau Brandenburgs in seinen neuen Grenzen.

5 Berlin und Brandenburg in der Nachkriegszeit. Tiefgreifende Veränderungen politisch-geographischer Lage- und Entwicklungsbedingungen sowie raumstruktureller Wandel (1945 bis 1989/90)

Die in den Kapiteln 1 und 3 dargestellten politischen und wirtschaftlichen Veränderungen sowie die Konsequenzen des Zweiten Weltkrieges führten im historisch gewachsenen Raum Berlin-Brandenburg zu tiefen Einschnitten und Zäsuren, insbesondere in Form von Teilungen, von denen diese Region wie keine andere in Deutschland und Europa über längere Zeit (viereinhalb Jahrzehnte) betroffen war.

5.1 Räumliche Konsequenzen der Teilung von Groß-Berlin

Im Prozeß der politisch-geographischen Veränderungen in Deutschland nach dem Zweiten Weltkrieg bildete sich in Groß-Berlin eine neue, gebietsspezifische Raumsituation heraus. Sie war eine entscheidende Ursache für tiefgreifende Wandlungen im historisch gewachsenen räumlichen Struktur- und Funktionsgefüge der Stadt.

5.1.1 Groß-Berlin als Viersektorenstadt und deren Zweiteilung

Die Groß-Berlin betreffenden Vereinbarungen regelte ein Protokoll der Alliierten vom 12. September 1944 (Londoner Protokoll), das später noch ergänzt und präzisiert wurde. Die Vereinbarungen sahen eine gemeinsame Besetzung des Sondergebietes Berlin vor. Zur Schaffung der erforderlichen politisch-territorialen Voraussetzungen wurde Groß-Berlin in vier Sektoren auf der Basis der bestehenden 20 Verwaltungsbezirke aufgeteilt und den Besatzungsmächten zugeordnet (s. Tab. 25). Auf die Westsektoren entfiel der größere Teil der Fläche (54,7%), der Bevölkerung (61,8%) und die Mehrzahl der Bezirke (12) von Groß-Berlin. Dementsprechend umfaßte der Ostsektor weniger als die Hälfte der Fläche (45,3%), der Bevölkerung (38,2%) und der Bezirke (8). Jeder Kommandant war für die Ordnung in seinem Sektor verantwortlich, und zur gemeinsamen Kontrolle der Verwaltung von Groß-Berlin wurde eine Alliierte Kommandantur geschaffen, die dem Alliierten Kontrollrat für Deutschland unterstellt war. Im Sommer 1945 waren bereits alle Sektoren von den Siegermächten bezogen (Abb. 40).

Die Bedeutung der Sektorenbildung beschränkte sich nicht auf die Schaffung einer territorialen Verwaltungsebene für die Besatzungstruppen der Siegermächte. Mit den Sektoren entstanden zugleich Aktionsräume, in denen die Sowjetunion einerseits und die westlichen Alliierten andererseits sozial-ökonomisch völlig unterschiedliche Gesellschaftssysteme im Zusammenwirken mit entgegengesetzten politischen und ideologischen Strömungen deutscher Repräsentanten installierten. Auf dieser Grundlage entwickelten sich in Groß-Berlin neue und differenzierte Kräfte-, Macht- und Abhängigkeitsverhältnisse sowie neue politische und wirtschaftliche Einflußsphären. Mit der Verwandlung von Groß-Berlin in eine Viersektorenstadt durch die Siegermächte begann eine neue, folgenreiche Periode der Stadtentwicklung. Die vereinbarte Gemeinsamkeit in der Verwaltung von Groß-Berlin durch die Besatzungsmächte sowie durch

Sektor Teilraum Berlins	Anzahl und Zuordnung Berliner Bezirke	Flächen-anteil (%)	Bevölke-rungsanteil (%)
Frankreich Nordwestlicher Teil	2 Wedding, Reinickendorf	12,4	13,5
Großbritannien Westlicher Teil	4 Tiergarten, Charlottenburg, Wilmersdorf, Spandau	18,6	18,2
USA Südwestlicher Teil	6 Kreuzberg, Schöneberg, Neukölln, Tempelhof, Steglitz, Zehlendorf	23,7	30,1
Sowjetunion Östlicher Teil	8 Mitte, Prenzlauer Berg, Friedrichshain, Pankow, Weißensee, Lichtenberg, Treptow, Köpenick	45,3	38,2
Groß-Berlin	20	100,0	100,0

Quelle: Berlin. 800 Jahre Geschichte in Wort und Bild, 1980, S. 303; ZIMM (Hrsg.) 1990, S. 218

Tab. 25: Die vier Sektoren der Alliierten in Groß-Berlin

gewählte deutsche Institutionen (Stadtverordnetenversammlung mit Magistrat) war nicht von Dauer. Politische Spannungen und Widersprüche wuchsen, gegensätzliche Interessen wurden gegenüber der jeweils anderen Seite immer entschiedener vertreten, und Ost-West-Konfrontationen häuften sich. Ein deutlicher Ausdruck dafür war z. B. die Blockade der Land- und Wasserwege zu den Westsektoren von Groß-Berlin (Juni 1948 bis Mai 1949) durch die sowjetische Besatzungsmacht. Im Gegenzug versorgten die westlichen Besatzungsmächte mit hohem Aufwand über den Luftverkehr (Luftbrücke über die Flugplätze Tempelhof, Gatow und Tegel) die Bevölkerung in den Westsektoren monatelang mit Lebensmitteln und Gebrauchsgütern („Rosinenbomber") und brachen damit die Blockade.

Im Prozeß zunehmender Polarisierung der politischen Kräfte und Ziele in der Stadt wurden Maßnahmen getroffen, die zur Teilung von Groß-Berlin führten. Sie erfolgte wirtschafts- und währungspolitisch insbesondere durch die Einbeziehung der Berliner Westsektoren in das Währungsgebiet der westlichen Besatzungszonen Deutschlands im Juni 1948 durch die Einführung der D-Mark (West) als neue Währung. Damit existierten zeitweilig im westlichen Teil von Groß-Berlin zwei Währungen [D-Mark (Ost) und D-Mark (West)]. Die verwaltungspolitische Teilung erfolgte vor allem durch das Zerfallen der einheitlichen Stadtverwaltung und den Aufbau eigener Verwaltungsapparate im Osten und Westen von Groß-Berlin. Das wurde mit der Neubildung von Stadtverwaltungen (Magi-

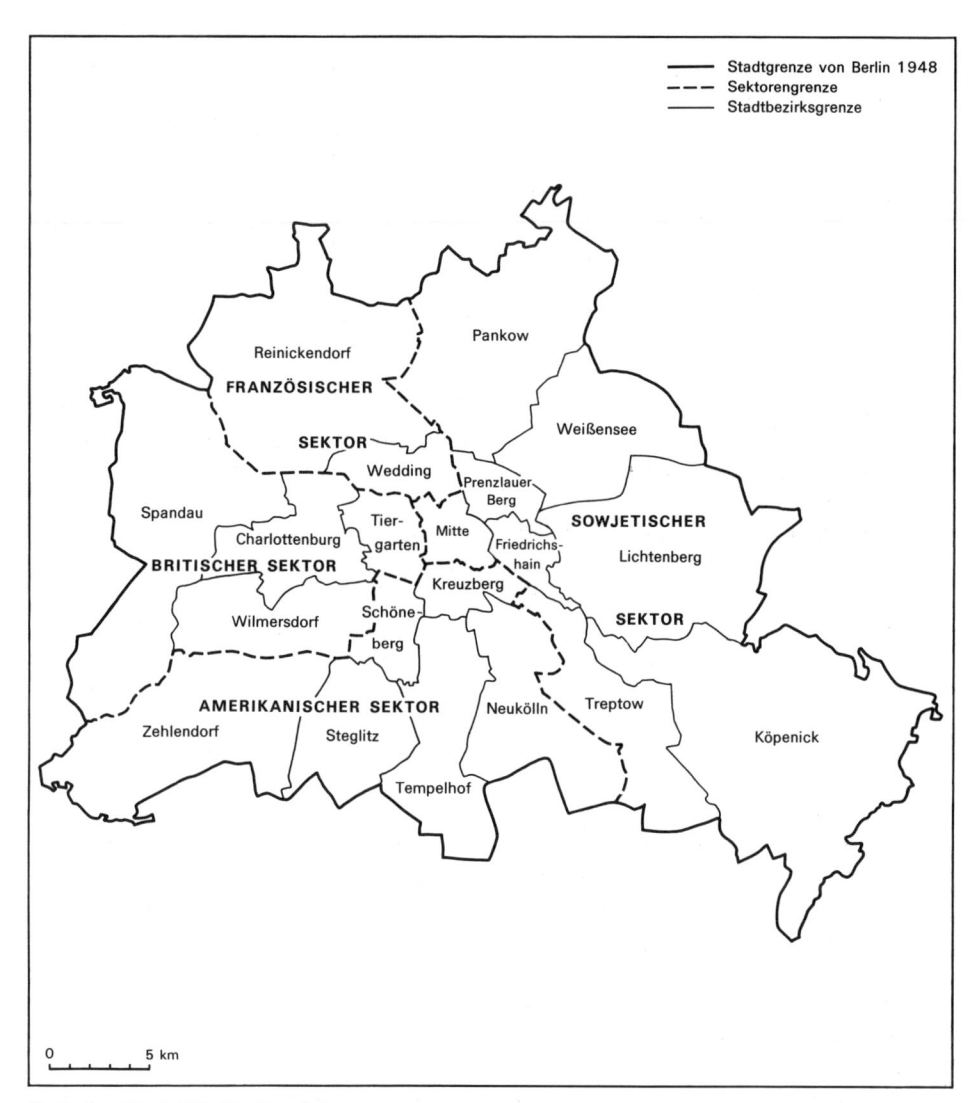

Abb. 40: Politisch-administrative Gliederung der Viersektorenstadt Berlin 1948

strat) im Ostsektor (November 1948) und in den Westsektoren (Dezember 1948) endgültig vollzogen. Die Teilung betraf alle Bereiche von gesamtstädtischer Bedeutung und verursachte zum Teil die Entstehung neuer Standorte. Auf wissenschaftlich-kulturellem Gebiet wurde z. B. mit der Freien Universität eine neue Hochschule im Westteil Groß-Berlins gegründet (Berlin-Dahlem im amerikanischen Sektor) und im Dezember 1948 eröffnet.

5.1.2
Die neue Raumsituation der Teilstädte Berlins

Am Ende der 40er Jahre hatten sich durch die Teilung von Groß-Berlin und die Gründung der beiden deutschen Teilstaaten grundlegend neue politisch-geographische Verhältnisse herausgebildet. Diese hatten weitreichende räumliche Konsequenzen für die Stadtentwicklung. Wesentliche Kennzeichen dieser gebietsspezifischen Situation waren folgende:

– Das einheitliche, historisch gewachsene und miteinander eng verflochtene räumliche Struktur- und Funktionsgefüge der Stadt wurde durch die Teilung getrennt (z. B. Verkehrs-, Versorgungs- und Handelsnetze) und deformiert (z. B. Funktionsverluste). Im Stadtgebiet bildeten sich auf der Grundlage der Sektorengliederung die Teilstädte Westberlin (Westsektoren) und Ostberlin (Ostsektor) heraus. Spezifische Merkmale dieses Prozesses waren die eigenständige, voneinander abgegrenzte Entwicklung der Teilstädte und unterschiedliche räumliche Entwicklungsbedingungen.
– Im Gefolge der Teilung geriet Berlin (West) in eine Insellage gegenüber dem Territorium der sowjetischen Besatzungszone und dem späteren Staatsgebiet der DDR. Die räumliche Isolierung war das wichtigste Lagemerkmal und eine wesentliche Bedingung der westlichen Teilstadt über vier Jahrzehnte. Das schloß sowohl die Unterbrechung der funktionsräumlichen Beziehung zum Ostteil Berlins als auch zum angrenzenden Umland ein. Berlin (West) wurde faktisch zu einer Großstadt ohne Umland. Daraus ergab sich die Notwendigkeit des Auf- und Ausbaues eines leistungsfähigen Gefüges räumlicher Beziehungen über relativ weite Entfernungen zur Bundesrepublik Deutschland. Das neue Umland entwickelte sich im Bundesgebiet in Nahbereichen der Grenzübergänge von der DDR in mehreren hundert Kilometern Entfernung (z. B. wurde 1958 Frischmilch aus Entfernungen bis zu 400 km nach Westberlin angeliefert; Abb. 41).

Nach den Vereinbarungen der Alliierten zur Regelung verschiedener Berlin betreffender Fragen (z. B. Transitverkehr zwischen Westberlin und der BRD, Reise- und Besucherverkehr mit der DDR), darunter das Vierseitige Abkommen von 1971/72, hatte Berlin (West) einen besonderen politischen Status. Die Stadt war offiziell nicht ein Land der Bundesrepublik und durfte von ihr nicht regiert werden, jedoch besondere Beziehungen zum Bundesgebiet unterhalten. Westberlin wurde faktisch in das Wirtschafts-, Sozial-, Währungs- und Rechtssystem der Bundesrepublik Deutschland einbezogen. Die Stadt war damit auch mit dem wirtschaftlichen Großraum der in der Europäischen Gemeinschaft (EG) vereinigten Länder Westeuropas verbunden. Die sich daraus ergebenden vielfältigen Beziehungen waren von großer Bedeutung für die strukturelle und funktionelle Entwicklung und Stabilisierung von Berlin (West) und den Ausgleich ungünstiger Standortbedingungen.

Die räumliche Situation von Berlin (Ost) war nach der Teilung von Groß-Berlin vergleichsweise günstiger, Lage- und Funktionsvorteile blieben teilweise erhalten. Sie wurden eingeschränkt, vor allem bezogen auf den Ostteil Deutschlands und Europas, entwickelt. Das zum Teil unmittelbar angrenzende historische Umland in Brandenburg bzw. den brandenburgischen Bezirken ermöglichte die partielle Revitalisierung bestehender und die Weiterentwicklung nahräumlicher Stadt-Umland-Beziehungen, allerdings mit dem Schwerpunkt des Ostraumes. Mit der Gründung der DDR wurde Ost-

Räumliche Konsequenzen der Teilung von Groß-Berlin

Abb. 41:
Das neue Umland von Berlin-West 1961–1990

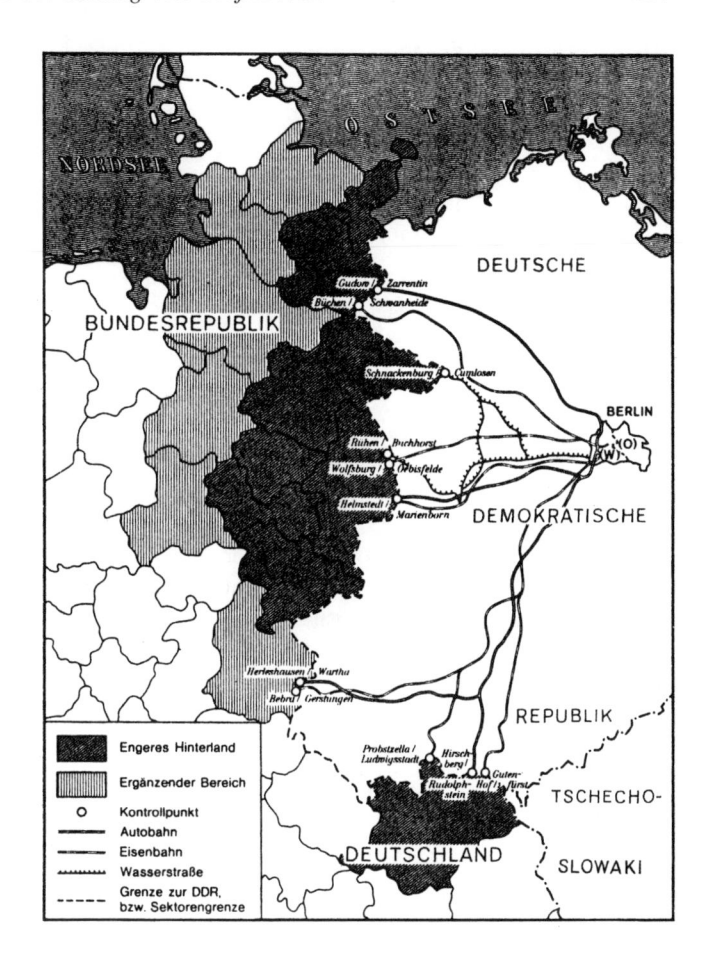

Legende:
- Engeres Hinterland
- Ergänzender Bereich
- O Kontrollpunkt
- Autobahn
- Eisenbahn
- Wasserstraße
- Grenze zur DDR, bzw. Sektorengrenze

Quelle: HOFMEISTER 1990, Fig. 23

berlin die Hauptstadt dieses deutschen Teilstaates, und die Wahrnehmung damit verbundener Funktionen war ein wesentlicher Faktor der Stadtentwicklung. Der Ostteil Berlins wurde von Anfang an in das Wirtschafts-, Sozial-, Währungs- und Rechtssystem der DDR eingebunden und damit zugleich in den wirtschaftlichen Großraum der im „Rat für Gegenseitige Wirtschaftshilfe" (RGW/COMECON) vereinigten sozialistischen Länder, insbesondere der Sowjetunion und der Staaten in Mittel-, Ost- und Südosteuropa. Daraus resultierten wichtige Impulse für die Ausprägung der räumlichen Struktur Ostberlins und seiner Funktionen.

In internationaler und nationaler sowie innerstädtischer Hinsicht bestand eine räumliche Konsequenz der neuen politisch-geographischen Situation nach der Teilung von Groß-Berlin vor allem auch darin, daß quer durch Berlin eine hochsensible Grenze zwischen zwei gegensätzlichen Gesellschaftsordnungen sowie deren wirtschaftlichen und militärischen Machtblöcken im Westen (EG, NATO) und Osten (RGW, Warschauer Pakt) verlief. Das Berliner Stadtgebiet spielte in den Beziehungen und Konflikten zwischen den westlichen und östlichen Machtbereichen damit stets eine besondere Rolle.

Bezirk	Fläche		Bevölkerung		Dichte
	km²	Anteil (%)	Anzahl	Anteil (%)	(Ew/km²)
Tiergarten	13,4	2,8	93 992	4,4	7 014
Wedding	15,4	3,2	160 330	7,5	10 411
Kreuzberg	10.4	2,2	151 541	7,1	14 571
Schöneberg	12,3	2,5	154 380	7,2	12 551
Charlottenburg	30,3	6,3	182 928	8,6	6 037
Wilmersdorf	34,4	7,2	146 971	6,9	4 272
Reinickendorf	89,2	18,5	252 066	11,8	2 826
Spandau	86,4	18,0	212 331	9,9	2 458
Zehlendorf	70,6	14,7	100 828	4,8	1 428
Steglitz	32,0	6,7	187 871	8,8	5 871
Tempelhof	40,8	8,5	185 683	8,7	4 551
Neukölln	44,9	9,4	305 130	14,3	6 796
Stadt	480,1	100,0	2 134 051	100,0	4 445

Quelle: Region Berlin, Statistische Informationen, H. 1, 1990

Tab. 26: Politisch-administrative Gliederung, Fläche und Bevölkerung von Berlin (West) nach Bezirken 1989

5.2 Berlin (West) als Großstadt unter Sonderbedingungen

5.2.1 Lagemerkmale und Entwicklungsbedingungen

Berlin (West) entwickelte sich auf der Grundlage der politisch-geographischen Realitäten nach der Teilung von Groß-Berlin unter besonderen Bedingungen. Aus dem Verlust der Hauptstadtfunktionen und der neuen Raumsituation resultierten spezifische Probleme der Stadtentwicklung, mit deren Lösung zugleich Prozesse der Veränderung und Stabilisierung des räumlichen Struktur- und Funktionsgefüges verbunden waren. Die Probleme hingen mehr oder weniger mit der Insellage der Stadt gegenüber dem Staatsgebiet der DDR zusammen. Mit der Teilung wurde Berlin (West) faktisch aus dem historisch gewachsenen Ballungs- und Verflechtungsraum der Groß-Berliner Region herausgelöst und von den anderen Regionsteilen in Berlin (Ostberlin) und Brandenburg (Umland) abgeschnitten. Die Nutzung früherer Einflußgebiete im Umland und räumlicher Verflechtungen mit den anderen Regionsteilen war nicht mehr möglich bzw. auf ein Minimum reduziert, und die räumliche Isolierung der Stadt verschärfte sich mit der Grenzschließung 1961 (Mauerbau) durch die DDR. Der Wiederaufbau und die Neuformierung des räumlichen Struktur- und Funktionsgefüges von Berlin (West) konnte sich nicht mehr auf Potentiale, Beziehungen und Fühlungsvorteile im stadtnahen Raum stützen. Durch diese Lagesituation blieb der Wirkungsraum der Stadtentwicklung auf das westliche Stadtgebiet beschränkt, das sich unverändert in 12 historisch entstandene Bezirke gliederte (Tab. 26).

Unter diesen Lagefaktoren entstanden und verschärften sich Standortnachteile mit negativen wirtschaftlichen und sozialen Auswirkungen. Der Verlust der hauptstäd-

Jahr	1952	1962	1972	1985
Mio. DM	600,0	1649,6	4026,2	11300,0
Anteil am Stadt-Haushalt (%)	35,7	39,4	44,0	52,7

Quelle: HOFMEISTER 1990, S. 51

Tab. 27: Wertmäßiger Umfang der Bundeshilfe für Berlin (West)

tischen Funktionen betraf z. B. nicht nur die entsprechenden deutschen Behörden, sondern wirkte sich besonders auch in qualitativer Hinsicht auf die Repräsentanz des Auslandes in Berlin (West) ungünstig aus. Die vor dem Kriege noch zahlreich vorhandenen Auslandsvertretungen im Rang von Gesandtschaften wurden z. B. nicht wieder eingerichtet oder abgebaut und verlagert. Am Ende der 80er Jahre gab es in Westberlin keine Gesandtschaft mehr, dafür wuchs die Anzahl der Vertretungen von geringerer Rangigkeit (z. B. Generalkonsulaten auf 17 im Jahre 1988 gegenüber einem im Jahre 1939). In wirtschaftlicher Hinsicht machte sich das Abwandern von Betrieben und Einrichtungen in die Bundesrepublik ungünstig bemerkbar, vor allem aber das Fehlen von Schaltstellen der Wirtschaftsführung sowie von Institutionen der monetären Steuerung der Wirtschaft (Banken, Versicherungen) und Unternehmensleitungen der Konzerne und Stabsstellen der Betriebsführung (WERNER 1990, S. 51). Auch traditionelle und berlintypische Großunternehmen verlegten ihre Zentralen nach Westdeutschland, wie Siemens nach München und AEG nach Frankfurt am Main. Weiterhin waren hohe Aufwendungen zur infrastrukturellen Anpassung an die Insellage notwendig. Die negativen wirtschaftlichen Auswirkungen förderten den Beschäftigungsabbau und waren eine Quelle der relativ hohen Arbeitslosigkeit, die aber später vor allem aus der Rationalisierung der Produktion resultierte. Die Beseitigung bzw. Minderung der Standortnachteile stellte sich als ein Erfordernis heraus, das aber die Möglichkeiten der Stadt überstieg. Deshalb setzten bereits frühzeitig Berlin-Hilfen durch die Bundesrepublik ein, die in verschiedenen Formen die wirtschaftliche und soziale Entwicklung der Stadt sicherten bzw. förderten. Dazu gehörten u. a. die Einbeziehung von Westberlin in den Marshallplan (1949), finanzielle Hilfen verschiedener Art in den 50er Jahren (z. B. Investitionshilfen, Auftragsfinanzierung), spezifische Fördermaßnahmen seit Beginn der 60er Jahre in Form des Berlin-Hilfe-Gesetzes (1962) bzw. nach dessen Umbenennung als Berlin-Förderung-Gesetz (1970). Dieses Gesetz bündelte und regelte die verschiedenen Berlin-Hilfen der Bundesrepublik (z. B. Steuerpräferenzen, Arbeitnehmerzulagen, Kredit- und Finanzierungsprogramme, Transportkostenvergütungen, Gebührenermäßigungen, Investitionszulagen; Tab. 27).

Die Fördermaßnahmen der Bundesrepublik minderten Standortnachteile, machten Westberlin wirtschaftlich attraktiver und förderten wesentlich raumstrukturelle Entwicklungsprozesse der Stadt. Die steigenden Bundeshilfen trugen auch wesentlich zur Begrenzung von Bedeutungsverlusten der Stadt gegenüber den Großstädten der Bundesrepublik und europäischen Metropolen bei.

5.2.2 Wesentliche (strukturbestimmende) Bereiche der Wirtschaft und des Verkehrs im Wandel

Die Entwicklung der Branchenstruktur der Wirtschaft von Berlin (West) war einerseits gekennzeichnet durch Kontinuität und andererseits durch eine beträchtliche Veränderung der historisch entstandenen Struktur. Die traditionellen Bereiche wie Industriesektor (produzierendes Gewerbe) und Dienstleistungssektor blieben auch weiterhin die tragenden Säulen der Wirtschaft. Es vollzog sich aber ein erheblicher Struktur- und Bedeutungswandel. Während vor dem Krieg beide Bereiche annähernd gleiche Beschäftigtenanteile aufwiesen, wandelte sich dieses Verhältnis nach dem Krieg in Westberlin eindeutig zugunsten des Dienstleistungssektors. Auf ihn entfielen Mitte der 80er Jahre fast zwei Drittel

Wirtschaftsbereich	Arbeitsstätten			Beschäftigte				
	1970	1987	Veränderung (%)	absolut		Veränderung (%)	Anteil (%)	
				1970	1987		1970	1987
Land- und Forstwirtschaft, Fischerei	377	545	44,6	2682	3974	48,2	0,3	0,4
Energie- und Wasserversorgung, Bergbau	100	95	−5,0	10850	6975	−35,7	1,1	0,7
Verarbeitendes Gewerbe (Industrie und Handwerk)	12883	7984	−38,0	328256	199269	−39,3	34,5	20,6
Baugewerbe	3748	5500	46,7	75147	68729	−8,5	7,9	7,1
Handel	28743	22703	−21,0	146200	125094	−14,4	15,3	12,9
Verkehr und Nachrichtenübermittlung	5451	5483	0,6	57753	57077	−1,2	6,1	5,9
Kreditinstitute und Versicherungsgewerbe	1794	3058	70,5	21466	26569	23,8	2,3	2,7
Dienstleistungen, soweit von Unternehmen und freien Berufen erbracht	24827	35578	43,3	120955	213913	76,9	12,7	22,1
Organisationen ohne Erwerbszweck	1598	2800	75,2	26319	49026	86,3	2,8	5,1
Gebietskörperschaften und Sozialversicherung	3175	3471	9,3	163030	217152	33,2	17,1	22,4
Insgesamt	82696	87217	5,5	952658	967778	1,6	100	100

Quelle: ELLGER 1990, S. 230

Branche	Entwicklung der Besch.-Zahl 1987 zu 1970		Anteil am Abbau von Arbeits- plätzen
	absolut	Anteil (%)	(%)
Chemische Industrie	−865	−6,0	0,7
Herstellung von Kunststoff- und Gummiwaren	−618	−10,3	0,5
Gewinnung und Verarbeitung von Steinen und Erden usw.	−5084	−58,7	3,9
Metallerzeugung und -bearbeitung	−3062	−27,9	2,4
Stahl-, Maschinen-, Fahrzeug-, Büromaschinenbau usw.	−15946	−25,0	12,4
Elektrotechnik, Feinmechanik, Optik usw.	−53034	−43,6	41,1
Holz-, Papier- und Druckgewerbe	−11678	−40,3	9,1
Leder-, Textil- und Bekleidungsgewerbe	−24733	−67,9	19,2
Ernährungsgewerbe, Tabakverarbeitung	−13967	−37,6	10,8
Verarbeitendes Gewerbe	−128987	−39,3	100

Quelle: ELLGER 1990, S. 232

Tab. 29: Beschäftigungsabbau im Verarbeitenden Gewerbe (Industrie und Handwerk) von Berlin (West) 1970–1987

(64,1%) und auf den Industriesektor (produzierendes Gewerbe) nur noch etwas mehr als ein Viertel (26,8%) der Gesamtbeschäftigten Westberlins (HOFMEISTER 1990, S. 92). Die Stadt verlor „zwischen 1970 und 1987 über 120000 industrielle Arbeitsplätze...., während im Dienstleistungsbereich ungefähr die gleiche Anzahl an Beschäftigungsmöglichkeiten neu entstanden ist" (ELLGER 1990, S. 230; Tab. 28).

Der Abbau von Arbeitskräften im Verarbeitenden Gewerbe (Industrie und Handwerk) erfolgte vor allem in der Elektrotechnik und Teilbereichen des Maschinenbaus, das heißt in den traditionellen Industriebranchen Berlins (Tab. 29).

Die Bedeutungszunahme der Dienstleistungen scheint im Widerspruch zum Verlust der Hauptstadtfunktionen zu stehen, resultiert aber aus strukturellen Veränderungen und der Entwicklung neuer Funktionsbereiche. Mit dem Wegfall der Hauptstadtfunktionen war eine starke Bedeutungsabnahme verschiedener Wirtschaftsbereiche verbunden, bei denen zentrale Behörden und Einrichtungen als Auftraggeber und Bedarfsträger eine große Rolle gespielt hatten. Das betraf z. B. den Verlust der Funktion Berlins als führendes deutsches Finanz- und Bankenzentrum infolge Übernahme dieser Funktion durch Frankfurt am Main; den Bedeutungsrückgang als Zentrum der Mode und Damenoberbekleidung u. a. durch Betriebs-

◀
Tab. 28: Arbeitsstätten und Beschäftigte in Berlin (West) 1970 und 1987 nach Wirtschaftsbereichen

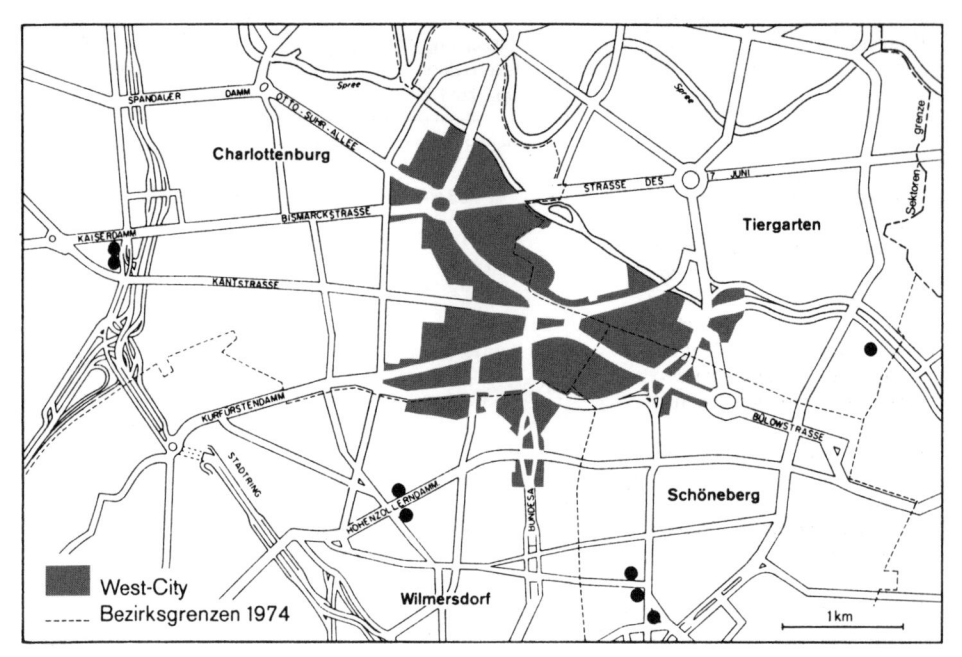

Quelle: HOFMEISTER 1990, Fig. 33

Die Abgrenzung der City wurde auf Grund der drei Kriterien (1) durchgehende Schaufensterfront im Erdgeschoß, (2) oberes gewerbliches Nutzungsniveau über dem dritten Geschoß und (3) mindestens 50% gewerbliche Nutzung je Gebäude im Rahmen einer Kartierungsarbeit des geographischen Proseminars an der TU Berlin im Sommersemester 1989 vorgenommen.

Abb. 42.1: Die City von Berlin-West 1989

verlagerungen nach Westdeutschland; eine beträchtliche Reduzierung der früheren überragenden Bedeutung Berlins als Zeitungs- und Verlagszentrum durch Einbußen im Zeitungswesen und Druckereigewerbe. Die Funktionsverluste im tertiären Sektor wurden vor allem durch die Entwicklung von Funktionsbereichen ausgeglichen, in denen Westberlin national und international einen bedeutenden Rang erreichte. Das waren hauptsächlich die Bereiche Kultur und Wissenschaft, Messe und Kongreßwesen, Entwicklungspolitik und besondere finanzwirtschaftliche Dienstleistungen. Die Herausbildung bzw. Verstärkung dieser überregionalen Funktionsbereiche erfolgte durch den Ausbau vorhandener und die Schaffung neuer Grundlagen. Zum Beispiel fanden die international bedeutenden kulturellen Leistungen mit der Wahl von Berlin (West) zur Kulturstadt Europas für das Jahr 1988 hohe Anerkennung. Eine Grundlage dafür war die Erhaltung einer vielseitigen Theaterlandschaft, weltbekannter Museen und die Entwicklung zu einer der führenden Musik- und Festspielstädte Europas (z. B. internationale Filmfestspiele „Berlinale"). Die Stadt wurde weiterhin zu einem wissenschaftlichen Zentrum für Lehre und Forschung ausgebaut. Die größten Bildungseinrichtungen waren die erst nach der Teilung von Groß-Berlin in Dahlem gegründete Freie Universität (rd. 60000 Studenten) sowie die aus der Charlottenburger Technischen Hochschule hervorgegangene Technische Uni-

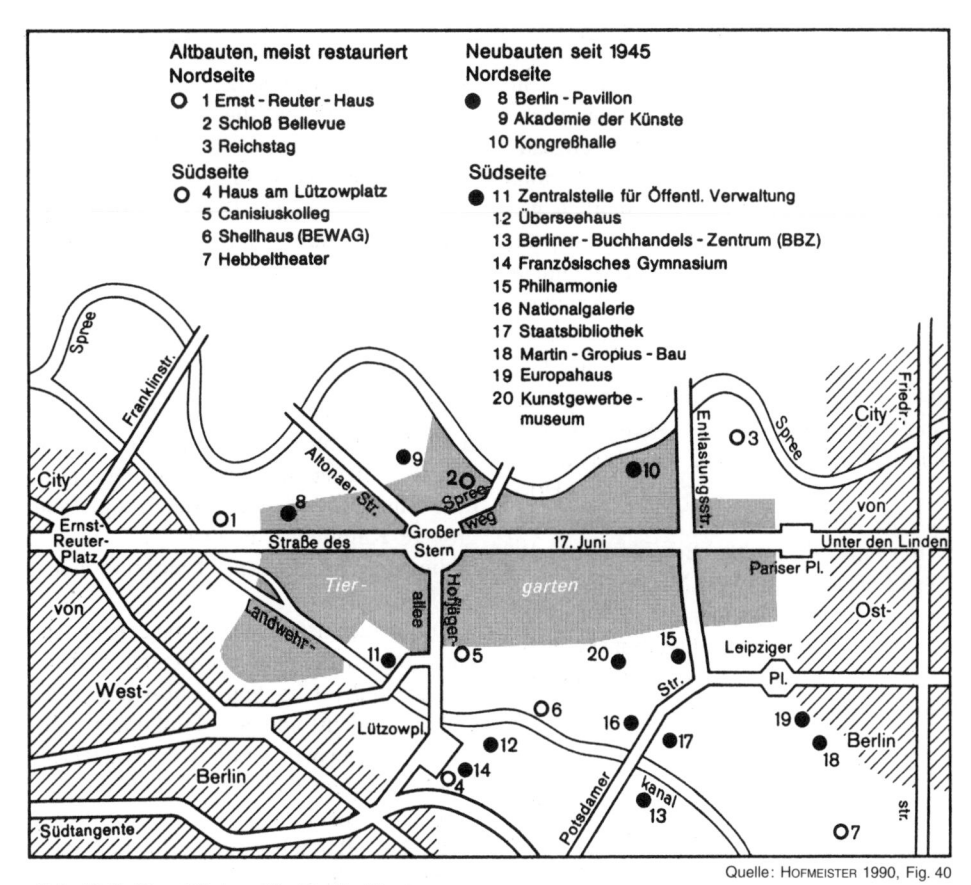

Berlin (West) als Großstadt unter Sonderbedingungen 173

Abb. 42.2: Das Cityband in Berlin-West

versität (rd. 30 000 Studenten). In der Stadt lokalisierten sich ferner zahlreiche Forschungsstätten von hohem Rang. Zu den international bedeutenden naturwissenschaftlichen Forschungseinrichtungen gehörten u. a. das Fritz-Haber-Institut (Physikalische Chemie, Elektrochemie), das Hahn-Meitner-Institut (Kernforschung), das Heinrich-Hertz-Institut (Nachrichtentechnik) und die Max-Planck-Institute (u. a. für molekulare Genetik). Bedeutende Repräsentanten der gesellschaftswissenschaftlichen Forschung waren z. B. das Deutsche Institut für Wirtschaftswissenschaften und das Deutsche Archäologische Institut. Einen großen Aufschwung nahm der Funktionsbereich Messe- und Kongreßwesen. Die Stadt wurde zielstrebig zu einem international bedeutenden Messe- und Kongreßzentrum entwickelt. Zu den ständig wiederkehrenden Messen und Ausstellungen gehörten die Land- und Ernährungswirtschaftsmesse „Grüne Woche" und die Internationale Tourismus Börse (ITB) als „größtes Tourismus-Büro der Welt" sowie die traditionsreiche Funkausstellung.

Berlin (West) –
hochrangiges Dienstleistungszentrum
Der Ausbau des Dienstleistungssektors zum bedeutendsten Wirtschaftsbereich in Berlin (West) wurde auch durch die Er-

weiterung des Verwaltungsapparates der Stadt und eine steigende Ansiedlung von Bundesbehörden aus verschiedenen Sachbereichen (z. B. Bundesversicherungsanstalt für Angestellte, Umweltbundesamt, Bundesverwaltungsgericht) wesentlich gefördert. Der Senat von Berlin (West), die 12 Bezirksverwaltungen u. a. Verwaltungseinrichtungen waren die größten Arbeitgeber. In der Verwaltung der Stadt waren 1985 z. B. 176 881 Arbeitskräfte tätig und damit mehr als vor dem Kriege bei der Reichsregierung, der preußischen Regierung und der Verwaltung von Groß-Berlin mit seinen 20 Bezirken zusammen (HOFMEISTER 1990, S. 94). Die Bundesbehörden waren mit rd. 50 000 Beschäftigten der zweitgrößte Arbeitgeber. Mit der Entwicklung des tertiären Sektors und dem Ausbau seiner überregionalen Funktionsbereiche veränderte sich die historische Wirtschaftsstruktur. Durch Wachstum und Dominanz dieses Sektors profilierte sich Berlin (West) wirtschaftlich immer stärker zu einem hochrangigen Dienstleistungszentrum. Der Dienstleistungssektor lokalisierte sich als polyzentrisches Raumgefüge mit Zentren verschiedener Rangigkeit und standortlicher Schwerpunktbildung in Citybereichen der inneren Bezirke. Die Rangstufen repräsentierten folgende Standortbereiche:

– Die neue City um den Breitscheidplatz und seinen Randbereich, u. a. mit Kurfürstendamm, Gedächtniskirche, Tauentzien-, Hardenberg- und Kantstraße als traditionelles Gebiet höchstrangiger Einkaufs-, Versorgungs-, Unterhaltungs- und Kulturstätten (z. B. Zoologischer Garten) sowie von Finanz- und Justizeinrichtungen (z. B. Börse, Bundesverwaltungsgericht). Dieser Raum stand an der Spitze der Rangstufen in der Dienstleistungswirtschaft und war von besonderer Attraktivität für Einwohner und Gäste Westberlins (Abb. 42, S. 172–173).

– Das Cityband oder der „Zentrale Bereich" nordöstlich der neuen City erstreckte sich über die Achse der Straße des 17. Juni vom Ernst-Reuter-Platz nach Osten bis zur Grenze mit Ostberlin am Brandenburger Tor. Es bildete faktisch eine durch die Mauer am Brandenburger Tor unterbrochene räumliche Verbindung zwischen City von Berlin (West) und dem Stadtzentrum von Berlin (Ost).

In diesem Gebiet waren Einrichtungen mit zentralen politischen Funktionen (z. B. Schloß Bellevue als Westberliner Amtssitz des Bundespräsidenten, Reichstag) und größere Kultureinrichtungen (z. B. Staatsbibliothek, Philharmonie, Kunsteinrichtungen) lokalisiert.

Die beiden Bereiche entstanden in Anknüpfung an ehemalige Strukturen in Teilbereichen der City von Groß-Berlin. Die Gebiete höchstrangiger Funktionen der Dienstleistungswirtschaft von Westberlin hatten in ihrem östlichen Teil damit eine periphere Lage.

Weitere Bereiche mit geringerer Rangigkeit der Dienstleistungsfunktionen waren:

– Zentren für Handel und Versorgung (Sekundärzentren) als bedeutende Einkaufsbereiche mit räumlich weitreichenden Versorgungsfunktionen. Hier fehlten lediglich die höchstrangigen Cityfunktionen (z. B. weniger entwickelter Unterhaltungs- und Vergnügungssektor, geringere Ausstattung im Gaststättengewerbe). In der räumlichen Anordnung der Zentralen waren ebenfalls historisch-geographische Leitlinien durch die Lokalisierung entlang der ehemaligen radialen Ausfallstraßen von Alt-Berlin in das Umland erkennbar. Bekannte Einkaufsmeilen befanden sich u. a. im Südosten von Westberlin in der Karl-Marx-Straße (Bezirk Neukölln), im Süden in der Schloß-

straße/Rheinstraße (Bezirk Steglitz), im Westen in der Wilmersdorfer Straße (Bezirk Charlottenburg) und im Norden in der Müllerstraße (Bezirk Wedding).
- Bedeutende Verwaltungs- und Bürostandorte waren über das gesamte Stadtgebiet verstreut. Hervorragende Zentren waren das Rathaus im Bezirk Schöneberg (Sitz des Westberliner Abgeordnetenhauses, des Senats, der Schöneberger Bezirksverwaltung u. a. m.) und der Fehrbelliner Platz im Bezirk Wilmersdorf (bedeutende Konzentration von Arbeitsstätten und Beschäftigten der öffentlichen Verwaltung und der Sozialversicherung, insbesondere der Bundesversicherung für Angestellte).

Zu den bedeutenden Dienstleistungsstandorten gehörten ferner das Messe-, Ausstellungs- und Kongreßgelände (ICC) am Funkturm (Bezirk Charlottenburg) sowie die Gebiete der Freien Universität und der Technischen Universität.

Die Industrie – weiterhin eine tragende Säule der Stadt

Trotz des umfangreichen Beschäftigungsabbaues im Verarbeitenden Gewerbe erlitt die Produktion vor allem infolge von produktivitäts- und effizienzfördernden Rationalisierungsmaßnahmen kaum Einbußen. Daher veränderte sich der wertmäßige Anteil dieses Bereiches an der gesamten Bruttowertschöpfung in den 70er und 80er Jahren nur unwesentlich. Der Produktionssektor blieb eine bedeutende Säule der Wirtschaft und Westberlin eine hervorragende Industriestadt im Vergleich mit westdeutschen Großstädten (Tab. 30).

Auf die Entwicklung der Industrie wirkten nach der Teilung von Groß-Berlin verschiedene Einflußfaktoren. Ungünstige Folgen der Standortnachteile durch die Insellage bestanden z. B. in der Verlagerungen umfangreicher Teile von Großbetrieben nach Westdeutschland (z. B. Siemens-Werke, AEG), wobei auch räumliche Umorientierungen auf die neu entstehenden Zentren der Finanzwirtschaft (u. a. auf Frankfurt am Main) und Politik (u. a. auf Bonn) in der Bundesrepublik eine Rolle spielten. Hinzu kamen die Verkleinerung des regionalen Absatzmarktes durch die Trennung von Ostberlin und Brandenburg (dieser Markt schrumpfte auf ca. zwei Fünftel seines ursprünglichen Umfanges) sowie veränderte Transportwege, höhere Transportkosten und Unwägbarkeiten des Verkehrs über das Territorium der DDR (z. B. Kontrollen und Tariferhöhungen).

Der Einfluß entwicklungshemmender Faktoren auf die Industrie wurde jedoch gemindert durch die Auswirkungen einer Reihe entwicklungsfördernder Faktoren. Überwiegend positiv wirkten sich gebietsspezifische Faktoren aus, z. B. die Möglichkeiten der Anknüpfung an traditionelle Industriebereiche Groß-Berlins und deren Weiterführung (Elektrotechnik, Maschinenbau); das Vorhandensein bedeutender staatlicher und privater Auftraggeber (Dienststellen, Banken, Interessenverbände); die Konzentration eines umfangreichen und qualifizierten Arbeitskräftepotentials (Hoch- und Fachhochschulen, Forschungsinstitute) und die Existenz eines relativ großen Absatzmarktes in der Zweimillionenstadt für viele industrielle Erzeugnisse (Güter für den industriellen, gewerblichen und täglichen Bedarf).

Entwicklungsfördernd waren auch viele Maßnahmen im Kontext der Berlin-Hilfen. Dazu gehörten z. B. Steuerpräferenzen für industrielle Standorte und die Neugründung von Standorten (z. B. konnte Rauchtabak billiger hergestellt werden als in der Bundesrepublik, was eine wesentliche Ursache für den Aufschwung der Ta-

Wirtschaftsbereich	1970		1987	
	absolut (Mio. DM)	Anteil (%)	absolut (Mio. DM)	Anteil (%)
Land- und Forstwirtschaft	102	0,2	106	0,2
Energiewirtschaft	744	1,7	1055	1,8
Verarbeitendes Gewerbe (Industrie und Handwerk)	15314	35,8	20323	35,1
Baugewerbe	3880	9,1	3035	5,2
Handel	4877	11,4	4651	8,0
Verkehr und Nachrichtenübermittlung	1904	4,4	2511	4,3
Kreditinstitute und Versicherungen	1217	2,8	2281	3,9
Sonstige Dienstleistungen	6930	16,2	12002	20,7
Private Haushalte, Organisationen	918	2,1	1856	3,2
Staat	6913	16,2	10117	17,5
Insgesamt	42799	100	57937	100

Quelle: Statistisches Landesamt Berlin (West), 1970 und 1987; aus ELLGER 1990, S. 231

Tab. 30: Bruttowertschöpfung in Berlin (West) nach Wirtschaftsbereichen 1970 und 1987 (in Preisen von 1980)

bakindustrie war) sowie Investitionsförderungen und andere wirtschaftspolitische Maßnahmen. Das stimulierte z. B. die Entwicklung der Computertechnik und eines Technologie- und Innovationsparkes (TIP im Bezirk Wedding).

Das Hauptmerkmal der Entwicklung bestand in der Ausrichtung auf eine vielseitige und hochveredelnde Verarbeitende Industrie. Die Schwerindustrie (z. B. Montanindustrie, Grundstoffchemie) und der Automobilbau fehlten fast völlig.

Die traditionelle Branchenstruktur der Berliner Industrie veränderte sich kaum. Bestimmend blieben die Elektroindustrie, der Maschinen- und Fahrzeugbau, die Nahrungs- und Genußmittelindustrie, die chemische Industrie und das Druckereigewerbe. In diesen fünf Branchen waren in der zweiten Hälfte der 80er Jahre rd. vier Fünftel (1987: 80,1%) der Industriebeschäftigten tätig. Durch Folgewirkungen der entstandenen Standortnachteile von Berlin (West) vollzog sich jedoch ein Bedeutungswandel innerhalb der Branchenstruktur. Einige Branchen verloren an Bedeutung, wie Elektroindustrie, Maschinenbau, Bekleidungsindustrie und Druckereigewerbe, andere nahmen einen erheblichen Aufschwung, besonders die Nahrungs- und Genußmittelindustrie. Dieser drittgrößte Industriebereich Westberlins hatte einen hervorragenden Anteil an der entsprechenden Produktion der Bundesrepublik. Beispielsweise wurden 40 Prozent des Röstkaffees, 80% des Kakaos und 50% der Zigaretten der BRD-Produktion in Westberlin hergestellt (ELLGER 1990, S. 231; Tab. 31).

Industriebranche	Beschäftigtenanteil (%)			Umsatzanteil (%)			Exportanteil (%)		
	1950	1970	1987	1950	1970	1987	1950	1970	1987
Elektroindustrie	46,4	40,3	38,1	32,4	24,6	13,0	58,3	38,0	14,7
Maschinenbau	14,7	12,7	10,5	7,2	7,6	5,3	14,2	19,9	15,8
Ernährungsindustrie	8,7	7,7	10,5	18,4	12,0	19,8	0,2	1,0	–
Tabakverarbeitung	0,6	1,8	3,0	1,5	19,0	27,2	0,0	0,0	10,2
Chemische Industrie	1,7	4,8	8,3	1,9	5,7	7,8	3,0	17,6	24,8
Bekleidungsindustrie	6,4	7,7	2,2	13,1	5,4	1,9	1,6	2,7	2,6
Druckereigewerbe	5,7	4,4	3,5	3,8	2,3	1,8	0,1	0,2	–
Gesamt	84,2	79,4	76,1	78,3	76,6	76,8	77,4	79,4	68,1

Quelle: HOFMEISTER 1990, S. 100/101

Tab. 31: Entwicklung der Industrie von Berlin (West) 1950–1987 nach wichtigen Branchen und ausgewählten Kennwerten

Räumliche Leitlinien der Industrie

Die raumstrukturelle Entwicklung der Westberliner Wirtschaft vollzog sich generell im Rahmen des historisch entstandenen Standortgefüges und dessen räumlichen Leitlinien (z. B. Verkehrsstrassen). Das war vor allem für die Standortverteilung der Industrie typisch, insbesondere auf Grund des begrenzten Flächenpotentials im Stadtgebiet. Für Standortneugründungen bzw. -verlagerungen konnten meist nur Industrie- und Gewerbeflächen verwendet werden, die von vorherigen industriellen Nutzern aufgegeben wurden. Dieses Nutzungsprinzip war besonders wichtig für die dichtbebaute Innenstadt. Ein typisches Beispiel bildete das aufgegebene ehemalige AEG-Gelände im Bezirk Wedding (Brunnenstraße), auf dem sich die Computerindustrie (z. B. Nixdorf-Werke) und der Technologie- und Innovationspark (TIP) ansiedelten. Es kam aber auch teilweise zur Erweiterung von Industrie- und Gewerbeflächen, vornehmlich in den äußeren Stadtgebieten (besonders in Spandau und Marienfelde) sowie zu Flächenumwidmungen für andere Nutzungen (Dienstleistungen, oftmals Handel). Die räumliche Struktur von Industrie und Gewerbe in Berlin (West) kennzeichneten gebietsspezifische Merkmale, in denen historisch-geographische Grundzüge der industriellen Entwicklung Berlins noch deutlich erkennbar waren. Nach Gebieten innerhalb und außerhalb des S-Bahnringes lassen sich ein innerer und ein äußerer Standortraum der Industrie unterscheiden. Im inneren Standortraum (z. B. Teile des Wilhelminischen Wohnringes) war der größere Teil der Industrie hinsichtlich der Anzahl der Betriebe lokalisiert. Auf ihn entfielen am Ende der 50er Jahre die Mehrzahl der Betriebe und fast die Hälfte der Industriebeschäftigten (Tab. 32a). Typisch war die Streulage vieler Klein- und Mittelbetriebe

Gebiet	Industrieanteile (%)	
	Beschäftigte	Betriebe
innerhalb der Ringbahn	49,3	64,0
außerhalb der Ringbahn	50,7	36,0
Stadt gesamt	100,0	100,0

Quelle: HOFMEISTER 1990, S. 235

a) Industrieverteilung mit räumlichem Bezug auf die Ringbahn (1958)

Bezirke	Betriebe (v. H.)				Beschäftigte (v. H.)			
	1960	1970	1980	1990	1960	1970	1980	1990
Tiergarten	6,3	5,3	4,0	3,8	7,9	6,9	7,3	5,4
Wedding	7,1	6,8	4,5	3,7	11,7	10,6	8,8	6,7
Kreuzberg	22,3	21,3	15,5	10,5	11,8	11,0	8,7	6,7
Schöneberg	6,4	6,5	5,8	4,8	5,3	3,4	2,8	2,4
Wilmersdorf	8,6	5,0	3,9	3,9	5,5	4,4	4,8	4,4
Charlottenburg	13,3	12,2	9,2	7,1	7,3	6,6	5,8	4,0
Innere Bezirke	64,0	57,1	42,9	33,8	49,5	42,9	38,2	29,6
Tempelhof	7,2	9,6	13,7	17,5	10,5	13,0	15,9	17,4
Neukölln	9,7	12,2	14,4	16,0	7,0	8,9	9,4	10,9
Reinickendorf	7,9	10,0	12,4	15,4	9,1	10,3	10,2	13,4
Spandau	4,4	5,8	9,4	9,4	19,6	19,7	21,1	22,6
Steglitz	5,2	4,6	6,0	6,2	3,7	4,7	4,5	5,2
Zehlendorf	1,6	0,7	1,2	1,7	0,6	0,5	0,7	0,9
Äußere Bezirke	36,0	42,9	57,1	66,2	50,5	57,1	61,8	70,4
Insgesamt (%)	100,0	100,0	100,0	100,0	100,0	100,0	100,0	100,0
Absolut	2979	2022	1190	1121	304900	264900	182300	171700

[1] bis 1970 Jahresdurchschnitte nach der monatlichen Industrieberichterstattung, danach Jahresdurchschnitte nach der monatlichen Berichterstattung im verarbeitenden Gewerbe

Quelle: IHK Berlin, 1995, S. 63, Tab. 5

b) Verteilung nach Stadtbezirken 1960–1990[1]

Tab. 32: Regionale Verteilung von Betrieben und Beschäftigten im Verarbeitenden Gewerbe von Berlin (West)

sowie eine enge räumliche Verflechtung von Wohn- und Gewerbefunktionen. Eine größere räumliche Verdichtung industrieller Arbeitsstätten erfolgte nur an vier Standortbereichen in den Bezirken Wedding (Brunnenstraße), Tiergarten (Hüttenstraße), Charlottenburg (Franklinstraße) und Schöneberg (Bereich der Bahnanlagen). Auf den äußeren Standortraum entfielen am Ende der 50er Jahre nur etwas mehr als ein Drittel der Betriebe, aber mehr als die Hälfte der Beschäftigten. Hier war die Industrie räumlich kompakter in Gebieten lokalisiert, die bereits im Ergebnis der Randwanderungen der Berliner Industrie vor 1945 industriell geprägt wurden. Das größte und bedeutendste war das traditionelle Industriegebiet Spandau-Siemensstadt im Westen (Bezirk Spandau) mit vielseitiger Branchenstruktur bei Dominanz der Elektrotechnik. Daneben bildeten sich kleinere Industrie- und Gewerbegebiete im Norden (Bezirk Reinickendorf) und Süden (Bezirke Neukölln und Tempelhof) heraus (Tab. 32). In den zurückliegenden 30 Jahren (1960–1990) ist dann unter den Bedingungen der Insellage von Berlin (West) ein bedeutender räumlicher Strukturwandel im Verarbeitenden Gewerbe zugunsten der äußeren Bezirke erfolgt (s. Tab. 32b).

Gravierende sektorale und räumliche Veränderungen im Verkehr

Auch in der Verkehrsstruktur vollzogen sich umfangreiche Veränderungen. Das äußerte sich beim städtischen Nahverkehr vor allem in einem Bedeutungswandel der Verkehrsträger. Ein Teil der traditionellen Verkehrsmittel verlor seine ursprüngliche Funktion durch verkehrspolitische Schwerpunktsetzungen und die Modernisierung des Verkehrsnetzes, und ein anderer Teil nahm einen großen Aufschwung. Die Straßenbahn spielte im öffentlichen Personennahverkehr (ÖPNV) eine immer geringere Rolle und wurde bereits gegen Ende der 60er Jahre bedeutungslos. Sie war zu Beginn der 50er Jahre noch das wichtigste Verkehrsmittel, am Anfang der 60er Jahre noch bedeutend und mit fortschreitender Stillegung der Straßenbahnlinien am Ende der 60er Jahre nicht mehr vorhanden. Die S-Bahn spielte im Stadtgebiet von Westberlin als Verkehrsträger im ÖPNV über mehrere Jahrzehnte ebenfalls keine Rolle. Erst zu Beginn der 80er Jahre wurde der S-Bahn-Betrieb in beschränktem Maße wieder aufgenommen (nach Übernahme des Streckennetzes von der Deutschen Reichsbahn durch die BVG). Das erfolgte vor allem auf längeren Strecken von der Stadtmitte zu den äußeren Bezirken, z. B. vom S-Bahnhof Friedrichstraße über Charlottenburg bis Wannsee im Südwesten. Die S-Bahn hatte jedoch als Verkehrsmittel nur noch einen geringen Stellenwert (so betrug der Anteil des S-Bahnnetzes am gesamten Streckennetz des Westberliner Nahverkehrs 1987 lediglich 5%). Die Verkehrspolitik im städtischen Nahverkehr orientierte sich vorrangig auf den Ausbau und die Verdichtung des U-Bahnnetzes in Kombination mit einem leistungsfähigen Netz von Omnibus-Linien. Beide entwickelten sich in Konkurrenz zur S- und Straßenbahn (stillgelegte Linien wurden von Omnibussen übernommen) zu den wichtigsten Verkehrsträgern des ÖPNV in Westberlin. Mit dem Ausbau und der Erweiterung der U-Bahn- und Omnibus-Linien von Beginn der 50er bis Ende der 80er Jahre verdoppelte sich etwa die Streckenlänge des U-Bahnnetzes, und das Omnibus-Netz vergrößerte sich um mehr als das Dreifache. Damit entfielen auf diese beiden Verkehrsträger fast das gesamte Netz des ÖPNV und über neun Zehntel der Personenbeförderung (Tab. 33).

In der Linienführung war das Omnibus-Netz auf eine Verknüpfung mit dem U-Bahn-Netz und dessen räumliche Ergän-

Jahr	Beförderte Personen (Mio.)	Straßenbahn		O-Bus		Omnibus		U-Bahn		S-Bahn	
		Streckenlänge (km)	Anteil (%)	Streckenlänge (km)	Anteil (%)	Streckenlänge (km)	Anteil (%)	Streckenlänge (km)	Anteil (%)	Streckenlänge (km)	Anteil (%)
1952	470,6	274,9	54,87	13,2	2,14	221,0	17,55	51,6	25,44	–	–
1960	692,0	204,2	32,70	13,2	2,07	433,0	44,81	58,3	20,42	–	–
1965	706,9	74,0	9,02	–	–	590,0	65,04	75,3	25,94	–	–
1967	665,2	15,6	1,20	–	–	647,1	65,60	79,4	33,20	–	–
1970	693,1	–	–	–	–	658,8	65,92	81,3	34,08	–	–
1982	739,9	–	–	–	–	696,7	52,35	100,8	47,65	–	–
1984	715,7	–	–	–	–	693,8	51,06	105,5	47,53	71,5	1,41
1986	716,9	–	–	–	–	693,2	46,42	105,5	48,85	71,5	4,73
1987	728,3	–	–	–	–	692,5	46,31	108,7	48,76	71,5	4,93

Quelle: HOFMEISTER 1990, S. 119

Tab. 33: **Bedeutungswandel der Verkehrsträger im öffentlichen Personennahverkehr von Berlin (West) 1952–1987**

zung ausgerichtet. Mit dem Auf- und Ausbau der beiden Netze und ihrer Modernisierung verbesserten sich die Verkehrsbedingungen besonders im Nord-Süd-Verkehr des Stadtgebietes sowie die Verkehrsanbindung der äußeren Stadtbezirke und Nebenzentren. Allerdings blieb die Verkehrserschließung großer Neubaugebiete (z. B. Falkenhagener Feld, Märkisches Viertel) durch den ÖPNV auf Omnibuslinien beschränkt. Mit der rasch ansteigenden individuellen Motorisierung verlagerte sich ein großer Teil des Nahverkehrs auf die Straße (die Anzahl der Kraftfahrzeuge stieg von 428000 im Jahr 1970 auf 713000 Mitte 1987). Das erforderte den umfangreichen Ausbau des Straßennetzes, um den Verkehr flüssiger zu machen (z. B. Stadtautobahn, Straßenverbreiterungen, Tangentialtrassen).

Die Insellage von Berlin (West) führte auch im Fernverkehr zu räumlich differenzierten Entwicklungen und Umorientierungen. Während einerseits die Funktion der Stadt als Ziel- und Ausgangsort des Personen- und Güterverkehrs erhalten blieb und sich weiter ausprägte (Anstieg der Anzahl der Reisenden von 1972 bis 1987 von rd. 15 Mio. auf rd. 30 Mio.), wurde andererseits die Umschlags- und Verteilerfunktion durch den starken Rückgang des Durchgangsverkehrs beträchtlich eingeschränkt. Die Abtrennung des historischen Umlandes bewirkte den beschleunigten Ausbau und die Intensivierung vielfältiger räumlicher Beziehungen mit grenznahen Gebieten in der Bundesrepublik über den Transitverkehr durch die DDR. Vor allem die Gebiete im Bereich der festgelegten Transitübergänge an der deutsch-deutschen Grenze entwickelten sich immer stärker zu einem Einflußgebiet von Berlin (West), insbesondere im norddeutschen Raum (Niedersachsen, Schleswig-Holstein) und in Oberfranken (Bayern). Der Fernverkehr auf den Landwegen konnte immer nur als Transitverkehr durch die DDR erfolgen und war daher auch gewissen Erschwernissen ausgesetzt (z. B. Kontrollen, Gebührenerhebungen). Das galt nicht für den Luftverkehr, der an Bedeutung zunahm und über die Luftkorridore der westlichen Alliierten abgewickelt wurde. Der Westberliner zivile Luftverkehr erfolgte zunächst nur über den Flughafen Tempelhof im

Südosten der Stadt. Er erreichte jedoch bald seine Leistungsgrenzen, und auch andere Nachteile machten sich immer stärker bemerkbar (z. B. steigende Lärmbelästigung der Bevölkerung, kurze Landebahnen). Deshalb wurde bereits Mitte der 60er Jahre der günstig gelegene Flughafen Tegel im Nordwesten (relativ lockere Bebauung, Entfernung zum Stadtzentrum von Westberlin nur acht km, zeitgünstige Erreichbarkeit) für den Linienverkehr ausgebaut. Nach dem Auto wurde das Flugzeug zum wichtigsten Verkehrsträger im Fernverkehr. „Im Jahre 1987 reisten rd. 31 Mio. Menschen von und nach West-Berlin, von diesen 22,99 Mio. auf den Transitautobahnen, 5,28 Mio. mit dem Flugzeug und 2,82 Mio. mit der Eisenbahn" (HOFMEISTER 1990, S. 229).

5.2.3
Entwicklungstendenzen und Veränderungen der Bevölkerungs- und Wohnstruktur

Berlin (West) war die bevölkerungsreichste deutsche Großstadt, und die Anzahl der Einwohner blieb über vier Jahrzehnte relativ konstant (nur geringe Schwankungen um 2 Mio. Ew.), obwohl die Bevölkerungsentwicklung in verschiedenen Zeitabschnitten unterschiedlich verlief. Es lassen sich vor allem die Periode der offenen Grenze zu Ostberlin und zur DDR (1949 bis 1961) und die Periode nach Grenzschließung und Mauerbau (1962 bis 1989) unterscheiden. Wesentliche Entwicklungsmerkmale in den 50er Jahren waren Tendenzen einer vorübergehenden Zunahme der Bevölkerung sowie der Abnahme und der Verschlechterung der Altersstruktur der Bevölkerung. Die Bevölkerungszunahme resultierte hauptsächlich aus Zuzügen von Ostberlin und anderen Teilen der DDR. Von den gesamten innerdeutschen Zuzügen nach Westberlin im Zeitraum 1950 bis 1961 entfielen fast neun Zehntel auf die DDR und nur etwas mehr als ein Zehntel auf die Bundesrepublik (Tab. 34).

Bei den Herkunftsgebieten wurden Zusammenhänge zwischen ihrer Lage zu Westberlin und dem Umfang der Zuzüge deutlich. Aus nahräumlich gelegenen Gebieten wie Berlin (Ost) und Brandenburg kamen die meisten Migranten, und mit wachsender Entfernung nahm ihre Zahl ab. Vor allem durch die Zuwanderung aus dem Osten wuchs die Bevölkerung von Westberlin in den 50er Jahren, erreichte mit rd. 2,232 Mio. Einwohner 1953 den höchsten Stand der Nachkriegszeit und ging dann wieder zurück. Allerdings blieb der eigentliche Wanderungsgewinn relativ gering. Der zahlenmäßig umfangreichen Zuwanderung aus dem Osten stand eine fast ebenso umfangreiche Abwanderung in Richtung Westen gegenüber (1,7 Mio. Wegzüge, davon 1,3 Mio. in die BRD), die u. a. durch die relativ hohe Arbeitslosigkeit und eine Zuzugsperre (bis 1959) für Westberlin verursacht wurde. Die Abwanderungen umfaßten vor allem jüngere Menschen im erwerbsfähigen Alter, während weniger mobile ältere Jahrgänge und Rentner in Westberlin verblieben. Damit prägte sich eine länger andauernde Überalterung als ein kennzeichnendes Strukturmerkmal der Bevölkerung aus.

In der Periode von 1962–1989 beeinflußten verschiedene Faktoren die Entwicklung der Bevölkerungsstruktur. Die bereits in den 50er Jahren erkennbare Tendenz einer leichten Bevölkerungsabnahme prägte sich über einen längeren Zeitraum stärker aus. Bis zur Mitte der 80er Jahre sank die Bevölkerungszahl stetig und erreichte 1983 mit 1,86 Mio. Einwohnern einen relativen Tiefstand. Das resultierte zum großen Teil aus einer relativ hohen Sterberate, die sich aus der Altersstruktur der Bevölkerung ergab (Tendenz der Über-

Gebiete	Zuzüge je 10000 Einwohner des Gebietes	Anzahl der Zuzüge (1000)	Anteil an den Zuzügen insgesamt (%)
Berlin (Ost)	204,7	275,7	15,5
Brandenburg	122,8	387,7	21,9
Mecklenburg	86,1	218,9	12,3
Sachsen-Anhalt	53,7	270,3	15,3
Sachsen	36,3	248,9	14,2
Thüringen	34,8	122,3	6,9
DDR	–	1523,8	86,1
Hamburg	7,8	16,0	0,9
Niedersachsen	5,8	45,9	2,6
Schleswig-Holstein	5,3	14,8	0,8
Bremen	4,9	3,7	0,2
Hessen	4,5	24,1	1,4
Nordrhein-Westfalen	3,9	67,8	3,8
Baden-Württemberg	3,4	28,6	1,6
Bayern	3,1	33,9	1,9
Rheinland-Pfalz	2,7	10,4	0,6
Saarland	1,0	1,2	0,1
BRD	–	246,4	13,9
Insgesamt	–	1770,2	100,0

Quelle: HOFMEISTER 1990, S. 75, zusammengestellt

Tab. 34: Herkunftsgebiete der Zuzüge nach Berlin (West) in beiden deutschen Staaten 1950–1961

alterung). Im Vergleich mit westdeutschen Großstädten (z. B. Hamburg, Frankfurt am Main, München, Stuttgart) hatte Westberlin zwar eine höhere Geburtenrate, aber auch eine vergleichsweise noch höhere Sterberate, so daß die natürliche Bevölkerungsbewegung in dieser Periode von einem Sterbefallüberschuß gekennzeichnet war (HOFMEISTER, 1990, S. 78). Eine weitere Ursache der Abnahme waren wesentliche Veränderungen in der räumlichen Bevölkerungsbewegung. Die Schließung der Grenze zu Westberlin (Mauerbau 1961) war eine wesentliche Ursache für den Wandel in der Rangfolge der Herkunftsgebiete. Die Masse der Zuwanderungen kam nun von Westen, vorrangig aus der Bundesrepublik und hier vor allem in den 60er Jahren aus den Ländern Nordrhein-Westfalen, Niedersachsen, Baden-Württemberg, Hessen (rd. zwei Drittel der Zuwanderungen aus der BRD von 1962 bis 1967). An die zweite Stelle der Herkunftsgebiete rückte das Ausland, und dann kam erst die DDR. Mit der räumlichen Umorientierung der Zuwanderungen war auch eine erhebliche Reduzierung ihres Umfanges verbunden. Im Vergleich zum Wanderungsgeschehen in den 50er Jahren sank die Anzahl der Zuzüge auf weniger als die Hälfte. Das hatte seine Ursache vor allem in dem starken Rückgang der Zuzüge aus der DDR. Erst seit Mitte der 80er Jahre wuchs die Bevölkerung von Westberlin wieder an (u. a. durch Zunahme der Beschäftigung und der Zuwanderungen sowie durch ein Sinken der Sterberate). Sie überstieg am Ende des Jahrzehnts wieder die Zweimillionenmarke. An den Zuwanderungen hatten Ausländer zeitweise einen besonders hohen Anteil (Anwerbung von Arbeitskräften vor allem in Ländern am Mittelmeer). Ihre Zahl vergrößerte sich am Ende der 60er und Anfang der 70er Jahre um mehr als das Dreifache von (1968) 54000 Personen auf (1974) 190000 Personen (ELLGER 1990, S. 229). In den folgenden Jahren war der Zuwachs geringer, die Anzahl der Ausländer stieg jedoch am Ende der 80er Jahre auf über 200000 Personen an und wurde zu einem beachtlichen Element der Wirtschaft und der Bevölkerungsstruktur. Nach der ethnischen Zusammensetzung dominierte die türkische Volksgruppe (über 110000 Personen). Sie umfaßte fast die Hälfte der ausländischen Bevölkerung in Westberlin und bildete „vermutlich auch die größte türkische Stadtbevölkerung außerhalb der Türkei" (ELLGER 1990, S. 229). Die zahlenmäßig zweitgrößte Volksgruppe waren Jugoslawen. Verschiedene andere folgten dann mit großem Abstand (Tab. 35).

In der Entwicklung der räumlichen Verteilung der Westberliner Bevölkerung in der Nachkriegszeit kamen sowohl historisch entstandene Verteilungsmuster als auch siedlungsstrukturell bedingte Veränderungen zum Ausdruck. Den historischen Prozessen der Berliner Stadtentwicklung entsprechend wiesen die Gebiete des ehemaligen „Wilhelminischen Wohnringes" in Westberlin den höchsten Grad der räumlichen Bevölkerungsverdichtung auf. Diese Gebiete bildeten einen Halbkreis, der sich vom Bezirk Wedding im Norden über Teile der Bezirke Charlottenburg und Wilmersdorf zu den Bezirken Schöneberg, Kreuzberg und Neukölln im Südosten um den Bezirk Tiergarten herumlegte und weitgehend die Wohnsituation der Innen-

Volksgruppe	Prozent der ausländischen Bevölkerung		
	1981	1984	1987
Türken	49,0	45,5	45,0
Jugoslawen	13,5	12,5	12,0
Polen	2,8	4,6	5,4
Italiener	2,9	3,0	3,1
Griechen	3,0	3,0	2,8
Sonstige	28,8	31,4	31,7
Gesamt	100,0	100,0	100,0

Quelle: HOFMEISTER 1990, S. 81

Tab. 35: **Volksgruppen in Westberlin nach ihrem Anteil an der ausländischen Bevölkerung**

stadt prägte. Charakteristisch war die dichte Bebauung mit Altbauten, vorwiegend fünfgeschossigen Mietshäusern mit engen Hinterhöfen und die häufig eingestreuten kleinen Gewerbestandorte (z. B. im Bezirk Kreuzberg). Die Wohnfunktion der Innenstadt blieb trotz Einschränkungen (z. B. Ausbau des Dienstleistungssektors) in großem Umfang erhalten, weil u. a. das Wohnungspotential der Innenstadt für die Deckung des Wohnungsbedarfs bei der Insellage Westberlins erforderlich war und die Grenze zur DDR stadtnahe Randwanderungen ausschloß. Zur Erhaltung und Verbesserung der Wohnfunktion wurden umfangreiche und langfristige Programme zur Sanierung und Modernisierung der Altbausubstanz durchgeführt (Stadterneuerung) sowie auf geeigneten Flächen Wohnbauten in aufgelockerter Weise errichtet (z. B. Hansaviertel im Tiergarten). Allerdings verringerte sich mit den qualitativen Veränderungen der Wohnfunktion (z. B. Sanierung) auch der Wohnungsbestand, insbesondere in den inneren Bezirken Kreuzberg, Tiergarten, Wedding und Schöneberg. Diese Bezirke bildeten auch die

Abb. 43: Bevölkerungsveränderungen in Berlin-West 1987 gegenüber 1961, bezogen auf Statistische Gebiete

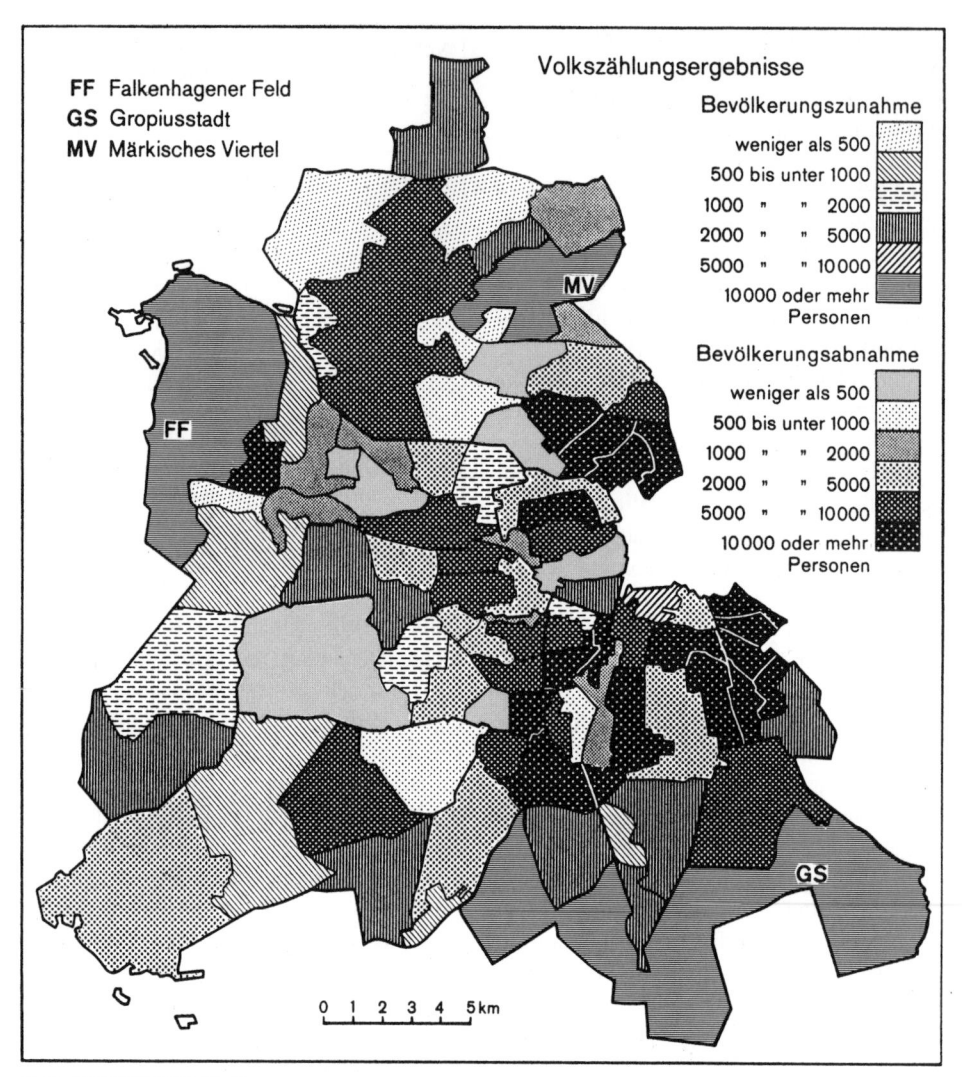

Quelle: HOFMEISTER 1990, Fig. 16

Räume der größten Bevölkerungsabnahme in Westberlin von Beginn der 60er bis zum Ende der 80er Jahre. Nach außen nahm die Bevölkerungsdichte merklich ab, und die niedrigsten Dichtewerte wiesen die flächengrößten äußeren Bezirke Reinickendorf, Spandau und Zehlendorf auf. Hier entfiel auf mehr als die Hälfte des Stadtgebietes am Ende der 80er Jahre nur etwas mehr als ein Viertel der Bevölkerung (1989: 26,5%). Dennoch war ein wesentliches Kennzeichen der Bevölkerungsentwicklung in den äußeren Bezirken eine Zunahme von Anzahl und Dichte der Be-

Berlin (West) als Großstadt unter Sonderbedingungen 185

Abb. 44:
Anteil der Arbeiter an den Erwerbstätigen am Wohnort in Berlin-West 1987, bezogen auf Statistische Gebiete

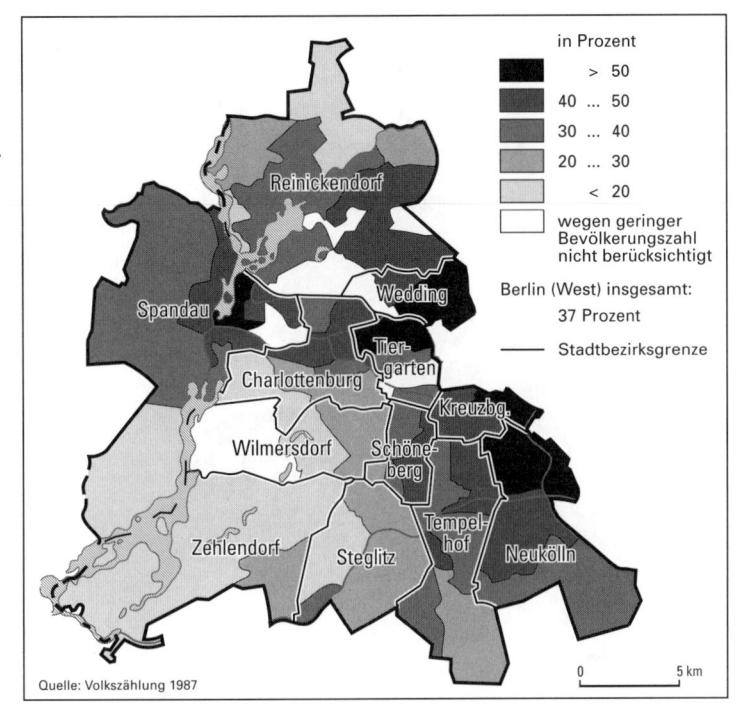

in Prozent
- > 50
- 40 ... 50
- 30 ... 40
- 20 ... 30
- < 20
- wegen geringer Bevölkerungszahl nicht berücksichtigt

Berlin (West) insgesamt: 37 Prozent

— Stadtbezirksgrenze

Quelle: aus ELLGER 1990, Beilage
Quelle: Volkszählung 1987

völkerung. Das stand vor allem im Zusammenhang mit der Randwanderung des Wohnungsneubaus. Auf Grund des geringen Flächenpotentials in den dicht bebauten inneren Bezirken und der Trennung vom ehemaligen Umland konnte eine erforderliche Erweiterung des Wohnungsbestandes durch Neubau in größerem Ausmaß nur im Raum der äußeren Bezirke erfolgen. Im Mittelpunkt des Baugeschehens der Nachkriegszeit stand der Aufbau von Großwohnsiedlungen Mitte der 70er Jahre in Stadtrandlage. Die bedeutendsten waren die Siedlungen Märkisches Viertel (17 000 Wohnungen) im Norden (Bezirk Reinickendorf), Falkenhagener Feld (11 500 Wohnungen) im Westen (Bezirk Spandau), Gropiusstadt (18 000 Wohnungen) und Marienfelde-West (7300 Wohnungen) im Süden (Bezirke Tempelhof und Neukölln). Neben diesen neuen Siedlungsgebieten mit hoher Bevölkerungskonzentration bewahrten andere Siedlungsgebiete in den äußeren Bezirken Westberlins weitgehend ihren ursprünglichen Charakter. Beispielsweise bildete der Südwesten „von Grunewald und Schmargendorf über Dahlem, Lichterfelde und Zehlendorf bis Wannsee eines der größten städtischen Landhausgebiete Europas..."(ELLGER 1990, S. 227), und die Villengebiete blieben trotz aller Veränderungen erhalten (Abb. 43).

Mit der Entwicklung und Veränderung räumlich differenzierter Wohnbedingungen in Westberlin bildeten sich zugleich Wohngebiete mit sehr verschiedener sozialstruktureller Zusammensetzung als räumlicher Ausdruck von Segregationsprozessen heraus. So war z. B. in den inneren Bezirken der Anteil der Arbeiter an der erwerbstätigen Wohnbevölkerung deutlich höher als in den äußeren Bezirken. Besondere Konzentrationsräume bildeten die Altbauten des Wilhelminischen Wohnringes

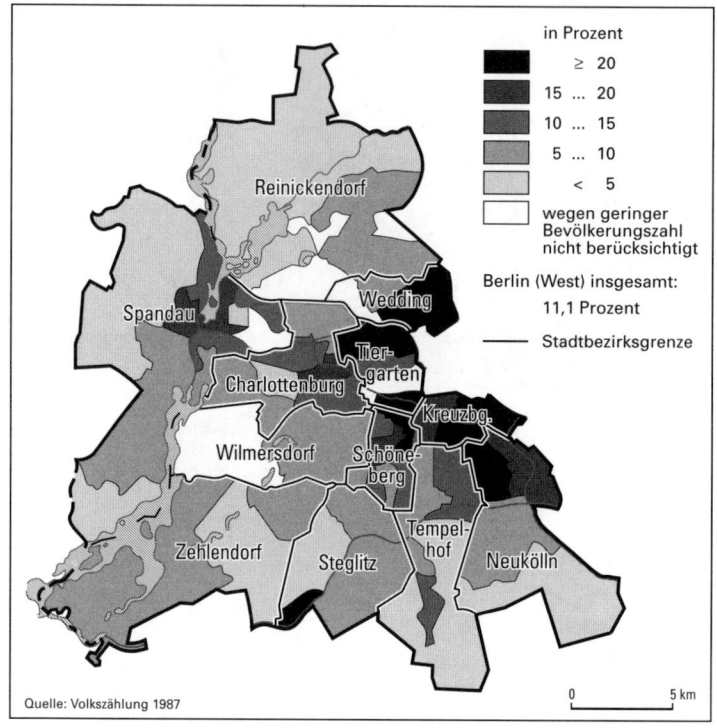

Abb. 45:
Anteil der Ausländer an der Bevölkerung von Berlin-West 1987, bezogen auf Statistische Gebiete

in Prozent
≥ 20
15 ... 20
10 ... 15
5 ... 10
< 5
wegen geringer Bevölkerungszahl nicht berücksichtigt

Berlin (West) insgesamt: 11,1 Prozent

Stadtbezirksgrenze

Quelle: Volkszählung 1987
Quelle: aus ELLGER 1990, Beilage

in den Bezirken Wedding, Kreuzberg und Neukölln, in denen mehr als die Hälfte der erwerbstätigen Bewohner Arbeiter waren (ELLGER 1990, S. 228). In den äußeren Bezirken waren dagegen andere soziale Gruppen (Beamte, Selbständige, Angestellte) besonders stark vertreten. Ein hervorragender Raum in dieser Hinsicht bildete der Südwesten von Westberlin mit seinen Landhaus- und Villen-Gebieten, in denen Arbeiter kaum vertreten waren. Im Ergebnis von Segregationsprozessen in der Nachkriegszeit erfolgte auch eine räumliche Konzentration der ausländischen Wohnbevölkerung von Westberlin. Ähnlich wie bei den Arbeitern traten die Altbaugebiete der inneren Bezirke (z. B. Kreuzberg) als Wohngebiete sowie die Industriegebiete mit besonders hohen Ausländeranteilen hervor (Abb. 44 und 45).

5.2.4
Naherholung, Tourismus und Fremdenverkehr

Die räumlichen Bedingungen für die Naherholung der Westberliner Bevölkerung innerhalb der Stadt waren insgesamt günstig. Mehr als ein Fünftel der Stadtfläche (22,3%) wurde von Wald und Gewässern eingenommen bei flächenmäßiger Dominanz des Waldes (16,0%). Diese Bedingungen konzentrierten sich überwiegend in den Wald-Seen-Gebieten und Wald-Gebieten der äußeren Bezirke. Bekannte und beliebte Erholungsgebiete waren z. B. das Tegeler Wald-Seen-Gebiet im Norden, das Spandauer Wald-Gebiet im Westen und vor allem das Wald-Seen-Gebiet Grunewald-Wannsee im Südwesten der Stadt. In den äußeren Bezirken war außerdem der größte Teil der Westberliner Kleingartenflächen lokalisiert (Mitte der 80er Jahre rd. drei Viertel), insbesondere im Süden der Stadt (Bezirke Neukölln, Tempelhof, Steglitz, Zehlendorf). Das Gebiet der äußeren Bezirke wurde der bedeutendste Naherholungsraum innerhalb der Stadt. Er umgab halbkreisförmig das Gebiet der inneren Bezirke, das als Raum der größten Bevölkerungsverdichtung zugleich ein herausragendes Quellgebiet der Erholungssuchenden bildete. Hier schränkte Flächenmangel die Freiflächenausstattung erheblich ein, und die wichtigsten Naherholungsgebiete waren meist schon vor der Teilung Groß-Berlins entstandene Parke (z. B. Volkspark Rehberge, Humboldthain, Tiergarten, Volkspark Hasenheide) und Kleingartenanlagen (rd. ein Viertel der Kleingartenfläche von Westberlin). Die starke Frequentierung der Erholungsgebiete innerhalb der Stadt und wachsende Belastung anderer Art (z. B. Verschlechterung der Wasserqualität, Beschädigung von Uferzonen, Flächenentzug in Erholungsgebieten, Immissionsbelastung durch Industrie, Gewerbe und Verkehr) beeinträchtigten die Wirksamkeit der gebietlichen Erholungsbedingungen und erforderten hohe Aufwendungen für die Beseitigung bzw. Einschränkung negativer Einflüsse. Im Gefolge der Insellage Westberlins veränderten sich die räumlichen Bedingungen für die Naherholung außerhalb der Stadtgrenzen grundlegend. Die Trennung von seinem natürlichen Umland führte einerseits zum Abbruch historisch gewachsener und traditioneller erholungsräumlicher Stadt-Umland-Beziehungen und bewirkte andererseits eine Um- und Neuorientierung auf Zielgebiete in der Bundesrepublik, vor allem bei der Wochenenderholung. Zum wichtigsten Naherholungsraum für die Bürger außerhalb der Stadt wurde das Westberliner Einflußgebiet (neues Umland) in der Bundesrepublik im Bereich der Grenzübergangsstellen. Bevorzugte Zielgebiete waren attraktive Landschaften wie Lüneburger Heide, Harz, Frankenwald und Fichtelgebirge. Die erholungsräumlichen Beziehungen über mehrere hundert km zwischen Quell- und Zielgebieten der Erholungsuchenden prägten sich immer stärker aus. Die Frequentierung der Zielgebiete durch Westberliner Bürger wuchs rasch. Zur günstigeren Gestaltung des Verhältnisses von zeitlicher Erreichbarkeit zur Aufenthaltsdauer wurden zunehmend Übernachtungsmöglichkeiten in den Zielgebieten von den Erholungsuchenden aus Westberlin wahrgenommen oder geschaffen (z. B. Wochenend- bzw. Ferienhäuser, Zweit- oder Nebenwohnsitze).

Mit der Entwicklung von Westberlin zu einer modernen Großstadt von internationalem Rang in verschiedenen Funktions- und Dienstleistungsbereichen sowie seinen touristischen Sehenswürdigkeiten und reizvollen Landschaften wuchs der nationale und internationale Städtetourismus vor allem seit Mitte der 80er Jahre auf mehr als zwei Mio. Besucher (1985). Besondere Anziehungspunkte waren die Bundesgartenschau (1985), Veranstaltungen zur 750-Jahr-Feier (1987) und im Zusammenhang mit der Wahl von Berlin (West) zur Kulturstadt Europas (1988) sowie attraktive Kunstschätze, Bauwerke und Landschaften. Zur 750-Jahr-Feier Berlins besuchten die Stadt z. B. 1,7 Mio. Gäste bei 4,8 Mio. Übernachtungen (HOFMEISTER 1990, S. 130). Auch die Berliner Mauer und Möglichkeiten zum Besuch vom Ostberlin erhöhten die touristische Attraktivität der Stadt.

Der Fremdenverkehr wurde wieder zu einem beachtlichen Wirtschaftsfaktor in Berlin (West) mit positiven Auswirkungen auf den Handel, das Hotel- und Gaststättengewerbe aber auch auf Wissenschaft, Kunst und Kultur und die Sicherung von Arbeitsplätzen.

5.3
Berlin (Ost) als Hauptstadt der DDR

5.3.1
Entwicklungsmerkmale und Hauptstadtfunktion

Berlin (Ost) entwickelte sich nach der Teilung von Groß-Berlin unter Nutzung relativ günstiger Lagebedingungen zum Kern der bedeutendsten monozentrischen Ballungs- und Großstadtregion der DDR. Dieser Prozeß war gekennzeichnet durch einen raumstrukturellen und funktionsräumlichen Wandel, aber auch durch die Anknüpfung an historisch gewachsene Strukturen und räumliche Beziehungen. Die einzige Millionenstadt der DDR, die auch einen Bezirk bildete, nahm im Lande eine besondere Stellung ein und wurde auf der Grundlage zentraler Beschlüsse, Programme und Pläne von „Partei (SED) und Regierung" als politisches, wirtschaftliches und geistig-kulturelles Zentrum der DDR bevorzugt, gefördert und ausgebaut (s.a. Übersicht 16, Kap. 5.5). Berlin (Ost) war im System der zentralen Plan- und Kommandowirtschaft der DDR hauptsächlich aus politischen und ideologischen Gründen als Aushängeschild des anderen deutschen Staates und „sozialistische Alternative" zum benachbarten „kapitalistischen Berlin (West)" herausragender räumlicher Investitionsschwerpunkt mit überdurchschnittlich günstigen Lebens- und Arbeitsbedingungen (z. B. höhere Lohn- und Gehaltstarife, bessere Versorgung mit Lebensmitteln und Verbrauchsgütern). Mit dieser prioritären Entwicklung der DDR-Hauptstadt entstanden Widersprüche zu den benachteiligten Regionen in der DDR (z. B. auf den Gebieten der Wohnungswirtschaft, Versorgung und Beschäftigung), die sich zunehmend verschärften und zum Anwachsen räumlicher Disparitäten im Lande erheblich beitrugen.

Im Vergleich mit Westberlin war die neue Raumsituation von Ostberlin günstiger, weil sich die Lage der Stadthälfte nicht gravierend verändert hatte. Sie gestaltete sich aber teilweise auch neu durch die Reduzierung der nahräumlichen Beziehungen zu Berlin (West) und zum westlichen Umland sowie durch den Ausbau dieser Beziehungen zum benachbarten östlichen Umland in den brandenburgischen Bezirken Frankfurt [Oder] und Potsdam.

Die zentrale Lage von Berlin (Ost) in Ostdeutschland förderte im Rahmen des politischen, administrativen und wirtschaftlichen Zentralismus der DDR infolge der Hauptstadtfunktion der östlichen Stadthälfte die Herstellung und Vertiefung vielfältiger Verbindungen zu allen Landesteilen.

Mit der einseitigen Stadtentwicklung und funktionalen Differenzierung der räumlichen Stadtstruktur veränderte sich auch das Gefüge der acht traditionellen Bezirke. Aus Teilen von ihnen (der Bezirke Lichtenberg und Weißensee) entstanden die neuen Stadtbezirke Marzahn (1979), Hohenschönhausen (1985) und Hellersdorf (1986). Berlin (Ost) gliederte sich ab Mitte der 80er Jahre daher in 11 Stadtbezirke (Tab. 36).

Für die stadtbildenden und -erhaltenden überregionalen Funktionen der DDR-Hauptstadt waren die folgenden Bereiche entscheidend, die demzufolge ausgebaut wurden.

Politische und staatliche Führungsfunktion: In Berlin (Ost) waren die wichtigsten zentralen politischen und staatlichen Leitungen, Einrichtungen und Entscheidungsgremien des Landes (Führungsgremien der Parteien und gesellschaftlichen Organisationen, Regierung und Volkskammer usw.) konzentriert. Hinzu traten zahlreiche ausländische Vertretungen hoher Rangigkeit mit steigender Tendenz. Im Jahre 1971 waren in Berlin (Ost) 29 ausländische Vertre-

Stadtbezirk	Fläche		Bevölkerung		Dichte Ew./km²
	km²	Anteil (%)	Anzahl	Anteil (%)	
Mitte	10,7	2,7	78952	6,2	7379
Prenzlauer Berg	10,9	2,7	144971	11,3	13300
Friedrichshain	9,8	2,4	109830	8,6	11207
Pankow	61,9	15,3	108930	8,5	1760
Weißensee	30,1	7,5	52484	4,1	1744
Hohenschönhausen	26,0	6,4	118056	9,2	4541
Lichtenberg	26,4	6,5	172277	13,5	6526
Marzahn	31,5	7,8	170240	13,3	5404
Hellersdorf	28,1	7,0	109464	8,6	3896
Treptow	40,6	10,1	102704	8,0	2530
Köpenick	127,3	31,6	111304	8,7	874
Berlin (Ost)	403,3	100,0	1279212	100,0	3172

Quelle: Region Berlin, Statistische Informationen, H. 1, 1990, S. 7

Tab. 36: Politisch-administrative Gliederung von Berlin (Ost) nach Stadtbezirken 1989

tungen ansässig, im Jahre 1986 133 Vertretungen.

Wirtschaftliche und wissenschaftliche Funktionen: Berlin (Ost) war die größte Industriestadt der DDR und die regional bedeutendste Konzentration zentraler Wirtschaftsleitungen (die Mehrzahl der Leitungen zentralgeleiteter Industrie-, Bau- und Verkehrskombinate der DDR hatte in Berlin ihren Sitz). Außerdem nahm die Stadt als Standortkomplex von Wirtschaft (besonders der Industrie) und Wissenschaft eine herausragende Position ein mit mehr als 5% des Industriepotentials und 20% des Wissenschaftspotentials des Landes (nach dem Beschäftigungsanteil). Das äußerte sich auch im Verhältnis der Beschäftigten in Industrie und Wissenschaft. Es betrug im DDR-Durchschnitt 16:1, in den Nordbezirken der DDR 25:1, in Leipzig 6:1, aber in Ostberlin 4,3:1 (KEHRER, 1987, S. 51). Hier waren bedeutende wissenschaftliche Einrichtungen der Forschung und Lehre lokalisiert. Dazu gehörten die Akademie der Wissenschaften der DDR (50% des Akademiepotentials), das medizinische Klinikum Berlin-Buch, die Humboldt-Universität, neun Hochschulen und 16 Fachschulen.

Geistig-kulturelle Funktionen: Berlin (Ost) entwickelte sich in Anknüpfung an das bereits vorhandene kulturelle Potential und dessen Erweiterung zum geistig-kulturellen Zentrum der DDR. Viele traditionelle und neue Einrichtungen von Weltruf hatten hier ihren Standort, darunter z. B. das Deutsche Theater und Berliner Ensemble (Brecht-Theater), die Komische Oper sowie die Kunst- und Kulturschätze des Pergamon-Museums, der Nationalgalerie und anderer Museen.

Verkehrsfunktionen: Berlin (Ost) war im Quell-, Ziel und Transitverkehr der größte Knoten im nationalen und internationalen Fernverkehr der DDR. Hier kreuzten sich verschiedene Verkehrsarten (Schiene, Straße, Wasserstraße, Rohrleitung, Flugverkehr) und wichtige Verkehrslinien, die z. B. in Ost-West-Richtung Osteuropa und die Sowjetunion mit Westeuropa verbanden und in Nord-Süd-Richtung die skandinavischen Länder mit Staaten in Mittel-

Bereich	Beschäftigte je 1000 Berufstätige	
	1955	1985
Industrie	286	254
produzierendes Handwerk	74	25
Bauwirtschaft	84	81
Verkehr, Post- und Fernmeldewesen	113	111
Handel	155	150
übrige Bereiche	288	379
Gesamt	1000	1000

Quelle: FEGE/GRINGMUTH/SCHULZE 1987, S. 94

Tab. 37: Wirtschaftsbereiche von Berlin (Ost) nach dem Beschäftigtenanteil

und Südeuropa. Das Gewicht und die Vielfalt der überregionalen Funktionen waren charakteristische Merkmale der herausragenden Position Ostberlins in der Siedlungsstruktur der DDR.

5.3.2
Wirtschafts- und Verkehrsstruktur

Die Hauptfunktion von Ostberlin fand wirtschaftlich ihren Ausdruck in einem umfangreichen Dienstleistungssektor, aber auch bedeutenden produzierenden Bereichen. Die Industrie blieb dabei der dominierende Bereich. Auf ihn entfielen in den 50er und 60er Jahren rd. 30% und ab Mitte der 80er Jahre immerhin noch rd. ein Viertel der Gesamtbeschäftigten von Berlin (Ost) (Tab. 37).

Berlin (Ost) – größte Industriestadt der DDR

Der Auf- und Ausbau der Industrie vollzog sich unter dem Einfluß einer Reihe günstiger Standortfaktoren. Dazu gehörten das Vorhandensein eines bedeutenden Potentials qualifizierter Arbeitskräfte, die Schaffung und Erweiterung umfangreicher Produktionskapazitäten, günstige Absatz- und Bezugsmöglichkeiten auf Grund eines relativ großen lokalen Marktes sowie durch leistungsfähige Verkehrsverbindungen auf regionaler (Umland) und überregionaler (nationaler und internationaler) Ebene sowie die Nutzung nahräumlicher Lagebeziehungen zwischen Industriebetrieben und Einrichtungen der Wissenschaft. Mit dem Ausbau der Berliner Industrie blieb auch ihr Anteil an der Industrie der DDR bemerkenswert stabil. Von den 50er bis zu den 80er Jahren betrug ihr Anteil an den Industriebeschäftigten und der Industrieproduktion (Bruttoproduktion) der DDR etwas mehr als 5%. Das heißt, auf 0,4% der Landesfläche konzentrierte sich rd. ein Zwanzigstel der Industrie der DDR. Dies hatte neben wirtschaftlichen auch politische und ideologische Gründe: Trotz des Wachstums tertiärer Bereiche in Verbindung mit den speziellen Hauptstadtfunktionen sollte Ostberlin auch das führende „Zentrum der Arbeiterklasse" (mit dem sozialen und politischen Kern der Industriearbeiter) in der DDR bleiben. Dies verlangte nach einem Bevölkerungswachstum in Berlin (Ost) und verstärkte dort die extensiven Züge der Industrieentwicklung.

Ein charakteristisches Merkmal der Berliner Industrie war ihre breite Produktionspalette. Fast alle Industriebereiche waren hier vertreten, und für einige Bereiche war Berlin (Ost) der einzige Produktionsstandort in der DDR (Tab. 38). Ostberlin wurde zu einem Standort der verarbeitenden, arbeitsintensiven und hochgradig veredelnden Industrie entwickelt bei weitgehender Erhaltung der historisch entstandenen Branchenstruktur. Traditionelle Industrien wie Elektrotechnik/Elektronik, Maschinen- und Fahrzeugbau, chemische Industrie (Leichtchemie), Bekleidungs- und Lebensmittelindustrie herrschten vor.

Erzeugnis	Anteil an der DDR-Produktion (%)
Optoelektronische Bauelemente	100
Allgebrauchslampen bis 200 W	100
Farbbildwiedergaberöhren	100
Kaffeebereiter	100
Röntgenfilme	100
Radiorecorder	99
Kabel und Leitungen	45
Erzeugnisse der Medizintechnik	25
Transformatoren für die Energieverteilung	25
Geräte und Einrichtungen für die Überwachung, Regelung und Steuerung	16
Kältetechnische Ausrüstungen	14
Halbleiterbauelemente	12
Spanabhebende Werkzeugmaschinen	10
Lufttechnische Ausrüstungen	8

Quelle: FEGE/GRINGMUTH/SCHULZE 1987, S. 98

Tab. 38: Produktion ausgewählter Erzeugnisse der Industrie in Berlin (Ost) (1985)

Auf diese fünf Industriebereiche entfiel der weitaus größte Teil der Beschäftigten und der Produktion. Die zwei erstgenannten Branchen waren für die industrielle Spezialisierung von Berlin (Ost) am bedeutendsten. Sie erzeugten fast die Hälfte der Industrieproduktion und hatten infolge von Produktivitätsrückständen sogar einen Anteil an den Erwerbstätigen in der Industrie von mehr als 60%.

Raumstrukturelle Leitlinien der Ostberliner Industrie

Mit dem Wachstum der Industrie prägten sich in ihrer raumstrukturellen Entwicklung sowohl Tendenzen der Konzentration als auch der Dekonzentration aus. Die Tendenz der Konzentration kam vor allem in der Entwicklung und Stabilisierung der alten Industriegebiete und Industriestandorte zum Ausdruck. Sie widerspiegelten das vor 1945 historisch gewachsene Standortgefüge der Industrie (s.a. Kap. 4.2) mit räumlichen Verdichtungen in den Industriegebieten Oberschöneweide, Treptow, Ostkreuz, Herzberg- und Orloppstraße in Lichtenberg, im Gebiet der Industriebahn in Weißensee sowie mit zahlreichen Standorten in Streulage, wie dem Großbetrieb Bergmann-Borsig in Wilhelmsruh (Pankow), sowie Klein- und Mittelbetrieben in den Stadtbezirken Mitte, Prenzlauer Berg und Friedrichshain.

Die Tendenz der Dekonzentration äußerte sich in der Entwicklung von neuen Arbeitsstättengebieten mit einer Mischstruktur von produzierendem und dienstleistendem Gewerbe. Diesen Gebietstyp repräsentierten vor allem zwei Arbeitsstättengebiete. Das kleinere (Fläche: 30 ha) entstand von 1961–1967 im Bezirk Prenzlauer Berg, Bereich Storkower Straße, u. a. durch Betriebsverlagerungen aus dem stark überbauten und flächenmäßig sehr begrenzten Raum Ostkreuz. Das Gebiet lag verkehrsgünstig an der Ringbahn zwischen den S-Bahnhöfen Leninallee (heute Landsberger Allee) und Ernst-Thälmann-Park (heute Greifswalder Straße), hatte eine vielseitige Struktur mit Dominanz von Industrie und Handel nach der Anzahl der Beschäftigten. Das größere Arbeitsstättengebiet (Fläche: 265 ha) entstand in den 70er und 80er Jahren und erstreckte sich über Teile der Stadtbezirke Lichtenberg (Nordosten), Hohenschönhausen (Südosten) und Marzahn (Südwesten) (Abb. 46).

Auch dieses Gebiet war teilweise Aufnahmeraum für Standortverlagerungen aus anderen Stadtteilen, vorwiegend aus der Innenstadt, und nach der Anzahl der Beschäftigten dominierten ebenfalls Industrie und Handel.

Abb. 46:
Arbeitsstättengebiet am Rande der Ostberliner Stadtbezirke Marzahn, Hohenschönhausen und Lichtenberg Mitte der 80er Jahre

Quelle: FEGE/GRINGMUTH/SCHULZE 1987, S. 211

- Industrie
- E/E Elektrotechnik/Elektronik
- MB Maschinenbau
- EW Energiewirtschaft
- B   Bauwirtschaft
- Großhandel
- Dienstleistungen
- Versorgung/Betreuung
- Wissenschaft/Forschung
- —·— Stadtbezirksgrenze

Die räumliche Struktur der Industrie kennzeichnete eine relativ hohe Stabilität. Veränderungen in der Standortverteilung resultierten im wesentlichen nur aus dem Aufbau der neuen Arbeitsstättengebiete. Die äußeren Stadtbezirke von Berlin (Ost) bildeten den wichtigsten Standortraum der Industrie, vor allem der Großindustrie. Hier konzentrierten sich fast zwei Drittel des Industriepotentials, insbesondere in Weißensee, Lichtenberg, Marzahn, Hohenschönhausen, Köpenick und Treptow. Auf die inneren Bezirke (Mitte, Prenzlauer Berg, Friedrichshain) entfiel über ein Drittel des Industriepotentials, dessen räumliche Struktur gekennzeichnet war durch die Industriegebiete im Bereich Ostkreuz – Warschauer Straße und Storkower Straße sowie zahlreiche Einzelstandorte in Streu- und Gemengelage. Diese waren meist Klein- und Mittelbetriebe der Konfektion, Lebensmittelindustrie und polygraphischen Industrie. Auch die in Groß-Berlin verbreitete „Hinterhofindustrie" trat hier vermehrt auf in Form gebietlicher Mischstrukturen mit anderen Einrichtungen (Abb. 47).

Berlin (Ost) als Hauptstadt der DDR   193

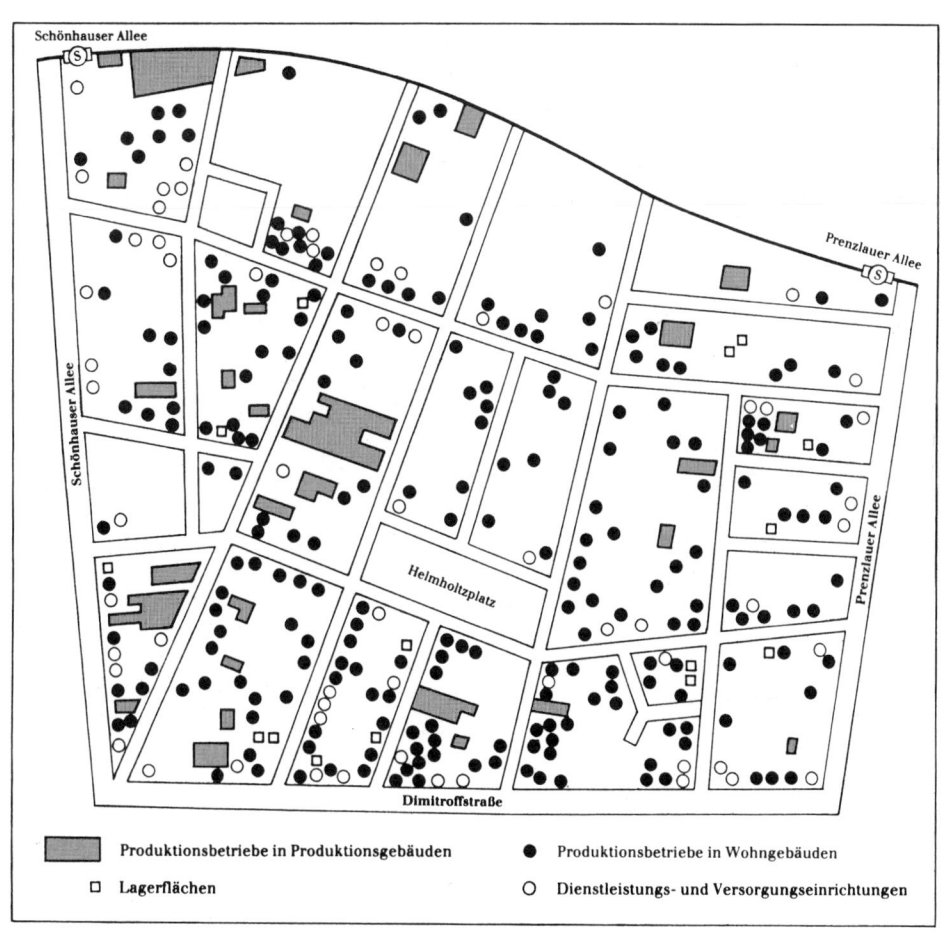

Abb. 47: Produktionsbetriebe und infrastrukturelle Einrichtungen im Ostberliner Industriegebiet Helmholtzplatz Mitte der 80er Jahre

Quelle: FEGE/GRINGMUTH/SCHULZE 1987, S. 188

Verkehrsstruktur – Kontinuität und Wandel

Auch die Entwicklung der Verkehrsstruktur war durch Kontinuität und Wandel gekennzeichnet. Die radial-konzentrische Anlage des Schienen- und Straßennetzes im Ballungsraum von Berlin und seinem Umland mit Ringen (S-Bahn-Halbring, Reichsbahnaußenring, Autobahnring) und meist auf die Innenstadt im Ostteil Berlins orientierten Radialen (Hauptstraßen, S-Bahn- und U-Bahnlinien) blieb erhalten und wurde ausgebaut. Über Flüsse (Havel, Spree, Dahme) und Kanäle (Havel-Kanal, Spree-Oder-Wasserstraße) war Ostberlin mit dem Wasserstraßennetz in den brandenburgischen Bezirken (Potsdam, Frankfurt [Oder], Cottbus) und der DDR insgesamt eng verbunden und verfügte damit über geeignete Wasserstraßen für die Binnenschiffahrt. Für den wasserseitigen Güterumschlag waren innerhalb der Stadt der

Berliner Osthafen an der Spree und im Umland der Hafen Königs Wusterhausen an der Dahme südlich von Berlin am bedeutendsten (vor allem Umschlag von Braunkohle und Baumaterialien auf Schubschiffe für die Berliner Abnehmer). Die Kapazität des Osthafens wurde mehrmals erweitert, und der Umschlag vielfältiger Güter (z. B. Baustoffe und Bauelemente, Nahrungsmittel, Papier, Waschmittel) erhöhte sich in kurzer Zeit beträchtlich (1985 rd. 2,8 Mio. t, 1986 etwa 4 Mio. t). Mit dem Auf- und Ausbau des Flughafens Berlin-Schönefeld südöstlich von Berlin (nur 18 km vom Stadtzentrum entfernt) entwickelte sich die DDR-Hauptstadt auch zu einem Verkehrsknoten im nationalen und internationalen Luftverkehr (1985 Flugverkehr nach 36 Staaten auf vier Kontinenten).

Im städtischen Personenverkehr überwog die Benutzung öffentlicher Verkehrsmittel trotz steigender individueller Motorisierung und Verkehrsdichte im Zusammenhang mit der rasch anwachsenden Bevölkerung. Von 1975 (195000 Kfz) bis 1985 (rd. 370000 Kfz) verdoppelte sich fast die Anzahl der Kraftfahrzeuge (KEIDERLING, 1987, S. 794). Öffentliche und individuelle Verkehrsmittel wurden etwa im Verhältnis von 60:40 genutzt, in der Frühspitze des Berufsverkehrs von etwa 80:20 (ZIMM u. a. 1990, S. 271). Im bisherigen Verhältnis der traditionellen Verkehrsträger vollzog sich auch kein gravierender Bedeutungswandel, ihre Leistungsfähigkeit wurde aber durch den Ausbau der Streckennetze und deren teilweise Modernisierung erhöht. Nach ihrem Anteil an der Personenbeförderung (rd. ein Drittel) blieb die Dominanz der Straßenbahn auf Grund ihrer Vorteile im städtischen Personennahverkehr, „schnell und sicher, energiesparend, hohe Beförderungsleistung und umweltfreundlich", erhalten. Diese Vorteile wurden durch verschiedene Maßnahmen gefördert, u. a. durch Umstellung auf Tatra-Straßenbahngelenkzüge, den Aufbau neuer Strecken (besonders zu und in den neuen Stadtbezirken Marzahn, Hohenschönhausen, Hellersdorf), die Verlängerung vorhandener Strecken und durch die teilweise Erneuerung von Gleisanlagen. Nach der Personenbeförderungsleistung (Mio. Personenkilometer) war jedoch die S-Bahn der leistungsstärkste Verkehrsträger. Dabei erfüllten die anderen Verkehrsträger wichtige Zubringerfunktionen. Einen besonderen Konzentrationspunkt im S-Bahn-Verkehr bildete der S-Bahnhof Ostkreuz. Über ihn führten fast alle S-Bahn-Strecken, und mehr als 90% aller Fahrgäste stiegen hier ein, aus oder um. Er stellt damit bis heute ein sensibles „Nadelöhr" dar, dessen Modernisierung noch aussteht. Seiner Bedeutung entsprechend wurde das Streckennetz der S-Bahn erweitert und das bestehende in Anfängen modernisiert. Bis 1985 erfolgte z. B. die Sanierung und Umgestaltung einiger S-Bahnhöfe (u. a. Prenzlauer Allee, Greifswalder Straße) sowie die Erneuerung von fast 370 km Gleisanlagen (KEIDERLING 1987, S. 795/796). In die Modernisierung wurden auch ins Umland führende S-Bahn-Strecken einbezogen. Beispielsweise entstand an der Strecke nach Oranienburg der neue S-Bahnhof Mühlenbeck-Mönchmühle. Mit seiner Inbetriebnahme 1984 verbesserte sich u. a. für Berliner Bürger die Verkehrsanbindung an das vielbesuchte Ausflugsgebiet des Briesetales.

Räumliche Schwerpunkte der Netzerweiterung innerhalb der Stadt waren der Neubau der Teilabschnitte Friedrichsfelde-Ost bis Ahrensfelde (1982 Inbetriebnahme des neuen S-Bahnhofes) und Springpfuhl-Wartenberg (1983–1985) zur notwendigen Verkehrsanbindung der neuen Großwohngebiete Marzahn und Hohenschönhausen. Die Länge des Streckennetzes der S-Bahn erreichte Mitte der 80er Jahre (1985)

Verkehrsmittel	Beförderte Personen		Personen-beförderungsleistung	
	absolut (Mio.)	Anteil (%)	absolut (Mio. Personen-km)	Anteil (%)
S-Bahn	167	27	2429	54
U-Bahn	89	15	311	7
Straßenbahn	199	33	834	19
Omnibus	151	25	909	20
Summe	606	100	4483	100

Quelle: ZIMM 1990, S. 271

Tab. 39: Öffentlicher Personennahverkehr von Berlin (Ost) 1985

einschließlich der ins Umland führenden Linien 175 km, davon entfielen etwa 100 km auf Ostberliner Gebiet (ZIMM u. a., 1990, S. 271).

Die U-Bahn war von geringerer Bedeutung, ergänzte und entlastete aber in den inneren Stadtgebieten vor allem die S-Bahn. Das U-Bahnnetz bestand nur aus zwei nach Norden (Pankow) und Osten (Tierpark) führenden Strecken und hatte eine Gesamtlänge von rd. 16 km. Beide Strecken gingen vom Stadtzentrum aus, wobei die Verkehrsströme im U-Bahnhof Alexanderplatz gebündelt wurden (Ausgangs-, Ziel- und Umsteigebahnhof). Durch die Verlängerung der nach Osten führenden Linie vom U-Bahnhof Tierpark über Wuhletal, Hellersdorf bis nach Hönow und damit ins Umland von Berlin (meist oberirdische Streckenführung) wurde vor allem das neue Großwohngebiet Hellersdorf am östlichen Stadtrand mit der Innenstadt besser verbunden. Zu den Modernisierungsmaßnahmen gehörten u. a. die schrittweise Renovierung und Rekonstruktion von U-Bahnhöfen (z. B. Klosterstraße, Magdalenenstraße, Schönhauser Allee). Mit steigenden Anforderungen an den öffentlichen Personenverkehr wuchsen auch die Beförderungsaufgaben des Verkehrsträgers Omnibus als flexibel einsetzbares Massenverkehrsmittel (z. B. zu Verkehrsspitzen und zur Erschließung größerer Wohngebiete). Das Omnibus-Netz wurde ebenfalls erweitert und hatte Mitte der 80er Jahre (1985) eine Streckenlänge von 166 km (ZIMM u. a. 1990, S. 274; Tab. 39).

Das gesamte Streckennetz des öffentlichen Personennahverkehrs hatte auf Ostberliner Gebiet eine Länge von fast 1500 km. Die Netzerweiterungen erreichten in der ersten Hälfte der 80er Jahre (1980–1985) eine Größenordnung von mehr als 200 km und erfolgten vor allem im Zusammenhang mit Erfordernissen der Verkehrserschließung der neuen Großwohngebiete am Stadtrand und deren Verkehrsanbindung an die Innenstadt.

5.3.3 Bevölkerungsstruktur und Wohnbedingungen

Charakteristische Entwicklungsmerkmale der DDR-Hauptstadt waren die Bevölkerungszunahme über einen längeren Zeit-

Jahr	Einwohner	Zuzüge	Wegzüge	Migrationssaldo	Geborenenüberschuß
1976	1 106 267	21 544	8 258	13 286	−2 468
1979	1 140 254	22 023	10 116	11 907	+ 918
1982	1 173 028	18 102	8 269	9 833	+2 136
1985	1 215 586	26 611	10 647	15 964	+2 272
1988	1 284 535	32 188	11 016	21 172	+3 966
1976–1988 insgesamt		324 933	130 743	194 190	22 781

Quelle: Statistisches Jahrbuch der DDR 1977, 1980, 1983 und 1986 und Angaben der Staatlichen Zentralverwaltung für Statistik, Bezirksstelle Berlin; aus RUMPF/ZAUMSEIL/LEUPOLT/SCHULZ 1989, Tab. 2

Tab. 40: Bevölkerungswachstum von Berlin (Ost) und seine Quellen 1976–1988

raum und die Verbesserung der Wohnbedingungen. Damit verbanden sich erhebliche Veränderungen in der räumlichen Struktur und Verteilung der Bevölkerung sowie in der baulich-räumlichen Stadtgestaltung. In der Bevölkerungsentwicklung von Berlin (Ost) lassen sich zwei Perioden unterscheiden. Der Zeitraum vom Anfang der 50er Jahre bis Mitte der 70er Jahre war durch Stagnation bzw. Abnahme gekennzeichnet. In den zwei Jahrzehnten von 1950 bis 1970 verringerte sich die Bevölkerung um mehr als 100 000 Einwohner (1950: 1 189 074 Ew., 1970: 1 085 441 Ew.), u. a. bedingt durch Kriegsfolgen und Abwanderungen (bis 1961 hauptsächlich nach Westberlin und in die Bundesrepublik). Die Periode einer kontinuierlich positiven Bevölkerungsentwicklung begann Mitte der 70er Jahre im Zusammenhang mit zentralen Partei- und Regierungsbeschlüssen zur beschleunigten Ausgestaltung der DDR-Hauptstadt im Zeitabschnitt 1976 bis 1990 (Berlin-Programm), die mit dem Wohnungsbauprogamm der DDR (1973–1990) korrespondierten. Das bemerkenswerte Bevölkerungswachstum Ostberlins nach Aufhebung der Zuzugssperre (1974) resultierte hauptsächlich aus steigenden Wanderungsgewinnen (bis Mitte der 80er Jahre jährlich über 20 000 Personen). Die disproportionale Konzentration des Wohnungsbaues der DDR auf Berlin (Ost) war – verbunden mit dem Wachstum der Arbeitsplätze und mit den bevorzugten Lebensbedingungen – Grundlage dafür, daß sich Ostberlin zum herausragenden Migrationszentrum der DDR entwickelte (Tab. 40). Die Berlin-Migranten kamen aus allen Landesteilen der DDR, besonders aber aus den anderen Großstädten. Im Verlaufe der Migrationsprozesse prägte sich aber auch immer deutlicher die Tendenz zur nahräumlichen Migration aus. Damit stieg die Bedeutung des Umlandes in den Nachbarbezirken Frankfurt (Oder) und Potsdam als Quellgebiet der Berlin-Migranten, aber auch als Zielgebiet der Wegzüge aus Berlin (Ost).

Die Folgewirkungen der Bevölkerungszunahme in der privilegierten Hauptstadt der DDR bestanden vor allem in einer wesentlichen Verbesserung der demographischen Situation. Die Bevölkerung im arbeitsfähigen Alter wuchs erheblich (rd. zwei Drittel der Zuwanderungen entfielen auf die Altersgruppe 18–35 Jahre), und die „Verjüngung" der Hauptstadtbewohner be-

Jahr	1950	1961	1970	1980	1985
Wohnbevölkerung gesamt	100,0	100,0	100,0	100,0	100,0
davon Bevölkerung im arbeitsfähigen Alter	64,5	61,1	57,9	64,5	67,5
Kindesalter	18,4	16,9	21,6	19,0	18,2
Rentenalter	17,1	22,0	20,5	16,5	14,3

Quelle: FEGE/GRINGMUTH/SCHULZE 1987, S. 89, 92, 93

Tab. 41: Entwicklung der Altersstruktur der Bevölkerung von Berlin (Ost) nach Hauptaltersgruppen (%)

einflußte auch die natürliche Bevölkerungsbewegung günstig (Anstieg der Geburten, Sinken des Anteils der Bevölkerung im Rentenalter; Tab. 41). Vor allem durch den hohen Anteil jüngerer Jahrgänge an den Berlin-Migranten verbesserte sich die Arbeitskräftesituation in der Hauptstadt quantitativ und qualitativ. Das Wachstum der Erwerbstätigenzahl war seit den 70er Jahren beträchtlich (1970–1988: Zunahme um rd. 169000 Arbeitskräfte bzw. 28%) und wies auf die vorwiegend extensive Wirtschafts- und Stadtentwicklung in Ostberlin hin.

Da ein großer Teil der Berlin-Migranten einen Hoch- bzw. Fachschulabschluß hatte (Anfang der 80er Jahre etwa ein Viertel der Migranten), verbesserte sich auch die Qualifikationsstruktur der dort Tätigen. Die umfangreiche Berlin-Migration hatte weitreichende negative Folgewirkungen in den Quellgebieten. Das betraf insbesondere eine erhebliche Verschärfung der meist ohnehin angespannten Arbeitskräftesituation durch massenhafte Abwanderung jüngerer Jahrgänge (allerdings bei produktivitätsbedingter Vollbeschäftigung und verdeckter Arbeitslosigkeit) sowie einen Bevölkerungsrückgang und die Verschlechterung der Altersstruktur in den permanenten Abwanderungsgebieten im Norden und Süden der DDR. Diese und andere ungünstige soziale, wirtschaftliche und demographische Folgen machten sich nicht nur in den ländlichen, sondern zunehmend auch in den städtischen Quellgebieten vor allem in den sächsisch-sachsen-anhaltinischen Ballungsräumen der DDR bemerkbar. Dies spitzte gesellschaftspolitische Widersprüche zwischen der bevorzugten Hauptstadt und den benachteiligten Landesteilen zu.

Im Zusammenhang mit dem Bevölkerungswachstum nahm insbesondere der Neubau einen großen Aufschwung. Die quantitative und qualitative Verbesserung der Wohnbedingungen war seit Kriegsende zur ständigen Zielsetzung und Aufgabe deklariert worden. Sie stellte auch das sozialpolitische Kernstück des Berlin-Progamms von 1976–1990 dar. Damit waren hochgestochene Ziele (1976–90: Neubau von 200000–230000 Wohnungen, Modernisierung von ca. 100000 Wohnungen), ein forciertes Baugeschehen und ein hoher Aufwand an Mitteln, Arbeitskräften und Materialien verbunden. Seit Anfang der 70er Jahre wurden fast ein Fünftel aller Investitionen übermäßig für den Wohnungsbau eingesetzt. Berlin (Ost) entwickelte sich mit Abstand zum größten Wohnungsbaustandort der DDR, und am umfangreichen

Baugeschehen wurden alle anderen Bezirke beteiligt, indem sie dafür Arbeitskräfte, Baukapazitäten und Baumaterialien zu stellen hatten. Beispielsweise betrug zeitweilig die Anzahl der Bauarbeiter aus den Bezirken der DDR mit bis zu 20 000 Arbeitskräften das Doppelte der im Berliner Wohnungsbau beschäftigten Bauarbeiter. „Ostberlin begann somit, in direkter Form auf Kosten des übrigen Staatsgebietes zu wachsen..." (WERNER 1990, S. 46). Allerdings bestand in Ostberlin bei der Verbesserung der Wohnbedingungen in verschiedener Hinsicht auch ein Nachholebedarf im Vergleich mit den kreisfreien Städten der DDR (Groß- und ausgewählten Mittelstädten). In der Mitte der 70er Jahre lag Berlin (Ost) z. B. bei der Wohnungsausstattung mit Bad und Dusche noch an neunter Stelle, mit Zentralheizung auf dem 11. Platz und nahm bei der durchschnittlichen Wohnfläche je Wohnung den 13. Rang ein. Auch bei der Bereitstellung von Hotelbetten stand Ostberlin, bezogen auf 1000 Einwohner, hinter solchen Bezirksstädten wie Rostock und Dresden zurück (KEIDERLING 1987, S. 705).

Bis zur Mitte der 70er Jahre bildete die am schwersten zerstörte Innenstadt den räumlichen Schwerpunkt des Baugeschehens. Im Zusammenhang mit der Neu- und Umgestaltung des Alexanderplatzes entstanden z. B. nördlich dieses städtebaulich zentralen Raumes größere Neubaugebiete (entlang der Hans-Beimler- und Mollstraße 1973). Weiterhin begann im südwestlichen Teil des Stadtzentrums u. a. die Bebauung der Leipziger Straße (1972–1980). Auch rings um das Stadtzentrum entstanden neue Wohngebiete (z. B. in der Nähe des Ostbahnhofes, dem späteren Hauptbahnhof, und der Komplex Frankfurter Allee/Süd). Zu spät wurde in größerem Maße auch die Sanierung und Modernisierung der umfangreichen Altbausubstanz in der Innenstadt (Wilhelminischer Ring) in Angriff genommen (z. B. Gebiet um den Arnimplatz im Bezirk Prenzlauer Berg), wobei ein Teil dem Abriß verfiel. Von der Mitte der 70er bis zum Ende der 80er Jahre verlagerte sich der räumliche Schwerpunkt des Wohnungsbaues an den Stadtrand.

Für die Realisierung der hochgesteckten sozialpolitischen Ziele des Wohnungsbauprogrammes erschien der industriell betriebene Aufbau und die Gestaltung kompakter Großwohnsiedlungen in Plattenbauweise erforderlich, die mit ihrem Flächenbedarf nicht in der Innenstadt, sondern nur am Stadtrand errichtet werden konnten. So entstanden am östlichen Stadtrand meist „auf der grünen Wiese" in Plattenbauweise die Neubau-Großwohnsiedlungen Marzahn, Hohenschönhausen und Hellersdorf als neue Stadtteile und Kerne der neugebildeten Stadtbezirke. Parallel dazu wurden die Wohnbedingungen in der Innenstadt mit ihren historischen Altbauquartieren durch Erhaltung und Modernisierung, Rekonstruktion und Neubau (häufig Lückenbebauung) in Ansätzen verbessert (z. B. Neubaugebiet an der Greifswalder Straße), und an anderen Standorten in den äußeren Stadtbezirken wurden neue Wohngebiete geschaffen (z. B. Allende-Viertel im Stadtbezirk Köpenick, Neubaugebiet Berlin-Buch). Im Zeitraum 1971 bis 1985 wurden nahezu 250 000 Wohnungen fertiggestellt, davon rd. zwei Drittel durch Neubau und rd. ein Drittel durch Modernisierung. Dadurch verbesserten sich auch qualitativ die Wohnbedingungen für einen großen Teil der Einwohner (Tab. 42).

In den 80er Jahren verlagerte sich das Baugeschehen wieder mehr in die Innenstadt. Zu den Schwerpunkten des Wohnungsneubaues gehörten hier z. B. die Frankfurter Allee und die Schaffung eines Wohngebietes mit Parkanlage (Thälmann-Park) auf dem Gelände des ehemaligen Gaswerkes an der Dimitroff- und Greifswalder Straße. Die Erhaltung, Gestaltung und Modernisierung der historischen Bau-

	1971–1975	1976–1980	1981–1985
Insgesamt	48290	81428	119030
durch Neubau	33241	56123	79032
durch Modernisierung	15049	25305	39998

Quelle: FEGE/GRINGMUTH/SCHULZE 1987, S. 155

Tab. 42: Fertiggestellte Wohnungen in Berlin (Ost) 1971 bis 1985

substanz erlangte zwar größere Bedeutung, blieb aber weiterhin nur auf einige Gebiete beschränkt (z. B. Nikolai-Viertel, hier kombiniert mit innerstädtischem Plattenneubau, Sophienstraße, Wilhelm-Pieck-Straße, heute Torstraße, und Arkonaplatz im Stadtbezirk Mitte, Arnimplatz und Husemannstraße im Stadtbezirk Prenzlauer Berg). Eine umfassende flächenhafte Sanierung und Modernisierung der historischen Altbausubstanz in Berlin (Ost) erfolgte jedoch nicht. Zum Teil wurde auch der ursprüngliche Wohnungsbestand in den Altbauten durch Abriß reduziert (meist Hinterhäuser). Auf Grund der Dominanz des Wohnungsneubaues war vom Wohnungsbestand Mitte der 80er Jahre etwa die Hälfte seit 1949 neu entstanden (Abb. 48).

Im Gefolge des umfangreichen Wohnungsbaues und seiner räumlichen Schwerpunktsetzung entstanden Probleme. Generell blieb die dringend notwendige Erneuerung der Industrie und Landwirtschaft sowie zahlreicher Einrichtungen, Anlagen und Netze der wirtschaftsnahen und sozialen Infrastruktur weit hinter den Anforderungen einer effizienten Wirtschaft zurück. Der Kapitalstock war überaltert. Speziell war das Bauen in den Alt- und Neubaugebieten auf verschiedene Weise kompliziert und erforderte hohe Aufwendungen. In der dicht besiedelten Innenstadt war das Bauen (Modernisierung, Rekonstruktion, Neubau) bei mangelnder geeigneter Bautechnik besonders aufwendig, aber die vorhandene Infrastruktur konnte genutzt werden. Am Stadtrand ermöglichte das „Bauen auf der grünen Wiese" und die industrielle Plattenbauweise zwar einen schnellen Wohnungsneubau, es mußte aber die erforderliche Infrastruktur mit hohem Aufwand völlig neu geschaffen werden, z. B. kapazitiv bedarfsgerechte Netze für Fernwärme, Elektroenergie, Gas und Wasser. Dabei mußte ein erhöhter Verbrauch berücksichtigt werden; u. a. stieg der Wasserverbrauch in den Neubaugebieten und Modernisierungsbauten auf etwa das Vierfache im Vergleich zu den nicht sanierten Altbaugebieten (WERNER 1990, S. 38).

In bedeutendem Maße veränderten sich auch Weg-Zeit-Relationen zwischen Wohn- und Arbeitsstätten. Ungünstig war z. B. die Zunahme der Wegezeiten für Erwerbstätige, die am östlichen Stadtrand wohnten und in der Innenstadt oder in Gebieten der Großindustrie (u. a. Schöneweide) tätig waren. Damit verbanden sich Notwendigkeiten der Schaffung und Verbesserung von Verkehrsverbindungen, die erhebliche Investitionen erforderten.

Gravierende Veränderungen in der Stadtstruktur

Im Zusammenhang mit den gebietlichen Schwerpunkten des Wohnungsbaues veränderte sich die räumliche Verteilung der Bevölkerung in Berlin (Ost). Bis in die 70er Jahre bildeten die inneren Stadtbe-

Wohngebiete von Berlin-Ost

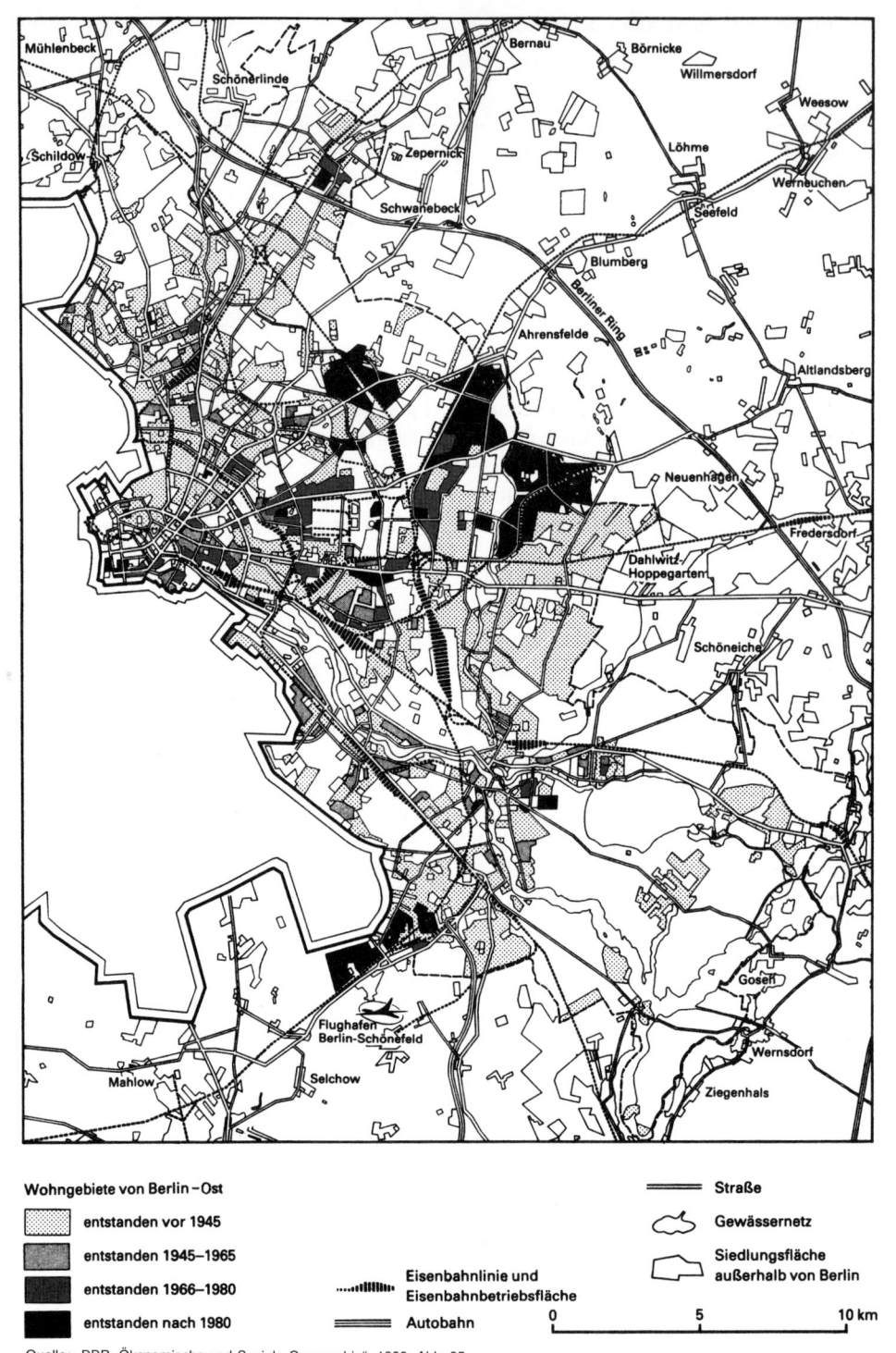

- entstanden vor 1945
- entstanden 1945–1965
- entstanden 1966–1980
- entstanden nach 1980

Eisenbahnlinie und Eisenbahnbetriebsfläche
Autobahn
Straße
Gewässernetz
Siedlungsfläche außerhalb von Berlin

Quelle: „DDR. Ökonomische und Soziale Geographie", 1990, Abb. 85

Abb. 48: Wohngebiete in Berlin (Ost) nach dem Zeitraum ihrer Entstehung

zirke (Mitte, Prenzlauer Berg, Friedrichshain) traditionell den Raum der größten Bevölkerungskonzentration. Im Jahre 1950 hatten diese Bezirke z. B. nur einen Anteil von 7,7% an der Stadtfläche, hier war aber mit 47,0% fast die Hälfte der Bevölkerung konzentriert. Dagegen lebten in den äußeren Stadtbezirken auf über 90% der Stadtfläche nur etwas mehr als die Hälfte der Einwohner. Dieses Verhältnis änderte sich grundlegend durch den verstärkten Wohnungsneubau am Stadtrand und die dadurch verursachte Randwanderung der Bevölkerung. In den inneren Stadtbezirken nahm die Bevölkerung durch Auflockerungs- und Verfallseffekte merklich ab (von 1950–1989 um über 200000 Einwohner), und ihr Anteil an der Stadtbevölkerung betrug 1989 nur noch etwas mehr als ein Viertel (26,1%). Demgegenüber wuchs die Anzahl der Einwohner in den äußeren Stadtbezirken vor allem seit Mitte der 70er Jahre beträchtlich, und ihr Anteil erreichte 1989 fast drei Viertel (73,9%) der Stadtbevölkerung. In diesem Prozeß bildete sich im Osten der Stadt mit den Stadtbezirken Lichtenberg, Marzahn und Hellersdorf das Gebiet der bedeutendsten Bevölkerungskonzentration heraus. Am Ende der 80er Jahre (1989) nahmen diese Stadtbezirke nur rd. ein Fünftel (21,3%) der Stadtfläche ein, hier lebte aber mehr als ein Drittel (35,4%) der Stadtbevölkerung und damit wesentlich mehr als in der Innenstadt. Im Zeitraum von vier Jahrzehnten hatte sich der räumliche Bevölkerungsschwerpunkt im Ostteil Berlins von der historischen Mitte an den östlichen Stadtrand verlagert.

5.3.4
Naherholung und Fremdenverkehr

Die Bevölkerung von Berlin (Ost) konnte attraktive Angebote für die Tages- und Wochenenderholung in der Stadt und im angrenzenden Umland in den Bezirken Frankfurt (Oder) und Potsdam nutzen. Der Ostteil Berlins war mit natürlichen Bedingungen für die Naherholung insgesamt günstig ausgestattet. Mehr als ein Viertel (1985: 27,4%) der Stadtfläche nahmen Wald- und Gewässerflächen bei Dominanz des Waldes ein. Der Wald- und Seenreichtum konzentrierte sich im Südosten, im Wald-Seen-Gebiet Köpenick (größter Teil des Stadtwaldes, bedeutendste Seen mit dem Großen Müggelsee, Seddinsee, Langen See). Durch seine Attraktivität und zeitgünstige Erreichbarkeit aus allen Stadtteilen (u. a. mit öffentlichen Verkehrsmitteln) war das Wald-Seen-Gebiet Köpenick traditionell das Hauptziel der Erholungssuchenden innerhalb der Stadt. Es wurde aber auch von vielen Gästen Berlins besucht, u. a. jährlich von zahlreichen Urlaubern aus anderen Teilen der DDR, insbesondere aus landschaftlich und ökologisch benachteiligten Ballungsräumen im Süden der DDR. Wichtige Nutzungsmerkmale des Gebietes waren eine hohe Frequentierung sowie die Überlagerung von Nah- und Urlaubserholung.

In den anderen Teilen Ostberlins bildeten Parks und Kleingärten die wichtigsten Erholungsgebiete. Ein Wahrzeichen der Hauptstadt von besonderer Attraktivität bildete der national und international bekannte Tierpark in Friedrichsfelde (Bezirk Lichtenberg). Die Naherholungsmöglichkeiten wurden in Altbau- und Neubaugebieten erweitert. Steigender Beliebtheit bei Einwohnern und Gästen erfreuten sich auch Fahrten mit der Weißen Flotte auf den Gewässern Ostberlins und seines Umlandes. Die traditionellen erholungsräumlichen Stadt-Umland-Beziehungen blieben nicht nur bestehen, sondern erweiterten und verstärkten sich in den 70er und 80er Jahren. Die Wirksamkeit der Erholungsbedingungen in der Stadt wurde jedoch durch verschiedene Faktoren ungünstig beein-

Berlin und Brandenburg in der Nachkriegszeit (1945 bis 1989/90)

Abgrenzung der Flächennutzungseinheiten

▬▬▬ Grenze einer Haupteinheit

Grenzen von Untereinheiten

──── 1. Ordnung

──── 2. Ordnung

─── Grenze der Einheit 3.5 im Teltow-Bereich

Quelle: nach RUMPF u. a. 1985, aktualisiert aus „DDR. Ökonomische und Soziale Geographie", 1990, Abb. 90

Flächennutzung

Wald

Forst/Jungaufforstung

Forst und Erholungsfläche

Landwirtschaftliche Nutzfläche

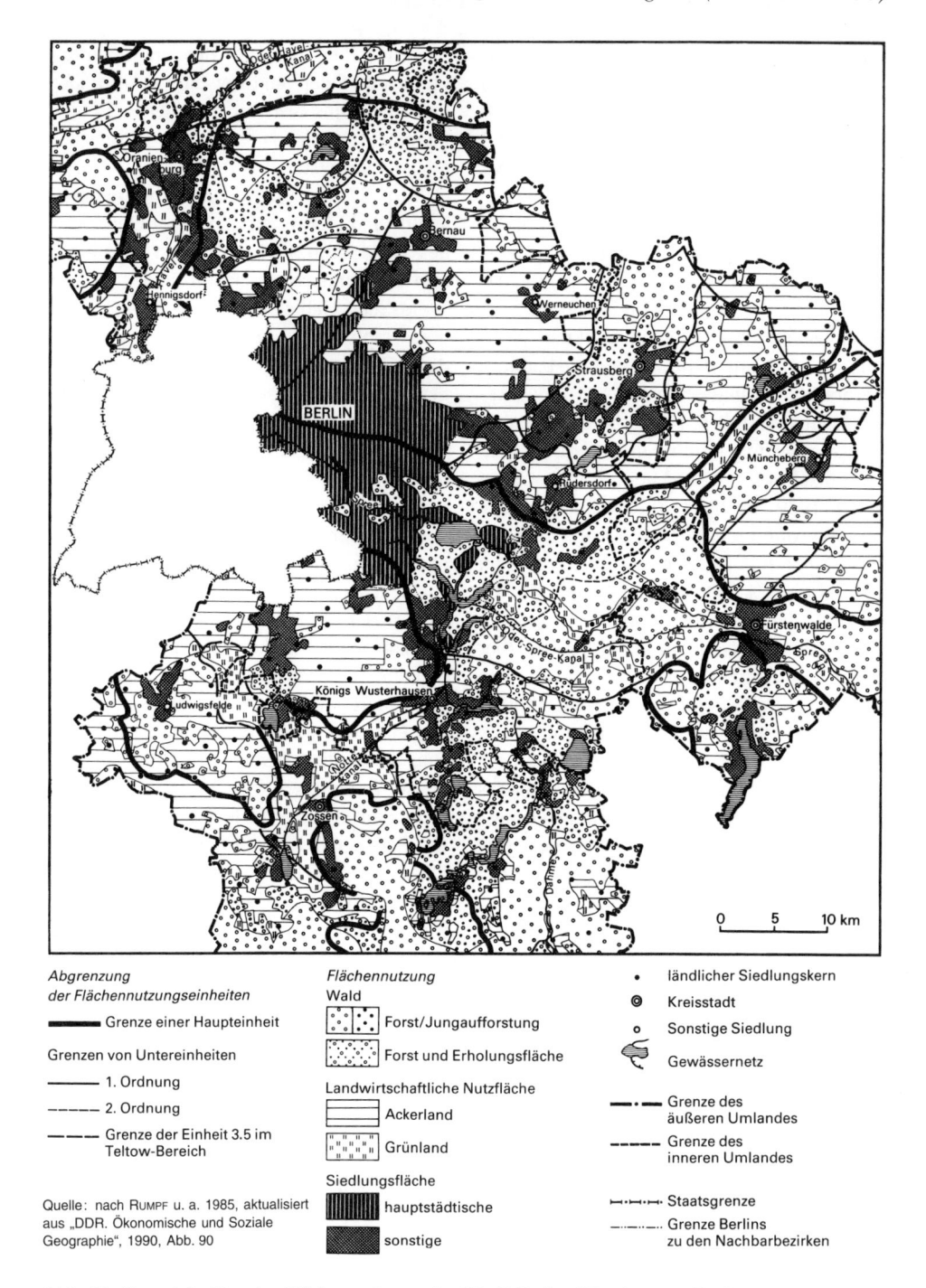

Ackerland

Grünland

Siedlungsfläche

hauptstädtische

sonstige

• ländlicher Siedlungskern
◎ Kreisstadt
○ Sonstige Siedlung
⌇ Gewässernetz

▬·▬ Grenze des äußeren Umlandes

──── Grenze des inneren Umlandes

▬·▬·▬ Staatsgrenze

─·─·─ Grenze Berlins zu den Nachbarbezirken

Abb. 49: Grundstruktur der Flächennutzung der Stadt-Umland-Region von Berlin-Ost Ende der 80er Jahre

Teilraum Stadtbezirke	Stadtanteile (%)			
	1976		1989	
	Fläche	Einwohner	Fläche	Einwohner
Innenstadt Mitte, Prenzlauer Berg, Friedrichshain	7,8	37,8	7,8	26,1
Nordraum Pankow, Weißensee, Hohenschönhausen	30,9	19,6	29,2	21,8
Ostraum Marzahn, Lichtenberg, Hellersdorf	19,6	19,3	21,3	35,4
Südostraum Treptow, Köpenick	41,7	23,3	41,7	16,7
Berlin (Ost)	100,0	100,0	100,0	100,0

Quelle: RUMPF u. a. 1989, Tab. 3; Region Berlin, Statistische Informationen; H. 1, 1990, S. 7

Tab. 43: Teilräume von Berlin (Ost) nach Flächen- und Bevölkerungsanteilen 1976 und 1989

flußt (z. B. Gewässerverschmutzung, Beeinträchtigung von Uferzonen, ungenügende Infrastruktur, Immissionsbelastungen durch die Industrie, öffentlich nicht zugängliche Kleingartenanlagen), und die Maßnahmen und Mittel zur Beseitigung bzw. Einschränkung der Störeinflüsse entsprachen nicht den Erfordernissen.

Berlin (Ost) wurde auch Ziel eines zunehmenden Städtetourismus. Aus dem In- und Ausland kamen jährlich etwa sechs Mio. Besucher in die Stadt (OSTWALD 1989, S. 45). Zu den bevorzugten Besucherzielen gehörten neben Kulturstätten und -veranstaltungen (z. B. Museen, Berliner Festtage) das historisch-städtebauliche Raumgefüge im Stadtzentrum (u. a. Straße Unter den Linden, Nikolai-Viertel) sowie reizvolle Naherholungsgebiete (u. a. Tierpark, Müggelsee und Müggelberge). Ein Teil des Berlin-Tourismus aus der DDR war aber auf Grund der besseren Versorgung der Hauptstadt auch Einkaufstourismus, und bei den Besuchern aus Westberlin und der Bundesrepublik standen häufig andere Gründe im Vordergrund (z. B. Verwandtenbesuche).

5.3.5
Geographische Differenzierung der Stadtstruktur nach Teilräumen

Die Entwicklung und Gestaltung von Berlin (Ost) als Hauptstadt der DDR war zugleich mit räumlichen Differenzierungsprozessen der Stadtstruktur verbunden, die sich besonders seit Mitte der 70er Jahre (Berlin-Programm) immer stärker ausprägten. Das kam geographisch in der Herausbildung von Teilräumen zum Ausdruck, die gebietsspezifische Grundzüge der hi-

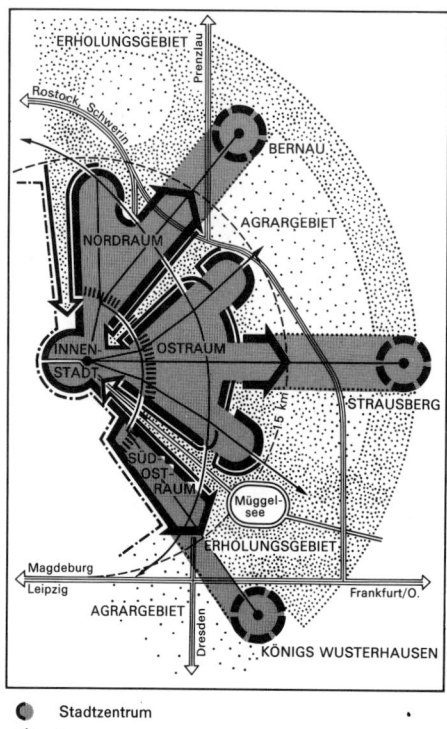

- Stadtzentrum
- Innenstadt
⇒ Entwicklungsräume
- Siedlungsräume im Umland
- Siedlungsschwerpunkte im Umland
- Grünzüge
— S- und Fernbahntrassen
= Autobahn

Quelle: ZIMM (Hrsg.) 1990, Abb. 30

Abb. 50: Räumliche Gliederung und Entwicklung von Berlin-Ost Mitte der 80er Jahre

storisch entstandenen und die sich neu entwickelnden Proportionen in der räumlichen Differenzierung von Ostberlin (Abb. 49) strukturell und funktionell widerspiegelten (Tab. 43). Diese Teilräume umfaßten jeweils mehrere Bezirke und gliederten die Stadt in die Innenstadt, den Nordraum, Ostraum und Südostraum. Sie bildeten als städtebauliche Großräume die Grundlage für die langfristig angelegte, räumlich differenzierte Entwicklung in Ostberlin unter Beachtung ihrer Verflechtung mit den östlichen Teilräumen des Berliner Umlandes (Abb. 50, S. 206–207).

Die *Innenstadt* war der flächenmäßig kleinste Teilraum, nahm aber als Konzentrationsgebiet der hauptstädtischen und gesamtstädtischen Funktionen eine herausragende Stellung ein. Sie hatte den größten Anteil an dem historischen Raumgefüge, das in Alt-Berlin und in der Mitte Groß-Berlins entstanden war. Die Innenstadt war und blieb trotz relativer Bedeutungsabnahme das größte Arbeitsstättengebiet Ostberlins. Zu Beginn der 70er Jahre waren hier noch rd. die Hälfte (1970: 49,5%) der Erwerbstätigen von Berlin (Ost) beschäftigt, gegen Ende der 80er Jahre nur noch etwas mehr als zwei Fünftel (1987: 42,5%). Auf Grund der zahlreichen Arbeitsplätze vor allem im tertiären Sektor (Verwaltung, Handel, Kunst, Kultur, Wissenschaft, Gastronomie und Hotelwesen) war der Teilraum zugleich das größte Arbeitspendler-Zielgebiet in der Stadt. Die hervorragende stadtstrukturelle Stellung der Innenstadt basierte vor allem auch darauf, daß sich hier mit dem weitgehend kriegszerstörten Stadtzentrum ein spezifischer Entwicklungsraum befand. Dieser gestattete in besonderer Weise eine baulich-räumliche Entwicklungskonzeption für eine Verbindung von Neuem und Altem bei der – wenn auch durch die Teilung gestörten – Zentrumsgestaltung von Ostberlin. Die Verwirklichung der städtebaulichen Konzeption erfolgte nur in Ansätzen und ist mit einigen Strukturfehlern (z. B. zu große Plätze und breite Aufmarschstraßen, langzeitige Vernachlässigung der Friedrichstraße) behaftet. Der Auf- und Ausbau eines repräsentativen Stadtzentrums entsprechend den politischen und ideologischen Zielen der DDR war seit den 60er Jahren ein Schwerpunkt des Baugeschehens. Es entstand in peripherer Lage

Berlin (Ost) als Hauptstadt der DDR

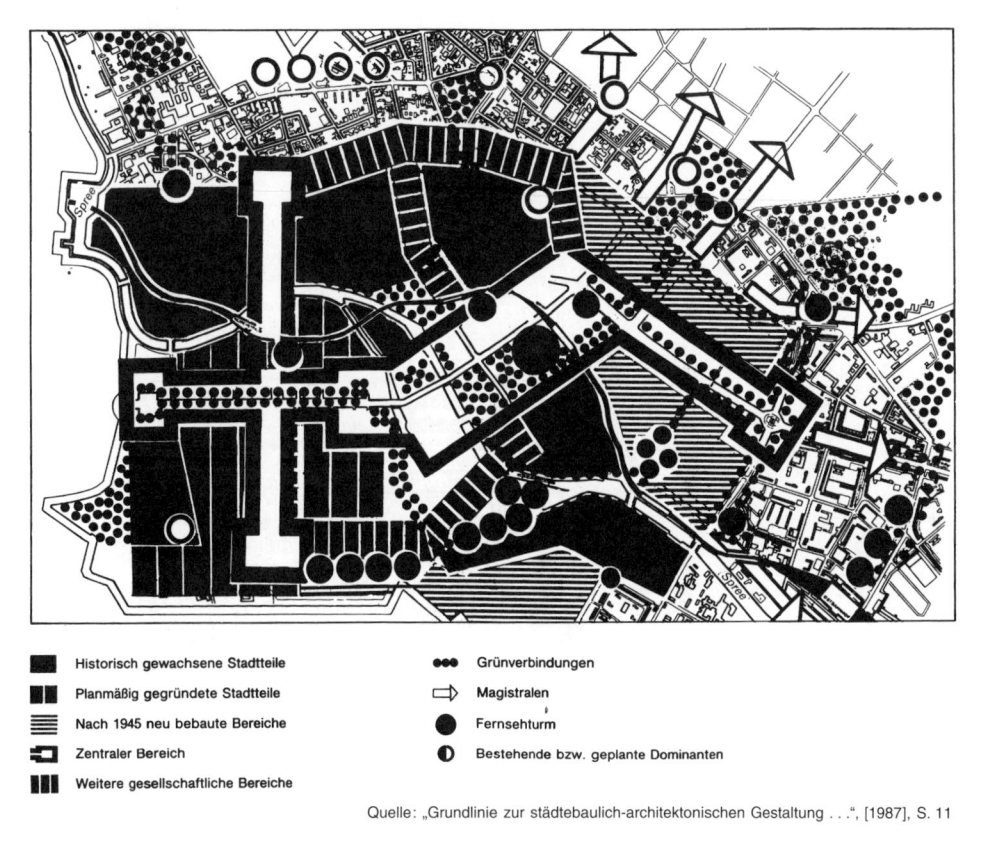

■ Historisch gewachsene Stadtteile
■■ Planmäßig gegründete Stadtteile
≡ Nach 1945 neu bebaute Bereiche
⊐ Zentraler Bereich
|‖| Weitere gesellschaftliche Bereiche

●●● Grünverbindungen
⇨ Magistralen
● Fernsehturm
◐ Bestehende bzw. geplante Dominanten

Quelle: „Grundlinie zur städtebaulich-architektonischen Gestaltung . . .", [1987], S. 11

Abb. 52: Struktur des Stadtzentrums von Berlin-Ost Mitte der 80er Jahre

an der westlichen und südlichen Stadtgrenze zu Westberlin in einem großzügig bemessenen Areal (ca. 820 ha bzw. 2,7% der Stadtfläche), war mit dem Stadtbezirk Mitte nahezu identisch und umfaßte bedeutende historische und moderne städtebauliche Ensembles (Abb. 51). Die räumliche Grundstruktur des Stadtzentrums wurde bestimmt durch die zentrale West-Ost-Achse vom Brandenburger Tor über die Straße Unter den Linden, unterbrochen vom weiträumigen Marx-Engels-Platz (heute Schloßplatz) und dem gegenwärtig umstrittenen „Palast der Republik" aus DDR-Zeit, durch den Alexanderplatz und die Karl-Marx-Allee bis zum Strausberger Platz; den Spreelauf mit der Spreeinsel (Museumsinsel) und die von Norden nach Süden die „Linden" kreuzende Friedrichstraße (Abb. 52).

Das Stadtzentrum war gekennzeichnet durch Vielfalt, Hochrangigkeit und teilweise auch Attraktivität seiner Funktionen und Strukturen. Es war Hauptstandort der Einrichtungen mit hauptstädtischen Funktionen (z. B. Sitz zentraler politischer, staatlicher und wirtschaftlicher Leitungen), ausländischer Vertretungen (z. B. Botschaften), von Einrichtungen der Wissenschaft, Kultur und Bildung mit überregio-

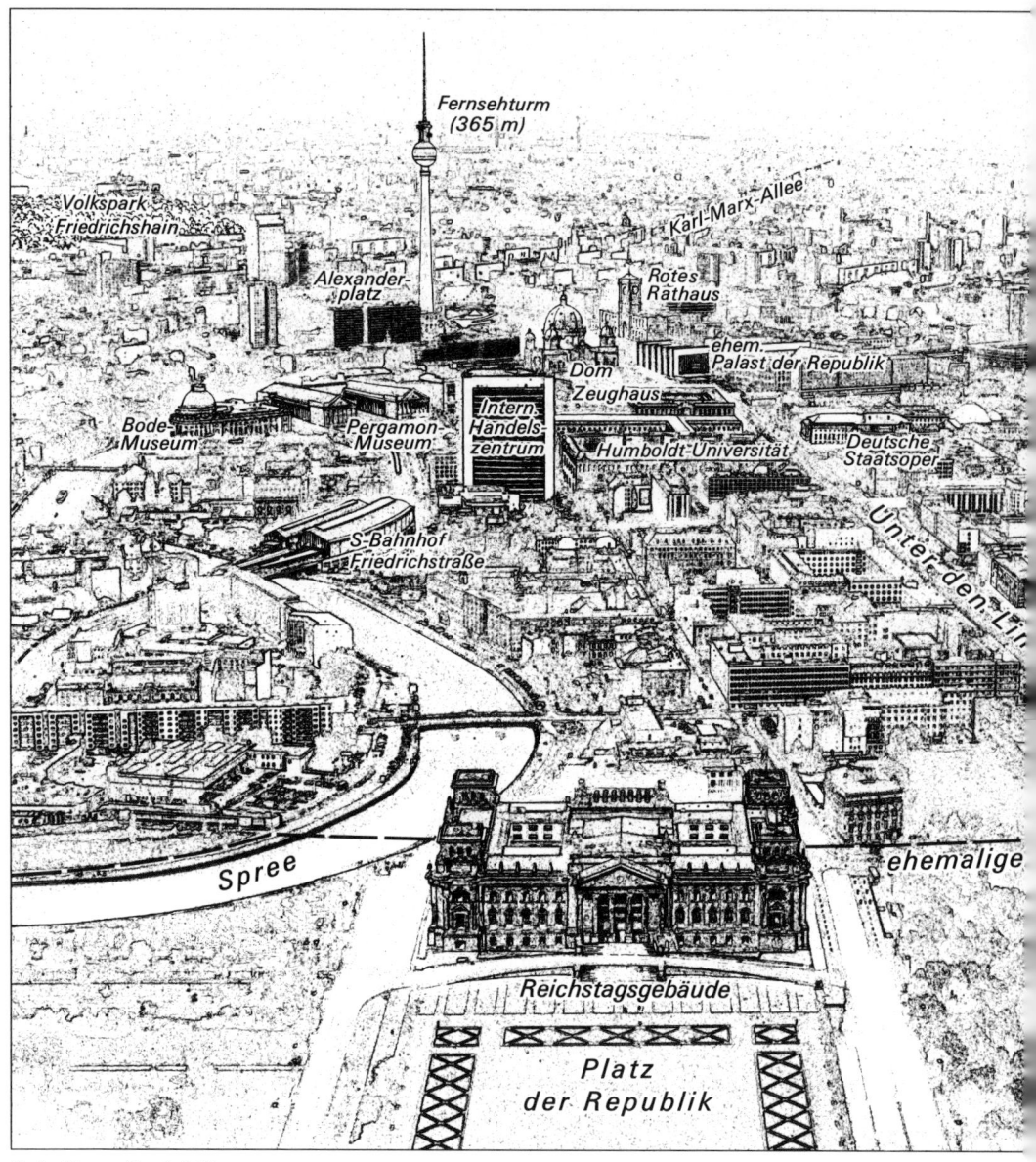

Quelle: WALLERT (Hrsg.), S. 26

Abb. 51: Berlin – City-Ost

naler Bedeutung (z. B. Akademie der Wissenschaften, Humboldt-Universität, fast alle Sprech- und Musiktheater der Stadt, Musikhochschule „Hanns Eisler") und gesamtstädtischen Leitungs- und Verwaltungseinrichtungen (z. B. Magistrat). Weiterhin konzentrierten sich im Stadtzentrum bedeutende Einrichtungen des Handels, des Hotel-und Gaststättenwesens (z. B. alle Interhotels der Hauptstadt).

150000 Tagespendler) mit täglich umfangreichen und wachsenden Verkehrsströmen auf Straße und Schiene. Im Zuge der Um- und Neugestaltung des Stadtzentrums, insbesondere seit Mitte der 70er Jahre (Berlin-Programm), wurde auch die *Wohnfunktion* durch Neubau, Rekonstruktion und Modernisierung wesentlich verstärkt. Die stadtstrukturell und funktionsräumlich sinnvolle Erweiterung der Wohnfunktion im Stadtzentrum wurde politisch-ideologisch auch damit begründet, daß „die Repräsentation des sozialistischen Staates im Stadtzentrum unbedingt mit dem Wohnen der tragenden politischen Kraft, der Arbeiterklasse, zu verbinden war (ZIMM 1984, S. 50). Mit der schrittweisen Ausgestaltung des Stadtzentrums wurden auch mehrere städtebauliche Dominanten geschaffen. Dazu gehören der 365 m hohe Fernsehturm (1969 Fertigstellung, rotierendes Café in 207,5 m Höhe) als höchstes Gebäude Berlins und neues Wahrzeichen der Stadt, das Nikolai-Viertel, das zur 750-Jahrfeier Berlins (1987) fertiggestellt wurde, sowie der Gendarmenmarkt (mit Schauspielhaus – jetzt „Konzerthaus", Französischem und später auch Deutschem Dom).

Am Ende der 80er Jahr hatten sich im Ergebnis der Entwicklungs- und Differenzierungsprozesse in vier Jahrzehnten wesentliche Wandlungen in der Raumstruktur Ostberlins vollzogen. Zu den wichtigsten Veränderungen zählten einerseits der Aufbau und die Gestaltung eines in Ansätzen repräsentativen Stadtzentrums in der Innenstadt im Gebiet der historischen Mitte Berlins, aber in Randlage zu der anderen, durch die Mauer getrennten Teilstadt Westberlin. Andererseits erfolgte die Verlagerung der größten Bevölkerungskonzentration von Berlin (Ost) an die östliche Stadtgrenze mit dem Aufbau der Großwohngebiete in Marzahn, Hohenschönhausen und Hellersdorf sowie der damit verbundenen Randwanderung der Be-

Durch die Vielzahl der Arbeitsplätze wurde es auch zum bedeutendsten Arbeitspendler-Zielgebiet der Innenstadt und von Berlin (Ost) insgesamt (ca. ein Viertel der Erwerbstätigen von Ostberlin bzw. über

völkerung. Das räumliche „Auseinanderrücken" der Gebiete mit dem größten Angebot an Arbeitsplätzen einerseits bzw. Arbeitskräften andererseits erforderte die Schaffung leistungsfähiger Verkehrsverbindungen zwischen den genannten vier Teilräumen, um den Weg-Zeit-Aufwand in vertretbaren Grenzen zu halten und die täglichen Verkehrsströme weitgehend mit öffentlichen Verkehrsmitteln bewältigen zu können. Die in diesem Zusammenhang erfolgten Verkehrsbauten gehörten zu den wichtigsten Veränderungen in der Verkehrsstruktur. Den Wandel in der geographischen Differenzierung der Stadt charakterisierte strukturell und funktionell die Herausbildung und Profilierung der vier Teilräume. Sie widerspiegelten besonders deutlich die vorwiegend in West-Ost-Richtung verlaufende baulich-räumliche Stadtentwicklung, die zugleich eine Erweiterung und Intensivierung räumlicher Verflechtungen mit Teilen des Umlandes in den brandenburgischen Nachbarbezirken bewirkte. Während also Zentrum und Peripherie von dieser Entwicklung profitierten, wurden der innerstädtische Wohngürtel (große Teile der Bezirke Mitte, Prenzlauer Berg, Friedrichshain und Lichtenberg), aber auch die Altbaugebiete in Treptow, Köpenick, Weißensee und Pankow stark vernachlässigt. Diese unausgewogene Entwicklung hinterließ damit auch die größten Sanierungs- und Modernisierungsgebiete im wiedervereinigten Berlin.

5.4
Städtebau und Stadtstruktur im geteilten Berlin – ein zusammenfassender Vergleich

Die städtebauliche und stadtstrukturelle Entwicklung in Berlin (West) und Berlin (Ost) vollzog sich in der Nachkriegszeit unter den politischen und räumlichen Bedingungen der Zweiteilung von Deutschland und Berlin. Sie wurde generell beeinflußt durch das unmittelbare Aufeinandertreffen gegensätzlicher gesellschaftlicher Systeme (westliche Demokratie, pluralistische Gesellschaft und Marktwirtschaft einerseits – osteuropäischer Realsozialismus mit geschlossener Gesellschaft sowie zentraler Plan- und Kommandowirtschaft andererseits) in Berlin. Das wurde durch den Mauerbau (1961) noch verstärkt und setzte sich auch unter zeitweiligen politischen Entspannungserscheinungen seit den 70er Jahren (Deutschland- und Berlinverträge, KSZE) weiter fort.

Die Stadtentwicklung im Westteil und Ostteil Berlins verlief unterschiedlich, wies aber auch teilweise ähnliche Züge auf. Dabei spielten historische, politische und ideologische, wirtschaftliche, architektonische, städtebauliche und bautechnische Faktoren allgemeiner und spezifischer Art eine wesentliche Rolle. Wichtige *historische Einflußfaktoren* waren:

– Die historisch gewachsene Stadtstruktur von Groß-Berlin mit City/Stadtzentrum (Bezirk Mitte, Teile der Bezirke Tiergarten und Charlottenburg), dem Wilhelminischen Ring um die City mit dichter Mietskasernen-Bebauung (4- bis 5geschossige Mietwohnhäuser mit Keller- und Kleinwohnungen, engen Hinterhöfen) und den locker bebauten Außenbezirken mit altstädtischen Siedlungskernen (z. B. Spandau, Köpenick),
– die schweren Zerstörungen und Beschädigungen des Gebäudebestandes von Groß-Berlin im Zweiten Weltkrieg, besonders in der Innenstadt (vor allem Bezirke Mitte, Tiergarten, Wedding mit Wohnraumverlusten von mehr als 50%) sowie
– die Aufteilung von Groß-Berlin in die teilweise unterschiedlich strukturierte westliche (mit größeren Villengebieten) und östliche Stadthälfte mit dem

Städtebau und Stadtstruktur im geteilten Berlin

Wohnungen in Tsd. — BERLIN (WEST)

Legende: Abgang, Altbau, modernisierter Altbau, Neubau, Wiederaufbau

Werte: 644 890 (1950); 99 185; 1 096 740; 242 390; 549 520

Wohnungen in Tsd. — BERLIN (OST)

Legende: Abgang, Altbau, modernisierter Altbau, Neubau, industriell gebaut

Wohnungsbauprogramm 1973–1990

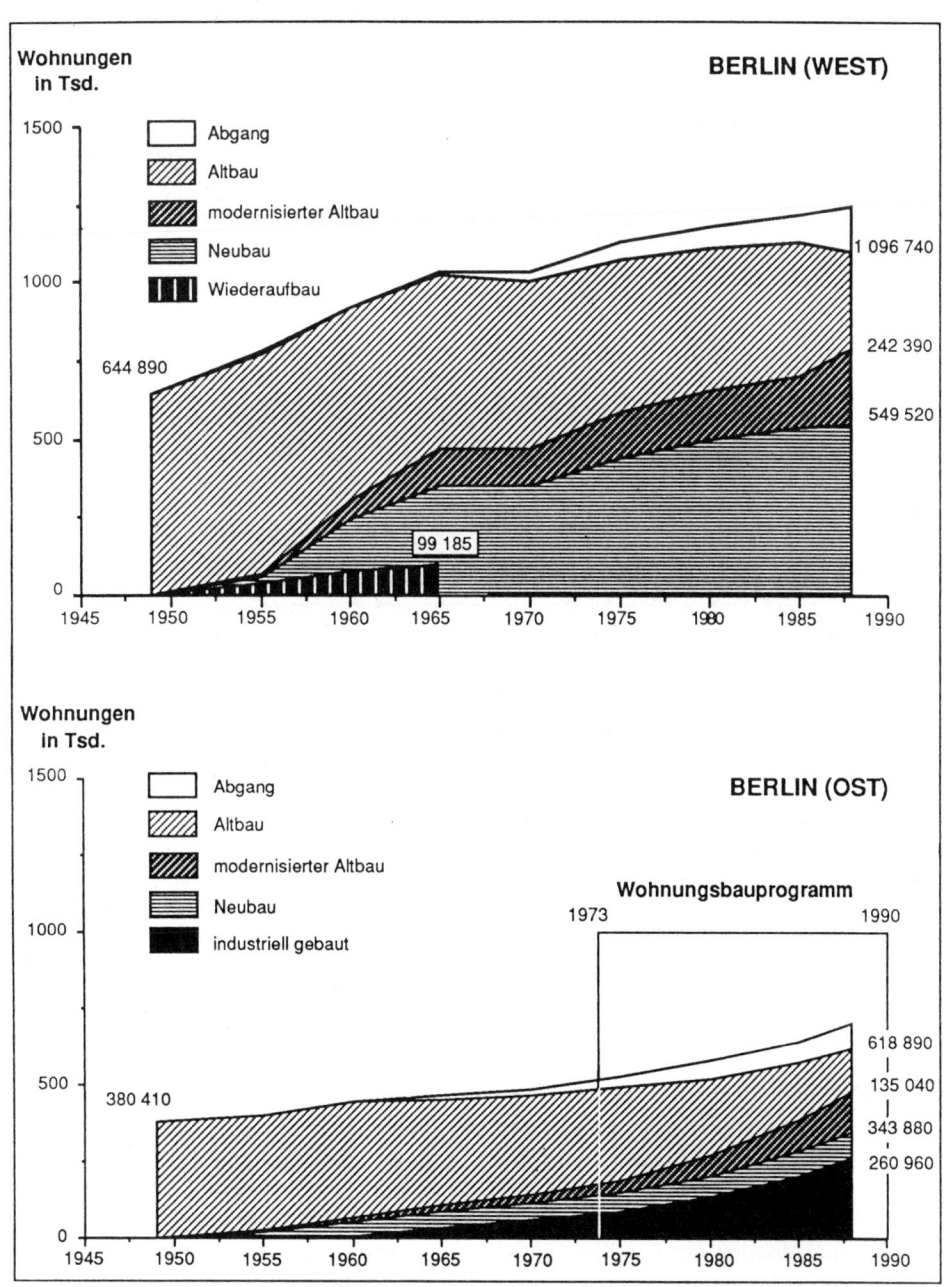

Werte: 380 410 (1950); 618 890; 135 040; 343 880; 260 960

Quelle: PETERS 1990, ergänzt, aus WERNER 1990, Abb. 14

Die Unterscheidung von Alt- und Neubau nach dem Baualter vor bzw. nach dem Zweiten Weltkrieg ist in Hinblick auf die Ausstattungen ungeeignet. Ein erheblicher Teil der vor 1939 errichteten Gebäude war bereits mit Zentralheizungen und Bädern ausgestattet, während nach 1945 noch zahlreiche Wohnungen mit Ofenheizung errichtet worden sind.

Abb. 53: Wohnungsbestand von Berlin-West und -Ost 1949–1988, Entwicklung des Bestandes durch Neubau und Modernisierung einschließlich der Abgänge

Abb. 54: Wohnungsneubau in Berlin-West und -Ost 1949–1987

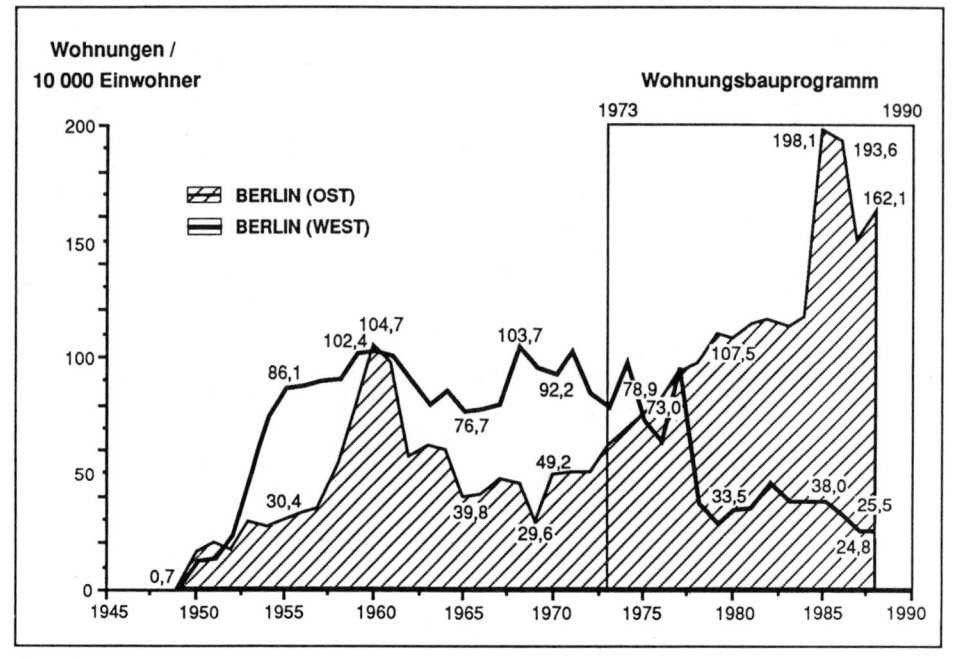

Quelle: PETERS 1990, ergänzt, aus WERNER 1990, Abb. 15

Hauptanteil am historischen Berliner Siedlungsgebiet.

Zu wichtigen *politischen und wirtschaftlichen Einflußfaktoren* der divergierenden Stadt- und Wohnungsentwicklung gehörten:

in *Berlin (West):*
– Die politische sowie umfangreiche materielle und finanzielle Unterstützung und Förderung durch die Bundesrepublik Deutschland (u. a. auch zum Erhalt und Ausbau der Funktion „Schaufenster des Westens"),
– die Kompensation der Bevölkerungsabwanderung durch gezielte Zuwanderung sowie
– die Schaffung und Erhaltung von Wohnbedingungen mit westdeutschem Standard für eine etwa konstant bleibende Einwohnerzahl um zwei Millionen;

in *Berlin (Ost):*
– die politisch-ideologisch begründete Bevorzugung und Förderung des Auf- und Ausbaues als Hauptstadt der DDR und Repräsentationszentrum ihres realsozialistischen Systems, auch als Gegengewicht zu Westberlin,
– die Sicherung der finanziellen und materiellen Mittel für eine abgehobene Stadt- und Wohnungsentwicklung durch Beschlüsse zentraler Entscheidungsgremien (SED-Politbüro, DDR-Regierung unter Zustimmung der „Blockparteien" und Leitungen gesellschaftlicher Organisationen) zum Nachteil der Entwicklung anderer Städte und Landesteile (das „Berlin-Programm" seit Mitte der 70er Jahre wurde „mit der Kraft der ganzen Republik" durchgeführt und sah langfristig den Ausbau der „führenden Stellung der Hauptstadt" in der DDR vor) sowie

Übersicht 15: Wohngebietsentwicklung in Berlin (West) und Berlin (Ost) in der Nachkriegszeit (1945–1990). Vergleich wichtiger städtebaulich – stadtstruktureller Wohngebietstypen[1]
a) Wohngebiete der Innenstadt in Zentrums- und zentrumsnaher Lage mit größeren Neubauanteilen

Berlin (West)	Berlin (Ost)
Wiederaufbau und Rekonstruktion von Wohnungen in Anlehnung an die historische Stadtstruktur in Zentrums-, Misch- und Altbaugebieten; Neubau getrennter Wohngebiete zur Gestaltung einer modernen westlichen Großstadt mit „Schaufensterfunktion" gegenüber dem Osten Berlins und Deutschlands sowie in Konkurrenz zu anderen Großstädten der Bundesrepublik Deutschland. Beispiele:	Aufbau für die Hauptstadt des zweiten (sozialistischen) deutschen Teilstaates repräsentativer Wohngebiete, verbunden mit öffentlichen Funktionsgebäuden des Staates und der Stadt, der Wissenschaft und Kultur sowie mit weiträumigen Aufmarsch- und Kundgebungsstraßen und -plätzen im Kontrast zu Westberlin sowie in Konkurrenz zu anderen Großstädten der DDR. Der Wohnungszuwachs ergab sich hauptsächlich durch Neubau (seit den 70er Jahren in Plattenbauweise) mit räumlicher Konzentration im Stadtzentrum. Die Sanierung und Modernisierung beschränkten sich auf wenige Gebiete (z. B. Arkonaplatz, Torstraße, Bezirk Mitte). Beispiele:
50er Jahre: Hansa-Viertel. Wiederaufbau als „reines" Neubauwohngebiet im Bezirk Tiergarten südlich der Spree mit abwechslungsreicher Architektur und interessanter, durchgrünter städtebaulicher Gestaltung. Ergebnis einer internationalen Bauausstellung sowie bundesweiter und internationaler Unterstützung.	*50er und 60er Jahre:* Stalinallee (heute: Karl-Marx-Allee und Frankfurter Allee, Bezirk Mitte und Friedrichshain), Baudenkmal einer im uniformierenden „Zuckerbäckerstil" der stalinistischen Ära aufgeführten, verbreiterten Magistrale mit relativ komfortablen Wohnungen und Geschäften in der Erdgeschoßzone; Neugestaltung des Alexanderplatzes mit Neubaugebieten in seinen Randbereichen, wie Rathausstraße, Karl-Liebknecht-Str., Neubau des Heinrich-Heine-Viertels.
60er bis 80er Jahre: Verbindung von Sanierung, Modernisierung und Neubau (Lückenschließung) in zentrumsnahen Wohn- und Mischgebieten, u. a. im Bezirk Tiergarten (Moabit).	*70er Jahre:* Neubaugebiete Leipziger Straße, Hans-Beimler-Straße, Mollstraße, Fischerkietz-Quartier; Plattenbauweise in der Rathaus- und Leipziger Straße.
	80er Jahre: Nikolaiviertel in Anlehnung an die kleinräumige historische Stadtstruktur und Reste der Altbausubstanz sowie durch Anpassung der Plattenbauweise. Neubauten Otto-Grotewohl-Straße (heute Wilhelmstraße).

[1] Die Darstellung hat Überblicks- und Beispielcharakter und erhebt keinen Anspruch auf Vollständigkeit.

b) Wohngebietsring mit großen Altbauanteilen der Innenstadt und angrenzender Stadtbereiche (überwiegend Gebiet des historischen Wilhelminischen Ringes mit dichter Mietskasernen-Überbauung)

Berlin (West)

Langfristig angelegte und schrittweise erfolgte Stadtsanierungen und -erneuerungen, verbunden mit Lückenbebauungen sowie zeit- und stellenweise erfolgtem Flächenabriß und Neuaufbau; Erhöhung des Wohnwertes durch Modernisierung; infrastrukturelle Ausstattung und Durchgrünung bei weitgehender Erhaltung des „Kietzcharakters" auch unter multikulturellen Einflüssen, aber wachsende Segregierung und Erhöhung des Anteils sozial schwächerer in- und ausländischer Bevölkerungsgruppen; höhere Anteile von Sozialwohnungen. Große Flächenausdehnung in der Innenstadt (Kreuzberg ganz, Teile der Bezirke Wedding, Tiergarten, Charlottenburg, Wilmersdorf, Schöneberg und Neukölln). Beispiel: Modell der „behutsamen Stadterneuerung" im Bezirk Kreuzberg mit breiter Bürgerbeteiligung der Bewohner der Sanierungsgebiete (Betroffenenvertretungen) in den 70er Jahren, beispielgebend für die Sanierung der Altbaugebiete.

Berlin (Ost)

Anhaltende Vernachlässigung der Mietwohnungen der Altbaugebiete in den Bezirken Prenzlauer Berg, Friedrichshain, Lichtenberg, Treptow, aber auch in Pankow und Weißensee sowie anderen Altbaugebieten. Teilweise Lückenbebauung und zu spät einsetzende, nur inselartige Stadtsanierung und -modernisierung (z. B. Arnimplatz, Husemannstraße); gravierende Funktions-, Einwohner- und Substanzverluste bei gleichbleibend niedrigen Mieten; hohe Anteile von gemischten Eigentumsformen (staatlich, genossenschaftlich, privat), Einpersonenhaushalten junger und alter „Singles" (Prenzlauer Berg) sowie permanente Durchgangsfunktionen beim Wohnen in zahlreichen Substandard-Wohnquartieren (Hinterhöfen, Seitenflügel). Die Mehrzahl der Altbau-Sanierungsgebiete liegt daher gegenwärtig im Ostteil Berlins.

c) Wohngebiete außerhalb der Innenstadt mit neuen Großwohnsiedlungen

Berlin (West)

Randliche Großwohngebiete verschiedener Bauweise (Großblock-, Platten- und monolithische Bauweisen, z. T. kombiniert) bereits in den 60er und 70er Jahren errichtet, z. T. zeitgleich mit Altbausanierung in der Innenstadt.
– Märkisches Viertel:
Nördlicher Stadtrand (Bez. Reinickendorf) für ca. 60 000 Ew.;
– Falkenhagener Feld:
westlicher Stadtrand (Bez. Spandau) für ca. 35 000 Ew.;
– Gropiusstadt:
Südöstlicher Stadtrand (Bez. Neukölln) für ca. 45 000 Ew.

Berlin (Ost)

Randliche Großwohngebiete in industrieller Plattenbauweise der 70er und 80er Jahre zur Durchführung der von „Partei und Regierung" verfügten staatlichen Programme und Planungen (Wohnungsbauprogramm der DDR 1973–1989/90; Hauptstadtprogramm Berlin seit 1976 bis zur Wende).
Kriterien: Priorität der Sozialpolitik, Ökonomie und Bautechnologie gegenüber Architektur und Städtebau; Umverteilung von staatlichen Wohnungsbaukontingenten und Baukapazitäten anderer Bezirke der DDR zugunsten Ostberlins;
Umsiedlung vorwiegend junger Familien mit Kindern aus den innerstädtischen Altbaugebieten (b) sowie Neuansiedlung von Arbeitskräften und deren Familien für die

Ansiedlung von in- und ausländischen Zuwanderern (Migranten); Bedarfsdeckung für ansässige Stadtbewohner, Auflockerung der Wohnbedingungen in den innerstädtischen Altbaugebieten (b);
vergleichsweise höhere Wohndichte bei abwechslungsreicherer Architektur;
höherer Wohnkomfort bezüglich Wohnungsgröße und -ausstattung;
Defizite bei der sozialen Infrastruktur im Wohnumfeld; vorwiegend kleinteiliger Zuschnitt der Einzelhandels- und Dienstleistungseinrichtungen;
Rückstände bei der Erschließung durch leistungsfähige öffentliche Verkehrsmittel (S-, U- und Straßenbahn) bei besserer Straßenerschließung für den stärker entwickelten motorisierten Individualverkehr;
stärkere Segregationswirkungen bei der Wohnbevölkerung (höherer Anteil sozial schwächerer in- und ausländischer Bevölkerungsgruppen);
höherer Anteil von Sozialwohnungen sowie genossenschaftlicher und kommunaler Eigentumsformen;
niedrigerer Versorgungsgrad der Bewohner mit Schrebergärten und Wochenendhäusern (eingeschränkte Ausgleichfunktion);
geringere Wohnzufriedenheit und stärker ausgeprägtes „Negativimage" in der Öffentlichkeit;
schwächere und ausgewogenere Wirkungen auf die Stadtstruktur durch die geringere Dimensionierung der Großwohngebiete und mehrseitige Ausdehnung im N, SO und W der Stadthälfte Berlins.

DDR-Hauptstadt aus allen Teilen des Landes, speziell von Pendlern aus dem Berliner Umland;
Überdimensionierung geschlossener randstädtischer Plattensiedlungen im Bezirk Lichtenberg sowie in den neugebildeten Außenbezirken Marzahn (1979), Hohenschönhausen (1985) und Hellersdorf (1986) für ca. 100000 Ew./Bezirk. Teilweise Einbeziehung alter Dorfkerne und aufgelockerter Siedlungsgebiete; Monotonie der Architektur (Dominanz fünf-, zehn- bzw. elfgeschossiger „Wohnscheiben", wenige Punkthochhäuser);
relativ hoher Wohnkomfort, jedoch geringere Wohnfläche je Wohnung und Einwohner;
ausreichende Ausstattung mit sozialer und teilweise kultureller Infrastruktur sowie Durchgrünung;
Konzentration von Einzelhandels- und Dienstleistungseinrichtungen auf größere „Kaufhallen" und genormte „Dienstleistungswürfel" schmuckloser Architektur in den Wohngebieten;
starke Arbeitsplatzdefizite, aber gute Anbindung an die zentralen Stadtbereiche mit leistungsfähigen öffentlichen Verkehrsmitteln (S-Bahn, U-Bahn, Straßenbahn, Bus) bei niedrigen Fahrpreisen;
nur staatliches und genossenschaftliches Wohneigentum;
relativ ausgewogene Sozialstruktur bei stärkeren Anteilen jüngerer, meist höherqualifizierter Menschen mit höherem Einkommen, verbunden mit häufigem Individualbesitz an Schrebergärten, Wochenend- und Ferienwohnungen („Datschen") vorwiegend im Umland von Berlin (Ausgleichfunktion!);
relativ hohe Wohnzufriedenheit und schwächer ausgeprägtes „Negativimage" in der Öffentlichkeit;
starke Wirkungen auf die Stadtstruktur durch einseitige räumliche Konzentration überdimensionierter Großwohngebiete auf den Nordosten der Stadthälfte Berlins.

d) Wohngebiete in landschaftlich schöner Lage mit lockerer und meist gemischter Bebauung sowie teilweise erhaltener historischer Strukturierung

Berlin (West)	Berlin (Ost)
Höhere Anteile an den Stadtflächen im SW (Zehlendorf, Wilmersdorf, Steglitz) und NW (Spandau, Reinickendorf), d. h. in den grünen Außenbezirken, verbreitet mit Ein- und Mehrfamilienhäusern, Landhaus- und Reihenhaussiedlungen, Villenkolonien, historischen Stadt-, Orts- und Dorfkernen besiedelt; überwiegend guter baulicher Zustand bei hohen Anteilen privater Eigentümer als Nutzer; infrastrukturelle Aufwertung der Wohngebiete bei vorherrschender Motorisierung des Individualverkehrs; Erweiterung der Bausubstanz durch den Bau von Einfamilien-, Mehrfamilien- und Reihenhäusern; Überalterung der Wohnbevölkerung bei höheren Anteilen wohlhabender sozialer Schichten (Selbständige, Politiker, höhere Beamte und Angestellte, Wissenschaftler und Künstler, Pensionäre) sowie deren Nachkommen.	Höhere Anteile an der Stadtfläche im SO (Köpenick, Treptow) und NO (Pankow, Weißensee), aber insgesamt geringerer Anteil als in Berlin (West); niedriger Anteil repräsentativer Villen, stärkere bauliche Verschleißerscheinungen insbesondere bei Gebäuden von Fremdnutzern; Rückstände bei der infrastrukturellen Erschließung vor allem bei Abwasserkanalisation und modernen Heizungsarten; Überalterung der Wohnbevölkerung bei höheren Anteilen von Partei- und Staatsfunktionären, Angehörigen der Intelligenz, privaten Handwerkern und Gewerbebetreibenden sowie deren Nachkommen; höherer Anteil privater Eigenheime, teilweise mit Fremdnutzung (Mieter, Pächter).

– die Schaffung von Wohnbedingungen mit überdurchschnittlichem Standard – bezogen auf die DDR – für eine zunehmende Bevölkerung bei deutlich über einer Million liegenden Einwohnerzahl, wobei der Zuwachs hauptsächlich auf Wanderungsgewinnen aus anderen Landesteilen beruhte (ansteigende Berlin-Migration mit Höhepunkt in den 80er Jahren).

Die unterschiedlichen, aber auch teilweise analogen baulich-strukturellen Merkmale der Stadtentwicklung in Berlin (West) und Berlin (Ost) spiegelten sich sowohl in den verschiedenen Proportionen zwischen der Erhaltung, Modernisierung, Erneuerung (einschließlich Neubau auf inner- und randstädtischen Standorten) bei differenziertem Einsatz verschiedenartiger Bautechnologien (Abb. 53) als auch im unterschiedlichen zeitlichen Ablauf des Baugeschehens im West- und Ostteil der Stadt wider (Abb. 54). Sie werden im obigen Schema – verallgemeinert und vereinfacht – am Beispiel stadt- und teilraumprägender *Wohngebietstypen* sowie deren Entwicklung vergleichend betrachtet (Übersicht 15).

5.5
Veränderte Raumstrukturen in Brandenburg (Bezirke Cottbus, Frankfurt [Oder] und Potsdam)

Trotz der nach politischen, administrativen, wirtschaftlichen, militärpolitischen und planerischen Gesichtspunkten vorgenommenen Aufteilung Brandenburgs in drei Bezirke (s. Kap. 1) verlief dort unter den grundlegenden sozioökonomischen Umwandlungen von Wirtschaft und Gesellschaft in der DDR der wirtschafts- und

> Die *Ziele und Methoden der Wirtschafts-, Sozial-, Regional- und Kommunalpolitik* im Rahmen des Systems der Zentralverwaltungswirtschaft in der DDR können über die
> – Dokumente der staatstragenden Partei (SED) und
> – die daraus abgeleiteten Beschlüsse, Pläne und Programme der Volkskammer und des Ministerrates der DDR, der Bezirks- und Kreistage und des „Staatsapparates" auf allen Ebenen bis hin zur Gemeindeebene verfolgt werden.
>
> Besondere Bedeutung besaßen zentrale Programme von „Partei und Regierung" wie zum Beispiel
> – Kohle- und Energie-, Chemie-, Mikroelektronikprogramm, Wohnungsbau- und Hauptstadtprogramm.

Übersicht 16: Zur Ableitung von Zielen und Methoden der Wirtschafts-, Sozial-, Regional- und Kommunalpolitik in der DDR

sozialräumliche Strukturwandel sowohl nach uniformierenden gemeinsamen Grundzügen (Übersicht 16) als auch, vor allem natur- und historisch-geographisch bedingt, in regionaler und sektoraler Differenziertheit.

5.5.1
Raumstrukturelle Wirkungen der politisch-administrativen Neugliederung des Landes Brandenburg 1950/52

Nachdem auf Weisung der Sowjetischen Militäradministration schon 1945 die Provinz Brandenburg innerhalb der Sowjetischen Besatzungszone gebildet und 1947 ihr der Status eines Landes zuerkannt worden war, kam es im Jahre 1950 zu ersten Verwaltungsreformen in Brandenburg. Sie betrafen die innere politische Gliederung des Landes und erste Neuordnungen von Kreisen und Kommunen. Mit Wirkung vom 23.07.1952 erfolgten dann grundlegende Veränderungen des politisch-administrativen Staatsaufbaus in der DDR, die auch die Auflösung des Landes Brandenburg und stattdessen die Bildung der Bezirke Potsdam, Frankfurt (Oder) und Cottbus sowie eine neue Kreiseinteilung mit sich brachten (s. a. Kap. 1., Abb. 3).

Die Neugliederung in die drei genannten Bezirke, im Gefolge auch 6 Stadtkreise (Potsdam, Brandenburg [Havel], Frankfurt [Oder], Cottbus, Eisenhüttenstadt, Schwedt [Oder]) und 38 Landkreise, trug einerseits zur Erweiterung der Zentralortstruktur im Siedlungsnetz bei (im Gebietsstand von 1952 gab es 1939 im brandenburgischen Raum nur 21 Landkreise), zerschnitt aber auch andererseits historisch-landschaftlich gewachsene Zusammenhänge. Der letztere Umstand hatte besonders an der Peripherie des brandenburgischen Raumes Gewicht.

Bei der räumlichen Abgrenzung des Bezirkes Cottbus besaß der Aspekt der zentralisierten Verwaltung des künftigen Kohle-Energie-Zentrums der DDR Priorität. Mit der damit verbundenen Eingliederung der Kreise Weißwasser und Hoyerswerda wurde deren bis dahin nie unterbrochene geschichtliche Bindung an Sachsen negiert. Auch auf den südlichen Teil des 1952 neu geschaffenen Kreises Senftenberg und das vorher sachsen-anhaltische Kreisgebiet von Bad Liebenwerda trifft das zu. Im Kreis Senftenberg gehörten vor 1952 18 Gemeinden zu Brandenburg, 12 zu Sachsen sowie 4 zu Sachsen-Anhalt (s. RUTZ 1991, S. 112). Auch der Raum um das vormals sachsen-anhaltische Jessen hatte stärkere Verflechtungen mit Lutherstadt Wittenberg aufzuweisen.

Im Gegensatz dazu wurde im Nordosten die seit der Zeit um 1250 brandenburgische Uckermark mit den stärker agrarisch geprägten Landstrichen um Templin, Prenzlau und Strasburg an den neuen mecklenburgischen Bezirk Neubrandenburg abgegeben. Ähnlich verhielt es sich mit dem Kreisgebiet der Westprignitz (Perleberg, Wittenberge), das, seit der Askanierzeit brandenburgisch, nunmehr dem Bezirk Schwerin zugeordnet wurde. Im westbrandenburgischen Raum kam die alte Bischofstadt Havelberg und Umgebung an den Bezirk Magdeburg, während der Bezirk Potsdam Flächenzuwachs durch Gebiete der sachsen-anhaltischen Kreise Genthin und Burg erfuhr.

Daß die historisch gewachsenen landsmannschaftlichen Akzeptanzen in der Bevölkerung nach wie vor bis zur Gegenwart ihre Wirkung bewahrten, sollte sich später nach Wiedererlangung der kommunalen Selbstbestimmungsrechte im Vorfeld und nach der Wiedervereinigung erweisen (s. Kap. 1).

Eine wesentliche raumstrukturelle Wirkung der Verwaltungsreform von 1952 lag in der Erweiterung der Zentralortestruktur im brandenburgischen Siedlungsnetz und in der Orientierung auf funktionsräumliche, teilweise auch wirtschaftsräumliche Strukturen.

Bei der Auswahl der früheren Landeshauptstadt Potsdam und Frankfurt (Oder) zu Bezirksstädten wurde an bereits vorhandene oberzentrale Einrichtungen in diesen Städten angeknüpft; in dem früheren Kreiszentrum Cottbus mußten sie erst aufgebaut werden. Die alten Kreisstädte wie Neuruppin und Kyritz im Norden, Seelow, Bad Freienwalde und Beeskow im Oderraum, Calau, Luckau, Spremberg und Guben im Südosten sowie Nauen, Rathenow und Belzig im westbrandenburgischen Raum behielten ihre Kreisstadtfunktionen. Hinzu traten nun kleinere Mittel- und Kleinstädte wie Wittstock, Pritzwalk, Gransee, Oranienburg, Fürstenwalde, Königs Wusterhausen, Zossen, Luckenwalde und im südostbrandenburgischen Raum Senftenberg. In diesen Städten wurden nun die politischen Führungs- und Verwaltungsfunktionen für ihre Kreise lokalisiert, in der Folgezeit aber auch die kreisgeleitete Industrie, Bau- und Verkehrswirtschaft ausgebaut. Damit wurde die zentralörtliche Funktion der Kreiszentren gestärkt, zumal auf diese Weise auch der Rahmen für ihre künftige infrastrukturelle sowie wohnungsbauliche Bevorzugung gegeben war.

Dieser Umstand hatte besondere Gültigkeit für die drei Bezirksstädte. Die genannte hierarchische Rangordnung bei Investitionen ließ andererseits in der Folge die sozialen Disparitäten zu zahlreichen anderen Kleinstädten und Dörfern anwachsen. Viele kleine Grundzentren verloren auch an Zentralität (s. SCHÖLLER 1986). Lediglich industrielle Aufbaustädte wie Hennigsdorf und Ludwigsfelde machten eine Ausnahme. Durch die Entwicklung der örtlich geleiteten Wirtschaft entstanden auch regional gebundene wirtschaftsräumliche Verflechtungen mit Orientierung auf die Bezirks- und Kreisstädte (s. a. „DDR. Ökonomische und Soziale Geographie", 1990, S. 285/286). Die durch die Verwaltungsreform von 1952 vorgeprägte zentralörtliche Entwicklung hatte ebenso zur Folge, daß sich Arbeits-, Versorgungs- und Bildungspendelwanderung räumlich stark auf die Bezirks- und Kreiszentren ausrichteten. Auf Grund des hier vorrangig vorhandenen Arbeitsplatz- und Wohnungsangebotes waren diese auch bevorzugte Zielpunkte der Nahmigration der Bevölkerung.

5.5.2
Gemeinsamkeiten im Strukturwandel

Strukturwandel in der Landwirtschaft

Im Ergebnis der historisch-geographischen Entwicklung war der größte Teil des Landes Brandenburg ländlich geprägt, d. h. mit Ausnahme des Berliner Verdichtungsraumes, des Cottbuser Raumes und einiger größerer Städte dominierten anteilmäßig Gebiete, die durch niedrige Werte ihrer Bevölkerungs- und Siedlungsdichte gekennzeichnet waren.

Der agrarpolitische und -strukturelle Wandel zwischen 1945 und 1989/90 – von der Bodenreform (1946–1949) über die Kollektivierung in den 50er Jahren bis zur Phase der überzogenen Konzentration, Spezialisierung und Industrialisierung in den 70er Jahren – hat die gesamte Raumstruktur dieser Regionen verändert.

Die Agrarproduktion der Provinz Mark Brandenburg war bis zum Ausbruch des Zweiten Weltkrieges weitgehend auf die Bedürfnisse der Metropole Berlin ausgerichtet.

Von den 1,961 Mio. ha LN entfielen 74% auf Ackerland (überdurchschnittliche Anteile der östlichen und nordöstlichen Kreise) und 22% auf Grünland (hohe Anteile im West- und Südteil).

Aufgrund der ungünstigen natürlichen Standortbedingungen dominierte in der pflanzlichen Produktion der Anbau von Roggen (34%) und Kartoffeln (22%, bezogen auf die Ackerfläche). In den Gebieten mit höheren Ackerzahlen konzentrierte sich der Anbau von Weizen, Zuckerrüben und Feldfutterpflanzen. Während sich Teilräume des Berliner Umlandes auf den Obst-, Gemüse- und Gartenbau spezialisiert hatten, dominierte im Havelland, in der Prignitz und in der Uckermark die Milchviehwirtschaft.

Im Jahre 1939 umfaßte die Betriebsfläche der ca. 155 000 Land- und Forstwirtschaftsbetriebe fast 3,5 Mio. ha. Weniger als 10% entfiel auf die über 100 000 Klein- und Kleinstbetriebe (<10 ha), etwa die Hälfte jedoch auf 2782 Großbetriebe (>100 ha). Durch die von 1946 bis 1949 durchgeführte *Bodenreform* veränderten sich auch im Land Brandenburg die Eigentums- und Besitzverhältnisse sowie die Betriebsgrößen-, Flächen- und ländliche Siedlungsstruktur grundlegend. Von den 3,3 Mio. ha des gesamten Bodenreformlandes in der SBZ, das zu vier Fünfteln aus der entschädigungslosen Enteignung des Großgrundbesitzes gebildet wurde, entfielen fast 30% (950 000 ha) auf das Land Brandenburg. Etwa zwei Drittel dieses Fonds dienten der Bildung neuer Kleinbetriebe und der Vergrößerung von Kleinstbetrieben – im späteren Bezirk Frankfurt (Oder) erhielten z. B. über 11 000 Bodenempfänger fast 140 000 ha Land. Im größten Teil der brandenburgischen Dörfer entstanden für die „Neubauern" zahlreiche Wohn- und Wirtschaftsgebäude. Das restliche Drittel des Bodenfonds diente der Bildung von Landesgütern, die 1949 in Volkseigene Güter (VEG)) umgewandelt wurden. Von den 540 hauptsächlich auf Saat- und Tierzucht spezialisierten VEG, die 1955 in der DDR existierten, entfielen 143 auf die 1952 gebildeten brandenburgischen Bezirke Cottbus, Frankfurt (Oder) und Potsdam.

Mit der *Kollektivierung*, d. h. der schrittweisen Zusammenfassung der bäuerlichen Betriebe zu Landwirtschaftlichen Produktionsgenossenschaften (LPG), von 1952 bis 1960 gingen vielfältige agrarstrukturelle Wandlungen einher. Trotz vieler Probleme konnte die Nahrungsmittelversorgung verbessert werden. Radikal verändert hatte sich nach Abschluß dieser Phase die Betriebsgrößenstruktur. Von den rund 177 000 brandenburgischen Agrarbetrieben

Betriebs-größen gruppe (ha LN)	Anzahl der LPG	Anteil an der Gesamtzahl der LPG (%)
unter 200	1603	47,0
200–500	1064	31,2
500–1000	556	16,3
1000–2000	171	5,0
über 2000	19	0,5

Quelle: Statistisches Jahrbuch der DDR 1962

Tab. 44.: Betriebsgrößenstruktur der LPG in den drei brandenburgischen Bezirken 1961

waren 1955 noch 158 000 in Privatbesitz; existierten neben den 143 VEG erst 1105 LPG. 1961 bearbeiteten 3413 LPG über 80% der LN. Die Betriebsgrößenstruktur der LPG zeigt Tabelle 44.

Erheblich war der Rückgang der Beschäftigten in der Land-, Forst- und Wasserwirtschaft der drei Bezirke von 357 000 im Jahre 1952 auf 267 000 im Jahre 1961, d. h. um rund 25%.

Der leichte Rückgang der LN um etwa 9000 ha von 1955 bis 1961 betraf ausschließlich den Bezirk Cottbus (Bergbau, Aufforstung). Beträchtlicher waren hingegen die Verschiebungen im Ackerland-Grünland-Verhältnis. So verringerte sich im letztgenannten Zeitraum die Ackerfläche um 27 000 ha, die Grünlandfläche wurde um 24 000 ha erhöht.

Wachsende Kooperations- und Konzentrationsprozesse kennzeichneten die Entwicklung der Landwirtschaft in den 60er Jahren. So verringerte sich die Zahl der LPG von 3413 im Jahre 1961 bis 1970 auf 2050 (davon 1 136 LPG Typ III), die der VEG von 163 auf 111. Die verstärkten Anstrengungen zur Intensivierung der Agrarproduktion widerspiegelten sich u. a. in der Entstehung der Kreisbetriebe für Landtechnik (KfL), der agrochemischen Zentren (ACZ), der Meliorationsgenossenschaften sowie der ersten großen Betriebe der Viehwirtschaft in Form der Kombinate für industrielle Mast (KIM) oder als zwischenbetriebliche Einrichtung (ZBE) – z. B. die Frischeierkombinate bei Bernau, Falkensee und Königs Wusterhausen, das KIM Zucht- und Vermehrungszentrum für Legehennen in Spreenhagen (Kreis Fürstenwalde). 1970 befanden sich 57 von insgesamt 195 Meliorationsgenossenschaften der DDR in den drei brandenburgischen Bezirken. Die Ansiedlung dieser Einrichtungen in großen Dörfern oder kleinen Städten und die Errichtung neuer Wirtschaftsgebäude am Rande der Dörfer führte zu bedeutsamen Veränderungen der ländlichen Siedlungsstruktur.

Die völlige betriebliche Trennung von Pflanzen- und Tierproduktion, die sehr hohe Viehkonzentration in den KIM bzw. ZBE (z. B. KIM Schweinezucht und -mast Lichterfelde bei Eberswalde, KIM Entenmast in Wriezen, KIM Putenzucht und -mast Neuglienicke, ZBE Milchproduktion Fehrbellin), die Bildung von Agrar-Industrie-Vereinigungen – z. B. AlV Fehrbellin im Oberen Rhin- und Havelluch (etwa 24 000 ha LN) – sowie der Prozeß der „Vergetreidung", d. h. die Erweiterung der Anbaufläche von Getreide, insbesondere von Gerste, Roggen und Weizen, sowie die Reduzierung der Kartoffelanbaufläche um etwa 50 000 ha bis 1989, charakterisierten die extreme Industrialisierung und Extensivierung der brandenburgischen Agrarproduktion in den 70er Jahren. Zunehmende wirtschaftliche Probleme der DDR führten zwar Anfang der 80er Jahre zu einigen agrarpolitischen Korrekturen (Wiederbetonung des „Territorialprinzips", Agrarpreisreform, Förderung der Hoflandwirtschaft), die aber das Fehlen einer langfristigen Entwicklungsstrategie nicht ersetzen konnten (s. Übersicht 17).

Veränderte Raumstrukturen in Brandenburg 219

> **1945–1949 BODENREFORM** *(Verordnung vom 06. 09. 1945)*
> – Entschädigungslose Enteignung von 2327 Betrieben mit mehr als 100 ha Betriebsfläche
> – Einrichtung neuer Kleinbetriebe, Vergrößerung von Kleinstbetrieben,
> – Bildung von Landesgütern – ab 1949 Volkseigene Güter (VEG)
> – Vernichtung alter Grundbücher
> – 1946 entsteht die „Vereinigung der gegenseitigen Bauernhilfe" (VdgB)
> – Gründung von Maschinenausleihstationen (MAS), später Maschinen-Traktoren-Stationen (MTS)
>
> **1952–1960 KOLLEKTIVIERUNG**
> Es entstehen landwirtschaftliche Produktionsgenossenschaften (LPG – drei verschiedene Typen), teilweise unter massivem Druck.
> – starke Veränderungen im Flurbild, in der Siedlungsstruktur und in der Sozialstruktur der ländlichen Bevölkerung
> – größere Produktionsanlagen, mehrgeschossige Wohnbauten und überörtliche gesellschaftliche Einrichtungen entstehen vorwiegend in ländlichen Siedlungszentren (sog. „MTS-Dörfer")
>
> **1961–1968 KONZENTRATION** *und* **KOOPERATION**
> – Stabilisierung und Vergrößerung der LPG
> – Zunahme horizontaler und vertikaler Verflechtungen in Form von Kooperationsgemeinschaften (KOG)
> – Entstehung landwirtschaftlicher Servicebetriebe, z. B. Agrochemische Zentren (ACZ), Kreisbetriebe für Landtechnik (KfL), Meliorationsbetriebe, Zwischengenossenschaftliche Bauorganisationen (ZBO)
>
> **1968–1989 „INDUSTRIALISIERUNG"** *der Landwirtschaft*
> – betriebliche Trennung von Pflanzen- und Tierproduktion
> – Großbetriebe der Pflanzenproduktion (zwischen 4000 und 6000 ha), Anlagen der industriemäßigen Tierproduktion (z. B. Milchviehanlagen mit ca. 2000 Stallplätzen) und Agrar-Industrie-Vereinigungen (AIV) entstehen
> – wachsende ökologische Belastungen
> – Bildung von Gemeindeverbänden
> – Kurskorrekturen und Mangelverwaltung in den 80er Jahren (u. a. Territorialverwaltung, d. h. Arbeitsorganisation auf Gemeindebasis, Dezentralisierung der Viehbestände, Agrarpreisreform 1984).

Übersicht 17: Entwicklungsetappen der brandenburgischen Landwirtschaft zwischen 1945 und 1989

Am Beispiel des Havelländischen Obstbaugebietes (HOG) soll der tiefgreifende agrar- und raumstrukturelle Wandel zwischen 1973 und 1989 dargestellt werden. Anfang der 60er Jahre erzeugten in dieser Region 42 kleine Genossenschaften sowie kleine Privatbetriebe, die bis 1973 etwa 2000 ha bewirtschafteten, Obst und Gemüse.

Mit der Bildung des Kooperationsverbandes (KOV) „Havelobst" 1968 und der Erarbeitung eines „Komplexen Projektes zur Entwicklung des HOG 1973 bis 1990" (SEIDEL 1973) wurden die Voraussetzungen geschaffen, ein großes zusammenhängendes Obstbaugebiet zu entwickeln. Bis 1989/90 erfolgten
– eine Spezialisierung und Konzentration der Obst- und Gemüseerzeugung in fünf Bereichen,
– eine Erweiterung der Obstflächen von 4600 auf 10300 ha (s. Tab. 45), – die Einführung industriemäßiger Produktionsmethoden im Obstbau,

Obstart	1981		1989	
	Anbaufläche (ha)	Anteil (%)	Anbaufläche (ha)	Anteil (%)
Apfel	8050,3	74,4	6606,0	70,1
Süßkirsche	642,6	5,9	824,5	8,8
Sauerkirsche	914,7	8,4	957,5	10,2
Pflaume	244,3	2,3	272,4	2,9
Pfirsich	115,1	1,1	114,1	1,2
Johannisbeere	204,7	1,9	255,2	2,7
Erdbeere	525,0	4,8	380,0	4,0
Obst gesamt	10825,0	100,0	9427,4	100,0

Quelle: THIEME 1993

Tab. 45: Obstflächen im KOV „Havelobst" (gerundet)

Obstart	1976–1980	1986	1986–1989
Apfel	25030	131940	103040
Süßkirsche	1830	4630	3540
Sauerkirsche	2440	2590	3030
Pflaume	1320	1350	1280
Pfirsich	570	580	210
Johannisbeere	50	920	1050
Erdbeere	1970	3240	3800
Obst gesamt	33840	145300	116000

Quelle: THIEME 1993

Tab. 46: Durchschnittliche jährliche Obsterzeugung im KOV „Havelobst"
(t, gerundet)

– eine vorrangige Erzeugung von Äpfeln, Kirschen und Erdbeeren (s. Tab. 45 und 46),
– der Ausbau der Bewässerungsanlagen (über 8000 ha Obstfläche und über 1000 ha Gemüsefläche).

Dem KOV „Havelobst" gehörten bis 1989/90 mehr als 20 Betriebe an, darunter neun Betriebe der landwirtschaftlichen Primärproduktion (s. Tab. 47). Hinzu kamen vor- und nachgelagerte Betriebe bzw. Dienstleistungseinrichtungen wie das ACZ und die ZBE Düngestoffe in Groß Kreutz, die ZBE Melioration in Glindow, die Kühllager mit einer Kapazität von über 50000 t in Fahrland, Plötzin und Glindow, der Fruchtsaftbetrieb in Werder, die Markthalle in Potsdam u. a. Durch den Bau von Wohnungen, von Einrichtungen des Bildungs-, Gesundheits-, Sozial- und Erholungswesens, durch die Erweiterung des Verkehrsnetzes für den inner- und zwischenbetrieblichen Transport u. a. Maßnahmen wurde die Siedlungs- und Infrastruktur des Gebietes ebenso verändert wie

Name	LN	davon		Beschäftigte
		Obst	Gemüse[1]	
	(ha)	(ha)	(ha)	(VbE)[2]
LPG(O) Damsdorf	3365	2710	250	1175
LPG(O) Marquardt	3562	2560	180	1330
LPG(O) Groß Kreutz	1893	1645	30	741
GFG(O) Werder	1913	1317	411	1149
LPG(O/G) Glindow	1762	837	370	810
KOV „Havelobst"[3] insgesamt	13567	9069	1761	7053

[1]) einschließlich Erdbeeren, Zierpflanzen; auch unter Glas und Folie
[2]) Beschäftigte 1987 (ohne Kultur- und Sozialbereich)
[3]) ohne LPG(P) Groß Kreutz, die weder Obst noch Gemüse erzeugte

Quelle: KOV „Havelobst"

Tab. 47: Die wichtigsten Obst- und Gemüseproduzenten im Havelländischen Obstbaugebiet 1989

das Landschaftsbild. Negativ zu beurteilen sind:
– aus ökonomischer Sicht vor allem die zu hohen Produktionskosten, die zu niedrige Arbeits- und Flächenproduktivität, die nicht ausreichende Qualität der Erzeugnisse,
– aus ökologischer Sicht die Einbeziehung obstbaulich ungeeigneter Standorte (ca. ein Drittel der Fläche), die mit der industriemäßigen Bewirtschaftung verbundenen Probleme der Bodenerosion und -verdichtung sowie der Wasser- und Bodenbelastung (s. WEISSE 1991, 1993).

Die forcierte Industrialisierung

Auf Grund relativer Armut an Mineralressourcen, abgesehen von den Vorkommen an Braunkohle, Industriekalken, Steinen und Erden, sowie der wirtschaftshistorischen und gesellschaftlichen Umstände der Vorkriegszeit war im brandenburgischen Raum die Industrieentwicklung vergleichsweise zurückgeblieben. Sie hatte zwar von der Randwanderung der Industrie in die Randzone der Reichshauptstadt sowie in ballungsfreie Städte profitiert, ein höherer gebietlicher Industrialisierungsgrad war aber nur dem Braunkohlenrevier der Niederlausitz im Streifen Lauchhammer – Senftenberg – Großräschen eigen. Besonders im nördlichen und südlichen Teil des Bezirkes Potsdam, im Bezirk Frankfurt (Oder) und im Nordteil des Bezirkes Cottbus dominierte nach dem Kriege weithin die Land- und Forstwirtschaft. Nach mühevoller Beseitigung der Kriegsschäden und Kompensierung der Reparationsleistungen an bestehenden Industrieanlagen brachten die 50er und 60er Jahre dann einen Industrieausbau im brandenburgischen Raum, der in der Niederlausitz vorrangig auf die Erweiterung des Braunkohlenbergbaus mit dem Aufschluß einer Reihe von Großtagebauen, den Aufbau neuer Großkraftwerke (Trattendorf 1954/59, Lübbenau 1957/64, Vetschau 1960/67), der Großkokerei Lauchhammer (1951/52) und des Gaskombinates Schwarze Pumpe (1955/69) orientiert war. Im Oderraum entstanden zu dieser Zeit als größter metallurgischer Betrieb im Osten Deutschlands das Eisenhüttenkombinat Ost (EKO) mit ersten Produktionsstufen in Eisenhüttenstadt (1950/54), in Schwedt (Oder) eine große Erdölraffinerie (1964) und das Chemiefaserwerk in Guben (1965). Gleichzeitig erhielt die schon in der Vorkriegszeit bestehende Grundstoffindustrie im Großraum Berlin Investitionen für den Wiederaufbau und die Erweiterung der Anlagen (Stahl- und Walzwerke Brandenburg (Havel), Hennigsdorf, Walzwerk in Eberswalde-Finow, Chemiefaserwerke in Premnitz, Wittenberge, Zementwerk Rüdersdorf). Die in den 50er und 60er Jahren einsetzende Neuprofilierung des Maschinenbaus und der Elektrotechnik/Elektronik war bis zur Wiedervereinigung auf die Bedarfsdeckung der einheimischen Wirtschaft, aber auch auf eine wachsende Einbindung in den Ostmarkt ausgerichtet. Der Standortausbau im Sektor Maschinenbau- und Fahrzeugbau erfolgte besonders in den Städten Eberswalde (Kranbau), Lauchhammer (Tagebauausrüstungen), Wildau (Schwermaschinenbau), Ludwigsfelde (Lastkraftwagen), Potsdam-Babelsberg (Diesellokomotiven, Autodrehkräne), Hennigsdorf (Elektrolokomotivbau), Brandenburg[Havel] (Fahrzeuggetriebe), Pritzwalk (Landmaschinen) und Wittenberge (Nähmaschinen). In den 60er Jahren wuchs die Erkenntnis, daß die Exportkraft des Maschinenbaus auf den Außenmärkten wesentlich von der Elektronikausstattung abhing. Als Folge wurden auch in der brandenburgischen Region als Erweiterung oder Neuansiedlung beachtliche Kapazitäten der Elektronik aufgebaut, ohne dabei allerdings mit ihren Erzeugnissen wissenschaftlich-technisch und kostenmäßig den Weltmarktbedingungen entsprechen zu können. Die Investitionen konzentrierten sich auf die Standorte Teltow/Stahnsdorf bei Potsdam (Geräte- und Reglerwerke Teltow, Elektronische Bauelemente Teltow, Halbleiterwerk Stahnsdorf), Frankfurt (Oder) (Halbleiterwerk), Cottbus (Automatisierungsanlagen) und Neuruppin (Leiterplatten). Mit dem wachsenden Energiebedarf und der internationalen Rohstoff- und Energiekrise in den 70er Jahren vertiefte sich die Disproportionalität im Lande zwischen ersterem und dem Energieangebot, der die DDR-Führung mit einer ökonomisch und ökologisch unvertretbaren Ausweitung des Braunkohlenbergbaus besonders in der Niederlausitz und der extremen Verwendung von einheimischer Rohbraunkohle/Braunkohlenprodukten in der Wirtschaft zu begegnen suchte. Somit vergrößerten sich die Zahl der Großtagebaue in Südostbrandenburg auf 9 und die Förderung von Braunkohle auf 114 Mio. t (1988). Die Folgen waren flächenhafte Landschaftszerstörungen großen Ausmaßes, zumal bei Hinzukommen der „Altlasten" aus der Kriegs- und Vorkriegszeit die Rekultivierung der Bergbauflächen bedeutend hinter dem Neuaufschluß von Tagebauen zurückblieb. Zugleich entstand unweit von Cottbus der Kraftwerksriese Jänschwalde (1981/89, 3000 MW). Im Ergebnis des bemerkenswerten Industrialisierungsprozesses veränderte sich in den letzten Jahrzehnten die Erwerbstätigkeit der Bevölkerung stark zugunsten der Industrie, im Raum der ehemaligen Bezirke Potsdam und Frankfurt (Oder) gemeinsam mit der Bauwirtschaft auf vier Zehntel des Gesamtvolumens. Im Bezirk Cottbus umfaßte die Industrie über die Hälfte der Berufstätigen (Tab. 48).

Die beschriebene industrielle Entwicklung richtete sich im Rahmen von Siedlungs- und Raumkategorien vorrangig auf die Oberzentren Frankfurt (Oder) und Cottbus sowie Industriestandorte im unmittelbaren Umland Berlins, auf den Verdichtungsraum Südostbrandenburgs und ausge-

Bezirk	Anteil an Erwerbstätigen (%)			
	1955		1989	
	Industrie[1]	Landwirtschaft[2]	Industrie[1]	Landwirtschaft[2]
Potsdam	34,3	31,7	41,3	16,3
Frankfurt (Oder)	29,5	36,9	39,9	15,8
Cottbus	42,9	29,7	51,7	10,7

[1]) Industrie, produzierendes Handwerk und Bauwirtschaft
[2]) Land- und Forstwirtschaft

Quelle: Statist. Jahrbuch der DDR 1962, 1990

Tab. 48: Anteile von Industrie und Landwirtschaft an der Erwerbstätigkeit in den brandenburgischen Bezirken 1955 und 1989

wählte Mittelstädte. Mit dem hier konzentrierten Wohnungsbau, meist in Form von Großwohnsiedlungen, stellten diese Zentren neben der Millionenstadt Berlin Hauptziele der Migration der arbeitsfähigen Bevölkerung aus den Kleinstädten und Landgemeinden dar, die ihrerseits in vielen Fällen langfristig an Lebensqualität und Standortqualität verloren. Mit Eisenhüttenstadt und Hoyerswerda (jetzt Sachsen) wurden „sozialistische Vorzeigestädte" in heute umstrittener städtebaulicher Struktur geschaffen. Nach ihrer Branchenspezialisierung hatte sich bis Ende der 80er Jahre im Gesamtüberblick der drei ehemaligen Bezirke eine vergleichsweise vielseitige Industrie herausgebildet. Dabei überwogen nach der Erwerbstätigkeit (1989) die Energie- und Brennstoffindustrie (22%) und der Maschinen- und Fahrzeugbau (22%), gefolgt von Elektrotechnik/Elektronik/Gerätebau (12%) sowie Leichtindustrie (ohne Textil- und Bekleidung). Ein Blick auf ihre räumliche Verteilung in der Region Brandenburg macht auf regionale Unterschiede in Industriedichte und Branchenspezifik aufmerksam (s. Abb. 55).

Hinsichtlich der Industriedichte hob sich im Südosten relativ geschlossen das Bergbau- und Industriegebiet der Niederlausitz ab. In seiner Branchenspezifik war es geprägt vom Braunkohlenbergbau, der Energieerzeugung und mit Abstand von der Chemie-, Glas-, Bekleidungs- und Textilindustrie. Um die große Industrieagglomeration der beiden getrennten Teilräume Berlins gruppierten sich Umlandkreise mit stärkerer Industrieentwicklung in den Branchen Maschinen- und Fahrzeugbau, Stahlindustrie, Reifenindustrie, Zementindustrie und Elektrotechnik/Elektronik. An der Unteren Havel bestimmten die Stahlerzeugung (Brandenburg [Havel]) und die Chemieindustrie (Premnitz) das industrielle Profil. Im Oderland bildeten die Standorte Frankfurt (Oder), Brieskow-Finkenheerd und Eisenhüttenstadt ein Industrieband mit Elektronik- und Stahlindustrie, dagegen waren im Norden Brandenburgs solitäre Industriestandorte mit Schwedt (Oder) (Mineralölverarbeitung), Eberswalde-Finow (Kranbau, Nahrungsgüterindustrie), Neuruppin (Elektrotechnik), Wittstock (Bekleidung), Pritzwalk (Getriebe) und Wittenberge (Nähmaschinen) im agrarisch geprägten Raum verteilt.

Insgesamt widerspiegelt sich in diesem Standortbild die auf Autarkie („Störfrei-

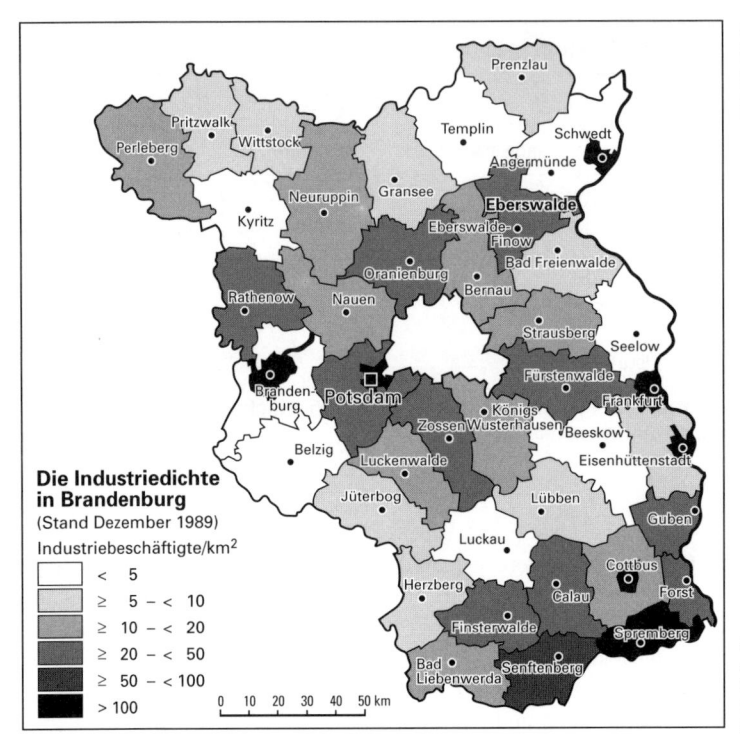

Abb. 55:
Industriedichte in Brandenburg
(Stand: Dez. 1989)

Die Industriedichte in Brandenburg
(Stand Dezember 1989)
Industriebeschäftigte/km²
- < 5
- ≥ 5 – < 10
- ≥ 10 – < 20
- ≥ 20 – < 50
- ≥ 50 – < 100
- > 100

Quelle: berechnet nach Software Union: „Analyse der Wirtschaftsstrukturen des Landes Brandenburg", Gutachten, Berlin 1993

machung") und starke Bindung an den Ostmarkt (RGW/COMECON) ausgerichtete Wirtschaftspolitik der DDR. Die Einbindung in den deutschen und Weltmarkt nach der Wiedervereinigung hatte zwangsläufig eine Neubewertung der Standortsituation zur Folge.

Erholungs- und Fremdenverkehr – räumliche Aspekte

In bezug auf Freizeitgestaltung und Fremdenverkehr hatten sich in der Vorkriegszeit – überwiegend ausgehend von der großstädtischen Bevölkerung Berlins – Ausflugs- und Naherholungsgebiete entwickelt. Diese Räume bildeten zunächst die Ansatzpunkte für den Ausbau eines überwiegend staatlich gelenkten Erholungswesens, dessen Ziel in der Abdeckung der rekreativen Bedürfnisse möglichst aller sozialen Schichten lag. Die Fremdenverkehrswirtschaft der Vorkriegszeit wurde diesen veränderten Zielen angepaßt. Private Ausflugslokale oder Beherbergungseinrichtungen wurden schrittweise in staatliches oder diesem vergleichbare Eigentumsformen überführt.

Die verbesserten wirtschaftlichen und Lebensverhältnisse führten seit den 60er Jahren verstärkt zu einem Anstieg des Freizeitbudgets der Bevölkerung und damit zu steigendem Erholungsbedarf an Wochenenden und in der Urlaubszeit. Dieser Nachfragedruck, der sich durch die erholungsraumarme städtebauliche Struktur der entstehenden Großwohnsiedlungen und durch die eingeschränkten Reisemöglichkeiten in das Ausland noch verstärkte, führte zu einer differenzierten Organisation des Erholungswesens und Freizeitsektors mit einem hohen Grad an sozialer Kontrolle. Wesentliche Träger des Erholungs- und Fremdenverkehrs waren der Feriendienst der Gewerkschaften (landesweit agierend), die Betriebe und Institutionen (staatlich oder genossenschaftlich – ebenfalls landesweit, jedoch standortbeschränkt agierend, aber mit speziellen Betreuungsformen für Kinder und Jugendliche), das Reisebüro der DDR (als staatlicher Betrieb vor allem für Angebote des gehobenen Bedarfs im In- und Ausland zuständig) und Jugendtourist (als Reisebüro des Jugendverbandes mit stark subventionierten Angeboten für Kinder und Jugendliche in eigenen Einrichtungen im In- und Ausland). Hinzu kam ein beachtliches Segment von Wochenend- und Ferienerholung auf Campingplätzen (in der Mehrzahl staatlich über die Kommunen betrieben), in privaten Ferienhaus- und Freizeitwohnsitzen sowie in Kleingartenarealen. Gerade von dieser letztgenannten Gruppe gingen im Raum Brandenburg – Berlin erhebliche raumverändernde Wirkungen aus.

Aus den gegebenen gesellschaftlichen Zielstellungen und Rahmenbedingungen heraus entstanden im Brandenburg-Berliner Raum spezifische Nutzungsformen des natürlichen, infrastrukturellen und soziokulturellen Erholungspotentials. Entscheidende Komponenten für die Nutzung waren der Wald- und Seenreichtum im Norden Brandenburgs (Rheinsberg-Neustrelitzer Kleinseengebiet, uckermärkische Seen), im Osten und Süden von Berlin (Märkische Schweiz, Spree-Dahme Seengebiet, Havelland), die durch Rekultivierung geschaffene Landschaft um den Senftenberger See, die kulturhistorischen Sehenswürdigkeiten von Ostberlin und Potsdam sowie die relativ gute Erreichbarkeit dieser Gebiete über den Straßen- und Schienenweg.

Für den stark wachsenden Bedarf der Berliner Bevölkerung stellten natürlich auch die gut entwickelten innerstädtischen Naherholungsräume sowohl im Osten als auch im Westen der Stadt eine wichtige Ressource dar. Auf die besondere Naherholungssituation der Westberliner wurde bereits im Abschnitt 5.2.4 eingegangen. Trotz großer Naherholungsareale im Stadtgebiet selbst kam von der Ostberliner Bevölkerung, von den Bezirksstädten Potsdam, Cottbus und Frankfurt (Oder) sowie den Industriestädten der Region ein erheblicher Teil der Nachfrage nach Erholungsmöglichkeiten. Zugleich aber entwickelte sich aus den südlich liegenden industriegeprägten Verdichtungsräumen Halle – Leipzig – Bitterfeld – Dessau bzw. Karl-Marx-Stadt (Chemnitz) – Zwickau, aber auch Dresden ein starker Zustrom von Wochenend- und Ferienurlaubern in den Berliner Raum und nach Nordbrandenburg.

Darüber hinaus wurden vor allem Ostberlin und Potsdam mit ihren Sehenswürdigkeiten (altstädtischer Bereich zwischen Fernsehturm und Friedrichstraße, Museen und Galerien von internationalem Rang sowie Schlösser und Gärten von Sanssouci) Zentren des internationalen Städtetourismus, der vom Reisebüro der DDR in Form des Pauschaltourismus überwiegend für Reisegruppen aus Osteuropa, in den 80er Jahren aus devisenwirtschaftlichen Erwägungen zunehmend für Gruppen aus westlichen Ländern organisiert wurde. Eingebunden in diesen Pauschaltourismus waren auch Ausflugsfahrten in besonders attraktive Gebiete des Umlandes wie den Spreewald oder die Havelseen bei Potsdam.

Raumstrukturell ergab sich eine Überlagerung von Wochenend- und Naherholungsnutzung vor allem durch Ostberliner, Potsdamer, Cottbuser, Brandenburger und Frankfurter Bevölkerung einerseits mit Wochenend- und Ferienerholungsbedürfnissen der Bewohner aus den südlichen Verdichtungsgebieten. Die räumlichen Konfliktbereiche lagen dabei vor allem im

Bezirk	Anzahl der Plätze			Kapazität (1000)			Übernachtungen (1000 Personen)		
	1974	1980	1989	1974	1980	1989	1974	1980	1989
Cottbus	35	38	40	28,6	34,1	29,8	105,2	143,3	181,3
Frankfurt (Oder)	51	51	51	30,2	36,4	37,1	110,5	181,9	197,8
Potsdam	106	98	89	40,7	41,3	41,2	139,3	174,0	214,1

Quellen: Satist. Jahrbuch der DDR 1975, 1981, 1990

Tab. 49: Entwicklung des Campingwesens in den brandenburgischen Bezirken 1974, 1980 und 1989

Raum südlich von Berlin (Spree-Dahme – Gebiet bzw. Havelland) und um den Senftenberger See. Sie waren über die Autobahnen (A 9 und A 13) zeitgünstig aus den Ballungsräumen zu erreichen. Parallel zum Ausbau der Großstädte und industriellen Zentren mit Wohngebieten in Großplattenbauweise wuchs die Nachfrage nach Wochenend- und Feriengrundstücken. So kam es durch private und betriebliche Aktivitäten vorwiegend in den landschaftlichen Attraktivräumen Brandenburgs zum Ausbau und Neuaufbau einer Vielzahl meist einfacher Ferien- und Freizeitobjekte. Etwa 120000 Wochenendgrundstücke wurden Ende der 80er Jahre für die Bezirke Potsdam und Frankfurt angegeben. Viele kleinere Siedlungen und Dörfer im wasser- und waldreichen Umland von Berlin waren durch solche Freizeitwohnsitze erweitert worden. In Stadtrandsiedlungen aus der Vorkriegszeit wurden die durch den Kriegsausbruch offen gebliebenen Siedlerstellen durch Wochenend- und Ferienhäuser („Datschen") aufgesiedelt. Teilweise befanden sich die Grundeigentümer dieser Parzellen in Westberlin oder Westdeutschland, und der Staat verwaltete das Terrain treuhänderisch. So entstand in einer Reihe berlinnaher Ortschaften in landschaftlich schöner Lage eine bauliche Mischnutzung von Wohn- und Freizeitbebauung. Sie belastete durch die stark saisongeprägte Nutzung die Gemeinden bei ihren Ver- und Entsorgungsleistungen, führte teilweise zu einer erheblichen Zersiedlung vor allem von Waldarealen und durch die häufig nicht umweltgerechte Abwasserentsorgung zur Belastung nahegelegener Oberflächengewässer.

Dem Bedürfnis nach naturnaher Erholung dienten ähnlich wie die Datschensiedlungen, jedoch mit einfacherer Ausstattung die etwa 150 Campingplätze des weiteren Berliner Umlandes. Nur wenige hatten große Kapazitäten und entsprachen internationalem Standard. Die Nutzergruppen entstammten den gleichen Quellgebieten wie bei den anderen Erholungsformen. Zunehmend hatten sich bei vielen Campingplätzen gewisse Stammbelegungen herausgebildet, die – zwar durch Quoten reguliert – als Dauercamper den Freizeitwohnern der Datschensiedlungen vergleichbar waren. Verbunden damit war eine Zunahme der Auslastung der Plätze bei weitgehender Stagnation ihrer Anzahl und einem nur geringfügigen Anstieg der Kapazitäten (s. Tab. 49).

Durch diese vielfältigen Aktivitäten und Nutzungen hatte sich die wald- und seenreiche Jungmoränenlandschaft des Berlin –

Region/Bezirk	Netzdichte (km/1000 km² Fläche)		
	Eisenbahn	Fernverkehrsstraßen	darunter Autobahnen
Berliner Raum[1]	202	180	52
Bezirke Potsdam Frankfurt (Oder) Cottbus[2]	128	87 102 103	33 23 19

[1]) bei Eisenbahn bezogen auf die Fläche der ehemaligen Reichsbahndirektion (Rbd) Berlin, einschließlich der Bezirke Frankfurt und Potsdam (im Knotenpunkt Berlin ca. 1000 km/1000 km² Fläche)
[2]) bezogen auf die Fläche der Rbd Cottbus (einschließlich Ostsachsen)
Quellen: Statist. Jahrbuch der DDR 1989 und diverse Statistiken

Tab. 50: Dichte des Verkehrswegenetzes in der Berlin-brandenburgischen Region um 1989

Brandenburger Raumes zu einer wichtigen Erholungsregion im Osten Deutschlands entwickelt.

Verkehrsentwicklung und -strukturen

Die zentrale Stellung Berlins im Siedlungssystem innerhalb der DDR, verbunden mit ihrer Hauptstadt- und Wirtschaftsfunktion (Berlin [Ost]), sowie die funktionelle Verflechtung zwischen Berlin (West) und dem Bundesgebiet beließen Berlin auch nach dem Zweiten Weltkrieg in einer überragenden Position als Verkehrsknotenpunkt im ostdeutschen Raum (Tab. 50). Daneben wuchs ab den 50er Jahren auch die Rolle des Berliner Knotens im internationalen Personen- und Gütertransitverkehr wieder an. Dafür bestanden im Verhältnis zu anderen Teilen Ostdeutschlands in der Berliner Region günstige infrastrukturelle Bedingungen im Verkehrswegenetz, die, historisch gewachsen, verschiedentlich ausgebaut wurden.

Darunter sind zu nennen: der politisch motivierte Ausbau des Berliner Außenrings der Reichsbahn 1950/56 (Abb. 56), der Ausbau/Neubau der Strecke Berliner Außenring – Neustrelitz (– Seehafen Rostock) ab 1957, die Schließung des Autobahnringes um Berlin (A 10) und der Neubau der Autobahn Berliner Ring – Wittstock (A 24) nach Rostock.

Vergleichsweise verfügte die Region damit über ein dichtes, zur Peripherie hin weitmaschigeres Verkehrsnetz, das jedoch in qualitativen Standards erhebliche Mängel aufwies. Obgleich Verbesserungen sektoral erkennbar waren (Traktionsumstellungen und Oberbauinvestitionen bei der Reichsbahn, Autobahnausbau), wurden der Verkehrsinfrastruktur zu wenig Investitionsmittel zugeführt.

Verkehrspolitisch wurde der Ausbau im Westteil Brandenburgs bei allgemeiner Investitionslenkung auf die Nord-Süd-Verbindungen vernachlässigt. Nach dem Abbruch der sowjetischen Blockade Westberlins (1949) liefen die Verbindungen der isolierten Stadt vorrangig über die Autobahnen A 2 (– Hannover), A 9 (– Nürnberg) und die heutige Bundesstraße 5 (ab 1982 parallele Autobahn) nach Hamburg, über die Luftkorridore und via Mittellandkanal bzw. Havelwasserstraße.

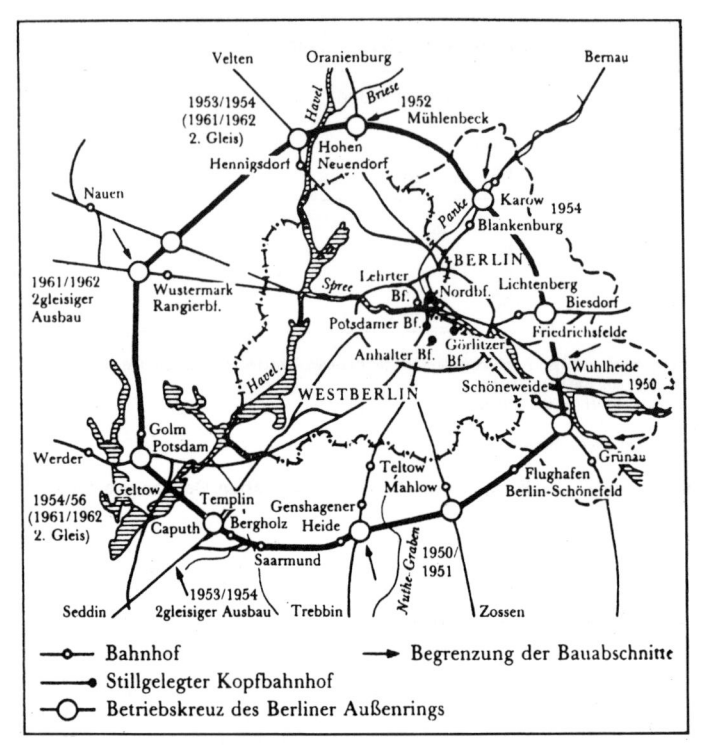

Abb. 56:
Bauabschnitte und Betriebskreuze des Berliner Eisenbahnaußenringes

Quelle: nach KIRSCHE 1987, aus KEIDERLING 1987, S. 474

Während der Anteil der Eisenbahn am Güterverkehr zwischen Westberlin und dem Bundesgebiet nur bei 14% lag, überstieg er in Berlin (Ost) und Umland 50%. Abgesehen von der sehr hohen Auslastung des Streckennetzes der Deutschen Reichsbahn durch den regionalen Binnenverkehr gewannen auch Transitströme in der Süd-Nord-Richtung an Bedeutung, wobei dem Rangierbahnhof Neuseddin bei Potsdam die Funktion einer „Drehscheibe" des internationalen Güterverkehrs zukam. Die Grenzübergänge Frankfurt/Oder und Kietz/Kostrzyn vermittelten den Hauptteil des Eisenbahnverkehrs nach Polen und in die UdSSR. Nach der ökonomisch und ökologisch unvertretbaren Umstellung vieler Heizwerke auf Rohbraunkohle wuchs der Transport von Kohle auch auf märkischen Eisenbahnen extrem an. So stellte der Kohleversand im Bereich der Reichsbahndirektion Cottbus einen Anteil von 75% am gesamten Gütertransportaufkommen (1985).

Qualitative Mängel, die sich in den letzten Jahrzehnten bei erhöhtem Verkehrsaufkommen noch verstärkten, kennzeichneten auch das dichte Straßennetz. Der Anteil der Straßen im Fernverkehrsstraßennetz mit schlechtem oder sehr schlechtem Zustand (Bauzustandsstufen 3 und 4) stieg in Brandenburg bis 1988 auf 19% der Straßenlänge, der der Straßenbrücken in diesen Zustandsstufen auf 26% an. Demgegenüber nahm der Kraftfahrzeugbesatz in den brandenburgischen Bezirken besonders nach 1970 erheblich zu. Bezogen auf die Ausstattung mit PKW betrug der Besatz je 1000 Einwohner in Berlin (Ost) 232, den Bezirken Potsdam 249, Frankfurt (Oder) 256 und Cottbus 251 Fahrzeuge (1989). Insgesamt ergaben sich erhebliche

Disproportionen zwischen Verkehrsmenge und qualitativem Zustand der Verkehrsinfrastrukturen.

Die Binnenschiffahrt war im märkischen Land vorrangig auf den Gütertransport in der West-Ost-Relation orientiert (Baustoffe, Roh- und Brennstoffe) und fand dabei mit 1200 km Netzlänge gute Voraussetzungen trotz einiger Ausbaumängel vor. Die Haupttransporte trug die Untere Havel-Wasserstraße in der Relation Westdeutschland – Westberlin und die Spree-Oder-Wasserstraße. Zum umschlagstärksten Binnenhafen außerhalb Berlins entwickelte sich Königs Wusterhausen mit seinem Kohleumschlag Schiene/Binnenschiff für Berlin und seine Randgebiete. Die Ausnutzung der möglichen Kapazität der Hauptwasserstraßen blieb mit 18 bis 40% (1980) nur gering.

Über Anschlüsse an Erdöl, Erdgas- und Produktenleitungen verfügten hauptsächlich das Petrolchemische Kombinat in Schwedt (Oder), das Minoltanklager in Seefeld bei Berlin, das Stahl- und Walzwerk in Brandenburg (Havel) sowie das Gaskombinat Schwarze Pumpe.

Der Flughafen Schönefeld bei Berlin entwickelte sich zum zentralen Flughafen der DDR mit vergleichsweise jedoch bescheidenem Fluggastaufkommen (1989 2,8 Mio. Personen) und Ausbaudimensionen.

Veränderungen in der Bevölkerungs- und Siedlungsstruktur

Bevölkerungsentwicklung und regionale Umverteilung der Bevölkerung in den brandenburgischen Bezirken folgten in der natürlichen Entwicklung (Geburtlichkeit und Sterblichkeit) im wesentlichen den allgemeinen Tendenzen in der DDR. Das bedeutete, daß bis gegen 1970 die natürliche Reproduktion der Bevölkerung durch relativ hohe Fruchtbarkeit und geburtenstarke Jahrgänge gesichert war, nach 1970 aber ein starker Rückgang einsetzte, der durch massive sozialpolitische Maßnahmen für junge Mütter und Familien gegen Ende der 70er Jahre gemildert werden konnte. Jedoch wurde die einfache natürliche Reproduktion der Bevölkerung nicht wieder erreicht.

Entscheidender Prozeß für regional differenzierte Bevölkerungsentwicklung und Umverteilung war die Wanderung, einerseits vom Umfang her, andererseits aber auch dadurch, daß durch permanente Zu- bzw. Abwanderungsströme die Bevölkerungsgliederung des jeweiligen Raumes und damit auch die natürliche Bevölkerungsbewegung wesentlich beeinflußt wurde.

Für die drei brandenburgischen Bezirke lassen sich zwischen 1950 und 1989 folgende wichtige Faktoren der Bevölkerungsveränderung durch Wanderung nennen:

– Das Aufbaugeschehen an alten, vor allem aber an neuen wirtschaftlichen Schwerpunkten führte über den dort meist im Gefolge betriebenen massiven Wohnungsbau zu Zuwanderungswellen von Bevölkerung aus den südlichen Bezirken des Landes und aus den ländlich geprägten Kreisen des jeweiligen eigenen Bezirkes. Diese Aufbauschwerpunkte wechselten zeitlich. Als Beispiele (Tab. 51) stehen hier Eisenhüttenstadt (Metallurgiezentrum), Ludwigsfelde (Fahrzeugbau), Schwedt (Erdölverarbeitung) und Guben (Chemiefaserproduktion). Zum Teil führte dieser Ausbau zu einer erheblichen Sogwirkung im unmittelbaren Umland dieser Städte (s. dazu Abb. 57)

Die Rolle der Bezirksstädte als Zentren des geistig-kulturellen Lebens, der Versorgung und Dienstleistungen sowie der Administration wurde mit der Auflage des Wohnungsbauprogramms bewußt gestärkt

Stadt/Gemeinde	Bevölkerung (1000)				
	1946	1971	1981	1991	1993
Regionalzentren (Oberzentren)					
Potsdam	113,5	111,3	132,5	139,0	139,2
Frankfurt (Oder)	56,0	62,2	80,4	85,3	83,8
Cottbus	ca. 80,0	83,4	116,0	123,3	128,1
Brandenburg (Havel)	70,6	93,9	94,6	88,7	89,2
Berliner Umland					
Nauen	13,1	12,0	11,7	10,7	10,5
Falkensee	28,2	26,0	24,0	22,1	22,2
Oranienburg	18,6	23,6	26,3	28,5	28,3
Hennigsdorf	13,0	24,5	27,6	24,3	24,0
Bernau	13,4	14,1	17,8	19,0	19,5
Strausberg		19,5	24,1	28,1	27,9
Fürstenwalde (Spree)	29,8	30,8	34,5	34,1	33,9
Königs Wusterhausen	6,8	11,3	17,0	17,7	17,6
Ludwigsfelde	5,8	16,7	20,4	21,5	20,8
Teltow	10,9	15,3	14,9	14,8	15,4
Kleinmachnow	11,7	14,3	13,1	11,3	11,2
Untere Havel					
Rathenow	27,6	29,8	32,1	29,2	28,9
Oderland					
Eisenhüttenstadt	7,2	45,1	48,2	49,0	47,5
Nordbrandenburg					
Perleberg	13,7	14,6	14,7	13,2	14,6
Wittenberge	31,4	33,3	31,7	27,0	25,9
Pritzwalk	9,4	10,7	12,4	11,7	11,7
Neuruppin	26,0	23,3	25,6	26,3	33,2
Zehdenick	13,2	12,5	11,8	11,2	11,0
Prenzlau	17,6	21,7	23,3	22,2	22,2
Eberswalde	30,1	46,0	53,2	51,5	50,7
Schwedt (Oder)	6,0	35,1	54,8	49,4	49,6
Südbrandenburg					
Belzig	7,5	7,0	7,4	7,7	7,8
Luckenwalde	30,9	29,0	27,3	25,1	24,9
Jüterbog	15,1	13,8	12,8	12,0	11,9
Lübbenau	7,7[1)]	22,0	21,7	19,8	19,5
Guben	25,9[1)]	29,6	36,7	30,7	30,1
Forst	18,4[1)]	29,1	27,0	24,9	26,0
Spremberg	18,4[1)]	24,0	23,2	23,8	23,6
Senftenberg	18,2[1)]	26,0	32,0	28,8	28,1
Finsterwalde	20,6[1)]	22,7	23,8	22,4	22,5
Elsterwerda	.	10,6	10,7	10,2	10,7
Bad Liebenwerda	6,5	6,7	6,4	5,8	11,7

Quellen: BECK 1962–1992 und diverse statistische Materialien [1)] 1950

Tab. 51: Bevölkerungsentwicklung ausgewählter Städte und Gemeinden Brandenburgs 1946–1993

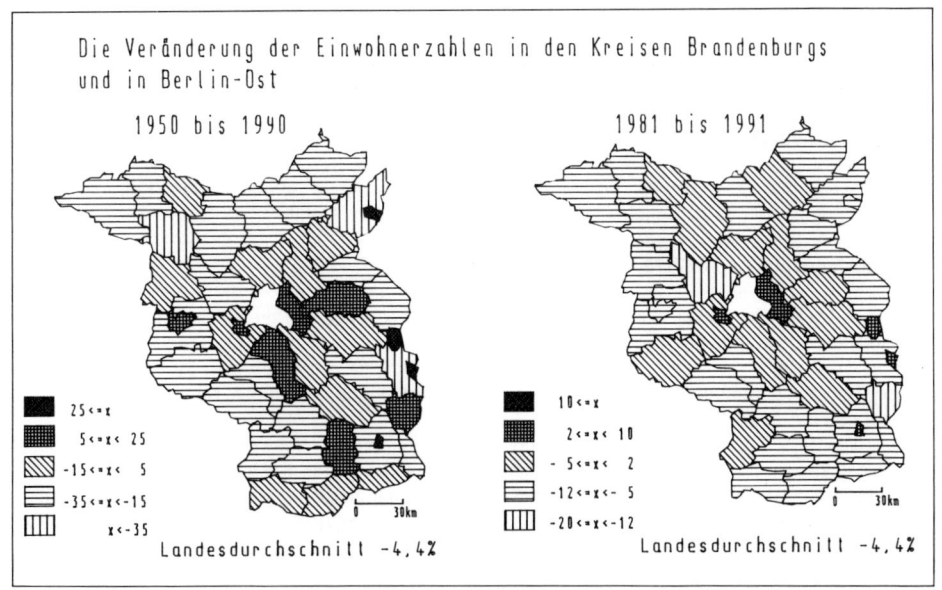

Die Veränderung der Einwohnerzahlen in den Kreisen Brandenburgs und in Berlin-Ost

1950 bis 1990

1981 bis 1991

Landesdurchschnitt -4,4%

Landesdurchschnitt -4,4%

Quelle: „Statistisches Jahrbuch der DDR" 1951 und 1989, „Statistisches Jahrbuch Brandenburg", 1991, Bearbeitung K. ZIENER

Abb. 57: Veränderung der Einwohnerzahlen in den Altkreisen auf dem Gebiet des heutigen Landes Brandenburg und in Berlin-Ost 1950–1991

(Übersicht 18). Es kam zu einer bevorzugten baulichen Entwicklung dieser Städte, die unter den Bezirksstädten der DDR zu den kleinen gehörten. Überdurchschnittliche Wanderungsgewinne waren die Folge. Diese rekrutierten sich zu erheblichen Teilen aus Kreisen des eigenen Bezirkes und verstärkten so den Prozeß der Bevölkerungskonzentration (Tab. 51). Jedoch gab es auch Wanderungsgewinne aus den südlichen Bezirken, ganz besonders bei der Entwicklung der Region Cottbus als Kohle- und Energiebezirk.

Ähnlich wie die Bezirksstädte konnten diejenigen Kreisstädte, deren wirtschaftliche bzw. funktionelle Grundlagen gestärkt und die in den komplexen Wohnungsbau einbezogen wurden, ihre Bevölkerungszahl erhöhen. Daraus ergab sich in vielen Kreisen eine Zunahme der Bevölkerungskonzentration, die vor allem zu Lasten der Gemeinden unter 500 Einwohner ging. Andererseits gab es in einer Reihe stärker agrarisch geprägter Kreise nur geringe wirtschaftliche Impulse und damit verbundene Aktivitäten im Wohnungsbau, so daß hier langfristig permanente Wanderungsverluste eintraten. Das betrifft sowohl den agrarischen Norden als auch den ähnlich strukturierten Süden des heutigen Landes Brandenburg sowie weitere Kreise, z. B. den Ballungsrandkreis Nauen. Letzterer war durch die Lage zu Westberlin in seinen alten Verflechtungsbeziehungen besonders getroffen, mußte sich regional neu orientieren. Er erhielt dabei aber bedeutend weniger staatliche Förderung bei Wirtschaft und Wohnungsbau als die anderen Randkreise. Die Stadtrandsiedlung Falkensee – an Westberlin grenzend und von der Einwohnerzahl her größte Ortschaft des Kreises – bekam über Jahrzehnte keine Kontingente für Wohnungsneubau. Ein steter Bevölkerungsrückgang war die Folge. Mit einer Bevölkerungsabnahme von 14,4% im Zeitraum zwischen 1961 und 1989 erreichte der Kreis

Entwicklungsetappe 1950/56
Aufbau „Sozialistischer Wohnstädte" in der Nähe von Industriekombinaten
Beispiel: Eisenhüttenstadt (damals Stalinstadt)
Städtebauliche Grundkonzeption: Weiträumige Magistrale, zentraler Aufmarschplatz, Kulturhaus im Zentrum, umbaute große Wohnhöfe, historisierende Formen im Detail
Entwicklungsetappe 1957/72
Stärkere Ansätze zur Entwicklung des staatlichen und genossenschaftlichen Wohnungsbaus in den Bezirkshaupt- und Industriestädten
dabei Tendenz zu ersten Großwohnsiedlungen an der Peripherie der Städte; Konzentration der Investitionen auf ausgewählte Städte *Beispiele*: Potsdam, Frankfurt (Oder), Cottbus, Eisenhüttenstadt, Schwedt (Oder), Hennigsdorf, Ludwigsfelde, Brandenburg (Havel), Rathenow, Hoyerswerda (heute Sachsen) *Baukonzeption:* Betonung der funktionalen Komponente mit zunehmender Verwendung der Plattenbautechnologie, offene und zuweilen richtungslose Bebauung der Wohngebiete, Mängel an Urbanität in den Stadtzentren
Entwicklungsetappe 1973/82
Konzentration des Wohnungsbaus (Wohnungsbauprogramm ab 1973) neben Ostberlin auf die Bezirksstädte Potsdam, Cottbus und Frankfurt (Oder) und ausgewählte Industriestädte, ab 1976 Abzug von bezirklichen Baukapazitäten zugunsten der Bauvorhaben in Berlin und damit auch Schwächung des Baugeschehens in den Mittel- und Kleinstädten, Orientierung auf Großwohngebiete (monotone Architektur) an der Peripherie der Bezirksstädte *Beispiele*: Potsdam-Am Stern, Cottbus-Madlow/Sachsendorf, Frankfurt (Oder) – Neuberesinchen; Ausbau der Industrie- und Mittelstädte Schwedt (Oder), Eisenhüttenstadt, Premnitz, Neuruppin. In ausgewählten Städten auch Ausbau der Stadtzentren. Jedoch weiterhin Mangel an Urbanität. Trotz örtlicher Ansätze zur Stadterneuerung in den historischen Stadtkernen Zunahme des baulichen Verfalls
Entwicklungsetappe 1983/89
Auf Grund der rapiden Zuspitzung der Systemkrise Verringerung des ökonomischen und materiellen Potentials der Bauwirtschaft. Abschwächung des Wohnungsneubaus in den Bezirks- und Kreisstädten. Zugleich Anwachsen des Instandsetzungs- und Modernisierungsbedarfs in den Großwohnsiedlungen. Baulicher Verfall besonders in den Altstädten nimmt erschreckende Ausmaße an *Beispiele:* Brandenburg – Alt- und Neustadt, Potsdam – Barocke Stadterweiterung u. a.

Übersicht 18: Stadtentwicklung in Brandenburg 1950–1989

Nauen einen Spitzenwert unter den ballungsnahen Kreisen.

Überlagert wurde dieses Wanderungsgeschehen bis 1961 durch die Abwanderung in die Bundesrepublik, was sich besonders bei den Bezirken Frankfurt (Oder) und Potsdam auswirkte.

In den Wanderungsverflechtungen mit den anderen Bezirken der DDR hatten die brandenburgischen Bezirke, langfristig betrachtet, Wanderungsgewinne bzw. ausgeglichene Bilanzen zu verzeichnen.

Dazu beigetragen hat auch die Sogwirkung Ostberlins. Hier befand sich in Ver-

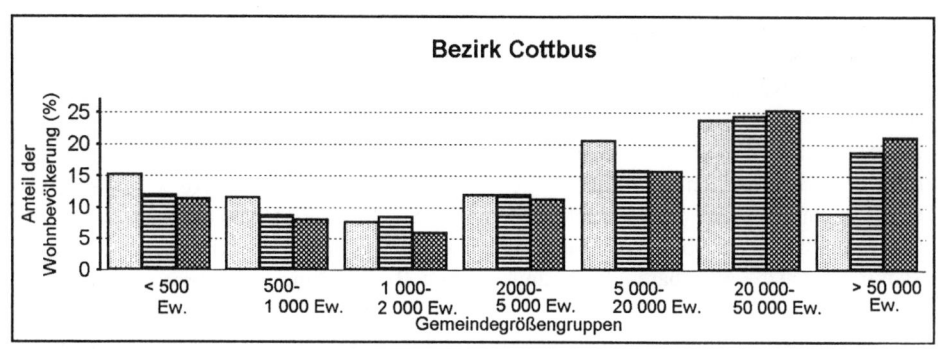

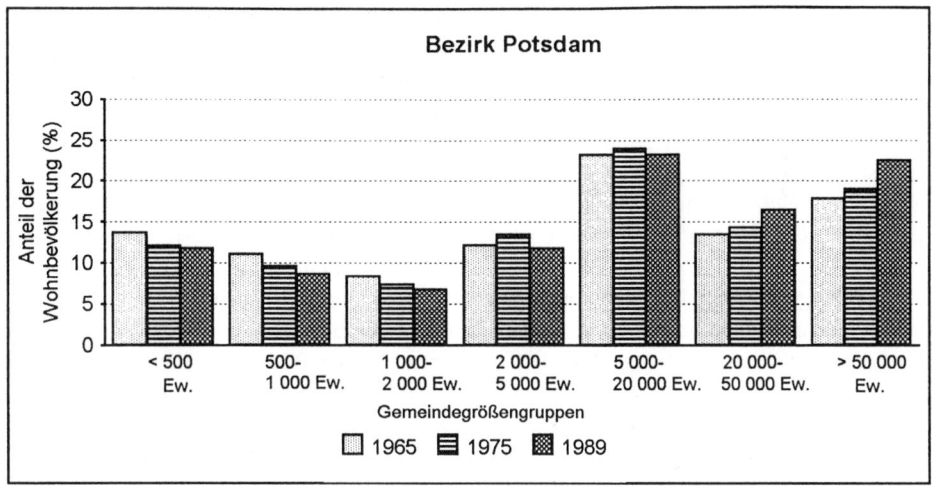

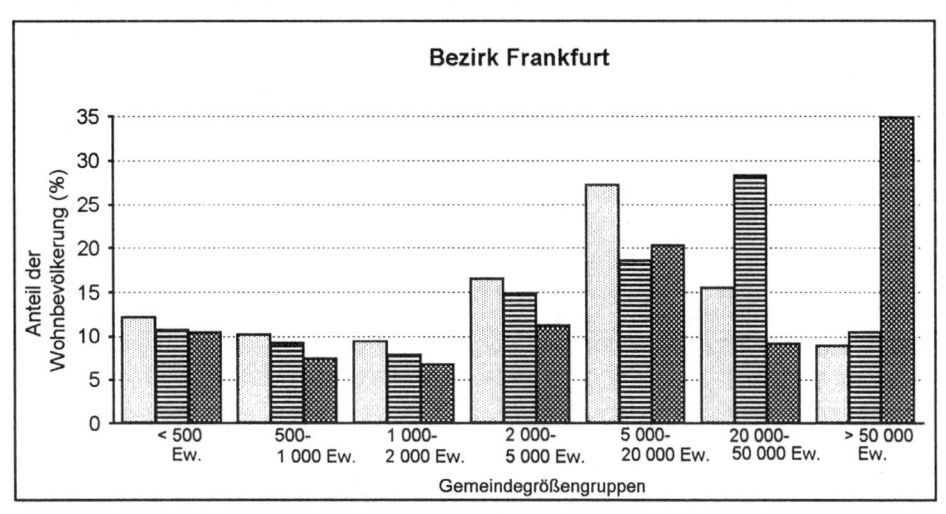

Veränderte Raumstrukturen in Brandenburg 233

Quelle: „Statistisches Jahrbuch der DDR" 1966, 1976 und 1990, eigene Berechnungen

Abb. 58: Verteilung der Bevölkerung auf Gemeindegrößengruppen in den DDR- Bezirken Potsdam, Frankfurt (Oder) und Cottbus 1965–1989

bindung mit der Hauptstadtfunktion das attraktivste Arbeitsplatzangebot, jedoch war durch Zuzugsbeschränkungen über viele Jahre eine Wohnansiedlung schwer möglich. So waren die angrenzenden Landkreise in den Bezirken Frankfurt (Oder) und Potsdam die Ersatzzielgebiete, was hier wiederum zu erheblichem Druck auf die nur begrenzt verfügbaren Wohnungsfonds führte.

Da die Siedlungspolitik mit unterschiedlicher Akzentuierung durch die zentral gelenkte Industrie-, Landwirtschafts- und Wohnungsbaupolitik determiniert wurde, vollzog sich über Jahre ein Konzentrationsprozeß zugunsten der größeren Städte, insbesondere der Bezirksstädte, und zu Lasten zahlreicher Kleinstädte sowie der ländlichen Gemeinden aller Größenordnungen.

Abbildung 58 zeigt die Veränderungen im Bevölkerungsstand nach Kreisen für verschiedene Zeiträume. Die regionale Differenzierung zwischen den Kreisen ist dabei stark durch das oben beschriebene Wanderungsgeschehen geprägt. Sehr deutlich wird zu allen Zeiten die konzentrierende Wirkung der Stadtkreise. Im Vergleich der Dekaden 1971–1981 und 1981–1991 ist eine stärkere Nivellierung zwischen den Kreisen erkennbar. Damit im Zusammenhang steht eine Abschwächung des Konzentrationsprozesses in den 80er Jahren.

5.5.3
Raumstrukturelle Stabilität und Anpassung im Bezirk Potsdam

Die historisch gewachsene Raumstruktur im Bezirk Potsdam wies eine regionale Dreiteilung auf, die maßgeblich durch die Entwicklung der Berliner Ballung entstanden war.

Den Kernraum bildeten die Berliner Randkreise, zu denen Nauen, Potsdam-Stadt, Potsdam-Land, Zossen, Königs Wusterhausen und Oranienburg gehörten. Nur die beiden letztgenannten Kreise grenzten direkt an Ostberlin und konnten somit nach der Teilung direkte Stadt-Umland-Beziehungen zum Ballungskern unterhalten. Dieser zentrale Verdichtungsraum wurde westwärts durch das kleinere Industriegebiet Brandenburg – Premnitz – Rathenow fortgesetzt.

Im Norden hatte sich auf den pleistozänen Platten und „Ländchen" (s. Kap. 2) bei unterschiedlicher Bodenqualität, wie auch in den Niederungsgebieten von Havel, Rhin und Dosse die Landwirtschaft als gebietsprägend etabliert. Größere Waldgebiete im Bereich von Endmoränen und Talsandflächen bei Rheinsberg, Fürstenberg und Wittstock waren forstlich, militärisch und durch den Fremdenverkehr genutzt.

Auch der Süden des Bezirkes war agrarisch geprägt. Hier boten vor allem die ertragreichen Böden des Flottsandstreifens auf der Fläminghochfläche im Kreis Jüterbog, die Grundmoränen des Teltow und die Niederungslandschaften des Baruther Urstromtales zu der auf Ackerbau, Milchviehwirtschaft und Fleischproduktion ausgerichteten Landwirtschaft bei.

Bezüglich der Bevölkerung unterschied sich der nördliche Agrarraum vom südlichen durch höhere Mobilität und im allgemeinen etwas günstigere Altersgliederung. Entscheidender Impulsgeber für gebietliche Entwicklung waren angesichts rückläufiger Beschäftigungszahlen in der Landwirtschaft vor allem die Kreisstädte mit ihren Arbeitsmöglichkeiten. In dieser Hinsicht genoß der nördliche Agrarraum eine höhere Priorität in der staatlichen Förderung. In verschiedenen zeitlichen Perioden wurden in Neuruppin, Pritzwalk, Wittstock, Kyritz, Zehdenick Industriebetriebe neu etabliert oder bestehende ausgebaut bzw. dienstleistende Unternehmen der Landwirtschaft eingerichtet. Das bildete die Grundlage für Bevölkerungszuwachs (s. Tab. 51), den Ausbau zentralörtlicher Einrichtungen mittlerer Stufe (Krankenhäuser, weiterführende Schulen, kulturelle Einrichtungen, Berufsausbildungszentren) und die Entwicklung lokaler Arbeitspendlereinzugsbereiche für die ländliche Bevölkerung des Umlandes. Im südlichen Agrargebiet vollzog sich eine vergleichbare Entwicklung nicht. Weder Belzig noch Jüterbog vermochten über gewisse zentralörtliche Funktionen hinaus, wirtschaftliche Impulse für ihre Kreisgebiete zu geben. Jüterbog war zudem durch ein großes Kontingent der Westgruppe der sowjetischen Truppen in Deutschland, das im Stadtgebiet und in einer benachbarten Gemeinde stationiert war, in seinen funktionell-städtebaulichen Möglichkeiten eingeengt. Die Stadt Luckenwalde – ebenfalls in dieser Region gelegen – führte das Dasein einer Industrieinsel, die sich mit dem aufstrebenden Berlin Ende des 19. Jhs. zu einem Lieferanten von Konsumgütern (Tuche, Stoffe, Hüte, Hausschuhe) und Metallwaren (Schrauben, Wälzlager) für die Berliner Bevölkerung und Wirtschaft entwickelt hatte. Betriebe der Verarbeitung land- und forstwirtschaftlicher Erzeugnisse, die in den anderen Kreisen durch kleinere und mittlere Standorte das Arbeitsplatzspektrum erweiterten und durch wirtschaftliche Verflechtungen mit dem Umland die zentralörtlichen Beziehungen ergänzten, spielten in Luckenwalde eine geringe Rolle.

Von den regionalen Wirtschafts- und Lebensbedingungen her nahm der Verflechtungsraum der ehemaligen Ballung Groß-Berlin die günstigste Entwicklung. Dies ergab sich aus dem widersprüchlichen Zusammenwirken verschiedener, z. T. konterkarierender Faktoren:

– Durch die Teilung Berlins, insbesondere aber mit der Grenzschließung nach 1961, wurden gewachsene Gebietsstrukturen im zentralen Teil des ehemaligen Landes Brandenburg, des späteren Bezirkes Potsdam, gekappt. Eine wirtschaftliche Neuorientierung in diesem Raum wurde unumgänglich.
– Die Standorte der zweiten Randwanderung der Berliner Industrie (s. Kap. 4.2 und 4.3) waren Ansatzpunkte für den Ausbau einer industriellen Basis in dem wirtschaftlich zunächst wenig leistungsfähigen Bezirk (Abb. 59).
– Die neue Bezirksstadt Potsdam bekam ein einseitig ausgebildetes Hinterland und verlor ihre Funktion als Beamten- und Pensionärsstadt und als Erholungs- und Ausflugsziel für die Bevölkerung von ganz Berlin. Sie verblieb aber gleichzeitig in der Tradition einer Stadt der Verwaltung, Dienstleistungen und Kultur und baute durch Hochschulen (Pädagogische Hochschule, Hochschule für Film- und Fernsehen) und wissenschaftliche Institute (Astrophysikalisches Institut, Institut für Physik der Erde, Ernährungsinstitut Bergholz-Rehbrücke u. a.) ihre Bildungs- und Wissenschaftsfunktion aus.
– Das gut ausgebaute Radial-Ring-System von Straßen und Eisenbahnen, aber auch Wasserstraßen war relativ leicht den funktionellen Erfordernissen einer Halbringstruktur anzupassen, die sich auf das neue, kleinere Zentrum Potsdam einerseits und Ostberlin andererseits orientierte.
– Mit dem Bau der Mauer 1961 wurden für viele Bewohner des Umlandes nicht nur verwandtschaftliche und freundschaftliche Bindungen abgebrochen, sondern auch die Arbeitsmarktbeziehungen. Als „Grenzgänger" war ein Teil der arbeitsfähigen Bevölkerung des Umlandes in Westberlin tätig gewesen und mußte nun in den bezirklichen Arbeitsmarkt integriert werden. Der Ausbau

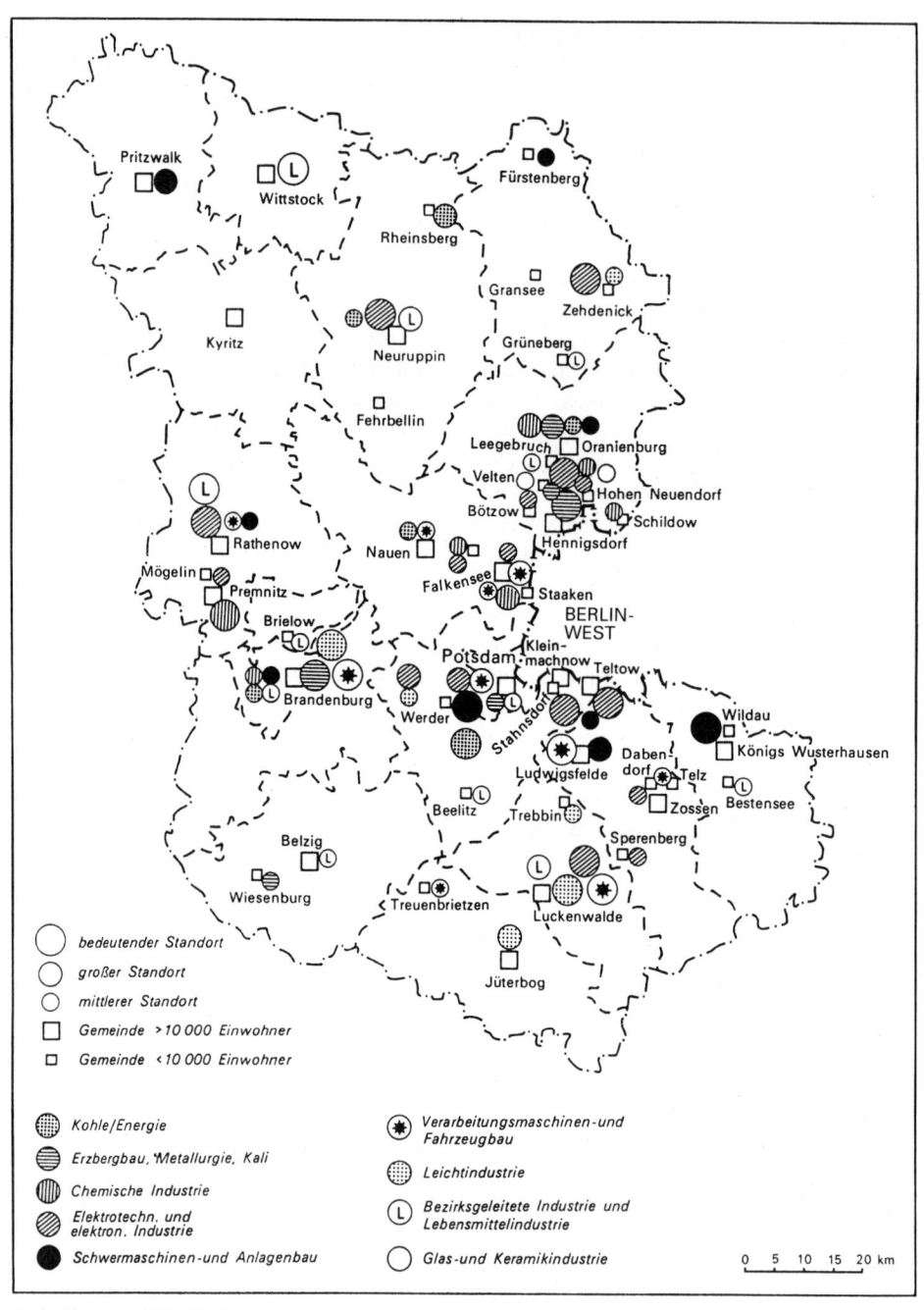

Abb. 59: Standortverteilung der Industrie im DDR-Bezirk Potsdam 1973

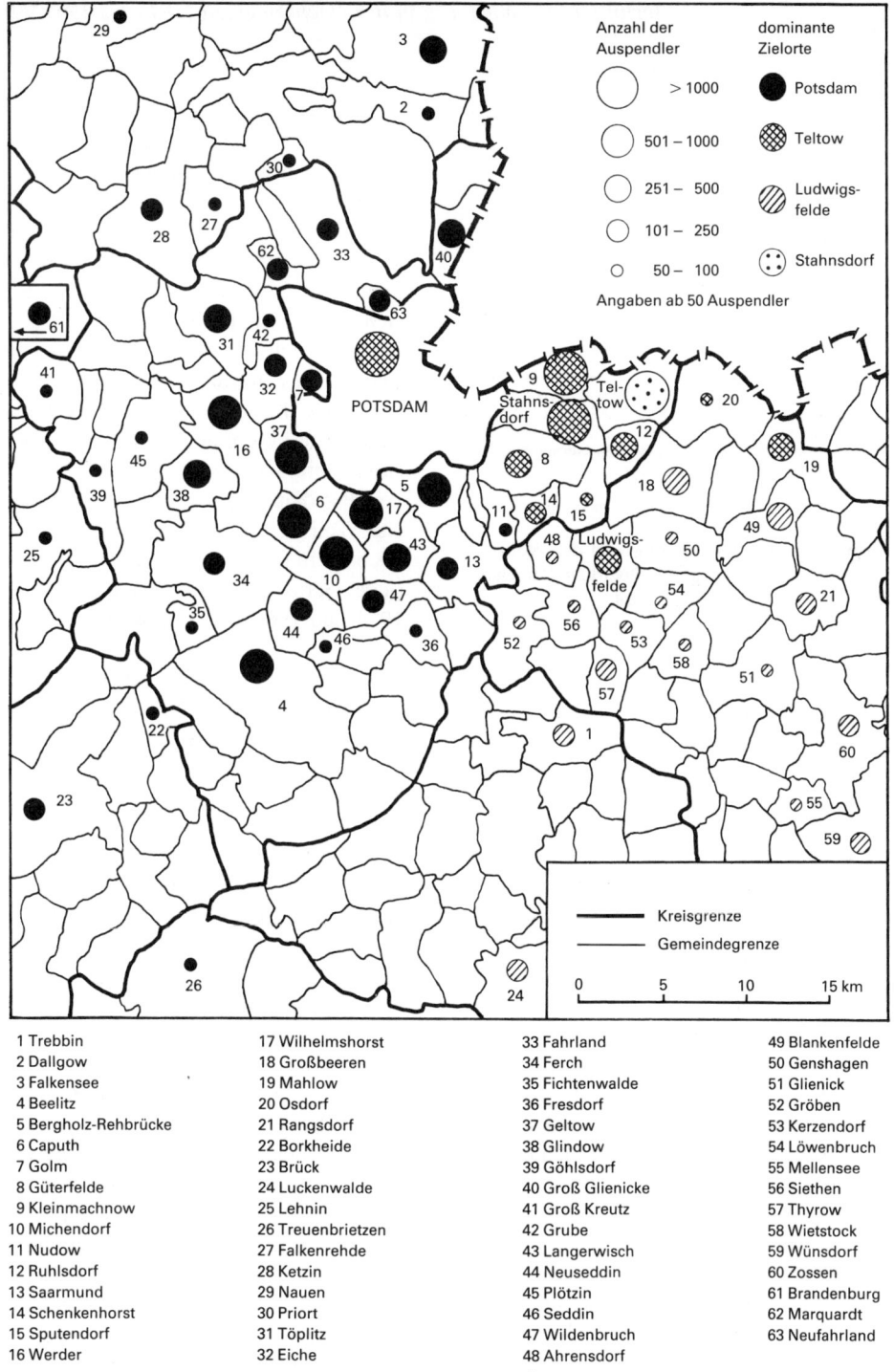

Anzahl der Auspendler		dominante Zielorte	
◯	> 1000	●	Potsdam
◯	501 – 1000	▦	Teltow
◯	251 – 500	▨	Ludwigs-felde
◯	101 – 250		
◯	50 – 100	⋮	Stahnsdorf

Angaben ab 50 Auspendler

— Kreisgrenze
— Gemeindegrenze

1 Trebbin	17 Wilhelmshorst	33 Fahrland	49 Blankenfelde
2 Dallgow	18 Großbeeren	34 Ferch	50 Genshagen
3 Falkensee	19 Mahlow	35 Fichtenwalde	51 Glienick
4 Beelitz	20 Osdorf	36 Fresdorf	52 Gröben
5 Bergholz-Rehbrücke	21 Rangsdorf	37 Geltow	53 Kerzendorf
6 Caputh	22 Borkheide	38 Glindow	54 Löwenbruch
7 Golm	23 Brück	39 Göhlsdorf	55 Mellensee
8 Güterfelde	24 Luckenwalde	40 Groß Glienicke	56 Siethen
9 Kleinmachnow	25 Lehnin	41 Groß Kreutz	57 Thyrow
10 Michendorf	26 Treuenbrietzen	42 Grube	58 Wietstock
11 Nudow	27 Falkenrehde	43 Langerwisch	59 Wünsdorf
12 Ruhlsdorf	28 Ketzin	44 Neuseddin	60 Zossen
13 Saarmund	29 Nauen	45 Plötzin	61 Brandenburg
14 Schenkenhorst	30 Priort	46 Seddin	62 Marquardt
15 Sputendorf	31 Töplitz	47 Wildenbruch	63 Neufahrland
16 Werder	32 Eiche	48 Ahrensdorf	

Quelle: „DDR. Ökonomische und Soziale Geographie", 1990, Abb. 114

Abb. 60: Arbeitspendelwanderung in die Zielorte Potsdam, Stahnsdorf, Teltow und Ludwigsfelde 1981

Region	1971	1981	1989
Agrarisch geprägter Norden[1]	18,7	17,9	17,9
Zentral- und Ballungskreise[2]	52,5	54,1	54,6
Industrie- und Agrarkreise des Westens[3]	17,7	17,6	17,3
Agrarisch geprägter Süden[4]	11,1	10,4	10,2

[1]) Kreise Gransee, Kyritz, Neuruppin, Pritzwalk und Wittstock
[2]) Kreise Königs Wusterhausen, Nauen, Oranienburg, Potsdam-Land, Zossen und Potsdam-Stadt
[3]) Kreise Brandenburg-Land, Rathenow, Brandenburg-Stadt
[4]) Kreise Belzig, Jüterbog, Luckenwalde

Quellen: Statist. Jahrbuch der DDR 1975, 1981, 1990

Tab. 52: Anteil der Regionen an der Wohnbevölkerung des Bezirkes Potsdam 1971, 1981 und 1989

von Standorten der Elektrotechnik/ Elektronik im Raum Teltow – Stahnsdorf (hier bestanden Ende der 80er Jahre drei Großbetriebe dieser Branche mit insgesamt mehr als 10000 Beschäftigten), die Umstrukturierung des Industriewerkes Ludwigsfelde zum Alleinhersteller von Nutzkraftwagen in der DDR (1989 über 8000 Beschäftigte) sind Beispiele der Anpassung der Gebietsstruktur an die gegebenen neuen Bedingungen. Es ging um die Nutzung des Arbeitskräftepotentials und um die wirtschaftliche Stärkung des hauptstadtnahen Raumes, wobei damit gleichzeitig politischer und sozialer Zündstoff abgebaut werden sollte.

– Die vorhandenen weiträumigen Stadtrandsiedlungen, die als frühe Suburbanisation der Berliner Ballung in der Zeit zwischen den Weltkriegen entstanden waren, boten hochwertige Wohnqualität in einer gleichzeitig attraktiven Landschaft. Hier bildete sich über Jahre eine hohe Belegungsdichte der Wohnungen heraus, weil Neubau in dieser Kategorie von Siedlungen so gut wie nicht stattfand.

– Die Aktivitäten in den wirtschaftlichen Zentren zogen einen intensiven Wohnungsneubau an diesen Standorten nach sich. Die Stadt Ludwigsfelde entwickelte sich durch die verschiedenen Etappen des industriellen Aufschwungs von einer Kleinstadt zu einer kleinen Mittelstadt. Da eine Reihe von Großstandorten im unmittelbaren Umland von Potsdam lagen, wurde ein erheblicher Teil des notwendigen Wohnungsneubaus in der Bezirksstadt konzentriert (jede vierte Neubauwohnung zwischen 1971 und 1986 entstand hier).

Abbildung 60 macht die Arbeitspendlerdominanzen im unmittelbaren Umland von Potsdam deutlich. Die Wechselpendelwanderung zwischen Potsdam und Teltow – Stahnsdorf war teilweise ein Ergebnis der Wohnungsbaustandortpolitik.

Durch die beschriebenen Rahmenbedingungen und Prozesse wurde während der DDR-Zeit die bestehende regionale Makrostruktur im Bezirk Potsdam mit der beschriebenen Dreiteilung nicht grundsätzlich verändert. Jedoch erfolgte eine wirtschaftliche Stärkung und engere räumliche Verflechtung des zentralen, berlinnahen Teiles, was sich auch in einer Konzentration der Bevölkerung zugunsten dieses Teilraumes auswirkte. Bei den agrarisch geprägten Teilregionen im Norden und im Süden erlebte vor allem der Norden eine Stärkung der Kreisstädte und damit auch eine innergebietliche Bevölkerungskonzentration, während der Süden seine gebietliche Struktur kaum veränderte. Tabelle 52 verdeutlicht, daß die innerbezirkliche Bevölkerungskonzentration zu Lasten der Agrarräume ging.

5.5.4
Die Entwicklung des Bezirkes Cottbus zum Kohle- und Energiezentrum der DDR

Mit dem Ausgang des Zweiten Weltkrieges, der Teilung Deutschlands und den damit erforderlichen Überlegungen zur Deckung des Energiebedarfs setzte die aus der SBZ hervorgegangene DDR auf den Primärenergieträger und Brennstofflieferanten Braunkohle.

Nach der Wiederaufnahme der Produktion im Kernrevier um Lauchhammer, Senftenberg, Laubusch begann bereits in der ersten Hälfte der 50er Jahre im ehemaligen Bezirk Cottbus ein überdurchschnittlicher Ausbau von Förder- und Veredlungskapazitäten der Braunkohlenindustrie. Etwa 13 Mrd. t, d. h. der überwiegende Anteil der gewinnbaren Braunkohlenvorräte der DDR (25 Mrd. t), lagerten im Gebiet des Bezirkes Cottbus (Abraum (A) : Kohle (K) < 10:1).

Dieser Tatsache Rechnung tragend, beschloß die damalige Führungsspitze des Landes, den Bezirk Cottbus zum Kohle- und Energiezentrum der DDR zu entwickeln.

Der starke Anstieg der Ölpreise in den 70er Jahren bewirkte weitere Beschlüsse zur maximalen Nutzung der Braunkohlenressourcen und der dadurch möglichen Heizölablösung. Mit dieser Entscheidung wurde die einseitige Produktionsentwicklung des Bezirkes Cottbus festgeschrieben. Ergänzende Wirtschaftszweige zur Energie- und Brennstoffindustrie folgten in zu geringem Ausmaß. Es bestand kein Spielraum für die Entwicklung mittelständischer und Kleinbetriebe.

Ab 1952 erfolgte der Aufbau industrieller Großvorhaben der Kohleveredlung (Großkraftwerke, Gaskombinat Schwarze Pumpe, Braunkohlenkokerei Lauchhammer – s. a. Kap. 5.5.2) unter Nutzung der günstigen Lage zu den Kohlefeldern, der Sicherung des riesigen Wasserverbrauches auch über Grubenwässer und des Vorhandenseins einer nutzbaren Verkehrsinfrastruktur. Enormer Landschaftsverbrauch und große Umweltbelastungen waren vorprogrammiert (s. a. Abb. 61).

In den fünf Förder- und Versorgungsräumen des Braunkohlenkombinates Senftenberg wurden 1988 innerhalb des Bezirkes Cottbus, also einschließlich der heute sächsischen Förderräume, in 16 Tagebauen 187 Mio. t Rohbraunkohle gefördert (60,3% des DDR-Aufkommens) und 918 Mio. m³ Abraum bewegt (67,8% der

Tab. 53: Förderung von Rohbraunkohle und damit zusammenhängende Abraumbewegungen im Bezirk Cottbus 1988

Tagebaue	Abraumbewegung (Mio. m³)	Kohlegewinnung (Mio. t)
Meuro, Klettwitz, Klettwitz-Nord	161,9	27,9
Schlabendorf-Süd, Gräbendorf, Seese-Ost	79,9	22,5
Jänschwalde-Mitte, Cottbus-Nord	148,6	30,7
Tagebau Nochten, Bärwalde, Reichwalde, Dreiweibern (jetzt insgesamt Sachsen)	234,7	58,2
Tagebaue Greifenhain, Welzow-Süd, Spreetal-Nordost, Scheibe	292,5	47,7

Quelle: LOTZMANN, E.: Territoriale Auswirkungen des großflächigen Braunkohlebergbaus im Bezirk Cottbus bei besonderer Beachtung der Siedlungsstruktur. In: Informationen zur Raumentwicklung, H. 4/5. 1990, S. 263

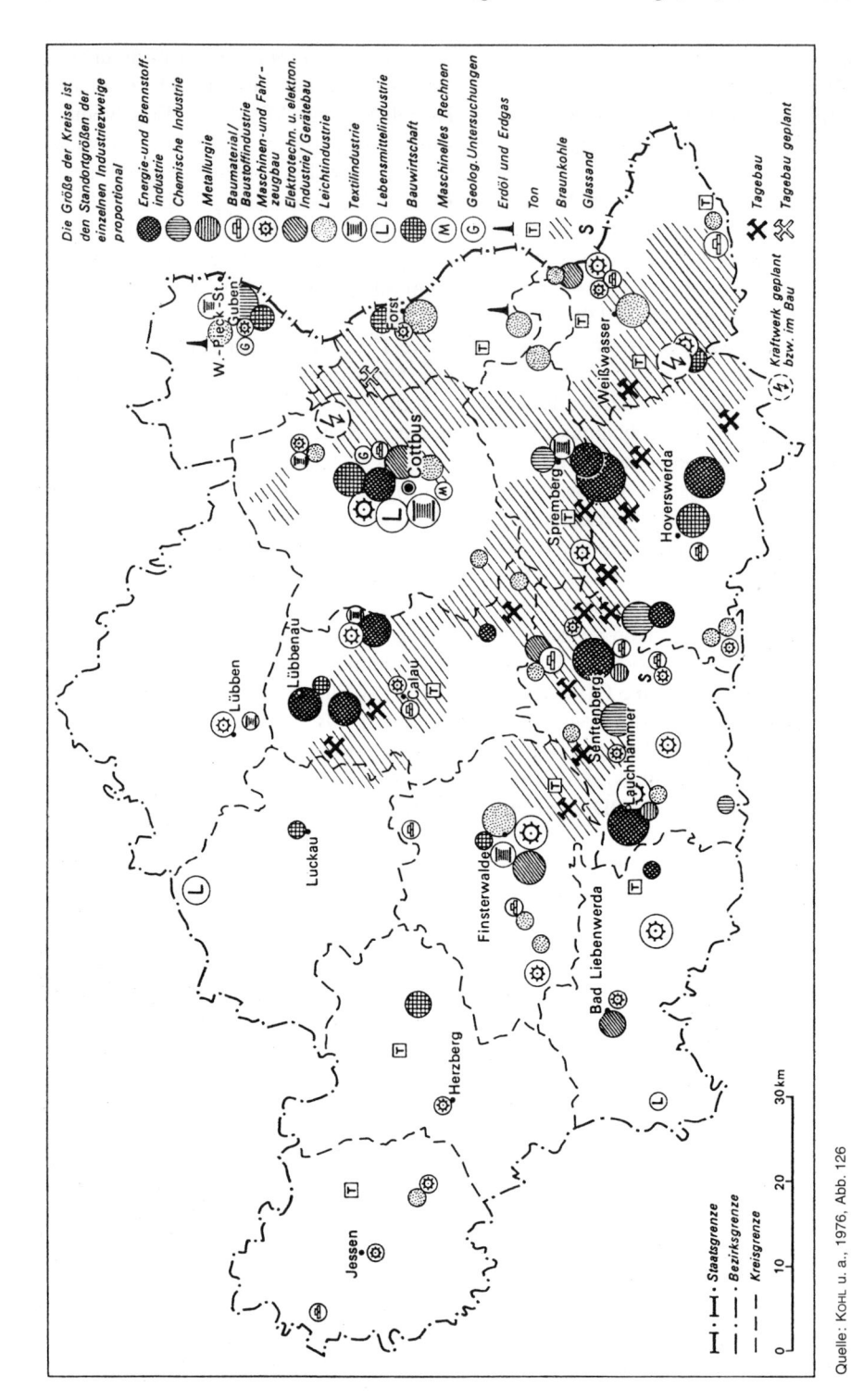

Abb. 61: Wichtige Standorte im DDR-Bezirk Cottbus 1971

Abraumbewegung der DDR). Eine Übersicht dazu zeigt Tabelle 53.

Durch ein System von Kohleverbindungsbahnen waren sämtliche Förderräume miteinander verbunden und somit ein Austausch der Kohlezufuhr zwischen den Räumen gegeben.

Der Anteil des Bezirkes Cottbus an der industriellen Bruttoproduktion der DDR betrug 6,2%, bei der Energie- und Brennstoffindustrie aber 41,7%.

78,6% des Grundmittelbestandes der Industrie, 52,6% der Industriebeschäftigten und 57,2% der industriellen Warenproduktion des Bezirkes Cottbus entfielen auf die Kohle- und Energiewirtschaft (Tab. 54). Diese Zahlen verdeutlichen die ausgeprägte Monostruktur der Industrie, der sich alle übrigen Bereiche unterordnen und anpassen mußten.

Die Beschlüsse des ehemaligen Bezirkstages zu den Bergbauschutzgebieten (BSG) regelten die Vorrangnutzung der Flächen durch den Bergbau. Mit dem Stand vom 30. 12. 1989 standen 180 902 ha, das sind 21,9% der Bezirksfläche, unter Bergbauschutz. Davon entfielen 57 217 ha auf LN und 93 273 ha auf Forstflächen (28% der forstlichen Nutzungsfläche des Bezirkes). Dieser Unterschutzstellung lagen Abbauzeiträume für den II. Lausitzer Flözhorizont bis zum Jahre 2050 zugrunde.

In Verbindung mit der administrativen Planwirtschaft unterlagen damit große Teile des Bezirkes Cottbus hinsichtlich ihrer Entwicklungs- und Baumöglichkeiten umfangreichen Restriktionen. Siedlungen waren dadurch zwangsläufig einem langfristigen substantiellen Verschleiß ausgesetzt, und deren Wohnbevölkerung lebte in Unsicherheit und Zukunftsangst.

Es bestand die Vorstellung, die Braunkohlenförderung im Bezirk Cottbus auf 205 Mio. t/a zu steigern, obwohl bekannt war, daß sich die Abbaubedingungen mehr und mehr verschlechtern.

	1952[1]	1988
Rohkohleförderung	27%	60%
Brikettproduktion	28%	52%
Braunkohlenkoks	–	100%
Elektroenergie	8%	57%
Stadtgasproduktion	–	83%

[1]) Bildung des Bezirkes Cottbus

Quelle: Lotzmann, E.: Territoriale Auswirkungen des großflächigen Braunkohlebergbaus im Bezirk Cottbus bei besonderer Beachtung der Siedlungsstruktur. In: Informationen zur Raumentwicklung, H. 4/5. 1990, S. 263

Tab. 54: Leistungskennziffern der Kohle- und Energiewirtschaft im Bezirk Cottbus

(Anteile des Bezirkes Cottbus am DDR-Aufkommen)

Die zeitliche Einordnung der Tagebaue und der damit verbundene Umfang der Folgeinvestitionen stellte den Braunkohlenabbau um jeden Preis mehr und mehr in Frage. Die starke Zerstörung der Landschaft und die Vernichtung natürlicher und kultureller Lebensräume der Menschen führten zu Zweifeln an der Energiepolitik der DDR und zur Nichtakzeptanz des Braunkohlenbergbaus.

Seit Mitte des 19. Jahrhunderts bis zum 1. 01. 1990 sind mit 78 530 ha 8% der Fläche des Bezirkes Cottbus durch den Braunkohlenbergbau in Anspruch genommen worden. 23 750 ha davon sind vorher landwirtschaftlich und 45 770 ha forstwirtschaftlich genutzt worden. Nur knapp die Hälfte der Flächen wurden bis zu diesem Zeitpunkt wieder für eine Folgenutzung bereitgestellt. Positive Beispiele einer gestalteten Bergbaufolgelandschaft wie der Senftenberger See, die Gebiete um Lohsa und Schlabendorf-Nord sind allerdings erwähnenswert.

Neben der großflächigen Landinanspruchnahme war mit der Brennstoff- und Energiegewinnung eine starke Umweltbelastung weit über die Bezirksgrenzen hinaus verbunden. Mit 469 kt/a erreichte der Bezirk Cottbus noch vor den Ballungsbezirken Halle und Leipzig den höchsten Wert der Staubemissionen aller Bezirke der DDR. Diese Menge betraf nur den Ausstoß von Großemittenten ohne Berücksichtigung der Tagebaustäube. Die immer größer werdende Anzahl nicht wieder urbargemachter Kippenflächen verstärkte in unvertretbarem Maße die Staubbelastung. 22% der CO_2-Emissionen der DDR entfielen auf den Bezirk Cottbus. Besonders betroffen waren die Kreise Calau, Spremberg, Weißwasser (jetzt Sachsen) und Cottbus.

Hoher Abprodukteanfall in Form von Asche und Kohletrübe, erhebliche Belastung der Vorflut durch Einleitung von Grubenwässern sowie zusätzliche Lärmbelästigungen durch Tagebaugroßgeräte führten zu einer ökologisch nicht mehr vertretbaren Lebensumwelt.

Die Industrieentwicklung der 60er und 70er Jahre hat im Bezirk Cottbus wesentlich die weitere Entwicklung der Siedlungsstruktur bestimmt. Für die extensive Erweiterung der Kohle- und Energiewirtschaft mußten gleichzeitig neue Wohnstandorte zur Ansiedlung der erforderlichen Arbeitskräfte abgesichert werden. In den bedeutsamsten Zentren des Bezirkes wurden Standorte des komplexen Wohnungsbaus errichtet. Damit verstärkte sich der Konzentrationsprozeß und führte zu einer zunehmenden Urbanisierung. Während 1950 42% der Bezirksbevölkerung in Städten und Gemeinden bis 2000 Einwohner lebten, wohnten dort 1989 nur noch 25%. Dagegen wuchs der Anteil der Bevölkerung in Städten mit >20000 Einwohnern von 20 auf 48%.

Die Einwohnerentwicklung der größten Ansiedlungsstandorte widerspiegelt die Zuwanderung aus anderen Bezirken der DDR sowie aus der über den Wohnungsbau gesteuerten Binnenwanderung innerhalb des Bezirkes.

Über mehr als zwei Jahrzehnte waren diese positiven räumlichen Bevölkerungsbewegungen die Haupteinflußkomponenten der Bevölkerungsentwicklung und -struktur. Im Ergebnis der langandauernden Zuwanderungen ergaben sich sowohl ein vergleichsweise höherer Anteil jüngerer und mittlerer Altersjahrgänge gegenüber dem DDR-Durchschnitt als auch eine über dem DDR-Mittel liegende Geburtenrate.

Die Zahl von 93 600 Beschäftigten in der Kohle- und Energiewirtschaft von insgesamt 179 400 Industriebeschäftigten (1989) unterstreicht die einseitige Wirtschaftsstruktur des Bezirkes. Etwa jeder vierte Schulabgänger nahm seine Berufsausbildung im Industriezweig Kohle/Energie auf. Gleichzeitig verschärften sich mit der Entwicklung der Braunkohlenindustrie und Energiebetriebe die Disproportionen zwischen dem industriellen Ostteil des Bezirkes und dem agrarisch strukturierten Westteil. Beide Teilregionen erhielten eine in sich sehr einseitig ausgerichtete Wirtschaftsstruktur.

Mit dem großflächigen Braunkohlenbergbau waren einschneidende Veränderungen im Siedlungs- und Sozialgefüge der im Bezirk Cottbus lebenden Bewohner verbunden. Insgesamt sind bis 1990 im Niederlausitzer Braunkohlenrevier 128 Orte und Teilorte mit 23 100 Einwohnern umgesiedelt worden. Mit Umsiedlungen diesen Ausmaßes sind historisch gewachsene Siedlungsräume zerstört sowie natur- und wirtschaftsräumliche Strukturen zerschnitten worden. Sozialräumliche, kommunikative und kulturelle Beziehungen gingen unwiederbringlich verloren. Wertvolle Kulturgüter, teilweise mit Denkmalwert, sind nicht wieder ersetzbar. Von 1945 bis 1985 wurden z. B. 63 Kirchen durch den Braunkohlenbergbau dem Abbruch preisgegeben.

Unter den 74 Orts- und 54 Teilortsverlegungen befanden sich 17 deutsch-sorbische Orte und 2 Teilorte mit etwa 4000 Einwohnern. Den Sorben, die als nationale Minderheit gemeinsam mit Bürgern deutscher Nationalität in ca. 104 Städten und Gemeinden im ehemaligen Bezirk Cottbus und in 58 Städten und Gemeinden im ehemaligen Bezirk Dresden leben, ist zur Wahrung ihres Kulturgutes besonders viel Augenmerk zu schenken. Die Sorben sind das kleinste slawische Volk mit eigenständiger Kultur, mit vielen Volkstrachten und einer Vielzahl lebendiger Sitten und Bräuche.

Erst mit den letzten beiden Beschlüssen zu Bergbauschutzgebieten 1986 und 1989 konnten durch parzellenscharfe Untersuchungen der Gemeinden in Randlage zu laufenden und künftigen Tagebauen etwa 100 Orte und Teilorte vor dem Abbau bewahrt werden. Damit wurde etwa 6000 Einwohnern eine Umsiedlung erspart.

Die bisher praktizierte Methode der überwiegenden Ansiedelung an Komplexstandorten des Wohnungsbaus in den Städten wurde immer häufiger von den betroffenen Bürgern in Frage gestellt. Erst ab 1986/87 konnten durch neue Beschlüsse und Gesetzgebungen erweiterte Möglichkeiten des Ersatzwohnungsbaus geboten werden.

Gewachsene Ansprüche an eine ökologisch vertretbare Wohnumwelt, unzureichende Entschädigung, die schwierige Beschaffung von Baumaterial führten in der Zeit des politischen Umbruchs in über 70 Bürgerinitiativen zur Ablehnung der betriebenen Kohle- und Energiewirtschaft mit der massiven Inanspruchnahme von Siedlungen und Naturraum. Erneute Überprüfungen der einzelnen Förderräume erbrachten 1989/90 den Verbleib von weiteren rund 1850 Einwohnern an ihren Heimatorten.

5.5.5
Der Strukturwandel im Oderraum

Der Oderraum zeichnete sich nach dem Zweiten Weltkrieg durch strukturelle Veränderungen aus, die der Region am Ende den Charakter eines gemischtstrukturierten Raumes verliehen. Er wies Teilräume industriellen und anderenorts agrarischen Typs auf. Im Verlaufe dieser Entwicklung gingen vor allem vom benachbarten Berlin wirtschaftliche Impulse aus. Günstig wirkte sich dabei die verkehrsgeographische Lage des Oderraumes im Eisenbahn-, Wasserstraßen- und Straßennetz aus. In den Landkreisen des Bezirkes Frankfurt (Oder) lagen die Werte der Bevölkerungsdichte 1989 außer in Berlinnähe in einer Skala zwischen 36 (Eisenhüttenstadt) und 61 Ew./km^2 (Bad Freienwalde), ein Hinweis auf den weiterhin vorwiegend ländlichen Charakter des Raumes. Dennoch waren die Industrialisierungsprozesse an ausgewählten Standorten für den Zeitraum zwischen 1950 und 1989 von profilierender Bedeutung. Die Entwicklung der Industrie vor allem in den Städten Frankfurt (Oder), Eisenhüttenstadt, Schwedt (Oder) und Fürstenwalde konnte einerseits an die vorhandenen gebietlichen Arbeitskräfteressourcen anknüpfen, profitierte aber bis Anfang der 70er Jahre ebenso von der Zuwanderung von Arbeitskräften auch aus den sächsisch-thüringischen Bezirken. In den 80er Jahren wandelte sich der Bezirk Frankfurt (Oder) zu einem Raum mit bezirklichen Wanderungsverlusten, meist zugunsten der nahen Hauptstadt Berlin (Ost). Gleichzeitig verbuchten berlinnahe Orte auch Wanderungsgewinne aus inner- und überregionaler Zuwanderung.

Am Ende der 80er Jahre näherte sich die Bezirksstadt Frankfurt (Oder) der Großstadtdimension, während sich die Industriestandorte mit Kreisstadtfunktionen und Zentralitätszuwachs Eisenhüttenstadt,

Schwedt (Oder) und Eberswalde-Finow in die Gruppe der großen Mittelstädte mit über 50000 Einwohnern einreihen konnten. Mitte der 80er Jahre lebten im Bezirk 25% der Bevölkerung in Landgemeinden (<2000 Ew.), im Mittel je Landgemeinde 450 Einwohner (vgl. Tab. 51 und Abb. 58).

Die Landwirtschaft auf den Pleistozänstandorten des Bezirkes wies eine deutliche Orientierung auf Eigenversorgung und die Belieferung Berlins mit Fleisch, Milch und Gemüse auf, letzteres vor allem aus dem Agrarraum des Oderbruchs. Die Wald-Seen-Gebiete um Strausberg, Buckow („Märkische Schweiz") und den Scharmützelsee (Bad Saarow-Pieskow) wurden zunehmend als Naherholungsräume genutzt, allerdings blieb das Gebiet der Schorfheide bei Joachimsthal als „Staatsjagdgebiet" der Öffentlichkeit weithin verschlossen.

Industriegebiet Frankfurt (Oder) – Eisenhüttenstadt

Zum bedeutendsten Industrie- und Siedlungsschwerpunkt im Oderraum entwickelte sich das Siedlungsband Frankfurt (Oder) – Brieskow-Finkenheerd – Eisenhüttenstadt. Die Industrieentwicklung knüpfte hier an die Gunst der verkehrsgeographischen Lage und vorhandenen Infrastruktur (Eisenbahnknotenpunkt/Grenzübergang Frankfurt (Oder), Oder-Spree-Kanal) sowie an das Freiflächenangebot in der Niederung des Berliner Urstromtales (Eisenhüttenstadt) an.

Das größte Siedlungszentrum Frankfurt (Oder) war vor dem Kriege Verwaltungs- und Garnisonsstadt, die 1945 in den letzten Kriegsmonaten ihre gesamte Innenstadt durch Zerstörung einbüßte.

Seit dem Jahre 1952 Bezirksstadt, erfuhr sie in der Folge einen vergleichsweise vielseitigen Ausbau ihrer Funktionen, in der die verarbeitende Industrie eine stärkere Position als in Cottbus und Potsdam erlangte. Hauptarbeitgeber war in diesem Sektor das Halbleiterwerk (Mikroelektronik) mit 8000 Beschäftigten (1989), mit ihm eng verbunden ein Institut für Halbleiterphysik als Forschungs- und Entwicklungszentrum. Der Maschinen- und Fahrzeugbau sowie Betriebe des Ernährungsgewerbes blieben untergeordnet. Neben Verwaltung und Handel waren die Einrichtungen der Deutschen Reichsbahn von profilbestimmender Bedeutung. Im Zusammenhang mit dem Wiederaufbau der Innenstadt und der Errichtung von Großwohngebieten an der Peripherie wuchs die Stadt von 55000 (1950) über 65000 (1970) auf 87800 Einwohner (1988) an. Als ein Engpaßfaktor in der Stadtentwicklung deutete sich schon vor der Wiedervereinigung der mangelhafte Ausbauzustand der Grenzverkehrsinfrastruktur an.

In der Heidelandschaft der Oderniederung südlich des damaligen Fürstenberg (Oder) begannen im Jahre 1950 die Arbeiten zum Aufbau eines Hüttenwerkes, das rohstoffseitig zunächst auf den Import von Eisenerz aus der UdSSR und Hüttenkoks aus Polen orientiert war. Bis 1955 entstand ein Werkskomplex, der, als integriertes Hüttenwerk angedacht, zunächst aber nur als Hochofenwerk (Kapazität von 2,5 Mio. t/a) mit Nebenanlagen verwirklicht werden konnte. Später wurden 1968/74 eine Kaltband-Tandem-Straße und Veredlungsanlagen hinzugefügt und im Jahre 1984 2 LD-Konverter für die Rohstahlgewinnung installiert. Es blieb als Lücke im technologischen Zyklus das Fehlen eines Warmbandwalzwerkes.

Das Eisenhüttenkombinat (EKO) beschäftigte 1988 am Standort 14000 Mitarbeiter, d. h. 77% der Erwerbstätigen in der Wirtschaft. Es bildeten sich umfangreiche Pendlerbeziehungen zum Landkreis und auch gegenläufig zu Frankfurt (Oder) heraus. In unmittelbarer Nähe der 700jährigen Landstadt wuchs die neue Wohnstadt Ei-

Veränderte Raumstrukturen in Brandenburg 245

**Abb. 62:
Entwicklung von
Eisenhüttenstadt bis
Ende der 80er Jahre**

nach Kohl u. a., 1976,
Abb. 22, ergänzt,

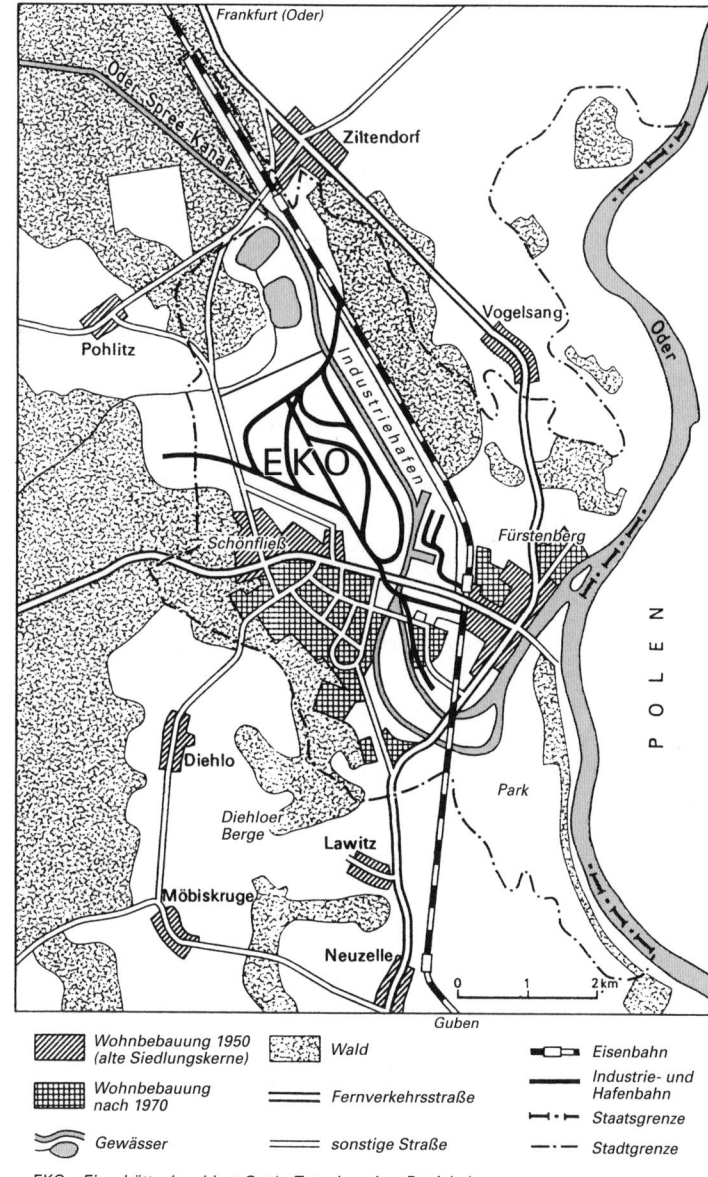

	Wohnbebauung 1950 (alte Siedlungskerne)		Wald		Eisenbahn
	Wohnbebauung nach 1970		Fernverkehrsstraße		Industrie- und Hafenbahn
	Gewässer		sonstige Straße		Staatsgrenze
					Stadtgrenze

EKO – *Eisenhüttenkombinat Ost (z. T. auch andere Betriebe)*

senhüttenstadt (1961 mit Fürstenberg vereinigt) auf 1960 30 000 und 1988 53 300 Einwohner an (Abb. 62). Gleichzeitig verlor der strukturschwache Kreis Eisenhüttenstadt-Land zwischen 1950/71 17% und 1971/81 11% seiner Bevölkerung.

Fürstenwalde

Auf Grund der engeren Verflechtung mit Berlin ist die Stadt Fürstenwalde (1988 37 000 Ew.) schon dem näheren Umland von Berlin zuzurechnen. Infolge schwerer

Kampfhandlungen im April 1945 war Fürstenwalde und seine Industrie stark in Mitleidenschaft gezogen worden. Nach dem Kriege profitierte Fürstenwalde von seiner günstigen Verkehrslage, wurde Kreisstadt (1952) und zum Standort des Pneumant-Reifenwerkes, des größten Reifenherstellers Ostdeutschlands, sowie eines Großbetriebes des Tankanlagenbaus.

Eberswalde

Zu mehr solitären Industriestandorten entwickelten sich im Norden des Bezirkes Frankfurt (Oder) die Städte Eberswalde-Finow und Schwedt (Oder).

Bereits im 17. und 18. Jh. war das Finowtal mit einem Eisen- und Blechhammer, Kupferhammer und Messingwerk sowie einer Messerfabrik Standort des Metallgewerbes. Bis heute ist diese Tradition der Metallverarbeitung in diesem Gebiet lebendig geblieben. Dabei wirkten der 400 Jahre alte Finowkanal (1620), die Inbetriebnahme der Eisenbahnverbindung Berlin – Stettin (1843) und des Großschiffahrtsweges Berlin – Stettin über Eberswalde (1914) standortfördernd.

Nach dem Zweiten Weltkrieg bildete sich als bedeutendster Betrieb der Kranbau Eberswalde (1989 3000 Beschäftigte) heraus, exportseitig auf die Ostmärkte orientiert. Im Metallsektor verdienen das Walzwerk Finow, ein Reichsbahnausbesserungswerk und der Schiffsarmaturenbau Finow besondere Erwähnung.

Großanlagen der Tierproduktion (Schweinemast) in Stadtnähe bildeten die Zulieferbasis für ein großes Schlacht- und Verarbeitungskombinat. Mit 55 000 Einwohnern (1988) war Eberswalde-Finow die zweitgrößte Stadt des Bezirkes Frankfurt (Oder).

Schwedt/Oder

Im Jahre 1945 wurde die Kleinstadt an der unteren Oder in ihrem Siedlungsbestand fast völlig vernichtet. Waren Ende 1945 schon wieder 5000 Personen in die Stadt zurückgekehrt, so stieg deren Zahl bis 1958 nur langsam auf 6000 Einwohner an. Mit dem Aufbau einer großen Papier- und Kartonfabrik ab 1958 und eines Erdölverarbeitungswerkes ab 1959 stieg die Einwohnerzahl sprunghaft von 9700 (1961) auf 28 300 (1967) und schließlich 53 100 (1989) an. Der Industrieausbau konnte am Standort die Lage Schwedts am Endpunkt einer internationalen Erdölleitung aus Baschkirien, am Kanal Hohensaaten-Friedrichsthal und im Eisenbahnnetz nutzen. Ein sehr starker Zuzug von junger Bevölkerung auf Grund des Wohnungs- und Arbeitsplatzangebotes aus den umliegenden Kreisen und fast allen anderen Teilgebieten Ostdeutschlands verhalf der Stadt bald zu einem überdurchschnittlich hohen Arbeitskräftepotential.

Der Umland-Kreis Angermünde verlor gleichzeitig zwischen 1950/71 22%, 1971/81 noch 8% seiner Wohnbevölkerung.

5.6
Veränderungen im räumlichen Beziehungsgefüge zwischen Berlin und dem brandenburgischen Umland

Mit der Ausprägung der Insellage von Berlin (West) wurden faktisch die räumlichen Beziehungen dieser Berliner Teilstadt zum benachbarten Umland nahezu vollständig unterbrochen. Dieser Prozeß begann bereits unmittelbar nach der Teilung von Groß-Berlin und wurde durch die Grenzschließung 1961 durch die DDR weiter verschärft. Am Ende der 40er Jahre bestanden z. B. kaum mehr wirtschaftliche Beziehungen zwischen Westberlin und dem Umland (u. a. zu den Stahlwerken in Hennigsdorf), bestehende wurden beendet oder nicht wiederhergestellt. Die über die Stadtgrenze von Westberlin in das Umland führenden Verkehrslinien (S-Bahn, Straßenbahn, Bus) wurden bereits Anfang der 50er Jahre unterbrochen bzw. unter Grenzkontrolle gestellt. Zugleich wurde die Nutzung von Landbesitz einschließlich Kleingärten und Wochenendgrundstücken (ca. 40 000) durch Westberliner Bürger mehr und mehr eingeschränkt. Auch die Arbeiten an Verkehrs- und Versorgungstrassen (Reichsbahn-Außenring, Autobahnring, Havelkanal, Strom-, Wasser- und Gasleitungen) zur Umgehung von Westberlin begannen schon Ende der 40er Jahre und waren in den 50er Jahren teilweise abgeschlossen.

Zu den wenigen räumlichen Beziehungen mit dem historischen Umland gehörten in den vier Jahrzehnten der politisch-geographischen Isolation des Westteils der Stadt vor allem der Bezug von Baustoffen (Sande aus Caputh, Kalk und Zement aus Rüdersdorf) sowie Entsorgungsbeziehungen durch die Leitung von Abwasser auf die Rieselfelder im Umland mit abnehmender Tendenz bis Mitte der 80er Jahre (dann Aufnahme und Behandlung in eigenen Klärwerken) und die Verbringung von Feststoffabfällen auf Deponien im Umland (z. B. Deetz am Trebelsee, Vorketzin, Schöneiche bei Zossen) mit steigender Tendenz seit der ersten Hälfte der 70er Jahre. Weiterhin entwickelten sich im Rahmen der Besucherregelungen auch Beziehungen im Bereich von Erholung und Fremdenverkehr zwischen Westberlin und dem benachbarten Umland.

Weitaus umfangreichere Beziehungen bestanden mit dem „Umland", das sich einige hundert Kilometer westlich der Stadt jenseits der innerdeutschen Grenze in der Bundesrepublik herausbildete (z. B. in den Bereichen Erholung und Versorgung).

Auch die räumlichen Beziehungen zwischen Ostberlin und dem westlichen Umland schwächten sich insgesamt ab (u. a. durch Verschlechterung der Weg-Zeit-Relationen infolge des Umgehens von Westberlin). Sie gewannen durch Umorientierungen nach 1961 (z. B. teilweise Verlagerung der Arbeitspendlerströme aus dem westlichen Umland von Westberlin nach Ostberlin) und Verbesserungen der Verkehrsverbindungen mit der DDR-Hauptstadt (z. B. durch den zweigleisigen Ausbau des Reichsbahn-Außenringes und dessen Elektrifizierung sowie den Bau des Autobahn-Außenringes) zum Teil jedoch wieder mehr an Bedeutung.

Der Wandel im ursprünglichen Beziehungsgefüge wurde vor allem auch durch die zunehmende Bedeutung der Großstadt Potsdam als Bezirksstadt (seit 1952) und wichtigstes Siedlungszentrum im westlichen Berliner Umland gefördert. Im Zusammenhang mit Erfordernissen des Auf- und Ausbaues von Netzen des öffentlichen Verkehrs zur Bewältigung neuer Verkehrsströme (z. B. Berufs- und Einkaufsverkehr) mit Potsdam als Mittelpunkt (u. a. einer der größten Busbahnhöfe der DDR) bildete sich dort ein relativ eigenständiges Raumgefüge von Stadt-Umland-Beziehungen heraus (s. a. Kap. 5.5).

Eine völlig andere Situation ergab sich im unmittelbar räumlich benachbarten Umland Ostberlins. Hier erfolgte keine Einschränkung der Berlin-Beziehungen durch die Teilung der Stadt, sondern eine Ausweitung und Intensivierung. Das östliche Umland wurde zu einem wichtigen Einflußgebiet und bedeutenden Verflechtungsraum für Ostberlin. Es umfaßte nach politisch-territorialen Einheiten und Gesichtspunkten von Beginn der 50er Jahre bis zum Ende der 80er Jahre das Territorium der an Berlin (Ost) angrenzenden sechs

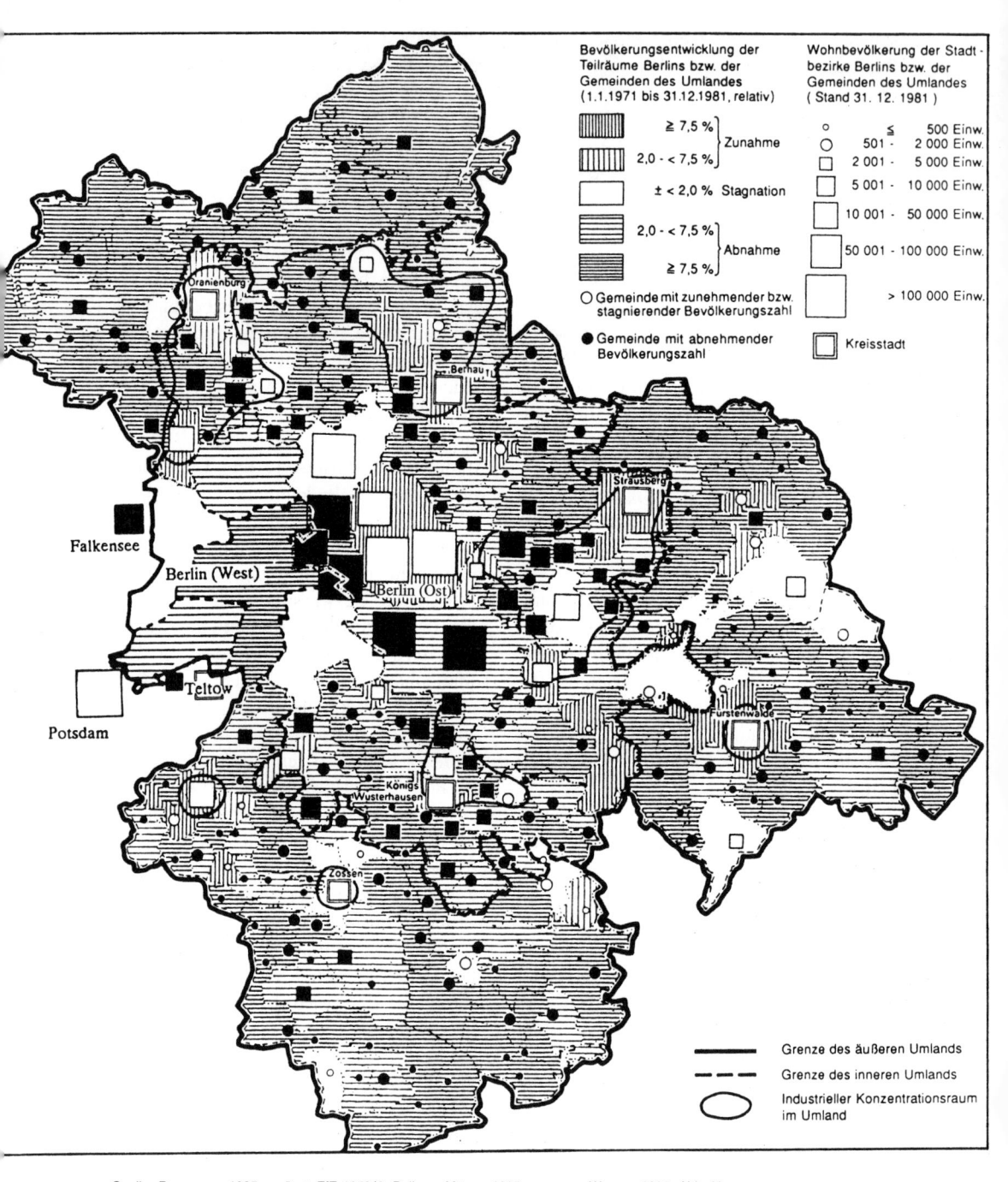

Abb. 63: Bevölkerungsentwicklung in der Stadtregion Berlin-Ost

Kreis/ Bezirk	Fläche (km²)	Anteil (%)	Bevölkerung		Bevölkerungsdichte (Ew./km²)
			absolut	Anteil (%)	
Oranienburg/Potsdam	856,7	18,2	128 817	23,2	150
Bernau/Frankfurt (Oder)	757,8	16,1	71 719	12,9	94
Strausberg/Frankfurt (Oder)	689,4	14,5	89 404	16,1	129
Fürstenwalde/ Frankfurt (Oder)	924,5	19,6	104 205	18,8	112
Königs Wusterhausen/ Potsdam	725,5	15,4	84 832	15,4	118
Zossen/Potsdam	765,6	16,2	75 310	13,6	98
Umland	4719,5	100,0	555 287	100,0	117

Quelle: Region Berlin, Statistische Informationen, H. 1, 1990

Tab. 55: Das Umland von Berlin (Ost) nach politisch-territorialen Einheiten 1989

Landkreise in den Bezirken Frankfurt (Oder) und Potsdam (Abb. 63 und Tab. 55).

Es umgab halbkreisförmig die DDR-Hauptstadt und war mit ihr funktionell eng verflochten unter teilweiser Revitalisierung des historisch entstandenen sowie der Neu- und Weiterentwicklung eines umfangreichen räumlichen Beziehungsgefüges.

Zu wesentlichen Struktur- und Entwicklungsmerkmalen des Umlandes gehörten ein relativ hoher Grad der Bevölkerungsverdichtung und Urbanisierung sowie differenzierte Tendenzen in der Bevölkerungs- und Siedlungsentwicklung. Die Bevölkerungsdichte war erheblich größer als im Durchschnitt der Bezirke Potsdam (1989: 88 Ew./km²) und Frankfurt (1989: 98 Ew./km²), und die Umlandkreise gehörten in beiden Bezirken zu den Gebieten mit den höchsten Bevölkerungskonzentrationen. Die Bevölkerungsentwicklung des Umlandes war nach einer Phase geringen Wachstums in den letzten beiden Jahrzehnten der DDR-Existenz durch eine leichte Bevölkerungsabnahme gekennzeichnet. Diese Tendenz prägte sich jedoch sehr unterschiedlich aus. Für die Stadtbevölkerung war eine Zunahme charakteristisch und für die Bevölkerung in ländlichen Siedlungen (<2000 Einwohner) gleichzeitig eine deutliche Abnahme (vor allem durch Abwanderungen nach Ostberlin). Diese Tendenzen förderten differenzierte Entwicklungsrichtungen in der Siedlungsstruktur, vor allem räumliche Konzentrationsprozesse der Bevölkerung.

Durch die Konzentration von Investitionen (Wohnungsbau, Industrie, Infrastruktur) auf die Kreisstädte und wenige Industrieorte (u. a. Hennigsdorf, Rüdersdorf, Ludwigsfelde) wuchs die Bedeutung dieser Klein- und Mittelstädte als Siedlungszentren und lokale Bevölkerungskonzentrationen. In neun Gemeinden ab 10000 Einwohner lebten 1971 schon 29,4% der Umlandbevölkerung und 1989 in nur 10 Gemeinden ab 10000 Einwohner bereits 38,7%. Andererseits blieb die relativ große Zersplitterung des Kommunal- und Siedlungsnetzes erhalten (268 Gemeinden, Abb. 63).

In der Wirtschaft des Umlandes erhöhte sich vor allem die Bedeutung der Industrie

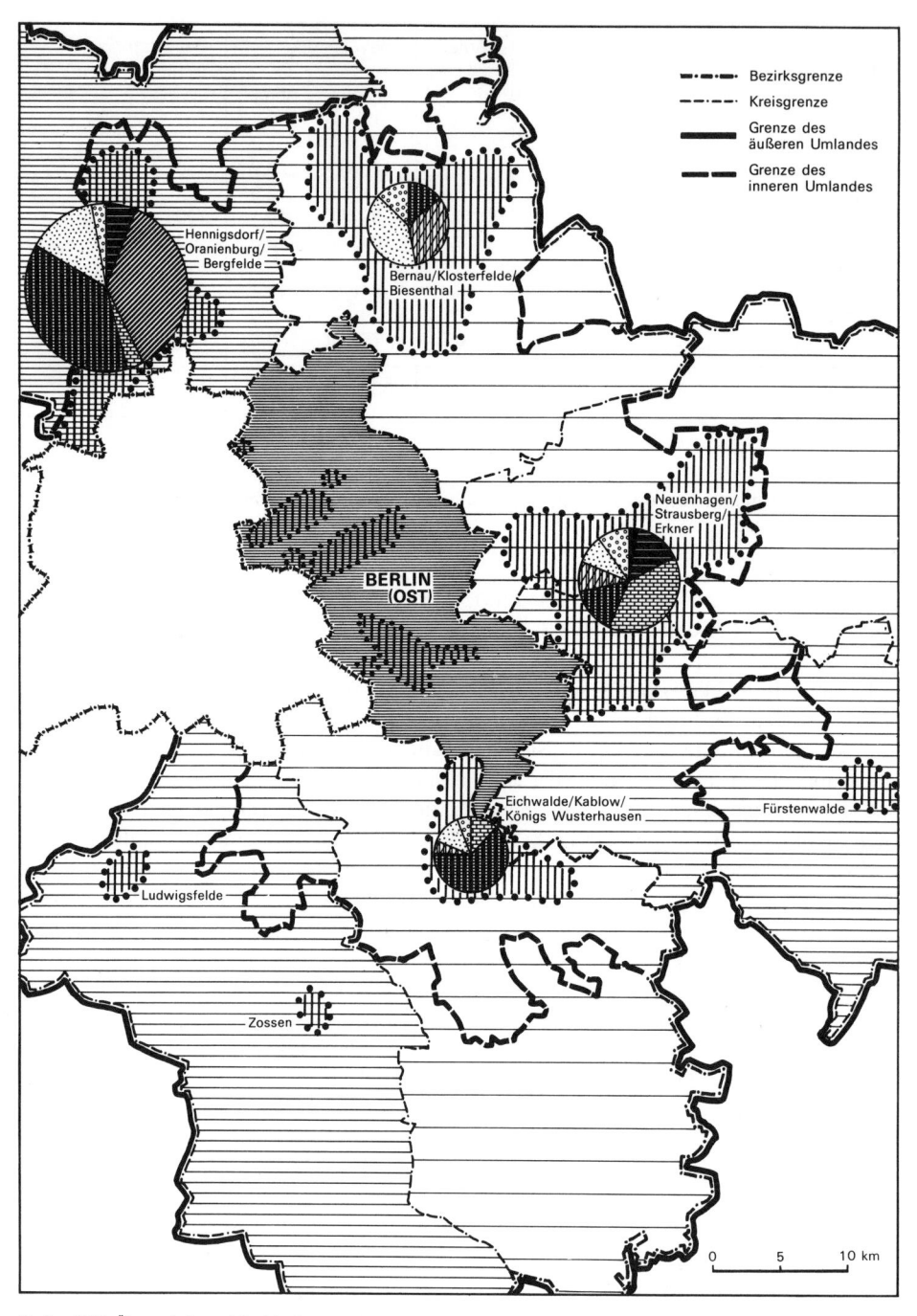

250 *Berlin und Brandenburg in der Nachkriegszeit (1945 bis 1989/90)*

Quelle: „DDR. Ökonomische und Soziale Geographie", 1990, Abb. 88

durch den Wiederaufbau, die Erweiterung und Umgestaltung der früheren Standorte, die auf Grund ihrer Rüstungsproduktion nach dem Kriege fast vollständig demontiert worden waren, und die Gründung neuer Standorte vorwiegend in bisher industriearmen Gebieten, wie den Kreisen Bernau und Strausberg. Ein beachtlicher Teil der Industriebetriebe des Umlandes entwickelte sich als Filialen und verlagerte Betriebsteile der Ostberliner Industrie.

Mit dem Aufschwung der Industrie des Umlandes, vor allem in den 60er und 70er Jahren, blieb die historisch entstandene Branchenstruktur erhalten und prägte sich weiter aus. Strukturbestimmend waren einerseits Bereiche, die der Berliner Industriestruktur entsprachen, wie Elektrotechnik, Maschinen- und Fahrzeugbau, und andererseits Branchen, die das Berliner Industrieprofil ergänzten wie Metallurgie und Baustoffindustrie. Die räumliche Industriestruktur des Umlandes wurde durch die Herausbildung von vier industriell verdichteten Gebieten und einiger bedeutender Einzelstandorte bestimmt. Dieses räumliche Verteilungsmuster widerspiegelte weitgehend die Standortsituation der Industrie vor 1945 (Abb. 64).

Die Land- und Nahrungsgüterwirtschaft gehörte zu den wichtigsten Wirtschaftsbereichen und erhielt Entwicklungsimpulse vor allem durch zunehmende Versorgungsaufgaben für die rasch wachsende Bevölkerung der DDR-Hauptstadt.

In vier Jahrzehnten wurde Ostberlin mit seinem Umland zur bedeutendsten Großstadtregion der DDR entwickelt. Das Umland fungierte als wichtiges Teilgebiet und war mit dem Regionskern Berlin (Ost) durch vielfältige sowie nach Umfang und Intensität zunehmende räumliche Verflechtungen verbunden.

Es erfüllte unter dem Einfluß der prioritären Hauptstadtentwicklung vor allem folgende Funktionen:
– Das Umland wurde zum wichtigsten Quellgebiet für Berlin-Migranten und Berlin-Pendler aus den Bezirken Frankfurt (Oder) und Potsdam. Innerhalb der nahräumlichen Migrationsbeziehungen wurde es zugleich das bedeutendste Zielgebiet für Wegzüge aus der Hauptstadt in die Nachbarbezirke (Abb. 65).

Die Arbeitspendler-Beziehungen zählten zu den personell umfangreichsten Stadt-Umland-Beziehungen, und das Umland war der räumliche Schwerpunkt des Einzugsgebietes der Tagespendler. Hier hatten Anfang der 80er Jahre 70% der Berlin-Pendler ihren Wohnsitz (Abb. 66).

– Auf Grund der Branchenstruktur und der Produktionsrichtungen in der Industrie und Landwirtschaft (stadtnahe Landwirtschaft) des Umlandes sowie

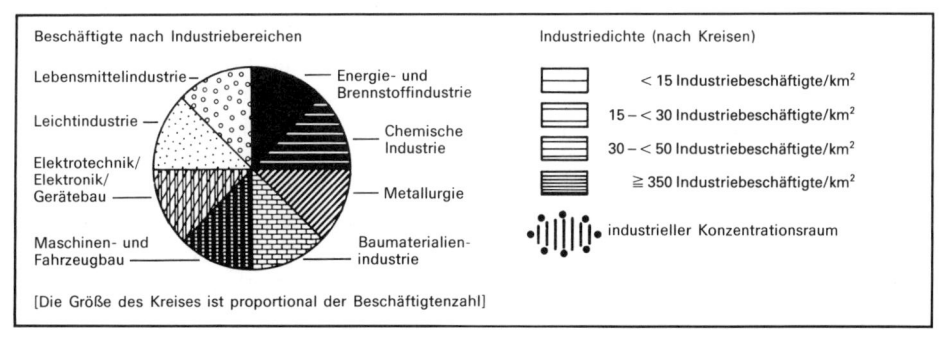

Abb. 64: Raumstruktur der Industrie in der Stadt-Umland-Region Berlin-Ost Ende der 80er Jahre

Beschäftigte nach Industriebereichen
- Lebensmittelindustrie
- Leichtindustrie
- Elektrotechnik/Elektronik/Gerätebau
- Maschinen- und Fahrzeugbau
- Energie- und Brennstoffindustrie
- Chemische Industrie
- Metallurgie
- Baumaterialienindustrie

[Die Größe des Kreises ist proportional der Beschäftigtenzahl]

Industriedichte (nach Kreisen)
- < 15 Industriebeschäftigte/km^2
- 15 – < 30 Industriebeschäftigte/km^2
- 30 – < 50 Industriebeschäftigte/km^2
- ≧ 350 Industriebeschäftigte/km^2
- industrieller Konzentrationsraum

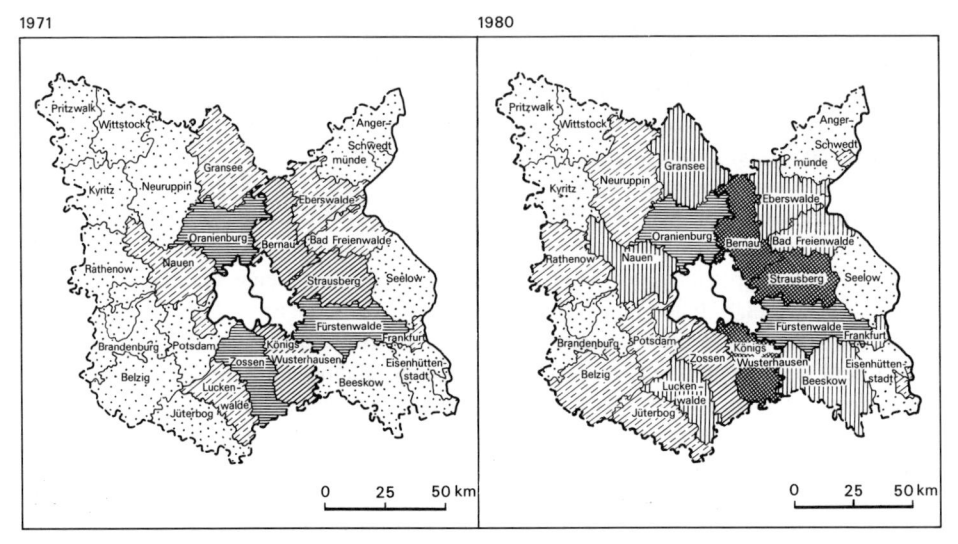

252   *Berlin und Brandenburg in der Nachkriegszeit (1945 bis 1989/90)*

Anteil der Wegzüge nach Berlin an der Gesamtzahl der Wegzüge über Kreisgrenzen

▓▓ > 40 %   ▤ > 30–40 %   ▨ > 20–30 %   ▥ > 15–20 %   ▨ > 10–15 %   ⋯ ≤ 10 %

Quelle: ZIMM (Hrsg.) 1990, Abb. 36

Abb. 65. Migration nach Berlin-Ost aus den Kreisen der DDR-Bezirke Potsdam und Frankfurt (Oder) 1971 und 1980

seiner Naturraum- und Rohstoffpotentiale entwickelten sich umfangreiche nahräumliche Kooperations- und Versorgungsbeziehungen mit Ostberlin. Dazu gehörte die Lieferung industrieller Halbfabrikate und Fertigwaren sowie landwirtschaftlicher Erzeugnisse (z. B. Milch, Eier, Kartoffeln, Fleisch), die Nutzung von Baumaterialien verschiedener Art (z. B. Zement, Sande, Kies) und des Wasserpotentials (wichtigster Raum für die Wasserversorgung der DDR-Hauptstadt).

– Das Umland entwickelte sich vor allem auf Grund seiner günstigen natürlichen Ausstattung (ausgedehnte Wälder, zahlreiche Seen) zum bedeutendsten Naherholungsraum für die Ostberliner Bevölkerung (Abb. 67). Die erholungsräumlichen Stadt-Umland-Beziehungen waren am umfangreichsten ausgeprägt und von relativ hoher Stabilität. Die

Hauptzielgebiete der Erholungssuchenden (vor allem an Wochenenden) waren mehrere landschaftlich attraktive und flächenmäßig ausgedehnte Wald-Seen-Gebiete (meist Landschaftsschutzgebiete). Sie bildeten einen Halbkreis, der die DDR-Hauptstadt im Norden, Osten und Süden in zeitgünstiger Erreichbarkeit (60–90 min.) mit öffentlichen und individuellen Verkehrsmitteln umgab. Ihre infrastrukturelle Ausstattung mit Erholungseinrichtungen war vielseitig, entsprach jedoch häufig kapazitiv und qualitativ nicht den gestiegenen Anforderungen. Es fehlten z. B. weitgehend öffentliche Einrichtungen mit Übernachtungsmöglichkeiten (Hotels, Pensionen). In den Wald-Seen-Gebieten konzentrierte sich der größte Teil der zahlreichen Wochenendgrundstücke (Bungalows, Kleingärten), die überwiegend von Ostberliner Bürgern genutzt wurden. Sie

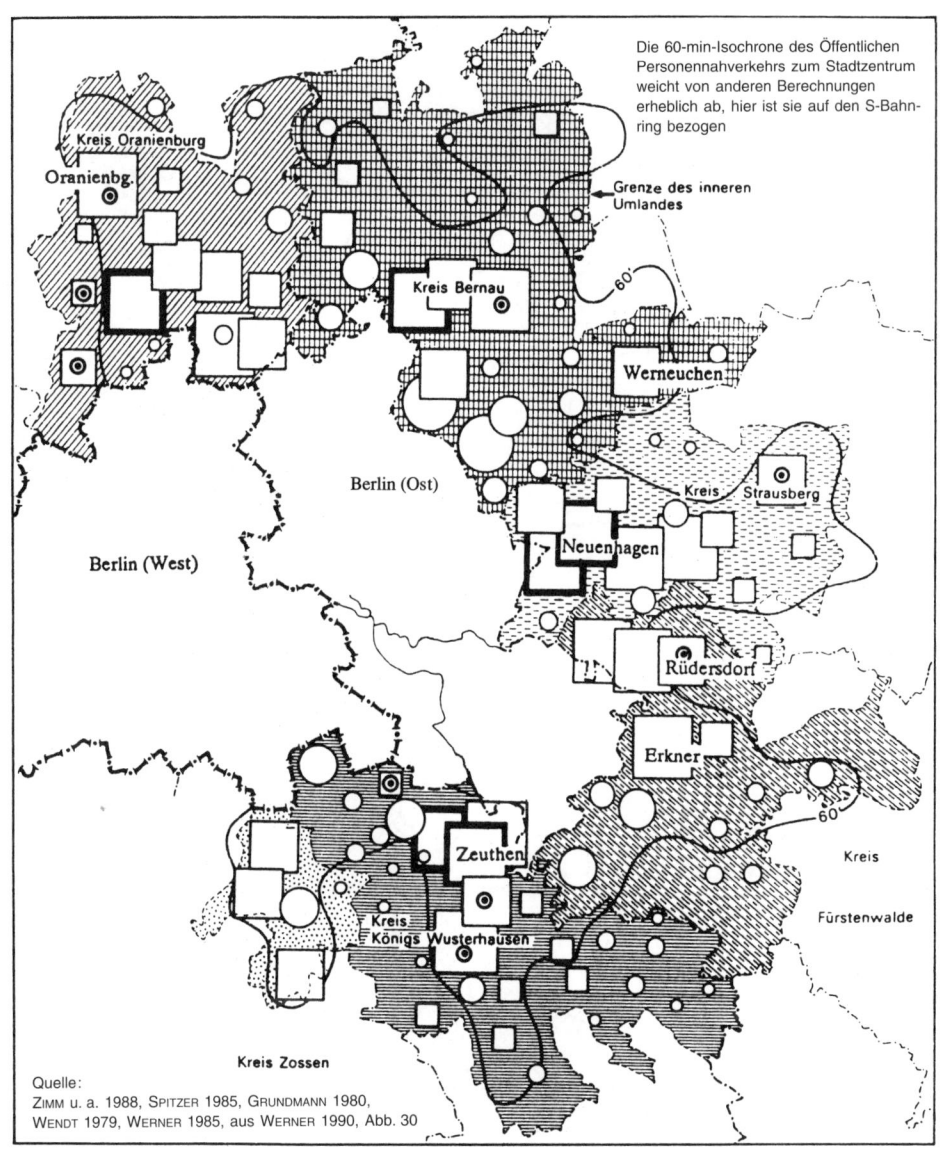

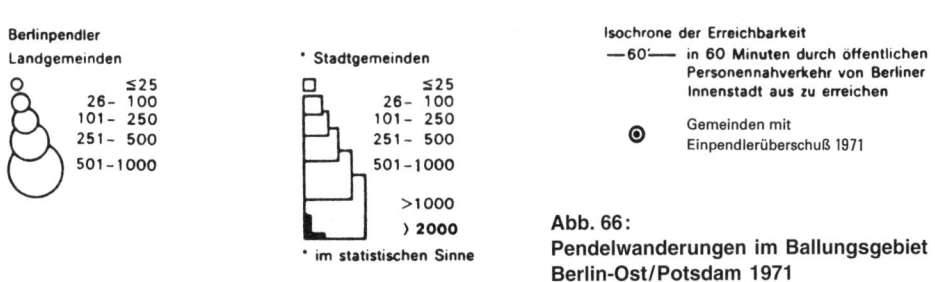

Veränderungen zwischen Berlin und dem brandenburgischen Umland   253

Die 60-min-Isochrone des Öffentlichen Personennahverkehrs zum Stadtzentrum weicht von anderen Berechnungen erheblich ab, hier ist sie auf den S-Bahn-ring bezogen

Grenze des inneren Umlandes

Kreis Oranienburg
Oranienbg.
Kreis Bernau
Werneuchen
Berlin (Ost)
Berlin (West)
Kreis Strausberg
Neuenhagen
Rüdersdorf
Erkner
Zeuthen
Kreis Fürstenwalde
Kreis Königs Wusterhausen
Kreis Zossen

Quelle:
ZIMM u. a. 1988, SPITZER 1985, GRUNDMANN 1980,
WENDT 1979, WERNER 1985, aus WERNER 1990, Abb. 30

Berlinpendler
Landgemeinden
≤ 25
26 – 100
101 – 250
251 – 500
501 – 1000

* Stadtgemeinden
≤ 25
26 – 100
101 – 250
251 – 500
501 – 1000
> 1000
> 2000
* im statistischen Sinne

Isochrone der Erreichbarkeit
—60'— in 60 Minuten durch öffentlichen Personennahverkehr von Berliner Innenstadt aus zu erreichen

Gemeinden mit Einpendlerüberschuß 1971

Abb. 66:
Pendelwanderungen im Ballungsgebiet
Berlin-Ost/Potsdam 1971

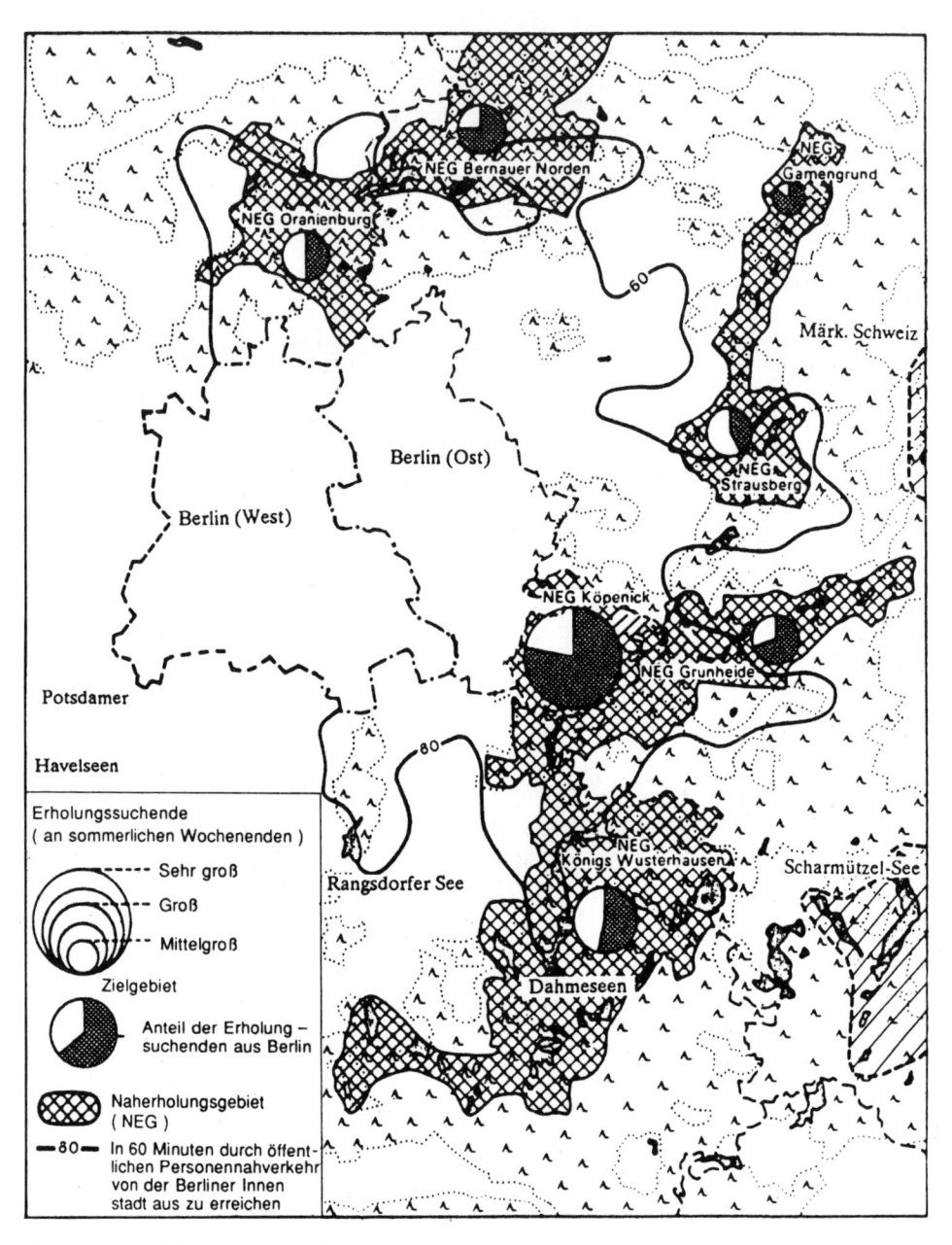

Abb. 67: Naherholung im Umland von Berlin-Ost vor 1990

	Maßeinheit	Umland gesamt	Inneres Umland	Äußeres Umland
Fläche 1985 (absolut) (Anteil)	(km^2) (%)	4719,0 100,0	1673,4 35,5	3045,6 64,5
Bevölkerung 1985 (absolut) (Anteil) Bevölkerungsdichte 1985	(Einwohner) (%) (Einwohner/km^2)	562860 100,0 119	392610 69,8 235	169866 30,2 56
Gemeinden 1985 (absolut) (Anteil) Gemeindedichte 1985 Urbanisierungsgrad 1985 = Anteil der Einwohner in Gemeinden mit ≧ 2000 Einwohnern	(Anzahl) (%) (Gemeinden/1000 km^2)	268 100,0 57 78,1	113 42,2 68 88,4	155 57,8 51 64,9
Industriebetriebe 1981 (Anteil) Industriebeschäftigte 1981 (Anteil) Industriedichte 1981	(%) (%) (Industriebeschäftigte/ km^2)	100,0 100,0 15	70,0 68,0 32	30,0 32,0 8
Landwirtschaftliche Nutzfläche in der Landwirtschaft (LPG, VEG) 1983 (Anteil)	(%)	100,0	37,4	62,6
Berlin-Pendler (1971) Umland-Berlin-Migration (Anteil) (1976–1982) Berlin-Umland-Migration (Anteil) (1976–1982)	(%) (Zuzüge nach Berlin – %) (Wegzüge in das Umland – %)	100,0 100,0 100,0	93,3 84,7 92,5	6,7 15,3 7,5

Quelle: Ökonomische und Soziale Geographie der DDR, 1990, S. 337

Tab. 56: Teilräume des Umlandes von Berlin (Ost) nach ausgewählten Kennwerten

stellten eine traditionelle und beliebte Form der Kombination von Erholung und Übernachtung dar, bei steigender Nachfrage. Die Anzahl der Bungalows und Kleingärten im Umland vergrößerte sich besonders seit den 70er Jahren. Zu Beginn der 80er Jahre befanden sich hier bereits über 44000 Bungalows. Neben dieser vorherrschenden Entwicklung entstanden betriebliche Ferienheime, Campingplätze, Jugendherbergen u. a. m. Sie verdichteten sich raumstrukturell zu *Freizeitsiedlungen*, die häufig den Charakter und die Funktion vieler Gemeinden im Umland wesentlich mitbestimmten. Die starke Anziehungskraft der Wald-Seen-Gebiete für Erholungssuchende aus der Hauptstadt und anderen Teilen der DDR (besonders aus den industriellen Ballungsgebieten im Süden) und eine damit wachsende Frequentierung sowie die Überlagerung von Wochenend- und Urlaubserholung bewirkten jedoch auch rasch ansteigende Belastungen, die vielerorts ihre Grenzen erreichten und überstiegen. Es verschärf-

ten sich Widersprüche zwischen Nutzungsansprüchen und Nutzungsangeboten, vor allem in den Bereichen der Infrastruktur und der Naturraumpotentiale.
- Mit der wirtschaftlichen und sozialen Entwicklung Ostberlins wuchsen die Anforderungen an Entsorgungsmöglichkeiten im Umland und deren Beanspruchung. Die steigende Bedeutung der Entsorgungsfunktion des Umlandes für Berlin kam u. a. in der Lokalisierung und Entwicklung von Großdeponien (Schwanebeck, Hennickendorf, Wernsdorf, Schöneicher Plan), Großkläranlagen (Münchehofe, Schönerlinde) und einer Müllkompostierungsanlage (Waßmannsdorf) zum Ausdruck.
- Das Umland erfüllte in steigendem Maße wichtige Verkehrsfunktionen durch den Auf- und Ausbau des Verkehrssystems in der Stadt-Umland-Region mit ausgeprägter Orientierung (Trassenführung, Verkehrsbündelung im Personenverkehr, Umschlags- und Zwischenlagerstandorte für Massengüter) auf Ostberlin. Weiterhin wuchs die Funktion des Umlandes als Aufnahmeraum flächenaufwendiger Einrichtungen der Infrastruktur. Während historisch gewachsene große Wohn- und Erholungsgemeinden im S-Bahn-Bereich insbesondere für den Eigenheimbau ungenügend genutzt wurden, entstanden in ausgewählten Zentren (Hennigsdorf, Oranienburg, Rüdersdorf, Erkner, Königs Wusterhausen) in Plattenbauweise errichtete städtische Wohngebiete.

Die Ausprägung vielfältiger funktioneller Verflechtungen mit räumlich gestufter Intensität zwischen Ostberlin und seinem Umland förderte dort in hohem Maße auch gebietliche Differenzierungsprozesse. Es bildeten sich nach Lage-, Struktur- und Entwicklungsmerkmalen das innere (engere) und das äußere (weitere) Umland als charakteristische Teilräume heraus (Tab. 56).

Die Entwicklung und Ausprägung räumlicher Verflechtungen zwischen Berlin (Ost) und dem östlichen Umland widerspiegelte in besonderer Weise die steigende Beanspruchung gebietlicher Potentiale und arbeitsteiliger Leistungen sowie raumstrukturelle Veränderungen des Umlandes und seiner Teilräume unter dem Einfluß von Wachstum und Ausgestaltung Ostberlins als DDR-Hauptstadt.

Die räumlich deformierte, einseitige und eingegrenzte Entwicklung des Berliner Umlandes unterstrich jedoch gleichzeitig die durch die Teilung Berlins und Deutschlands verursachte anormale Situation in dem historisch gewachsenen Verflechtungsraum von Berlin und Brandenburg.

6 Berlin und Brandenburg im vereinigten Deutschland (seit 1990)

6.1 Gegenwärtige raumstrukturelle Veränderungen in Berlin

Die tiefgreifenden gesellschaftlichen Umbrüche und Transformationsprozesse im Osten Deutschlands und Europas (s. Kap. 1 und 3) treten im wiedervereinigten Berlin, das fast 30 Jahre durch eine Mauer mitten durch die Stadt getrennt war und deren Stadthälften seit Kriegsende eine gegensätzliche Entwicklung genommen hatten, hier im Zusammenhang mit Einigungs- und Anpassungsprozessen in brennglasartiger Schärfe – auf engem Raum konzentriert – in Erscheinung und Aktion. „Zwar ist immer schwerer festzustellen, wo einst die Mauer verlief, die Berlin teilte. Aber damit ist die innere Teilung der Stadt noch nicht überwunden. Es muß nachdenklich stimmen, wenn trotz Wohnungsnot nur 9% der Wohnungssuchenden im Osten und nur 7% im Westen bereit sind, in die jeweils andere Stadthälfte umzuziehen, oder wenn nur 10% der Jugendlichen aus Ost und West in den vergangenen Jahren Kontakt in die jeweils andere Stadthälfte geknüpft haben" (SCHÄUBLE 1994, S. 27/28, s. a. Übersicht 19). Annäherungs-, Angleichungs- und Differenzierungstendenzen kennzeichnen Anfang und Mitte der 90er Jahre das Zusammenwachsen der im wiedererstandenen Land Brandenburg zentral gelegenen größten Stadt Deutschlands. Berlin wird als Bundeshauptstadt des vereinigten, volle Souveränität wiedererlangten Deutschlands bis zur Jahrtausendwende Regierungsfunktionen übernehmen. Es könnte sich darüber hinaus anschicken, im europäischen Annäherungs- und Integrationsprozeß sowie im Wettstreit mit anderen traditionsreichen und neuen hochurbanen, großen Zentren des Kontinents erneut metropolitane Züge anzunehmen. Anspruch und Wirklichkeit stehen dabei gegenwärtig vielfach in einem Mißverhältnis.

Übersicht 19: Umfrage zum Zusammenwachsen Berlins

Quelle: Berliner Morgenpost vom 5. 2. 1995, S. 1

| Umfrage bestätigt: Zusammenwachsen Berlins dauert noch sehr lange! |||||||
| Wann ist Berlin wieder zusammengewachsen? |||||||
Befragte/Zeitraum	in 1–2 Jahren	in 3–5 Jahren	in 6–8 Jahren	in 10 Jahren	dauert länger
Berlin (gesamt)	1%	17%	16%	30%	36%
Berlin (Ost)	0%	14%	17%	27%	42%
Berlin (West)	1%	19%	15%	32%	33%
Ergebnisse einer Umfrage des Forsa-Meinungsforschungsinstituts in der Zeit vom 13.01. bis 27. 01. 1995 unter 1018 Berlinern im Auftrag der „Berliner Morgenpost".						

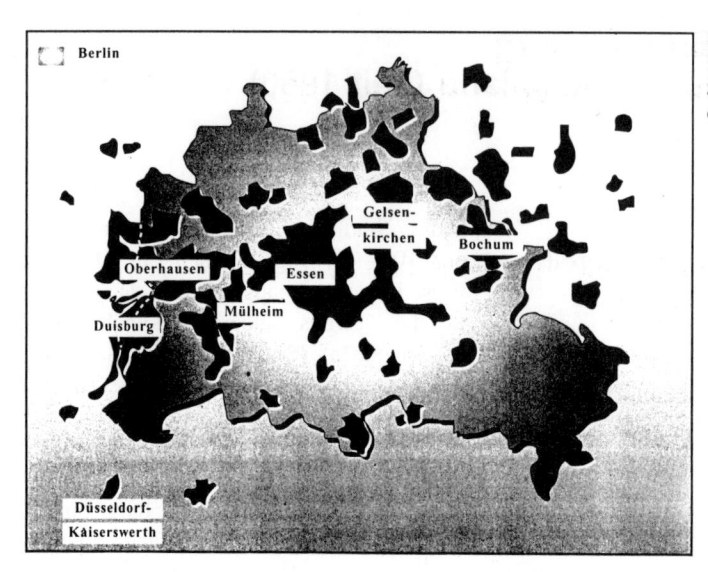

Abb. 68:
Flächenvergleich zwischen Berlin und dem Ruhrgebiet

Quelle: IHK Berlin; „Wirtschaftsentwicklung und Raumplanung in der Region Berlin-Brandenburg", 1995, Abb. 9

Die im Vergleich zu anderen hervorragenden Ballungsräumen Deutschlands einmalige Größe, Dichte und Raumstruktur der monozentrischen Agglomeration der Hauptstadt Berlin (Abb. 68) verlangt nach spezifischen Lösungswegen.

6.1.1 Annäherungs- und Differenzierungstendenzen zwischen beiden Stadthälften

Bevölkerungsstruktur

Zunächst gibt es Gemeinsamkeiten im Ost- und Westteil Berlins in der Bevölkerungsentwicklung seit der Wende: beide Teile weisen seit 1989 einen leichten – im Westen etwas stärkeren, im Osten etwas schwächeren – Zuwachs ihrer Einwohner auf. Während im Westteil der Stadt ein ausgewogenes Verhältnis bei der Bevölkerungszunahme zwischen den Innen- und Außenbezirken sichtbar wird, kennzeichnen den Ostteil Berlins ein Bevölkerungswachstum in den Außenbezirken sowie Bevölkerungsverluste im Innenstadtbereich (Tab. 57). Im räumlichen Detail ergeben sich allerdings stärkere Differenzierungen nach den Stadtbezirken sowohl im Ost- als auch im Westteil der Stadt (Abb. 69): Aus den großen Neubaugebieten der 60er, 70er und 80er Jahre (Bezirke Lichtenberg und Marzahn) wandert die „erwachsene Kindergeneration" im Zusammenhang mit Defiziten an eigenem Wohnraum, Arbeits-, Ausbildungs- und Weiterbildungsplätzen sowie Freizeitmöglichkeiten in andere Teile der Stadt bzw. des Bundesgebietes ab.

Beim Vergleich strukturbestimmender *Altersgruppen* der Bevölkerung im Ost- und Westteil Berlins lassen sich folgende Unterschiede und Gemeinsamkeiten (Tab. 58) erkennen:

Bei bedeutend höheren Anteilen der Bevölkerung im Kindesalter (unter 15 Jahren) im Ostteil der Stadt (1991) ist die Quote bei Kindern unter sechs Jahren in der letzten Zeit (bis Mitte 1994) unter den wesentlich niedrigeren Ausgangswert im Westteil Berlins gesunken. Hauptgründe dafür sind gravierende Veränderungen im gene-

Gegenwärtige raumstrukturelle Veränderungen in Berlin 259

Stichtag	Berlin		
	gesamt	(West)[2]	(Ost)[3]
31. 12. 89	3 413 263	2 134 051	1 279 212
31. 08. 94	3 457 607	2 165 016	1 292 591
1989–1994 auf v. H. (1989 = 100)	101,30	101,45	101,05
Stichtag	Innenbezirke		
	gesamt	(West)	(Ost)
31. 12. 89	1 396 172	890 142	506 030
31. 08. 94	1 396 093	897 673	498 420
1989–1994 auf v. H. (1989 = 100)	99,99	100,85	98,50
Stichtag	Außenbezirke		
	gesamt	(West)	(Ost)
31. 12. 89	2 017 091	1 243 909	773 182
31. 08. 94	2 061 514	1 267 343	794 171
1989–1994 auf v. H. (1989 = 100)	102,20	101,88	102,71

[1]) melderechtlich registrierte Einwohner am Ort der Hauptwohnung
[2]) bis 30. 06. 1990 ohne Weststaaken
[3]) Angaben für Berlin-Ost bis 1990 aus der Bevölkerungsfortschreibung

Quelle: Berliner Statistik, Statistische Berichte, Sept. 1994, S. 4/5, eigene Berechnungen

Tab. 57: Einwohnerzahl[1] Berlins Ende 1989 und Mitte 1994 sowie deren Veränderung, differenziert nach Berlin (West) und Berlin (Ost) sowie nach räumlichen Bezirksgruppen (Innen- und Außenbezirken)

rativen Verhalten der jüngeren Menschen im Osten Deutschlands und Berlins seit der Wende (Halbierung bis Drittelung der Geburtenrate) im Zuge des umbruchartigen wirtschaftlichen, sozialen und mentalen Strukturwandels sowie selektiver Wanderungsverluste. Ansonsten gibt es vergleichbare Tendenzen zwischen Ost- und Westberlin. Dabei besaß der Ostteil der Stadt als ehemalige Hauptstadt der DDR mit damalig privilegierten Lebens- und Arbeitsbedingungen gegenüber den anderen Regionen Mittel- und Ostdeutschlands mit bedeutenden Wanderungsgewinnen von Personen im erwerbsfähigen und fertilen Alter eine vergleichsweise günstigere demographische Ausgangsbasis (1991) gegenüber dem Westteil der Stadt. Dieser mußte infolge seiner bislang isolierten Lage – altersstrukturell gesehen – negative Wanderungsbilanzen hinnehmen (s. Kap. 5.2.).

Faßt man die statistischen Altersgruppen unter sozialen und wirtschaftlichen Aspekten zu fünf struktur- und entwicklungsbestimmenden Altersgruppen zusammen (Übersicht 20 und Abb. 70), lassen sich folgende Unterschiede nach Stadtbezirken erkennen:

Hinsichtlich des Durchschnittsalters und sozialen Potenzen besteht nach Übersicht 20 ein Gefälle bei den sozial-demographischen Altersstrukturtypen von (1) über (2) nach (3), dessen Gradient vom Zentrum der Stadt und dessen Wohngürtel nach außen in die Randgebiete (Außenbezirke) gerichtet ist. Er wird allerdings durch die kompakten, jungen Neubaubezirke im Osten (Hellersdorf, Hohenschönhausen und Marzahn) mit der z. Z. „jüngsten" Altersstruktur (1) modifiziert. In den Bezirken des Typs (3), die z. T. über große Industrie- und Gewerbekapazitäten verfügen (Spandau, Reinickendorf, Tempelhof, Köpenick, Treptow), die im Osten allerdings z. Z. weitgehend brachliegen bzw. im We-

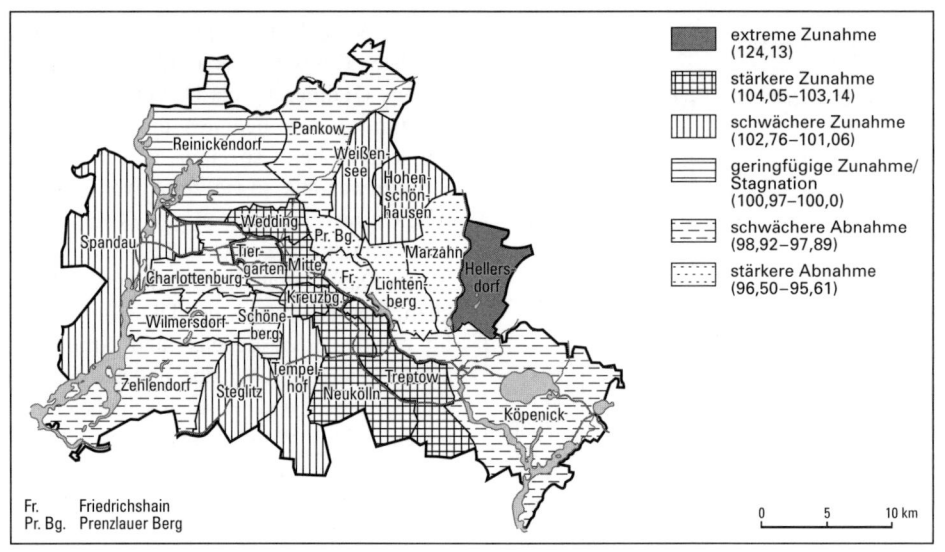

Abb. 69: Veränderung der Einwohnerzahl in den Berliner Stadtbezirken von Ende 1989 bis Mitte 1994 (1989 = 100%)

sten rückläufige Veränderungstendenzen aufweisen, treten bei den hier höheren Anteilen von eingeschränkt erwerbsfähigen älteren Personen (über 45) im Fall von Arbeitslosigkeit besonders schwierige soziale Probleme für eine Wiedereingliederung in das Erwerbsleben auf.

Berlin – geteilte Stadt für Ausländer?

Bei einem wesentlich niedrigerem Ausländeranteil im Osten Berlins (Mitte 1994: 4,56% gegenüber dem Westteil der Hauptstadt (Mitte 1994: 16,47%) ist die Anzahl der nichtdeutschen Personen seit 1991 bis Mitte 1994 dort wesentlich stärker (auf rd. 190%) als im Westen (auf lediglich rd. 110%) gestiegen.

Die ungleich größere Zahl ausländischer Mitbürger in Berlin-West (über 355 000 Personen) stammt vorwiegend aus der Türkei (mit nahezu 40%) und dem Gebiet des ehemaligen Jugoslawien (mit fast 17%).

Die Staaten der EU (reichlich 11%) mit den Hauptländern Griechenland und Italien folgen vor Polen (6,4%). Die übrigen Regionen stehen mit nicht einmal einem Drittel (rd. 31%) deutlich zurück (Tab. 59). Die ausländische Bevölkerung ist hauptsächlich in Zeiten des wirtschaftlichen Aufschwungs nach Westberlin (60er und 70er Jahre) zugewandert und lebt dort z. T. schon in der zweiten und dritten Generation.

Im Ostteil Berlins haben Ausländer, vor der Wende überwiegend als Vertragsarbeiter und Auszubildende tätig, bisher eine wesentlich geringere Rolle gespielt. Bedeutenderen Anteilen aus dem ehemaligen Jugoslawien (reichlich 20%) und Polen (rd. 12%) steht über die Hälfte aus anderen Regionen gegenüber, vor allem aus den GUS-Staaten (ehemalige UdSSR), Rumänien, Bulgarien, Ungarn und Vietnam, aber auch aus afrikanischen und lateinamerikanischen Staaten. Die verstärkte Zuwande-

Gegenwärtige raumstrukturelle Veränderungen in Berlin

Stichtag/ Altersgruppen	unter 6	6–15	15–18	18–25	25–45	45–60	60–65	65–75	75 u. mehr
Berlin (gesamt) 31.12.1991	6,38	9,38	2,7	9,15	33,05	20,78	4,44	6.53	7,57
31.08.1994	5,62	9,81	2,97	7,87	34,16	21,23	4,56	7,23	6,54
Veränderung 91–94 (1991 = 100)	88,09	104,58	110,00	86,01	103,36	102,17	102,7	110,72	86,39
Berlin (West) 31.12.1991	5,83	7,87	2,56	9,02	33,17	21,13	4,41	7,17	8,88
31.08.1994	5,86	8,33	2,57	7,57	33,78	22,05	4,42	7,72	7,70
Veränderung 91–94 (1991 = 100)	100,05	105,84	100,39	83,92	101,84	104,35	100,00	107,67	86,71
Berlin (Ost) 31.12.1991	7,31	11,95	2,94	9,36	32,85	20,18	4,58	5,42	5,36
31.08.1994	5,22	12,30	3,63	8,37	34,81	19,86	4,81	6,41	4,59
Veränderung 91–94 (1991 = 100)	71,41	102,93	123,47	89,42	105,97	98,41	105,02	117,40	85,63

[1]) registrierte Einwohner am Ort der Hauptwohnung
Quelle: Berliner Statistik, Statistischer Bericht, Sept. 1994, S. 7, eigene Berechnungen

Tab. 58: Anteil strukturbestimmender Altersgruppen an den Einwohnern[1] Berlins, differenziert nach Berlin (Ost) und Berlin (West), sowie deren Veränderung von Ende 1991 bis Mitte 1994 (v. H. bzw. 1991 = 100)

Tab. 59: Anteil ausgewählter Staaten und Regionen an den melderechtlich registrierten Ausländern am Ort der Hauptwohnung in Berlin (31.12.1993) (v. H.)

Quelle: Berliner Statistik, Statistische Berichte, April 1994, S. 10, eigene Berechnungen

	Türkei	ehemaliges Jugoslawien	Polen	EU	darunter		übrige Regionen
					Griechenland	Italien	
Berlin gesamt	34,05	17,30	6,40	11,34	2,44	2,32	30,91
Berlin-West	38,72	16,69	5,54	11,99	2,73	2,58	27,06
Berlin-Ost	3,17	21,33	12,09	7,05	0,48	0,65	56,37

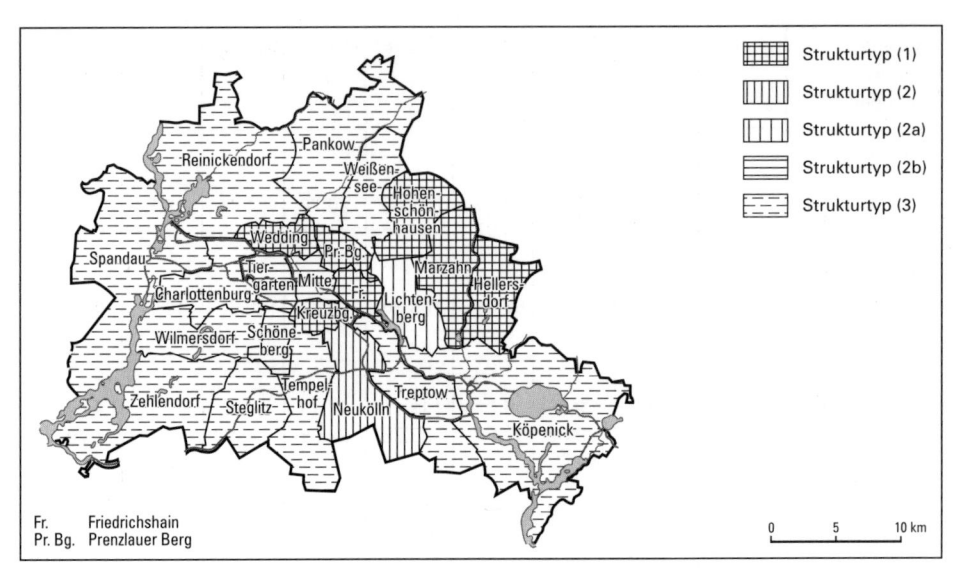

Abb. 70: Sozial-demographische Altersstrukturtypen der Bevölkerung Berlins 1994
(Strukturmerkmale s. Übersicht 20)

	Kindesalter	Jugend- und Ausbildungsalter	vollerwerbsfähiges Alter	eingeschränkt erwerbsfähiges Alter	Renten- und Pensionsalter
	(unter 15)	(15–25)	(25–45)	(45–65)	(65 u. mehr)
Bevölkerung insgesamt	15,43	10,84	34,16	25,80	13,77
darunter Ausländer	19,75	16,74	42,63	18,23	2,65

Quelle: Berliner Statistik, April 1994, S. 14, eigene Berechnungen

Tab. 60: Vergleich sozial-demographischer Altersgruppen der Berliner Bevölkerung unter besonderer Berücksichtigung der Ausländer, Mitte 1994 (v. H.)

rung aus Ost- und Südosteuropa erfolgte großenteils erst seit 1990 und kollidiert im Osten Berlins mit dem dort plötzlich eingetretenen dramatischen Arbeitsplatzmangel, hoher Arbeitslosigkeit und Defiziten an Sozialwohnungen. Die dadurch entstandene „Konkurrenzsituation" zwischen In- und Ausländern, die durch weitgehende Erwerbslosigkeit der Ausländer, deren Präsens im legalen und illegalen Straßenhandel sowie durch die ghettoartige Konzentration in Wohnblöcken der großen „Plattensiedlungen" besonders publik gemacht wird, gehört zu den sozialen sowie politischen und emotional zugespitzten Motiven von Ausländerfeindlichkeit im Osten der

(1)	Strukturtyp mit überdurchschnittlich hohen Anteilen an Personen im Kindes-, Jugend- und Ausbildungsalter (unter 25), verbunden mit über dem Mittelwert liegenden Anteilen an Personen im vollerwerbsfähigen Alter (25 bis 45)

Bezirke	stadtstrukturelle Merkmale
Hellersdorf, Hohenschönhausen, Marzahn	Neubaubezirke mit Großwohnsiedlungen im östlichen Randgebiet
Kreuzberg, Wedding, Prenzlauer Berg, Friedrichshain	Altbau- und Rekonstruktionsgebiete im innerstädtischen Wohngürtel um das Stadtzentrum

(2)	Strukturtyp mit geringer Abweichung von den Durchschnittswerten Berlins, der durch den bevölkerungsreichsten Stadtbezirk Berlins, Neukölln, mit seiner Doppelstellung als innerstädtischer und randstädtischer Bezirk repräsentiert wird
(2a)	Strukturtyp mit geringen positiven Abweichungen des Anteils der Personen im Jugend- und Ausbildungsalter (15–25) einerseits sowie mit höheren Anteilen an Personen im eingeschränkt erwerbsfähigen Alter (45–65), bezogen auf den Mittelwert, andererseits

Bezirk	stadtstrukturelle Merkmale
Lichtenberg	Mischbezirk aus alten und neuen Wohngebieten sowie mit größerem Industrie- und Gewerbeflächenanteil, z. Z. hohem Anteil an Industriebrachen

(2b)	Strukturtyp mit geringen positiven Abweichungen des Anteils der Personen im jüngeren erwerbsfähigen Alter (25 bis 45) vom Mittelwert

Bezirke	stadtstrukturelle Merkmale
Mitte, Tiergarten, Schöneberg	Stadtzentrumsfunktionen mit Altbauten und innerstädtischen Neubaugebieten für Wohnfunktion

(3)	Strukturtyp mit deutlich höheren Anteilen der Bevölkerung im Seniorenalter (Überalterungserscheinungen), überwiegend gekoppelt mit überdurchschnittlichen Anteilen der Bevölkerung im eingeschränkt erwerbsfähigen Alter (45 bis 65)

Bezirke	stadtstrukturelle Merkmale
Charlottenburg, Wilmersdorf, Tempelhof, Steglitz, Zehlendorf, Spandau, Reinickendorf, Pankow, Weißensee, Köpenick, Treptow	Teilgebiete des westlichen Citybereichs, vor allem aber Außenbezirke mit besseren Wohnlagen, aufgelockerter Bebauung, z. T. großen Industrie- und Gewerbeflächen (Spandau, Reinickendorf, Köpenick, Treptow, Tempelhof)

Übersicht 20: Die Berliner Stadtbezirke – sozial-demographische Altersstrukturtypen der Bevölkerung Berlins Mitte 1994 (s. a. Abb. 70)

Stadt. Vor allem rechtsradikale Jugendliche mit meist niedrigem Bildungsniveau neigen gegenüber ausländischen Mitbürgern zu Gewalttätigkeiten. In diesem Kontext gibt es auch Defizite bei der Gestaltung einer politisch sensiblen Asyl- und notwendigen, vorausschauenden Einwanderungspolitik.

Die signifikant höheren Bevölkerungsanteile in den Altersgruppen unter 45 Jahre bei der ausländischen Bevölkerung Berlins (Tab. 60) wirken insgesamt verjüngend auf die Wohnbevölkerung der Hauptstadt (s. Lebensbäume der Gesamtbevölkerung und der Ausländer Berlins, Abb. 71 und 72). Sie verlangen einerseits für die Kin-

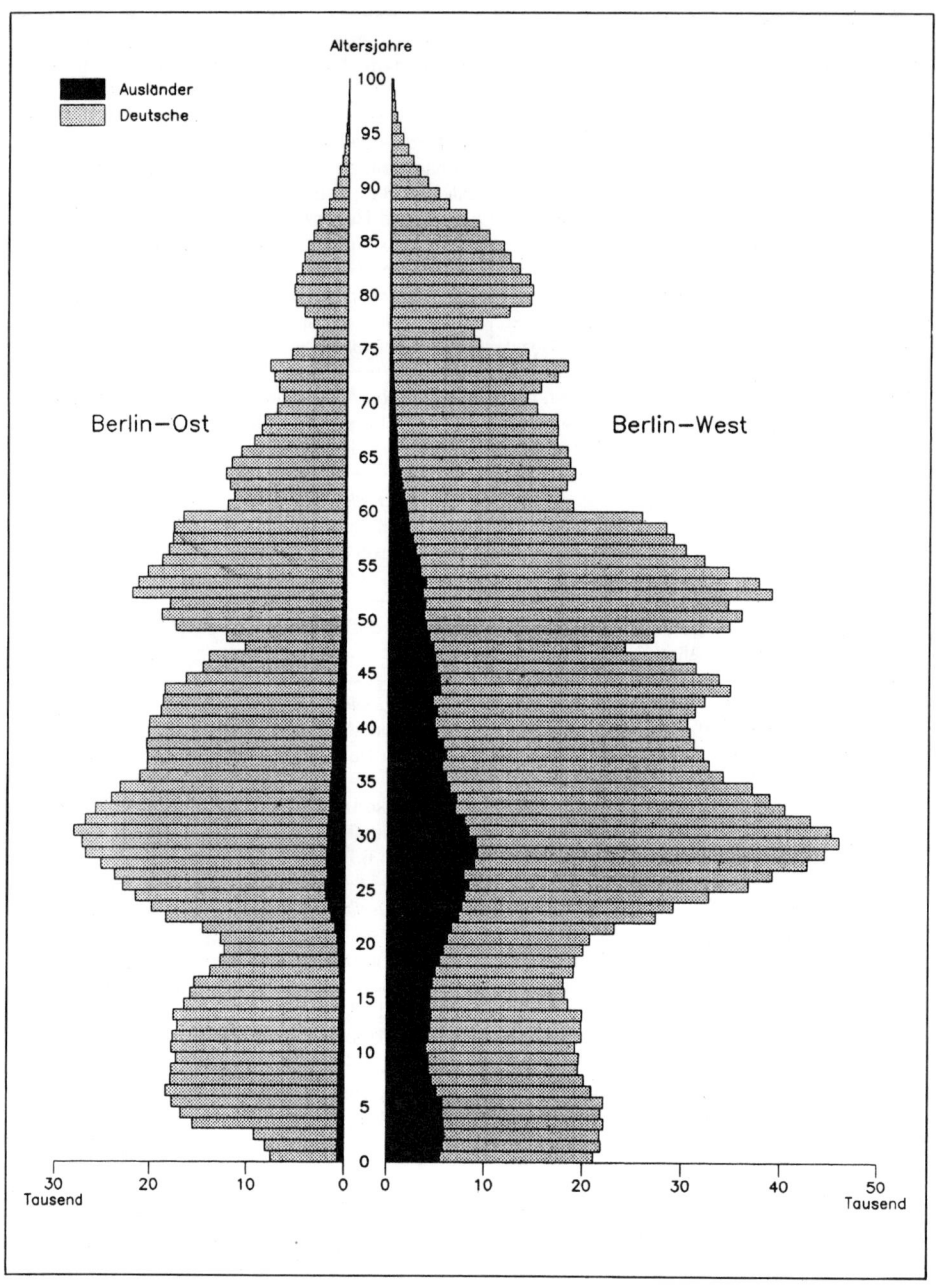

Quelle: „Wirtschaftsbericht Berlin 1994", Schaubild 2

Abb. 71: Bevölkerung Berlins Ende 1993, darunter Deutsche und Ausländer im West- und Ostteil der Stadt

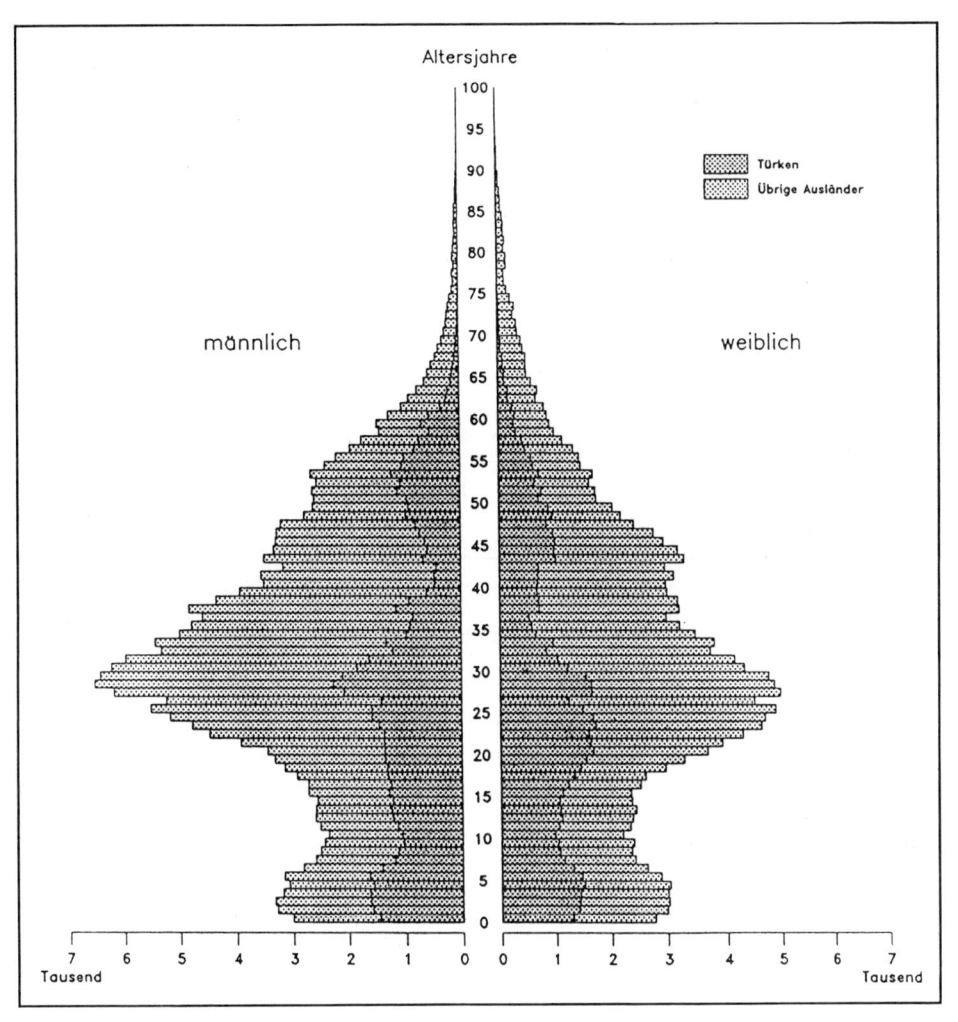

Gegenwärtige raumstrukturelle Veränderungen in Berlin 265

Abb. 72: Melderechtlich registrierte Ausländer am Ort der Hauptwohnung in Berlin Ende 1993 nach Alter, Geschlecht und Staatsangehörigkeit (Auswahl)

Quelle: Melderechtlich registrierte Ausländer in Berlin, Statistische Berichte, Berlinstatistik, 30. 6. 1994, S. 24

derbetreuung im Vorschulalter, für die Schul- und Berufsausbildung höhere Aufwendungen, die andererseits bei der Seniorenbetreuung wesentlich niedriger liegen, und sichern – bei entsprechenden konjunkturellen und strukturellen Bedingungen – ein großes, vorwiegend junges und flexibles Erwerbstätigenpotential (Humankapital).

Im Westteil Berlins mit einer seit den 60er Jahren sozialräumlich gewachsenen, differenzierten Ausländerstruktur der Bevölkerung (s. Kap. 5.2.) lassen sich signifikante Zusammenhänge zwischen der Höhe der Ausländeranteile und der Altersstruktur der Bevölkerung erkennen (vgl. Abb. 70 und 73). Während die innerstädtischen Bezirke mit hohen Ausländeranteilen eine

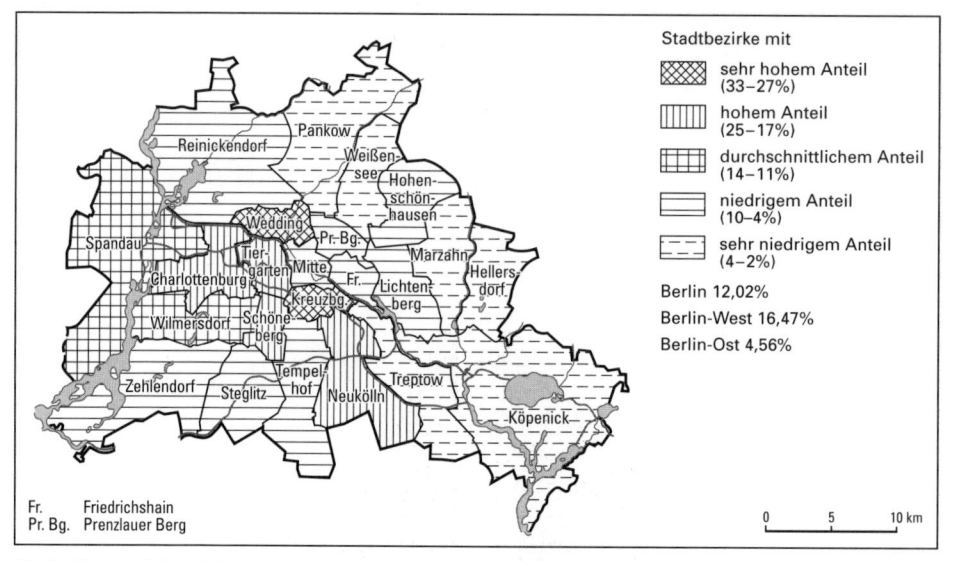

Quelle: Melderechtlich registrierte Ausländer in Berlin, Statistische Berichte, Berlinstatistik, 30. 6. 1994, S. 14, eigene Berechnungen

Abb. 73: Anteil von Ausländern an der Wohnbevölkerung der Berliner Stadtbezirke 1994

jüngere Bevölkerung aufweisen, werden die Außenbezirke mit gehobenerem Lebens- und Wohnstandard und niedrigeren Anteilen ausländischer Bevölkerung durch Überalterungserscheinungen („Vergreisung") gekennzeichnet. Dies läßt sich für die Ostberliner Bezirke mit z. Z. noch geringen Ausländeranteilen, die sich erst in jüngster Zeit vergrößern, bisher nicht nachweisen.

*Bevölkerungsentwicklung in Berlin –
Gestorbenenüberschuß und
Wanderungsgewinn*

Bei einem *natürlichen Bevölkerungsverlust* (Sterbeüberschuß) von rd. 12500 Personen konnte Berlin im Jahre 1993 einen *Wanderungsgewinn* von rd. 22000 Personen verbuchen. Allerdings büßte es gegenüber dem Bundesgebiet (den anderen Bundesländern) rd. 7000 Menschen ein (Tab. 61).

Der Wanderungsgewinn wurde demzufolge gegenüber dem Ausland (rd. 29000 Personen) realisiert. Die relative wirtschaftliche Schwäche Berlins wird im *Wanderungsverlust von Erwerbstätigen* gegenüber den anderen Bundesländern (über 7500 Personen) sichtbar, der durch den leichten Gewinn aus dem Ausland (nur rd. 1400 Personen) keineswegs kompensiert werden konnte.

Die mit deutlichem Abstand gegenüber den anderen Bundesländern stärkste *Wanderungsverflechtung* besteht mit dem benachbarten Brandenburg (Tab. 61), was die wieder in Gang gekommene wirtschafts- und sozialräumliche Verflechtung unterstreicht. Die bedeutenden Wanderungsgewinne Brandenburgs (auch bei Erwerbstätigen) gegenüber Berlin weisen auf die Neubelebung der *Suburbanisierung* im brandenburgischen Umland der Hauptstadt hin (s. a. Abschnitte 6.3.1 und 6.3.2).

Wanderungsgewinne und -verluste sind auf die Berliner *Bezirke* ungleich verteilt. Bis auf die innerstädtischen Bezirke Tiergarten, Mitte und Schöneberg und die

Gegenwärtige raumstrukturelle Veränderungen in Berlin

Herkunfts- bzw. Zielgebiet	Zuzüge	Fortzüge	Wanderungssaldo
Brandenburg	10 366	14 471	−4 105
Nordrhein-Westfalen	7 499	7 215	284
Baden-Württemberg	5 258	4 810	448
Bayern	5 231	5 822	− 591
Niedersachsen	5 159	7 635	−2 476
Hessen	3 273	3 469	− 196
Sachsen	2 711	2 395	316
Mecklenburg-Vorpommern	2 569	1 918	651
Schleswig-Holstein	2 080	3 210	−1 130
Sachsen-Anhalt	1 811	1 427	829
Hamburg	1 687	2 028	− 341
Rheinland-Pfalz	1 352	1 788	− 436
Thüringen	1 178	1 105	73
Bremen	575	527	48
Saarland	425	323	102
Bundesgebiet	51 175	58 143	−6 969
Ausland	71 109	41 947	29 162
Insgesamt	122 283	100 000	22 193
darunter: Erwerbstätige			
Bundesgebiet	17 964	25 603	−7 639
Ausland	9 482	8 079	1 403
Insgesamt	27 446	33 682	−6 236

Quelle: Statistisches Jahrbuch Berlin '94, S. 119

Tab. 61: Wanderungen über die Grenze von Berlin nach Herkunfts- und Zielgebieten (1993)

Außenbezirke Marzahn und Hohenschönhausen mit *negativer Wanderungsbilanz* weisen alle anderen Bezirke *positive Wanderungssalden* auf (Abb. 74).

Dabei waren die verschiedenen *Migrationsarten und -distanzen* sehr differenziert am Wanderungsgeschehen der Bezirke beteiligt (Abb. 75). Während sämtliche Berliner Bezirke Wanderungsgewinne gegenüber dem Ausland verbuchten, wiesen alle Bezirke mit Ausnahme von Prenzlauer Berg, Friedrichshain und Weißensee gegenüber dem Bundesgebiet z. T. erhebliche Wanderungsverluste auf. So vereinigten die drei peripheren Neubaubezirke Hohenschönhausen, Marzahn und Hellersdorf mit überdurchschnittlich junger und hochqualifizierter Wohnbevölkerung einerseits und großen Arbeitsplatzdefiziten andererseits über zwei Drittel (68,4%) der Wanderungsverluste Ostberlins gegenüber den anderen Bundesländern auf sich. Lediglich der kleinste Berliner Bezirk Weißensee besaß über alle drei Wanderungsdistanzen einen durchgängig positiven Wanderungssaldo (Abb. 75).

Die Proportionen zwischen den Wanderungsanteilen und -distanzen haben sich zwischen dem Ost- und Westteil der Stadt weitgehend angenähert (Tab. 61 und 62),

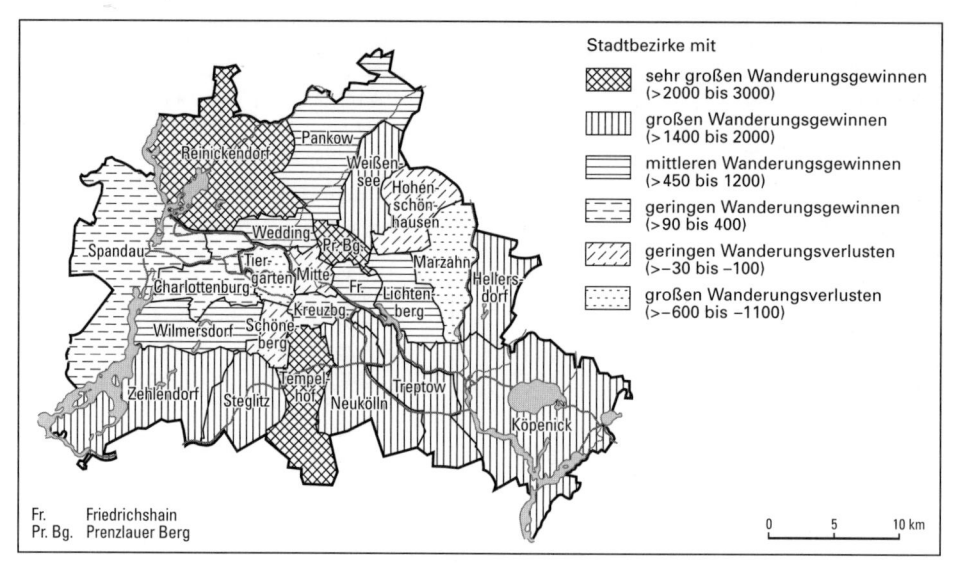

Quelle: Statistisches Jahrbuch Berlin 1994, S. 104 u. 117, eigene Berechnungen

Abb. 74: Räumliche Verteilung der Wanderungsgewinne und -verluste Berlins nach Stadtbezirken (Salden der außen-, binnen- und zwischenbezirklichen Wanderungen insgesamt in Personen) 1993

Gebiet	Ausland	Inland (andere Bundesländer)	Berlin (von Bezirk zu Bezirk)	Insgesamt
Berlin	29 162 (= 100,0%)	−6 969 (= 100,0%)	±0	22 193 (= 100,0%)
Berlin (West)	18 908 (= 64,8%)	−4 674 (= 67,1%)	−1 910	12 324 (= 55,5%)
Berlin (Ost)	10 254 (= 35,2%)	−2 295 (= 32,9%)	1 910	9 869 (= 44,5%)

Quelle: Statistisches Jahrbuch Berlin '94, S. 104 und 117, eigene Berechnungen

Tab. 62: Wanderungen über die Grenze von Berlin (Ausland, Inland) sowie innerhalb von Berlin (Bezirk–Bezirk), Wanderungssalden (Wanderungsgewinne bzw. -verluste) 1993

wobei Westberlin einen leicht überproportionalen Anteil beim Wanderungsgewinn aus dem Ausland sowie Wanderungsverlust im Inland hatte, Ostberlin dagegen den innerstädtischen Wanderungsgewinn besaß.

Innerstädtische Mobilität der Bevölkerung

Als Indikator für das Zusammenwachsen beider Stadthälften können die verschiedenen Distanzen (Reichweiten) der innerstäd-

Gegenwärtige raumstrukturelle Veränderungen in Berlin 269

Abb. 75: Wanderungssalden der Bezirke Berlins 1993 nach Migrationsdistanzen

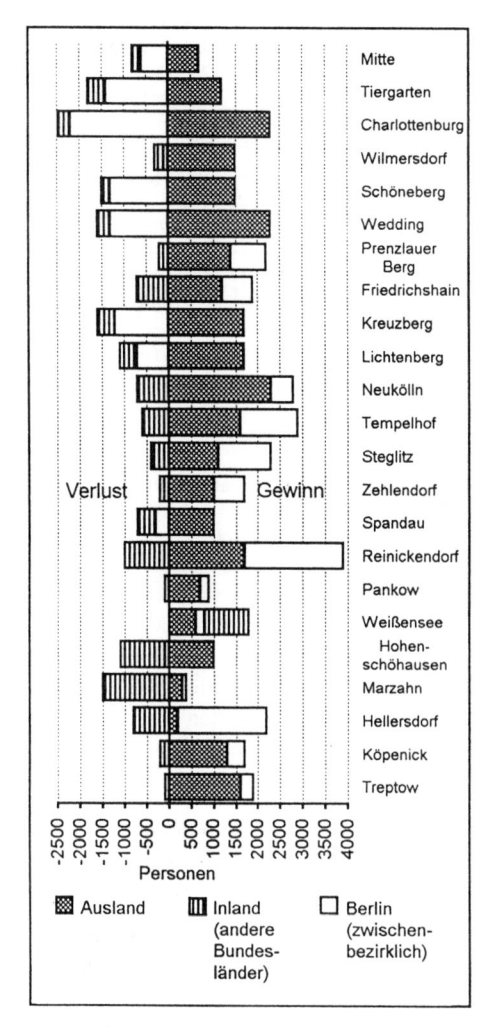

Quelle: Statistisches Jahrbuch Berlin 1994, S. 104 und 117, eigene Berechnungen

10% der Umzüge zwischen Ost- und Westberlin an der Gesamtzahl der innerstädtischen Umzüge (1993) deutlich hinter der innerhalb der beiden Stadthälften getrennt ablaufenden (fast der Hälfte aller Umzüge), aber auch gegenüber den Umzügen innerhalb der einzelnen Stadtbezirke (mit über 40 Prozent) zurück (Tab. 63). Hier werden nicht nur politische, soziale und mentale Auswirkungen und Befindlichkeiten der jahrzehntelangen, z. T. konfrontativen Trennung zwischen dem Ost- und Westteil der Stadt deutlich, sondern auch die relative Eigenständigkeit der einzelnen Bezirke, der „Kiezcharakter" zahlreicher Stadtteile der Millionenstadt, der auch historisch-geographisch begründet ist (s. Kap. 4.2). Die Spandauer, Zehlendorfer, Köpenicker, Pankower oder auch Marzahner fahren, wenn sie relativ selten in das Berliner Stadtzentrum, die Citybereiche, möchten, eben „nach Berlin" bzw. „in die Stadt".

Heiraten von Partnern aus „Ost" und „West" – noch die Ausnahme in der Stadt

Die noch verhältnismäßig geringe „Verklammerung" der West- und Ostberliner Bevölkerung kommt u. a. auch im räumlichen „Heiratsverhalten" der Berlinerinnen und Berliner zum Ausdruck. Von insgesamt 17 111 Hochzeiten in Berlin im Jahr 1993 hatten in 15 540 Fällen (rd. 90%) beide Ehepartner ihren Wohnsitz bereits vor der Hochzeit in Berlin; davon mehr als zwei Drittel im West- und rd. 30% im Ostteil der Stadt. Aber nur rund drei Prozent dieser Ehen wurden zwischen Menschen aus beiden Stadthälften geschlossen: 331 Frauen aus den östlichen Bezirken gaben einem Mann aus dem Westteil der Stadt das Jawort, und 131 Frauen aus den westlichen Stadtbezirken heirateten einen Mann aus der östlichen Stadthälfte (Berliner Morgenpost vom 8. 10. 1994).

tischen Mobilität der Berliner Bevölkerung herangezogen werden, deren Aussagewert allerdings durch den in den letzten Jahren nur geringfügigen Wohnungsbau im Ostteil Berlins und durch den noch nicht einheitlichen Wohnungsmarkt gemindert wird. Dennoch steht die gesamtstädtische Mobilität bei einem Anteil von nur knapp

Gebiet	Umzüge zwischen dem West- und Ostteil Berlins		Umzüge jeweils innerhalb des West- und Ostteils Berlins		Umzüge innerhalb der einzelnen Stadtbezirke		Innerstädtische Mobilität insgesamt	
	absolut (Personen)	Anteil (v. H.*)	absolut (Personen)	Anteil (v. H.*)	absolut (Personen)	Anteil (v. H.*)	absolut (Personen)	Anteil (v. H.*)
Berlin (West)	13 699	6,62	112 411	54,30	80 911	39,08	207 021	100
Berlin (Ost)	15 741	16,08	35 851	36,62	46 297	47,30	97 889	100
Berlin (gesamt)	29 430	9,65	148 262	48,63	127 208	41,72	304 910	100

*) bezogen auf die innerstädtische Mobilität insgesamt (letzte Spalte)
Quelle: Berliner Statistik, Statistischer Bericht, Sept. 1994, eigene Berechnungen

Tab. 63: Räumliche Mobilität der Bevölkerung innerhalb Berlins 1993, differenziert nach verschiedenen Distanzen sowie nach dem West- und Ostteil

Dieser verschwindend geringe Anteil ost-west-übergreifender Hochzeiten ist allerdings nicht nur Ausdruck wirtschaftlicher, sozialer, weltanschaulicher und mentaler Unterschiede zwischen den Menschen im Ost- und Westteil der Stadt, sondern liegt auch, wie erwähnt, im „Kiezverhalten" der Berliner begründet.

Die Herausbildung eines einheitlichen Beschäftigungs- und Arbeitsmarktes in Berlin und im engeren Verflechtungsraum Brandenburg/Berlin sowie die schrittweise Angleichung der durchschnittlichen Einkommensverhältnisse (Gehälter, Löhne, Renten usw.) und der Lebenshaltungskosten (Mieten, Verkehrs-, Energie-, Wasserverbrauchstarife u. a., aber auch Preise für persönliche Dienstleistungen sowie Eintrittspreise im kulturellen und sportlichen Bereich) sind wesentliche Faktoren der Annäherung und Angleichung in den Lebens- und Arbeitsverhältnissen zwischen dem Ost- und Westteil der Stadt. Dazu gehören auch die Angleichungsprozesse im Bildungs-, Gesundheits- und Sozialwesen, die sich zweifellos auf die künftige soziale und politische Situation in Berlin auswirken werden. Allerdings werden auch in verstärktem Maße soziale Differenzierungs- und Segregationsvorgänge im *Gesamtrahmen* der Stadt auftreten und zu beachten sein. Zur Illustration dieser allgemeinen Tendenzen werden die folgenden raumrelevanten Beispiele behandelt.

Herausbildung eines einheitlichen Beschäftigungs- und Arbeitsmarktes in Berlin und seinem Umland

Der Zusammenbruch der Wirtschaft im Ostteil Berlins und Brandenburgs nach der Währungsunion (1990) hat dort zu einem dramatischen Rückgang der Arbeitsplätze vor allem in den produzierenden Bereichen, aber auch im tertiären Sektor geführt. Andererseits erlebte die Westberliner Wirtschaft im Zuge des „Einigungsbooms" infolge ihrer wirtschaftlichen Überlegenheit und Machtposition sowie Konkurrenzvorteile gegenüber dem Osten insbesondere Anfang der 90er Jahre einen beachtlichen zeitweiligen Aufschwung. Seit 1989 sind im Westteil Berlins ca. 100 000 neue Arbeitsplätze geschaffen worden. Allerdings setzte insbesondere mit dem Wegfall der Berlinförderung und damit verbundener Standortpräferenzen

	1991	1992	1993	Mai '94	Sept. '94[2]	Nov. '94[3]
Westteil Berlins	9,4	11,1	12,3	13,2	13,1	13,6
Ostteil Berlins	12,2	14,3	13,7	13,3	12,1	11,4
Differenz zw. dem Ost- u. Westteil (%-Punkte)	2,8	5,1	1,4	0,1	−1,0	−2,2

Quellen: [1]) Wirtschaftsbericht Berlin 1994, Berlin, S. 16; [2]) Landesarbeitsamt Berlin-Brandenburg, Berliner Zeitung, 6. 10. 1994, S. 9; [3]) Landesarbeitsamt Berlin-Brandenburg, Berliner Zeitung, 9. 12. 1994, S. 9, eigene Berechnungen

Tab. 64: Angleichung der Arbeitslosenquoten zwischen dem Ostteil und Westteil Berlins (Arbeitslosenquoten in v. H.)[1]

seit 1992 eine rückläufige Entwicklung vor allem im industriellen Bereich (Reduzierung und Aufgabe von Standorten „verlängerter Werkbänke", Abwanderung lohnintensiver, z. T. umweltbelastender, sperriger Industrien und Logistikbereiche ins Berliner Umland bzw. nach Osten) ein. Sie konnte jedoch durch den Aufschwung der Bauwirtschaft und bestimmter Dienstleistungsbereiche weitgehend kompensiert werden. Die umfangreiche Freisetzung überwiegend hochqualifizierter Arbeitskräfte im Ostteil Berlins und im Umland führte zusammen mit wachsender sozialer und mentaler sowie vor allem auch räumlicher Mobilität (Rekonstruktion des innerstädtischen und Umlandverkehrs, steil angestiegener motorisierter Individualverkehr) zu einer starken Arbeitspendelwanderung vom Ost- in den Westteil Berlins, die durch zahlreiche Einpendler aus dem Berliner Umland ergänzt wird. Mitte der 90er Jahre wurden ca. 175000 Arbeitspendler geschätzt, die aus den genannten Quellgebieten in den Westteil Berlins als Zielgebiet täglich einpendeln. Es entstand demzufolge ein sozialräumlich integrierter Arbeitsmarkt in der Region Berlin-Brandenburg (s. a. Kap. 6.3.2.).

Als ein wichtiger Indikator kann dafür die Angleichung der Arbeitslosenquoten zwischen Ost- und Westberlin herangezogen werden (Tab. 64):

Im Herbst 1994 hatte der Ostteil Berlins (mit 12,1%) erstmals eine niedrigere Arbeitslosenquote als der Westteil (13,1%). Er besaß demzufolge mit deutlichem Abstand vor Brandenburg (14,0%), Sachsen (14,3%), Thüringen (15,1%), Mecklenburg-Vorpommern (15,3%) und Sachsen-Anhalt (16,0%) die niedrigste Quote im Beitrittsgebiet, wobei auch in Brandenburg die günstigen Einflüsse des Berliner Beschäftigungsmarktes, insbesondere seines Westteils, wirksam wurden.

Trotz arbeitsmarktpolitischer Verdrängungsprozesse infolge günstiger Qualifikations-, Alters- und Kostenstrukturen der Arbeitnehmer aus dem Osten Berlins und dem brandenburgischen Umland gegenüber Westberliner Arbeitnehmern dürften diese zu keiner gravierenden Konfrontation zwischen Ost und West auf dem Westberliner Beschäftigungs- und Arbeitsmarkt geführt haben. Dies zeigt ein Vergleich der Ausbildungsstruktur der Arbeitslosen (Stand: Sept. 1993) im West- und Ostteil Berlins sowie in Brandenburg (s. Tab. 65). Während im Westteil Berlins über die Hälfte der Arbeitslosen keine Berufsausbildung hatten, waren dies im Ostteil nur reichlich ein Fünftel und in Brandenburg knapp ein Viertel. Dagegen war dort die Arbeitslosigkeit bei Personen mit abgeschlossener Lehre wesentlich höher. Bei

Berufausbildungsniveau	Berlin (West)	Berlin (Ost)	Brandenburg
ohne Berufsausbildung	52,4	21,4	24,5
mit Lehre	33,3	54,7	64,4
mit Fachschulabschluß	5,1	12,3	7,6
mit Fachhochschulabschluß	2,2	1,0	0,7
mit Hochschulabschluß	7,0	10,6	2,8
Insgesamt	100,0	100,0	100,0

Quelle: Landesarbeitsamt Berlin-Brandenburg, Berliner Morgenpost, 9. 10. 1994, S. 107

**Tab. 65: Qualifikationsstruktur der Arbeitslosen im Raum Berlin-Brandenburg, differenziert nach Berlin (West), Berlin (Ost) und Brandenburg
Stand: Sept. 1993 – Anteil der Berufsausbildungsniveaus in v. H.**

den Arbeitslosen mit Fach-, Fachhochschul- und Hochschulabschluß ergab sich ein differenzierteres Bild, wobei der Ostteil Berlins die Spitzenwerte erreichte.

Das Anwachsen der Arbeitslosenzahl im Westteil Berlins muß in erster Linie auf Schließung bzw. Reduzierung solcher Betriebe, die anteilmäßig wenige Fachkräfte beschäftigt haben, zurückgeführt werden. Allerdings ist ein größerer Teil neugeschaffener Arbeitsplätze vor allem in tertiären Bereichen (Banken, Versicherungen, Groß- und Einzelhandel usw.) und in der Bauwirtschaft von qualifizierten, jüngeren und z. Z. auch kostengünstiger arbeitenden Ostberlinern und brandenburgischen Arbeitnehmern besetzt worden.

Bei dieser für den Ost-West-Annäherungsprozeß insgesamt positiv zu bewertenden rückläufigen Entwicklung der Arbeitslosenraten im Ostteil Berlins muß einschränkend erwähnt werden, daß dort ein weit höherer Anteil der im erwerbsfähigen Alter stehenden Menschen als im Westteil der Stadt durch die „Abwicklung" zahlreicher Betriebe und Einrichtungen, durch wirtschaftlich und politisch motivierte Ausgrenzungen und wachsende Langzeitarbeitslosigkeit aus der Erwerbstätigkeit bzw. vom Arbeitsmarkt für immer, zeitweilig oder latent verdrängt worden ist. Dies wurde durch umfangreiche soziale und arbeitsmarktpolitische Maßnahmen (Frühberentung, Vorruhestand, Altersübergang, Arbeitsbeschaffungs- und Umschulungsmaßnahmen usw.) flankiert. Es geschah vor dem Hintergrund der im Vergleich zu den neuen Bundesländern besonders starken Arbeitsplatzverluste im Ostteil Berlins, der infolge seiner spezifischen Hauptstadtrolle für die ehemalige DDR in den entsprechenden Bereichen dramatische Funktionseinbußen hinnehmen mußte (s. Kap. 6.1.2.).

Interessant ist die Differenzierung der Arbeitslosigkeit nach Bezirken (Abb. 76): Die innerstädtischen Bezirke des „Wohngürtels" mit ausgedehnten Altbaugebieten, höheren Anteilen an Ausländern, geringer qualifizierten Erwerbstätigen bei insgesamt größeren Erwerbsfähigenanteilen weisen die Spitzenwerte der Arbeitslosigkeit auf (Kreuzberg, Wedding, Prenzlauer Berg, Friedrichshain, Schöneberg und Tiergarten sowie Neukölln mit seinem innerstädtischen Anteil und der Großwohnsiedlung „Gropiusstadt"). Während die Außenbezirke im Ostteil mit erheblichen Arbeitsplatzverlusten und höheren Anteilen – auch hochqualifizierter Erwerbsfähiger – in den Gebieten großer „Plattensiedlungen" mittlere Arbeitslosenwerte besitzen, sind für die westlichen Außenbezirke mit geringeren Anteilen an der erwerbs-

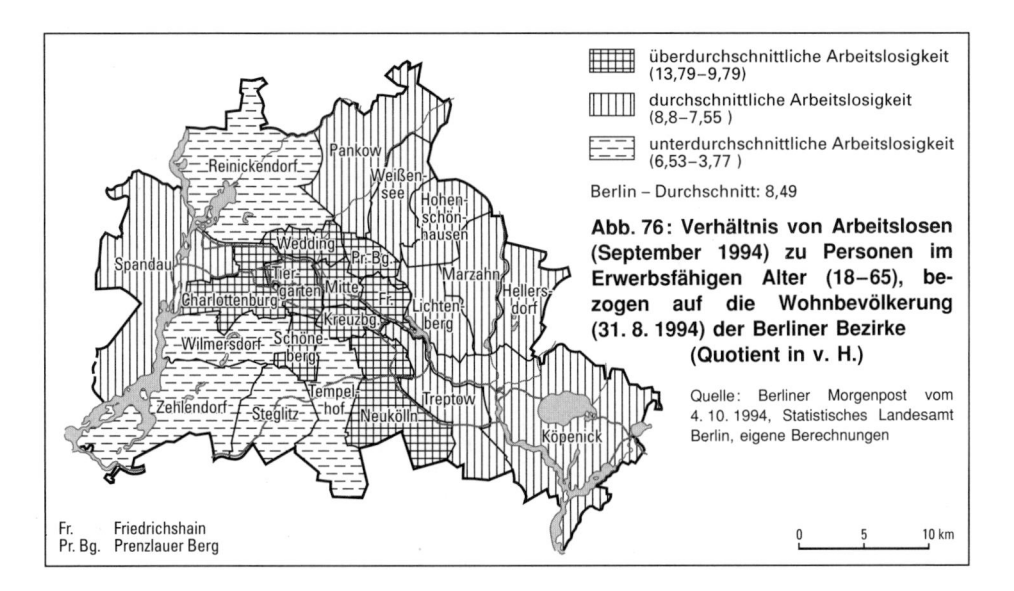

Gegenwärtige raumstrukturelle Veränderungen in Berlin 273

Abb. 76: Verhältnis von Arbeitslosen (September 1994) zu Personen im Erwerbsfähigen Alter (18–65), bezogen auf die Wohnbevölkerung (31. 8. 1994) der Berliner Bezirke (Quotient in v. H.)

Legende:
- überdurchschnittliche Arbeitslosigkeit (13,79–9,79)
- durchschnittliche Arbeitslosigkeit (8,8–7,55)
- unterdurchschnittliche Arbeitslosigkeit (6,53–3,77)

Berlin – Durchschnitt: 8,49

Quelle: Berliner Morgenpost vom 4. 10. 1994, Statistisches Landesamt Berlin, eigene Berechnungen

Fr. Friedrichshain
Pr. Bg. Prenzlauer Berg

fähigen Bevölkerung, die jedoch über höhere Qualifikationsstufen verfügen, die niedrigsten Arbeitslosenraten typisch.

Zusammen mit dem hohen Sanierungsbedarf vor allem in den Ostberliner Altbaugebieten zeichnen sich im innerstädtischen „Wohnring" Problemgebiete ab, in denen sich überdurchschnittliche Arbeitslosigkeit, niedrige Qualifikation der Erwerbsfähigen und damit verbundene Einsatzbegrenzungen in der Wirtschaft der Hauptstadt, die einem Strukturwandel unterliegt, mit wachsender Obdachlosigkeit und Kriminalität verbinden können. Mit der wirtschaftlichen, sozialen und städtebaulichen Aufwertung dieser Innenstadtbereiche im Zusammenhang mit der Citybildung und -erweiterung in den zentralen Bezirken der Stadt (Mitte, Tiergarten, Charlottenburg, Wilmersdorf), die auf Kreuzberg, Wedding, Prenzlauer Berg und Friedrichshain teilweise übergreifen wird, können Verdrängungsvorgänge sozial schwächerer Bevölkerungsgruppen einsetzen. Diese könnten dann wiederum innerstädtische, überlokale und -regionale Abwanderungsprozesse auslösen: Abwanderung in die randstädtischen Gebiete mit Großwohnsiedlungen, vor allem nach Marzahn, Hellersdorf, Hohenschönhausen, aber auch nach Reinickendorf (Märkisches Viertel), Spandau (Falkenhagener Feld) und Neukölln (Gropiusstadt), ferner in das Berliner Umland und in andere, strukturschwächere Räume des Bundesgebietes (ländlicher Raum; altindustrielle Gebiete).

Gesamtstädtische Differenzierungs- und Segregationsprozesse mit regionalen und überregionalen Wirkungen werden wahrscheinlich in absehbarer Zukunft die Annäherungs- und Angleichungsvorgänge zwischen dem Ost- und Westteil Berlins überlagern. Letztere werden fundamental gefördert durch die schrittweise Angleichung der Löhne, Gehälter und Renten sowie damit der arbeitsabhängigen Einkommen.

Einkommen und Lebenshaltungskosten im Ost- und Westteil der Stadt – wesentliche Faktoren der sozialen Niveauangleichung

In der Ost-West-Lohn- und Gehaltsangleichung haben die öffentliche Hand – die Se-

Bezirk	Mittleres Einkommen in DM[1]		Differenz
	1992	1993	
Mitte	2000	2500	+500
Tiergarten	2450	2400	− 50
Wedding	2350	2350	0
Prenzlauer Berg	1650	1950	+300
Friedrichshain	1800	2100	+300
Kreuzberg	2150	2300	+150
Charlottenburg	2500	2650	+150
Wilmersdorf	2800	3050	+250
Schöneberg	2600	2700	+100
Lichtenberg	2150	2550	+400
Reinickendorf	2900	3100	+200
Spandau	3000	3100	+100
Zehlendorf	3050	3550	+500
Steglitz	2900	3150	+250
Tempelhof	2850	2900	+ 50
Neukölln	2550	2600	+ 50
Treptow	2100	2400	+300
Köpenick	1900	2200	+300
Weißensee	2000	2500	+500
Pankow	2200	2400	+200
Marzahn	2500	3000	+500
Hohenschönhausen	2500	2900	+400
Hellersdorf	2650	3000	+350
Berlin	2450	2650	+200
Berlin (West)	2650	2800	+150
Berlin (Ost)	2100	2400	+300

[1]) Stichprobenfehler +/−100 DM

Quelle: Statistisches Landesamt Berlin, Privathaushalte in Berlin im April 1993 nach Bezirken und monatlichen Nettoeinkommen . . ., o. J.

Tab. 66: Mittleres Nettoeinkommen der Privathaushalte in Berlin, differenziert nach Berlin (Ost) und Berlin (West) sowie nach Bezirken

Bezirk	Durchschnittsgröße der Haushalte (Personen)	Anteil der Einpersonenhaushalte an der Gesamtzahl der Haushalte (Prozent)
Mitte	1,9	44,7
Tiergarten	1,8	53,7
Charlottenburg	1,7	57,7
Wilmersdorf	1,7	56,6
Schöneberg	1,8	54,5
Kreuzberg	1,9	55,0
Wedding	1,8	52,7
Prenzlauer Berg	1,7	53,1
Friedrichshain	1,9	46,7
Lichtenberg	2,1	36,5
Neukölln	1,9	47,6
Tempelhof	1,9	46,6
Steglitz	1,8	49,2
Zehlendorf	2,0	47,1
Spandau	2,0	39,6
Reinickendorf	2,0	43,5
Pankow	2,1	37,5
Weißensee	2,0	38,3
Hohenschönhausen	2,4	29,0
Marzahn	2,5	31,8
Hellersdorf	2,7	20,8
Köpenick	2,0	36,9
Treptow	2,0	35,4
Berlin	1,9	45,7
Berlin (West)	1,9	49,7
Berlin (Ost)	2,1	38,1

Quelle: Statistisches Jahrbuch Berlin 1993, S. 97, ergänzt

Tab. 67: Durchschnittsgröße der Privathaushalte sowie Anteil der Ein-Personen-Haushalte im Mai 1992 in Berlin, differenziert nach Berlin (Ost) und Berlin (West) sowie nach Stadtbezirken

natsbereiche – aus politisch naheliegenden Gründen eine Vorreiterrolle übernommen. Hier liegt das Angleichungsniveau der Ostgehälter im Jahre 1994 bereits über achtzig Prozent und soll in den Jahren 1995/96 das Hundert-Prozent-Level erreichen. In den Bereichen der privaten Wirtschaft differiert der erreichte Ost-West-Angleichungsgrad in Abhängigkeit von den bereichs- und branchenspezifischen Tarifabschlüssen, von der Konjunkturlage und der erreichten Produktivität zwischen hundert Prozent

Gegenwärtige raumstrukturelle Veränderungen in Berlin 275

Abb. 77: Mittleres monatliches Nettoeinkommen (DM) der Privathaushalte in Berlin 1993, differenziert nach Berlin-West und -Ost sowie nach Stadtbezirken

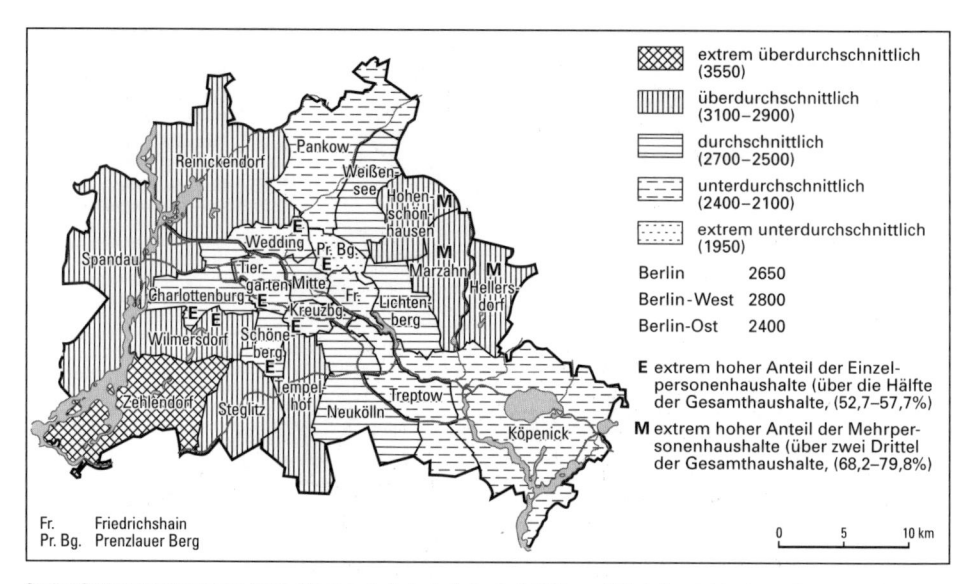

Quelle: Statistisches Landesamt Berlin, Privathaushalte in Berlin im April 1993 ..., Statistisches Jahrbuch von Berlin 1993, S. 97

(z. B. Bauwirtschaft, Banken und Versicherungen) und zwei Drittel (Verarbeitendes Gewerbe) des Westniveaus. In Abhängigkeit davon wurde für das Jahr 1993 ein in Tabelle 66 zusammengestelltes durchschnittliches Einkommen pro Haushalt nach Bezirken berechnet. Der Vergleich zwischen dem Ost- und Westteil Berlins zeigte für die Jahre 1992 und 1993 den Angleichungsvorgang. Die räumliche Differenzierung (Abb. 77) weist dabei auf die Einkommensüberlegenheit sowohl in den sozial bevorzugten Westberliner Außenbezirken (Zehlendorf, Steglitz, Spandau und Reinickendorf) als auch in den Ostberliner Neubaubezirken (Marzahn, Hohenschönhausen, Hellersdorf) hin – dort mit einem überdurchschnittlichen Anteil hochqualifizierter jüngerer Erwerbstätiger und „Doppelverdiener", extrem niedrigen Anteilen an der Seniorenbevölkerung und nur mittleren Arbeitslosenquoten. Allerdings ist hierbei die durchschnittliche Haushaltsgröße, die in den östlichen Randbezirken wesentlich höher liegt als in den westlichen, demographisch überalterten Randbezirken, zu beachten (s. Tab. 67 und Abb. 70). Generell wird dadurch eine Verzerrung der Einkommenssituation verursacht. Dennoch lassen sich die innerstädtischen Bezirke des altbaugeprägten, dichtbevölkerten „Wohngürtels" (Prenzlauer Berg, Friedrichshain, Kreuzberg, Wedding) mit den niedrigsten Haushaltseinkommen, allerdings bei überdurchschnittlichem Anteil der Einpersonenhaushalte, als das einkommensschwächste Stadtgebiet erkennen.

Für die einzelnen Leistungsarten und Einkommensgruppen im Osten der Stadt haben sich Tarife und Preise für Dienstleistungen und Waren schrittweise weitgehend dem Westniveau angenähert. Das trifft bis auf Substandardwohnungen, die stark sanierungs- und modernisierungswürdig sind, sowohl für Wohnungsmieten in Neubauten (Sozialwohnungen im Westteil)

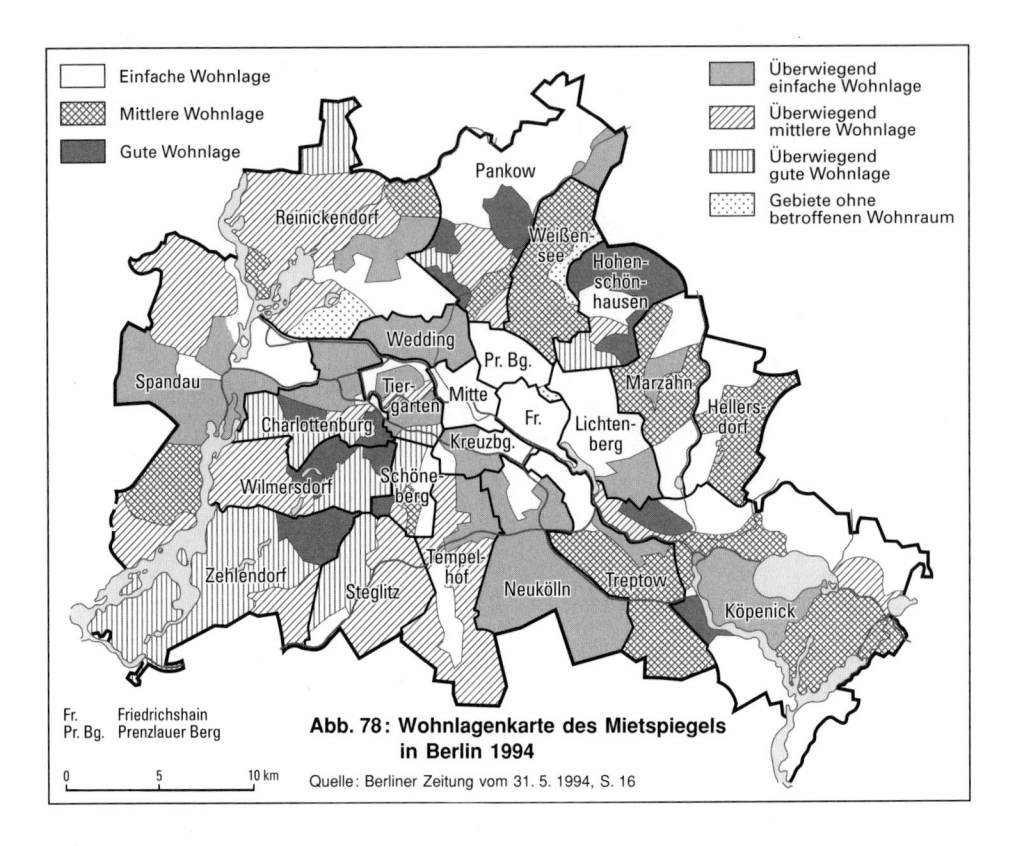

Abb. 78: Wohnlagenkarte des Mietspiegels in Berlin 1994
Quelle: Berliner Zeitung vom 31. 5. 1994, S. 16

als auch für die ersten Neubauten nach der Wende, die über die Förderwege I und II subventioniert wurden, sowie auf die auf dem freien Wohnungsmarkt errichteten Wohnungen zu. Mit der Einführung des Mietspiegels im Gesamtrahmen Berlins bekommen die Wohnlagen (Abb. 78) einen stärkeren Einfluß auf die räumliche Differenzierung der Miethöhe. Dabei läßt sich ein deutliches, historisch-geographisch entstandenes Gefälle von Westen nach Osten erkennen. Bereits in der Vorkriegszeit wirksam, wurde es in Zeiten der Teilung Berlins verstärkt und wird sich höchstwahrscheinlich auch künftig erhalten und partiell weiter erhöhen.

Natur- und umwelt-, sozial-, kultur- und bauräumliche Differenzierungen bilden dafür die Grundlage, die auch durch „Negativimagepflege" (z. B. die pauschale Ableh-

nung von peripheren Großwohnsiedlungen, insbesondere in „Plattenbauweise à la Marzahn") in der Öffentlichkeit konserviert wird. Dementgegen ist die Wohnzufriedenheit der Menschen in den großen randlichen Neubaugebieten (dies ergaben z. B. soziologische Befragungen in Marzahn und Reinickendorf, „Märkisches Viertel") mit zunehmendem Alter und damit städtebaulicher Ausgestaltung und funktioneller Aufwertung dieser Wohngebiete gestiegen.

Einige „Inseln" mit guter Wohnlage treten auch in den südöstlichen und nordöstlichen Teilgebieten (Köpenick, Pankow, Gebiete mit offener Bebauung, Wald-, Grünflächen- und teilweise auch Gewässern) auf. Die innerstädtischen Gebiete des „Wohngürtels" werden bis auf wenige Lagen im Westteil durch die Dominanz einfacher Wohnlagen charakterisiert.

Der Wert der Wohnlagen wird nicht zuletzt auch vom Zustand der *sozialen Umwelt* und des *kulturellen Umfeldes* mitbestimmt, die ihrerseits von der Funktionsfähigkeit sowie Qualität der *sozialen und kulturellen Infrastruktur* abhängen.

Soziale und kulturelle Infrastruktur – gesamtstädtischer Integrationsfaktor

Das von den Berliner Senatsverwaltungen weitgehend gelenkte Bildungs-, Gesundheits- und Sozialwesen ist durch die Übernahme des Westberliner Modells im Osten der Stadt bis 1994 zumindest organisatorisch weitgehend zusammengefügt worden.

Bei sechsjähriger Grundschule können die Schüler auf Empfehlung der Lehrer und nach dem Willen der Eltern und dem Können die Gymnasien, Real-, Haupt- und Gesamtschulen weiterführend besuchen, wobei es neben den kommunalen auch konfessionelle und Privatschulen gibt. Die starke standortliche Differenzierung der Sekundarschulen hat zu einem erheblichen innerstädtischen „Schülerverkehr" geführt, der die Kapazitäten des ÖPNV (insbesondere Straßenbahnen und Omnibusse) in den Morgen- und Nachmittagsstunden merklich belastet. Die sozial-demographisch differenzierte Entwicklung der Schülerzahlen im West- und Ostteil der Stadt (hier Zunahme – dort Abnahme) erfordert eine „Lehrerwanderung" von den östlichen in die westlichen Stadtbezirke, die in den zentrumsnahen Gebieten auf geringere Distanz- und mentale Widerstände stößt als zwischen den im Westen und Osten gelegenen peripheren Bezirken.

Eine ähnliche Tendenz gibt es im Angleichungsprozeß der Vorschulerziehung und -betreuung in Gestalt der Kindertagesstätten (KITAS), die im Ostteil aus Kindergärten, -krippen und -horten hervorgegangen sind. Bei einem signifikanten Ost-West-Gefälle im Ausstattungsgrad werden infolge des demographisch und sozial bedingten sinkenden Bedarfs im Osten bestehende Kapazitäten abgebaut, im Westen dagegen neuerrichtet. Erzieherinnen aus den östlichen Bezirken werden teilweise in den Einrichtungen der Westbezirke eingesetzt. Es gibt ebenfalls stadtbezirks- und landesgrenzenübergreifende Nutzungen von Kindereinrichtungen.

Auch in anderen Fällen entspricht die Standortverteilung der infrastrukturellen Einrichtungen und Kapazitäten nicht der sozio-demographischen Raumstruktur Berlins. Im Ostteil der Stadt sind beispielsweise die Seniorenheime in den Außenbezirken, insbesondere in den Neubaubezirken Marzahn, Hohenschönhausen und Hellersdorf, konzentriert, obwohl dort die Zielgruppe mit rd. 5,4 Prozent an der Gesamtbevölkerung extrem gering ist. Bis auf die sozial bevorzugten südwestlichen Stadtbezirke (Zehlendorf, Wilmersdorf, Steglitz) sind die westlichen Stadtbezirke mit Plätzen in Senioren- und Kranken(pflege)heimen, bezogen auf die Bedarfsgruppe, deutlich geringer ausgestattet. Allerdings sorgt die weitaus bessere Platzausstattung in Seniorenwohnhäusern und vergleichbaren Wohnformen in den westlichen Stadtbezirken für einen sozialräumlichen Ausgleich.

Sozial und politisch brisanter erscheinen die Disparitäten zwischen den Anteilen der Zielgruppen (Bedarfsträger) und den vorhandenen Kapazitäten an wichtigen, im Wohnumfeld erwarteten Einrichtungen und Anlagen der sozialen und kulturellen Infrastruktur in den östlichen Neubaubezirken mit hohen Anteilen an räumlich stark verdichteten, architektonisch-städtebaulich oft monoton wirkenden „Plattenbauten". Die auf die entsprechenden Bevölkerungsgruppen bezogenen Eckwerte in den Ostberliner Neubaubezirken Marzahn, Hellersdorf und Hohenschönhausen zeigt Tabelle 68.

Anteil an einer Bevölkerungsgruppe	Anteil an den Infrastruktureinrichtungen
15,8% der 6- bis unter 27jährigen	10,9% der Plätze in Jugendfreizeitstätten
19,8% der 0- bis unter 12jährigen	7,4% der Spielplatzflächen
12,1% der Wohnbevölkerung insgesamt	7,7% der wohnnahen Grünanlagen 6,2% der siedlungsnahen Grünanlagen 8,5% der Sportflächen (ungedeckt)

Quelle: Ausstattung der Berliner Bezirke mit sozialer Infrastruktur 1992, 1993, S. 7

Tab. 68: Nutzergruppen- und Kapazitätsanteile an wichtigen Einrichtungen und Anlagen der sozialen und kulturellen Infrastruktur in den östlichen Neubaubezirken Berlins, bezogen auf Gesamtberlin (in v. H.)

Darüber hinaus gibt es weiterhin, wie bereits mehrmals erwähnt, ein historisch-geographisch entstandenes, sozialstrukturell geprägtes Gefälle nicht nur zwischen dem Ost- und Westteil der Stadt, sondern auch zwischen den Innen- und Außenbezirken. Im Stadtzentrum sowie in den Arbeiterquartieren aus der Gründerzeit, im „Wilhelminischen Mietskasernenring" mit seiner dichten Bebauung und einem dementsprechend geringen Anteil an Grün- und Erholungsflächen, mit größerem Bestand an Industrie-, Gewerbe- und Logistikflächen, hoher Wohn- und Verkehrsdichte sowie – insbesondere im Osten – der zumeist schlechteren Wohnsubstanz, sind wesentliche Komponenten der Lebens- und Wohnqualität ungünstiger zu bewerten als in den Außenbezirken, hauptsächlich in ihren landschaftlich bevorzugten süd- und nordwestlichen bzw. süd- und nordöstlichen Segmenten (Abb. 78).

Im Kontext mit den umfangreichen Sanierungs-, Rekonstruktions- und Modernisierungsarbeiten im Westteil der innerstädtischen Gebiete wurde über die Jahre versucht, als wertausgleichende Komplementärmaßnahmen dazu die Einrichtungen mit sozialer und kultureller Infrastruktur (Kita- und Seniorenplätze, Sportanlagen, Hallenbäder, Bibliotheken, Jugendfreizeitstätten) überdurchschnittlich zu entwickeln. Diese Entwicklung greift jetzt auch auf die Innenstadtbezirke im Ostteil, insbesondere auf den Stadtbezirk Prenzlauer Berg, über. Dort hatte sich bereits zu DDR-Zeiten, ähnlich wie im Westberliner Stadtbezirk Kreuzberg, eine kiezgebundene kulturelle Szene („Subkultur") herausgebildet, die insbesondere die studentische Jugend angezogen hat. So nimmt es nicht Wunder, daß nach der Wende und Wiedervereinigung der Stadt der zentrumsnahe Bezirk Prenzlauer Berg nicht nur wegen seiner z. Z. noch billigeren Wohnungen zum Vorzugswohnort der nun Gesamtberliner Studenten (einschließlich der wachsenden Studentenzahlen aus den alten und neuen Bundesländern und dem Ausland) geworden ist.

Generell muß den *kulturellen Einrichtungen* der Stadt, die sich in den Zentrenbereichen quantitativ konzentrieren und dort qualitativ kulminieren, nicht nur für die Lebensbedingungen der dort lebenden Menschen eine hervorragende Rolle beigemessen werden. Sie haben vielmehr gesamtstädtische, regionale und z. T. überregionale Bedeutung und werden mit der Weiterentwicklung und Ausprägung der Hauptstadtfunktionen auch den wirtschaftlichen Aufschwung der Millionenstadt als wesentlicher „weicher" Standortfaktor unterstützen (Übersichten 21 und 22).

> Das kulturelle Potential der Hauptstadt Berlin ist sehr groß und vielseitig: Hier arbeiten 3500 bis 4000 bildende Künstler und etwa 1200 Schriftsteller. Es gibt mehr als 1000 Musikgruppen, ungefähr 500 freie Theatergruppen, 131 Kinos, 39 regelmäßig spielende größere Bühnen, 881 Chöre, 10 Orchester, 227 öffentliche Bibliotheken sowie 167 Museen, Schlösser und Gärten.
> Nach Berechnungen des Deutschen Instituts für Wirtschaftsforschung (DIW) ist der engere Kulturbereich mit 45000 Beschäftigten größer als die Wirtschaftsbranche Banken und Versicherungen. Der Kulturtourismus sichert mehr als 10000 Berlinern den Arbeitsplatz. 16% der Touristen geben Kultur als wichtigsten Reisegrund nach Berlin an. Dadurch entsteht pro Jahr ein Mehr an Produktion und Einkommen von 1,2 Mia. DM.

Quelle: Hauptstadt im Bau – Berlin, 1995, S. 5

Übersicht 21: Zum kulturellen Potential Berlins

Während der „Crashkurs" der Wiedervereinigung in der jahrzehntelang durch die Mauer und deren Opfer getrennten Frontstadt Berlin in allen anderen wirtschaftlichen und gesellschaftlichen Bereichen insbesondere im Osten der Stadt zu erheblichen Kapazitäts- und Funktionsverlusten führte, hat die Kunst- und Kulturszene Berlins offensichtlich keine so gravierenden substantiellen Verluste erlitten. Vielmehr sind durch den nun einsetzenden offenen Wettbewerb zwischen den kulturellen Institutionen, Kapazitäten und künstlerischen Persönlichkeiten im Ost- und Westteil im Gesamtrahmen der Stadt – den großen Traditionen als „Kunst- und Kulturmetropole" der Vergangenheit verpflichtet – Synergieeffekte freigesetzt worden. Zahlreiche Künstler im Osten konnten sich trotz beiderseitiger politischer und ideologischer Gegensätze, Vorbehalte und harter Auseinandersetzungen gegenüber ihren Kollegen und Konkurrenten im Westen behaupten. Dies liegt im Unterschied zur Situation in der Ostberliner Wissenschaft u. a. im höheren gesamtstädtischen, nationalen und internationalen Bekanntheitsgrad hervorragender Ostberliner Kunst- und Kulturstätten, deren künstlerischen Leistungen und Persönlichkeiten bereits in „Vorwendezeiten" existierten. Letztere hatten sich überdies im Vergleich zu weiten Kreisen der Wissenschaftler dem politischen Regime und dem gesellschaftlichen System der DDR gegenüber in der Öffentlichkeit und in ihren Werken kritischer gezeigt.

So stehen heute renommierte Musik- und Sprechtheatern sowie Varietébühnen, wie die Deutsche Staatsoper (Lindenoper), die Komische Oper, das Metropoltheater, das Deutsche Theater und seine Kammerspiele, das Berliner Ensemble (Brecht-Theater), das Maxim-Gorki-Theater und die Volksbühne – alle im historischen Zentrum Berlins, d. h. im bisherigen Berlin-Ost gelegen, den im citynahen Bereich des Westteils der Stadt gelegenen Häusern der Deutschen Oper Berlin, des Theaters des Westens, des Renaissancetheaters, des Hebbel-Theaters und des Theaters am Kurfürstendamm ebenbürtig gegenüber. Diese u. a. „Spitzen" des „Kunsteisberges" werden durch zahlreiche, oft kleinere staatliche und private Bühnen verschiedenen Genres bereichert, die das wiedervereinte Berlin zur hervorragenden Theaterstadt in Deutschland machen, in der aber auch das hochdotierte Westberliner Schillertheater den Sparmaßnahmen des Senats unter den zugespitzten wirtschaftlichen und künstlerischen Konkurrenzbedingungen zum Opfer fiel. Der Westberliner „Philharmonie" könnte durch das im klassizistischen Gewand wiedererrichtete „Schauspielhaus" (jetzt: „Konzerthaus") am Gendarmenmarkt (östliches Zentrum) als Konzertsaal nun der Rang abgelaufen werden. Der „Friedrichstadtpalast" im östlichen, der neueröffnete „Wintergarten" im westlichen Teil des historischen Stadtzentrums beleben die Kultur- und Unterhaltungslandschaft genauso wie die zahlreichen Kabaretts, Unterhaltungsstätten und Bars, aber auch die Künstlerkneipen der „Szene" im Westen und Osten Berlins, die z. T. ohne Sperrstunde geöffnet sind. Selbst das „Rotlichtmilieu" hat inzwischen von den westlichen Citybereichen um den Kurfürstendamm und den Tiergarten auf den Osten – mit Zentrum Oranienburger Straße – übergegriffen.

Wenn auch bekannte große Veranstaltungsstätten, wie der legendäre „Sportpalast" im Westen und die beliebte „Werner-Seelenbinder-Halle" im Osten der Spitzhacke zum Opfer fielen bzw. wie der heißumstrittene politik- und asbestbelastete „Palast der Republik" gegen den offen bekundeten Willen der großen Mehrheit der Berliner, insbesondere aus dem Ostteil der Stadt, abgerissen werden soll, bieten andere bekannte Sport- und Unterhaltungsstätten Platz für sportliche, kulturelle, politische und andere Großveranstaltungen für die Berliner und deren Gäste. Dazu gehören das „Olympiastadion", die „Waldbühne", die „Deutschlandhalle", das Internationale Kongreßzentrum (ICC) sowie die Messehallen am Funkturm – alle im Westen Berlins gelegen – sowie die Kongreßhalle am Alexanderplatz und die Veranstaltungsstätten in der Wuhlheide (Köpenick) und das „Sportforum" in Hohenschönhausen – im Osten Berlins.

Die Medienlandschaft der Hauptstadt ist, nachdem der überregional bekannte RIAS (Rundfunk im Amerikanischen Sektor) zusammen mit den Radiostationen der anderen westlichen Alliierten im Vorfeld ihres Abzuges aus Berlin (Mitte 1994) seine Tätigkeit eingestellt hatte und eine Fusion des Westberliner Senders „SFB" und des Ostberliner Senders „Berliner Rundfunk" aus politischen, ideologischen und wirtschaftlichen Gründen nicht zustande kam, durch zahlreiche private Sendestationen sowie die Konkurrenz der brandenburgischen Medien (Ostdeutscher Rundfunk Brandenburg, Antenne Brandenburg usw.) sehr vielfältig und bunt geworden. Dies trifft auch auf die Presse zu, wobei die traditionsreiche „Berliner Zeitung", ergänzt durch den „Berliner Kurier", im Berliner Osten Marktführer ist. Im Westen der Stadt läuft die „B.Z." der bundesweiten „Bildzeitung" den Rang ab; aber auch die „Berliner Morgenpost" und der „Tagesspiegel" besitzen größere Marktanteile. Insbesondere die „Berliner Zeitung" und die „Berliner Morgenpost" tragen zur Diffusion des bei Tageszeitungen noch zweigeteilten Medienmarktes in Berlin bei, der allerdings, bezogen auf Zeitschriften, Illustrierte, Magazine u. ä., faktisch nicht mehr existiert.

Bekannte Museen und Sammlungen, Schlösser und Gärten, wie z. B. das Pergamon- und Bodemuseum auf der Museumsinsel, die Nationalgalerie, das Naturkunde- und Märkische Museum sowie das Museum für Deutsche Geschichte im Ostteil werden durch museale Einrichtungen (z. B. das Völkerkundemuseum) im Westen der Stadt ergänzt. Der im Westberliner Citybereich äußerst verkehrsgünstig gelegene traditionsreiche Zoologische Garten am gleichnamigen Fern-, S-, U- und Busbahnhof erweitert in sinnvoller Arbeitsteilung mit dem in der Nachkriegszeit in Friedrichsfelde (Bezirk Lichtenberg) gegründeten Tierpark sowie mit dem Botanischen Garten in Berlin-Dahlem das geistig-kulturelle und Erholungsspektrum der Hauptstadt. Seit 1992 ist die vereinte Staatsbibliothek, Stiftung Preußischer Kulturbesitz, mit ihren beiden im östlichen und westlichen Zentrumsbereich gelegenen Häusern „Unter den Linden" (Bezirk Mitte) und „Potsdamer Straße" (Bezirk Tiergarten) die größte wissenschaftliche Bibliothek in Deutschland. Mit 8,6 Mio. Druckschriften, 120000 Handschriften, mehr als einer halben Mio. Musikdrucken, 830000 Karten, Atlanten und Globen, u. a. mit dem berühmten Atlas des Großen Kurfürsten, gehört sie zu den bedeutendsten Bibliotheken der Welt. Ihr gesellen sich mehrere Hochschul- und zahlreiche Stadtbibliotheken hinzu. Auch die neugebildeten, jeweils mit Brandenburg zusammengefaßten Akademien der Künste bzw. Wissenschaften haben ihren Sitz in Berlin.

Zur Zeit ist der Kunst- und Kulturbereich Berlins wohl die einzige gesellschaftliche Sphäre der Hauptstadt, die bei weiterer qualitativer Ausgestaltung und quantitativer Absicherung sowie mit der Gewinnung und Bindung nationaler und internationaler Spitzenkräfte in Kunst und Kultur Berlin zum Wiederaufstieg zu einer Metropole europäischen Ranges verhelfen könnte.

Dagegen hat das *wissenschaftliche Potential* Berlins durch jahrzehntelange Abriegelung der Wissenschaft und ihrer Träger im östlichen Teil sowie durch Isolierungs- und Abwanderungstendenzen im Westteil qualitative Einbußen hinnehmen müssen. Dennoch haben sich neben den drei Universitäten (Freie und Technische Universität im Westteil, Humboldt-Universität im Ostteil) bedeutende Einrichtungen der außeruniversitären und Industrieforschung – vor allem im Westteil – etabliert.

Dazu gehören u. a. das Hahn-Meitner-Institut in Wannsee, das Max-Delbrück-Zentrum für Molekulare Medizin im Nordosten der Stadt sowie mehrere Institute und Arbeitsgruppen der renommierten Max-Planck- und Fraunhofer Gesellschaft. Auch das Konrad-Zuse-Zentrum mit Deutschlands leistungsfähigstem Großcomputer hat an der Spree seinen Sitz.

Neben den naturwissenschaftlich-technischen Forschungszentren haben auch bedeutende geistes-, sozial- und politikwissenschaftliche Forschungskapazitäten ihren Standort in Berlin. Das Wissenschaftszentrum Berlin für Sozialforschung, das Wissenschaftskolleg und das Aspen-Institut sind darunter bekannte Adressen.

Nach der Wende und Vereinigung erfolgte in Ostberlin die „Abwicklung" großer Kapazitäten in der Akademie- und Industrieforschung, die nur zu einem Teil in universitäre und außeruniversitäre Einrichtungen (z. B. Max-Planck- und Fraunhofer-Institute, Blaue-Liste-Institute u. ä.) aufgenommen wurden. Während Spitzenkräfte aus den naturwissenschaftlich-technischen sowie medizinischen Bereichen inzwischen in andere Bundesländer sowie in das Ausland abgewandert sind, bilden wissenschaftliche und technische Fachkräfte insbesondere aus den wirtschafts-, sozial- und geisteswissenschaftlichen, aber auch naturwissenschaftlich-technischen Bereichen eine ausgedehnte „Wissenschaftsbrache" im Ostteil der Stadt. Diese rekrutiert sich auch aus dem Hoch- und Fachschulbereich, zumal ganze Hoch- und Fachschulen (z. B. die Hochschule für Ökonomie in Berlin-Karlshorst und die Fachhochschule für Land- und Nahrungsgüterwirtschaft in Berlin-Wartenberg) abgewickelt worden sind. Dies trifft auch auf die gesellschaftswissenschaftlichen Bereiche der Humboldt-Universität zu. Die Neugründung der wirtschafts-, sozial- und geisteswissenschaftlichen Fakultäten und Institute sowie die personellen und fachlichen Erneuerungsprozesse in den naturwissenschaftlichen und medizinischen Bereichen erfolgte vor allem durch Ablösung bzw. Ausscheiden politisch belasteter bzw. fachlich nicht mehr geeigneter oder benötigter Hochschullehrer. Die vakanten Stellen wurden eingespart oder bei Neuausschreibungen, z. T. umprofiliert, hauptsächlich durch die Berufung von Professoren aus dem Altbundesgebiet besetzt. Durch die Zusammenlegung von wissenschaftlichen Parallelkapazitäten an den drei Berliner Universitäten sollen Personal und Finanzmittel eingespart werden. Als Fusionsbereiche entstanden bisher (1994) Lebensmittelwissenschaft und Biotechnologie an der Technischen Universität, Agrar- und Gartenbauwissenschaft an der Humboldt-Universität und Veterinärmedizin an der Freien Universität. Bis Ende 1994 wurde die geplante Fusion von Charité und Rudolf-Virchow-Klinikum unter dem Dach der Humboldt-Universität vorbereitet.

Im Wintersemester 1993/94 entfielen auf die drei Universitäten, fünf Spezialhochschulen sowie neun Fachhochschulen rd. 150000 Studenten. Ende 1991 waren im Westteil der Stadt rd. 16500 Beschäftigte als wissenschaftliches Personal tätig, im Ostteil rd. 5200 Beschäftigte, dort also nur rd. ein Viertel des gesamten Wissenschaftspersonals. Von diesen arbeiteten an der Humboldt-Universität rd. 4000, der Rest im wesentlichen bezeichnenderweise (s. o.) in den drei künstlerischen Hochschulen (Kunsthochschule, Hochschule für Musik, Hochschule für Schauspielkunst) sowie an der Fachhochschule für Technik und Wirtschaft, deren Hauptsitz aus dem Westberliner Bezirk Wedding in den Ostberliner Bezirk Lichtenberg schrittweise verlagert wird (s. Stat. Jahrbuch von Berlin '93, S. 168/69, sowie Berliner Statistik, Stat. Ber., Mai 1994, S. 4). Die Verlagerung der FHTW von Wedding nach Lichtenberg kann als erster Schritt gewertet werden, um die entstandenen Disparitäten beim Wissenschaftspotential zwischen West- und Ostteil der Stadt schrittweise abzubauen, wozu auch die geplante Gründung eines großen Forschungs- und Technologieparks in Berlin-Adlershof auf dem Gelände der ehemaligen Akademie der Wissenschaften der DDR gehören wird.

Die Entwicklung einer leistungsstarken wirtschaftsnahen wissenschaftlichen und technologischen Basis ist mit Sicherheit ein entscheidender Standortfaktor für eine innovative Wirtschaftsentwicklung in Berlin sowohl im industriellen als auch im dienstleistenden Bereich, die sich immer stärker wechselseitig durchdringen werden. Dies trifft auch auf die Bereiche der *technischen Infrastruktur* zu, wo seit dem Fall der Mauer die wohl größten sichtbaren Fortschritte erreicht wurden.

Die technische Infrastruktur – wesentlicher Faktor für die Reintegration beider Stadthälften

Das Verkehrsnetz ist mit der U-Bahn, deren Schwerpunkt im Westen der Stadt liegt, mit den beiden Linien im Osten (nach Pankow und Hellersdorf) wieder verbunden worden. Die S-Bahn, die durch die Teilung der Stadt am meisten in Mitleidenschaft gezogen worden ist (große Streckenteile waren in Westberlin seit dem Mauerbau aus politischen und wirtschaftlichen Gründen stillgelegt bzw. abgebaut worden), wird schrittweise rekonstruiert. Nach der Wiederherstellung des Südrings (1994) wird bis 1997 der Nordring rekonstruiert, so daß dann der traditionsreiche Berliner S-Bahn-Ring wieder voll funktionsfähig sein wird. Auch die S-Bahn zwischen den Bahnhöfen Westkreuz und Spandau-West erwartet ihre Wiederherstellung, um dann zunächst als Anschluß zur Regionalbahn ins westliche Umland (Westkreuz – Falkensee – Nauen), die 1995 eröffnet worden ist, dienen zu können. Dies trifft auch auf die Umlandverbindung nach Hennigsdorf-Velten zu.

Kompliziert wird die Rekonstruktion der S-Bahn dadurch, da sie sich zeitlich und räumlich mit umfangreichen Erneuerungs- und Erweiterungsarbeiten der Fernstrecken (ICE-Strecken Berlin – Hannover und Ber-

Abb. 79:
Pilzkonzept der Streckenführung des schienengebundenen Verkehrs in Berlin und Randgebieten

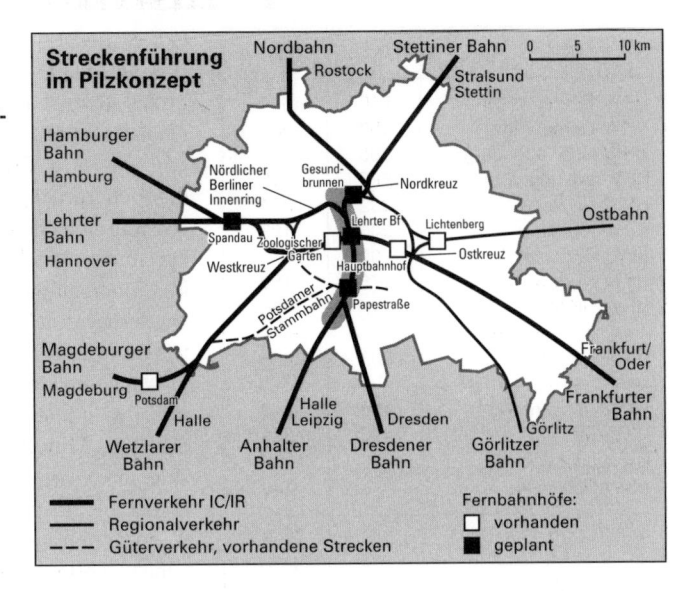

Quelle: v. BISMARCK, 1994, S. 32

lin – Hamburg) überlagert. Der beschlossene Bau des „Transrapid" (einer Magnet-Schwebebahn) zwischen Berlin und Hamburg (einschließlich der Anbindung des geplanten Großflughafens Berlin-Brandenburg, dessen Standort noch nicht feststeht, s. Kap. 6.3.4.) wird besonders hohe Anforderungen an Verkehrsbauten in Berlin stellen, zu denen auch die noch umstrittene Nord-Süd-Untertunnelung des Tiergartens im Zusammenhang mit dem Ausbau des Lehrter Bahnhofs zum ersten Zentralbahnhof Berlins gehört (Abb. 79).

Nachwirkungen der Teilung Berlins treten auch bei der *Energieversorgung* in Erscheinung. Insbesondere bei der Stromversorgung durch die BEWAG, die, bedingt durch die Nachkriegszeit bis Ende 1994, im Westteil durch Inselkraftwerke erfolgte. Anfang Dezember 1994 wurde Westberlin über eine 380 KV-Leitung nach Magdeburg an das ostdeutsche Verbundnetz angeschlossen; danach ist eine Weiterführung nach Niedersachsen vorgesehen (mit Anschluß an das westdeutsche Verbundsystem). Im Ostteil Berlins basiert die Stromversorgung bis auf wenige Spitzenkraftwerke auf dem Verbundnetz Ostdeutschlands (vorwiegend Braunkohlenbasis der LAUBAG und MIBRAG), das wiederum in das mittel- und osteuropäische Stromnetz integriert ist. Es ergeben sich z.Z. noch technologische Schwierigkeiten für einen Verbund mit dem westeuropäischen Netz (Unterschiede in der Betriebsspannung). Die Kraftwerksstandorte erzeugen neben Strom auch Wärme für Heizzwecke (s. Tab. 69).

Neben den großen Kraftwerken in beiden Teilen der Stadt, die Kraft-Wärme-Kopplung besitzen, bestehen im Westteil zwei größere, im Ostteil eine Vielzahl unterschiedlich großer reiner Heizkraftwerke mit verschiedenen Energieträgern unterschiedlicher Effizienz und Umweltverträglichkeit, die vor allem die großen Neubaugebiete mit Fernwärme versorgen. Mit einem Fernwärmenetz von rd. 1100 km Länge hat Berlin eines der größten Fernwärmesysteme vergleichbarer Städte Europas. Während der Ostteil Berlins bereits auf Erdgas umgestellt worden ist, erfolgt dies im Westteil der Stadt bis 1998, wobei

	Strom	Wärme
HKW Reuter West	600	648
HKW Lichterfelde	450	537
HKW Charlottenburg	385	611
HKW Wilmersdorf	280	315
HKW Reuter	232	214
HKW Moabit	206	123
KW Oberhavel	200	
HKW Rudow	175	150
HKW Steglitz	75	60
Berlin (West)	2603	2658
HKW Klingenberg	180	912
HKW Mitte	96	348
HKW Lichtenberg	72	1133
HKW Buch	1	130
Berlin (Ost)	349	2523
HW Neukölln		225
HW Märkisches Viertel		265
HW Scharnhorststraße		102
HKW – Heizkraftwerk, HW – Heizwerk, KW – Kraftwerk		

Quelle: Flächennutzungsplan Berlin 1994, hrsg. Senatsverwaltung für Stadtentwicklung und Umweltschutz Berlin, 1994, S. 165, ergänzt

Tab. 69: Kraftwerksstandorte und deren Kapazitäten (MW) in Berlin (1995)

sowohl osteuropäisches als auch nordeuropäisches Erdgas eingesetzt wird.

Für die Lebens- und Arbeitsbedingungen außerordentlich positiv zu bewertende Fortschritte gibt es durch die TELEKOM, den größten Investor in Ostdeutschland und Ostberlin. Die gewaltigen Rückstände bei *Telefonanschlüssen* konnten auf hohem technologischen Niveau erheblich verringert und sollen bis 1997 gegenüber dem Weststandard völlig beseitigt werden (s. Übersicht 23). Damit entsteht das größte und modernste Telefonnetz aller deutschen Großstädte.

Die schnellste Angleichung hat es bei der *Motorisierung des Individualverkehrs* (PKW-Besatz) gegeben, wobei der Motorisierungsgrad mit 300 PKW/1000 Ew. (1993) hinter dem Niveau anderer west-, aber auch ostdeutscher Städte, die Spitzenwerte von ca. 500 PKW/1000 Ew. erreichen, deutlich zurückgeblieben ist (Tab. 70).

Zahlreiche Straßenübergänge und -brücken mußten nach Maueröffnung und -abriß im innerstädtischen und Umlandbereich wiederhergestellt werden bzw. sind gegenwärtig (1995) noch im Bau.

Auch das Automarkensplitting hat sich dem westdeutschen Spektrum insbesondere im Mittelklassenbereich angenähert. Trabant, Wartburg, Lada, Skoda und Moskwitsch – als gängige „Ostmarken" in Vorwendezeiten – sind aus den Straßen Berlins nahezu völlig verschwunden.

Die wachsenden Staus im städtischen und Stadt-Umland-Bereich in den Morgen- und Abendstunden, an den Wochenenden sowie zum Beginn und Ende der Schulferien, aber auch die gestiegene Umweltbelastung durch Abgase und Lärm schränken nicht nur die Verkehrs- und Umwelt- sowie damit die Lebensqualität, sondern auch die Standortbonität in Berlin und in seinem Umland erheblich ein. Sie drängen nach Veränderungen in der Verkehrs- und Stadtentwicklungspolitik sowie in damit verbundenen Bereichen der Wirtschafts-, Sozial- und Umweltpolitik. Die wiederholt beschworene Priorität der Entwicklung und Ausgestaltung eines attraktiven, d. h. gut funktionierenden, sicheren und komfortablen sowie preisgünstigen schienengebundenen Nah- und Fernverkehrs müßte dazu schrittweise durchgesetzt werden. Dies würde auch ein energie- und umweltverträgliches „modalsplitting" zugunsten der Bahn und der Binnenschiffahrt im Güterverkehr und einfallsreiche Kombinationen verschiedener Verkehrsträger und -formen (Huckepack-Verkehr, Park-and-Ride-System, Fahrradwegenetze, Bus- und -taxispuren u. ä.) sowie die Einschränkung

1881	Inbetriebnahme der ersten Berliner Fernsprechvermittlungsstelle mit acht Teilnehmern.
Mai 1952	Unterbrechung des Berliner Telefonverkehrs durch die DDR.
Januar 1971	Schaltung von fünf Leitungen je Richtung zwischen Ost- und Westberlin.
Juni 1992	Wiedervereinigung der beiden Telefonnetze: 1290000 Anschlüsse West wurden mit 440000 Anschlüssen Ost zusammengeführt.
Februar 1994	Zwei Mio. Telefonanschlüsse gibt es in Berlin. Im Ostteil sind noch 107000 Anträge unerledigt.
Ende 1995	Anschlüsse sollen innerhalb weniger Wochen gelegt werden.

Quelle: Berliner Morgenpost vom 18. 10. 1994, S. 23

Übersicht 22: Entwicklung des Fernsprechverkehrs in Berlin

Ausstattung der Haushalte mit PKW (pro 100 Haushalte)	
Berlin	54
Berlin (West)	55
Berlin (Ost)	52
PKW-Besatz (pro 1000 Ew.)[1]	
Berlin	300
Berlin (West)	327
Berlin (Ost)	255

[1]) Die größere Differenz gegenüber der Haushaltsausstattung ergibt sich aus der unterschiedlichen Haushaltsgröße im Ost- und Westteil der Stadt

Quelle: Statistisches Jahrbuch Berlin 1994, S. 403 und 563, errechnet

Tabelle 70: Motorisierung des Individualverkehrs (PKW-Besatz) in Berlin (1993)

6.1.2
Der wirtschaftliche Strukturwandel Berlins – Tertiärisierung versus De- und Reindustrialisierung?

Seit der politischen Wende und dem wirtschaftlichen Zusammenbruch im Osten Europas, Deutschlands und Berlins sowie seit der deutschen Wiedervereinigung fand in Berlin nach einem vorübergehenden, vereinigungsboombedingten wirtschaftlichen Hoch im Westteil der Stadt ein wirtschaftlicher Niedergang statt. Er war vor allem durch die bundes- und weltweite Konjunkturkrise, den strukturellen Umbruch im Osten Europas, Deutschlands und insbesondere Berlins sowie die neue wirtschaftliche Situation im Westteil (Wegfall der Berlinförderung) bedingt.

des Autoverkehrs, auch des ruhenden, in innerstädtischen Gebieten durch pekuniäre (fiskalische) und administrative Mittel verlangen. Nur auf diese Weise könnten in Verbindung mit einer entsprechenden städtebaulichen und regionalen Entwicklung (s. Kap. 6.1.2 und 6.1.3.) die Lebensqualität für die Menschen in der Millionenstadt erhalten und verbessert sowie der Wirtschaftsstandort Berlin im Sinne von „sustainable development" künftig gesichert und aufgewertet werden. Erste Ansätze dafür sind erkennbar.

Deindustrialisierungsprozesse

Der *Deindustrialisierungsprozeß* spielt dabei die Hauptrolle. Er erreichte unter den bereits charakterisierten Bedingungen (s. Kap. 3) im Ostteil der Stadt katastrophale Ausmaße. Von einst rd. 187000 Industriearbeitsplätzen (1989) sind lediglich rd. 34000 (1994), d. h. weniger als ein Fünftel (18,2%) übriggeblieben. Damit hatte Ostberlin im Vergleich mit den neuen Ländern die stärksten Verluste im verarbeitenden Gewerbe erlitten (s. Tab. 71).

Zeitraum	Neue Länder und Berlin (Ost)	Brandenburg	Mecklenburg-Vorpommern	Sachsen	Sachsen-Anhalt	Thüringen	Berlin-Ost
1989	3408,0	430,2	240,7	1250,1	639,5	650,3	197,1
1993	1135,0	151,3	105,3	395,1	211,5	212,1	59,7
1989 bis 1993 (1989 = 100)	33,3	35,2	43,7	31,6	33,1	32,6	30,3

[1]) Durchschnittszahlen, Berechnungen des Arbeitskreises „Erwerbstätigenrechnung des Bundes und der Länder", Stand 8. 7. 1994

Quelle: Zur wirtschaftlichen und sozialen Lage in den neuen Bundesländern, Vierteljahresheft/August 1994, Statistisches Bundesamt, S. 13, ergänzt

Tab. 71: Veränderungen der Zahl der Erwerbstätigen in den neuen Ländern und Berlin (Ost) nach Wirtschaftsbereichen (Inlandskonzept)[1] – Verarbeitendes Gewerbe
(1000 Personen; auf v. H.)

Der plötzliche Zusammenbruch der Märkte in Mittel- und Osteuropa, auf die große Teile der Ostberliner Industrie fixiert waren, Produktivitätsrückstände, die oft veraltete technische Ausstattung und Kapitalschwäche der Betriebe und der wirtschaftsnahen Infrastruktur, aber auch die häufig zu spät einsetzende Sanierung durch die Treuhandanstalt (nach dem Motto: Privatisierung bzw. Liquidierung vor Sanierung und Erhaltung) haben zu diesem dramatischen Rückgang des Industriepotentials im Ostteil der Stadt beigetragen und zu „Industriebrachen" großen Stils in den ausgedehnten traditionsreichen Industriegebieten im Berliner Osten (z. B. Berlin-Oberschöneweide, Lichtenberg – Herzbergstraße; Hauptbahnhof – Ostkreuz – Treptow) geführt (s. Kap. 4.2 und 5.3).

Auch im Westteil der Stadt hat die Deindustrialisierung in Anknüpfung an langfristige Tendenzen (s. Kap. 5.2 und HOFMEISTER 1990) mit zeitlicher Phasenverschiebung gegenüber dem Osten seit 1992 verstärkt eingesetzt. Dies geschieht vor allem nach dem Wegfall der künstlichen Standortpräferenzen (Berlinförderung, Subventionen verschiedener Art). Von der Standortschrumpfung bzw. -aufgabe sind vor allem „verlängerte Werkbänke" betroffen. Einzelne Betriebe und Filialen wandern darüber hinaus in das Umland (den „Speckgürtelansatz"), in den Ostteil Berlins oder in andere Regionen, vor allem nach dem Osten ab, wobei Lohnkosten und Immobilienpreise bzw. -mieten, die in Berlin bei zeitweiliger „Überhitzung" anzogen, eine wesentliche Rolle spielen.

Randwanderung der Westberliner Industrie

Als Indikator für die wirtschafts- und raumordnungspolitisch spektakuläre „dritte Randwanderung" der Berliner Industrie (s. Kap. 4.2) sollen folgende Beispiele skizziert werden:

Der Berliner Büroartikelhersteller Herlitz hat in Falkensee (Kreis Havelland), westlich von Berlin gelegen, ein hochmodernes Produktions- und Versandzentrum errichtet. Die Kosten für den 335 m langen

Wirtschafts-bereich/Jahre	1989	1990[1]	1991[1]	1992[1]	1993[2]	1989–1993 (1989 = 100)
Erwerbstätige Ingesamt						
Westteil	934,9	974,4	1035,8	1062,9	1049,1	112,2
Ostteil	857,0	762,0	635,9	560,7	533,3	62,2
Wirtschaftsunternehmen insgesamt						
Westteil	675,1	710,4	763,9	789,7	777,7	115,2
Ostteil	558,3	518,6	444,3	381,8	355,3	63,6
darunter Warenproduzierendes Gewerbe						
Westteil	285,3	293,2	301,2	298,8	280,5	98,3
Ostteil	266,6	240,6	176,3	139,6	123,0	46,1
Handel und Verkehr						
Westteil	179,5	189,2	207,9	214,9	211,8	118,0
Ostteil	175,2	164,5	133,8	113,9	102,3	58,4
Dienstleistungsunternehmen						
Westteil	205,1	221,8	248,3	268,8	277,7	135,4
Ostteil	109,2	107,4	129,9	125,2	127,5	116,8
Staat, Private Haushalte, private Organisationen ohne Gelderlöse						
Westteil	259,8	264,0	271,9	273,2	•	105,2
Ostteil	298,7	243,4	191,6	178,9	•	59,9

[1]) ab 1990 vorläufige Ergebnisse
[2]) vorläufige Schätzung

Quelle: Wirtschaftsbericht Berlin 1994, S. 14 (Übersicht 3), ergänzt

Tab. 72: Erwerbstätige in Berlin, differenziert nach ausgewählten Wirtschaftsbereichen sowie nach dem Westteil und dem Ostteil der Stadt
(Anzahl in 1000)

und 37 Meter in der märkischen Landschaft hochragenden Industrie- und Logistikkomplex betragen rd. 350 Mio. Mark. Von den derzeitigen Beschäftigten waren früher die meisten im Reinickendorfer Werk der Herlitz AG in Berlin-Tegel beschäftigt; der arbeitsmarktpolitische Effekt für Brandenburg blieb demzufolge bisher gering, soll sich jedoch künftig durch die Einbeziehung von erwerbsfähiger Bevölkerung aus der erwerbsstrukturschwachen größten Wohngemeinde im Berliner Umland (rd. 25000 Ew.), in der z.Z. verstärkt Wohnungsbau betrieben wird, erhöhen.

Die DETEWE Deutsche Telephonwerke AG & Co ist seit 1993 ein Berlin-Brandenburger Unternehmen. Neben ihrem traditionellen Standort in Berlin-Kreuzberg hat DETEWE in Hoppegarten (Kreis Märkisch-Oderland) im östlichen Umland Berlins eine neue Montagefabrik errichtet. Dort stellen 340 Beschäftigte Nebenstellenanlagen und Endgeräte her. Nach dem Vorbild der Automobilindustrie sollen dort Gruppenarbeit und „Lean Production", d.h. geringe Fertigungstiefe, zu Kostensenkungen führen.

Nach dem Rückkauf der LEW (Lokomotiv-Elektrischen-Werke) in Hennigsdorf

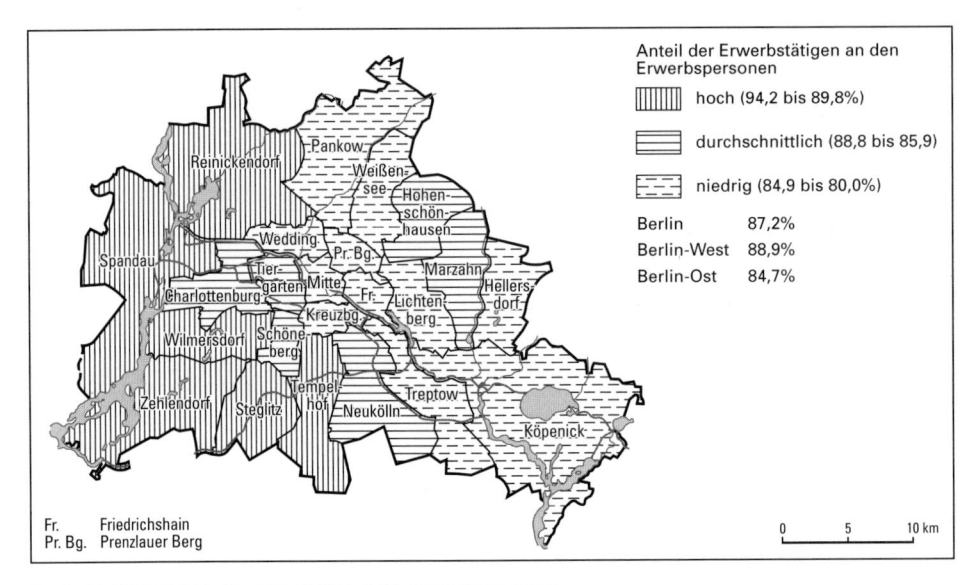

Quelle: Statistisches Jahrbuch von Berlin 1993, S. 94, eigene Berechnungen

Abb. 80: Anteil der Erwerbstätigen an den Erwerbspersonen in den Berliner Stadtbezirken im Mai 1992

(Kreis Oberhavel) seitens der AEG soll das Spandauer AEG-Werk mit jenem zusammengelegt werden. Obwohl 750 der insgesamt in Spandau 1400 Beschäftigten im benachbarten Hennigsdorfer Betrieb einen neuen Arbeitsplatz erhalten und damit einen weiteren Teil der dort bereits stark reduzierten Belegschaft verdrängen werden, ist auch in Spandau mit Entlassungen zu rechnen.

Die AEG Bahnsysteme muß sich in einem zugespitzten nationalen und internationalen Wettbewerb behaupten, der auch mit Großaufträgen für die S-, U- und Straßenbahn Berlins und den Regionalverkehr verbunden ist. Während Teile der Motorenfertigung unter Nutzung des krassen West-Ost-Lohngefälles eventuell nach Tschechien verlagert werden sollen, übernimmt das Hennigsdorfer Werk auch den Vertrieb und das Marketing. Es kann dabei an zahlreiche Marktbeziehungen, die schon in Vorwendezeiten aufgebaut worden sind, anknüpfen.

Im brandenburgischen Dahlewitz (Kreis Teltow-Fläming), rd. 10 km südlich Berlins verkehrsgünstig an der B 96 unweit des Berliner Autobahnringes und der Eisenbahnstrecke Berlin – Dresden gelegen, ist die erste Entwicklungs- und Produktionsstufe für ein gemeinsam zwischen BMW und der britischen Rolls-Royce installiertes Flugzeugtriebwerk aufgebaut worden. Neben der hervorragenden Verkehrslage und den insgesamt 23% des Investitionsvolumens betragenden Zuschüssen von Bund und Land Brandenburg spielen in diesem Raum auch vorhandene Fachkräfte für die Flugzeugindustrie (Schönefeld, Ludwigsfelde) als spezifische Standortfaktoren eine wesentliche Rolle.

Außer dieser im Verflechtungsraum Brandenburg/Berlin, d. h. im Berliner Umland, raumwirksamen Ansiedlung Berliner bzw. berlinnaher Gewerbestandorte verlagert der Elektrokonzern Alcatel SEL zukunftsträchtige Bahntechnik nach Thüringen (Arnstadt). Der Strumpfhersteller Kunert schließt seinen Tochterbetrieb Hudson in Spandau. Auch Mittelstandsunternehmen des produzierenden Gewerbes wandern aus Berlin ab. Nach Umfrage der Berliner Industrie- und Handelskammer denken 75 mittelständische Firmen über einen Standortwechsel ins Umland nach. Kostenfaktoren, Verkehrsbehinderungen, zu lange Wege bei Behörden und Verwaltungen u. ä. sind die Gründe.

Notwendiger Strukturwandel der Berliner Industrie

Neben dem systembedingten generellen Strukturumbruch im Ostberliner produzierenden Gewerbe ist auch ein Strukturwandel in der Westberliner Industrie vonnöten geworden. Unter den unnatürlichen Bedingungen der Insellage hat eine jahrzehntelange Subventionspraxis und -mentalität unternehmerische Initiative und Risikobereitschaft in vielen Bereichen der Wirtschaft gebremst. Die Westberliner Industrielandschaft war neben traditionsreichen Zweigen und Unternehmen der Elektroindustrie (Siemens, AEG, DETEWE Deutsche Telephonwerke, Robert Bosch GmbH, KRONE AG, IBM Deutschland GmbH, Standard Elektrik Lorenz AG-SEL), des Maschinen- und Fahrzeugbaus (Waggon Union GmbH, OTIS GmbH, Bayerische Motorenwerke AG (BMW) – Sparte Motorrad, Schindler Aufzügefabrik GmbH, Werner Werkzeugmaschinen AG, BEKUM Maschinenfabriken GmbH, Mercedes-Benz AG, Werk Berlin-Marienfelde, H. Berthold AG, Ford-Werke AG und Co. KG) und der Leichtchemie/Pharmazie (Schering AG) auch durch arbeits- und kapitalintensive Produktionen von der Zigarettenherstellung bis zur Kaffeerösterei geprägt, die jetzt nicht mehr in ein innovatives, hauptstädtisches Industrieprofil passen. Westberliner Unternehmer und Arbeitnehmer erhielten bis zum Anfang der 90er Jahre durch das Berlinförderungsgesetz 12 Mia. Mark pro Jahr konsumtive und produktive Subventionen (Investitionshilfen, Steuerabschläge, Lohn- und Gehaltszulagen u. ä.). Jetzt muß sich die vereinte Berliner Wirtschaft im rauhen Klima des freien Wettbewerbs behaupten!

Erwerbstätigenentwicklung im Ost- und Westteil der Stadt

Während die Anzahl der Erwerbstätigen im Westteil der Stadt seit 1989 bis 1992 kontinuierlich gestiegen ist (erst 1993 stellte sich eine leichte Rückläufigkeit ein), sank sie im Ostteil Berlins bis 1993 insgesamt sowie mit Ausnahme der Dienstleistungsbereiche in allen Wirtschaftsbereichen erheblich ab (s. Tab. 72). Daraus resultiert auch ein signifikantes West-Ost-Gefälle beim Anteil der Erwerbstätigen an den Erwerbspersonen insgesamt, räumlich differenziert nach den Berliner Stadtbezirken (s. Abb. 80). Während sich die hohen Werte ausschließlich auf die Westberliner Außenbezirke konzentrieren, liegen die niedrigsten Werte sowohl in den westlichen und östlichen Innenstadtbezirken („Wohngürtel") als auch – bis auf Marzahn, Hohenschönhausen und Pankow – in den östlichen Randbezirken.

Am stärksten klaffte die wirtschaftliche Entwicklung in beiden Hälften Berlins im *warenproduzierenden Gewerbe* auseinander (Tab. 73). Im Westteil der Stadt stieg die Erwerbstätigenzahl seit 1989 zunächst bis 1991 weiter an, um dann leicht bis 1993 (um rd. 20000 Beschäftigte = 1,7%) zurückzugehen. Dagegen ist ein dramatischer Rückgang im Ostteil in der Zeit von 1989 bis 1993 um 143600 Beschäftigte (= 53,9%) zu konstatieren. Nach der Anzahl der Erwerbspersonen hat sich damit das warenproduzierende Gewerbe im Ostteil der Stadt am ungünstigsten von allen Wirtschaftsbereichen verändert.

Wirtschafts-gruppe	1991	1992	1993	1994 (März)	**1994** 1991 (auf v.H)	1991	1992	1993	1994	**1994** 1991 (auf v.H)
Verarbeitendes Gewerbe insgesamt[1]	174514	166978	149937	137680	78,9	90445	49882	37879	33994	37,6
Grundstoff- und Produktionsgütergewerbe	20607	19955	18297	16978	82,4	11060	5355	4300	3957	35,8
darunter: Steine und Erden Chemische Industrie	1903 14429	1979 14478	1866 13698	1773 12940	93,2 89,4	2760 4035	1768 2259	1915 1389	1763 1267	63,9 31,2
Investitionsgüter produzierendes Gewerbe	101413	97496	88848	80998	79,9	63765	35872	27112	23658	37,1
darunter: Stahl- und Leichtmetallbau Maschinenbau Straßenfahrzeugbau Elektrotechnik	4958 16836 11237 54372	4623 16301 11209 51722	4439 14975 10550 47182	4312 13534 9603 43815	87,0 80,4 85,5 80,6	9523 12254 2652 35567	8161 7372 1504 16487	7581 5072 1433 11174	6312 4359 1360 9652	66,3 35,6 51,3 27,1
Verbrauchsgüter produzierendes Gewerbe	28947	26756	22261	20854	72,0	10255	5244	3498	3277	31,9
darunter: Papier- und Pappverarbeitung Druckerei, Vervielfältigung Kunststoffwaren Textilgewerbe Bekleidungsgewerbe	5943 6395 5832 3776 3203	5544 6280 5022 3348 2886	4798 5731 4209 2239 2145	5127 5437 3923 1612 1834	86,3 85,0 67,3 42,7 57,3	452 2843 416 – 3146	204 1824 265 – 995	190 996 216 125 542	214 893 239 151 568	47,3 31,4 57,5 – 18,1
Nahrungs- und Genußmittelgewerbe	23548	22770	20531	18850	80,0	5346	3411	2969	3106	57,9
darunter: Ernährungsgewerbe Tabakverarbeitung	18275 5273	17590 5181	15535 4997	14013 4837	76,7 91,7	– –	– –	– –	– –	– –

[1]) Betriebe von Unternehmen mit allgemein 20 und mehr Beschäftigten (einschließlich produzierendes Handwerk, statistische Abgrenzung nach fachlichen Betriebsteilen)
Quelle: Wirtschaftsbericht Berlin 1994, Übersicht 7 und 8, S. 24/25, eigene Berechnungen

Tab. 73: Beschäftigte im Verarbeitenden Gewerbe im West- und Ostteil Berlins

Dennoch hat sich die historisch entstandene *Branchenstruktur* der Berliner Industrie im Osten und Westen der Stadt, wenn auch auf unterschiedlichem Niveau, erhalten und besitzt große Ähnlichkeiten (Abb. 81). Im unterschiedlichen industriell-gewerblichen Beschäftigungsrahmen hat sie in beiden Teilen der Stadt seit 1991 eine andere, teilweise auch analoge Entwicklung genommen (Tab. 73).

Während die Elektrotechnik im Osten der Stadt überdurchschnittliche Einbrüche hinnehmen mußte, lag der Rückgang im Westteil unter dem Mittelwert des Beschäftigungsrückgangs im Verarbeitenden Gewerbe. Sowohl im Osten als auch im Westen wies das verbraucherbezogene Nahrungs- und Genußmittelgewerbe einen vergleichsweise geringeren Rückgang auf; auch der Bereich Steine und Erden erwies sich in beiden Teilen der Stadt als relativ stabil, wobei die Verbindungen zur positiven Entwicklung in der Baustoffindustrie und Bauwirtschaft Berlins erkennbar sind. Der Straßenfahrzeugbau und der Maschinenbau – im Osten der Stahl- und Leichtmetallbau – nahmen unterdurchschnittlich ab.

Insgesamt gab es jedoch weder im Westen noch im Osten auch nur eine Wirtschaftsgruppe des Verarbeitenden Gewerbes, die einen Beschäftigungszuwachs in der Zeit von 1991 bis 1994 (März) verzeichnen konnte.

Generell sind die Deindustrialisierungstendenzen im Westteil im Gegensatz zum Osten Berlins bisher nicht als strukturgefährdend für die Stadt zu bezeichnen. Dennoch müssen deutliche Anzeichen von Strukturschwäche („verlängerte Werkbänke", hoher Anteil unqualifizierter Tätigkeiten, Lücken beim Topmanagement, Rückstände hinsichtlich innovativer Zweige und bei entsprechenden Verbindungen zur Forschung, Entwicklung und Technologie) überwunden werden.

Raumstruktur des Verarbeitenden Gewerbes

Die Industriestandorte werden sich auch künftig als relativ stabil erweisen (s. Kap. 5.2). Allerdings hat sich der Schwerpunkt des industriell-gewerblichen Raumgefüges gegenwärtig eindeutig zugunsten der Westberliner Stadtbezirke (Spandau, Reinickendorf, Tempelhof, Neukölln) verschoben (Abb. 82). Künftig wird wieder eine gleichmäßigere Standortverteilung des Verarbeitenden Gewerbes über den Gesamtraum der Stadt angestrebt (Abb. 83).

Im Ostteil der Stadt müssen dafür noch vorhandene betriebliche und räumliche „Industriekerne" an traditionellen Standorten (z. B. in Berlin-Oberschöneweide, Treptow, Adlershof, Weißensee, Lichtenberg – Herzbergstraße), aber auch an neueren z. B. im größten geschlossenen Gewerbeareal Berlins zwischen Marzahn und Hohenschönhausen gelegenen Standorten saniert, umstrukturiert und diversifiziert werden. Neben den stark geschrumpften Industriekernen siedeln sich zahlreiche kleinere und mittlere Unternehmen aus den Logistikbranchen und dem tertiären Sektor auf diesen ausgedehnten Industriebrachen an, sofern die Eigentums- und Altlastenprobleme geklärt sind. Außer diesen Betrieben und Einrichtungen mit vorwiegend konsumtivem Charakter müssen sich dort jedoch zunehmend auch wirtschaftsnahe Infrastruktureinrichtungen und Dienstleistungsunternehmen in einem entsprechenden „Branchenmix" lokalisieren, um solche Betriebe des produzierenden Gewerbes unterstützen zu können, die marktgerechte Produkte erzeugen (Abb. 84 und Tab. 74).

Tertiärisierung der Berliner Wirtschaft

Die Tertiärisierung der Wirtschaft Berlins hat zunächst nur im Westteil der Stadt quantitative und qualitative Fortschritte er-

Berlin

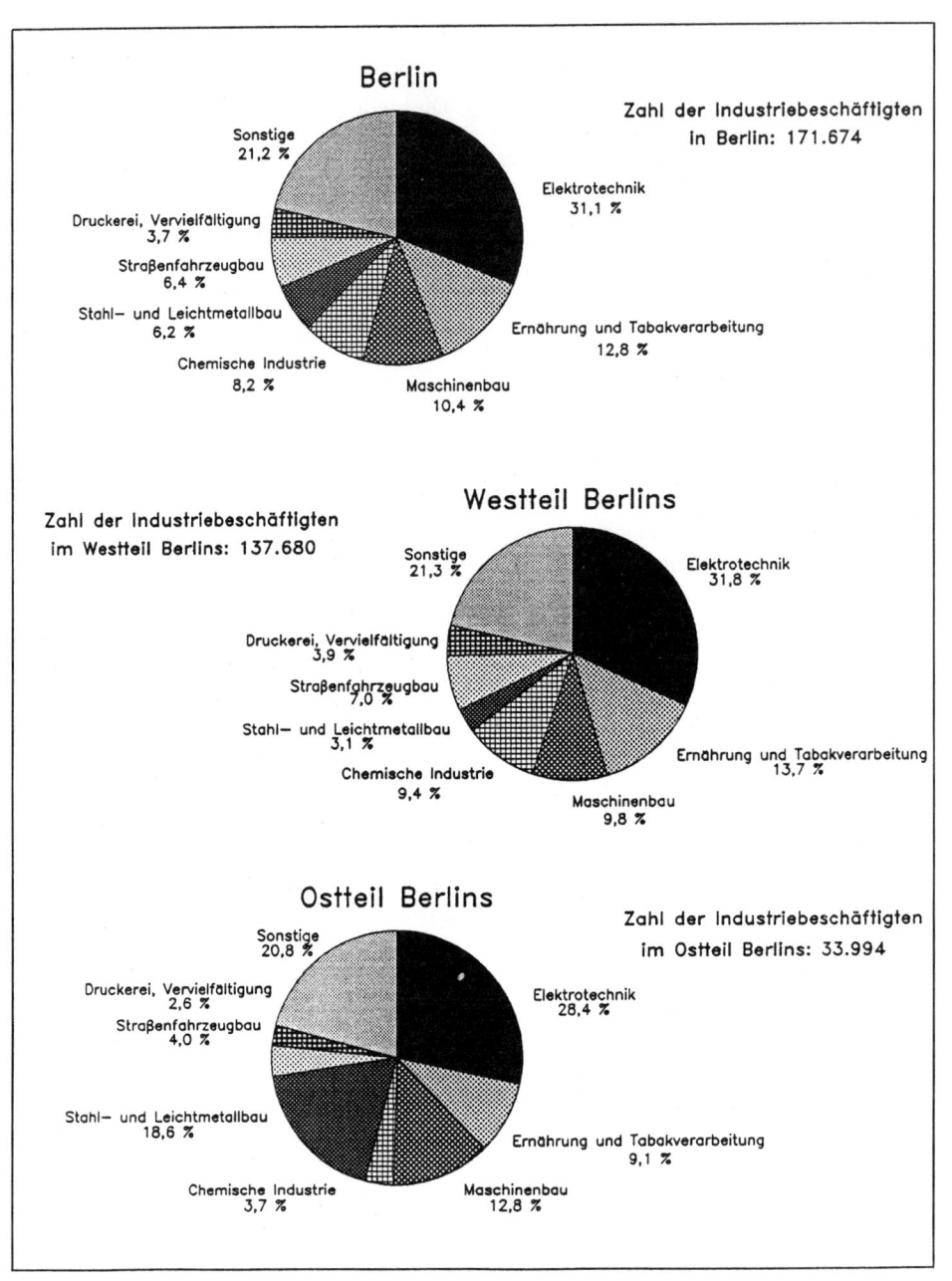

Zahl der Industriebeschäftigten in Berlin: 171.674

- Elektrotechnik 31,1 %
- Ernährung und Tabakverarbeitung 12,8 %
- Maschinenbau 10,4 %
- Chemische Industrie 8,2 %
- Stahl- und Leichtmetallbau 6,2 %
- Straßenfahrzeugbau 6,4 %
- Druckerei, Vervielfältigung 3,7 %
- Sonstige 21,2 %

Westteil Berlins

Zahl der Industriebeschäftigten im Westteil Berlins: 137.680

- Elektrotechnik 31,8 %
- Ernährung und Tabakverarbeitung 13,7 %
- Maschinenbau 9,8 %
- Chemische Industrie 9,4 %
- Stahl- und Leichtmetallbau 3,1 %
- Straßenfahrzeugbau 7,0 %
- Druckerei, Vervielfältigung 3,9 %
- Sonstige 21,3 %

Ostteil Berlins

Zahl der Industriebeschäftigten im Ostteil Berlins: 33.994

- Elektrotechnik 28,4 %
- Ernährung und Tabakverarbeitung 9,1 %
- Maschinenbau 12,8 %
- Chemische Industrie 3,7 %
- Stahl- und Leichtmetallbau 18,6 %
- Straßenfahrzeugbau 4,0 %
- Druckerei, Vervielfältigung 2,6 %
- Sonstige 20,8 %

Quelle: „Wirtschaftsbericht Berlin 1994", Schaubild 3

Abb. 81: Struktur der Industriebeschäftigten in Berlin im Frühjahr 1994

Quelle: berechnet nach „Statistisches Jahrbuch Berlin 1994", S. 309

Abb. 82: Standortverteilung des Verarbeitenden Gewerbes in Berlin 1993 (Beschäftigte nach Bezirken im Herbst 1993)

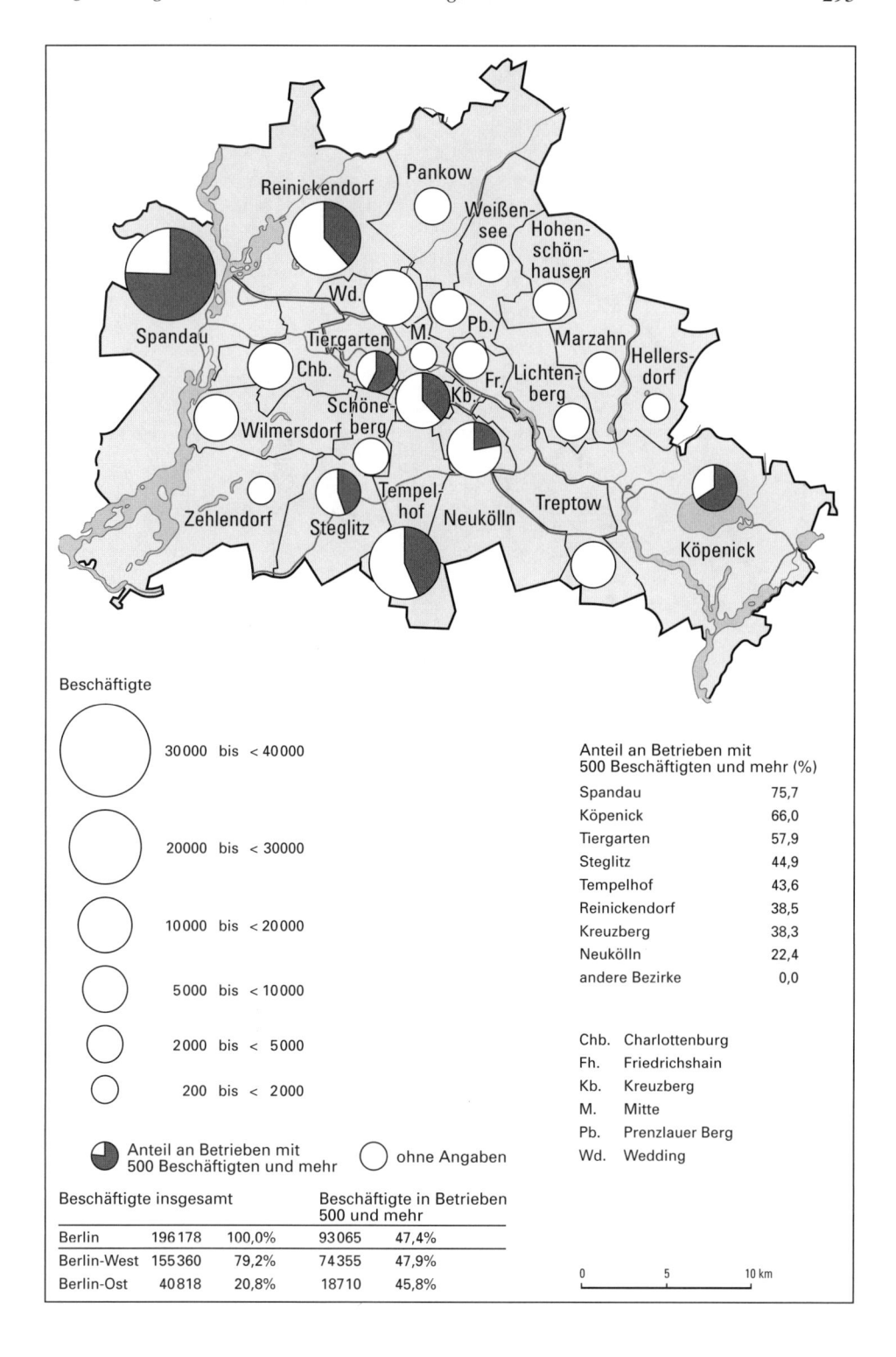

Gegenwärtige raumstrukturelle Veränderungen in Berlin 293

Beschäftigte

- 30 000 bis < 40 000
- 20 000 bis < 30 000
- 10 000 bis < 20 000
- 5 000 bis < 10 000
- 2 000 bis < 5 000
- 200 bis < 2 000

Anteil an Betrieben mit 500 Beschäftigten und mehr

ohne Angaben

Anteil an Betrieben mit 500 Beschäftigten und mehr (%)

Spandau	75,7
Köpenick	66,0
Tiergarten	57,9
Steglitz	44,9
Tempelhof	43,6
Reinickendorf	38,5
Kreuzberg	38,3
Neukölln	22,4
andere Bezirke	0,0

Chb.	Charlottenburg
Fh.	Friedrichshain
Kb.	Kreuzberg
M.	Mitte
Pb.	Prenzlauer Berg
Wd.	Wedding

Beschäftigte insgesamt | **Beschäftigte in Betrieben 500 und mehr**

Berlin	196 178	100,0%	93 065	47,4%
Berlin-West	155 360	79,2%	74 355	47,9%
Berlin-Ost	40 818	20,8%	18 710	45,8%

0 5 10 km

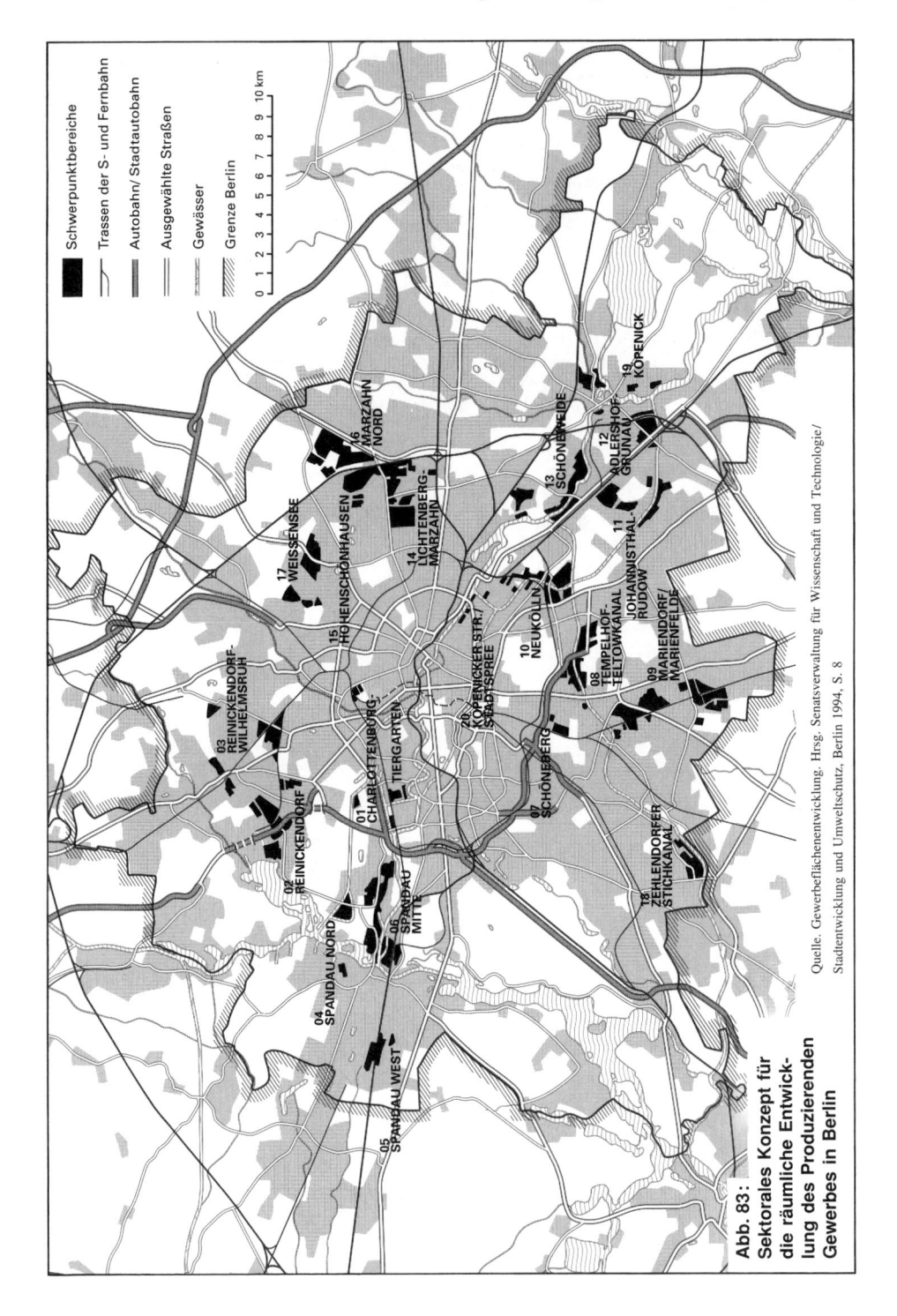

Abb. 83:
Sektorales Konzept für die räumliche Entwicklung des Produzierenden Gewerbes in Berlin

Quelle: Gewerbeflächenentwicklung, Hrsg. Senatsverwaltung für Wissenschaft und Technologie/Stadtentwicklung und Umweltschutz, Berlin 1994, S. 8

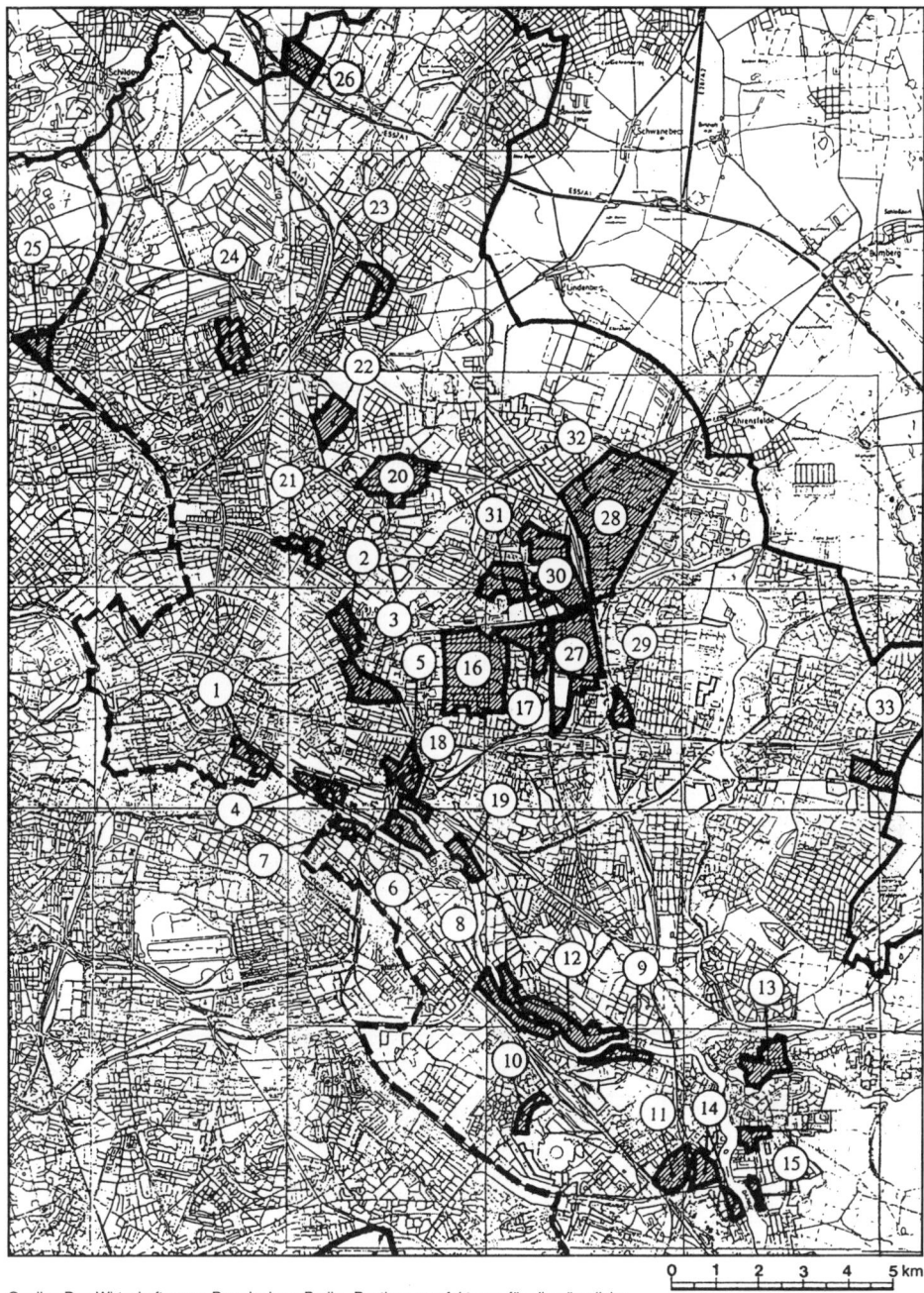

Quelle: Der Wirtschaftsraum Brandenburg-Berlin. Bestimmungsfaktoren für die räumliche Entwicklung. In: Regio, Beiträge des IRS, 3, 1993, Abb. 24

Abb. 84: Gewerbegebiete im Ostteil Berlins 1993 (vgl. Tab. 74)

Bezirk	Nr. in Abb. 84	Bezeichnung	Fläche (ha)
Mitte	1	Köpenicker Straße	21,7
Prenzlauer Berg	2	Storkower Straße	29,8
	3	Eldenaer Straße/Zentralviehhof	47,7
Friedrichshain/ Lichtenberg	4	Warschauer Straße/ Ostgüterbahnhof	15,0
	5	Ostkreuz/Frankfurter Allee	21,5
	6	Halbinsel Stralau	37,4
Treptow	7	Elsenstraße	15,7
	8	Niederschöneweide/Schnellerstraße	59,2
	9	Oberspree	15,3
	10	Johannisthal/Groß-Berliner Damm	44,6
	11	Adlershof/Glienicke	48,4
Köpenick	12	Oberschöneweide/Wilhelminenhofstraße	75,9
	13	Friedrichshagener Straße/Krusenickstraße	47,9
	14	Grünauer Straße/Regattastraße	55,2
	15	Wendenschloßstraße	31,4
Lichtenberg	16	Herzbergstraße	179,4
	17	südlich der Landsberger Allee/ westlich der Rhinstraße	43,0
	18	Rummelsburg/Hauptstraße	10,5
	19	Rummelsburg/Köpenicker Chaussee	14,9
Weißensee/ Prenzlauer Berg	20	Weißensee/Liebermannstraße	81,6
	21	Streustraße/Langhansstraße	38,0
	22	Heinersdorf/Blankenburger Straße	51,8
	23	Karower Kreuz/Karower Damm	30,1
Pankow	24	Niederschönhausen/Wackenbergstraße	63,1
	25	Wilhelmsruh/Kurze Straße	30,2
	26	Schönerlinder Straße	49,9
Marzahn	27	Rhinstraße/Allee der Kosmonauten	141,6
	28	Bürknersfelde/Bitterfelder Straße	236,9
	29	Biesdorfer Kreuz	18,4
Hohenschönhausen	30	Marzahner Straße/Plauener Straße	144,5
	31	westlich der Ferdinand-Schultze-Straße	54,1
	32	Falkenberg/Hohenschönhauser Straße	41,5
Hellersdorf	33	Mahlsdorf/nördlich der B 1/5	18,1
Gesamt			1814,3

Quelle: IRS, Regio 3, 1993, Tab. 5

Tab. 74: Gewerbegebiete im Ostteil Berlins (vgl. Abb. 84)

zielt. Seit 1990 ist die Zahl der Erwerbstätigen in den tertiären Bereichen dort (bis Ende 1993) um rd. 88 000 gestiegen. Dennoch weist die Wirtschaft Berlins dafür noch große Wachstumspotentiale auf. So arbeiteten 1993 im Westteil Berlins 68,6% der sozialversicherungspflichtigen Beschäftigten im tertiären Sektor. In Hamburg waren es 74,3%, in Frankfurt/Main 73,8% und in München 71,1% (Wirtschaftsbericht Berlin, 1994, S. 39/40). Dabei haben hochwertige Dienstleistungen, bei denen es besondere Rückstände gegenüber den genannten und anderen Großstädten gab, in den letzten Jahren (1990-1992 um fast 40%) besonders expandiert. Dennoch sind diese wirtschaftsnahen und -unterstützenden Dienstleistungsbereiche z. B. im Marktsegment der hochwertigen, unternehmensbezogenen Dienstleistungen mit 3,7% im Westteil Berlins (bezogen auf alle sozialversicherungspflichtig Beschäftigten) noch stark entwicklungsbedürftig, denn in Hamburg und Köln lagen entsprechende Prozentanteile bei 5%, in Frankfurt/Main bei 5,7%, in Düsseldorf bei 6,9% und in München sogar bei 7,7% (ebenda, S. 41). Wenn man den Büroflächenbestand Berlins (mit seinem Schwerpunkt im Westteil) mit dem anderer deutscher Großstädte vergleicht, so wird bei einer Pro-Kopf-Quote von 3,5 m² Bürogrundfläche/Einwohner der bedeutende Rückstand gegenüber den großen westdeutschen Dienstleistungszentren deutlich (Tab. 75).

Bei stark gesunkenem Erwerbstätigenniveau fanden im Ostteil der Stadt im Jahre 1993 drei von vier sozialversicherungspflichtig Beschäftigten, d. h. rd. 75 Prozent, im tertiären Sektor Arbeit. Im Vergleich zu den Beschäftigten der westlichen Stadtbezirke zeigt sich, daß vor allem in den Bereichen Handel, Banken und Versicherungen sowie Gaststätten und Beherbungsgewerbe noch Beschäftigtenpotentiale vorhanden sind. Natürlich müssen auch hier – vor allem im Stadtzentrum und in den Stadtbezirkszentren – hochwertige Dienstleistungen angesiedelt werden (s. Kap. 6.1.3 bzw. 6.1.4).

Stadt	Bürofläche (Mio. m²)	Bürofläche je Ew. (m²)
Frankfurt/Main	11,5	17,6
München	10,2	8,3
Stuttgart	4,8	8,1
Hamburg	11,7	7,0
Berlin	12,2	3,5
darunter		
Berlin (West)	9,6	4,4
Leipzig	1,1	2,0
Dresden	0,9	1,9

Quelle: THYMIAN, 1994, S. 378, Tab. 4, verändert

Tab. 75: Büroflächenbestand in ausgewählten deutschen Großstädten Anfang der 90er Jahre

Die Tertiärisierung der Wirtschaft Berlins in Verbindung mit einer Modernisierung sowie Branchen- und Standortbereinigung der Industrie im Westteil einerseits und mit einer innovativen, marktorientierten Reindustrialisierung im Ostteil der Stadt andererseits sind fundamentale Voraussetzungen für den wirtschaftlichen Aufschwung Berlins, der sich seit Ende 1994, Anfang 1995 abzuzeichnen beginnt.

Standortvorteile Berlins

Als grundsätzlich positive Standortparameter Berlins können dabei genutzt werden (s. u. a. auch MEISNER, 1994, S. 5):

- Die geographische Nähe zu den Reformstaaten Mittel- und Osteuropas und die umfangreichen Erfahrungen im Handel mit diesen Staaten machen Berlin (im Zusammenwirken mit Brandenburg) zum Sprungbrett für die Erschließung dieser östlich von Oder und Neiße gelegenen zukunftsträchtigen Märkte.

Harte Faktoren	
– Verkehrsanbindung	Rang 1
– Arbeitsmarkt	Rang 2
– Flächen-/Bürokosten	Rang 4
– Kommunale Abgaben	Rang 5
– Flächen-/Büroverfügbarkeit	Rang 8
– Fühlungsvorteile	Rang 10
Weiche personenbezogene Faktoren	
– Wohnen und Wohnumfeld	Rang 3
– Umweltqualität	Rang 9
Weiche unternehmensbezogene Faktoren	
– Wirtschaftspolitisches Klima	Rang 6
– Unternehmensfreundlichkeit der Verwaltung	Rang 7

Quelle: Befragung von EMNID im Auftrage des Deutschen Instituts für Urbanistik bei 2000 Unternehmen (ohne Handel), zitiert nach IHK Berlin, 1995

Übersicht 23: Rangfolge der zehn wichtigsten Bestimmungsfaktoren für Standortentscheidungen

– In Berlin – und nicht zuletzt im Ostteil der Stadt – sowie im Berliner Umland leben hochmotivierte und gut ausgebildete Arbeitnehmer, durch die der in anderen Ballungsräumen wiederholt beklagte Facharbeitermangel auch künftig entschärft werden kann.
– Im Unterschied zu anderen, vor allem im hochverdichteten Westen („Rheinschiene") gelegenen Ballungsräumen Deutschlands verfügt Berlin über ausreichende Flächenpotentiale für wirtschaftliche Aktivitäten, die im umgebenden Brandenburg erweitert werden.
– Durch den Umzug von Regierung und Parlament wird der Standort Berlin vor allem für Verbände, Medien und regierungsnahe Unternehmen und Institutionen an Attraktivität gewinnen. Dadurch werden die „Fühlungsvorteile" der Berlin-Brandenburger Wirtschaft gegenüber anderen Regionen erhöht.
– Berlin ist dabei, seine Verkehrs-, Kommunikations-, Messe- und Kongreßinfrastruktur modernen internationalen Anforderungen anzupassen.
– Die siebzehn universitären und mehr als 250 außeruniversitären Forschungseinrichtungen, die durch Technologie- und Anwenderzentren ergänzt werden, bieten bedeutende Wissenschaftspotenzen für die Wirtschaft.
– Die genannten harten und weichen Standortfaktoren (Übersicht 23) werden durch das überaus vielgestaltige Angebot für die Freizeit (Kunst und Kultur, Bildung, Sport und Erholung, Vergnügung usw.) ergänzt, in das Brandenburg einbezogen wird, wobei die „weichen" Standortfaktoren mit ihrer vorwiegend indirekten Wirkungsweise auf die Wirtschaft im Wettbewerb der Regionen wachsenden Einfluß auf die Bonität und die Bewertung des Wirtschaftsstandortes nehmen. Übersicht 24 zeigt Bewertungskriterien zur Beurteilung von Mikro-Standorten für wichtige innerstädtische Nutzungsbereiche.

Regionale Verflechtung der Wirtschafts- und Arbeitsplatzstruktur Berlin-Brandenburgs

Die Entwicklung der regionalen Wirtschafts- und Arbeitsplatzstruktur Berlins wird künftig durch die stärkere wechselseitige Verflechtung mit Brandenburg bestimmt werden:

Während in Berlin – als dem großstädtischen Kern – die Arbeitsplätze im tertiären Sektor (einschließlich tertiärer Bereiche innerhalb der Industrie) absolut und anteilmäßig wachsen werden, steigt im Berliner Umland die Zahl der Arbeitsplätze in den produzierenden Gewerben (einschließlich industrieller Betriebe) sowohl durch die Erweiterung und Neuansiedlung (s. o. und z. B. Dahlewitz, Birkenwerder u. a.) bzw. durch die Randwanderung bzw. Schwerpunktverlagerung von Teilen der Berliner,

Kriterien zur Beurteilung von Mikro-Standorten

Kriterien \ Nutzungsbereiche	Einzelhandel (integrierte EHZ)	Bürodienste (back offices)	Industrie	Kleingewerbe (Handwerk)	Logistik	Wohnen
Planungsrechtliche Situation	●	●	●	◐	◐	◐
Grundstückspreis	◐	◐	●	●	●	◐
Grundstückszuschnitt	○	○	●	●	○	○
Flächenreserven	○	○	●	◐	●	·
Altlasten	◐	◐	◐	◐	◐	◐
Anbindung überörtlicher Verkehr	◐	◐	●	◐	●	○
Anbindung örtlicher Verkehr (ÖPNV)	●	●	●	●	●	●
lokaler Absatzmarkt	●	○	○	◐	○	·
Arbeitskräfte	◐	◐	◐	◐	◐	·
Wohnungen	◐	◐	◐	◐	◐	◐
haushaltsorientierte Infrastruktur	·	·	·	·	·	●
konkurrierende Betriebe (Versorgungsgrad)	●	○	○	◐	○	·
ergänzende Betriebe	●	◐	◐	◐	◐	·
Einkaufsmöglichkeiten und lokale Dienste	○	●	○	○	○	●

Regioconsult 1994

● sehr wichtig ◐ wichtig ○ weniger wichtig

Quelle: Zitiert nach IHK Berlin (1995), a. a. O., S. 106, Übersicht 5

Übersicht 24: Kriterien zur Beurteilung von Mikro-Standorten

insbesondere Westberliner, Industrie in das Umland (s. o.).

Damit werden sich die wirtschafts-, sozial- und verkehrsräumlichen Verflechtungen zwischen Berlin und Brandenburg erheblich verstärken. Die sicher notwendige Erhaltung und Erneuerung der *produzierenden*, insbesondere *industriellen* Basis einer möglich wiederentstehenden Metropole Berlin darf deshalb nicht *lokal*, auf die Stadtgrenzen beschränkt, gesehen und gewertet werden. Die *regionale* Dimension im Verflechtungsraum Berlin und Brandenburg wird vielmehr an Bedeutung gewinnen. In diesem strukturräumlichen Kontext werden auch gegenläufige Arbeitspendelbewegungen von „Blaukitteln" und „Weißkitteln" zwischen Berlin und seinem Umland weiter zunehmen (s. Kap. 6.3.2), wie das z. B. aus den metropolitanen Regionen von Groß-Paris (Isle de France) und London (Greater London) sowie Rom und Madrid bekannt ist. Diese gegenläufigen Pendelbewegungen, die auch durch Bildungs-, Einkaufs-, Kultur-, Erholungs- und Freizeitmobilität verursacht werden, sind dann sozial und ökologisch verträglich, wenn sie vorrangig durch den schienengebundenen ÖPNV (S-Bahn, Regionalbahn) realisiert werden. Bei zweipoliger Gegenläufigkeit (Stadt-Umland) und damit verbundener besserer Kapazitätsauslastung könnten sie auch für die Verkehrsunternehmen wirtschaftlich effizienter und für die Nutzer preiswerter gestaltet werden. Eine sinnvolle Verbindung mit anderen öffentlichen Verkehrsträgern (U-Bahn, Tram, Bus) und individuellen Verkehrsmitteln (PKW), z. B. im Park-and-Ride-System, könnte die Nutzerattraktivität erhöhen. Der regionale Verkehrsverbund Berlin-Brandenburg soll dazu weiter ausgebaut werden (s. Kap. 6.3.3). Daß eine politisch-administrative Länderfusion diese Entwicklung fördern und raumverträglicher steuern könnte, liegt auf der Hand.

6.1.3 Entwicklungstendenzen strukturbestimmender Teilräume Berlins

Raumstrukturelle Ausgangslage und Entwicklungsbedingungen

Die Wiedervereinigung der geteilten Stadt, die schrittweise Übernahme der Hauptstadt-, insbesondere der Parlaments- und Regierungsfunktionen für die erweiterte

Bundesrepublik Deutschland sowie die funktionsräumliche Verknüpfung mit dem neuentstandenen Land Brandenburg nehmen auf die Stadtentwicklung Berlins vielfältigen und nachhaltigen Einfluß. Dazu kommen global ausgelöste und regional wirkende sektorale Veränderungen der Wirtschaftsstruktur. Die daraus insgesamt resultierenden funktionalen Veränderungen werden konfrontiert mit der historisch gewachsenen Stadtstruktur (s. Kap. 4.2), die in den beiden Teilstädten der Nachkriegszeit in unterschiedlicher Weise und Dimension verändert worden ist (s. Kap. 5.2, 5.3 und 5.4) und jetzt erneut sowohl Homogenisierungs- als auch Differenzierungsprozesse erkennen läßt.

Die nach den in Tabelle 76 aufgeführten Strukturmerkmalen vorgenommene Gliederung des Stadtgebietes von Berlin läßt folgende Differenzierung erkennen:

Das Berliner Stadtzentrum und der innere, historisch gewachsene „Wohnring", d. h. die *Innenstadtbezirke*, werden durch Nutzungskombinationen geprägt, für die hohe Anteile von Gewerbe-, Industrie-, Betriebs- und Verkehrsflächen – entweder mit Flächen hoher Wohndichte oder mit anderen bebauten bzw. unbebauten Flächen kombiniert – typisch sind. Letzteres tritt insbesondere in den Bezirken des Stadtzentrums (Mitte, Tiergarten, Charlottenburg), aber auch in den angrenzenden Bezirken Kreuzberg und Wedding auf, die künftig verstärkt in die Citybildung und -erweiterung einbezogen werden könnten.

Einen extrem hohen Anteil an Wohnflächen weist der jüngste Stadtbezirk im Osten, Hellersdorf, auf, der in den 80er Jahren durch Plattenbauweise (ohne Hochhausverdichtung) geprägt wurde und daher auch nur eine geringe Wohndichte besitzt. Im Nachbarbezirk Marzahn treten höhere Anteile von Gewerbe-, Industrie-, Betriebs- und Verkehrsflächen hinzu, die sich gegenwärtig jedoch analog in anderen Ostberliner Bezirken nur mit mehr oder minder großen Anteilen und differenziertem Intensitätsgrad in Nutzung befinden. Insbesondere im größten geschlossenen Berliner Gewerbegebietsareal von Marzahn und Hohenschönhausen verfügen sie über Flächenressourcen für eine dort wirtschaftlich und sozial sehr wünschenswerte Gewerbeentwicklung.

Die *Außenbezirke* lassen folgende struktur- und funktionsräumliche Heterogenität erkennen:

Während die landschaftlich und baustrukturell bevorzugten Bezirke Zehlendorf und Köpenick (zusammen mit Wilmersdorf) extrem hohe Wald-, Wasser- und Erholungsflächen aufweisen, die in den beiden Außenbezirken mit sehr niedriger Wohndichte (Einzelhausbebauung, Villenviertel) verbunden sind, fallen bei den großflächigen, bevölkerungs- und gewerbereichen Bezirken Reinickendorf und Spandau neben den Wald-, Wasser- und Erholungsflächen auch Gewerbe-, Industrie-, Betriebs- und Verkehrsflächen (z. B. Flughafen Tegel im Bezirk Reinickendorf) stärker ins Gewicht.

In den nordöstlichen Außenbezirken (Pankow, Weißensee, Hohenschönhausen) treten Landwirtschaftsflächen – teilweise in Gestalt ehemaliger Rieselfelder – zusammen mit höheren Anteilen an Wald- und Erholungsflächen sowie Siedlungsgebieten mit geringer bis mittlerer Wohndichte in Erscheinung. Hier – im Nordostraum Berlins – bieten sich Flächen für Erweiterungswohnungsbau, verbunden mit Gewerbe-, potentiellen Erholungs- und geeigneten ökologischen Ausgleichsflächen an.

Unter struktur- und funktionsräumlichen Gesichtspunkten sowie bei Beachtung sich abzeichnender Entwicklungstendenzen kann Berlin nach sieben Gebietstypen gegliedert werden (Abb. 85).

Gegenwärtige raumstrukturelle Veränderungen in Berlin 301

Bezirk	Gesamtfläche (ha)	Anteile der Flächennutzungsarten (v. H)					Wohndichte (1994)[1] (Ew./ha Wohnfläche)
		Wohnfläche	Gewerbe- und Industriefläche Betriebsfläche und Verkehrsfläche	Wald-, Wasser, Erholungsfläche	Landwirtschaftsfläche	Sonstige Flächen	
Mitte	1 069	21,6	34,0	13,9	0,0	30,5	354
Tiergarten	1 341	15,6	30,4	30,3	0,1	23,6	450
Charlottenburg	3 033	24,6	27,7	24,2	0,4	23,1	243
Wilmersdorf	3 439	19,1	17,2	56,3	0,0	7,4	221
Schöneberg	1 229	31,3	41,0	11,7	0,0	16,0	402
Kreuzberg	1 038	25,6	37,3	8,6	0,0	28,5	589
Wedding	1 537	25,0	27,3	20,2	0,3	27,2	433
Friedrichshain	978	36,7	24,4	18,4	0,1	20,4	294
Prenzl. Berg	1 094	46,3	22,9	12,3	0,0	18,5	287
Lichtenberg	2 636	33,1	22,9	20,6	0,8	22,6	191
Spandau	9 191	18,1	20,4	36,3	11,3	13,9	130
Reinickendorf	8 945	26,5	20,5	38,3	5,3	9,4	107
Pankow	6 187	20,6	9,1	33,4	25,2	11,7	84
Weißensee	3 013	34,2	11,7	16,2	27,8	10,1	52
Hohenschönh.	2 599	26,6	17,2	12,7	26,3	17,2	171
Marzahn	3 150	37,0	24,7	14,8	4,6	18,9	139
Hellersdorf	2 814	64,2	7,1	13,0	6,8	8,9	75
Köpenick	12 735	13,7	5,4	71,9	3,3	5,7	62
Treptow	4 061	36,0	16,1	20,2	7,2	20,5	73
Neukölln	4 493	36,9	22,3	21,3	4,1	15,4	190
Tempelhof	4 080	35,5	35,1	12,4	2,3	14,7	132
Steglitz	3 196	43,4	22,6	13,4	0,4	20,2	138
Zehlendorf	7 053	20,8	11,7	55,9	0,3	11,3	68
Berlin	88 911	26,8	18,0	34,7	6,7	13,8	145
Berlin (West)	48 575	26,0	22,3	33,4	3,8	14,5	171
Berlin (Ost)	40 336	27,7	12,7	36,4	10,3	12,9	116

[1]) 31. 08. 1994 nach Berlin Statistik, Sept. 1994, S. 4/5.

Quelle: Statistisches Jahrbuch Berlin '93, 1993 S. 38/39, eigene Berechnungen

Tab. 76. Stadtgebiet von Berlin nach Flächennutzungsarten und Wohndichte sowie nach Stadtbezirken (1992)

Faktoren stadtstruktureller Ausprägung und Veränderung

Die gegenwärtige und künftige Ausprägung und Veränderung der Stadtstruktur – einschließlich der Revitalisierung erhaltenswerter, in Kriegs- und Nachkriegszeit teilweise verdeckter, gestörter bzw. devastierter stadtstruktureller Elemente – werden sich vor allem unter den Einflüssen folgender Faktoren vollziehen:

– Übernahme der Funktion als Parlaments- und Regierungssitz der Bundesrepublik Deutschland,

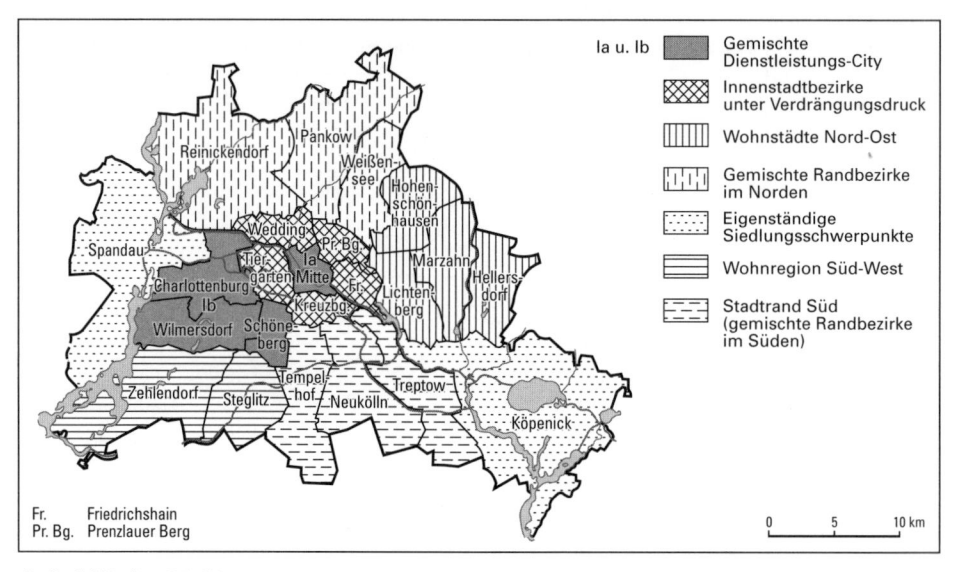

Abb. 85: Gliederung Berlins nach Gebietstypen, orientiert an den Stadtbezirksgrenzen

Quelle: IHK Berlin, 1995, Abb. 12

- Entwicklung hochrangiger Dienstleistungsbereiche, die direkt und indirekt mit der Regierungs- und Hauptstadtfunktion, aber auch mit dem wirtschaftlichen Aufschwung der Vier-Millionen-Ballung (Berlin und Umland) zusammenhängen,
- innovative Umstrukturierung der vorhandenen und neu aufzubauenden Industrie, verbunden mit einer breiten gewerblichen Entwicklung, mit der Nutzung der vorhandenen sowie der Errichtung neuer Forschungs-, Entwicklungs- und Technologiezentren vor allem im Ostteil der Stadt.

Als spezifische und ubiquitäre Rahmenbedingungen kommen dabei zur Wirkung:

- Quantitative und qualitative (alters-, sozial-, bildungs- und berufsstrukturelle) Entwicklung der Bevölkerung (natürlich, migrationell bedingt),
- Wohnungsbau (Erhaltung, Modernisierung, Neubau für Ersatz- und Erweiterungszwecke),
- Verkehrsentwicklung (Nah- und Fernverkehr sowie dessen modal-split) und Telekommunikation,
- Ver- und Entsorgung (Energie, Wasser, Abwasser, Müll etc.),
- Entwicklung der Einrichtungen, Kapazitäten und Leistungen in der sozialen Infrastruktur,
- Umwelterhaltung und -verbesserung.

Dabei werden sich generell die Verflechtungen mit dem Umland und anderen Teilen des Landes Brandenburg verstärken (s. Kap. 6.3).

Diese Faktoren werden über *differenzierte Flächenansprüche* die Konservierung und Veränderung der Stadtstruktur sowie deren Teilräume nachhaltig beeinflussen.

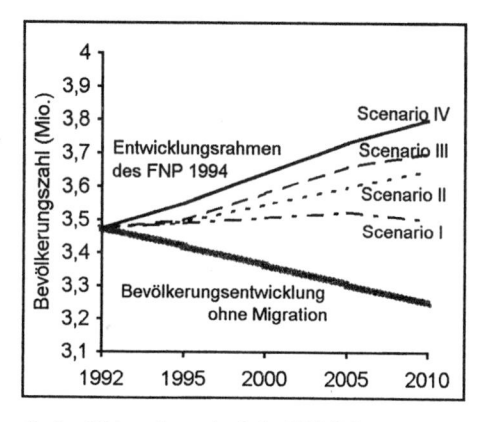

Quelle: „Flächennutzungsplan Berlin 1994", S. 4

Abb. 86: Vergleich von Szenarien der Bevölkerungsentwicklung von Berlin 1992–2010

Der 1994 vom Berliner Senat und der Stadtverordnetenversammlung beschlossene *Flächennutzungsplan* (s. a. Kap. 7), der im Detail noch mit der Regierung Brandenburgs sowie mit den kommunalen Behörden im Umland abgestimmt werden muß, geht von den in Abbildung 86 und Tabelle 77 angeführten *Rahmenbedingungen* aus.

Für Berlin wird im Zeitraum von 1990 bis 2010 ein Bevölkerungswachstum von maximal 300000 Einwohner angenommen (d. h. auf ca. 3,7 Mio.). Die Arbeitsplätze sollen in diesem Zeitraum auf ca. 1,8 Mio wachsen, wobei die Zunahme wahrscheinlich überwiegend durch den tertiären Sektor (Dienstleistungsbereich) getragen wird. Bei zielgerichteter Förderung und Unterstützung der Reindustrialisierung (von 1990 bis 1994 hatte Berlin über 100000 Industriearbeitsplätze verloren) soll auch dort ein Wiederanstieg der Beschäftigtenzahlen auf ca. 300000 erfolgen, ohne jedoch das Ausgangsniveau von 1990 erneut zu erreichen. Dabei werden innovationsbedingt die Arbeitsplätze in sekundären und tertiären Bereichen immer stärker miteinander verschmelzen.

Bei der Weiterentwicklung der Stadtstruktur Berlins sollen zehn Grundsätze beachtet werden, die folgende Leitgedanken enthalten:

Ausgehend von den historisch gewachsenen, Identität gebenden räumlichen Stadtstrukturen Berlins sollen auch den neuen Aufgaben entsprechende stadtstrukturelle Veränderungen erfolgen, wobei ein stadtverträgliches Wachstum in eine aufeinander abgestimmte Raumentwicklung in der gesamten Spree-Havel-Region Berlin-Brandenburgs einzubinden ist (Abb. 87). Im Vergleich zur Ausuferung anderer deutscher und europäischer Großstädte soll die Zersiedlung im Umland Berlins, d. h. die Entstehung eines „suburbanen Siedlungsbreies", verhindert werden. Die prioritäre Innenentwicklung auf der begrenzten Stadtfläche *vor* Erweiterungen nach außen muß insgesamt zu einer ausgewogenen Nutzungsstruktur in allen Teilräumen der Stadt führen. Trotz Stadtverdichtung soll Berlin den Charakter als „grüne Stadt" mit Seen und Wäldern, Parks und Grünflächen, hochwertigen Erholungsflächen und einem funktionsfähigen Naturhaushalt bewahren.

Die polyzentrische Stadtstruktur der verschiedenen Ebenen hat sich bewährt und soll daher weiter ausgebaut werden. Berlin muß zum attraktiven und vielseitigen Wohn- und Arbeitsort moderner, innovativer Dienstleistungen und Produktion mit einer leistungs- und zukunftsorientierten Infrastruktur ausgebaut werden. Dazu sind sozial-, umwelt-, stadt- und regionsverträgliche Verkehrslösungen gefragt (s. a. Flächennutzungsplan '94, S. 6).

Der Umfang und das Tempo bei der Ausprägung, Erneuerung und Erweiterung der Stadtstruktur und ihrer stadtprägenden Teilräume werden durch die Investitionstätigkeit, insbesondere die Bautätigkeit sowie deren Branchen-, Gewerke- und

	Bestand 1990	Entwicklungsrahmen 2010
Bevölkerung	3,4 Mio.	3,7 Mio.
Wohnungen Wohnungsneubau davon Innenentwicklung Stadterweiterung	1,7 Mio.	2,0 Mio. 400 000 360 000 40 000
Arbeitsplätze		1,8 Mio.
gewerbliche Bauflächen	3750 ha	4300 ha
zusätzlich gewerblich bebaubare Flächen davon innere Reserve neue Flächen		1 000 ha 500 ha 500 ha
zusätzliche Büroflächen		11 Mio. m²
zusätzliche Verkaufsflächen im Einzelhandel		1,4 Mio. m²

Quelle: Flächennutzungsplan Berlin 1994

Tab. 77: Wachstumsrahmen für die Stadtentwicklung Berlins für den Zeitraum 1990–2010

Standortstruktur entscheidend beeinflußt. Gegenwärtig (1994) entstehen rd. 300 größere Investitionsvorhaben im Wert von ca. 50 Mia. DM in Berlin. Mehr als 250 Großprojekte für mehrere hunderte Milliarden Mark sind z. Z. in Planung. Allein 1993 hat es rd. 24 Mia. DM Bauinvestitionen, Instandsetzungen, Modernisierungen und Umbauten (einschließlich dazugehöriger Architekten- und Ingenieurleistungen) gegeben. Obwohl Berlin damit zur größten Baustelle Europas avancierte, liegen bedeutende Kapazitäten des Baugewerbes in Berlin und Brandenburg brach, weil sie u. a. dem Konkurrenzdruck orts- und regionsfremder Baufirmen (einschließlich deren Schwarz- und Überstundenarbeit) nicht gewachsen sind.

Entwicklungstendenzen nach stadtstrukturellen Teilräumen

Ausgehend von den o. g. Hauptfaktoren der Stadtentwicklung werden – untersetzt durch entsprechende sektorale Vorhaben – die *stadtstrukturprägenden Teilräume* in ihrer Erhaltung, Erneuerung und Veränderung sehr unterschiedlich beeinflußt (Abb. 85), und zwar:

– der Teilraum des *Stadtzentrums* durch die Profilierung zum Parlaments- und Regierungssitz sowie zum Standort hochwertiger privater Dienstleistungen höchster zentralörtlicher Rangigkeit, verbunden mit neuen Lösungen im Fern- und Nahverkehr;

– der Teilraum des *innerstädtischen Wohngürtels* durch Weiterführung der

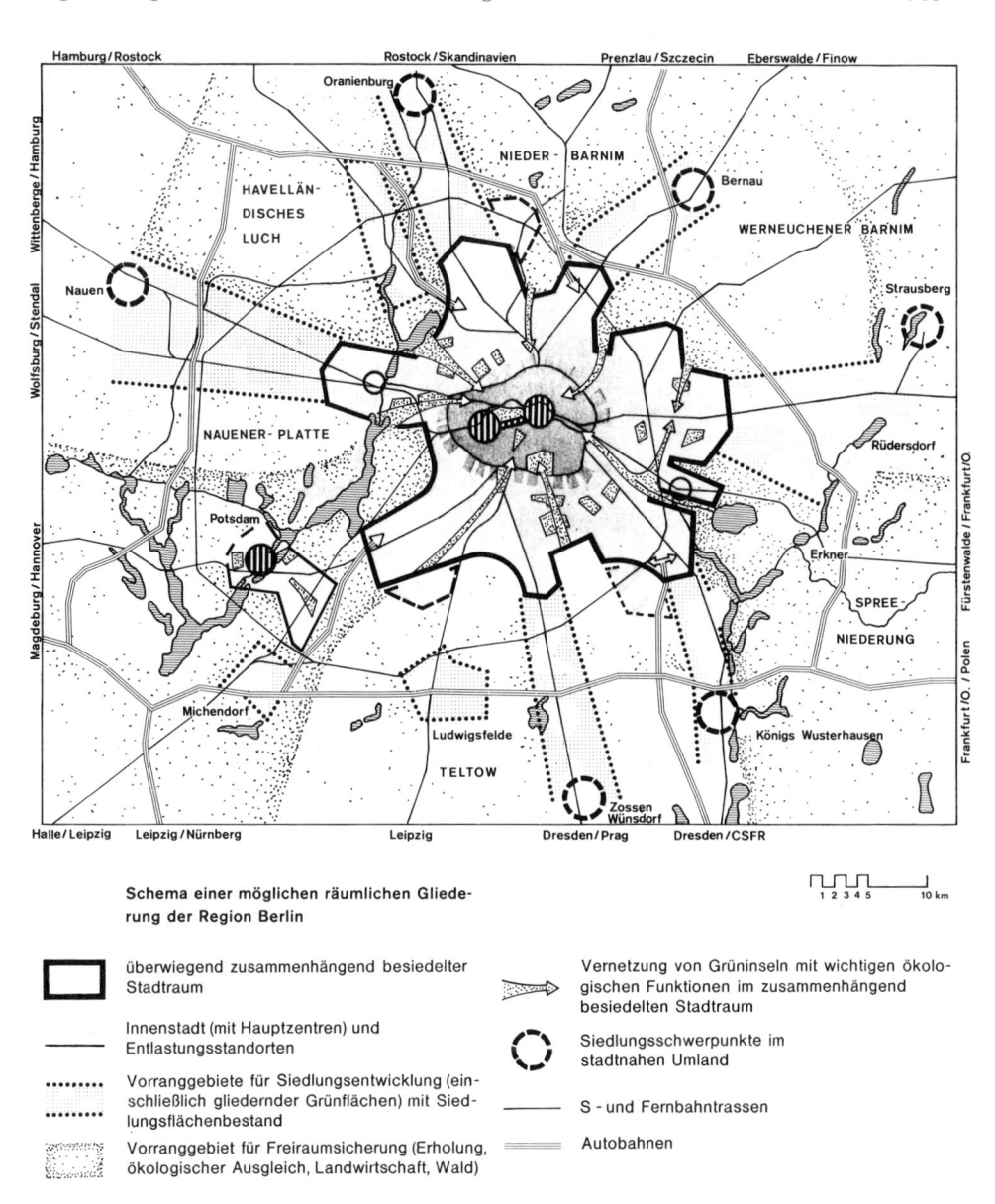

Gegenwärtige raumstrukturelle Veränderungen in Berlin 305

Schema einer möglichen räumlichen Gliederung der Region Berlin

- überwiegend zusammenhängend besiedelter Stadtraum
- Innenstadt (mit Hauptzentren) und Entlastungsstandorten
- Vorranggebiete für Siedlungsentwicklung (einschließlich gliedernder Grünflächen) mit Siedlungsflächenbestand
- Vorranggebiet für Freiraumsicherung (Erholung, ökologischer Ausgleich, Landwirtschaft, Wald)
- Vernetzung von Grüninseln mit wichtigen ökologischen Funktionen im zusammenhängend besiedelten Stadtraum
- Siedlungsschwerpunkte im stadtnahen Umland
- S - und Fernbahntrassen
- Autobahnen

Quelle: HOFMEISTER 1990/ZIMM (Hrsg.) 1990, gemeinsames Beiheft, Figur 12

Abb. 87: Schema der räumlichen Gliederung der Stadt-Umland-Region Berlin-Brandenburg

Stadtsanierung und Modernisierung im Westteil und schwerpunktmäßige Konzentration dieser Baumaßnahmen auf den Ostteil dieser Wohnbezirke, wobei sowohl die gewerbliche als auch die infrastrukturelle Entwicklung (soziale und technische Infrastruktur) zu beachten sind. Elf der zwölf vom Berliner Senat mittel- und langfristig zu sanierenden Wohngebiete, die vorwiegend im innerstädtischen Wohnring liegen, entfallen auf den Ostteil der Stadt. Zentrumsnahe Gebiete der Bezirke Kreuzberg, Wedding, Friedrichshain und Prenzlauer Berg werden dabei Diffusionswirkungen des expandierenden Stadtzentrums auffangen müssen (Mieterhöhungen, Bevölkerungssegregationen, Funktionsverluste im Dienstleistungs- und Handelsbereich u. ä.).

- Der Teilraum des innerstädtischen Wohngürtels (ergänzt durch solche Bezirke wie Lichtenberg und Schöneberg) soll an verkehrsgünstig gelegenen Bezirkszentren (Schnittpunkt vom Berliner S-Bahn-Ring mit deren Ost-West- und Nord-Süd-Verbindungen sowie mit radial verlaufenden Ausfallsmagistralen) durch Dienstleistungs- und Handelszentren aufgewertet werden und damit zur Entlastung des Hauptzentrums sowie zur Stabilisierung ihrer Einzugsgebiete beitragen.
- Der Teilraum der *Außenbezirke* läßt eine deutliche West-Ost-Differenzierung erkennen:

Während die Bezirke im Westen mit aufgelockerter Bauweise und gut ausgebauter Infrastruktur ihren sozial, ökologisch und baulich-räumlich bedingten Vorzugsstandard bewahren werden (Zehlendorf; Steglitz und Wilmersdorf als Übergang zur westlichen Innenstadt), geht es bei industrie- und gewerbereichen Bezirken (Spandau, Reinickendorf, Tempelhof, Neukölln) um die Stabilisierung der Gewerbeflächen, die weitere Ausgestaltung größerer geschlossener Neubaugebiete am Stadtrand (wie Märkisches Viertel, Gropiusstadt und Falkenhagener Feld) und um die Fortführung des Wohnungsbaus an kleineren Standorten, wobei die „Wasserstadt" an der Havel in Spandau der größte ist. Gleichzeitig müssen Maßnahmen zur Erhaltung der ausgedehnten Erholungs- und ökologischen Ausgleichsflächen insbesondere in den landschaftlich attraktiven Gebieten der Bezirke Spandau und Reinickendorf getroffen werden.

Bei den östlichen Außenbezirken ergibt sich folgende Schwerpunktsetzung:

Die südöstlichen Bezirke Köpenick und Treptow verfügen über bedeutende Industrie- und Gewerbeflächen (Oberschöneweide, Adlershof u. a.), die bei Nutzung erhaltungsfähiger Industriekerne umgestaltet werden müssen (Ansiedlung von Technologiezentren, mittelständischen Unternehmen im produzierenden und wirtschaftsnahen Dienstleistungsbereich, Forschungs- und Entwicklungseinrichtungen u. ä.). Zum Teil soll auch die Wohnfunktion ausgedehnt werden. Die Sanierung der Altbausubstanz muß mit der infrastrukturellen Aufwertung der bezirklichen Stadtzentren sowohl in den Altbaugebieten (vor allem Köpenicker Altstadt) als auch in den größeren Neubaugebieten (Allendeviertel, Altglienicke) verbunden werden. Der flächengrößte Bezirk Berlins, Köpenick, mit seinen ausgedehnten Wald-, Wasser- und Erholungsflächen besitzt als Trinkwasserlieferant (Müggelsee) und Rekreationsraum Gesamtberliner und touristische Bedeutung. Als östliches Pendant zu den westlichen Wald-Seen-Gebieten der Havelseenkette, des Grunewaldes und des Tegeler Forstes der Westberliner Randbezirke (Zehlendorf, Wilmersdorf, Spandau und Reinickendorf) sind seine landschaftlichen Grundlagen und Naturressourcen pfleglich zu nutzen und zu erhalten.

In den drei östlichen Neubaubezirken Marzahn, Hohenschönhausen und Hellersdorf konzentrieren sich nahtlos rd. 350000 Menschen, vorwiegend in mehr- und vielgeschossigen Plattenbauten, die in architektonischer Monotonie in den 70er und 80er Jahren (Wohnungsbauprogramm der DDR 1973–1990) fließbandartig errichtet worden sind und mit Anfängen in DDR-Zeiten jetzt schrittweise städtebaulich aufgewertet werden (s. a. 5.4). Neben der Errichtung von Stadtteilzentren (Beispiel Marzahn mit Marzahner Promenade, Helene-Weigel-Platz und Biesdorf-Süd) stehen die Sanierung und Modernisierung der Plattenbauten, deren architektonische Auflockerung (durch Vorbauten, Fassadenverkleidungen u. ä.) sowie die Verbesserung der Ausstattung mit Grün-, Spiel- und Erholungsflächen im Wohnumfeld im Vordergrund. Aus sozialen und politischen Gründen erscheint die bessere Ausstattung mit Einrichtungen für Jugendliche, die aufgrund der besonderen demographischen Struktur dieser Wohngebiete überrepräsentiert sind, als vordringlich.

Die Gestaltung des sich zwischen Marzahn und Hellersdorf erstreckenden Wuhletales als naturnahes Erholungs- und ökologisches Ausgleichsgebiet hat überörtliche Bedeutung und Dimension.

Die nordöstlichen Stadtbezirke Weißensee und Pankow verfügen über bedeutende Flächenpotentiale. Es sind dies neben ihrem sanierungsbedürftigen Altbaubestand sowie ausgedehnten, z. T. brachgefallenen Gewerbeflächen, deren Revitalisierung und Umnutzung ausstehen, große Anteile von Landwirtschaftsflächen, die z. T. durch ehemalige Rieselfelder geprägt und jetzt Landwirtschaftsbrachen sind. Deren künftige Nutzung zum Wohnungsneubau für Erweiterungszwecke, zur Anlage von Gewerbe-, aber auch als Erholungs-, Forst-, Entsorgungs- und ökologische Ausgleichsflächen, erfordert eine über die Stadtgrenzen hinausgehende städtebauliche, regionale und Flächennutzungs- sowie Bauleitplanung in diesem nordöstlichen Teilausschnitt des engeren Verflechtungsraumes Brandenburg/Berlin (s. Kap. 7).

Die größte Dynamik der Stadtentwicklung Berlins wird sich im kommenden Jahrzehnt zweifellos im *Stadtzentrum* der Hauptstadt vollziehen. Von den funktionsräumlichen, städtebaulichen, architektonischen und Verkehrslösungen im Nah- und Fernverkehr werden nicht nur die Entwicklung der Gesamtstadt, sondern auch deren regionale, nationale und internationale Ausstrahlung und Attraktivität entscheidend beeinflußt werden. Die dem Prinzip der dezentralen Konzentration dienende *Aufwertung der bezirklichen Stadtzentren* als Entlastungspole des Hauptzentrums und Knotenpunkte bezirklicher Entwicklungen wird eine wesentliche Rolle als gesamtstädtischer Regulator übernehmen müssen. Die konzipierte extensive Entwicklung im *Nordostraum* nach dem disproportionalen Wachstum der benachbarten Ostbezirke (Marzahn, Hohenschönhausen und Hellersdorf) muß auf ihre Verträglichkeit sowohl für die Gesamtstadt als auch für das angrenzende brandenburgische Umland untersucht werden, um Fehlentscheidungen rechtzeitig vorgreifen zu können.

Diese drei für die gesamtstädtische Entwicklung Berlins sehr wesentlichen und problemgeladenen Entwicklungen und Teilräume sollen anschließend als *Fallbeispiele* behandelt werden.

Vom dualen über ein geteiltes zum einheitlichen, aber funktionsräumlich differenzierten Stadtzentrum in Berlin

Seit der Mitte des 19. Jhs. hatte sich westlich von Berlin in Anlehnung an das alte Schloß von Charlottenburg eine Stadt gleichen Namens entwickelt. Aus dem kurfürstlichen „Thiergarten" war zwischen Berlin und Charlottenburg ein städtischer Park entstanden. Beide benachbarte Städte hatten Schloß, Rathaus, Hochschule und Theater, Gerichte, Gewerbestätten und Kraftwerke (KUNTSCH 1994, S. 18). Um den Fern-, S- und U-Bahn-Verkehrsknoten Zoologischer Garten (Zoo) mit Kurfürstendamm im Westen einerseits und dem Alexanderplatz im Osten andererseits hatten sich zwei Zentren – Cityansätze – herausgebildet, deren bipolare Dualität im Jahr 1920 mit der Einheitsgemeinde von Groß-Berlin administrativ zwar abgeschwächt, jedoch nicht beseitigt wurde.

Während die Westcity durch kommerzielle, Kultur- und Vergnügungseinrichtungen geprägt wurde, traten in der Ostcity die politischen und administrativen Funktionen (Sitz der Reichs-, Landes- und kommunalen Regierungen, Ministerien, Botschaften etc.) neben die kommerziellen, kulturellen und Vergnügungseinrichtungen und machten diesen östlichen Teil der Berliner City zum Hauptzentrum der Stadt.

Die Kriegszerstörungen des Zweiten Weltkrieges rissen große Lücken in beide Teile des Zentrumsbereichs, vor allem um den Potsdamer und Leipziger Platz. Diese wurden gerade dort in der Nachkriegszeit durch die Teilung der Stadt, insbesondere durch den Mauerbau (1961), zementiert. Der Dualismus im zentralen Bereich der Stadt spitzte sich in der geteilten Stadt zur politisch gestützten Polarisierung zu. Die unterschiedlichen Funktionen beider Teilstädte in der Nachkriegszeit – Entwicklung Westberlins zu einer modernen Großstadt westlichen Wirtschafts- und Lebensstils, verbunden mit stark reduzierten Teilfunktionen als zeitweiliger Parlamentssitz der Bundesrepublik Deutschland; Übernahme der Regierungsfunktion für den zweiten deutschen Teilstaat durch Ostberlin – konnten dabei an den historisch entstandenen Dualismus des Stadtzentrums anknüpfen (Abb. 88).

Die grenznahen Areale des Stadtzentrums um das Reichstagsgebäude und die ehemals pulsierenden verkehrsreichsten Plätze der Hauptstadt (Potsdamer und Leipziger Platz) blieben in ihrem zerstörten, devastierten und verödeten Zustand als „Hauptstadtbrache" trauriger Ausdruck der geteilten Stadt und des gespaltenen Landes.

Der nun beginnende umfassende Wiederaufbau des Berliner Stadtzentrums soll diese Wunden heilen, Lücken schließen, aber auch die historisch entstandene funktionsräumliche Differenzierung erhalten. Dazu werden beitragen:

– die Errichtung des Regierungsviertels unter weitgehender Einbeziehung modernisierungsfähiger Altbausubstanz,
– der Wiederaufbau des Potsdamer und Leipziger Platzes als moderne und lebendige Dienstleistungs-, Kultur- und Vergnügungszentren mit Wohnfunktion,
– die Neugestaltung der Friedrichstraße bis zum legendären „Checkpoint Charlie" (ehemaligen Grenzübergang der Alliierten) als Geschäfts- und Einkaufsmeile in Konkurrenz mit der „Westcity" (Kurfürstendamm, Tauentzien-, Schloßstraße, Kaiserdamm usw.), die ebenfalls eine funktionelle und städtebauliche Aufwertung erfahren sollen,
– die Umgestaltung des Alexanderplatzes mit Fortsetzung zur Karl-Marx- und Frankfurter Allee,
– die menschen- und umweltfreundliche Gestaltung des Spreeufers als Verbindung zwischen der historischen West- und Ostcity unter Einbeziehung der „Grünen Lunge" des Tiergartens, wobei um entsprechende Verkehrslösungen gerungen werden muß.

Nachdem der Bundestag in seinem Beschluß zur „Vollendung der Einheit

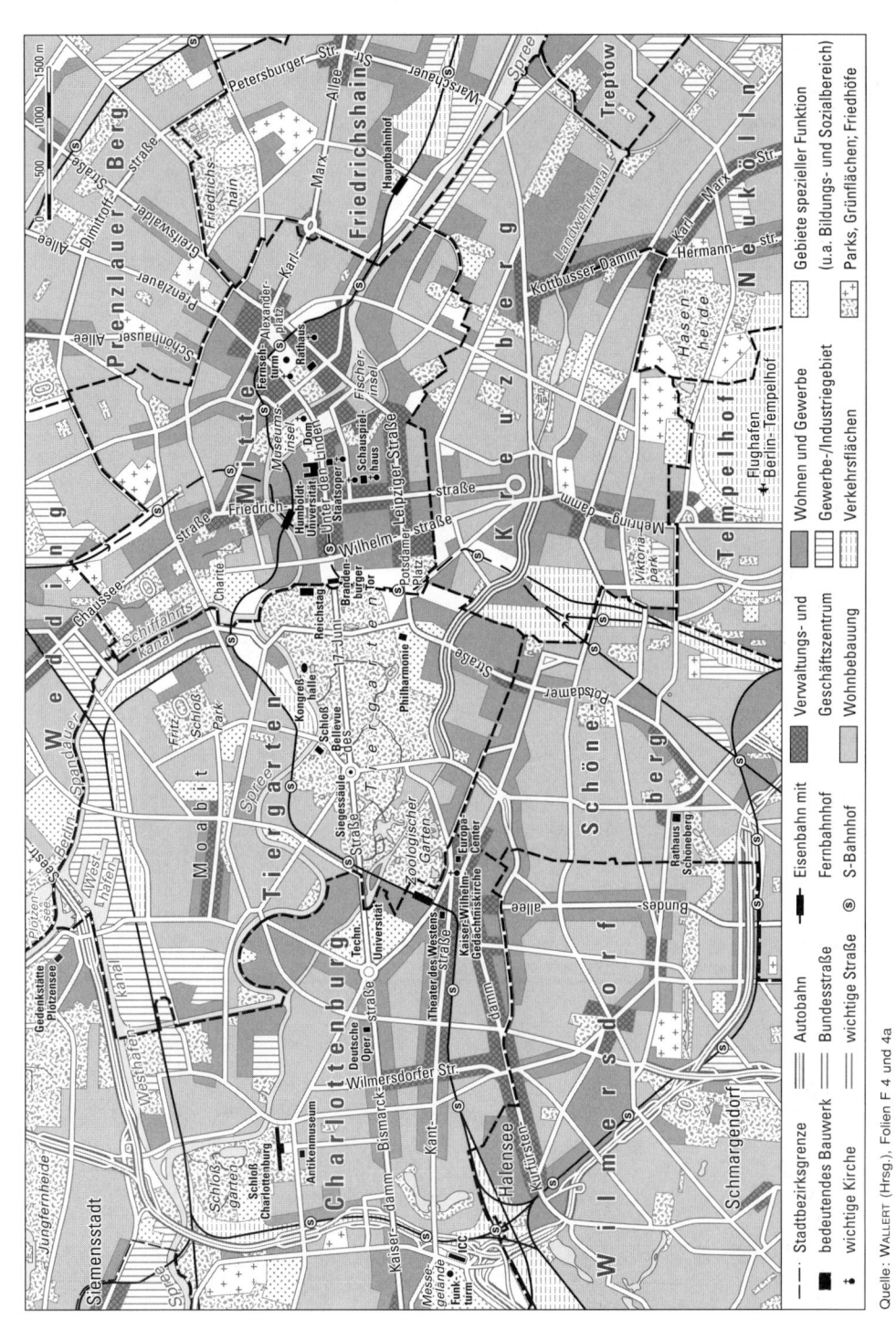

Gegenwärtige raumstrukturelle Veränderungen in Berlin 309

Abb. 88: Funktionale Gliederung der Berliner Innenstadt Anfang der 90er Jahre

Quelle: WALLERT (Hrsg.), Folien F 4 und 4a

Preisgekrönter Entwurf der Berliner Architekten Axel Schultes und Charlotte Frank für das Parlamentsviertel im Spreebogen

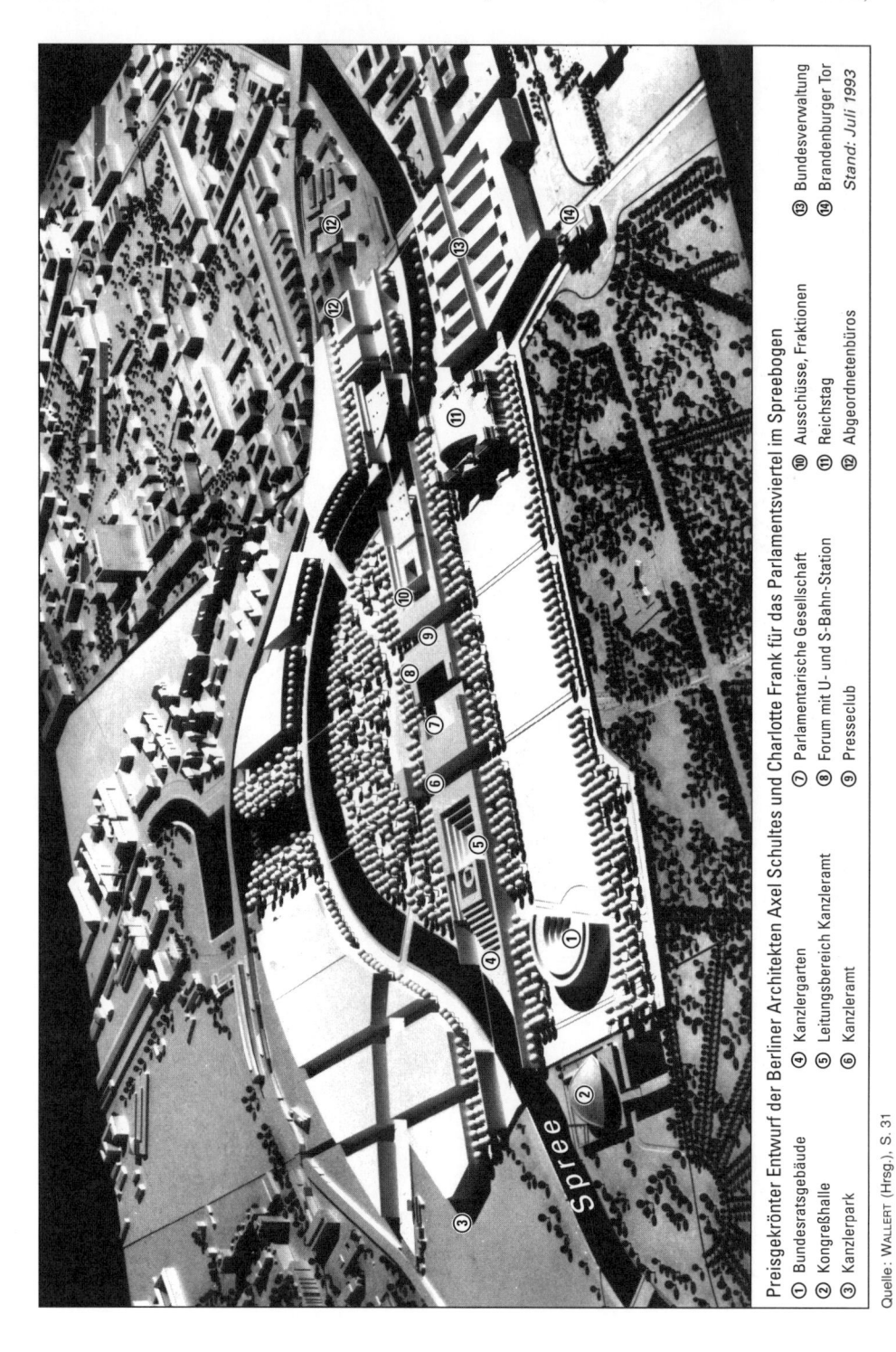

① Bundesratsgebäude ④ Kanzlergarten ⑦ Parlamentarische Gesellschaft ⑩ Ausschüsse, Fraktionen ⑬ Bundesverwaltung
② Kongreßhalle ⑤ Leitungsbereich Kanzleramt ⑧ Forum mit U- und S-Bahn-Station ⑪ Reichstag ⑭ Brandenburger Tor
③ Kanzlerpark ⑥ Kanzleramt ⑨ Presseclub ⑫ Abgeordnetenbüros Stand: Juli 1993

Quelle: WALLERT (Hrsg.), S. 31

Abb. 89: Preisgekrönter Entwurf der Berliner Architekten Axel Schultes und Charlotte Frank für das Parlamentsviertel im Berliner Spreebogen

Deutschlands" (1991) entschieden hatte, seinen Sitz nach Berlin zu verlegen, beschloß das Bundeskabinett noch im gleichen Jahr, neben dem Kanzleramt sowie dem Presse- und Informationsamt des Bundes zehn Ministerien nach Berlin zu verlagern. Für die in Bonn verbleibenden ministeriellen Ressorts sollen zweite Dienstsitze in Berlin eingerichtet werden. Der Bundespräsident hat seinen Sitz bereits (1994) im Schloß Bellevue genommen. Der Bundestag wird in den zu rekonstruierenden Reichstag einziehen.

Der gemeinsame Ausschuß Bund/Berlin hat 1993 ein Konzept für die Unterbringung der Bundesregierung in Berlin beschlossen. Neben dem inzwischen städtebaulich geplanten Spreebogen mit dem Bundestag und dem neuzubauenden Bundeskanzleramt (Abb. 89) sind innerhalb des Stadtzentrums drei benachbarte räumliche Schwerpunkte vorgesehen:

– der Bereich der „Spreeinsel" (mit Berliner Dom, ehemaligem Staatsratsgebäude und „Palast der Republik" um den Schloßplatz) mit eventuell drei Ministerien, wobei auch das Außenministerium nach Abriß des ehemaligen DDR-Außen- und Hochschulministeriums in das ursprüngliche Reichsbankgebäude (zu DDR-Zeiten Sitz des ZK der SED) ziehen, d. h. vorhandene Bausubstanz nutzen soll,
– der Bereich Wilhelmstraße/Leipziger Straße mit fünf Ministerien sowie den zweiten Dienstsitzen der meisten in Bonn verbleibenden Ministerien im Gebäudekomplex Leipziger/Ecke Wilhelmstraße (im Dritten Reich Luftfahrt- und -waffenministerium, zu DDR-Zeiten „Haus der Ministerien", in der Nachwendezeit Sitz der Treuhandanstalt) als funktionsräumlicher Schwerpunkt;
– an der Invalidenstraße ein technischer Schwerpunkt mit den Ministerien für Verkehr und für Raumordnung, Bauwesen und Städtebau.

Standortverschiebungen können sich im einzelnen noch dadurch ergeben, weil aus Finanzgründen (Einsparungen) bis auf das Kanzleramt nur vorhandene Bausubstanz genutzt werden soll.

Mit dem Abzug der Alliierten (Sommer 1994) stehen im Zuge der Konversion weitere potentielle Standorte für die Aufnahme von Bundeseinrichtungen außerhalb des innerstädtischen Regierungsviertels zur Verfügung: Die Roosevelt Barracks und die McNair-Barracks in Steglitz, das ehemalige US-Headquarter in Zehlendorf und das Quartier Napoleon in Reinickendorf.

Der Wohnungsbedarf für die Bediensteten des Bundes soll u. a. mit rd. 4000 freigewordenen alliierten Wohnungen und 8000 Neubauwohnungen (eventuell auch im Berliner Umland) gedeckt werden.

Während der Aufbau der Friedrichstraße, insbesondere zwischen S-Bahn und Leipziger Straße voll im Gange ist (Abb. 90), fiel erst im Herbst 1994 der Startschuß zur Wiedererrichtung des Potsdamer und Leipziger Platzes.

Von den in- und ausländischen Konzernen Daimler-Benz, Sony, Hertie/Delbrück, ABB u. a. Investoren getragen, soll sich ein städtebauliches Ensemble von Dienstleistungs- und Einkaufszentren, Kultur- und Vergnügungsstätten (Musical-Theater, Kino-Center, Hotels, Gaststätten), aber auch Wohnungen, in diesem zentralen Teil zwischen Potsdamer und Leipziger Platz erheben und durch den noch umstrittenen Auto-, S- und U-Bahn-Tunnel unter dem Tiergarten verkehrsmäßig angeschlossen werden.

Nach den preisgekrönten Plänen des Architekten Hans Kollhoff soll der Alexanderplatz in Anknüpfung an den 265 m hohen Fernsehturm und das Hochhaus des Forum-Hotels (37 Etagen) elf Hochhäuser

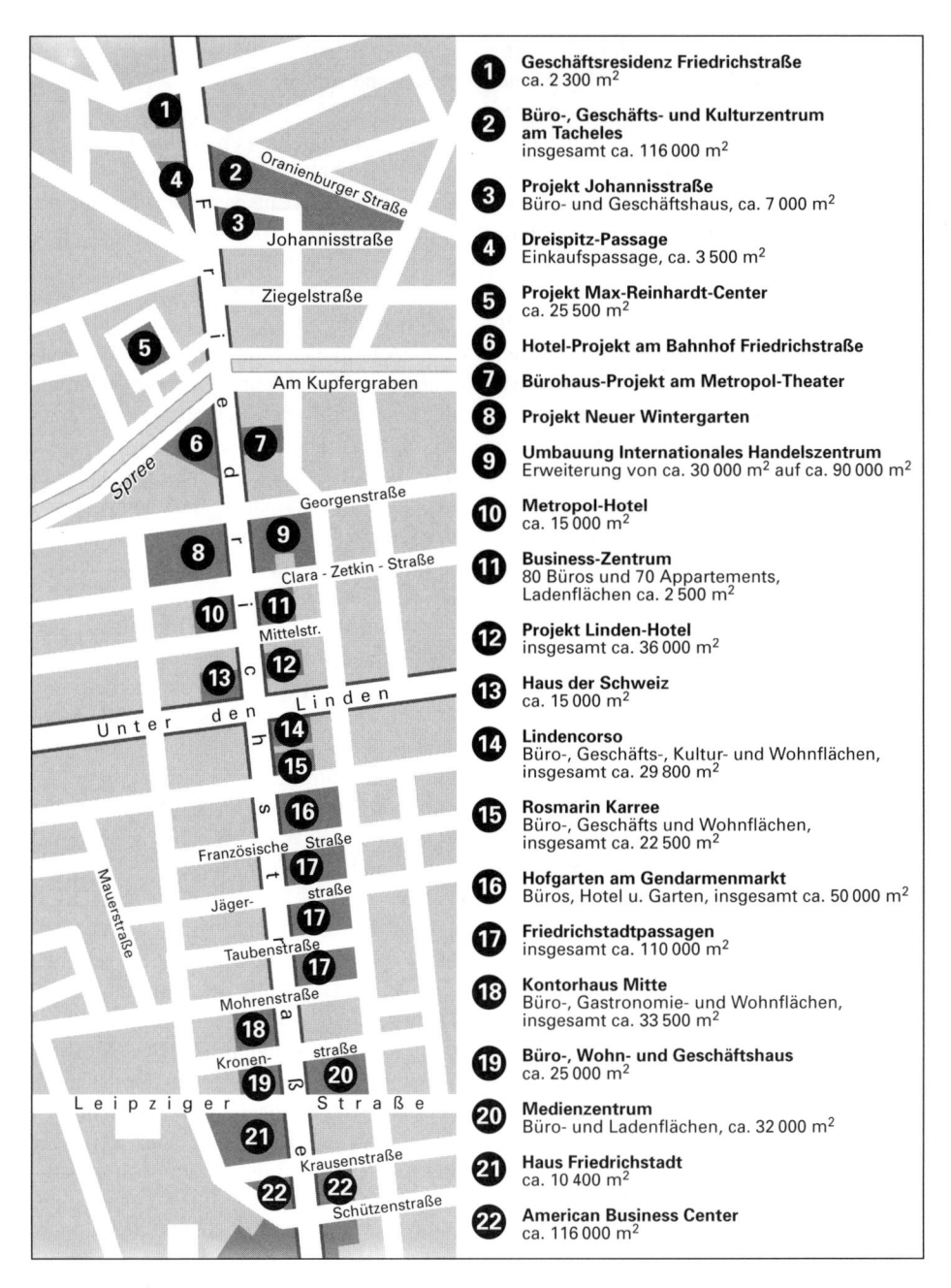

① **Geschäftsresidenz Friedrichstraße**
ca. 2 300 m²

② **Büro-, Geschäfts- und Kulturzentrum am Tacheles**
insgesamt ca. 116 000 m²

③ **Projekt Johannisstraße**
Büro- und Geschäftshaus, ca. 7 000 m²

④ **Dreispitz-Passage**
Einkaufspassage, ca. 3 500 m²

⑤ **Projekt Max-Reinhardt-Center**
ca. 25 500 m²

⑥ **Hotel-Projekt am Bahnhof Friedrichstraße**

⑦ **Bürohaus-Projekt am Metropol-Theater**

⑧ **Projekt Neuer Wintergarten**

⑨ **Umbauung Internationales Handelszentrum**
Erweiterung von ca. 30 000 m² auf ca. 90 000 m²

⑩ **Metropol-Hotel**
ca. 15 000 m²

⑪ **Business-Zentrum**
80 Büros und 70 Appartements, Ladenflächen ca. 2 500 m²

⑫ **Projekt Linden-Hotel**
insgesamt ca. 36 000 m²

⑬ **Haus der Schweiz**
ca. 15 000 m²

⑭ **Lindencorso**
Büro-, Geschäfts-, Kultur- und Wohnflächen, insgesamt ca. 29 800 m²

⑮ **Rosmarin Karree**
Büro-, Geschäfts und Wohnflächen, insgesamt ca. 22 500 m²

⑯ **Hofgarten am Gendarmenmarkt**
Büros, Hotel u. Garten, insgesamt ca. 50 000 m²

⑰ **Friedrichstadtpassagen**
insgesamt ca. 110 000 m²

⑱ **Kontorhaus Mitte**
Büro-, Gastronomie- und Wohnflächen, insgesamt ca. 33 500 m²

⑲ **Büro-, Wohn- und Geschäftshaus**
ca. 25 000 m²

⑳ **Medienzentrum**
Büro- und Ladenflächen, ca. 32 000 m²

㉑ **Haus Friedrichstadt**
ca. 10 400 m²

㉒ **American Business Center**
ca. 116 000 m²

Quelle: „Wirtschaftsatlas Neue Bundesländer", 1994, S. 200

Abb. 90: Großbauvorhaben in der Berliner Friedrichstraße

(bis 150 m Höhe) erhalten und damit dem Stadtzentrum dort eine neue, mit der klassischen Berliner Traufhöhe (22 m) brechende Skyline erhalten. Büro-, Geschäfts- und Einkaufszentren sollen durch rd. 1400 Wohnungen in diesem Areal (ca. 50 ha) ergänzt werden. Die investorische Absicherung dieses Planes, der bis zum Jahre 2010 realisiert werden soll, ist z. Z. noch weitgehend offen.

Zwischen diesen zentralen Bereichen werden S-Bahn- und Spreeverlauf die verkehrsgünstige Anbindung neuentstehender Geschäfts- und Dienstleistungszentren vom Westkreuz bis zum Ostkreuz unterstützen, die sich z. T. bereits im Bau befinden.

Die Ausweitung und Erneuerung des Messezentrums am Funkturm wird nicht nur die wachsende Funktion Berlins als Messe- und Ausstellungsstadt (Funkausstellung, Grüne Woche, Tourismusmesse u. a.) nationalen und internationalen Ranges stärken, sondern auch den westlichen Kernbereich der zusammenwachsenden Berliner City unter dem Konkurrenzdruck der aufstrebenden Osthälfte stabilisieren.

Der gigantische Ausmaße annehmende Erdaushub- und Schuttanfall im Stadtzentrum, das zeitweilig zur größten Baustelle Europas ausufern wird, verlangt nach einer besonderen, vernetzten Citylogistik, mit der die riesigen Abfall- und Baustofftransporte in beiden Richtungen (stadtaus- und -einwärts) durch die vorrangige Einbeziehung von Eisenbahn und Binnenschiffahrt bewältigt werden kann. Die in diesem und weiterem Kontext diskutierte Vertiefung der Fahrtrinnen von Spree, Dahme und Havel sowie entsprechender Kanalverbindungen stößt auf lebhaften Widerspruch der Umweltschützer, wobei dort allerdings lokal- und regionalbegrenzte Ansichten mit wirtschaftssektoral- und raumübergreifenden Betrachtungsweisen (Verschiebungen im Modalsplit zugunsten energiesparender, umweltfreundlicher Medien, d. h. Schiene und Wasserstraße) konterkarieren.

Insgesamt wird die funktions-, verkehrs- und bauräumliche sowie architektonische Gestaltung unter Beachtung der zeitlichen Abfolgen die Lebens-, Standort- und Umweltqualität des neuen Berliner Stadtzentrums entscheidend beeinflussen. Diese funktions- und bauräumliche Differenzierung des künftig zusammenwachsenden Berliner Stadtzentrums und dessen Erreichbarkeit für die Bewohner der Stadt wird den Integrationsprozeß der bisher dualen Stadt, der beiden Stadthälften, befördern. Sie wird darüber hinaus in wesentlichem Maße darüber entscheiden, ob Berlin erneut den Aufstieg zu einer Metropole europäischen Ranges nehmen kann.

Ist das Leitbild der dezentralen Konzentration auch für Berlin gültig?

Neben dem Wieder- und Neuaufbau der Gesamtberliner City kommt für die Schaffung gleichwertiger Lebensbedingungen in allen Teilräumen der Stadt der Ausgestaltung der historisch gewachsenen polyzentralen Struktur Berlins eine bestimmende Rolle zu. Dazu sollen der Aus- und Neubau von Einzelhandels- und Dienstleistungszentren auf Bezirks- und Stadtteilebene sowie deren Einbindung in die stadt- und verkehrsräumliche Entwicklung dienen.

Nach dem bisherigen Planungskonzept (s. Flächennutzungsplan Berlin 1994, S. 20ff.) sollen sich mögliche Verkaufsflächen und deren potentielle Zunahme (bis 2010) mit folgenden Proportionen auf die hierarchisch gegliederte Zentrumsstruktur verschiedener Zentrenkategorien verteilen (s. Tab. 78). Bei überdurchschnittlicher Zunahme würden sich dann reichlich ein Viertel (26,8%) der Verkaufsfläche im hauptstädtischen Gesamtzentrum (Ost- und West-City) konzentrieren, wobei

Zentrumsbereiche	mögliche Verkaufs-fläche (1000 m²)	(v. H.)	mögliche Zunahme der Verkaufsfläche (1000 m²)	(v. H.)
Hauptzentrum	570	26,8	300	30,0
City-West	250	11,8		
City-Ost	320	15,0		
Sonstige Hauptzentren (Bezirkszentren)	480	22,5	180	18,0
Besondere Mittelzentren (Bezirks- und Stadtteilzentren)	270	12,7	150	15,0
Sonstige Mittelzentren (Stadtteilzentren)	460	21,6	220	22,0
Unterzentren 38 Unterzentren (Stadtteil- und Wohngebietszentren)	350	16,4	150	15,0
Berlin insgesamt	2130	100,0	1000	100,0

Quelle: Flächennutzungsplan Berlin 1994, Erläuterungsbericht, S. 136, ergänzt

Tab. 78: Planungskonzept zur Zentrenhierarchie in Berlin (2010)

rd. 80% des Zuwachses auf den Ostteil (mit den Zentren Potsdamer Platz, Alexander-Platz, Friedrichstraße) entfallen sollen. 37 sonstige Haupt- und Mittelzentren, d. h. Bezirks- und Stadtteilzentren, hätten dann mit über der Hälfte (56,7%) der Verkaufsfläche ein ausreichendes dezentrales Gegengewicht, das von 38 Unterzentren mit rd. einem Sechstel (16,4%) der Einzelhandesfläche in den Stadtteil- und Wohngebietszentren zusätzlich Unterstützung erhielte. Als Realisierungsprobleme werden vor allem das Vorherrschen großer Verbraucher-, Fach- und Discountmärkte gesehen, die insbesondere im Ostteil Berlins die Entstehung bzw. Erhaltung des kleinunternehmerischen Einzelhandels stark behindern. Diese Negativwirkung wird durch großflächige Einzelhandelseinrichtungen im Berliner Umland noch vergrößert und betrifft ebenfalls Westberliner Außenbezirke und deren Handelssituation.

Neben dem Ausbau von bezirklichen Hauptzentren in Pankow, Köpenick (Altstadt) und Friedrichshain (Frankfurter Allee-Süd) sowie in den Zentren der östlichen Großwohnsiedlungen (Marzahn, Hellersdorf, Hohenschönhausen) sollen insbesondere in verkehrsgünstig gelegenen Standorten entlang dem S-Bahn-Ring neben neuen Dienstleistungs- (Büro- und Gewerbe-)flächen und Wohnungen attraktive Einzelhandelseinrichtungen auch zur Entlastung der Innenstadt ihren Platz finden.

Darüber hinaus wird die funktionelle und städtebauliche Aufwertung der großen Magistralen im Osten Berlins in Angriff genommen. Neben der Revitalisierung und dem Ausbau der Karl-Marx-Allee/Frankfurter Allee, die als „Stalinallee" in die von Moskau ausgehende sozialistische Einheitsarchitektur des „Zuckerbäckerstils" (heute Baudenkmal) und in die dualistische Bau- und Stadtgeschichte Berlins eingegangen ist (s. Kap. 5.4), kommt hier der bisher funktionell und städtebaulich-architektonisch monoton anmutenden Landsberger Allee, die alle großen Plattensiedlungen im Osten Berlins (Lichtenberg, Marzahn, Hohenschönhausen, Hellersdorf) tangiert, eine besondere Rolle zu.

Am Schnittpunkt von S- und Straßenbahn ist Ecke Landsberger Allee/Storkower Straße ein Bürokarree mit Säulen, Turm und Pyramidendach geplant. Die vorgesehene Hochhausscheibe vis a vis ist noch umstritten. Im Herbst 1994 wurde im angrenzenden Stadtbezirk Hohenschönhausen das Allee-Center an der Landsberger Allee nach kurzer Bauzeit (Juni 1993 bis November 1994) eröffnet.

Es verfügt über rd. 3000 m² Bürofläche und rd. 11 300 m² Einzelhandelsmietfläche mit zwei großen Verbrauchermärkten, aber auch 50 weiteren Fachgeschäften und Dienstleistern. 300 Parkplätze befinden sich in einer Tiefgarage. Drei Straßenbahnlinien halten direkt vor dem Eingang des Allee-Centers, das über rd. 30 000 Einwohner im unmittelbaren Einzugsgebiet (ca. 5 min) und über weitere 35 000 Anwohner in den umliegenden Wohngebieten verfügt.

An der hochrangigen Kreuzung mit der Rhinstraße, an der drei Stadtbezirke (Lichtenberg, Marzahn und Hohenschönhausen) mit ihrem großen und qualifizierten Erwerbsfähigenpotential zusammentreffen, wurde bis zum Jahresende 1994 ein großes Bürozentrum mit einem attraktiven Büroturm („Pyramide") und der größten Digitaluhr Europas errichtet. Die Umgestaltung des ausgedehnten Gewerbegebietes zwischen Marzahn und Hohenschönhausen, das von der Landsberger Allee überquert wird, räumt weitere Chancen als Arbeitsstättegebiet in diesem Raum ein, in dem die Diskrepanz zwischen Wohn- und Arbeitsplätzen z. Z. besonders groß ist. Im Stadtgebiet Marzahn hebt der Ausbau des Einkaufszentrums der Marzahner Promenade, die parallel zur Landsberger Allee verläuft, deren zentrumsverbindende Bedeutung. Stadtauswärts auf der Teilstrecke nach Hellersdorf verbindet oder trennt sie einen Großverbrauchermarkt auf brandenburgischem Territorium in Eiche (Kreis Barnim) mit bzw. von den neuen Wohngebieten im jüngsten Berliner Stadtbezirk Hellersdorf, in dem ebenfalls neue, großmarktgeprägte Einzelhandelszentren entstehen.

Stadterneuerung und -ergänzung contra Stadterweiterung?

Der durch quantitativen und qualitativen Nachhole- und Erweiterungsbedarf (Zuwachs von Einwohnern und Haushalten) sowie Abgang von Wohnungen errechnete zusätzliche Wohnungsbedarf wird nach bisherigen Berechnungen und Überlegungen bis zum Jahre 2010 mit rd. 400 000 Neubauwohnungen festgelegt. Diese Wohnungen sollen vor allem innerhalb der bereits bebauten Gebiete entstehen, d. h. in Baulücken, durch Dachgeschoßausbau, Abrundung, Stadtumbau und Verdichtung von Einzelhausgebieten (flächenintensive Stadtentwicklung). Nur ein Zehntel der Wohnungen soll in Stadterweiterungsgebieten im Nordosten der Stadt (Buchholz, Blankenburg, Karow, Buch) errichtet werden (Abb. 91).

Erscheint die Proportionierung von 90:10 zwischen flächenintensiver und -extensiver Stadtentwicklung, basiert durch umfangreiche Stadtsanierung und -erneuerung im Innenstadtbereich, bau- und umweltpolitisch durchaus verträglich, könnten sich jedoch aus der einseitigen räumlichen Konzentration der Stadterweiterung auf den Nordosten Berlins einige gesamt- und teilstädtische Probleme ergeben:

Fortsetzung der historisch-geographisch angelegten, durch die Nachkriegsentwick-

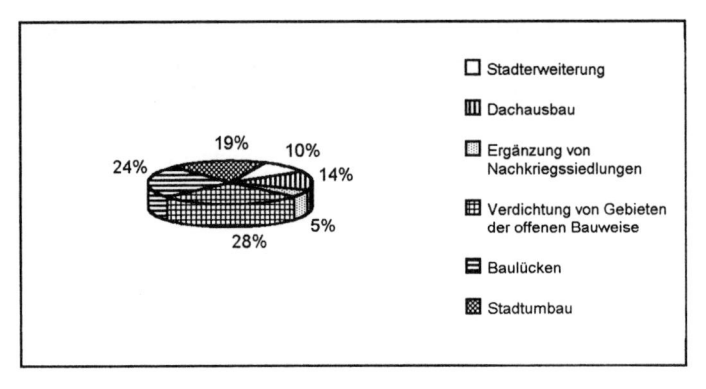

Abb. 91:
Wohnungsbaupotentiale in Berlin nach Bauarten

- Stadterweiterung: 19%
- Dachausbau: 10%
- Ergänzung von Nachkriegssiedlungen: 14%
- Verdichtung von Gebieten der offenen Bauweise: 5%
- Baulücken: 28%
- Stadtumbau: 24%

Quelle: „Flächennutzungsplan Berlin 1994", Erläuterungsbericht, S. 85

lung in der geteilten Stadt vertieften sozial-, stadt- und politikräumlichen Polarisierung zwischen dem bevorzugten Südwesten (in Zehlendorf, den südlichen Teilen Spandaus, in Wilmersdorf und Steglitz), d. h. den Wohnlagen der „Besserverdienenden", einerseits, und dem städtebaulich-architektonisch benachteiligten Osten und Nordosten mit hochverdichteten riesigen Plattenwohnsiedlungen in Hellersdorf, Marzahn und Hohenschönhausen, in denen rd. 350000 Einwohner konzentriert sind, andererseits. Eine Ballung von Massenwohnungsbau im benachbarten Nordosten könnte diese asymmetrische Stadtentwicklung verstärken. Dies träte insbesondere dann ein, wenn eine Verbindung von Wohnen und Arbeiten in diesen Neubaugebieten der „Hobrechtstadt" (es wird von 120000 bis 150000 neuen Einwohnern und 50000 zusätzlichen Arbeitsplätzen in diesem strukturschwachen Gebiet ausgegangen) nicht zustandekäme und eine monostrukturierte Wohnfunktion („Schlafstadt") entstände.

Die Einbindung in den „Barnim-Park" als Erholungs- und Landschaftsschutzgebiet stößt sich mit der Absicht, dort ein Umwelt- und Recycling-Zentrum unterzubringen. Auch verlangt die Planung von Wohnungen, Arbeitsplätzen, Infrastrukturanlagen usw. nach einer Abstimmung mit den benachbarten Kommunen des Kreises Barnim im Land Brandenburg (s. a. SCHRÖDER 1994, S. 27/28, FASSBINDER 1994, S. 20/21).

6.1.4
Berlin – künftige Metropole?

Abgesehen davon, daß der Metropolenbegriff unter definitorischen Schwierigkeiten leidet, gibt es – bezogen auf das Fallbeispiel Berlin – sehr unterschiedliche Auffassungen darüber, ob die Stadt bereits jetzt Metropole ist bzw. sie einen Anspruch darauf durch entsprechende Entwicklung über kurz oder lang erheben sollte und auch könnte. Insbesondere Vertreter aus Politik, Wirtschaft und Wissenschaft der alten, westlich exponierten Bundesländer, die sich raumpolitisch an der „Blauen Banane" und deren „Rheinschiene" und (oder) an der Polyzentralität funktionsteiliger Großstädte („Traube" und „Städtenetze") orientieren, ziehen die Notwendigkeit, Berlin zur Metropole (wieder) aufsteigen zu lassen, stark in Zweifel (s. u. a. BRUNN 1994, SINZ 1994). Sie werden dabei, zwar mit anderer Motivation, von Lokal- und Regionalpolitikern verschiedener Couleur in Berlin und Brandenburg unterstützt, die mit der Metropolentwicklung Berlins ein Ansteigen sowie eine Zuspitzung sozialer und ökologischer Probleme in der Stadt und im Umland vermuten und befürchten. In diesem Kontext ist jedoch ZIMM (1993) zuzustimmen, wenn er darauf hinweist, daß die „Vision einer funktionsschwachen Megacity ... wesentlich furchterregender als die einer Metropole mit ihren Fehlern" sei (zitiert bei SÜSS 1994, S. 16).

Ob Berlin nun diese oder jene Entwicklung mit oder gegen den Willen seiner Bürger und Politiker nehmen wird, hängt von vielen Faktoren ab, von denen einige der wesentlichen, die für eine metropolitane Entwicklung Berlins und seines Umlandes erforderlich erscheinen, nochmals zusammenfassend genannt werden sollen:

a) Ausbau und Stärkung der Hauptstadtfunktionen Berlins durch

– Übernahme der Funktion als Parlaments- und Regierungssitz mit entsprechenden Nachfolgeeinrichtungen (diplomatischen Vertretungen des Auslands, Vertretungen der Bundesländer, politischen, gesellschaftlichen Organisationen und Verbänden u. a.);

– Ansiedlung von Topmanagements für Banken, Versicherungen, Industrie-, Dienstleistungs- und Handelskonzernen, verbunden mit hochleistungsfähigen Dienstleistungseinrichtungen, wofür Berlin gegenüber anderen Großstädten Deutschlands (z. B. Frankfurt/Main, Hamburg und München) und bestehenden europäischen Metropolen (z. B. Paris und London) infolge der Negativwirkungen der Kriegs- und Nachkriegszeit erheblichen Nachholebedarf besitzt;

– innovative, marktgerechte und ins hauptstädtische Funktionsspektrum passende Umstrukturierung der Industrie, gestützt auf einen leistungsstarken Mittelstand und eine wirtschaftsnahe Infrastruktur, die durch Einrichtungen von Forschung, Entwicklung und Technologie untersetzt werden muß;

– Weiterentwicklung von Wissenschaft, Bildung und Kultur, wobei Spitzeneinrichtungen, -kräfte und -leistungen sowie deren regionale, nationale und vor allem internationale Ausstrahlung vergrößert werden müssen;

– Erhöhung der Attraktivität als Messe-, Ausstellungs- und Kongreßstadt, als Zentrum des Tourismus und vielfältiger Unterhaltung mit weltstädtischem Flair.

b) Inwertsetzung der hervorragenden zentralen Lage im allmählich zusammenwachsenden Europa. Jene hängt ab von der Integration Berlins in ein leistungsstarkes, schnelles, sicheres, komfortables und umweltfreundliches gesamteuropäisches Verkehrs- und Kommunikationssystem (Schiene, Telekom, Telematik), das durch Binnenwasserstraßenverkehr, durchlässige Straßennetze und einen Großflughafen vor allem für den interkontinentalen (Langstrecken-) Geschäfts- und Tourismusverkehr ergänzt werden soll. Der „Transrapid" und der Großflughafen könnten dabei eine innovative und nutzerattraktive Kombination von „hightech" bilden, wobei der Flughafen nicht unbedingt südlich von Berlin liegen müßte und der Transrapid über Dresden – Prag – Bratislava – Wien – Budapest – Bukarest – Sofia bis nach Istanbul und Athen weitergeführt werden könnte.

c) Das Tempo des künftigen wirtschaftlichen Aufschwungs in den mittel- und osteuropäischen Reformstaaten und die politisch notwendige gesamteuropäische Integration, verbunden mit einer vernünftigen Sicherheits-, Entwicklungs- und Einwanderungspolitik, stellen ebenfalls fundamentale Voraussetzungen für

die Entwicklung Berlins zur Metropole von europäischem Rang dar.
d) Zur Erhöhung der Lebens-, Standort- und Umweltqualität Berlins müssen die soziale und technische Infrastruktur ausgebaut und vervollkommnet sowie Disproportionen innerhalb der Stadt abgebaut werden. Eine hervorragende Rolle kommt dabei einem sozial- und umweltverträglichen innerstädtischen und Stadt-Umland-Nahverkehrssystem zu. Auch die städtebauliche und architektonische Gestaltung der Stadt, insbesondere deren zentraler Bereiche, nehmen auf deren Attraktivität einen bedeutenden Einfluß. Sie fördern oder hemmen damit die Entwicklung Berlins in Richtung Metropole.
e) Die Erreichung einer metropolitanen Qualität und Quantität der künftigen Entwicklung Berlins setzt nicht zuletzt auch neue Denk- und Verhaltensweisen der Politiker, Akteure und Bewohner dieser Millionenstadt voraus. Dabei sind insbesondere überkommene Beschränktheiten, Intoleranzen und „Mauern" in den Köpfen zu überwinden, die in den Zeiten der Naziherrschaft und der Nachkriegszeit entstanden sind und sich u. a. auch aus Frontstadt- und Mauer- sowie Ausgrenzungssyndromen der ehemals geteilten Stadt ergeben. Nur auf diesem Wege könnte Berlin den Charakter einer souveränen, toleranten und allseitig geöffneten Weltstadt annehmen.
f) Der mögliche Aufstieg Berlins zur Metropole hat eine wesentliche regionale Komponente und Dimension, in die bedeutende Teilräume Brandenburgs eingebunden und wirksam gemacht werden müssen. Dabei sollten eine wirtschaftlich, sozial und ökologisch ausgewogene raumverträgliche Entwicklung von Berlin und Brandenburg im Sinne von „sustainable development" angestrebt sowie Synergien aus dem reizvollen Zusammentreffen hochurbaner und ländlicher Vorzüge der Region Berlin-Brandenburg genutzt werden.

6.2
Neue Tendenzen und Probleme der raumstrukturellen Entwicklung in Brandenburg

Unter den völlig neuen Rahmenbedingungen, die in den Kapiteln 1 bis 3 charakterisiert worden sind, haben auch im Land Brandenburg tiefgreifende raumstrukturelle Veränderungen eingesetzt. Diese vollziehen sich sowohl unter dem Einfluß Berlins wie auch mit größerer Eigenständigkeit in den verschiedenen brandenburgischen Regionen. Trotz der Kürze der Zeit und der relativ hohen Stabilität räumlicher Strukturen lassen sich bereits jetzt – Mitte der 90er Jahre – einige neue Konturen erkennen.

6.2.1
Der agrarstrukturelle Wandel

Mehr als zwei Drittel Fläche des Landes Brandenburg sind aufgrund der geringen Siedlungs- und Einwohnerdichte als ländliche Räume zu betrachten. Etwa die Hälfte der Bevölkerung lebt in diesen Regionen, die sich hinsichtlich ihrer Lagegunst, Struktur, Entwicklungspotentiale und -chancen beträchtlich unterscheiden. Die Erhaltung und Förderung der wirtschaftlichen und sozialen Funktionsfähigkeit des ländlichen Raumes setzt neben einer effektiv betriebenen Land- und Forstwirtschaft auch die Schaffung alternativer Erwerbsmöglichkeiten voraus.

Der sich seit 1990 vollziehende agrarstrukturelle Wandel hinterläßt auch in den ländlichen Räumen Brandenburgs tiefgreifende Spuren und führt gerade hier zu neuen Fragestellungen, u. a. nach der Zukunft einer flächendeckenden Landbewirtschaftung.

Im folgenden sollen einige Ergebnisse, Probleme und Auswirkungen des landwirtschaftlichen Umstrukturierungsprozesses dargestellt werden.

Im Ergebnis der auf Selbstversorgung und intensive Bodennutzung gerichteten Agrarpolitik der DDR existierten 1989 auf dem Gebiet des heutigen Landes Brandenburg 1092 Betriebe der Landwirtschaft, des Gartenbaus und sonstiger Agrarerzeugung, darunter 870 LPG und 122 VEG mit getrennter Pflanzen- und Tierproduktion, 41 zwischenbetriebliche Einrichtungen (ZBE) und 44 Gärtnerische Produktionsgenossenschaften (GPG).

Hauptziel der als Brandenburger Weg bezeichneten Agrarpolitik des Landes für einen agrarstrukturellen Systemwandel ist die Entwicklung einer leistungs- und wettbewerbsfähigen Landwirtschaft, die in wirtschaftlichen Unternehmen marktgerecht hochwertige Agrarerzeugnisse produziert und die im ländlichen Raum durch eine umweltgerechte Produktionsweise maßgeblich zur Erhaltung und Gestaltung der Kulturlandschaft beiträgt (MELF „Der Brandenburger Weg", S. 8). Als „tragende Säulen" des Programms werden u. a.

- die Förderung einer vielfältigen Betriebsstruktur ohne Benachteiligung irgendeiner Rechtsform,
- die Erhaltung der Funktionsfähigkeit des ländlichen Raumes und
- die Förderung einer standortgerechten Nutzung der natürlichen Ressourcen angesehen.

Die Notwendigkeit eines besonderen Weges bei der Umstrukturierung der Brandenburger Landwirtschaft ergibt sich vor allem aus folgenden Rahmenbedingungen:

- ungünstigen natürlichen Standortbedingungen (der Anteil der LN mit Bodenwertzahlen zwischen 26 und 40 beträgt etwa 80%);
- in den überwiegend ländlichen Räumen kommt der Landwirtschaft traditionell größere Bedeutung zu;
- auch in der Vergangenheit haben landwirtschaftliche Großbetriebe Produktionsweise und Dorfstrukturen wesentlich geprägt.

Radikal veränderte Unternehmensstrukturen, dramatischer Arbeitsplatzabbau und soziale Probleme, drastische Reduzierung der Tierbestände, umfangreiche Flächenstillegungen und Rodungen von Obstbäumen charakterisieren den gravierenden Umbruch der Landwirtschaft in Brandenburg seit 1990.

Nach der völligen Umstrukturierung der Agrarunternehmen von 1990 bis 1992 erfolgten 1993 nur noch geringfügige Veränderungen. Ende 1993 existierten in Brandenburg über 700 Gartenbaubetriebe und über 5300 Landwirtschaftsbetriebe, davon rund 4000 Einzelbetriebe (etwa ein Drittel im Haupterwerb) sowie 750 eingetragene Genossenschaften und Kapitalgesellschaften (überwiegend in Form der GmbH). Auf die als juristische Personen registrierten Landwirtschaftsbetriebe entfielen etwa 70% der LN, rund 75% der Erwerbstätigen und fast 90% der Vieheinheiten (Tab. 79 und 80).

Mit einer durchschnittlichen Betriebsgröße von 1534 ha der eingetragenen Genossenschaften, 943 ha der Kapitalgesellschaften, 585 ha der Personengesellschaften und 114 ha der Einzelunternehmen im Haupterwerb sowie einem durchschnittlichen Besatz von 2,3 Arbeitskräften je 100 ha LN können Kostendegressionseffekte gut genutzt werden.

Von 1989 bis 1993 verringerte sich die Zahl der Beschäftigten in der Land-

Unternehmensform	Dez. 1991		Dez. 1993	
	Anzahl	Anteil (%)	Anzahl	Anteil (%)
Juristische Personen	882	17,1	764	13,5
davon				
Eingetragene Genossenschaften	301	5,8	303	5,3
GmbH	170	3,3	397	7,0
Sonstige	411	8,0	64	1,1
Natürliche Personen	3971	76,8	4654	82,0
davon Personengesellschaften	132	2,6	341	6,0
Einzelunternehmen – Haupterwerb	1467	28,4	1328	23,4
Einzelunternehmen – Nebenerwerb	2372	45,9	2985	52,6
Sonstige (Güter, LPG i. L. u. a.)	316	6,1	253	4,5
Unternehmen insgesamt	5169	100,0	5671	100,0

Quelle: MELF Brandenburg 1994

Tab. 79: **Anzahl und Struktur der landwirtschaftlichen Unternehmen im Land Brandenburg**

wirtschaft um 78% (von ca. 179000 auf ca. 39000), ging der Anteil an den Gesamtbeschäftigten von etwa 15% auf 4% zurück. Für etwa 85% der Personen, die aus der Landwirtschaft ausgeschieden sind, konnte kein neuer Arbeitsplatz vermittelt werden. Durch Zugänge, insbesondere im Gartenbau, erfolgte 1993 eine weitgehende Kompensation der Abgänge in anderen Bereichen. Eine ähnliche Entwicklung wird auch in den nächsten Jahren erwartet.

Der Arbeitskräftebesatz unterscheidet sich sowohl regional als auch zwischen den verschiedenen Unternehmensformen.

Tab. 80: **Landwirtschaftsbetriebe, ihre LN und Erwerbstätigen gruppiert nach Rechtsformen im Land Brandenburg (Stand: August 1993)**

Quelle: MELF 1994

	Betriebe		landwirtschaftlich genutzte Flächen		Erwerbstätige	
	Anzahl	Anteil (%)	absolut (1000 ha LN)	Anteil (%)	Anzahl	Anteil (%)
Juristische Personen	752	14,8	889	69,4	23044	75,5
davon						
e.G.	298	5,9	460	35,9	12220	40,0
Kapitalgesellschaften	454	8,9	429	33,5	10824	45,5
Natürliche Personen	4331	85,2	392	30,6	7496	24,5
davon						
Personengesellschaften	328	6,4	192	15,0	4060	13,3
Einzelunternehmen	4003	78,8	200	15,6	3436	11,2
Juristische und natürliche Personen insgesamt	5083	100,0	1281	100,0	30540	100,0

Er reicht von durchschnittlich 1,9 Beschäftigten je 100 ha LN bei Einzelunternehmen im Haupterwerb bis etwa 2,6 bei den eingetragenen Genossenschaften. Während die drei südlichen Großkreise Werte über 3,0 verzeichnen, liegt in den drei neuen Kreisen im Nordwesten aufgrund größerer Betriebe und höherer Grünlandanteile der Arbeitskräftebesatz unter 2,7.

Zwischen 1989 und 1993 wurde die landwirtschaftlich genutzte Fläche von 1,42 auf 1,30 Mio. ha verringert. Während der Anteil des Grünlandes mit knapp 21% etwa gleich blieb, erhöhte sich der des Ackerlandes von 75,8 auf 78,6%. Mitte 1993 waren fast 150000 ha Ackerfläche (14,3%) stillgelegt.

Infolge von Umwidmungen landwirtschaftlicher Standorte bzw. der Umwandlung landwirtschaftlich genutzter Flächen in Bau- bzw. Abbauland wird die LN auch in den nächsten Jahren weiter reduziert. Infolge der Anpassung an marktwirtschaftliche Bedingungen sowie der Agrarreform der Europäischen Union haben sich die Anbaustrukturen im Land Brandenburg stark verändert (Tab. 81). Während sich von 1989 bis 1993 die Getreideanbaufläche um rund 140000 ha und die Anbaufläche von Kartoffeln um rund 100000 ha verringerten, erhöhte sich der Anbau von Ölfrüchten um rund 140000 ha. Ein starker Rückgang ist auch bei gartenbaulich genutzten Flächen zu verzeichnen (vgl. Tab. 82). Die Anbaufläche von Freilandgemüse verringerte sich um fast 80%, die Obstflächen wurden um rund 12000 ha bzw. 75% reduziert. Allein die Rodungsfläche von Apfelbäumen umfaßte über 6700 ha. Deutlich geringer waren die Rückgänge bei Baumschulflächen (−7,8%) und beim Zierpflanzenanbau auf Freilandflächen (−40%). Während die Erzeugung von Topf-, Beet- und Balkonpflanzen 1993 aufgrund der günstigen Marktlage erweitert werden konnte, ging der Anbau von Treibgemüse und Zierpflanzen − insbesondere von Schnittblumen − unter Glas vor allem infolge zu hoher Energiekosten weiter zurück. Seit 1990 vergrößerte sich die Spargelanbaufläche von 600 ha auf über 1000 ha, wurde auf etwa 300 ha Obst neu angepflanzt.

Zunehmende Bedeutung erfährt auch der Anbau nachwachsender Rohstoffe (1993 2,1% der Ackerfläche), insbesondere von Ölpflanzen für technische und energetische Zwecke (rund 1800 ha Winterraps und 66 ha Ölleinen im Jahre 1993) sowie von Stärkekartoffeln (16000 ha). Aus Lan-

Tab. 81: Anbaustruktur im Land Brandenburg

Quelle: MELF 1994

	1989 (1000 ha)	(%)	1993 (1000 ha)	(%)
Getreide	579,3	53,8	441,8	43,3
Ölfrüchte	29,0	2,7	168,9	16,5
Kartoffeln	123,9	11,5	19,5	1,9
Zuckerrüben	21,7	2,0	16,5	1,6
Feldfutter (einschließlich Silomais)	236,0	21,9	202,6	19,8
Ackerland gesamt	1077,7	100,0	1021,1	100,0

Nutzungsart	1990	1993
Freilandgemüse	17324 ha	3855 ha
Obstflächen	15966 ha	4009 ha
Baumschulflächen	1186 ha	1093 ha
Zierpflanzen (Freiland)	278 ha	175 ha
Gartenbaulich genutzte Flächen insgesamt	34914 ha	9184 ha

Quelle: MELF 1994

Tab. 82: Gartenbaulich genutzte Flächen im Land Brandenburg

	Anzahl der Tiere (1000)	
	1989	1993
Rinder insgesamt	1233	675
Milchkühe	423	237
Schweine insgesamt	2858	969
Schafe insgesamt	392	125

Quelle: MELF 1994

Tab. 83: Tierbestände im Land Brandenburg

desmitteln wurden 16 Demonstrations- und Modellvorhaben zum Anbau nachwachsender Rohstoffe gefördert.

Von 144 Unternehmen, die in Brandenburg über 30000 ha LN (ca. 2,5% der LN) nach ökologischen Gesichtspunkten bewirtschafteten, erhielten 29 die Anerkennung als Betrieb des ökologischen Landbaus. Sowohl der ökologische Landbau als auch die extensive Grünlandnutzung (1993 über 31000 ha, davon fast 9000 ha im Spreewald) wurden 1993 mit jeweils rund 11 Mio. DM gefördert.

Die Entwicklung der brandenburgischen Tierbestände steht im krassen Widerspruch zu den Möglichkeiten der natürlichen Produktionsbedingungen, den Absatzchancen und der Bedeutung, die der Veredlungswirtschaft hinsichtlich Stabilität und Leistungsfähigkeit von Agrarbetrieben zukommt. Von 1989 bis 1992 haben sich sowohl die Bestände an Rindern als auch die der Milchkühe fast halbiert. Während sich 1993 die Zahl der Rinder um weitere rund 9000 Stück verringerte, erhöhte sich die Zahl der Milchkühe um etwa 5000. Mit einem Besatz von 52 Rindern bzw. 18 Milchkühen je 100 ha LN erreicht Brandenburg nur etwa die Hälfte des Durchschnittswertes der alten Bundesländer. Die Schweine- und Schafbestände sind etwa auf ein Drittel zurückgegangen (vgl.

Tab. 83). Insbesondere durch die Aufgabe großer industriemäßiger Anlagen, den Rückgang der individuellen Schweinehaltung und den Preisverfall seit Mitte 1992 verringerte sich die Zahl der Schweine von 1989 bis 1993 um rund 1,9 Mio. Der Schweinebesatz in Brandenburg liegt etwa 60% unter dem Niveau der alten Bundesländer. Folgen des drastischen Bestandsabbaus sind u.a. ein niedriger Selbstversorgungsgrad (unter 30%) in der Region Berlin-Brandenburg und eine geringe Auslastung der vorhandenen Schlacht- und Verarbeitungskapazitäten.

In der Schafhaltung konnte 1993 ein leichter Anstieg registriert werden; nach wie vor erfolgt jedoch eine Umstellung von der ehemals dominierenden Wollproduktion in Richtung Lammfleischerzeugung und Landschaftspflege. Fast 10000 ha Landschafts- und Naturschutzgebiete wurden 1993 von 170 Schafhaltern vertraglich gepflegt – ein Aufgabenfeld mit beträchtlichen Erweiterungsmöglichkeiten.

Die Geflügelwirtschaft des Landes Brandenburg ist auch nach abgeschlossener Umstrukturierung durch einen hohen Konzentrationsgrad sowohl in der Haltung von Legehennen als auch in der Geflügelmast gekennzeichnet. Der Bestand an Legehennen ging zwischen 1989 und 1993 von 6,11 Mio. auf 1,57 Mio. Stück bzw. auf 25,7% zurück. Nach einem starken Rückgang der Mastgeflügelbestände 1990 und 1991 verzeichneten vor allem die Enten- und Hühnermast beträchtliche Zuwachsraten. Die neuen westdeutschen bzw. -europäischen Besitzer haben die ehemaligen industriemäßigen Broilermastanlagen mittels umfangreicher Investitionen in moderne, wettbewerbsfähige Betriebe umgewandelt.

Durch den starken Rückgang der Bienenvölker von 124 000 auf ca. 30 000 im Jahre 1993 beträgt der Besatz an Honigbienen gegenwärtig nur etwa 1 Volk/km^2. Damit wurde der für das ökologische Gleichgewicht als notwendig erachtete Mindestbesatz von 2 Völkern je km^2 beträchtlich unterschritten.

Von existentieller Bedeutung für alle landwirtschaftlichen Unternehmen – verbunden mit weitreichenden Auswirkungen auf den ländlichen Raum – ist die Neuordnung des landwirtschaftlichen Grundbesitzes auf der Grundlage des Landwirtschaftsanpassungs- und des Flurbereinigungsgesetzes.

Bei den dafür zuständigen Ämtern für Agrarordnung in Brieselang, Cottbus, Fürstenwalde, Neuruppin, Prenzlau und Schlieben wurden bis Mai 1994 ungefähr 5700 Anträge auf Neuordnung der Eigentumsverhältnisse registriert, von denen etwa 700 bearbeitet werden konnten. Ende 1993 hatten diese Ämter 16 Bodenordnungsverfahren, 181 Verfahren zur Zusammenführung von Boden- und Gebäudeeigentum und 144 Verfahren des freiwilligen Landtausches eingeleitet.

Aufgrund der angespannten wirtschaftlichen und sozialen Lage, insbesondere in den peripheren ländlich geprägten Regionen Brandenburgs, gewinnt die agrarstrukturelle Vorplanung (AVP) als Instrument integrierter ländlicher Entwicklung – die AVP berücksichtigen neben der Agrarstruktur das komplexe und komplizierte Beziehungsgefüge zwischen Agrarproduktion, Infrastruktur, Dorferneuerung, Ökologie, Tourismus und Sozialstruktur – zunehmend an Bedeutung. Bis Ende 1993 konnten über 100 AVP abgeschlossen werden, die eine Fläche von rund 1,8 Mio. ha erfaßten.

Vorrang hatten dabei landwirtschaftliche Problemgebiete oder solche Regionen, in denen durch Maßnahmen anderer Träger starke Auswirkungen auf die Landwirtschaft und den ländlichen Raum zu erwarten sind. Abgeschlossen bzw. in Auftrag gegeben wurden über 200 Dorferneuerungs- und Dorfentwicklungsplanungen. Einen wesentlichen Beitrag

– zur Gestaltung einer standortgerechten und umweltverträglichen Agrarproduktion,
– zur Erhöhung der Wettbewerbsfähigkeit der landwirtschaftlichen Unternehmen und
– zur Entwicklung von der Landwirtschaft zur Wirtschaft auf dem Lande

leisten die brandenburgischen Einrichtungen der Agrarforschung, u. a. das Zentrum für Agrarlandschafts- und Landnutzungsforschung Müncheberg e. V. (ZALF), das Institut für Agrartechnik Bornim e. V. (ATB), das Institut für Gemüse- und Zierpflanzenanbau Großbeeren/Erfurt e. V. (IGZ) sowie die Lehr- und Versuchsanstalten (LVA) für Tierzucht und Tierhaltung Ruhlsdorf/ Groß Kreutz e. V., Grünland und Futterwirtschaft Paulinenaue e. V., Integrierten Pflanzenanbau Güterfelde e. V., Gartenbau Großbeeren/Werder e. V.

Am Beispiel der Milchgenossenschaft „Heideland" Groß Briesen e. G. im Oder-Spree-Kreis stellte MICHAEL (1994) eindrucksvoll den Strukturwandel von einer sogenannten Problem-LPG zu einem Betrieb dar, der seit 1991 flächengebundene Viehwirtschaft nach ökologischen Richtlinien betreibt. Trotz erheblicher Reduzierung der Beschäftigtenzahlen konnte die Einkommenssituation in den letzten Jahren nur geringfügig verbessert werden, entfielen bisher fast 40% der Einnahmen auf Subventionen. Die Perspektiven dieser Milchgenossenschaft hängen ebenso wie die vieler anderer Agrarbetriebe in Brandenburg insbesondere von der Klärung der komplizierten Eigentumsverhältnisse sowie von Preis- und Marktentwicklung ab.

6.2.2
Die Deindustrialisierung und die Umstrukturierung industrieller Kerne

Wie in den anderen ostdeutschen Bundesländern erfolgte nach der politischen Wende 1989 und der Wiedervereinigung in der Wirtschaft des Landes Brandenburg ein drastisch verlaufender struktureller Anpassungsprozeß an die neuen marktwirtschaftlichen Verhältnisse mit tiefgreifenden Konsequenzen auch für den Bergbau und das Verarbeitende Gewerbe. Dieser Umbau der Industrie besitzt in Brandenburg seine Spezifik durch die hohen Anteile strukturgefährdeter Branchen wie Braunkohlenbergbau, Metallurgie, Chemie und Elektrotechnik/Elektronik und ihre oft monostrukturelle Ausprägung an den jeweiligen Standorten. Viele Betriebe erlangten unter den neuen marktwirtschaftlichen Bedingungen mit ihren Produkten nur unzureichend Zugang zum Markt, zumal sie auch meist nur über einen stark verschlissenen Kapitalstock sowie hohe Personalausstattung verfügten und Produktivitätsschwächen aufwiesen. Das Wegbrechen der im Außenhandel eindeutig dominierenden Ostmärkte ab 1990/91 erschwerte zusätzlich die wirtschaftliche Situation vieler Betriebe.

Im brandenburgischen Raum wurden 1989 in 425 Industrieunternehmen noch annähernd 424000 Beschäftigte gezählt, darunter allein 77900 in der Energie- und Brennstoffindustrie. Bis November 1990 sank die Beschäftigtenzahl im Bergbau und Verarbeitenden Gewerbe (hier einschließlich Energie- und Wasserwirtschaft) schon weiter ab. Zwischen 1991 und 1992 erfolgte der Personalabbau dann in dramatischer Weise. In der Folgezeit verringerte sich die Dynamik des Beschäftigtenrückgangs wieder, hält aber bis zur Gegenwart noch an. Im Juli 1994 wurden in Brandenburg nur noch 106000 Industriebeschäftigte gezählt. Der Rückgang resultierte aus Betriebsschließungen, Rationalisierung und Modernisierung, aber auch aus der strukturellen Entflechtung ehemaliger Großbetriebe und Ausgründung neuer mittelständischer Unternehmen mit nachfolgendem Übergang in andere Wirtschaftsbereiche (Tab. 84).

Im Verarbeitenden Gewerbe Brandenburgs verloren 1991/94 zwei von drei Berufstätigen ihren Arbeitsplatz, am stärksten im Grundstoff- und Produktionsgütergewerbe (hier Metallurgie, Mineralölverarbeitung, Chemie und Gummiverarbeitung). Gemessen am Beschäftigtenanteil konnte in diesem Zeitraum das Investitionsgütergewerbe, obwohl selbst schwer getroffen, seine führende Position bis 1994 noch halten (48% der Beschäftigten im Verarbeitenden Gewerbe).

In Tabelle 85 sind die Schwerpunkträume der Industrie in Brandenburg zu erkennen.

Die Landesregierung ist bemüht, die industriellen Kerne im Bundesland zu erhalten und favorisiert eine Politik der integrierten Standortentwicklung, einschließlich eines Umbaus der Industrie in Richtung auf moderne Fertigungen in Groß- und mittelständischen Betrieben. Im mittelständischen Bereich besteht ein be-

Zweig	Beschäftigte					
	1991		1992		1994	
	Anzahl (1000)	Anteil (%)	Anzahl (1000)	Anteil (%)	Anzahl (1000)	Anteil (%)
Bergbau und Verarbeitendes Gewerbe darunter Bergbau Steine und Erden	234,2 46,3 7,6	100 19,8 3,2	158,7 37,2 5,6	100 23,4 3,6	106,4 19,9 5,2	100 18,8 4,9
Eisenschaffende Industrie	21,0	9,0	11,0	6,9	4,8	4,6
Chemische Industrie	14,4	6,2	9,0	5,7	6,1	5,8
Stahl-/Leichtmetallbau, Schienenfahrzeuge	13,2	5,6	12,4	7,8	14,6	13,8
Maschinenbau	23,7	10,1	16,8	10,6	5,4	5,1
Straßenfahrzeugbau/Reparatur	9,9	4,2	7,2	4,6	5,6	5,3
Elektrotechnik	23,1	9,9	11,5	7,3	9,7	9,1
Holzverarbeitung	7,7	3,3	5,1	3,2	3,9	3,7
Ernährungsgewerbe	19,8	8,4	13,6	8,6	9,9	9,4

Quelle: berechnet nach LDS Brandenburg: Statistisches Jahrbuch 1993; LDS Brandenburg: Statistische Berichte, Juli 1994

Tab. 84: Entwicklung der Beschäftigtenzahlen im Bergbau und Verarbeitenden Gewerbe nach hauptbeteiligten Wirtschaftszweigen (Betriebskonzept) im Land Brandenburg

deutender Nachholebedarf gegenüber den Verhältnissen in den Altbundesländern, obgleich die unteren Betriebsgrößengruppen im Verarbeitenden Gewerbe anteilig zugewonnen haben. Dies ist jedoch erstrangig im Beschäftigtenrückgang bei den Großbetrieben begründet (Tab. 86).

Braunkohlenbergbau und Kraftwerke

Im Südosten des Landes Brandenburg und im angrenzenden Sachsen befinden sich Braunkohlenvorräte mit einem Umfang von 6,5 Mrd. t, von denen nach dem gegenwärtigen Stand ca. 2 Mrd. t effektiv nutzbar sind. In Abhängigkeit vom Markt werden gegenwärtig Kesselkohlen und Veredlungskohlen (für Briketts und Brennstaub) selektiv in Tagebauen aus dem 2. Lausitzer Flözhorizont gewonnen. Nach der extremen Expansion des Braunkohlenbergbaus im Rahmen der zentralistischen Planwirtschaft der DDR standen nach der Wiedervereinigung die Anpassung des Kohle-Energiekomplexes der Lausitz an den Energiemarkt und sein struktureller Umbau auf der Tagesordnung. Die ökonomische und soziale Tragweite der Umstrukturierungsprozesse für die Bergbau- und Industrieregion Cottbus wird darin sichtbar, daß noch Anfang 1992 in Brandenburg allein mit der Braunkohlenförde-

Region	Landesanteil (%)						Gesamt-umsatz
	Beschäftigte						
	insgesamt	Bergbau	Verarbeitendes Gewerbe				
			Grundstoff- und Produktionsgütergewerbe	Investitionsgütergewerbe	Verbrauchsgütergewerbe	Nahrungs- und Genußmittelgewerbe	
Bergbau- und Industrieregion Cottbus	41	99	22	22	41	19	37
Engerer Verflechtungsraum um Berlin	22	1	21	39	19	22	21
Industrieraum Frankfurt (Oder) – Eisenhüttenstadt	7		17	6	5	10	10
Industrieraum Brandenburg (Havel) – Rathenow	8	–	17	9	5	7	7

1) ohne Energie/Wasserwirtschaft

Quelle: Berechnet nach LDS Brandenburg. Statistisches Jahrbuch 1993

Tab. 85: Regionale Verteilung von Bergbau und Verarbeitendem Gewerbe in Brandenburg 1992 (Wichtigste Industrieregionen Brandenburgs)

rung ca. 80000 Arbeitsplätze einschließlich Folgeplätze verbunden waren. Aus brandenburgischen Kohlefeldern, die von der 1990 als Treuhandunternehmen gegründeten und 1994 privatisierten Lausitzer Braunkohle AG (LAUBAG) bewirtschaftet werden, wurden 1988 107 Mio. t Rohbraunkohle in neun Tagebauen gefördert, während es 1992 nur noch 60,9 Mio. t in acht und 1993 nur noch 55,7 Mio. t in sechs Tagebauen – Meuro, Cottbus-Nord, Seese-Ost, Jänschwalde, Welzow-Süd, Greifenhain – waren (Tab. 87; s. a. Übersicht 26).

Der Anteil der Kohle am Primärenergieverbrauch des Bundeslandes ging gleichzeitig von 70% (1989) auf 55% (1992) zurück. Angesichts neuer Prognosen zum Absatz von Kohle auf dem Energiemarkt ist bis zum Jahre 2000 sogar ein Absinken der Jahresförderung auf 45 Mio. t nicht unwahrscheinlich, obwohl von der Landesregierung und dem Bergbauunternehmen ein Förderniveau bis zu 60 Mio. t Rohbraunkohle aus wirtschaftlichen, ökologischen (Bewältigung der ökologischen Altlasten, Sicherung des Wasserhaushalts) und sozialpolitischen Gründen angestrebt wird.

Betriebs-größen-klasse (Beschäftigte)	Betriebe absolut	Beschäftigte	
		absolut	Anteil (%)
<50	744	12697	11,8
50–<100	175	12125	11,3
100–<200	89	12898	12,0
200–<500	37	10497	9,8
500–<1000	15	10280	9,6
>1000	19	48704	45,4
Insgesamt	1079	107201	100

Quelle: Berechnet nach LDS: Statistische Berichte 1993, Bergbau und Verarbeitendes Gewerbe Land Brandenburg

Tab. 86: Betriebsgrößenverhältnisse im Bergbau und Verarbeitenden Gewerbe in Brandenburg nach Beschäftigten (Sept. 1993)

Zukünftig wird sich der Braunkohlenbergbau auf wenige Großtagebaue konzentrieren (Jänschwalde, Cottbus-Nord, Welzow-Süd), deren Förderleistung in enger Beziehung zu benachbarten Großkraftwerken steht (Abb. 92). Die technisch veralteten Kraftwerke Lübbenau (1300 MW), Vetschau (1200 MW) werden ebenso wie einige Industriekraftwerke (Schwarze Pumpe, Trattendorf) nach Inkrafttreten der Großfeuerungsanlagenverordnung im Jahre 1996 den Betrieb einstellen. Dagegen erfahren die 500-MW-Blöcke des VEAG-Kraftwerkes Jänschwalde (3000 MW) eine emissionstechnische Nachrüstung. Außerdem wird ein neues hochmodernes Ersatzkraftwerk (1600 MW) am Standort Schwarze Pumpe bis 1997 errichtet.

Energiewerke Schwarze Pumpe

Südlich der Stadt Spremberg erstreckt sich an der brandenburgisch-sächsischen Grenze auf einer Fläche von 12 km² der Werksbereich Schwarze Pumpe der LAUBAG.

Der betriebliche Strukturwandel dieses „Industrieriesen" in der Anpassung an marktwirtschaftliche Verhältnisse (hier früher 3 Kraftwerke, 3 Brikettfabriken, 1 Kokerei, 1 Druckgaswerk und Nebenanlagen) läßt in besonderer Weise Tiefe und zeitliche Dynamik des industriellen Umbaus in der Braunkohlenveredlung der Lausitz erkennen. An die Stelle der technisch verschlissenen Industriekraftwerke tritt ein Gemeinschaftskraftwerk VEAG/LAUBAG mit zwei 800 MW-Blöcken, die neben ihrer elektrischen Leistung bei modernstem Umweltstandard in Kraft-Wärme-Kopplung Prozeßdampf an die modernisierten Brikettfabriken und Fernwärme an das regionale Versorgungsnetz (Hoyerswerda, Spremberg) liefern werden. Trotz verminderter Absatzchancen für Briketts blieben zwei Brikettfabriken erhalten, die ihren Markt bisher sichern konnten (1993 2,6 Mio. t). Kokerei und Gaswerk sind beseitigt, einige Anlagen dienen der umweltfreundlichen Verwertung fester und flüssiger Reststoffe. Große Investitionen erfolgen im Umweltschutz (thermische Bodensanierung, biologische Abwasserreinigung, Entstaubung, Rauchgasreinigung).

Obgleich die Braunkohle in Brandenburg voraussichtlich wichtigster Energie-

Tab. 87: Förderung von Rohbraunkohle 1993 in der Lausitz (in Mio. t)

Quelle: LAUBAG. Zahlen und Fakten 1993

Brandenburgische Tagebaue		Sächsische Tagebaue	
Cottbus-Nord	5,7	Reichwalde	8,5
Seese-Ost	3,9	Nochten	15,9
Jänschwalde	17,5	Scheibe	2,4
Welzow-Süd	18,0	Berzdorf	4,8
Greifenhain	3,0		
Meuro	7,6		

träger bleiben wird, werden nach dem Energiekonzept des Landes die energiebedingten CO_2-Emissionen bis zum Jahre 2010 um 41 bis 45% abnehmen. Zur Überwindung der bergbaulich verursachten ökologischen Altlasten auf einer Fläche von 240 km^2 sind für Sanierungsaufgaben 12 Mrd. DM bis zum Jahre 2002 vorgesehen und 10 000 Arbeitsplätze in der Lausitz gebunden.

Grundstoff- und Produktionsgütergewerbe

Die Eisenschaffende und die Chemieindustrie sowie die Gummiverarbeitung haben im Zeitraum 1991/94 die stärksten Rückgänge in ihrer Beschäftigtenzahl und beim Umsatz zu verzeichnen. Dieser Umstand ist um so bedenklicher, da an den Standorten dieser Branchen oft monostrukturelle Verhältnisse entstanden waren und die besondere wirtschaftliche Schwäche der „Kernbetriebe" tiefgreifende wirtschaftliche und soziale Folgewirkungen für die jeweilige Stadt oder Region nach sich ziehen. Dabei konnte die Erhaltung einer Reihe von Betrieben durch Privatisierung über die Treuhandverwaltung und Förderung über die Landesregierung gesichert werden. Großbetriebe dieser Art sind die Brandenburger und Hennigsdorfer Elektrostahlwerke, die Betriebe der Petrolchemie und Kraftstoffe AG Schwedt (Oder) sowie die Werke von Hoechst Guben und der BASF in Schwarzheide. Dagegen konnten ehemals wichtige Großbetriebe wie das Stahl- und Walzwerk Brandenburg nicht oder nur mit kleinen Kernbereichen, wie im Falle des Chemiefaserwerkes Premnitz oder des Fürstenwalder Reifenwerkes, erhalten werden. Besonders charakteristische Züge des industriellen Umbaus werden am Beispiel des Stahlstandortes Eisenhüttenstadt sichtbar.

Aktive Tagebaue und Veredlungsstandorte
- Sitz der Lausitzer Braunkohle AG (Laubag)
- Aktiver Tagebau
- übernommener Veredlungsstandort

Auslaufbergbau und Bergbausanierung
- Sitz der Lausitzer Bergbau-Verwaltungsgesellschaft mbH (LBV)

Tagebaue
- auslaufend
- Sanierungsbereich

Veredlungsbetriebe
- auslaufend
- Sanierungsbereich
- Brikettfabrik
- Industriekraftwerk
- Kesselhaus
- Braunkohlenkokerei
- Druckgaswerk
- Gewässer / gefluteter Tagebau

EKO-Stahl GmbH Eisenhüttenstadt

Der Werkskomplex des Eisenhüttenkombinates Ost (EKO) in Eisenhüttenstadt galt als größter Metallurgiestandort der ehemaligen DDR. Dort waren noch 1991 11 000 Beschäftigte tätig. Außerdem hatte die Stadt Betriebe des Bau- und Nahrungsmittelgewerbes. Nach 1989 war das EKO mit dem Wegbrechen des Ostmarktes einschließlich seiner Rohstoffbezüge von dort konfrontiert und stand vor der Aufgabe, im Stahlmarkt der EG Fuß zu fassen und die eigene Produktionsstruktur den neuen Bedingungen anzupassen. Die Entflechtung der EKO-Stahl GmbH hat zur Bildung eines Kernbereiches geführt, zu dem die Hochofenanlage, das Konverterstahlwerk, die Kaltband-Tandemstraße und weitere Veredlungsanlagen (Verzinkung, Bandbeschichtung) gehören. Der Bau des zur Schließung des technologischen Zyklus notwendigen Warmwalzwerkes durch den künftigen Investor war letztlich wichtiger Streitpunkt bei der Zustimmung der EG-

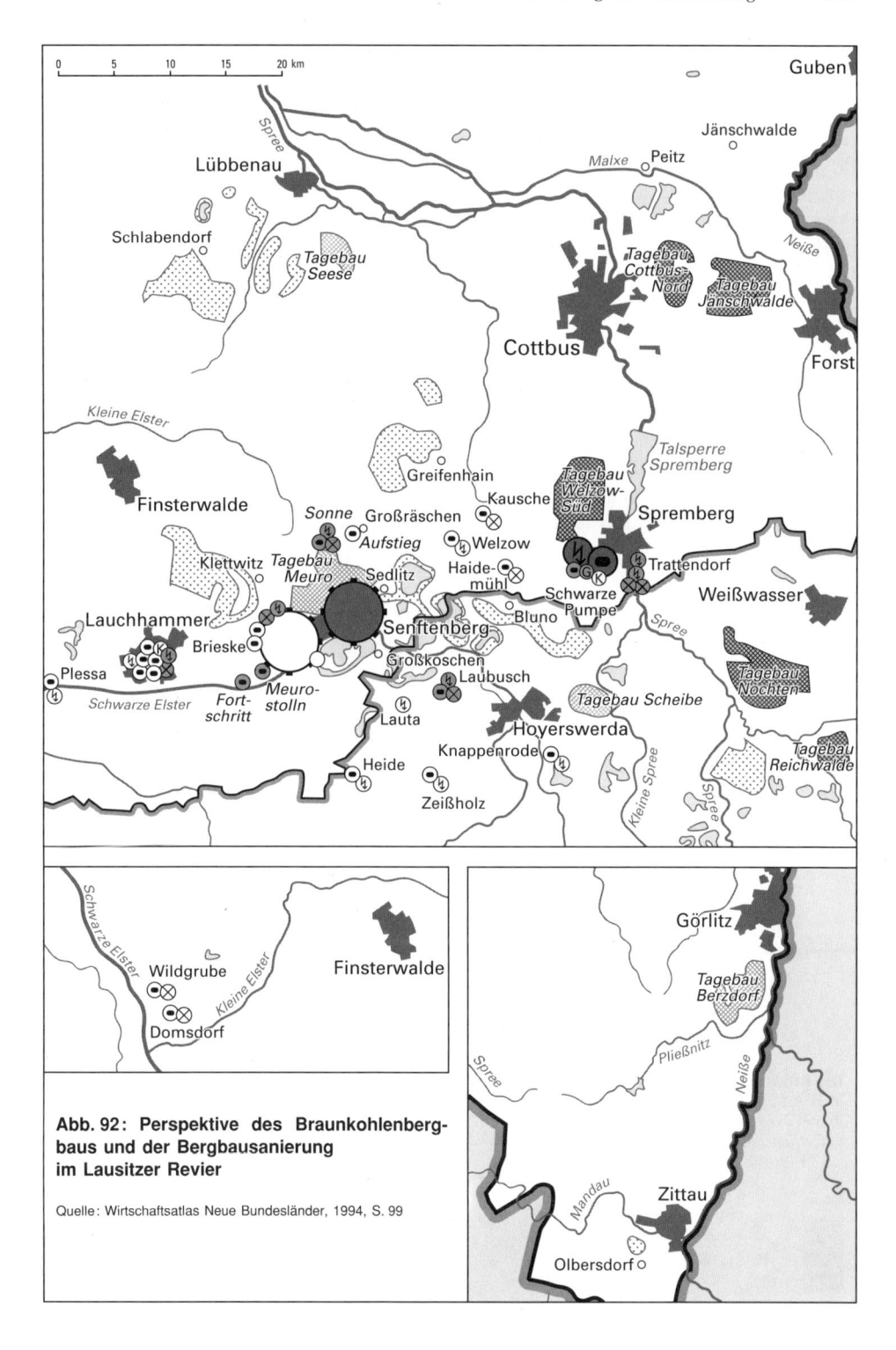

Tendenzen und Probleme der raumstrukturellen Entwicklung in Brandenburg 329

Abb. 92: Perspektive des Braunkohlenbergbaus und der Bergbausanierung im Lausitzer Revier

Quelle: Wirtschaftsatlas Neue Bundesländer, 1994, S. 99

Kommission zum Privatisierungsentscheid Ende des Jahres 1994. Dank massiver Unterstützung durch Bundes-, Landesregierung und Treuhandverwaltung waren die Privatisierungsbemühungen Anfang 1995 von Erfolg gekrönt, allerdings um den Preis der Stillegung von Walzkapazitäten in Hennigsdorf und Burg bei Magdeburg. Im Rahmen der Entflechtung der EKO-Stahl GmbH konnte eine Reihe mittelständischer Unternehmen in den Branchen Stahl- und Behälterbau, Elektrotechnik, Instandsetzung und Baugewerbe ausgegründet werden, die zunächst noch auf dem Betriebsgelände ihren Standort besitzen. Für ihre Um- und Neuansiedlung sind künftige Gewerbegebiete im Norden und Süden der Stadt vorgesehen. Zur Existenzsicherung des Stahlstandortes sind der Ausbau überregionaler Verkehrsinfrastruktur (Oder-Schiffahrtsweg nach Szczecin) und auch die wirtschaftliche Zusammenarbeit mit dem benachbarten Polen nicht ohne Bedeutung.

6.2.3 Strukturanpassung in wichtigen Wirtschaftsräumen

Der Prozeß der Strukturanpassung weist in Brandenburg deutlich eine regionale Spezifik auf, die in ihrer Spannweite vor allem im stärker agrarischen Norden des Landes bis zur nahezu vollendeten Deindustrialisierung reicht (Abb. 55 und Abb. 93 im Vergleich).

Abb. 93: Industriedichte in Brandenburg im Dezember 1992

Quelle: berechnet nach Software Union: „Analyse der Wirtschaftsstrukturen des Landes Brandenburg", Gutachten, Berlin 1993

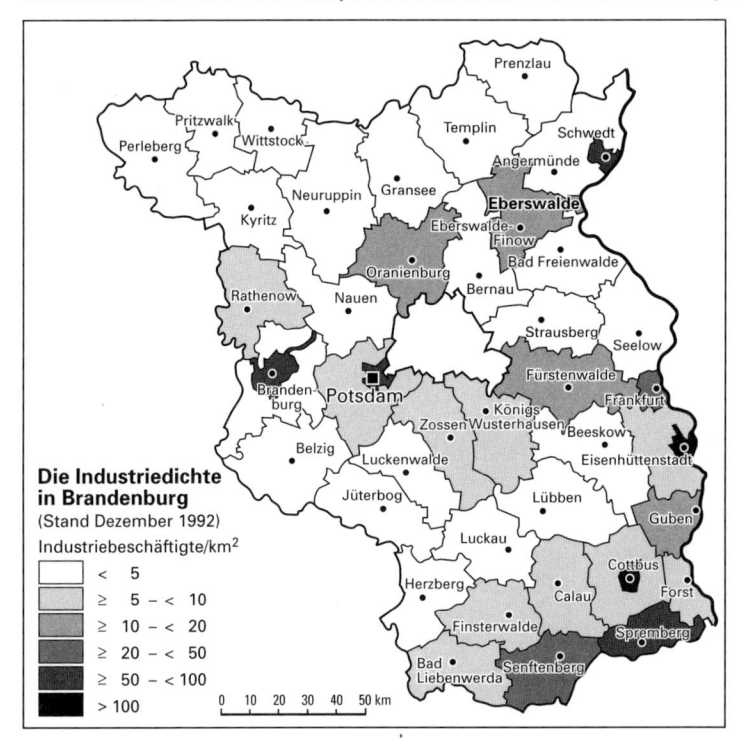

Die Bergbau- und Industrieregion Cottbus

Die ökologische, wirtschaftliche und soziale Situation in der Niederlausitz erfordert einen grundlegenden strukturellen Wandel. In dieser Region stoßen die Konflikte in der Gesamtheit überkommener Strukturen und Lebensbedingungen hart mit den Erfordernissen einer ökologischen, ökonomischen und technologischen Reorganisation eines ganzen sozialen Gemeinwesens zusammen.

Mit dem Übergang von der sozialistischen Planwirtschaft zur sozialen Marktwirtschaft ging in den Jahren 1989–1993 der Absatz der Braunkohle dramatisch zurück. Die Ursachen liegen u. a.

- in geringer Nachfrage nach Braunkohlenprodukten durch Industrie und Haushalte,
- im rückläufigen Stromverbrauch,
- im Wegfall alter Absatzmärkte,
- im zunehmenden internationalen Konkurrenzkampf,
- in der Notwendigkeit der Diversifizierung der Energieträger und
- im Akzeptanzverlust der Braunkohle durch Abbaupraktiken zur DDR-Zeit mit enormer Landschaftszerstörung, großflächiger Absenkung des Grundwassers, hoher Emissionsbelastung und schlechter Umsiedlungspolitik.

Die Umsetzung marktwirtschaftlicher Produktionsweise mit der Zielrichtung der Rückgewinnung der Akzeptanz im Braunkohleabbau verlangten von der Lausitzer Braunkohlenindustrie völlig neue Strukturen. So entstanden zum 29. Juni 1990 aus dem ehemaligen Kombinat die Lausitzer Braunkohle AG (LAUBAG), die Energiewerke Schwarze Pumpe AG (ESPAG) und die Braunkohleveredlung Lauchhammer GmbH (BVL). Einen Überblick zur Ausgangssituation im Lausitzer Braunkohlerevier zum Zeitpunkt der Gründung dieser Gesellschaften gibt Übersicht 25.

Um wirtschaftlich und konkurrenzfähig zu sein, mußte sich die Braunkohleindustrie auf eine umweltverträgliche und ressourcenschonende Arbeitsweise einstellen. Es bestand die Forderung, eine dem Bedarf angepaßte umwelt- und sozialverträgliche Förderung von Braunkohle in der Lausitz zu erreichen. Die Anpassung an die Marktentwicklung hatte dramatische Stillegungen und Produktionseinschränkungen zur Folge. So fiel die Braunkohlenförderung bis 1993 auf 55,7 Mio. t im brandenburgischen Teil des Lausitzer Reviers (Übersicht 26).

Übersicht 25: Das Lausitzer Braunkohlerevier im Juli 1990 (Gründung der LAUBAG und ESPAG am 29. 6. 1990)

Quelle: DEBRIV: Braunkohle. Ein Industriezweig stellt sich vor. Köln, o. J. u. a.

```
Betriebe:
Lausitzer Braunkohle AG (LAUBAG)
Energiewerke Schwarze Pumpe AG (ESPAG)
Braunkohleveredlung Lauchhammer (BVL GmbH)
Beschäftigte: ca. 79 000 (1989)
Rohkohleförderung in 18 Tagebauen in der Lausitz: ca. 195 Mio. t
Braunkohlenbriketts: ca. 25 Mio. t (1989)
Brennstaub: ca. 1,1 Mio. t (1989)
Braunkohlenkoks: ca. 2,5 Mio. t (1989)
Stadtgas: ca. 6000 Mio. Nm³ (1989)
Elektroenergieerzeugung in Industriekraftwerken: ca. 13 800 GWh (1989)
```

Beschäftigte: ca. 27 000 Rohkohleförderung in 10 Tagebauen: ca. 87 Mio. t, davon in Brandenburg in 6 Tagebauen: ca. 56 Mio. t Braunkohlenbriketts in 7 Brikettfabriken: ca. 5,2 Mio. t Brennstaub: ca. 0,4 Mio. t Stadtgas: ca. 900 Mio. Nm^3 Elektroenergieerzeugung in Industriekraftwerken: ca. 4400 GWh

Quelle: LAUBAG. Zahlen und Fakten 1993, 2/94

Übersicht 26: Produktionsleistungen der Lausitzer Braunkohle AG (LAUBAG) 1993 (einschließlich Bereich Schwarze Pumpe)

Am 26. August 1993 erfolgte die Verschmelzung der Unternehmen LAUBAG und ESPAG durch Aufnahme der ESPAG in die LAUBAG. Voraussetzung für deren erfolgreiche Privatisierung im darauffolgenden Jahr mit dem Ziel, ein langfristig wirtschaftliches Unternehmen zu schaffen, war die Abspaltung des A-Bergbaus (Langfristbergbau) vom B-Bergbau (Auslaufbergbau) und C-Bergbau (bereits stillgelegter Bergbau). Durch straffe Organisationsformen wurde am 29. Juni 1994 die LAUBAG als Aktiengesellschaft des A-Bergbaus und die Lausitzer Bergbau-Verwaltungsgesellschaft als GmbH für den B-Bergbau gebildet.

Die Privatisierung und der mit ihr verbundene Zwang zur Konkurrenzfähigkeit war mit einer starken Verringerung der Belegschaft verbunden. Waren 1989 im Lausitzer Braunkohlenbergbau noch 79 000 Beschäftigte tätig, so betrug der Personalbestand 1993 nur noch 27 250 Angestellte und Arbeiter (Übersicht 26). Beim Personalabbau wurden überwiegend die Formen Altersübergang, Frühberentung, Arbeitsbeschaffungsmaßnahmen, Bildung von Sanierungsgesellschaften, Umschulungen und Betriebsausgründungen angewandt.

Trotz dieses drastischen Personalabbaus und weiterhin zu erwartender Rationalisierungsmaßnahmen bis zum Jahre 2000 bleibt die Kohle- und Energieindustrie der größte Arbeitgeber in der Region. Aufbauend auf diesem Standbein, ist es erforderlich, insbesondere mittelständische Betriebe und Dienstleistungsbereiche zu entwickeln, die den Verlust an Arbeitsplätzen kompensieren. Die Braunkohle sollte in der Lausitz zum Motor vieler Investitionen werden.

Die Landesregierung Brandenburg hat sich weiterhin bis zum Jahre 2000 zu einer Stabilisierung der jährlichen Braunkohlenfördermengen bei 60 Mio. t bekannt (Treuhandanstalt 55 Mio. t). Nur etwa 8000 Arbeitnehmer werden im Jahre 2000 im aktiven Bergbau einschließlich „Annexbereich" tätig sein. Das heißt, daß in der Region ca. 20 000 Ersatzarbeitsplätze geschaffen werden müßten.

Nach der politischen Leitentscheidung der Wirtschaftsministerkonferenz der Länder vom März 1994 soll die Grundlast der Stromversorgung in den neuen Bundesländern künftig zu 85 % mit Braunkohle gedeckt werden. Die Vereinigten Energiewerke AG (VEAG) tätigen zur Zeit in der Lausitz umfangreiche Investitionen, die eine langfristige Betriebsfähigkeit sichern.

In Schwarze Pumpe und Boxberg (Sachsen) entstehen je 2 × 800-MW-Neubaukraftwerksblöcke mit einem Wirkungsgrad von 41 %. In den Kraftwerken Jänschwalde (3000 MW) und Boxberg (1000 MW) werden zur Zeit insgesamt Anlagen mit einer Kapazität von 4000 MW mit Entschwefelungseinrichtungen nachgerüstet, deren

Wirkungsgrade bei ca. 35% gegenüber derzeit 25–30% liegen werden. Dabei werden am Standort Schwarze Pumpe besonders günstige Voraussetzungen durch Auskoppelung von Prozeß- und Fernwärme zur Versorgung von Industrie-, Gewerbe- und Wohngebieten erreicht. Gleichzeitig erfolgt 1996 mit Inkrafttreten der Großfeuerungsanlagenverordnung und der TA Luft die Stillegung der Kraftwerke Lübbenau und Vetschau, was wiederum die Einstellung der Kohleförderung in diesem Raum bedingt.

Mit der Feststellung der Braunkohlenpläne für die Langfristtagebaue Cottbus-Nord, Jänschwalde und Welzow-Süd per Rechtsverordnung durch die Landesregierung Brandenburg im Jahre 1993 erhielt das Unternehmen LAUBAG Sicherheit für die Förderung der Braunkohle und damit für die Unternehmensführung. Im sächsischen Teil der Lausitz sind die Braunkohlenpläne für die Weiterführung der Tagebaue Nochten und Reichwalde festgeschrieben worden. In diesen fünf Langzeittagebauen (einschließlich der beiden sächsischen) lagern 2,7 Gt Abbauvorräte. Neben der Gewinnung zur Stromerzeugung hat die Braunkohle auch weiterhin einen beschränkten Platz auf dem Wärmemarkt, das erfordert die Herstellung von verbraucherfreundlichen Briketts mit höchster Qualität sowie den Einsatz von Brennstaub/Wirbelschichtkohle in der Industrie. Trotz umweltgerechter Tagebauführung mit Staubschutzpflanzungen, Ortsbegrünung an Tagebaurändern, Zwischenbegrünungen auf Kippenflächen sowie Befeuchtung offener Böschungen und Wasserbesprühung von Kohleübergabestationen bleibt im Gesamtrevier ein weiträumiger Nachholebedarf zur Wiederherstellung und Neubelebung Lausitzer Landschaften.

Mit der Trennung des aktiven Bergbaus (LAUBAG) vom Auslauf- und Passivbergbau übernahm die Lausitzer Bergbau-Verwaltungsgesellschaft mbH die Aufgaben im Zusammenhang mit einem geordneten Auslauf von Tagebauen und Veredlungsanlagen, die Sanierung von Altlasten sowie die Verwertung von Immobilien. Die Sanierungsarbeiten werden zur Zeit von den als Tochterunternehmen fungierenden Sanierungsgesellschaften in Schwarze Pumpe, Senftenberg und Lauchhammer durchgeführt. Sanierung und Rekultivierung des Altbergbaus, Demontage von Industrieanlagen und Sanierung von Industriestandorten bestimmen das Leistungsprofil.

Für die Sanierungsaufgaben im Braunkohlenaltbergbau der neuen Bundesländer werden bis zum Jahre 2002 12 Mrd. DM zur Verfügung gestellt (pro Jahr also 1,5 Mrd. DM). Gemäß Verwaltungsabkommen zwischen Bund und Ländern vom Dezember 1992 trägt davon der Bund 75% der Sanierungskosten, für die Länder verbleiben 25%. Den flächenmäßig größten Anteil hat dabei das Land Brandenburg zu bewältigen. Damit können im brandenburgischen Teil der Lausitz jährlich ca. 650–700 Mio. DM für Sanierungsarbeiten eingesetzt werden. Das bedeutet außerdem für knapp zehn Jahre Dauerbeschäftigung für fast 10000 Arbeitnehmer.

Es wird eingeschätzt, daß der Nachholebedarf zu sanierender Flächen weit über 20000 ha beträgt, da ehemals rekultivierte Flächen nach heutigem Standard erhebliche Mängel aufweisen.

Der Sanierungszeitraum ist in Abhängigkeit vom Wiederanstieg des Grundwasserspiegels im Lausitzer Braunkohlenrevier zu sehen. Die Wiederherstellung eines ausgeglichenen und sich weitgehend selbst regulierenden Wasserhaushaltes wird für den Zeitraum 2002 bis 2035 gesehen.

Inzwischen bestimmt die Geschwindigkeit der Marktanpassung in der Braunkohlenindustrie die Notwendigkeit, tragfähige

Lösungen für die Stabilität des Wasserhaushaltes in der Niederlausitz, im mittleren und unteren Spreegebiet zu finden.

Im *Wasserhaushalt* der Lausitz bewirkte der Absenkungstrichter ein Defizit von über 9 Gm^3. In den öffentlichen Vorflutern erhöhte sich durch Einleitung der Sümpfungswässer die mittlere Abflußmenge um über 30%.

Der Förderrückgang der Braunkohle beeinflußt jetzt in zunehmendem Maße auch den Wasserhaushalt. Im Zeitraum bis 2000 wird der mittlere Abfluß der Spree auf rund 50% des Standes von 1990 zurückgehen. Dabei werden die Langfristtagebaue weiterhin entsprechendes Wasser bereitstellen.

Die Stabilisierung des Wasserhaushaltes in der Niederlausitz ist nicht allein durch die Errichtung von Speicherbecken in den Oberflächengewässern zu erreichen. Zielstellungen sind stabile Wasserführung in Spree und Schwarzer Elster sowie beschleunigte Auffüllung des Grundwasserdefizites und der Restseen in den Sanierungsgebieten und sparsamer Umgang mit der Wasserressource im Umfeld der Langfristtagebaue. Die einzige Möglichkeit zur Beschleunigung dieser Auffüllungsprozesse wird zur Zeit in einem ausgewogenen Wasserimport aus benachbarten Flußgebieten gesehen (s.a. Kap. 2).

Umfangreiche Modellversuche, Studien sowie eine Länderarbeitsgruppe Berlin/Brandenburg/Sachsen befassen sich ausführlich mit der Wiederherstellung eines intakten Wasserhaushaltes im Lausitzer Raum. Zur Zeit ist dabei die Errichtung des Speichers Lohsa II mit über 70 Mio. m^3 Speichervolumen die wichtigste Maßnahme.

Mit den in der Lausitz umzusetzenden Mitteln für Sanierung und Rekultivierung sind alle Möglichkeiten eines sich fortsetzenden Strukturwandels in der Region auszuschöpfen, um langfristig einen sich selbst tragenden Mittelstand zu etablieren. Nicht nur marktfähige mittelständische Strukturen im Sanierungsbereich, wie Bau- und Ausrüstungsfirmen, Rekultivierungsbetriebe, Garten- und Landschaftsbaufirmen, sondern auch innovative Techniken in der Beratungsinfrastruktur müssen zur Ansiedlung gelangen.

Die Maßnahmen der brandenburgischen Landesregierung zur Erhaltung und Entwicklung industrieller Standorte beinhalten verstärkt den Auf- und Ausbau neuer Gewerbe und Industrien. Ziel ist dabei, die Entwicklung langfristig tragfähiger, den verbleibenden Braunkohlenbergbau ergänzender und seine Dominanz schrittweise ablösender Strukturen. Um der bisher einseitig auf den Bergbau ausgerichteten Lausitz zu einer innovativen Wirtschaftsstruktur zu verhelfen, werden alle möglichen Förderinstrumentarien eingesetzt. Standorte wie Guben, Forst, Lübbenau, Vetschau, Spremberg und Elsterwerda erhalten Höchstfördersätze für gewerbliche Wirtschaft und wirtschaftsnahe Infrastruktur. 1994 wurde zusätzlich ein Programm zur Investitionsförderung in benachteiligten Regionen aufgelegt, und Sonderfördergebiete sind eingerichtet worden. In der Lausitz vollzieht sich derzeit die schwerste Strukturkrise im Lande Brandenburg. Um sie zu bewältigen, müssen alle gesellschaftlichen Kräfte an einem Strang ziehen.

Der engere Verflechtungsraum um Berlin

In den Randkreisen (Altkreise) um Berlin war in der Vergangenheit eine industrielle Struktur gewachsen, die auf die Investitionsgüterbereiche Maschinen- und Fahrzeugbau sowie Elektrotechnik/Elektronik konzentriert war, so daß gerade in dieser Region sehr hohe Verluste an Produktionskapazitäten im Umbruchprozeß zu verzeichnen waren. Die industriellen Arbeitsplätze gingen von 140000 (Dez. 1989) auf 40300 (Dez. 1992) zurück. Obwohl die Schwerpunkte des Investitionsgütergewerbes in Brandenburg nach wie vor im Berliner Umland liegen, wurde das Industriepotential dort 1991/1994 dramatisch verringert, und zugleich erhöhte sich die Differenzierung zwischen den einzelnen Standorträumen. Die Standorte Hennigsdorf (AEG-Schienenfahrzeuge, Lokomotivbau-Elektrotechnik GmbH) im Nordwesten und Ludwigsfelde (Nutzfahrzeuge GmbH, MTU-Motoren- und Turbinen-Union, Thyssen-Umformtechnik Ludwigsfelde GmbH) im Süden Berlins sind heute trotz starken Beschäftigtenrückgangs bei weitem noch die bedeutendsten Standorte des Maschinen- und Fahrzeugbaus geblieben. Der Elektronikstandort Teltow-Stahnsdorf hat dagegen weitgehend an Bedeutung verloren. Andererseits ist heute das engere Umland um die Bundeshauptstadt für Investoren besonders in Nähe des Berliner Autobahnringes außerordentlich attraktiv (s. a. Kap. 6.1.2). Durch die Ausweisung von Gewerbegebietsflächen in großer Zahl haben die Gemeinden bisher diesem Ansiedlungsdruck aus Berlin zu entsprechen versucht. Dabei ist zu bemerken, daß besonders der Süden und das Umland westlich von Berlin augenscheinlich von den Investoren bevorzugt werden.

Eine zu starke Konzentration von Investitionen des Verarbeitenden Gewerbes auf den engeren Verflechtungsraum um Berlin könnte auf Dauer zu Lasten der anderen Teilräume des Landes gehen. Mit der Formulierung des raumordnerischen Leitbildes der Dezentralen Konzentration wurde diesbezüglich seitens der Landesregierung auf eine angemessene polyzentrische Verteilung der künftigen industriellen Entwicklung im Bundesland hingewirkt (s. a. Kap. 7).

6.2.4
Raumwirksame Veränderungstendenzen im Verkehr

Nach der Wiedervereinigung stellt die Ostgrenze Brandenburgs zugleich Staats- und EG-Grenze zu Polen dar. In diesem Zusammenhang durchqueren wichtige Achsen des internationalen Verkehrs das Land in Ost-West-Richtung, aber auch in der Relation zu Skandinavien von Norden nach Süden. Sie bündeln sich in der Regel im Raum der Bundeshauptstadt Berlin. Zugleich sind umfangreiche Personen- und Güterströme im radial ausgebildeten Verkehrswegenetz auf Berlin orientiert, die mit dem politischen und wirtschaftlichen Wandel nach der Wende im Osten enorm zugenommen, strukturell aber auch Veränderungen erfahren haben. Die zunehmende Verkehrsverdichtung konzentrierte sich nach 1989/90 vor allem auf den Straßenverkehr. Das vorhandene Verkehrswegenetz bedarf gegenwärtig bei meist ausreichender Netzdichte vor allem qualitativer Veränderungen, um der schon erreichten und zu erwartenden Verkehrsmenge zu genügen. In diesem Zusammenhang besitzen insgesamt neun Verkehrsprojekte „Deutsche Einheit" besondere Bedeutung für Berlin-Brandenburg (s. Abb. 94 und 95), darunter vier Ausbau- und ein Aus-/Neubauprojekt der Deutschen Bahn AG, zwei Ausbauprojekte der Bundesautobahnen, ein Projekt des Wasserstraßenausbaus und der Neubau der „Ostsee-Autobahn" in Mecklenburg-Vorpommern mit ihrem Anschluß an die Autobahn Berlin-Szczecin (Stettin).

Straßenverkehr und Motorisierung

In seiner Dichte und radialen Netzkonstruktion erscheint das Verkehrswegenetz für den Straßenverkehr in Brandenburg ausreichend (1992 bei Bundesautobahnen eine Dichte von 26, bei Bundesfernstraßen von 119 km/1000 km^2), jedoch im Ausbauzustand entspricht es gegenwärtig noch nicht den Anforderungen. Einerseits trägt dazu das Wachstum des Motorisierten Individualverkehrs (MIV) in starkem Maße bei. Der Motorisierungsgrad lag 1990 in Brandenburg bei 322 Pkw/1000 Ew. und soll 1995 Werte um 490 sowie im Jahre 2000 um 550 Fahrzeuge/1000 Ew. erreichen. Bereits am 1.1.1994 wurde ein Besatz von 443 PKW/1000 Ew. ermittelt. Bis zum Jahre 2010, wenn nicht sogar schon wesentlich früher, wird generell eine Angleichung des Kraftfahrzeugbesatzes in den neuen Bundesländern an das Niveau der alten Länder erwartet. Im Jahre 1990 wies die Pkw-Dichte (Pkw/1000 Ew.) in Brandenburg noch ein Gefälle von einem überdurchschnittlichen Besatz in den Randkreisen um Berlin zu den ländlich-peripheren Räumen vorwiegend im Ostteil Brandenburgs auf. Seither sollten gerade die ländlich geprägten Kreise im Motorisierungsgrad aufgeholt haben. Auch der Güternah- und -fernverkehr auf den Straßen Brandenburgs wird noch erheblich zunehmen. Die Situation erfordert gegenwärtig die weitere Instandsetzung des Straßennetzes, den Neubau vieler Ortsumgehungsstraßen und den vordringlichen Ausbau einer Reihe von Bundesfernstraßen einschließlich Autobahnen. Der Um- und Ausbau der Bundesautobahnen Hannover-Berlin (A 2), des Berliner Autobahnrings (A 10) und der Autobahn Nürnberg – Leipzig/Halle-Berlin (A 9) umfaßt eine Grunderneuerung und Erweiterung von vier auf sechs Fahrstreifen, im besonders hochbelasteten Abschnitt zwischen Dreieck Potsdam und Dreieck Drewitz (12 km) sogar einen achtstreifigen Ausbau (Abb. 94). Dieser Umstand steht in Verbindung mit der Bündelung der Verkehrsströme aus Richtung Hannover/Magdeburg und Nürnberg/Leipzig im Autobahndreieck Potsdam. Hier erwarten Prognoserechnungen für das Jahr 2010 in Richtung Berlin einschließlich Gegenstrom ein Volumen von 128000 Kfz/Tag. Besonders stark wird ein Verkehrswachstum auf der Nord-Süd-Verbindung Leipzig – Berlin (A 9) erwartet. Diese Abschätzung ist in ihrer Qualität von Unsicherheiten in der Prognose des internationalen Ost-West-Verkehrs auf dem Berliner Ring-Süd und des Regionalverkehrs im engeren Verflechtungsraum um Berlin behaftet.

Erhebliche Auswirkungen auf die regionalen Verkehrströme wird auch die geplante Inbetriebnahme eines Großflughafens Berlin-Brandenburg-International (BBI) im Raum südlich von Berlin haben.

Insgesamt werden so gegenwärtig besonders leistungsfähige Straßenverbindungen von Niedersachsen und Nordbayern nach Berlin/Brandenburg geschaffen. Von strukturpolitisch herausragender Bedeutung ist im Osten Brandenburgs sowohl der vierstreifige Ausbau der Autobahn vom Dreieck Spreewald bis Cottbus/Forst wie auch der 200 km langen Oder-Lausitz-Trasse, einer Kette von Bundesstraßen zwischen Eberswalde – Wriezen – Frankfurt (Oder) – Guben und Cottbus (Ausbaubeginn 1995).

Die Erreichbarkeitsverhältnisse im Straßennetz liegen im Norden des Bundeslandes Brandenburg, im Grenzbereich zu Mecklenburg-Vorpommern, am ungünstigsten. Insgesamt aber leben in Gemeinden mit Anschluß an eine Bundesfernstraße immerhin knapp 60% der Landesbevölkerung.

Eisenbahn- und kombinierter Verkehr

Die Dichte des Eisenbahnnetzes in Brandenburg entspricht zur Zeit fast dem Bundesdurchschnitt. Dabei sind von der gesamten Betriebslänge 33% elektrifiziert, auf den Hauptstrecken ca. 50%. Aber in

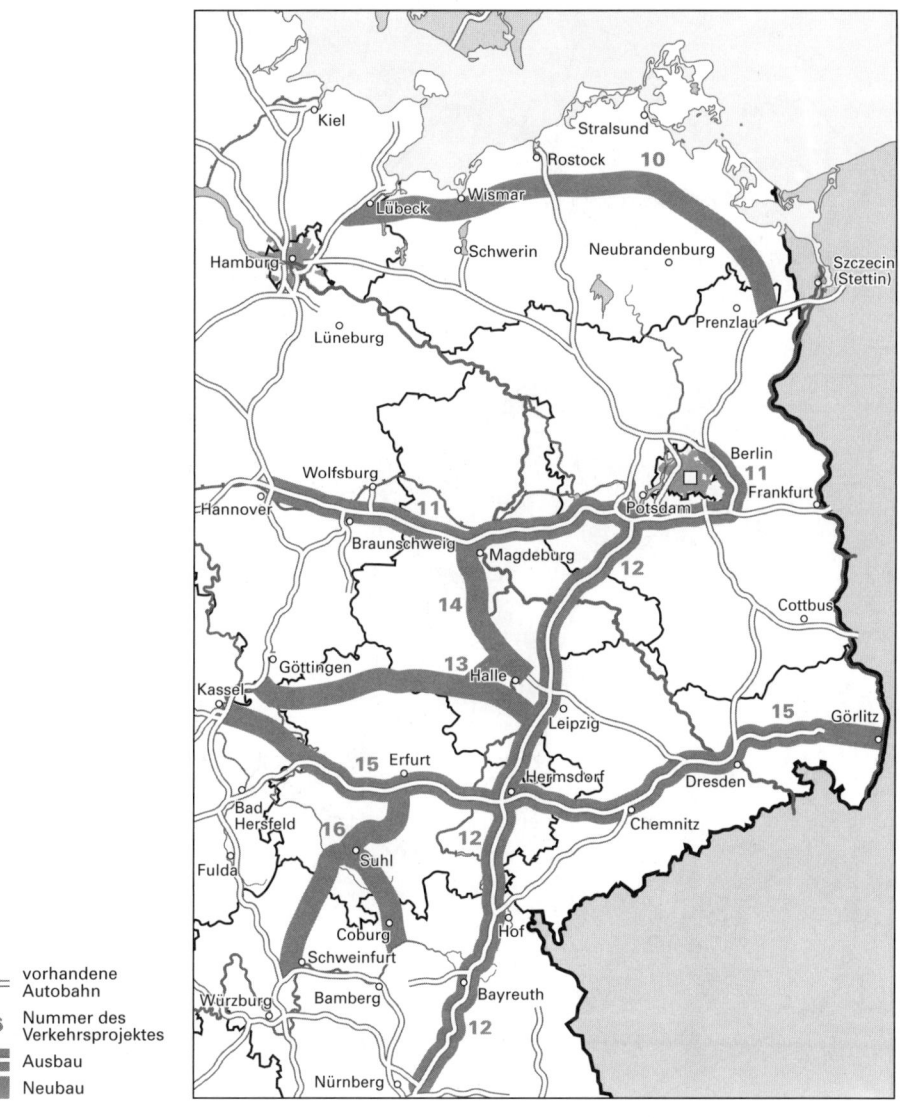

Tendenzen und Probleme der raumstrukturellen Entwicklung in Brandenburg

Legende:
- ═══ vorhandene Autobahn
- 16 Nummer des Verkehrsprojektes
- ▬▬ Ausbau
- ▬▬ Neubau

Quelle: Wirtschaftsatlas Neue Bundesländer, 1994, S. 190

Abb. 94: Berlin und Brandenburg im Rahmen der Verkehrsprojekte Deutsche Einheit – Straßennetz

seiner Leistungsfähigkeit hat das brandenburgische Eisenbahnnetz gegenwärtig erhebliche Rückstände aufzuholen. Einen maßgeblichen Anteil, vorrangig zum Aufschwung des internationalen Eisenbahnverkehrs, leisten die Ausbaumaßnahmen an den Projekten „Deutsche Einheit" aus den Richtungen Hamburg, Hannover und Nürnberg einschließlich der künftigen Hochgeschwindigkeitsstrecke von Hannover nach Berlin (1997). In fernerer Zukunft soll die Verbindung von Hamburg nach

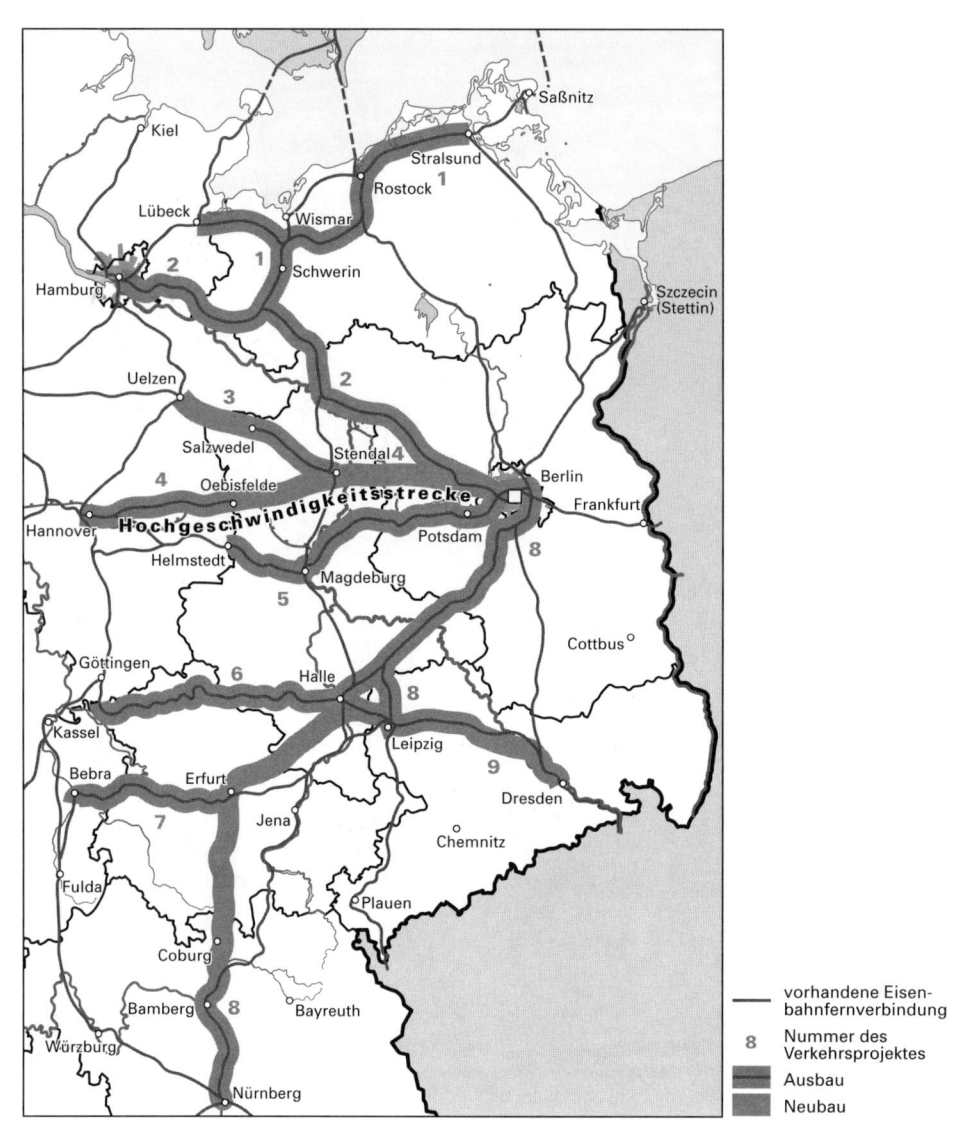

Quelle: Wirtschaftsatlas Neue Bundesländer, 1994, S. 191

Abb. 95: Berlin und Brandenburg im Rahmen der Verkehrsprojekte Deutsche Einheit – Schienennetz

Berlin zusätzlich durch die Anlage der Magnetkissenbahn „Transrapid" vervollkommnet werden (Abb. 95).

Auch auf den Bahnen im brandenburgischen Raum sind seit den Jahren 1989/90 ein beachtlicher Rückgang des *Gütertransports*, etwa auf ein Viertel des Aufkommens von 1989, und eine Strukturveränderung zugunsten des Kraftverkehrs zu verzeichnen. So besitzt auch der Verschiebebahnhof Neuseddin bei Potsdam, herausragender Güterknoten im südwestlichen Vorfeld von Berlin, gegenwärtig nur eine geminderte Kapazitätsauslastung, und die Schienenwege an den ostbrandenburgischen Grenzübergängen Frankfurt (Oder), Kietz, Guben und Forst sind nur zur Hälfte ihrer Durchlaßfähigkeit frequentiert. Für die Zukunft wird aber ein Anstieg des Wirtschaftsverkehrs in der Berliner Region von über 50% prognostiziert, und die Notwendigkeit wächst, über leistungsfähige Güterverkehrs- (GVZ) und spezialisierte Güterverteilzentren die Gütertransporte zu bündeln und zu verteilen. In Brandenburg sind künftig drei Güterverkehrs- und eine Reihe weiterer Güterverteilzentren vorgesehen, beispielsweise in Wittenberge, Teltow und Fürstenwalde. Das größte GVZ in Wustermark (Kreis Havelland) mit einer Gesamtfläche von 240 ha wird eine sehr vorteilhafte Schnittstelle von Eisenbahn, Straße (A 10/B 5) und Havelkanal westlich von Berlin nutzen. Im Süden und Osten von Berlin erfüllen demnächst die GVZ Großbeeren (Kreis Teltow-Fläming) und Freienbrink (Kreis Oder-Spree) gleiche Aufgaben.

Um die Erreichbarkeit der Mittel- und Oberzentren des Landes, der Landeshauptstadt Potsdam und der Bundeshauptstadt Berlin auf den Schienenwegen qualitativ anzuheben, liegt ein Konzept zum Ausbau eines Regionalbahnsystems vor, das zur Schaffung gleichwertiger Lebensbedingungen in allen Landesteilen beitragen soll.

Binnenschiffahrt

Bei einer Gesamtlänge von über 1500 km schiffbarer Wasserstraßen können Brandenburg und Berlin auf ca. 900 km Bundeswasserstraßen verweisen, deren Haupttrassen gegenwärtig auf das 1000 t-Schiff ausgerichtet sind. Der Güterumschlag in den 90 Zugangsstellen zum Netz verringerte sich durch den drastischen Rückgang der Gutarten Braunkohle und Industrielle Rohstoffe von 8 Mio. t im Jahre 1989 auf 3,5 Mio. t im Jahre 1992. 1992 gelangten in den Berliner Häfen 6 Mio. t Güter zum Umschlag. Eine Veränderung der Situation wird mit dem wirtschaftlichen und städtebaulichen Aufschwung der Bundeshauptstadt Berlin und dem Programm „Verkehrsprojekte Deutsche Einheit" in Verbindung gebracht, in dem der Ausbau der Wasserwege Mittelland-, Elbe-Havel-Kanal, Untere Havel und von Berliner Kanälen für Schiffe bis zu 2000 t Tragfähigkeit und Schubverbände bis zu 3500 t Beladung enthalten ist. Mit einem „Landeshafenprogramm" will Brandenburgs Regierung leistungsfähige Umschlagstellen mit modernen Terminals für Stückgut und Container beispielsweise in Brandenburg (Havel), Königs Wusterhausen, Schwedt (Oder) und Eisenhüttenstadt schaffen.

Luftverkehr

Zur Zeit gibt es in Brandenburg und Berlin drei internationale Verkehrsflughäfen mit einer Gesamtkapazität von 12,5 Mio. Fluggästen, in Berlin-Tegel 7,0 Mio., Berlin-Tempelhof 1,5 Mio. und Schönefeld bei Berlin 4,0 Mio. Passagiere. Im Jahre 1992 wurde aber nur in Berlin-Tegel die Kapazitätsgrenze erreicht. Insgesamt wurden in dem betreffenden Jahr 9 Mio. Fluggäste abgefertigt. Durch einen Ausbau des Flughafens Schönefeld könnte bis zum Jahre 2004 die Gesamtkapazität auf 21,5 Mio. Personen erhöht werden. Gegenwärtig steht aber auch noch eine Entscheidung über einen Großflughafen Berlin-Brandenburg-International (BBI) im Süden von Berlin aus (s. Kap. 6.3.4). Über 20 ehemalige Militärflugplätze im Land Brandenburg bieten ein Potential für ein Netz von Regional- und Sportflugplätzen.

6.2.5
Naherholung und Tourismus – neue Chancen und Probleme

Die mit der Vereinigung Deutschlands eingetretenen veränderten gesellschaftlichen Rahmenbedingungen hatten sowohl auf die Gestaltung des Freizeitbereiches der Menschen und die damit zusammenhängenden sozialräumlichen Bewegungsfelder Auswirkungen als auch auf die Entwicklung von Fremdenverkehr und Tourismus als wirtschaftliche Sektoren mit bedeutendem Standortbezug.

Für die Erholungs- und Freizeiträume in Berlin-Brandenburg bleibt trotz struktureller Änderungen die Überlagerung von Naherholung mit Wochenend- und Ferienerholung ein wichtiges Kennzeichen. Durch die Vereinigung Berlins hat sich jedoch das Nachfragepotential für den unmittelbaren Umlandbereich verdoppelt, durch die Lagesituation der Erholungsgebiete aber mit unterschiedlich konkreter Belastung. Der hohe Motorisierungsgrad der Westberliner und die außerdem stark steigende Motorisierung in Ostberlin und Brandenburg führten zu einer erheblichen Zunahme des individuellen Ausflugverkehrs, vor allem an den Wochenenden. Gleichzeitig vollzog sich ein Strukturwandel im Tourismus und Fremdenverkehr. Die Umstellung auf marktwirtschaftliche Verhältnisse war mit der Privatisierung von Ferieneinrichtungen der Gewerkschaften, der ehemals volkseigenen Betriebe und Einrichtungen, von früher kommunalen Campingplätzen und Einrichtungen der Jugenderholung verbunden. Nicht alle Einrichtungen blieben erhalten. Fast alle wurden nach der Privatisierung modernisiert, umgebaut und häufig auch in ihrer Angebotsstruktur verändert. Mit dieser Privatisierung etablierte sich der Fremdenverkehrssektor als – wenn auch bisher sehr bescheidener – Wirtschaftsfaktor, und mit ihm entwickelten sich neue Standorte für Ferien- und Freizeiteinrichtungen aus den spezifischen gebietlichen Bedingungen und der neuen Nachfragesituation heraus. Insbesondere sind hier die mit der Umstrukturierung der Landwirtschaft einhergehenden ländlichen Standorte von Pensionen mit „Urlaub auf dem Bauernhof" oder Pferdehaltung zu nennen, aber auch das Anlegen neuer Schiffsliegeplätze und kleiner Yachthäfen an den zahlreichen Gewässern des Berliner Umlandes und Nordbrandenburgs. Gerade der letztgenannte wasserseitige Ausbau wird von brandenburgischer Seite aus Gründen des Natur- und Landschaftsschutzes sowie der nachhaltigen Nutzbarkeit der Erholungslandschaften sehr restriktiv gehandhabt. Der 1990 auf 18 000 Boote geschätzte Bestand in Berlin dürfte vor allem im Motorbootbereich inzwischen erheblich angewachsen sein.

Unter den Freizeit- und Tourismuseinrichtungen bestanden insbesondere bei den Beherbergungskapazitäten und Freizeitgroßanlagen im Vergleich zum Altbundesgebiet Defizite. So kam es bei Freizeitzentren und Golfplätzen innerhalb kurzer Zeit zu zahlreichen Investitionsabsichten vor allem im engeren Verflechtungsraum von Berlin. Bis Mitte 1993 waren sieben Golfplätze, davon sechs im engeren Verflechtungsraum, errichtet. Mit den bereits in Berlin bestehenden Anlagen war eine Kapazität erreicht, die die Zahl der aktiven Golfclubmitglieder in Berlin und im Umland bei weitem übertraf. Der Euphorie bei Konzeption und Ansiedlungswünschen für Freizeitzentren sind inzwischen realistischere Positionen beim Ausbau gefolgt, die sowohl Bevölkerungspotential als auch Einkommensentwicklung und damit die Nachfrage berücksichtigen. Die bisher genehmigten Standorte im engeren Verflechtungsraum befinden sich erst teilweise in der Realisierungsphase.

Die sehr vielfältigen und wertvollen natürlichen Erholungspotentiale im Land Brandenburg blieben auch während der Phase des gesellschaftlichen Umbruchs und danach eine wesentliche Position für Naherholung und Tourismus. Befragungen der Jahre 1991 und 1992 wiesen bei den Berlinern natur- und freiraumbezogene Motive für Ausflüge in das brandenburgische Umland als vordergründig aus. Bei 33 vorgegebenen Motiven für Tagesausflüge der Berliner in das Umland standen „Natur erleben", „aus der Großstadt herauskommen", „neue Eindrücke gewinnen", „Spazierengehen, Wandern" mit 91%-96% an der Spitze (KLEMM/KREILKAMP 1993). Viele Neueinsteiger im Gaststätten- und Beherbergungsgewerbe setzen deshalb neben dem Geschäfts- und Kongreßtourismus auf einen naturbezogenen Tourismus.

Zur Förderung von Fremdenverkehr und Tourismus entstanden lokal und regional Fremdenverkehrsvereine, die sich im Landesfremdenverkehrsverband zusammenschlossen. Über die Bildung von neun Reiseregionen sollten werbewirksamer Gäste für die verschiedenen Landschafts- und Kulturregionen Brandenburgs interessiert werden. Inzwischen wurde jedoch die regionale Gliederung der Fremdenverkehrsverbände auf vier Teilräume reduziert und der Verwaltungsgliederung angepaßt, so daß kleinräumigere Strukturen bei der Werbung um den Gast wieder stärker bestimmend sein werden.

Durch die starke Saisonalität und die weitgehende Dominanz von Tagesausflügen konnten sich Fremdenverkehr und Tourismus bisher nur sehr begrenzt zu einem regionalen Wirtschaftsfaktor entwickeln, der vor allem in den ländlich geprägten Räumen neue Arbeitsmöglichkeiten schaffen soll. Die Entwicklung der Reisestatistik macht deutlich, daß gegenüber den alten Bundesländern nach wie vor ein Rückstand in den Bettenkapazitäten von Beherbergungseinrichtungen besteht. 135 Betten je 10000 Einwohner in Brandenburg (1993) stand ein bundesdeutscher Durchschnitt von mehr als 250 Betten gegenüber. Ebenso rangierte das Land mit einer durchschnittlichen Auslastung von rund 37% (1993) gleichfalls im hinteren Drittel aller Bundesländer (Bundesdurchschnitt 41%), was auf eine derzeit noch mangelnde Wettbewerbsfähigkeit hindeutet. Die Gästeankünfte des Jahres 1993 in den neun Reiseregionen (ohne Camping) machen die großen Unterschiede zwischen den einzelnen Gebieten deutlich (Abb. 96). Havelland und Niederlausitz/Spreewald sind am stärksten frequentiert, gefolgt von der Märkischen Schweiz/Schorfheide und dem Storkower Land/Scharmützelsee. Diese vier Gebiete sind zugleich auch Hauptziele im Naherholungsverkehr des Großraumes Berlin. Prignitz und Fläming – obwohl als typische ländliche Räume um eine Stärkung des Tourismus bemüht – spielen bisher nur eine untergeordnete Rolle.

Im Campingwesen ist sowohl die Zahl der Plätze als auch die Zahl der übernachtenden Personen seit 1989 zurückgegangen. Vor allem kleine und infrastrukturell schlecht erschlossene Plätze wurden aus wirtschaftlichen Gründen oder aus Gründen des Umweltschutzes aufgegeben. Trotzdem werden gerade die teilweise geringe Größe und die naturnahe Gestaltung von Campingplätzen von alten wie von neuen Nutzern nachdrücklich bevorzugt. Insgesamt werden Freizeit- und Erholungsnutzung neben Landwirtschaft, Naturschutz und Landschaftspflege künftig wichtige Faktoren der Raumnutzung in Brandenburg sein, die mit den wachsenden Raumansprüchen für Wohnen, Gewerbe und Dienstleistungen infolge der Suburbanisation in Konkurrenz stehen.

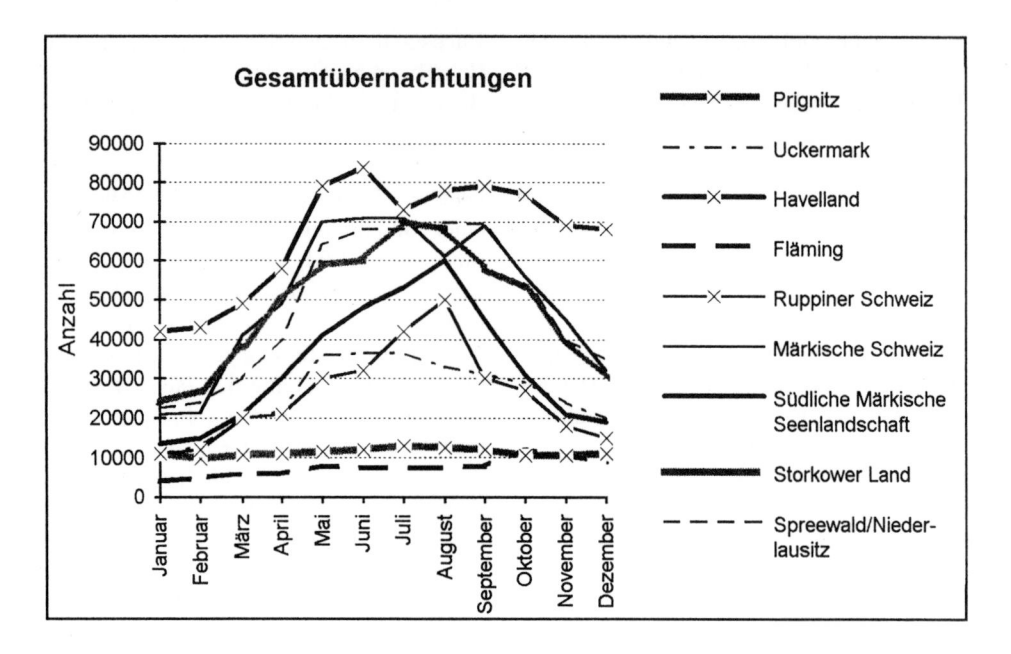

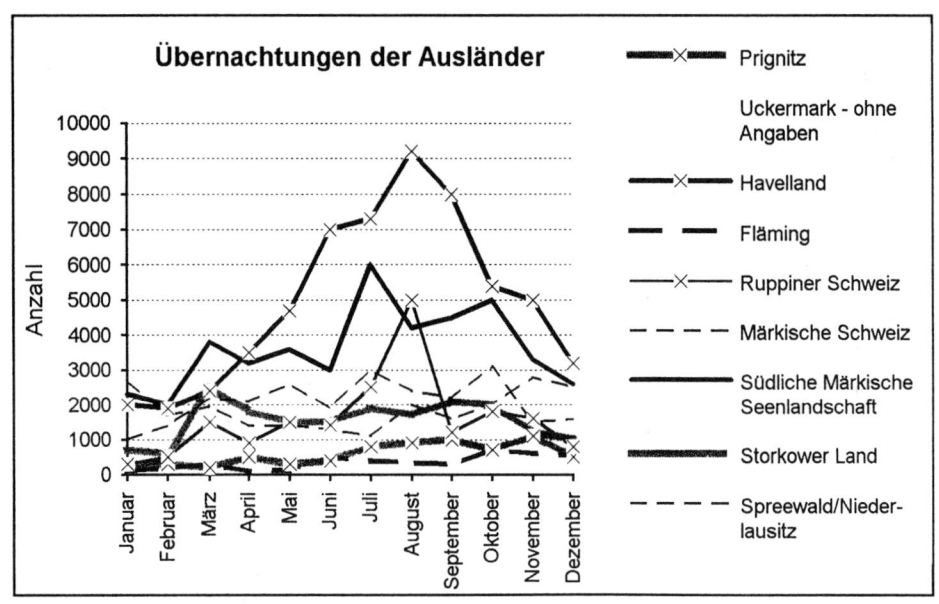

Quelle: Statistische Berichte des Landesamtes für Datenverarbeitung und Statistik Brandenburg

Abb. 96: Übernachtungen in Brandenburg nach Tourismusregionen 1993

Einige brandenburgische Erholungslandschaften unterschiedlicher Genese und Nutzungsstruktur seien im folgenden vorgestellt (s. a. Kap. 2).

Das Biosphärenreservat „Schorfheide-Chorin"

Die Schorfheide stellt ein ca. 40000 ha großes Waldgebiet dar, das sich östlich der Niederung der oberen Havel bei Zehdenick, nördlich des Eberswalder Tales, westlich des Werbellinsees und südlich der Erhebungen im Raum zwischen Templin, Joachimsthal und Chorin befindet. Es hat nicht nur eine lange Geschichte als bevorzugtes Jagdgebiet – vom Mittelalter bis zur DDR-Zeit – sondern auch als größtes Naturschutzgebiet Europas.

Seit 1990 ist dieses Gebiet Bestandteil des Biosphärenreservates „Schorfheide-Chorin", das eine Fläche von 1258 km^2 einnimmt, etwa 35000 Einwohner beherbergt und seitdem umweltverträglich land-, forst- und erholungswirtschaftlich entwickelt wird.

Im Zuge des Brandenburger Stadiums der Weichselvereisung wurde das Gebiet der Hochflächen um den Werbellinsee, die Schorfheide im Westen und die Britzer Platte im Osten, angelegt. Die geologische Struktur als Grundmoräne erhielt es während des Brandenburger Vorstoßes. Die für Grundmoränen typischen Substrate wie Geschiebemergel bzw. der durch Entkalkung daraus entstandene Geschiebelehm stehen lediglich noch auf der Britzer Platte an der Oberfläche an. So dominiert zwischen Britz, Schönhof, Lichterfelde und Altenhof wegen der sorptionsstärkeren und weniger leicht austrocknenden Parabraunerden die ackerbauliche Nutzung. Ein biologischer Landbau besitzt hier gute Ertragsgrundlagen. Die Geschiebemergel der Grundmoränenplatte der Schorfheide selbst sind demgegenüber durch nachfolgende Sedimentation von der Pommerschen Eisrandlage durch deren Sander überdeckt worden. Großflächig sind diese Sande insbesondere im Raum westlich der Rinne zwischen den Pinnowseen und dem Wutzsee unter periglazialen Bedingungen – also zur Zeit der Pommerschen Eisrandlage im Bereich von Joachimsthal/Altenhof und Chorin – äolisch umgelagert worden. Hier dominieren die den typischen Charakter der Schorfheide prägenden nährstoffarmen Sand-Podsole.

Die potentielle natürliche Vegetation ist heute noch an einem beträchtlichen Anteil von Laubhölzern wie Rotbuche, Trauben- und Stieleiche, Winterlinde und Hainbuche zu erkennen, die im Bereich des Forstamtes Eberswalde stocken. Der Waldbestand des Biosphärenreservates weist zwei dominierende Altersgruppen mit 20 bis 39 Jahren und über 100 Jahren auf, womit der Altersstatus für Brandenburg relativ hoch ist. Die in Eberswalde im Jahre 1830 gegründete Forstakademie, deren Traditionen heute von der Fachhochschule in Eberswalde weitergeführt werden, hat somit vor den Toren der Kreisstadt ihre Untersuchungsflächen. Wesentliche landschaftliche Elemente stellen die Seen der Schorfheide dar. 120 von ihnen sind mehr als 6 Hektar groß, und 110 Seen haben eine Größe zwischen 1 und 6 Hektar. Untersuchungen ergaben, daß noch immer zahlreiche größere Seen infolge Landwirtschaft, Fischerei und Einleitung ungeklärter Abwässer von Tierproduktionsanlagen eine mäßige und schlechte Wasserqualität besitzen, ein Umstand, der sich auch beim Ausbau der touristischen Nutzung nachteilig auswirkt. In der Schorfheide gibt es infolge der langen Schutzperiode noch sehr zahlreiche und großflächige Biotope mit hoher standörtlicher Repräsentanz und Naturnähe. Es wurden mit der Bildung des Biosphärenreservats 44 neue Naturschutzgebiete gesichert, die teilweise als Totalreservat ausgewiesen wurden. Fast 80% der Gesamtfläche des Biosphärenreservats stehen aber einer behutsamen wirtschaftlichen Nutzung für Forstwirtschaft, Landwirtschaft, Fischerei sowie zur Erholung zur Verfügung. Allerdings fordern die Grundsätze des Biosphärenreservats eine nachhaltige und damit ökologisch verträgliche Nutzung. Die Errichtung der in der Bundesrepublik einmaligen Landesanstalt für Großschutzgebiete in Eberswalde ist Impulsgeber für ein Schutzkonzept, das langfristig eine ökologisch verträgliche Raumnutzung der peripher gelegenen Landschaften Brandenburgs sichern soll.

Im Rückland der Pommerschen Randlage liegt in Nachbarschaft zur Schorfheide der Endmoränenbogen von Joachimsthal bis Chorin. Hier ist die modellartige Ausbildung der glazialen Formen hervorzuheben. Von dem 113 m hohen Mörderberg bei Joachimsthal ist das Landschaftsbild der Endmoränen- und Sanderlandschaft sowie das Bild des Rücklandes der Pommerschen Eisrandlage mit einer reich gegliederten Grundmoränenlandschaft und dem Parsteiner See hervorragend zu überblicken. Hier soll für eine landschaftsbezogene Erholung das Projekt einer „Eiszeitstraße" entwickelt werden.

Das Gebiet der Schorfheide wird heute durch den Ausflugs- und Wochenenderholungsverkehr von Berlin aus erschlossen. Für Wassersportler und Camper aus der Hauptstadt ist der Werbellinsee ein bevorzugtes Revier. Die Erschließung für den Fremdenverkehr erfolgt bisher nur an wenigen Standorten im Inneren des Gebietes, konzentriert wiederum um den Werbellinsee und im Gebiet des Parsteiner Sees sowie durch einzelne Tourismuseinrichtungen in den überwiegend kleinen Siedlungen des Gebietes.

Seit langem ist das Zisterzienserkloster von Chorin, auf einer Insel im Parsteiner See 1258 gegründet, 1272 nach Chorin verlegt und Zentrum der deutschen Kolonisation in der südlichen Uckermark, ein begehrtes Touristenziel. Die Klosterkirche gilt als ein bedeutendes Werk der norddeutschen Backstein-Frühgotik und besitzt einen architektonisch besonders schönen dreiteiligen Westgiebel.

Von größerer Bedeutung für touristische Nutzungen im Biosphärenreservat sind allerdings die randlich des Reservats liegenden Städte Templin, Eberswalde-Finow, Oderberg und Angermünde, die alle mit dieser Landschaft vor den Toren ihrer Stadt werben. Am erfolgreichsten bei der Entwicklung des Fremdenverkehrs ist bisher die Stadt Templin, die bereits zu DDR-Zeiten erheblichen Urlauberverkehr hatte. Die bestehenden Ferienheime und Gaststätten wurden modernisiert. Hallenbad und Fitnesscenter im Ferienhotel „Am Lübbesee" weisen auf die Strategie einer umfassenderen Gästebetreuung hin. Ein Informationsverbund mit benachbarten Gemeinden ist auch organisiert. Durch Sanierungs- und Pflegemaßnahmen konnten bauliche Ensembles im Altstadtbereich wiederhergestellt und Park- und Grünanlagen an den Seen im Stadtbereich erneuert werden. Die Stadt will staatlich anerkannter Erholungsort werden, und ein aktiver Fremdenverkehrsverein versucht, durch den schrittweisen Ausbau des Freizeitangebots den Ort zur „Perle der Uckermark" zu machen.

Das Havelland südwestlich von Berlin

Zur Reiseregion Havelland werden die Landschaftsräume im mittleren und unteren Havelgebiet südwestlich und westlich von Berlin zusammengefaßt. Neben den Wald- und Seenlandschaften um Potsdam und Brandenburg gehören dazu Tal- und Flußbereich der Havel bei Rathenow und Rhinow sowie die Weiten des Havelländischen Luchs. Von den sechs Altkreisen,

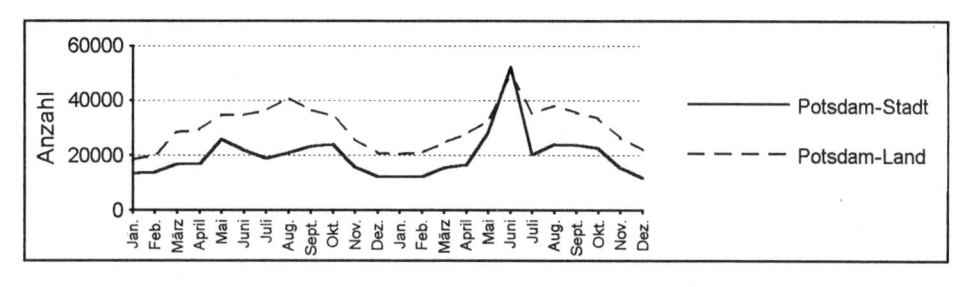

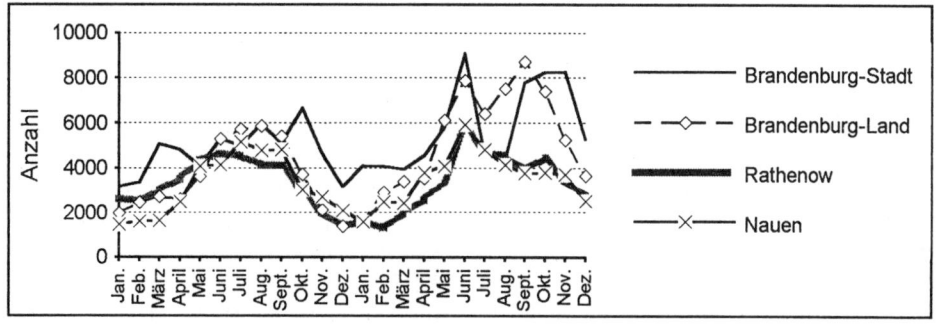

Quelle: Statistische Berichte des Landesamtes für Datenverarbeitung und Statistik Brandenburg

Abb. 97: Übernachtungen in der Tourismusregion Havelland 1992 und 1993

die Anteil an dieser Region hatten, waren es die Kreise Potsdam-Stadt und Potsdam-Land (letzterer jetzt zum Kreis Potsdam-Mittelmark gehörig), die sowohl bei Naherholung als auch bei Fremdenverkehr und Tourismus an vorderster Stelle in der Nutzung unter allen Erholungsräumen im Land Brandenburg standen, sieht man vom Spreewald mit seinen landschaftlichen und kulturhistorischen Besonderheiten einmal ab. Abbildung 97 verdeutlicht das an Hand der Übernachtungen in den Kreisen des Havellandes (nach altem Gebietsstand).

In diesem Raum südwestlich von Berlin vereinigen sich fast alle Reize, die eine jungpleistozäne Landschaft im Norden Deutschlands bieten kann, mit den Ergebnissen erfolgreicher Landschaftsgestaltung durch den Menschen. Die Kulturlandschaft, die mit dem Wirken von Peter Joseph Lenné seit der ersten Hälfte des 19. Jh. zwischen Berlin, Potdam und Werder entstanden ist, gehört mit den kulturhistorischen Sehenswürdigkeiten der Schlösser und Gärten von Potsdam und Umgebung zu den hervorragenden Zielen des nationalen und internationalen Tourismus wie auch des Ausflugsverkehrs im Berliner Umland. Der einsetzende Strukturwandel in den Besucherströmen nach der politischen Wende brachte für diesen stark frequentierten Raum auch veränderte Belastungen mit sich:

– Der frühere Pauschaltourismus – vorwiegend aus Osteuropa – konnte mit seinen Besichtigungsprogrammen so gesteuert werden, daß ein möglichst gleichmäßiger Besuch der verschiedenen Sehenswürdigkeiten in der Stadt Potsdam erreicht wurde. Die neuen Besucherströme aus Westeuropa, dem Altbundesgebiet und aus Übersee sind vor allem an den „Highlights" unter den hi-

storischen Bauten interessiert. So mußte der Besuch des Schlosses von Sanssouci aus Gründen des Denkmalschutzes auf etwa 400000 Personen jährlich beschränkt werden.
- Die Zahl der jährlichen Besucher in Potsdam ist mit 1,6 Mio. ähnlich hoch wie 1989. Der Anteil der individuell Anreisenden mit PKW ist aber bedeutend größer geworden, so daß die Stadt erhebliche Probleme bei der Bewältigung des fließenden und ruhenden Verkehrs hat.
- Die Stadt kann der veränderten Nachfrage durch die Besucher in bezug auf ergänzende Angebote in Gastronomie, Kultur- und Freizeiteinrichtungen, die zu längeren Aufenthalten anregen würden, noch nicht nachkommen. Dadurch gehen ihr wichtige Einnahmen im Bereich des Tourismus verloren.

Während die historischen Sehenswürdigkeiten wesentlich zur überregionalen Bedeutung der Potsdamer Kulturlandschaft beitragen, bestimmen im Umland der Stadt zwischen Ferch, Werder, Töplitz, Fahrland und Sacrow die attraktiven Wald-, Seen- und Hügellandschaften dieses Eisrandlagengebietes eine naturbezogene Erholungsnutzung durch Naherholer, Wassersportler, Campingfreunde (sowohl als Dauercamper als auch als Urlaubscamper), Wochenend- und Ferienurlauber (aus den traditionellen Gebieten Sachsens und Sachsen-Anhalts, zunehmend auch aus dem Altbundesgebiet). Darüber hinaus gibt es in einzelnen Orten noch weitere touristische Anziehungspunkte, sei es das jährliche Baumblütenfest in Werder mit einer mehr als hundertjährigen Tradition, das bauliche Ensemble von Schloß und Gut in Petzow oder die Heilandskirche in Sacrow als Abschluß der Berlin-Potsdamer Kulturlandschaft nach Norden hin. Neben den Ausflüglern und Touristen ist die Gruppe der Freizeitwohner von Bedeutung. In vielen Orten gibt es kleine Kolonien von Freizeithäusern, oder aber man findet solche Freizeitwohnsitze inmitten der Ortslagen zwischen den Eigenheimbauten.

Alle diese verschiedenen Gruppen von Erholungsuchenden und Freizeitnutzern haben ein Interesse, ganz bestimmte Landschaftselemente zu nutzen oder zu erleben. Befragungen im Havelland ergaben, daß vor allem die Gewässer und Waldgebiete bevorzugt werden, daß Landschafts- und Vegetationsvielfalt vor allem ansprechen. Deshalb sind auch Uferzonen, abwechslungsreiche Wald- und Wiesenlandschaften besonders frequentiert. Alle diese Aspekte sind aber auch bevorzugte Lagemerkmale für Wohnansiedlung im Umland von Potsdam und Berlin. Hier tun sich Konflikträume auf, mit denen sich Landes- und Regionalplaner, Kommunalpolitiker und Umweltschützer permanent beschäftigen müssen, um diesen qualitativ hochwertigen Freiraum in unmittelbarer Hauptstadtnähe nachhaltig zu sichern und zu gestalten. Abbildung 98 kennzeichnet einerseits die Schwerpunkträume für Naherholung und Tourismus und verweist zugleich auf mögliche Konflikte.

Der Senftenberger See – Naherholungsgebiet in einer Bergbaufolgelandschaft

In einer mehr als hundertjährigen Periode des Braunkohlenbergbaus in der südlichen Niederlausitz wurden die ursprünglichen Landschaften nahezu vollständig zerstört. Umso mehr sind die Ansätze zu einer Landschaftsgestaltung speziell auch mit Blick auf künftige Erholungsnutzung zu würdigen, die in dieser Region besonders unter Federführung des Landschaftsplaners O. Rindt in den 60er Jahren entwickelt wurden. In diesen Rahmen ist auch das Projekt einzuordnen, mit der Flutung des

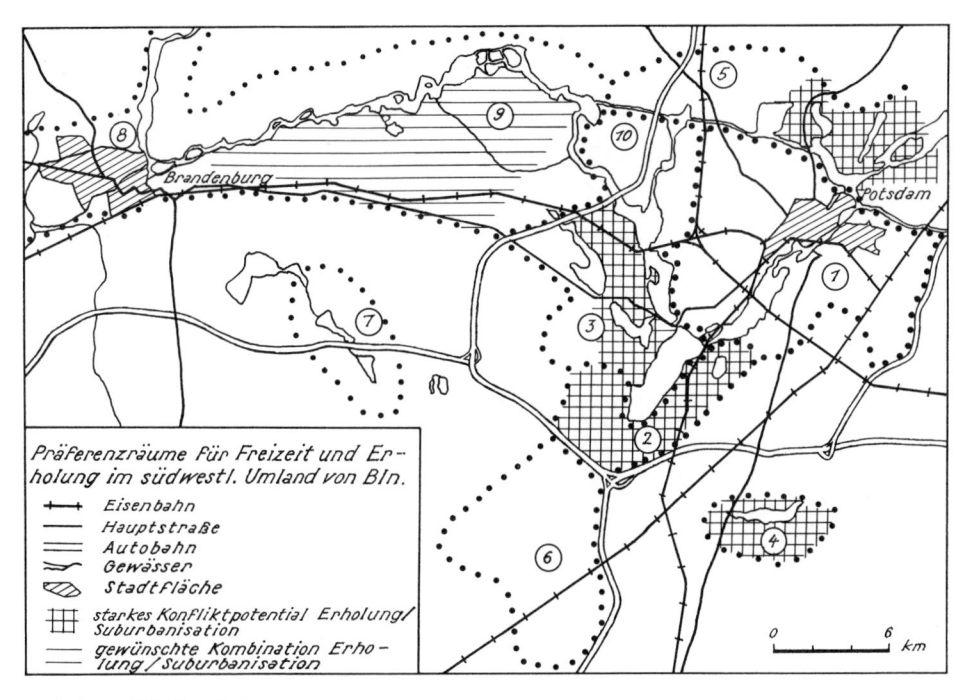

Quelle: SAUPE 1993 (b), ergänzt

① Potsdam/Eiche/Geltow
② Caputh/Ferch
③ Werder/Petzow/Glindow
④ Großer Seddiner See
⑤ Nördliches Naherholungsgebiet
⑥ Borkheide/Borkwalde/Fichtenwalde
⑦ Lehnin und Umgebung
⑧ Brandenburg (Havel) und Umgebung
⑨ Mittleres Havelland
⑩ Töplitz/Grube/Golm

Abb. 98: Schwerpunkträume für Freizeit und Erholung im Havelland in den 90er Jahren

Tagebaurestloches Niemtsch nach dem Jahre 1966 den „Kern" einer künftigen Naherholungslandschaft unmittelbar südlich der Stadt Senftenberg (1992 28000 Ew.) zu gewinnen (Abb. 99). Ohnehin war die ursprünglich auch seenarme Altmoränenlandschaft nahe Senftenberg durch den Aufschluß der Tagebaue Marga (1906), Erika (1917), Ilse-Ost (1927), Niemtsch (1940), Koschen (1951) und Meuro (1960) besonders devastiert worden. Der Grubenbetrieb im Tagebau Niemtsch lief 1966 aus, so daß nach dem Rückbau der Anlagen der Grundwasseranstieg begann, der zur Verbesserung des pH-Wertes des Seewassers durch Zuführung von Flußwasser aus der Schwarzen Elster ergänzt wurde. Anfangs lag der pH-Wert bei extrem niedrigen 3,0 und konnte erst durch das zusätzliche Flußwasser auf das Niveau eines biologisch produktiven Gewässers (1976–1978 pH-Wert um 5,1) angehoben werden. Gegenwärtig liegt der Wert bei 6,5/7,3 (1990). Bei einer Gesamtgröße des ehemaligen Tagebaus von 15,4 km^2 umfaßt der Senftenberger See heute eine Wasser-

Siedlungsfläche	Stehendes Gewässer	① Elstersiel (Einlaufbauwerk)
Industriefläche	Absetzbecken für Industrierückstände	② Überlaufgerinne
Landwirtschaftliche Nutzfläche		③ Absperrbauwerk Niemtsch
Forstwirtschaftliche Nutzfläche	Halde	④ Einlaufbauwerk Niemtsch
	Straße	⑤ Verbindungsstollen
Landwirtschaftliche Rückgabefläche	Eisenbahnlinie	⑥ Schwarze-Elster-Wehr und Einlaufbauwerk Köschen
Forstwirtschaftliche Rückgabefläche	Fließendes Gewässer	
	Strand	0 1 2 3 4 5 km

Quelle: DDR. Ökonomische und Soziale Geographie, 1990, Abb. 44

Abb. 99: Konzeption der DDR-Territorialplanung zur Gestaltung der Bergbaufolgelandschaft im Raum Senftenberg bis nach 2020 im Jahre 1989

fläche von 12,2 km² und ist ca. 25 m tief. Im Nahbereich des Sees wurden in den vergangenen Jahren annähernd 20 000 Bäume gepflanzt. Rippen der ehemaligen Förderbrückenkippe treten als Inselbogen aus dem Wasser hervor, sind von einem 25–30 Jahre alten Baumbestand bedeckt und bieten als Naturschutzgebiet einer vielfältigen Vogelwelt (Wildgänse und -enten, Kormorane und Möwen) einen ungestörten Lebensraum, zumal Motorwassersport auf dem See untersagt ist. Von Anfang an stand eine Mehrfachnutzung des Wasserkörpers im Blickfeld, primär als Wasserspeicher, nachgeordnet als Badesee, Wassersportgebiet und Fischereizone. Ein gefragtes Naherholungsgebiet wurde das Projekt seit der offiziellen Eröffnung des Strandbereiches Großkoschen 1973 mit dem nachfolgenden Ausbau von Bungalowsiedlungen, Zeltplätzen und Versorgungsinfrastruktur sowie weiteren Strandbereichen. Seit 1991 bewirtschaftet die „Erholungsgebiet Senftenberger See GmbH" die Anlagen, die in den letzten Jahren an Sommerwochenenden von Zehntausenden Besuchern genutzt wurden. Der Einzugsbereich der Naherholung umfaßt in erster Linie den Siedlungsraum der Niederlausitz (darunter der Kreis Senftenberg mit 107000 Ew. im Jahre 1992, 180 Ew./km^2), aber darüber hinaus gibt es auch an Wochenenden eine starke Nachfrage aus dem ostsächsischen und Dresdener Raum, die von den kleineren Tagebauseen nahe dem sächsischen Hoyerswerda (Silbersee, Knappensee) nicht bewältigt werden kann.

6.2.6
Konversion in der Region Berlin-Brandenburg

Mit dem Abzug der alliierten Streitkräfte aus Deutschland im Sommer 1994 ging nicht nur eine besondere politische Periode Europas zu Ende, sondern endete auch die militärische Belastung großer Flächen der Region Berlin und Brandenburg. Zurückgeblieben sind aber deren Folgen, die in Tabelle 88 zusammengestellt wurden. Tabelle 89 verdeutlicht, daß Brandenburg einen überdurchschnittlich hohen Anteil an zu konvertierenden Flächen innerhalb Deutschlands und auch der neuen Bundesländer besitzt. Den größten Anteil hieran haben die Flächen der ehemaligen „Westgruppe der Truppen" (WGT) der UdSSR bzw. Rußlands. Kleinere Anteile entfallen auf die Streitkräfte der DDR sowie der Westalliierten in Berlin.

Insgesamt etwas mehr als 1000 einzelne Liegenschaften, hierunter große Truppenübungsplätze, Flugplätze und die Garnisonstadt Wünsdorf im Süden von Berlin, wurden im Zeitraum 1990 bis 1994 freigezogen. Das Land Brandenburg hatte die kostenlose Übernahme von 93000 der ca. 120000 ha WGT-Flächen mit dem „Gesetz über die Verwertung der Liegenschaften der Westgruppe der Truppen" vom 1. 7. 1994 vorangetrieben, um die Nutzung der Flächen- und Naturressourcen zu beschleunigen. Wesentlicher Gesetzesbestandteil sind die sogenannte „Positivliste" mit 300 Liegenschaften, die durch das Land übernommen werden und die „Negativliste" mit 16 Liegenschaften und einem Flächenanteil von 0,8% der Gesamtkonversionsfläche Brandenburgs (s. Ratgeber Konversion 1994), die wegen ihrer überaus umfangreichen Kontamination nicht vom Bund zum Land übernommen werden. Die Verwertung der Liegenschaften erfolgt durch die im Sommer 1994 gegründete Brandenburgische Boden

Tab. 88: Altlastenverdacht von militärischen Bereichen

Militärischer Bereich	Stoffliche Belastung
Panzerfahrstrecken Reparatur-, Sicherungs- und Wartungsflächen flächen; Tanklager, Tankstellen Schieß- und Bombenabwurfgelände Abschußflächen Lager- und Abstellbereiche	Schrott Mineralkohlenwasserstoffe (MKW) wie PAK, PCB Schwermetalle (Fe, Cr, Cd, Cu, Pb) Aminotoluole (z. B. TNT) Versiegelungsfläche aus Beton, häufig mit MKW-Anreicherungen
Wohn- und Kasernenflächen	Hausmüll und Sonderabfall

Bundesland	Gesamtfläche (ha)	davon Anteil (%)	
		außen	innen
Brandenburg	102 599	84	16
Mecklenburg-Vorpommern	42 573	89	11
Sachsen-Anhalt	64 499	82	18
Sachsen	19 120	80	20
Thüringen	21 529	76	24
Neue Bundesländer	250 503	83	17
Alte Bundesländer	22 429	64	36

Quelle: BOCK, Prognos AG (1994)

Tab. 89: Städtebauliche Lage freiwerdender militärischer Liegenschaften in Deutschland

Gesellschaft mbH. Die fachliche Leitung und Koordinierung aller diesbezüglichen Fragen wird durch eine „Arbeitsgruppe Konversion" des Ministeriums für Umwelt, Naturschutz und Raumordnung des Landes Brandenburg wahrgenommen.

Läßt man das Land Berlin wegen des weitaus geringeren Problemdrucks unberücksichtigt, so stellen sich die wesentlichen Merkmale der Konversionsliegenschaften in Brandenburg wie folgt dar:

- 81% der Flächen liegen im Außenbereich von Siedlungen,
- nur 926 ha befinden sich im Innenbereich und weitere 16 669 ha in Ortsrandlage,
- es besteht ein hoher Anteil von Truppen- und Standortübungsplätzen, u. a. mit den Standorten Lieberoser Heide (26 700 ha), Wittstocker Heide (12 500 ha), Heidehof (12 200 ha), Altes Lager (10 400 ha) sowie Döberitzer Heide und Lehnin,
- die regionale Verteilung ist sehr unterschiedlich, wobei z. B. im Landkreis Teltow-Fläming 17% der Fläche militärisch beansprucht wurden.

Angesichts der geringen Flächennachfrage im Land Brandenburg und der insgesamt ungünstigen Lage- und Erreichbarkeitsbedingungen vieler WGT-Liegenschaften ist eine rasche und umfassende Überführung aller Flächen in wirtschaftliche und städtebauliche Nutzungen nicht möglich. Wesentliche Zustandsaspekte, insbesondere der Truppenübungsplätze, seien im folgenden dargestellt.

Altlasten und Altlastenverdachtsflächen

Nicht nur wegen der zu erwartenden hohen Kosten und langen Zeiträume für die Altlastenermittlung und -sanierung stellt die stoffliche Kontamination von Konversionsflächen ein besonderes Problem dar. Im Rahmen der durch die IABG (Industrie- und Anlagen-Baugesellschaft) auf allen Konversionsliegenschaften durchgeführten Altlasten-Ersterfassung ergaben sich schwerwiegende Belastungen von Böden, Grund- und Oberflächenwässern sowie Pflanzen durch verschiedene militärische Maßnahmen. Sie treten entsprechend der Ersterfassung durch die IABG auf 942 Liegenschaften auf. Eine differenzierte Untersuchung der Kontamination von Böden, Wässern und biologischen Objekten erfordert lange Zeiträume und hohe Kosten. Zudem besteht erheblicher Forschungsbedarf zu Stoffpfaden und -wirkungen in den Umweltmedien. Hinzu kommt, daß die Sanierung wegen der auch 1994 noch erheblichen Munitionsbelastung langwierig und teuer sein wird.

Naturschutz und Naturhaushalt

Auf den großen Truppenübungsplätzen haben sich infolge des Fehlens nutzungsbedingter Nährstoffeinträge – wie dies in der umgebenden Offenlandschaft der Fall ist – und der Abgeschiedenheit besondere Naturbedingungen erhalten oder ausbilden können. Reste der natürlichen Vegetation, insbesondere vollständig aufgebaute Biotope sowie zahlreiche Pflanzen- und Tierarten, blieben hier oftmals unbeeinträchtigt. Bedeutsam sind aber auch Sukzessionsentwicklungen auf den völlig zerstörten Naturräumen, die in Mitteleuropa wegen ihrer Flächengröße singuläre Bedeutung (RINGLER 1991) besitzen. Völlig vegetationsfreie Sand- und Kiesflächen ohne humose Bodendecke, Pionierstadien der Vegetationsentwicklung mit Silbergras-Trockenrasengesellschaften bis hin zu Heidekraut- und Ginster-Heiden und Vorwaldformationen charakterisieren diese Räume. Ein Großteil der Biotope – im Bereich Heidehof östlich von Jüterbog mehr als 40% der Fläche – sind nach § 32 Brandenburger Naturschutzgesetz geschützt, weil sie auch für die Wiederausbildung der Fauna besonderen Stellenwert besitzen. Auf dem Altmoränen-Standort „Altes Lager" hat sich zwischen Kloster Zinna und Jüterbog eine sehr aktive Binnendüne gebildet. Damit bestehen Naturwerte mit bedeutenden naturschutzfachlichen Anforderungen – vor allem zur Sicherung des genetischen Potentials und Erhaltung der Funktionsfähigkeit des Naturhaushaltes – die für das Land Brandenburg Herausforderung und Reichtum zugleich darstellen.

6.2.7
Siedlungsstruktur im Wandel und die besondere Stellung der Landeshauptstadt Potsdam

Mit der Wiedervereinigung Deutschlands waren auch für die siedlungsstrukturelle Entwicklung in Brandenburg neue rechtliche, wirtschaftliche und ordnungspolitische Rahmenbedingungen verbunden. Dies betrifft vor allem den Übergang zu marktwirtschaftlichen Verhältnissen, den Wegfall zentralistischer Vorgaben für die Siedlungsentwicklung und die neue kommunale Selbstverwaltungs- und Planungshoheit.

Strukturen, Entwicklungsprozesse und planerische Aufgaben

In einem Überblick kann das siedlungsräumliche Grundmuster des Bundeslandes Brandenburg in Anlehnung an raumordnungspolitische Verfahren gegliedert werden in

– den Verdichtungsraum Berlin mit seiner sternförmigen Ausprägung und den radialen Siedlungsachsen in das nähere Umland, das zahlreiche räumlich-funktionale Verflechtungen zur Bundeshauptstadt aufweist (raumordnerisch als „engerer Verflechtungsraum Brandenburg-Berlin" bezeichnet LEP I/MUNR Land Brandenburg),
– eine Region mit Verdichtungsansätzen in Südostbrandenburg mit der Kernstadt Cottbus und
– weit ausgedehnte, ländlich geprägte Teilräume mit vergleichsweise dünner Besiedlung und einem weitmaschigen Netz von Mittel- und Kleinstädten.

Ähnlich wie in Mecklenburg-Vorpommern gehört der größte Teil des Landes Brandenburg zu dem letztgenannten Raumtyp.

Dieser Umstand widerspiegelt sich in der Bevölkerungsdichte des Bundeslandes (1993 86 Ew./km²), wobei die Werte in den Landkreisen zwischen 131 Ew./km² (Oberspreewald-Lausitz) und 47 Ew./km² (Ostprignitz-Ruppin) schwanken. Die mittlere Gemeindegröße beträgt in Brandenburg nach der Einführung des 3. Gemeindegliederungsgesetzes vom 20. 09. 1993 17 km² und liegt damit etwa im Mittelwert der neuen Bundesländer, aber immer noch erheblich unter dem Bundesmittel von 27 km². Auch nach der durchschnittlichen Einwohnerzahl je Gemeinde steht Brandenburg mit 1493 Ew. (1993) gegenüber dem Bundesdurchschnitt (ca. 6000 Ew. je Gemeinde) erheblich zurück. Zwei Drittel aller Gemeinden (1 700) verfügen über weniger als 500 Ew., und neun Zehntel aller Gemeinden bleiben mit ihrer Einwohnerzahl unter 2000.

Eine Gliederung der Bevölkerung nach ihrer Zuordnung zu den wichtigsten Gemeindegrößengruppen zeigt Tabelle 90.

Nahezu zwei Drittel der Bevölkerung des Landes leben in Städten. Den höchsten Anteil weisen die 22 Mittelstädte des Landes mit 30% der Bevölkerung auf. Die zwei Großstädte Potsdam und Cottbus vereinen lediglich 10% der Landesbevölkerung auf sich.

Im engeren Verflechtungsraum um Berlin häufen sich neben der Landeshauptstadt Potsdam (1993: 139262 Ew.) zahlreiche mittel- und kleinstädtische Siedlungen verschiedenen Typs. Nach der Wiedervereinigung ergaben sich mit der Wiederbelebung der räumlich-funktionalen Beziehungen zum Westteil Berlins neue Entwicklungschancen für diesen Siedlungsraum. Allein aus den Gemeinden der Arbeitsamtsbezirke Potsdam und Neuruppin pendelten 1993 täglich 37000 Arbeitnehmer nach Westberlin (s. a. Kap. 6.3.2). Andererseits lastet auf diesem Siedlungsraum ein erheblicher Ansiedlungsdruck vor al-

Gemeindegrößengruppe	Bevölkerung	
	absolut	Anteil (%)
<500 Ew.	297700	11,73
500/ <2000 Ew.	367880	14,49
2000/ <5000 Ew.	277861	10,95
5000/ <10000 Ew.	235562	9,28
10000/ <20000 Ew.	323319	12,74
>20000 Ew.	1035339	40,79

Quelle: LDS Brandenburg. Statistisches Jahrbuch 1994, S. 25

Tab. 90: Verteilung der Bevölkerung nach Gemeindegrößengruppen in Brandenburg (31. 12. 1993)

lem aus der nahen Bundeshauptstadt, der sich bisher vorrangig im spekulativen Anstieg der Boden- und Grundstückspreise, in hoher Mobilität im Immobilienbereich, in der Anlage von Wohnsiedlungen, großflächigen Super- und Fachmärkten sowie Freizeiteinrichtungen geäußert hat. Gleichzeitig ergeben sich hier neue Chancen, das verarbeitende Gewerbe für eine Ansiedlung zu gewinnen. Die Bevölkerungsverluste nach der politischen Wende hielten sich hier vergleichsweise in Grenzen. Seit Mitte des Jahres 1992 verzeichnet das Land Brandenburg Wanderungsgewinne aus Berlin. Diese sind hauptsächlich auf den westlichen engeren Verflechtungsraum gerichtet. Landesplanerisch steht hier in bezug auf die Entwicklung der Städte die Aufgabe, die vorhandenen Zentren wie Nauen, Oranienburg, Bernau, Strausberg und Ludwigsfelde zu stärken und arbeitsteilig zu vernetzen. Zu den Entwicklungsschwerpunkten des Landes außerhalb des engeren Verflechtungsraumes zählen die Großstadt Cottbus (1993: 128121 Ew.) und die Städte Frankfurt (Oder), Brandenburg (Havel), Neuruppin, Eberswalde, Jüterbog sowie Luckenwalde, die in einer Entfernung von 40 bis 100 km von Berlin entfernt liegen (s. Kap. 7.1). Sie bedürfen besonderer Förderung, zumal sie als Siedlungszentren in den letzten Jahren samt ihres Umlandes meist Wirtschafts- und Bevölkerungseinbußen erlitten haben, andererseits aber selbst wichtige Entwicklungspotentiale beherbergen. Die Mittel- und Kleinstädte in den strukturschwachen ländlichen Räumen und in der Bergbau- und Industrieregion Südbrandenburgs hatten gleichzeitig mit dem Umbruch ihrer wirtschaftlichen Strukturen bedeutsame Bevölkerungsverluste zu verzeichnen und finden erst gegenwärtig zu neuer Stabilität zurück.

Die städtebauliche Planung in Brandenburg sieht ihre wichtigste Aufgabe darin, „funktionsfähige Siedlungsstrukturen zur Verbesserung der Wohn- und Infrastrukturversorgung, zur Schaffung wirtschaftspolitischer Impulse und damit der Herstellung gleichwertiger Lebensbedingungen" in allen Landesteilen zu entwickeln (Städtebaubericht 1994). Im einzelnen stehen damit als Aufgaben an: die Erneuerung der meist zerfallenen Innenstädte, verbunden mit der Erhöhung ihrer funktionalen Attraktivität, die Sanierung von Großwohnsiedlungen und Wohnbaukomplexen, die umfassende Modernisierung der städtischen Infrastruktur sowie die Forcierung der Erschließung neuer Gewerbe- und Wohngebiete. In vielen Städten Brandenburgs befindet sich in den Innenstadtbereichen kulturell und bauhistorisch wertvolle Bausubstanz in noch erhaltener städtebaulicher Geschlossenheit von teilweise überregionaler Bedeutung, z. B. in den barocken Stadtteilen Potsdams, in Brandenburg (Havel) und in den Städten Jüterbog, Luckau, Angermünde, Neuruppin, Wittstock und Perleberg. Über die förmliche Festschreibung von Sanierungsgebieten und die Nutzung verschiedener Fonds von Fördermitteln versuchen die Kommunen gegenwärtig, dieses Kulturgut zu bewahren und die Erneuerung der Innenstädte zu unterstützen. Im Umbau und bei der Modernisierung der Innenstadt hat in letzter Zeit besonders das Regionalzentrum Cottbus bemerkenswerte Fortschritte erzielt. Die in industrieller Bauweise errichteten Großwohngebiete der Zeit vor 1989 besitzen in vielen größeren Städten meist einen erheblichen Teil am gesamten Mietwohnungsbestand, weisen einen mittleren Ausstattungsstandard auf, sind aber gleichzeitig durch relativ geringe Wohnungsgrößen, Bausubstanzmängel und zuweilen tristes Wohnumfeld gekennzeichnet. In Städten wie Potsdam, Brandenburg (Havel), Eberswalde-Finow, Schwedt (Oder), Frankfurt (Oder), Eisenhüttenstadt, Cottbus und Senftenberg besitzen die Instandsetzungs- und Modernisierungsaufgaben in den Großwohnsiedlungen besonderes Gewicht. Viele Städte und Gemeinden verfügen gegenwärtig über städtebaulich relevante Brachflächen, die trotz vorhandener Altlasten ein beachtliches Entwicklungspotential für die betroffenen Kommunen darstellen. Oft sind dies WGT-Wohnungsliegenschaften, die durch den Abzug der russischen Streitkräfte zwischen 1992/94 freigesetzt wurden und sich in einem trostlosen Bauzustand befinden. Besonders die Städte und Gemeinden Potsdam, Dallgow-Elstal, Wünsdorf, Neuruppin, Jüterbog, Eberswalde-Finow, Frankfurt (Oder) und Welzow stehen heute dieser Situation gegenüber. Die Erschließung neuer Wohngebiete konzentriert sich gegenwärtig noch in erster Linie auf den engeren Verflechtungsraum um Berlin, und hier in besonderem Maße auf die berlinnahen Städte und Gemeinden der Kreise Potsdam-Mittelmark, Dahme-Spreewald und Oder-Spree. In der Landeshauptstadt Potsdam steht das größte Wohnungsbauvorhaben Brandenburgs im Kirchsteigfeld kurz vor dem Abschluß.

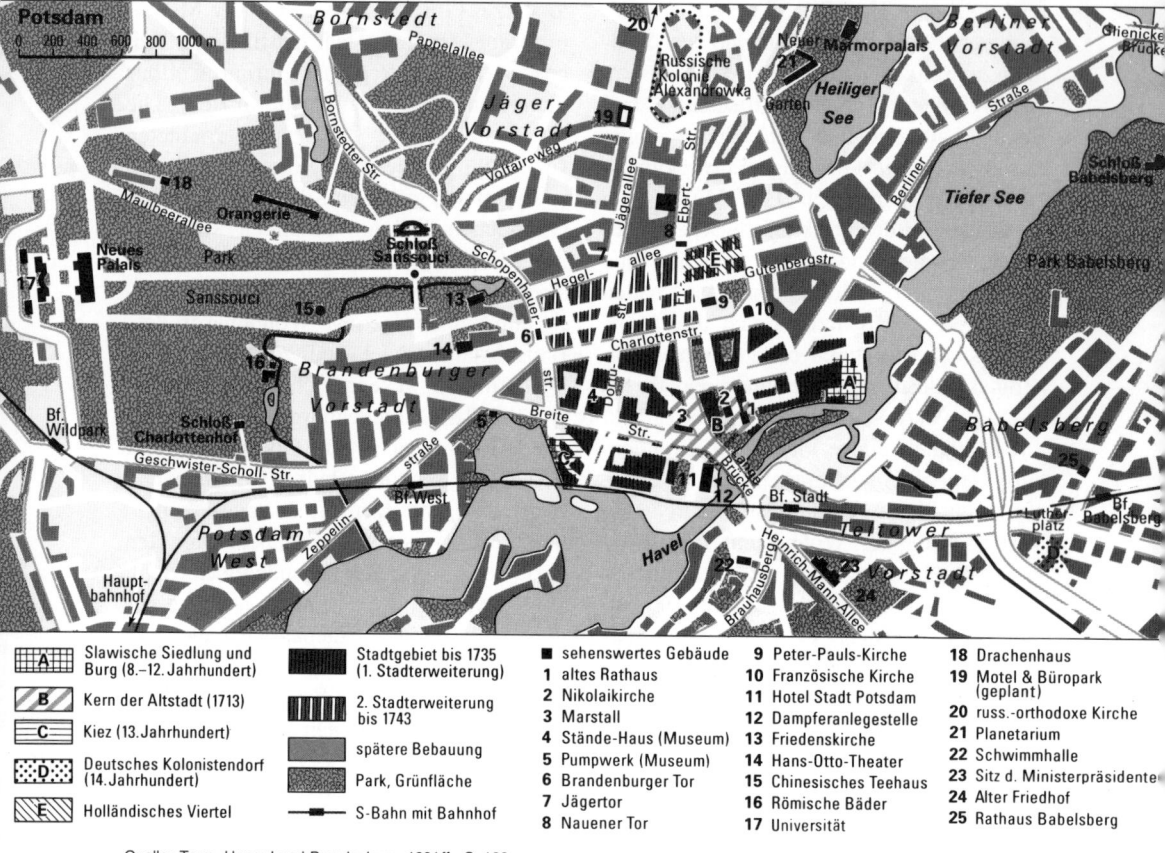

A	Slawische Siedlung und Burg (8.–12. Jahrhundert)	
B	Kern der Altstadt (1713)	
C	Kiez (13. Jahrhundert)	
D	Deutsches Kolonistendorf (14. Jahrhundert)	
E	Holländisches Viertel	

- Stadtgebiet bis 1735 (1. Stadterweiterung)
- 2. Stadterweiterung bis 1743
- spätere Bebauung
- Park, Grünfläche
- S-Bahn mit Bahnhof

■ sehenswertes Gebäude
1 altes Rathaus
2 Nikolaikirche
3 Marstall
4 Stände-Haus (Museum)
5 Pumpwerk (Museum)
6 Brandenburger Tor
7 Jägertor
8 Nauener Tor
9 Peter-Pauls-Kirche
10 Französische Kirche
11 Hotel Stadt Potsdam
12 Dampferanlegestelle
13 Friedenskirche
14 Hans-Otto-Theater
15 Chinesisches Teehaus
16 Römische Bäder
17 Universität
18 Drachenhaus
19 Motel & Büropark (geplant)
20 russ.-orthodoxe Kirche
21 Planetarium
22 Schwimmhalle
23 Sitz d. Ministerpräsidenten
24 Alter Friedhof
25 Rathaus Babelsberg

Quelle: Terra. Unser Land Brandenburg, 1991 ff., S. 168

Abb. 100: Die brandenburgische Landeshauptstadt Potsdam und ihre Entwicklung

Die Landeshauptstadt Potsdam

Im Siedlungsraum des Bundeslandes Brandenburg besitzt die Großstadt Potsdam an der Havel (1993: 139 262 Ew.) eine eigenständige Entwicklung und einen besonderen Stellenwert (Abb. 100). Über 40 Jahre war Potsdam von Berlin durch die politische Teilung und den Bau der „Mauer" getrennt, kann aber nun nach der politischen Wende von 1989 als Nachbarstadt auch die geographische Nähe Berlins als Standortvorteil nutzen. Gleichwohl verfügt Potsdam über ein historisch gewachsenes eigenständiges funktionales Profil, einerseits als Landeshauptstadt, dann als Oberzentrum mit einem gehobenen Dienstleistungssektor für einen engeren Versorgungsbereich in einem Radius von ca. 25 km mit mehr als 300 000 Einwohnern, weiter als Universitäts- und Wissenschaftsstandort, als Medienzentrum (Studio Babelsberg) und schließlich als Zielpunkt des Tourismus zu den international hochbewerteten Schloß- und Parkanlagen (Welterbe-Liste der UNESCO seit 1990). Dieses funktionale Profil spiegelt sich auch in der sektoralen Verteilung der Erwerbstätigen auf die einzelnen Wirtschaftsbereiche in der Stadt wider: In Gebietskörperschaften sind ca. 30% der Arbeitnehmer tätig, dagegen im verarbeitenden Gewerbe nur ca. 7% der Beschäftigten. Die Funktion einer Landeshauptstadt wird auch nach einer möglichen Fusion des Landes mit Berlin bei Potsdam bleiben. Der Neubau eines Landtagsgebäudes ist im Projekt einer sogenannten Speicherstadt am südlichen Havelufer nahe der Langen Brücke vorgesehen.

Seit mehr als 100 Jahren befindet sich das Geschäftszentrum Potsdams in der barocken Innenstadt, in der heute städtebaulich Aufgaben der Modernisierung und Instandsetzung des Gebäudebestandes in den Nebenstraßen und die Rettung bauhistorisch wertvoller Bausubstanz vor dem Verfall primäre Bedeutung besitzen. Maßnahmen der Stadterneuerung sind in der Innenstadt von erhöhter Dringlichkeit.

Mit seiner barocken Stadtanlage und seinen Schloß- und Parkensembles (Parkanlagen von Sanssouci, Charlottenhof, Neuem Garten, Park Babelsberg) hat Potsdam schon seit über 150 Jahren einen wachsenden Touristenstrom angezogen, der sich nach der politischen Wende stärker zum Individualtourismus hin entwickelt hat und 1993 auf 1,6 Mio. Besucher geschätzt wird. Hauptherkunftsgebiete der Besucher sind heute außer Berlin Mecklenburg-Vorpommern, Hamburg/Bremen, Niedersachsen und Nordrhein-Westfalen.

Die langjährigen Traditionen Potsdams als Wissenschaftsstandort werden in der jüngeren Zeit in besonderem Maße durch die Neugründung der Universität Potsdam (1994 mehr als 8000 Studenten) und des Geoforschungszentrums im Wissenschaftspark „Albert Einstein" auf dem Telegrafenberg revitalisiert und ausgebaut. An die großen Traditionen als Filmstandort knüpft der Umbau des Studiogeländes in Babelsberg zu einer Medienstadt mit hochmoderner Infrastruktur und einem Film-Erlebnispark an. Im Rahmen der Landesentwicklungsplanung wird schließlich Potsdams Rolle als Oberzentrum im engeren Verflechtungsraum Brandenburg-Berlin (LEP I/Entwurf vom 22. 03. 94) unterstrichen.

6.3
Funktionsräumliche Verflechtungen zwischen Berlin und Brandenburg
– Revitalisierung und Innovation

Die mit der politischen Wende, dem Fall der Berliner Mauer und der Wiedervereinigung Berlins im geeinten Deutschland sowie mit der Bildung des Landes Brandenburg grundsätzlich veränderte Lage im Raum Berlin-Brandenburg führt unter marktwirtschaftlichen Voraussetzungen und den Bedingungen der kommunalen Selbstverwaltung zur Revitalisierung bzw. Herausbildung alter und neuer Verflechtungen zwischen Berlin und Brandenburg.

Während derartige räumliche Beziehungen bei der Gewerbe-, Tourismus-, Naherholungs- und Umweltentwicklung an anderer Stelle bereits genannt und teilweise behandelt worden sind, werden im folgenden vier Problemkreise an Fallbeispielen näher beleuchtet:

– Migration der Bevölkerung
– Arbeitspendelverflechtung
– Verkehrsverbund Berlin-Brandenburg
– Großflughafen Berlin-Brandenburg-International.

6.3.1
Migrationsverflechtung

Entwicklung der Migrationsverflechtung in der Region Brandenburg-Berlin

Wanderungsprozesse gelten als Ausdruck der Suche nach besseren Bedingungen zur

Verwirklichung der persönlichen Lebensvorstellungen. Die Ursachen für die Realisierung von Umzugsabsichten sind sehr vielgestaltig. Dabei verdient die Entwicklung dieser Prozesse innerhalb der Region Brandenburg-Berlin hohe Aufmerksamkeit. Zum einen herrschen seit 1989 vollkommen veränderte Rahmenbedingungen, durch die sich das bis dahin vorherrschende Wanderungsmuster, das Ostberlin als überragendes Zuwanderungsgebiet aus der gesamten ehemaligen DDR sah, grundsätzlich gewandelt hat. Andererseits wird die im Laufe der Jahre sich entwickelnde kleinräumige Wanderungsverflechtung in dieser Region mit seinen starken siedlungsstrukturellen Unterschieden zu umfangreichen raumstrukturellen Veränderungen führen. Teilweise sind diese raumwirksamen Wandlungen Zeichen für die Herausbildung normaler Stadt-Umland-Beziehungen in einem Agglomerationsraum. Sie bergen aber auch die Gefahr der Zersiedelung ländlicher Räume und damit der Zerstörung ländlicher Lebensformen und landschaftlich wertvoller Freiräume in sich.

Abb. 101: Wanderungen zwischen Berlin und Brandenburg 1991–1993

Quelle: Statistisches Landesamt Berlin, eigene Berechnungen

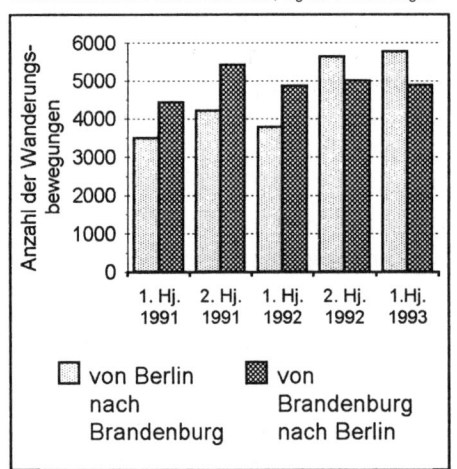

Im ersten Halbjahr 1991 standen 3205 Umzügen von Berlin nach Brandenburg 4439 Umzüge in umgekehrter Richtung gegenüber. Bis einschließlich des ersten Halbjahres 1992 verließen mehr Brandenburger das Land in Richtung Berlin, als in umgekehrter Richtung Zuzüge aus Berlin stattfanden. Seit dem zweiten Halbjahr 1992 hat sich diese Relation verändert. Es erfolgen mehr Umzüge aus Berlin nach Brandenburg als umgekehrt (Abb. 101). Diese Entwicklung scheint sich als Trend abzuzeichnen und wird hauptsächlich durch die positive Entwicklung in den Brandenburger Umlandkreisen von Berlin (Kreisgebietsstand vor der Kreisgebietsreform Ende 1993 im Land Brandenburg) getragen. Bereits seit Beginn der statistischen Erfassung dieser Wanderungsströme im Jahre 1991 hatte das Berliner Umland einen positiven Wanderungssaldo mit dem Westteil Berlins zu verzeichnen, seit Anfang 1993 ebenfalls mit dem Ostteil der Stadt. Dieser Saldo ist Ausdruck der nach Grenzöffnung wieder möglichen Suburbanisierungsprozesse im Berliner Umland, die generell unter den Bedingungen der Marktwirtschaft und der kommunalen Selbstverwaltung in Stadt-Umland-Regionen ablaufen (Tab. 91).

Die Migrationsströme aus Berlin in das Umland sind teilweise doppelt so hoch wie in umgekehrte Richtung. Vielerorts entstehen im Umland von Berlin neue Wohnanlagen sowie Eigenheimsiedlungen. Die höhere Zahl der Zuzüge aus Westberlin ins Umland gegenüber den Zuzügen aus Ostberlin in die gleiche Richtung dürfte sich hauptsächlich aus der höheren Kapitalausstattung der Westberliner Bevölkerung erklären lassen, zumal hier auch ein größerer Nachholebedarf nach Ansiedlung zum Wohnen und Erholen im natürlichen Umland Berlins zu decken ist. Damit ist wesentlich eher für die Westberliner Bevölkerung die Realisierung von Wohneigen-

Wanderungssaldo von/mit	Zeitschnitt	Berlin-Ost	Berlin-West	Land Berlin
Brandenburger Umlandkreise von Berlin	2. Halbjahr 1990 1990 1991 1992 1993	− 543 −507 −113 +1954	k. A. +331 +990 +2290	−176 +877 +4244
übrige Brandenburger Kreise	2. Halbjahr 1990 1990 1991 1992 1993	−1171 −1334 −1143 −388	k. A. −628 −174 +249	−1962 −1317 −139
Land Brandenburg	2. Halbjahr 1990 1990 1991 1992 1993	−1714 −1841 −1256 +1566	k. A. −297 +816 +2539	−2138 −440 +4105

Quelle: Statistisches Landesamt Berlin, eigene Berechnungen

Tab. 91: Wanderungsverflechtung zwischen Berlin und Brandenburg

tumswünschen außerhalb der Stadt möglich. Insgesamt wird die Verstärkung des Zuzugsdrucks aus Berlin ins Umland durch die Entwicklung im dritten Quartal 1993 deutlich. In diesem Zeitraum verlor Berlin per Saldo bereits 1231 Einwohner an das Umland gegenüber 2002 Einwohnern im Zeitraum von Anfang 1992 bis Mitte 1993. Bei Realisierung aller Wohnbauvorhaben im Umland von Berlin dürfte sich diese Entwicklung in Zukunft noch verstärken, da die Schaffung der Planungsvoraussetzungen einen bestimmten Zeitraum einnehmen und zahlreiche Wohnbauvorhaben erst 1994/1995 fertiggestellt werden. Beispielhaft sei hier das Wohnbauvorhaben Potsdam-Kirchsteigfeld als z. Z. größtes Wohnungsneubauvorhaben in den neuen Ländern genannt.

Für das Gebiet im Land Brandenburg außerhalb der Berliner Umlandkreise bestehen andere Voraussetzungen. Einerseits wird durch die relativ größere Berlinferne der dortigen Bevölkerung die Nutzung der Potentiale im Agglomerationsraum Berlin erschwert. Andererseits läßt die noch unzureichende Verkehrsanbindung an den Berliner Raum diese Gebiete kaum als Wohnalternative für Berlinpendler zum hochverdichteten Ballungsraum Berlin erscheinen. Die höchste Zahl der Wanderungsbewegungen zwischen den entfernteren Kreisen des Landes Brandenburg mit Berlin erfolgt durch Umzüge in den Ostteil der Stadt. Teilweise kann die Dominanz dieses Wanderungsstromes durch das vor 1989 existierende Verflechtungsmuster und teilweise durch das in Ostberlin zumindest bis Anfang 1993 vergleichsweise niedrigere Mietenniveau gegenüber dem Westteil der Stadt erklärt werden. Die Zuwanderungen nach Ostberlin zeigen jedoch eine rückläufige Tendenz. Die anderen Wanderungsströme aus den beschriebenen Teilregionen zeigen eine annähernde Konstanz im Zeitraum zwischen Anfang 1991

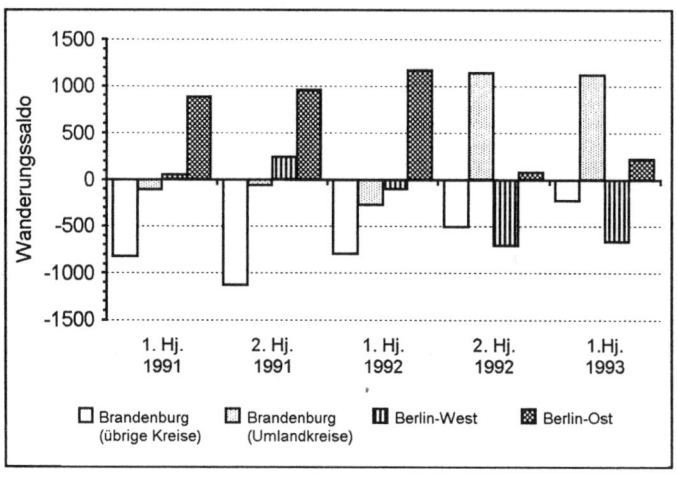

Abb. 102: **Wanderungssalden durch Bevölkerungsaustausch zwischen Berlin und Brandenburg 1991–1993**

Quelle: Statistisches Landesamt Berlin, eigene Berechnungen

und dem ersten Halbjahr 1993. Erstmals erfolgten jedoch im ersten Halbjahr 1993 mehr Umzüge von Westberlin in die entfernteren Brandenburger Kreise als in umgekehrter Richtung. Die beschriebenen Wanderungsprozesse zwischen den einzelnen Teilräumen der Region Brandenburg-Berlin sind vielgestaltig. Dies wird durch die erzielten Wanderungssalden der einzelnen Teilräume innerhalb der Region deutlich (Abb. 102). Gegenwärtig ist es noch schwierig, aus den Salden allgemeingültige Trends zu ermitteln. In jüngerer Zeit ergeben sich jedoch eindeutige Wanderungsgewinne für das Berliner Umland. Dies deutet auf eine graduelle Veränderung der Bevölkerungsverteilung innerhalb der Region hin. Auch Ostberlin hat mittlerweile per Saldo Wanderungsverluste gegenüber Brandenburg zu verzeichnen. Die Abwanderung aus Berlin vor allem ins Umland nimmt stark zu. Ob die Realisierung von Berliner Wohnungsbauvorhaben zumindest mittelfristig diesen Abwanderungstrend ins Umland stoppen wird, kann gegenwärtig noch nicht eingeschätzt werden. Die These von der Entleerung des berlinfernen ländlichen Raumes kann für die Verflechtung mit Berlin bis Ende 1992 gelten. Für eine Einschätzung der Veränderung der Bevölkerungsverteilung innerhalb der Region Brandenburg-Berlin fehlen jedoch noch Angaben zur Wanderungsverflechtung zwischen den Brandenburger Umlandkreisen und den entfernteren Brandenburger Kreisen.

Überregionale Migrationsverflechtung

Die Untersuchung großräumiger Wanderungsverflechtungen innerhalb des Bundesgebietes, insbesondere nach 1989, ist Gegenstand vieler Publikationen. Im Zeitraum von 1989 bis 1992 haben mehr als 1,2 Mio. ehemalige DDR-Bürger ihren Wohnsitz in Richtung früheres Bundesgebiet verlegt. Überdurchschnittlich stark wandern neben den jüngeren Erwerbsfähigen bis 30 Jahre vor allem Personen mit Hochschulausbildung ab. Bei einer Befragung im Jahr 1993 konnte sich mehr als ein Viertel aller Ostdeutschen vorstellen,

Funktionsräumliche Verflechtungen zwischen Berlin und Brandenburg 359

Zuzüge aus	Anzahl der Zuzüge 1991	Durchschnittsalter	Fortzüge nach	Anzahl der Fortzüge 1991	Durchschnittsalter
Leipzig	408	36,5	Hamburg	701	26,4
Hoyerswerda	330	27,5	Dresden	651	23,6
Dresden	285	33,5	München	535	24,2
Weißwasser	210	27,5	Leipzig	414	25,5
Rostock	195	28,6	Stuttgart	406	25,3
Hamburg	163	29,4	Hannover	354	24,8
Neubrandenburg	156	25,1	Bremen	292	26,1
Chemnitz	136	32,9	Hoyerswerda	251	33,2
Köln	124	29,7	Rostock	237	31,6
München	108	30,9	Weißwasser	215	27,7
Erfurt	102	30,9	Köln	208	26,5
Stuttgart	95	32,5	Duisburg	196	25,5
Schwerin	95	26,5	Dortmund	188	25,0
Greifswald	94	32,8	Nürnberg	185	25,8
Düsseldorf	93	28,6	Düsseldorf	183	26,3

Quelle: Zentrales Einwohnerregister Ostberlin, eigene Berechnungen

Tab. 92: Hauptwanderungsquellen bzw. -ziele der Region Brandenburg – Berlin im übrigen Bundesgebiet 1991

ihren Wohnsitz unter Umständen in die alten Länder zu verlegen (DIW 1994).

In den neuen Ländern zeigt sich, daß im Jahr 1991 neben der Raumordnungsregion Dresden die Brandenburger Regionen, insbesondere das Berliner Umland, bevorzugte Zuwanderungsgebiete für Personen aus den alten Ländern waren, wenngleich diese Zuzüge die Fortzüge in die alten Länder bei weitem nicht kompensieren konnten (GÖRMAR u. a. 1993). Gemessen an der sehr hohen Fortzugsintensität aus den Regionen der neuen Länder in das frühere Bundesgebiet hatten wiederum die Regionen des Landes Brandenburg und dabei vor allem das Berliner Umland vergleichsweise geringere Fortzugsraten aufzuweisen (ebenda, S. 44–49). Die ehemaligen Kreise Oranienburg, Nauen und Königs Wusterhausen waren die einzigen Kreise aus den neuen Ländern, die gegenüber dem früheren Bundesgebiet einen positiven Wanderungssaldo (1991) aufweisen konnten.

Die Herkunft der Personen, die 1991 in die Region Brandenburg-Berlin ihren Wohnsitz verlegt haben, unterscheidet sich stark zwischen den neuen und alten Ländern. So liegen unter den ersten zehn Quellorten mit der höchsten Zuzugsintensität in die Region Brandenburg-Berlin allein sieben aus den neuen Ländern. Dies ist zumindest teilweise ein Ergebnis des langjährig aufgebauten Musters der Wanderungsverflechtung in der ehemaligen DDR. Zutreffend ist das insbesonders für die beiden heute zu Sachsen gehörenden Städte Weißwasser und Hoyerswerda, die Kreisstädte im ehemaligen Bezirk Cottbus waren und umfangreiche Arbeitspendelverflechtungen mit dem heutigen südlichen Brandenburger Raum (Bergbauregion, insbesondere „Schwarze Pumpe" bei Spremberg) aufweisen, wenngleich diese Verflechtungsbeziehungen durch Arbeitsplatzabbau in Bergbau und Energiewirtschaft nicht mehr das hohe Niveau von vor 1989 besitzen (Tab. 92).

Der Altersdurchschnitt der Zugezogenen differiert stark. Die ältesten Zuwanderer kamen aus Leipzig mit durchschnittlich 36,5 Jahren, die Jüngsten aus Neubrandenburg mit etwas mehr als 25 Jahren. Die Ziele der Abwanderung aus Brandenburg-Berlin lagen 1991 hauptsächlich in den alten Ländern. Die Unzufriedenheit mit der Gesamtheit der Lebensbedingungen veranlaßte etwa 77 000 Einwohner aus Brandenburg und Berlin, sich einen neuen Wohnort im alten Bundesgebiet zu suchen. Die Fortzugsintensität in die anderen neuen Länder war dagegen mit rund 15 000 Fortzügen wesentlich geringer. Die neuen Länder wurden kaum als alternativer Wohn- und Arbeitsort zur Heimatregion gesehen. Deutlich wird vor allem der starke Altersunterschied der fortziehenden gegenüber den zuziehenden Personen. Etwa zwei bis vier Jahre sind im Durchschnitt die Fortziehenden jünger als die Zuziehenden. Daraus resultieren negative Veränderungen des Altersaufbaus der Bevölkerung in den Quellgebieten der Abwanderung. Die aus dem bisherigen Bundesgebiet in die neuen Länder Fortziehenden sind im allgemeinen etwas älter.

Kleinräumige Migrationsverflechtung innerhalb der Region Brandenburg-Berlin

Aus Tabelle 91 gehen die Fortzugs- und Zuzugsaktivitäten zwischen Berlin und den Brandenburger Teilregionen hervor. Von hoher Intensität war im Jahr 1991 der Bevölkerungsaustausch innerhalb des engeren Verflechtungsraums in Brandenburg. Hier vollzogen sich etwa zwei Drittel aller Umzüge im Land. Die berlinfernen Regionen des Landes wurden kaum als neuer Wohnort gewählt (Tab. 93).

Tab. 93: Wanderungsverflechtung innerhalb des Landes Brandenburg 1991

Quelle: Zentrales Einwohnerregister Ostberlin, eigene Berechnungen
[1]) s. a. Kap. 7

			Wanderungsziel	
			engerer Verflechtungsraum	äußerer Entwicklungsraum
Wanderungsquelle	engerer Verflechtungsraum[1])	Anteil an der Gesamtzahl der Fortzüge innerhalb des Landes (%)	65,8	9,2
		Durchschnittsalter der fortziehenden Personen (Jahre)	30,5	30,7
	äußerer Entwicklungsraum[1])	Anteil an der Gesamtzahl der Fortzüge innerhalb des Landes (%)	7,5	17,5
		Durchschittsalter der fortziehenden Personen (Jahre)	32,0	31,5

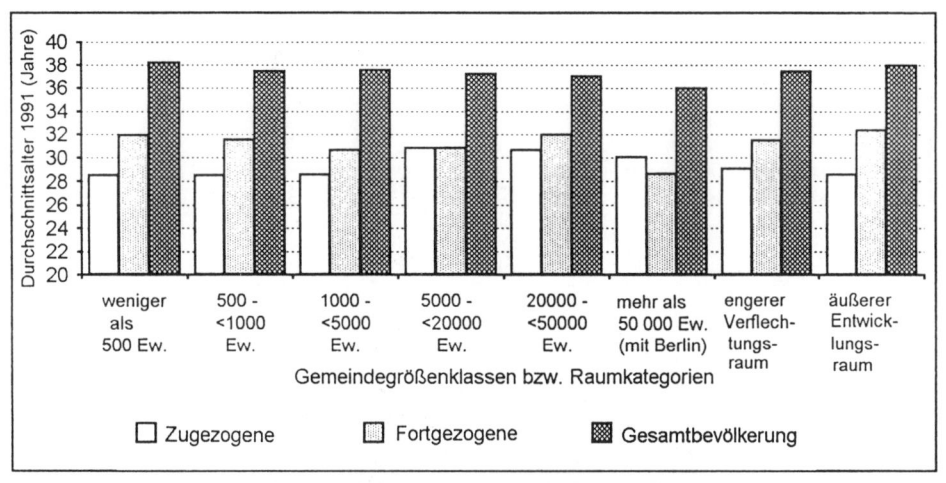

Funktionsräumliche Verflechtungen zwischen Berlin und Brandenburg 361

Abb. 103: Durchschnittsalter der Zu- bzw. Fortzüge innerhalb der Region Brandenburg-Berlin in Relation zum Durchschnittsalter der Gesamtbevölkerung 1991

Insgesamt standen einem durch Zu- bzw. Fortzüge innerhalb der Region Brandenburg-Berlin entstandenen positiven Wanderungssaldo von 19 je 100 000 Einwohner im engeren Verflechtungsraum Brandenburg-Berlin (einschließlich Berlin) ein Wanderungsverlust von 47 je 100 000 Einwohner im äußeren Entwicklungsraum der Region gegenüber. Relativ hohe Zuzugs- und Fortzugsraten waren insbesondere in den kleineren Gemeinden des Landes mit bis zu 1000 Einwohnern zu beobachten (Abb. 103). Diese Gemeinden hatten auch per Saldo leichte Bevölkerungsverluste zu verzeichnen, geringe Wanderungsgewinne dagegen die Gemeinden mit mittleren Einwohnerzahlen bzw. die größeren Brandenburger Städte. Hier zeichnete sich eine Bevölkerungsumverteilung von ländlichen Gemeinden in die Stadt ab, jedoch nur mit verhältnismäßig geringen Auswirkungen auf die Bevölkerungszahl in den Zielgemeinden. Dagegen wirken in kleineren Gemeinden Fortzüge auch auf nur niedrigem Niveau relativ stark auf die Einwohnerzahlen dieser Gemeinden. Das Durchschnittsalter der zugezogenen Personen in kleineren Gemeinden (bis 5000 Einwohner) lag um etwa zwei Jahre unter dem der zugezogenen Personen in größere Gemeinden. Auch waren in kleineren Gemeinden die fortziehenden Personen im Durchschnitt etwa drei Jahre älter als die zugezogenen. Insgesamt waren jedoch unabhängig von der Gemeindegröße die Personen, die ihren Wohnort gewechselt haben, durchschnittlich um mehrere Jahre jünger als die bereits ortsansässigen Einwohner. Die jüngere Generation zeigte ein mobileres Verhalten gegenüber älteren Jahrgängen. Zur Verwirklichung ihrer Lebensvorstellungen vollzogen die jüngeren Jahrgänge eher einen Wohnortwechsel.

Die Binnenwanderungsprozesse 1991 führten zu spezifischen regionalen Unterschieden (Abb. 104). Die Oberzentren des Landes Brandenburg sowie Berlin konnten erhebliche Wanderungsgewinne aus der Gesamtregion erzielen. In den an Berlin direkt angrenzenden Gemeinden des engeren Verflechtungsraumes erhöhte sich eben-

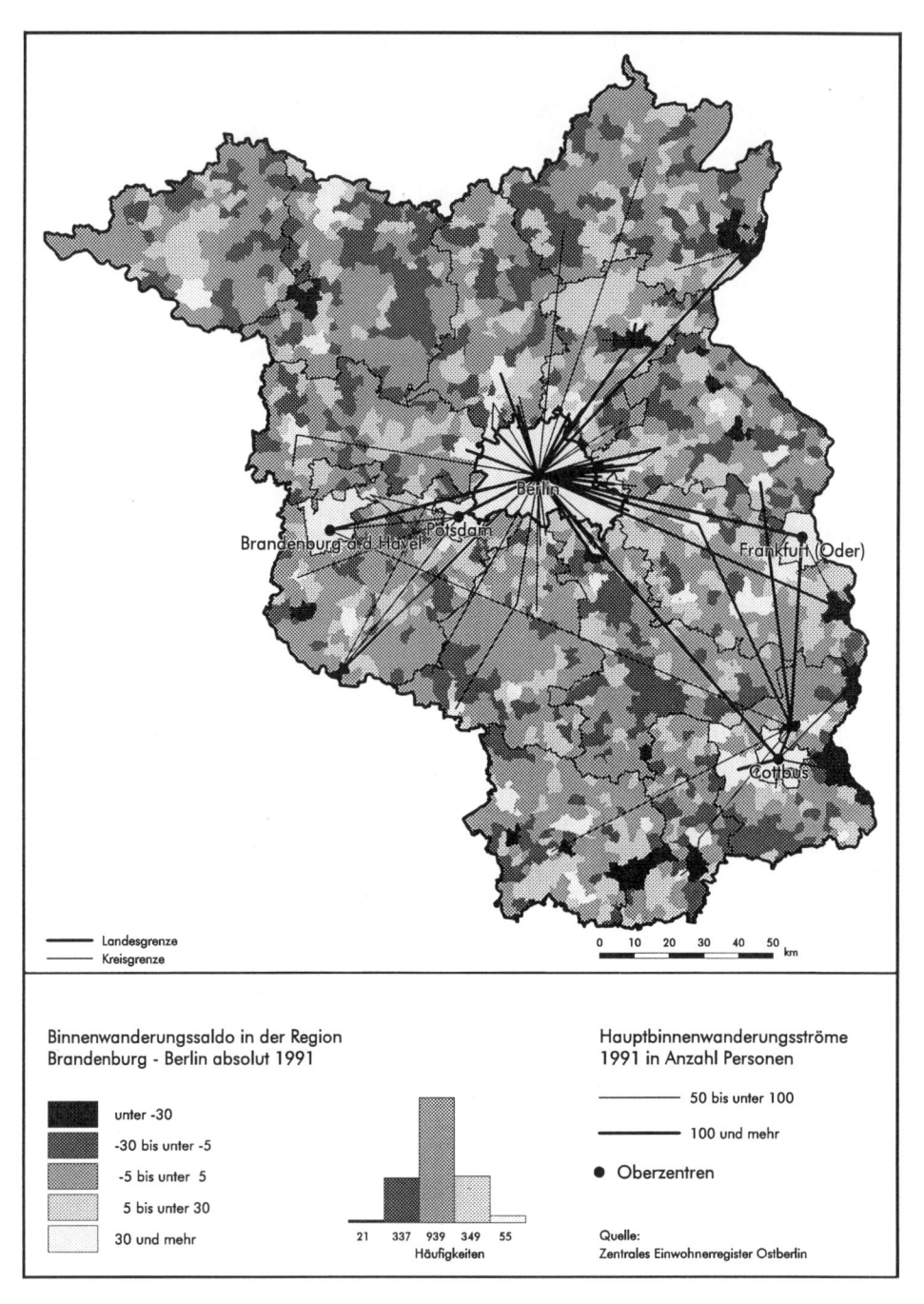

Binnenwanderungssaldo in der Region Brandenburg - Berlin absolut 1991

- unter -30
- -30 bis unter -5
- -5 bis unter 5
- 5 bis unter 30
- 30 und mehr

Häufigkeiten: 21 337 939 349 55

Hauptbinnenwanderungsströme 1991 in Anzahl Personen

- 50 bis unter 100
- 100 und mehr
- ● Oberzentren

Quelle: Zentrales Einwohnerregister Ostberlin

Quelle: Zentrales Einwohnerregister Ostberlin, eigene Berechnungen

Abb. 104: Binnenwanderungssaldo absolut und Hauptwanderungsströme in der Region Brandenburg-Berlin 1991

falls – zumindest teilweise und gegenüber den Oberzentren stark abgeschwächt – die Bevölkerungszahl durch Binnenwanderungsgewinne. Zwischen den Oberzentren sowie zwischen Berlin und dem angrenzenden Umland waren 1991 auch die Wanderungsströme mit der größten Intensität zu beobachten. Dagegen trat ein starker Bevölkerungsverlust insbesondere in den südöstlichen Grenzstädten Forst, Guben und Eisenhüttenstadt sowie in Finsterwalde, Senftenberg (Niederlausitz) und Kyritz (Ostprignitz) ein. Bezogen auf die Bevölkerungszahl und Altersstruktur hatten die Binnenwanderungsprozesse relativ starke negative Auswirkungen auf die peripheren Räume der Prignitz und der Uckermark, bedingt durch die niedrigen Einwohnerzahlen in den dortigen ländlichen Gemeinden, den wirtschaftsräumlichen Strukturwandel und die ungünstigen Lagebeziehungen. Der südliche Brandenburger Raum war ebenfalls durch starke Binnenwanderungsverluste gekennzeichnet. Dagegen hatten die räumlichen Redistributionsprozesse der Bevölkerung vergleichsweise nur geringe Auswirkungen auf den Brandenburger Teil des engeren Verflechtungsraumes (Umland Berlins).

6.3.2
Arbeitspendler

Die Pendelverflechtung im Raum Berlin-Brandenburg vor 1989

Vor der politischen Wende im Jahre 1989 bestand zwischen Ostberlin und den ehemaligen Bezirken Potsdam, Cottbus und Frankfurt (Oder) ein regional unterschiedlicher Austausch an Beschäftigten. Von den etwa 90000 Auspendlern aus diesen drei ehemaligen Bezirken arbeiteten 70% in Ostberlin, fast 10% bzw. 4% in den ehemaligen Bezirken Dresden und Leipzig. Den Auspendlern aus dem Gebiet des heutigen Landes Brandenburg standen rund 50000 Einpendler gegenüber, davon nur etwa 15% aus Ostberlin. Damit besaß das Gebiet des heutigen Landes Brandenburg im Jahr 1989 einen Pendlerverlust von mehr als 40000 Erwerbstätigen gegenüber Berlin (Ost).

Die hohe Auspendlerzahl des heutigen Landes Brandenburg nach Ostberlin (etwa 55000 Beschäftigte) war Ergebnis des Ausbaus von Berlin (Ost) als Hauptstadt der ehemaligen DDR mit einem entsprechend hohen Arbeitsplatzbesatz, insbesondere auch im Verwaltungs- und Sicherheitsbereich (s. a. Kap. 5.3). Den höchsten Anteil an den brandenburgischen Berlinpendlern hatten die an Ostberlin angrenzenden Kreise Bernau, Strausberg, Fürstenwalde, Königs Wusterhausen und Zossen des heutigen Landes Brandenburg (SCHULDT 1993).

Mit Öffnung der Grenzen der DDR im November 1989 sowie insbesondere seit der Währungs-, Wirtschafts- und Sozialunion (1990) begann die wirtschaftliche Talfahrt in Ostberlin und in Brandenburg. Fehlende Kapitalausstattung und Marktfähigkeit der Betriebe sowie Wegbrechen traditioneller Märkte in Osteuropa führten dort zu umfangreichem Personalabbau. Diese drastische Beschäftigtenreduzierung einerseits und der jetzt frei zugängige Westberliner Arbeitsmarkt andererseits ergaben die neuen Rahmenbedingungen für die Veränderung der jahrelang bestehenden Pendlerverflechtungen und -ströme.

Entwicklung der Pendelverflechtung seit 1990

Mit der deutschen Vereinigung im Oktober 1990 entfiel der Inselstatus von Westberlin. Es begann die Herausbildung eines

	Arbeitsort	Wohnort			
	Westberlin	Westberlin	Ostberlin	Brandenburg	übrige neue Länder
4/91	874419	761621	76003	34169	2626
1/92	881132	756434	85372	36207	3119
2/92	884435	748616	93520	38932	3367
3/92	891407	743602	102557	41767	3481
4/92	876783	727054	104758	41552	3419
1/93	874440	719355	109351	42142	3592
2/93	880374	717040	115390	44315	3629
3/93	885163	711286	122509	47342	3630
4/93	873077	697665	124294	47445	3673

Quelle: Landesarbeitsamt Berlin-Brandenburg, eigene Berechnungen

Tab. 94: Sozialversicherungspflichtig Beschäftigte in Westberlin

offenen regionalen Arbeitsmarktes. Zwischen Berlin und seinem Brandenburger Umland begannen sich wieder normale Stadt-Umland-Beziehungen zu entwickeln. Die Verlängerung von öffentlichen Nahverkehrslinien aus Berlin heraus ins Brandenburger Umland sowie die steigende individuelle Motorisierung schufen die Voraussetzungen für die Arbeitspendelverflechtung insbesondere nach Westberlin. Im Zuge der marktwirtschaftlichen Anpassung ostdeutscher Unternehmen führte der damit verbundene Arbeitsplatzabbau zu einem starken Einpendlerdruck auf den seit 1961 abgeschlossenen Westberliner Arbeitsmarkt. Arbeitsplatzperspektiven wurden von vielen Brandenburger Beschäftigten vielfach nur in den alten Ländern einschließlich des nahen Westberlins gesehen. Der erhebliche Arbeitsplatzverlust in Ostberlin in Industrie, Verwaltung und im Sicherheitsbereich führte dazu, daß Anfang 1992 nur noch knapp 30000 Brandenburger Auspendler in Ostberlin, aber schon etwa 40000 in Westberlin tätig waren. Ähnlich dürften sich die großräumigen Verflechtungsbeziehungen entwickelt haben, und zwar als Rückgang der Pendelverflechtung mit den übrigen neuen Ländern, aber starker Zuwachs der Verflechtungsbeziehungen zu den alten Ländern (SCHULDT 1993). Insbesondere der Großraum Hamburg ist für den nordwestlichen Brandenburger Raum (heutige Kreise Prignitz und Ostprignitz-Ruppin) ein auch noch für Tagespendler z. T. gut erreichbares Zielgebiet.

Pendlerverflechtung zwischen Westberlin und Ostberlin sowie Brandenburg

Die Möglichkeit der Arbeitsaufnahme in Westberlin führte seit 1991 zu einer merklichen Entlastung des Ostberliner und brandenburgischen Arbeitsmarktes insbesondere im Berliner Umland. Waren im vierten Quartal 1991 etwa 12,9% der in Westberlin sozialversicherungspflichtig Beschäftigten ostdeutscher Herkunft, so erhöhte sich dieser Anteil stetig. Ende des vierten Quartals 1993 war jeder fünfte sozialversicherungspflichtig Beschäftigte in Westberlin aus den neuen Bundesländern (Tab. 94 und Abb. 105).

Die damit verbundene Entlastung im Osten führte jedoch auch zu einem Verdrängungswettbewerb in Westberlin. So ist es trotz eines Wachstums der Gesamtbe-

Abb. 105:
Herkunft der in Berlin-West tätigen sozialversicherungspflichtigen Beschäftigten 1991–1993

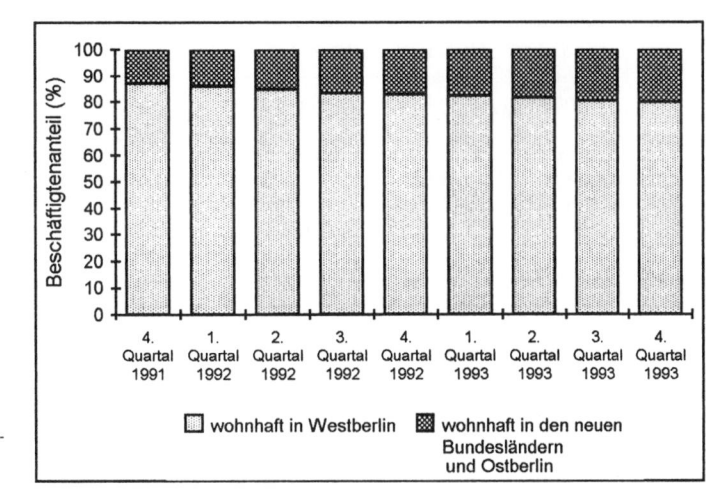

Quelle: Landesarbeitsamt Berlin-Brandenburg, eigene Berechnungen

schäftigung in Westberlin in den Jahren 1990 und 1991 nicht wie in den übrigen alten Ländern zu einer Verringerung der Arbeitslosigkeit gekommen. Ein vom Deutschen Institut für Wirtschaftsforschung (DIW) geschätzter positiver Pendlersaldo Westberlins von ca. 150 000 Beschäftigten (1992) ist daran beteiligt, daß in Westberlin die Arbeitslosenquote mit 12% (Mitte 1993) fast um die Hälfte höher lag als im Durchschnitt der alten Länder (DIW 1993). Die Pendelmöglichkeiten in Richtung Westberlin aus Ostberlin und aus den Brandenburger Umlandkreisen ergeben mittlerweile dort niedrigere Arbeitslosenquoten als in Westberlin (s. a. Kap. 6.1.1).

Den höchsten Anteil der nach Westberlin einpendelnden Beschäftigten hat Ostberlin zu verzeichnen. Von 67,4% aller Einpendler im vierten Quartal 1991 wuchs dieser Anteil kontinuierlich auf mittlerweile knapp 71% im vierten Quartal 1993 an. Im gleichen Zeitraum sank der Anteil der Brandenburger Einpendler von reichlich 30% auf etwa 27% aller nach Westberlin einpendelnden Beschäftigten. Der Einpendleranteil aus den übrigen neuen Bundesländern liegt konstant bei etwa 2%.

Während im Zeitraum vom vierten Quartal 1991 bis zum vierten Quartal 1994 teils konjunkturbedingt und teils im Zuge des (Westberliner) Strukturwandels die Gesamtbeschäftigung in Westberlin um ca. 1300 sozialversicherungspflichtig Beschäftigte sank, führte das starke Anwachsen der Zahl der nach Westberlin einpendelnden Beschäftigten aus Ostberlin und aus Brandenburg zu einem merklichen Rückgang der Beschäftigung der Westberliner Erwerbstätigen. Die Zahl der in Berlin (West) beschäftigten Westberliner Einwohner sank um etwa 64 000 auf 697 700, dagegen stieg die Zahl der in Westberlin Beschäftigten und in Ostberlin Lebenden um etwa 48 300 auf 124 300 Beschäftigte im vierten Quartal 1993 an. Die Zahl der in Westberlin tätigen Brandenburger Beschäftigten stieg im gleichen Zeitraum um 13 300 auf 47 400 Brandenburger Einpendler an (Tab. 94) Dieser Prozeß ist Zeichen der sich entwickelnden Stadt-Umland-Verflechtung. Da aber gegenwärtig noch keine eindeutigen Angaben zur Pendelverflechtung in die andere Richtung bestehen („wohnen in Berlin und arbeiten in Brandenburg"), bleiben die Aussagen nur einseitig. Insbesondere die gewerbliche Ent-

	Land	Arbeitsamtsbezirke				
	Brandenburg	Potsdam	Neuruppin	Frankfurt (Oder)	Cottbus	Eberswalde
4/91	34169	16054	11059	3965	649	2442
1/92	36207	17279	11088	4324	747	2751
2/92	38932	18631	11965	4535	792	3000
3/92	41767	19738	13060	4928	776	3265
4/92	41552	19454	13090	4963	768	3277
1/93	42142	19614	13378	5058	752	3340
2/93	44315	20781	14009	5454	771	3300
3/93	47342	21934	15211	5916	855	3526
4/93	47445	22013	15251	5817	848	3516

Quelle: Landesarbeitsamt Berlin-Brandenburg, eigene Berechnungen

Tab. 95: Westberlinpendler aus Brandenburg

wicklung im Brandenburger Umland von Berlin, die zumindest teilweise durch Betriebsverlagerungen aus Berlin heraus getragen wird (s. a. Kap. 6.1.2), läßt auf ein schnelles Anwachsen der Pendlerzahlen aus Berlin ins Umland schließen. Die Verflechtung wird sich schnell dem Muster anderer großer Agglomerationsräume angleichen. Das DIW geht in einer Modellrechnung von einem leichten Rückgang des Berliner Pendlersaldos von ca. +85000 Beschäftigten im Jahre 1993 auf etwa +70000 Beschäftigte im Jahr 2000/2005 aus (DIW 1994).

Entlastung des Brandenburger Arbeitsmarktes durch Arbeitspendler

Die Zahl der Einpendler nach Westberlin aus Brandenburg ist seit 1990 kontinuierlich gewachsen. Die damit verbundene Entlastung des Brandenburger Arbeitsmarktes wirkt jedoch regional sehr unterschiedlich (Tab. 95).

Von entscheidender Bedeutung für die Höhe der Pendlerverflechtung ist die jeweilige Lage zum Westberliner Arbeitsmarkt (Abb. 106). Insbesondere in den beiden Brandenburger Arbeitsamtsbezirken Potsdam und Neuruppin ist durch ihr direktes Angrenzen an den Westberliner Arbeitsmarkt eine deutliche Arbeitsmarktentlastung spürbar. Knapp die Hälfte aller im vierten Quartal 1993 aus Brandenburg nach Westberlin auspendelnden Beschäftigten kamen aus dem Arbeitsamtsbezirk Potsdam, etwa jeder dritte Brandenburger Auspendler aus dem Arbeitsamtsbezirk Neuruppin. Dies führt dazu, daß das Pendlervolumen nach Westberlin in diesen beiden Arbeitsamtsbezirken zu beträchtlichen Arbeitsmarktentlastungen beiträgt. So lag die Entlastungswirkung im Arbeitsamtsbezirk Potsdam Mitte 1992 mit knapp 6,5% aller dort wohnhaften Erwerbspersonen sowie im Arbeitsamtsbezirk Neuruppin mit 4,9% stark über dem Landesdurchschnitt von 3,1%. Dagegen sind die Entlastungswirkungen durch Arbeitspendeln nach Westberlin für die anderen drei Brandenburger Arbeitsamtsbezirke geringer. Im Arbeitsamtsbezirk Cottbus sind durch seine Berlinferne Arbeitsmarktentlastungen kaum spürbar. Seit 1991 wuchs bis Ende 1993 die Zahl der Auspendler aus dem Arbeitsamtsbezirk Potsdam nach Westberlin um 5960 Beschäftigte sowie

Abb. 106:
In Berlin-West sozialversicherungspflichtig Beschäftigte aus dem Land Brandenburg und ihre Herkunft nach Arbeitsamtbezirken

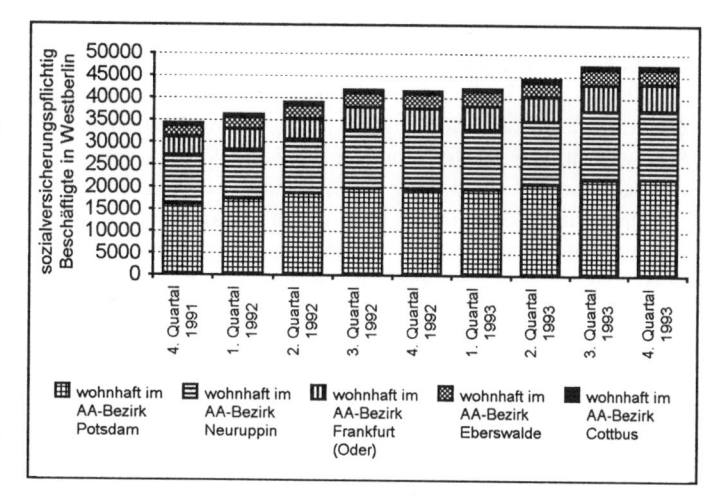

Quelle: Landesarbeitsamt Berlin-Brandenburg, eigene Berechnungen

aus dem Arbeitsamtsbezirk Neuruppin um 4192 Beschäftigte. Dagegen lag der Auspendlerzuwachs in den Arbeitsamtsbezirken Frankfurt (Oder) und Eberswalde nur bei +1850 bzw. +1075 Beschäftigten. Aus dem Arbeitsamtsbezirk Cottbus pendelten Ende 1993 lediglich etwa 200 Beschäftigte mehr nach Westberlin als Ende 1991. Der regionale Arbeitsmarkt wurde Mitte 1992 durch Westberlinpendler in Frankfurt (Oder) mit 2,4% und in Eberswalde mit 1,8% aller Erwerbspersonen unterdurchschnittlich entlastet. In Cottbus war mit 0,2% der Erwerbspersonen keine Arbeitsmarktentlastung zu verzeichnen, was nochmals auf die wirtschafts- und sozialräumliche Eigenständigkeit dieser Region gegenüber Berlin hinweist.

6.3.3
Der Verkehrsverbund Berlin-Brandenburg (VBB)

Seit der letzten Jahrhundertwende hat sich der große Verdichtungsraum Berlin mit seiner Kernstadt und den radialen Siedlungsbändern stark ausgedehnt. Diese sternförmige Siedlungsstruktur kennzeichnet den Verdichtungsraum seit über 50 Jahren. In vielfältiger Weise war das nähere Umland schon vor dem Kriege vor allem über das S-Bahn-System mit Berlin verkehrsgeographisch verflochten.

Die Nachkriegsentwicklung unterbrach die historisch gewachsenen engen Beziehungen in Berlin und auch zwischen Berlin-West und seinem brandenburgischen Umland bis zu dem Zeitpunkt, als nach Öffnung der „Mauer" der Verkehr zwischen Berlin-West, dem Berliner Osten sowie Brandenburg wieder zu fließen begann. Damit setzte auch eine Revitalisierung der vielschichtigen räumlichen Beziehungen mit dem Umland ein.

Die meisten Straßenverbindungen konnten schnell wiederhergestellt werden. Auf Grund des hohen Investitionsaufwandes und des Problems der Wirtschaftlichkeit nach Inbetriebnahme verlief dieser Prozeß bei der S-Bahn zögerlicher. Gegenwärtig ist die brandenburgische Landeshauptstadt Potsdam wieder mit der S-Bahn zu erreichen. Vorläufige Endpunkte des S-Bahn-Systems stellen außerhalb Berlins auch die Städte Oranienburg, Bernau, Strausberg, Erkner, Königs Wusterhausen und im Süden der Ort Blankenfelde dar. In der öffentlichen Diskussion spielt ein möglicher Anschluß der Städte Falkensee und Teltow eine Rolle. Ein Regional-Expreß-System der Deutschen Bahn AG brachte ab Mai 1995 wesentliche Verbesserungen in der eisenbahnseitigen Anbindung der regionalen Entwicklungszentren Frankfurt (Oder), Brandenburg (Havel) und Cottbus an die Bundeshauptstadt und Potsdam. Außerdem sind auch wichtige Städte wie Fürstenwalde (Spree), Eberswalde-Finow, Schwedt (Oder), Oranienburg, Lübbenau und Finsterwalde in das Expreß-System einbezogen. Ein Regionalbahnsystem bietet außerdem jetzt günstigere radiale Verkehrsverbindungen zu wichtigen Städten im Nahverkehr an. Daneben werden, abgesehen von den Stadtverkehren, in den Umlandkreisen leistungsfähige Omnibus-Systeme mit hohem flächenhaften Erschließungsgrad betrieben. Im engeren Verflechtungsraum um Berlin sind so auch ohne Berücksichtigung des Straßennetzes und des dort fließenden Individualverkehrs durch die Verbindung von Radial-, Ring- und teilweise Tangentialstrukturen über den öffentlichen Verkehr in der Regel gute Erreichbarkeitsverhältnisse gegeben.

Schon der Provisorische Regionalausschuß für die Entwicklung der Region Berlin hatte 1990 die Empfehlung gegeben, aus verkehrspolitischen, verkehrswirtschaftlichen und sozialpolitischen Gründen einen Verkehrsverbund in der Region einzurichten. In einer Verkehrs- und Tarifgemeinschaft Berlin-Brandenburg (VBB) arbeiten bisher die Berliner und Potsdamer Verkehrsbetriebe, die Deutsche Bahn AG (S- und Regionalbahnen), die Havelbus-Verkehrsgesellschaft als Betreiber von Buslinien in den Kreisen Potsdam, Potsdam-Mittelmark und Havelland sowie die Umland-Straßenbahn-Gesellschaften von Woltersdorf, Schöneiche-Rüdersdorf und Strausberg zusammen (Abb. 107). Nunmehr befindet sich ein einheitlicher regionaler Verkehrsverbund Berlin-Brandenburg (VBB) in Vorbereitung, der auf der Basis der Gebietskörperschaften auch die noch ausstehenden Umlandgebiete in eine Verkehrsgemeinschaft bis 1997 integrieren wird. Der dann voll funktionsfähige Verkehrsverbund wird dem Fahrgast einen regionalen Einheitstarif auf öffentlichen Verkehrsmitteln bieten, der nach Fahrzeitlänge in Zeitzonen gestaffelt ist. Ein abgestimmter Zeittakt zwischen den Verkehrsmitteln soll an Bahnhöfen und Knotenpunkten rasche Umsteigemöglichkeiten eröffnen. Vom Verkehrsverbund wird letztlich auch erwartet, eine Alternativvariante zum kaum noch beherrschbaren Wachstum des Individualverkehrs in der Region anzubieten.

6.3.4
Flughafen Berlin-Brandenburg-International (BBI) – Projekt oder Flop?

Bereits im Dezember 1991 hatte das Land Brandenburg im Vorschaltgesetz zur Landesplanung das Vorhaben eines internationalen Flughafens „...im Süden Brandenburgs..." beschlossen. Ausgangspunkt für diesen Beschluß war die vorhandene Luftverkehrskapazität im Raum Berlin, die gegenwärtig (1994) bei 11 Mill. Passagieren/Jahr liegt und den Ansprüchen einer wachstumsstarken Agglomeration und Bundeshauptstadt nicht gerecht werden kann. Befürworter des Baus eines Großflughafens gehen dabei auch von der Option aus, daß das Projekt für den künftigen internationalen Rang Berlins in Mitteleuropa und in der Relation zu Osteuropa unabdingbar ist.

Seit dem Jahre 1991 wurden zwei unabhängige Standortsuchen und das entsprechende Raumordnungsverfahren (ROV) durchgeführt. Antragsteller war und ist die

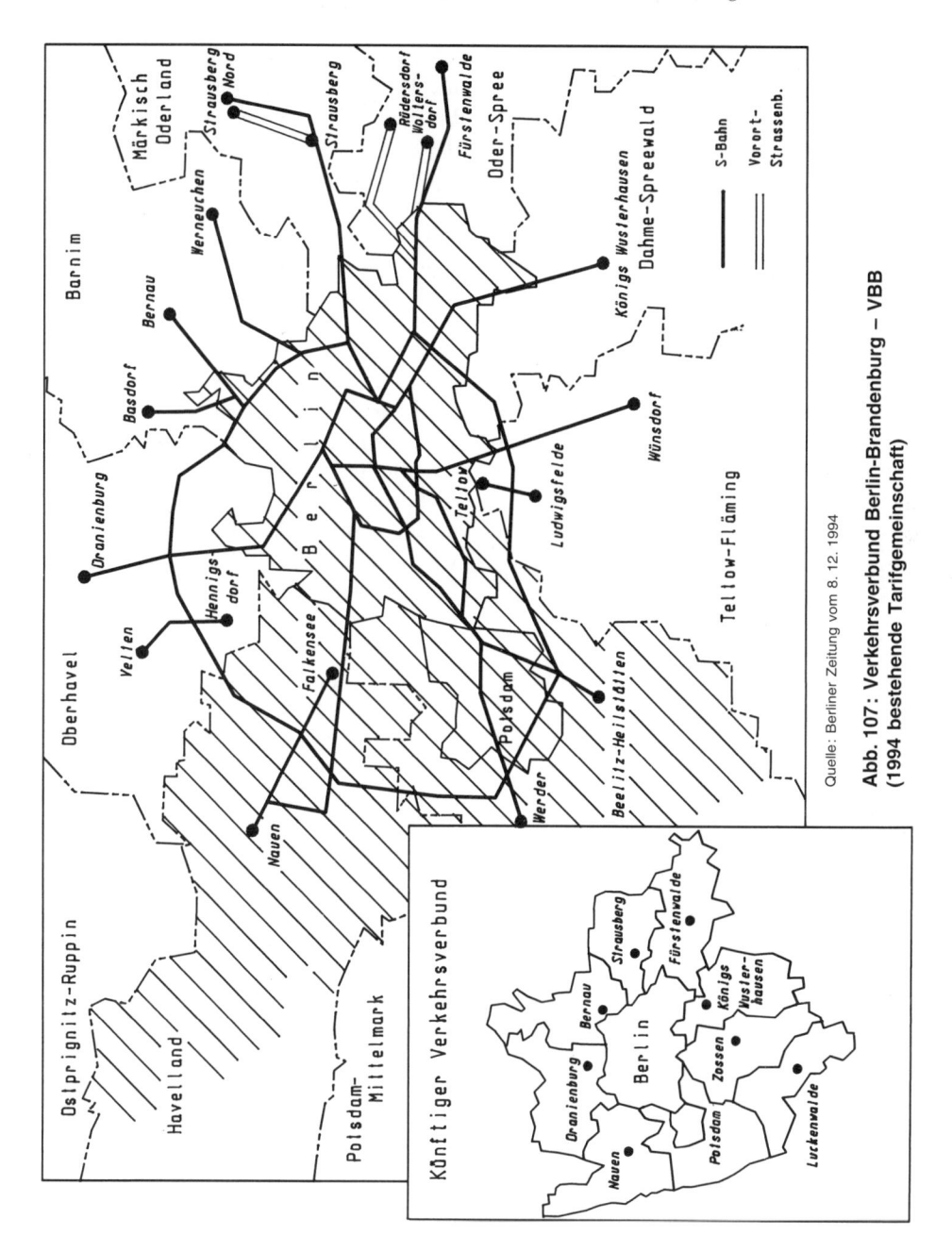

Funktionsräumliche Verflechtungen zwischen Berlin und Brandenburg

Quelle: Berliner Zeitung vom 8. 12. 1994

Abb. 107: Verkehrsverbund Berlin-Brandenburg – VBB (1994 bestehende Tarifgemeinschaft)

Berlin-Brandenburg Flughafen Holding GmbH (BBF), deren Gesellschafter neben den beiden Ländern Berlin und Brandenburg der Bund ist. In der flächendeckenden Suche im Umkreis von 60 km um das Zentrum Berlins (Lehrter Bahnhof) unter Berücksichtigung zahlreicher raumordnerischer und umweltplanerischer Kriterien wurden schließlich 1993 drei Standorte identifiziert, wobei neben den Umweltkriterien vor allem der Gesichtspunkt der Verkehrseinbindung berücksichtigt wurde. Das Ministerium für Umwelt, Naturschutz und Raumordnung des Landes Brandenburg hat so im Raumordnungsverfahren die drei folgenden Standorte geprüft:

– Jüterbog (ehemals Jüterbog-Ost mit dem früheren Truppenübungsplatz Heidehof, der mit 58 km Entfernung Luftlinie der am weitesten entfernte Standort ist),
– Sperenberg (der durch Forstflächen bestimmte Raum um den gleichnamigen früheren WGT-Flugplatz, 46 km Luftlinie vom Zentrum Berlins) und
– Schönefeld-Süd (der gut in das innerstädtische Verkehrsnetz Berlins eingebundene Raum südlich des vorhandenen Flughafens Schönefeld).

Bei der Standortsuche und der anschließenden Umweltverträglichkeitsprüfung waren zahlreiche Gesichtspunkte aus den Bereichen Natur- und Umwelt, Verkehr und luftfahrtrechtliche Genehmigungsfähigkeit sowie Wirtschaftlichkeit zu berücksichtigen. Im Ergebnis kam die oberste Landesplanungsbehörde Brandenburgs 1994 zu der Beurteilung, daß das Vorhaben an den drei Standorten „keineswegs mit allen Umweltzielen vereinbar" ist (Zusammenfassung 1994) und in das folgende Planfeststellungsverfahren nur Sperenberg und Jüterbog einbeziehbar sind. Im Falle von Schönefeld gab es landespolitische Einwände. Über die Standortwahl entscheidet aber nach Prüfung aller Gesichtspunkte ein Beschluß des Aufsichtsrates der BBF, der für 1995 vorgesehen ist. Letztlich ist durch den Antragsteller auch die sogenannte „Nullvariante", die Nichtverwirklichung des Vorhabens zu erwägen.

Die Entscheidung ist von großer wirtschaftspolitischer Tragweite, handelt es sich bei dem Projekt doch um die wichtigste Investition in der Berlin-Brandenburger Region (Bauvolumen von 15 Mrd. DM, Beginn der Bauarbeiten 1998, Inbetriebnahme der ersten Ausbaustufe mit zwei Start- und Landebahnen im Jahre 2004). Dazu kommt die beabsichtigte Entlastung des Berliner Raumes vom Luftverkehr (Schließung von Tegel, Tempelhof, Schönefeld-Nord). Schließlich sind bei Verwirklichung des Großflughafens kräftige Entwicklungsimpulse für Industrie, Gewerbe, Verkehr und Wohnen in der ganzen Region zu erwarten.

Jedoch sind in der öffentlich geführten Diskussion wesentliche Streitpunkte sichtbar geworden, die einerseits die unterschiedliche Bewertung der Luftverkehrsnachfrage betreffen (verschiedene Experten sehen das ursprünglich für das Jahr 2030 prognostizierte Passagieraufkommen von 27 bis 45 Millionen als überhöht an), andererseits machen daneben Naturschutzverbände und Bürgerinitiativen auf die Bedrohung der regionalen Luftsituation und die Beeinträchtigung von Biotopen, geschützten Arten und Gewässern aufmerksam.

In der Zwischenzeit wurde der Standort Jüterbog auf Grund der zu großen Entfernung zu Berlin aus weiteren Untersuchungen ausgeklammert. Während gegenwärtig (Frühjahr 1995) Sperenberg als Alternativstandort weiterhin genannt wird, zeichnet sich ab, daß jüngst auch der Standort Schönefeld wieder stärker in die Standortdiskussion einbezogen wird (s. Tab. 96 mit früher genannten Ausbaukapazitäten). Schließlich wird in der Öffentlichkeit auch

	Derzeitige Kapazität	Ausbaukapazität (nach BBF)
Flughafen Schönefeld	2,9	13,0 (mit zwei weiteren Terminals)
Tegel	6,8	7,0 (bis 7,4)
Tempelhof	1,2	1,5
Insgesamt	10,9	21,5 (bis 21,9)

Zusammengestellt nach div. Presseinformationen

Tab. 96: Derzeitige und mögliche Kapazitäten der bestehenden Berliner Flughäfen (Mio. Passagiere/Jahr)

die Frage aufgeworfen, ob unter Wirtschaftlichkeits-, verkehrs- und umweltpolitischen Aspekten überhaupt ein derart großer internationaler Flughafen in der Region erforderlich ist. In letzter Zeit deutet sich Übereinstimmung der Entscheidungsträger zu einem begrenzten Ausbau von Schönfeld bei gleichzeitig erneuter Prüfung des Vorhabens Sperenberg an, wobei bei letzterem vor allem die Beteiligung privater Investoren an den Verkehrsinvestitionen zur Diskussion steht.

7 Raumplanung in Brandenburg/Berlin

7.1
Die Spezifik der Aufgabe – Leitbilder

Die spezifische raumordnerische Aufgabe in Brandenburg/Berlin ergibt sich aus der historischen Umbruchsituation. Sie ist eingebunden in Transformationsprozesse, die mit der staatlichen Vereinigung Deutschlands, der Wiedervereinigung des geteilten Berlins und der Neubildung des Landes Brandenburg unter den grundsätzlich veränderten politischen Verhältnissen in Europa einsetzten.

Ein hochentwickelter, marktwirtschaftlich funktionierender, durch bisherige Isolation strukturell jedoch deformierter Ballungskern (Berlin-West) muß mit einem ehemals zentralplanwirtschaftlich organisierten, durch Anpassungsdruck und -prozesse strukturell extrem geschwächten anderen Ballungskern (Berlin-Ost) raumorganisatorisch, politisch, wirtschaftlich und sozial fusionieren. Dabei treffen beide gleichzeitig auf ein Umland, das für marktwirtschaftlich entwickelte Ballungsräume unverhältnismäßig dünn besiedelt und für eine ausgewogene innerregionale Arbeitsteilung auch raumstrukturell zu schwach ist. Allerdings führt die vor allem vom Westteil des zusammengefügten, noch ungleichen Ballungskerns wieder einsetzende Suburbanisierung zu „Speckgürtelansätzen" im Berliner Umland des Landes Brandenburg. Die weiter entfernt gelegenen ländlichen Regionen Brandenburgs (ohne den Verdichtungsraum Cottbus), sind durch Deindustrialisierungs- und Entagrarisierungsprozesse extrem geschwächt, entsprechen bezüglich der Unterschiede zum Kern einem Zentrum-Peripherie-Modell mit einem hohen wirtschaftlichen und sozialen Gefälle.

Trotz dieser großen raumstrukturellen Kontraste verlangen die vorhandenen Naturraum-, Bevölkerungs- und siedlungsstrukturellen Potentiale nach einer dem Gleichwertigkeitsziel der deutschen Raumordnung angepaßten, ökologisch verträglichen und nachhaltigen Raumentwicklung (sustainable development), die durch raumpolitische und -planerische Ordnungs- und Entwicklungsinstrumente möglichst zu befördern ist.

Vor diesem Hintergrund wurde für Brandenburg das Konzept der Dezentralen Konzentration als Leitbild der räumlichen Entwicklung formuliert. Dieses Konzept wird auch im 1993 verabschiedeten Raumordnungspolitischen Orientierungsrahmen für die Bundesrepublik Deutschland als ein Prinzip für die Siedlungsentwicklung empfohlen, und die in Brandenburg entwickelten Vorstellungen für einen Kranz von Entwicklungszentren in ausreichender Entfernung vom Ballungskern Berlin sind in diese Grundsätze aufgenommen worden.

Für Berlin als Stadtstaat wurde gemäß Bundesraumordnungsgesetz ein Flächennutzungsplan als Grundlage für die räumliche Planung erarbeitet (seit Juni 1994 rechtskräftig). Der Senat der Stadt Berlin hat sich in diesem zum Brandenburger Grundgedanken der Dezentralen Konzentration bekannt, und es gibt eine Vereinbarung beider Länder zur Aufstellung eines gemeinsamen Landesentwicklungsprogrammes und einer gemeinsamen Landesentwicklungsplanung.

Das Leitbild der Dezentralen Konzentration – Zwei Raumkategorien

Zur Umsetzung dieses Leitbildes wird der gesamte Planungsraum in zwei Teilräume gegliedert:

– engerer Verflechtungsraum (gemeinsam mit Berlin)
– äußerer Entwicklungsraum.

Der *engere Verflechtungsraum* umfaßt 15% der Fläche und 31% der Einwohner des Landes Brandenburg. Er soll insbesondere Ausgleichs-, Entlastungs- und Ergänzungsfunktionen für die Hauptstadt und Entwicklungsaufgaben für das Land Brandenburg übernehmen. Obwohl dieser Raum einem erhöhten Ansiedlungsdruck ausgesetzt ist, sind vor allem die noch vorhandenen Freiräume weitestgehend zu erhalten.

Im *äußeren Entwicklungsraum* leben auf 85% der Landesfläche 69% der Einwohner Brandenburgs. Hier sind gezielte Förderprogramme zur Erhaltung industrieller Kerne und zur Entwicklung innovativer Zentren einzusetzen, wobei der bergbaulich geprägten Niederlausitz besonderes Augenmerk zu widmen ist. Die Bewahrung großer ländlicher Areale als wertvolle Natur-, Erholungs- und Kulturlandschaften ist für die Erhaltung und Erhöhung der Standortqualität des gesamten Planungsraumes Brandenburg – Berlin unerläßlich.

Die Zentren

Das Rückgrat der künftigen polyzentrischen Entwicklung bilden die 40 bis 100 km ringförmig um Berlin angeordneten Ober- und Mittelzentren, die Regionalen Entwicklungszentren des Städtekranzes. Es sind das die Städte Brandenburg (Havel), Luckenwalde/Jüterbog, Cottbus, Frankfurt (Oder), Eberswalde und Neuruppin.

Diese Zentren sollen vor allem folgende Aufgaben übernehmen:

– Ansiedlung von Unternehmen zur Stärkung der Wirtschaftskraft, um als Entlastungsstandorte übergroßer Verdichtung im Großraum Berlin entgegenzuwirken,
– Ausstrahlung von Entwicklungsimpulsen in die unmittelbare Umgebung zur Vermeidung weiterer Abwanderung aus den ländlichen Räumen,
– Entfaltung von Außenwirkung zu außerhalb des Städtekranzes gelegenen Zentren und Wirtschaftsräumen.

Um diese Zielstellung zu erreichen, sind gezielte Förderprogramme sowohl zum Ausbau der Infrastruktur, vor allem des Städteschnellverkehrs nach Berlin, als auch zur Konzentration von Entwicklungen in diesen Zentren einzusetzen.

Darüber hinaus werden im Leitbild der Dezentralen Konzentration weitere im Lande peripher gelegene räumliche Schwerpunkte der Entwicklung ausgewiesen (vgl. Abb. 108). Mit Wittenberge, Prenzlau, Schwedt (Oder), Finsterwalde, Lauchhammer/Senftenberg sollen im äußeren Entwicklungsraum fünf weitere Regionale Entwicklungszentren als Zentren integrierter Entwicklung im ländlichen Raum bzw. als solche des industriell-gewerblichen Neuaufbaus mittelständisch geprägter Strukturen gebietsstabilisierend wirken.

Die Zentren im engeren Verflechtungsraum haben erhebliche Lagevorteile, sind insbesondere qualitativ zu entwickeln und städtebaulich zu ordnen. Bei der Siedlungsentwicklung ist hier vor allem an Sanierung und Modernisierung sowie Nutzung und Erneuerung vorhandener Strukturen gedacht.

Orte mit besonderem Handlungsbedarf im engeren Verflechtungsraum ergeben sich auf Grund der spezifischen Nachkriegsentwicklung im Umland der geteilten

Die Spezifik der Aufgabe – Leitbilder 375

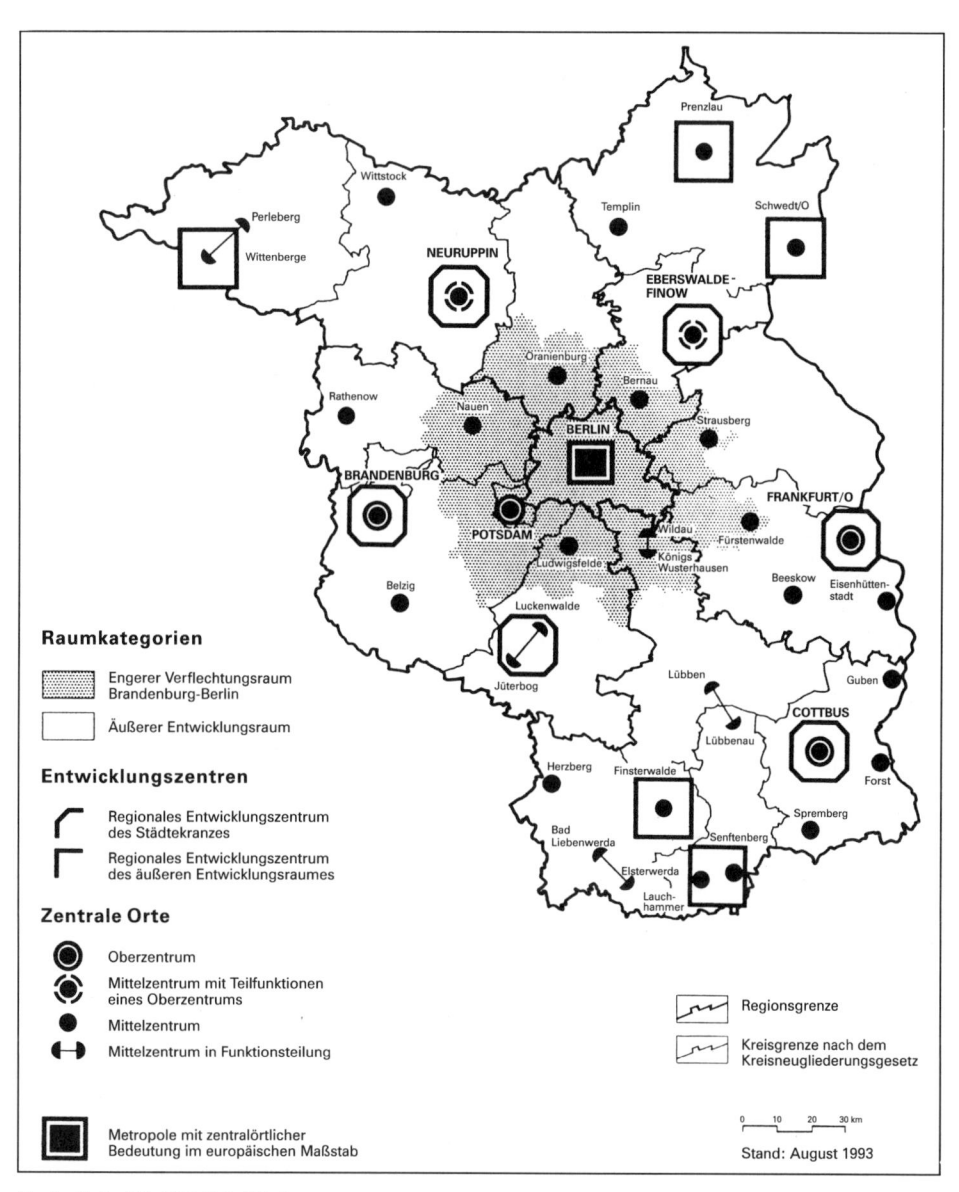

Quelle: Regio, IRS, 1994, H. 5, Abb. 4

Abb. 108: Raumordnerisches Leitbild der Dezentralen Konzentration in Brandenburg – Regionale Entwicklungszentren auf der Grundlage der zentralörtlichen Gliederung

Stadt Berlin. Konversion infolge militärischer Nutzungen, ausgebliebene Infrastrukturentwicklung durch unterbrochene Suburbanisation oder gewerbliche Umstrukturierungsprozesse erfordern an diesen Standorten finanzielle Vorleistungen von Bund und Land.

Schließlich werden sowohl in ländlich als auch in industriell geprägten Räumen industriell-gewerbliche Entwicklungsstandorte ausgewiesen, die zu erhalten und mit Blick auf zukunftsorientierte Branchen und den Dienstleistungssektor umzustrukturieren sind. Durch eine regional und lokal differenzierte Herangehensweise (abgestufte Höchstfördersätze bei der Gemeinschaftsaufgabe „Verbesserung der regionalen Wirtschaftsstruktur") bezüglich der wirtschaftsnahen Infrastruktur und der gewerblichen Wirtschaft soll die Verwirklichung des Konzepts der dezentralen Konzentration unterstützt werden.

Zusätzlich sollen die peripheren landwirtschaftlich geprägten Räume durch das Konzept der „Integrierten ländlichen Entwicklung" stabilisiert werden. Durch Aktivierung endogener Entwicklungspotentiale und Schaffung neuer Einkommensquellen ist dieses Konzept auf die Erhaltung des Wirtschafts- und Lebensraumes ausgerichtet. Diese vom Landwirtschaftsministerium als sektorales Konzept eingeleitete Förderstrategie bedarf noch einer stärkeren Koordination mit dem für Landesplanung zuständigen Ministerium für Umwelt, Naturschutz und Raumordnung.

Ein Hauptproblem für die Umsetzung des Leitbildes ist der über die zunächst genannten sechs Regionalen Entwicklungszentren hinaus formulierte Entwicklungsbedarf für eine weit größere Zahl von Städten. Die Realisierung der Leitlinien ist deshalb in hohem Maße von den gesellschaftspolitischen und wirtschaftlichen Impulsen abhängig, die von der Hauptstadt ausgehen, und von der Koordinations- und Kooperationsfähigkeit der Länder Berlin und Brandenburg.

7.2
Organisation und Instrumente der Raumplanung

In der Vorkriegs- und Kriegszeit (bis 1945) ist die Landes- und Regionalplanung im Raum Berlin-Brandenburg sehr widersprüchlich und eingeschränkt verlaufen. Dies trifft auch für die erste Nachkriegszeit (bis 1948) zu (Übersicht 27).

Mit der Spaltung Deutschlands sowie der Auflösung des Landes Brandenburg und dessen Zergliederung in Bezirke und neue Kreise (1952) kam die Landesplanung völlig zum Erliegen. Eine überbezirkliche Planung zwischen Berlin (Ost) und den Nachbarbezirken Frankfurt und Potsdam war kaum entwickelt und besaß geringe planerische Kompetenz und Verbindlichkeit.

Nach der politischen Wende in der DDR (1989) wurden vom „Provisorischen Regionalausschuß" im Zusammenwirken mit Planungsbehörden, Planern und Wissenschaftlern aus Berlin (West) und Berlin (Ost) sowie den brandenburgischen Bezirken erste analytisch-konzeptionelle Vorstellungen für eine aufeinander abgestimmte Regionalentwicklung im Raum Berlin- Brandenburg erarbeitet.

Mit der staatlichen Vereinigung Deutschlands, der Ländereinführung im Osten und der Wiedervereinigung Berlins sind für die Organisation der Raumordnung im Land Brandenburg neben dem rahmengebenden Raumordnungsgesetz für die Bundesrepublik Deutschland das Vorschaltgesetz zum Landesplanungsgesetz und Landesentwicklungsprogramm (vom 19. 12. 1991) die Grundlage. Oberste Landesplanungsbehörde ist das Ministerium für Umwelt, Naturschutz und Raumord-

„Zweckverband Groß-Berlin" 1912 bis 1920
1912 wurden sieben Stadtkreise sowie die Landkreise Teltow und Niederbarnim durch Gesetz im „Zweckverband Groß-Berlin" zusammengeschlossen. Dieser umfaßte über das spätere Groß-Berlin hinaus weite, vorwiegend ländliche Gebiete, jedoch nicht die Stadt Potsdam und den Kreis Osthavelland, auf die der Prozeß der Urbanisierung schon übergegriffen hatte. Der Verband hatte während der kurzen Zeit seines Bestehens Erfolge bei der Vereinheitlichung des Verkehrsnetzes, der Sicherung von Erholungswäldern und Freiflächen sowie der Reduzierung der Dichtewerte in Bebauungsplänen und Bauordnungen. Die Durchsetzung einer abgestimmten Gesamtplanung lag jedoch außerhalb seiner Zuständigkeit.

Einheitsgemeinde Groß-Berlin
Durch das „Groß-Berlin-Gesetz" von 1920 wurden acht Stadt- und 59 Landgemeinden sowie 27 Gutsbezirke zusammengeschlossen. Trotz weitgehender Selbständigkeit der 20 neugeschaffenen Bezirke war damit eine übergeordnete städtebauliche Planung möglich geworden und gleichzeitig ein leistungsfähiger Kostenträger entstanden.
Die Stadtplanung konzentrierte sich zunächst auf die innere Organisation des Stadtgebietes. Eine Zusammenarbeit über die Grenzen hinweg fand nach Auflösung des Zweckverbandes nur punktuell statt.

Landesplanungsverband Brandenburg-Mitte 1929 bis 1937
Während Berlin weitere Eingemeindungen in den Randbereichen forderte, reagierte das Umland 1929 mit der Gründung des Landesplanungsverbandes Brandenburg-Mitte auf den zunehmenden Siedlungsdruck. Mitglieder waren die Provinz Brandenburg, sechs Umlandkreise sowie die Stadt Potsdam; 1936 kamen der Kreis Westhavelland und die Städte Eberswalde und Brandenburg hinzu. Ziel des Verbandes war, die „planmäßige raumwirtschaftliche Entwicklung" des Landes zu sichern. Innerhalb relativ kurzer Zeit gelang es, die Inanspruchnahme wertvoller Landschaftsteile und Erholungsgebiete sowie von guten landwirtschaftlichen Böden für die unkontrollierte Siedlungstätigkeit einzuschränken und Mindestauflagen für öffentliche Zwecke durchzusetzen.
Zu einer Zusammenarbeit mit Groß-Berlin, das dem Verband nicht angehörte, kam es kaum.

Landesplanungsgemeinschaft Brandenburg 1937 bis 1945
Mit der Gründung der Reichsstelle für Raumordnung 1935 und den zwei Jahre später auf ihre Anordnung hin eingerichteten getrennten Landesplanungsgemeinschaften für Berlin und für Brandenburg wurden zwar die Zuständigkeiten der Landesplanung erweitert, die bisher von den Gremien der kommunalen Selbstverwaltung getragene Planung geriet jedoch immer stärker unter den Einfluß der Zentralbehörden des NS-Staates. Die bei dieser Aufspaltung ohnehin problematische Kooperation zwischen Stadt und Umland wurde zusätzlich erschwert durch die Bestellung eines Generalinspekteurs für die Reichshauptstadt, dessen Planungen bis an den Autobahnring reichten.

Regionalplanung im Raum Berlin 1945 bis 1948
Eine abgestimmte Planung für den Raum Berlin-Brandenburg hat es in der Zeit vom Kriegsende bis zur politischen Spaltung nicht mehr gegeben. In Berlin konnte die 1945 eingerichtete Landesplanungsstelle im Hauptamt für Stadtplanung über die Entwicklung unverbindlicher Ideen und Konzepte hinaus keine wirksame Tätigkeit entfalten. Die im Land Brandenburg 1948 wieder eingerichtete Landesplanungsstelle war vor allem Hilfsinstrument der Wirtschaftsplanung.

Quelle: Senatsverwaltung für Stadtentwicklung und Umweltschutz Berlin (Hrsg.): Räumliche Entwicklung in der Region Berlin – Planungsgrundlagen. Berlin 1990, S. 9, gekürzt;
Hoffmann, 1993, S. 390

Übersicht 27: Landesplanung im Raum Berlin-Brandenburg (1912–1948)

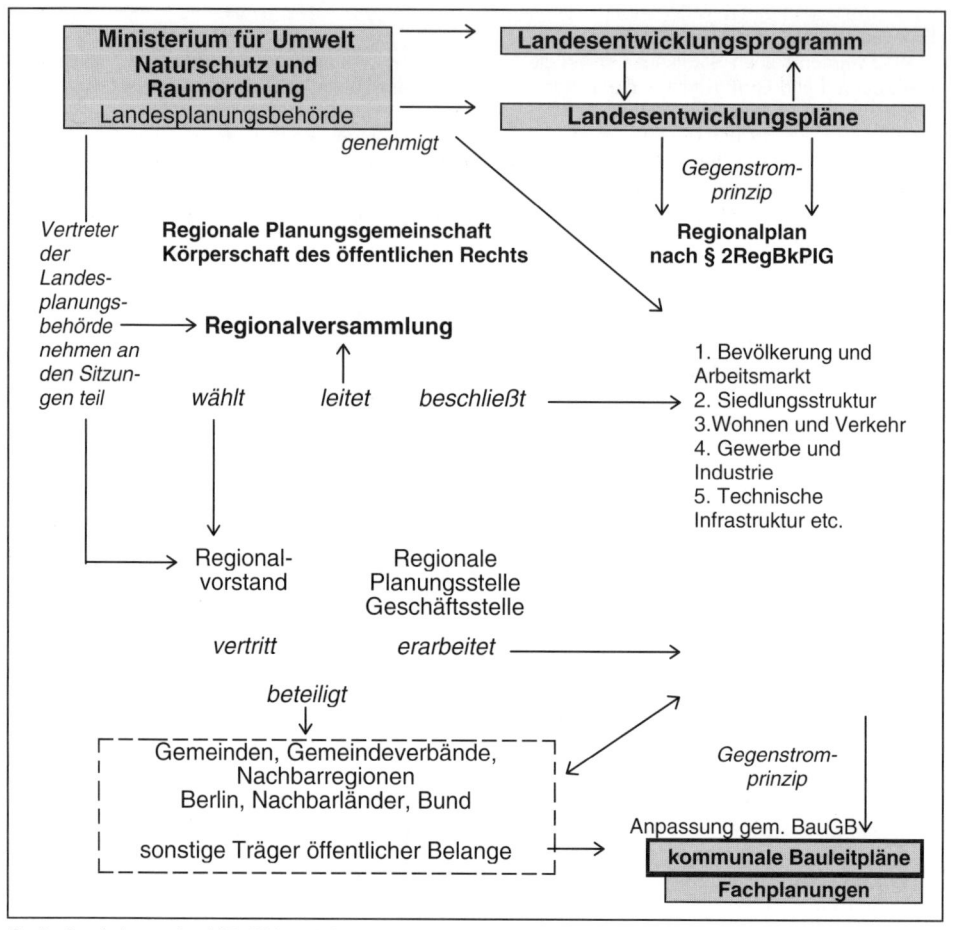

```
┌─────────────────────────────────────────────────────────────────────────┐
│  Ministerium für Umwelt    ──→    Landesentwicklungsprogramm            │
│  Naturschutz und                          ↓      ↑                       │
│  Raumordnung              ──→    Landesentwicklungspläne                │
│  Landesplanungsbehörde                    │                              │
│         │         genehmigt          Gegenstrom-                         │
│         │                             prinzip                            │
│ Vertreter                                 ↓                              │
│ der      Regionale Planungsgemeinschaft  Regionalplan                    │
│ Landes-  Körperschaft des öffentlichen Rechts  nach § 2RegBkPlG          │
│ planungs-                                                                │
│ behörde  ──→ Regionalversammlung                                        │
│ nehmen an         ↑                      1. Bevölkerung und              │
│ den Sitzun-                                 Arbeitsmarkt                 │
│ gen teil   wählt    leitet   beschließt →2. Siedlungsstruktur           │
│                                          3. Wohnen und Verkehr           │
│            ↓                             4. Gewerbe und                  │
│        Regional-     Regionale              Industrie                    │
│        vorstand      Planungsstelle      5. Technische                   │
│                      Geschäftsstelle        Infrastruktur etc.           │
│         vertritt      erarbeitet ──────→                                 │
│          beteiligt                                                       │
│            ↓                                                             │
│   ┌─────────────────────────────────┐                                    │
│   │ Gemeinden, Gemeindeverbände,    │                 Gegenstrom-        │
│   │ Nachbarregionen                 │←──              prinzip            │
│   │ Berlin, Nachbarländer, Bund     │                                    │
│   │                                 │          Anpassung gem. BauGB ↓    │
│   │ sonstige Träger öffentlicher Belange │──→  kommunale Bauleitpläne    │
│   └─────────────────────────────────┘         Fachplanungen              │
└─────────────────────────────────────────────────────────────────────────┘
```

Quelle: Brandenburg regional '93, 1994, verändert

Abb. 109: Ebenen der räumlichen Planung in Brandenburg in den 90er Jahren

nung (MUNR). Zwei weitere Ebenen der räumlichen Planung bilden dann die regionale und kommunale Planung. Das Zusammenwirken der verschiedenen Ebenen ist aus Abbildung 109 ersichtlich. Die oberste Landesplanungsbehörde hat das Landesentwicklungsprogramm und die Landesentwicklungspläne als wichtigste Instrumentarien auszuarbeiten. Das geschieht in engem Zusammenwirken mit den Berliner Planungsbehörden. Als Besonderheit mußte in der Brandenburger Raumplanung das Fehlen einer mittleren Verwaltungsebene (Regierungsbezirk) berücksichtigt werden. Das hatte zur Folge, daß die Regionalplanung als mittlere räumliche Planungsebene erst durch ein eigenständiges Gesetz im Jahre 1993 parallel zur Kreisgebietsreform etabliert wurde. Mit diesem Gesetz wurde das Land in fünf an Berlin grenzende Planungsregionen untergliedert (vgl. Abb. 110):

– Uckermark-Barnim
– Oderland-Spree
– Lausitz-Spreewald
– Havelland-Fläming
– Prignitz-Oberhavel.

Organisation und Instrumente der Raumplanung 379

**Abb. 110:
Planungsregionen
des Landes
Brandenburg**

[Karte: Planungsregionen des Landes Brandenburg mit den Regionen Prignitz-Oberhavel, Uckermark-Barnim, Oderland-Spree, Lausitz-Spreewald und Havelland-Fläming; Kreise: Prignitz, Ostprignitz-Ruppin, Oberhavel, Uckermark, Barnim, Märkisch-Oderland, Havelland, Potsdam-Mittelmark, Teltow-Fläming, Dahme-Spreewald, Oder-Spree, Elbe-Elster, Oberspreewald-Lausitz, Spree-Neiße; Städte: Brandenburg, Potsdam, Berlin, Frankfurt, Cottbus.

Legende:
— Staatsgrenze
— Landesgrenze
— Grenze Verflechtungsraum
— Kreisgrenzen
▨ engerer Verflechtungsraum

Maßstab: 0 10 20 30 40 50 km]

Quelle: Regio. Beiträge des IRS, 5, 1994, Abb. 6

Das Gesetz regelt die Übertragung der Regionalplanung auf die kommunale Ebene, auf Regionale Planungsgemeinschaften (RPG), legt Inhalte und Verfahren zur Aufstellung und Fortschreibung der Regionalpläne, der Braunkohle- und Sanierungspläne fest und bestimmt die Regionalversammlung und den Regionalvorstand zu Organen der RPG. Die Regionalen Planungsstellen sind mit der Erarbeitung der Regionalpläne befaßt, die durch die Regionalversammlungen verabschiedet werden.

Die fünf auf Berlin zugeschnittenen, heterogen strukturierten Regionen sollen – ähnlich wie die neugebildeten Großkreise – das Konzept der Dezentralen Konzentration stützen, indem bei der Umsetzung von raumentwickelnden Maßnahmen die Wirkungen sowohl im berlinnahen als auch im peripheren Teil der Region abgewogen werden müssen. Das Modell ist nach Berliner Auffassung in fünf Jahren (1998) neu zu prüfen, nach Brandenburger Meinung sollte es eine Dauerlösung sein.

Um eine Landesplanung für den Raum Brandenburg-Berlin zu realisieren, wurden aus Vertretern der Kanzleien und Ministerien eine gemeinsame Planungskonferenz (PlaKo) und eine gemeinsame Arbeitsstelle (GASt) der Länder Brandenburg und Berlin ins Leben gerufen. Die erstere fungiert als steuerndes und entscheidendes Gremium bei allen, beide Seiten interessierenden Raumentwicklungsfragen, während die gemeinsame Arbeitsstelle die koordinierende Arbeit im laufenden Planungsprozeß leisten wird (vgl. Abb. 111).

Das betrifft insbesondere:

– die planungsrechtlichen Grundlagen der gemeinsamen Landesplanung,
– das gemeinsame Landesentwicklungsprogramm,

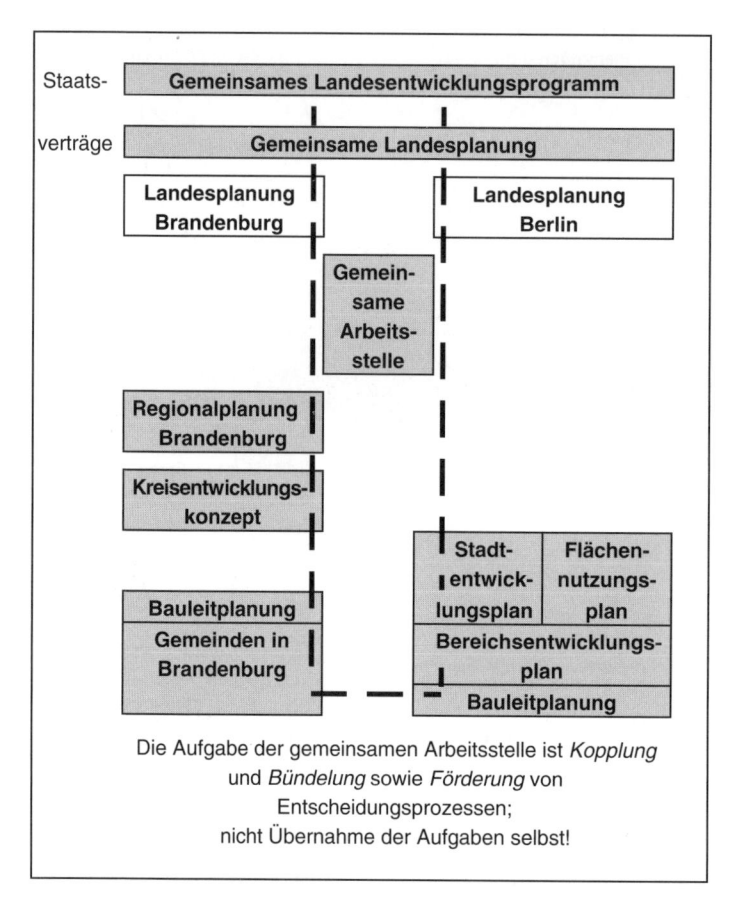

Abb. 111:
Ebenen der räumlichen Planung in Brandenburg und Berlin

Staatsverträge

- Gemeinsames Landesentwicklungsprogramm
- Gemeinsame Landesplanung
- Landesplanung Brandenburg
- Landesplanung Berlin
- Gemeinsame Arbeitsstelle
- Regionalplanung Brandenburg
- Kreisentwicklungskonzept
- Stadtentwicklungsplan
- Flächennutzungsplan
- Bauleitplanung Gemeinden in Brandenburg
- Bereichsentwicklungsplan
- Bauleitplanung

Die Aufgabe der gemeinsamen Arbeitsstelle ist *Kopplung* und *Bündelung* sowie *Förderung* von Entscheidungsprozessen; nicht Übernahme der Aufgaben selbst!

Quelle: Brandenburg regional '93, 1994, S. 39

– die gemeinsamen Landesentwicklungspläne,
– die Einführung eines Verfahrens zur kommunal-nachbarschaftlichen Abstimmung,
– raumbedeutsame Planungen und Maßnahmen im engeren Verflechtungsraum,
– die landesplanerischen Stellungnahmen zu kommunalen Planungen und Maßnahmen,
– das Verhalten gegenüber raumwirksamen Planungen Dritter,
– den Aufbau eines gemeinsamen landesplanerischen Informationssystems (s. Flächennutzungsplan Berlin 1994).

Grundsätze und Ziele im Vorschaltgesetz des Landes Brandenburg orientieren auf eine ökologische, an der bestehenden Siedlungsstruktur orientierte, auf qualitativen Ausbau bedachte Raumentwicklung. Im Raumordnerischen Strukturkonzept für das Land Brandenburg (ROSK), das als landesplanerisches Gutachten eine Grundlage für die Ausarbeitung der Planungsinstrumente darstellt, werden drei wesentliche Bausteine für die Umsetzung des Leitzieles der Dezentralen Konzentration genannt:

– Freiraumkonzept mit einem dreistufigen System von Prioritäten, ergänzt durch einen landesweiten Biotopverbund,
– polyzentrale Landesentwicklung mit differenzierten Entwicklungsschwerpunkten und
– Verbindungsachsen zur Integration von Siedlungs- und Verkehrsstruktur auf überregionaler und regionaler Ebene.

Organisation und Instrumente der Raumplanung 381

Abb. 112:
Planungsräume für Teilraumkonzepte in Brandenburg

Quelle: Raumordnerisches Strukturkonzept für das Land Brandenburg, 1993, S. 20

Legende:
— Staatsgrenze
— Landesgrenze
— Kreisgrenzen (Altkreise)
▓ engerer Verflechtungsraum Berlin/Brandenburg
☐ Ländlicher Raum i. e. Sinne
⊠ Oberzentrum im ländlichen Raum
∴ Grenzraum zu Polen
▨ Braunkohlengebiet

Als entscheidend wird bei der Umsetzung die Integration der verschiedenen raumordnerischen Instrumente betrachtet. Darüber hinaus wurden vier Teilräume mit spezifischen Entwicklungsbedingungen, -aufgaben und -prozessen gesehen (Abb. 112), die es auf oberster Landesplanungsebene zu ordnen und zu entwickeln gilt:

– Siedlungs- und Freiflächen der an Berlin grenzenden Gebiete (engerer Verflechtungsraum),
– ökologisch und ökonomisch zu stabilisierender ländlicher Raum (im engeren Sinne),
– der Grenzraum zu Polen und
– die durch Braunkohlenbergbau und Sanierung geprägte Region der Niederlausitz.

Landesentwicklungspläne und Landesentwicklungsprogramm befinden sich in Ausarbeitung. Ihre Strukturierung widerspiegelt den in den Vorarbeiten gewonnenen Sachstand. Übersicht 28 zeigt die verschiedenen Landesentwicklungspläne, in denen Ziele der Raumordnung und Landesplanung für die Gesamtentwicklung des Landes konkretisiert werden. Dabei ist zu beachten, daß das Landesentwicklungsprogramm, das die Grundlinien der Entwicklung formuliert, auf Grund der historischen Situation parallel zu den Plänen ausgearbeitet wird.

Neben den Landesentwicklungsplänen haben die Raumordnungsverfahren (ROV) als spezifische standortorientierte Instrumente eine große Bedeutung, insbesondere bei solchen Vorhaben, die erhebliche Eingriffe in Natur und Landschaft darstellen. Neben großen Vorhaben im Bereich der technischen Infrastruktur werden in Brandenburg auch großflächige Handelseinrich-

Landesentwicklungsplan für den engeren Verflechtungsraum (LEPeV)	Ordnung der wechselseitigen Verflechtungsbeziehungen zwischen Berlin und seinem näheren Umland (z. B. Festlegen von Siedlungs- und Freiräumen, von Verkehrsachsen als Leitlinien für Siedlungsentwicklung, von Funktionen und Entwicklungszielen in den Freiräumen). Bildet den verbindlichen Rahmen für die kommunale Bauleitplanung in Berlin und Brandenburg.
Landesentwicklungsplan I „Zentralörtliche Gliederung" (LEP I)	Festlegung der Zentralen Orte der oberen und mittleren Stufe als Grundgerüst für die polyzentrale Entwicklung des Landes. Orte sollen Orientierungsfunktion für Investitionsentscheidungen privater Unternehmen und Haushalte bzw. der öffentlichen Hand ausüben.
Landesentwicklungsplan II „Integrierter Gesamtplan" (LEP II)	Enthält Ziele von Raumordnung und Landesplanung für die Gesamtentwicklung in wechselseitiger Abhängigkeit und Verknüpfung. Er gliedert sich in „überfachliche (raumordnerische) Ziele" und „fachliche (raumwirksame sektorale) Ziele". Aussagenschwerpunkte sind: – Abgrenzung des Grenzraumes zu Polen, – Räumliche Definition des Braunkohlenplangebietes, – Darstellung bedeutsamer Verbindungsachsen, – Zielvorstellungen zur Bevölkerungsverteilung (engerer Verflechtungsraum/äußerer Entwicklungsraum), – Ausweisung eines ökologischen Verbundsystems Festlegung von Vorrang- und Vorsorgegebieten (Natur- und Landschaftsschutz, Trinkwasser- und Rohstoffgewinnung)
Landesentwicklungsplan III „Flughafen Berlin Brandenburg International (BBI)" (LEP III)	Dient der landesplanerischen Absicherung des von der Flughafenholding festzulegenden Standortes des Großflughafens, nachdem 1994 für die Standorte Jüterbog-Ost und Sperenberg die Raumordnungsverfahren positiv abgeschlossen waren. (s. a. Kap. 6.3.4)

Quelle: Brandenburg regional '93, ergänzt

Übersicht 28: Landesentwicklungspläne (LEP) in Brandenburg

tungen und Freizeitanlagen dieser Raumverträglichkeitsprüfung unterzogen. Unabhängig davon, ob alle Vorhaben, für die ein Raumordnungsverfahren angestrebt worden ist, auch umgesetzt werden oder wurden, besteht im engeren Verflechtungsraum gegenüber dem äußeren Entwicklungsraum ein grundsätzlich höherer Ansiedlungsdruck. Gleichzeitig wird aber gerade auch im Bereich von Handelseinrichtungen die ungesunde Konkurrenz zu Berlin deutlich, welches auf Grund der besonderen Entwicklung (Westberlin lange Zeit Zentrum ohne Umland, Ostberlin defizitäre Ausstattung auf Grund zentralplanwirtschaftlicher Verhältnisse) ohnehin einen erheblichen Nachholbedarf in der Versorgung mit innerstädtischen Einzelhandelsflächen aufweist. Die seit 1990 im „Speckgürtel" Berlins beabsichtigte Etablierung von 50 Einkaufszentren (geschätzte Gesamtfläche: 2 Mio m^2, und damit so viel wie es in Westberlin etwa 1989 an Einzelhandelsfläche gab) wurde durch planerische Abstimmung zwischen Berlin und Brandenburg auf 7 Großprojekte mit 290000 m^2 („Spiegel", 52/1994) reduziert. Die Entwicklungsprobleme des innerstädtischen Handels nicht nur in Berlin, sondern auch in den Städten des engeren Verflechtungsraumes sind jedoch nach wie vor gravierend und beeinflussen die Zentrenentwicklung negativ.

7.3 Unterschiedliche Planungsstände

Obwohl Organisation und Instrumente der Raumordnung und -planung auf den verschiedenen räumlichen Ebenen etabliert sind und eine Reihe grundlegender Gutachten angefertigt wurde, gibt es auf Grund des unterschiedlichen Erfahrungsstandes bei der Planung auf den verschiedenen Ebenen (insbesondere auf der kommunalen Ebene) wegen der personellen Ausstattung und/oder der parallel zu bewältigenden Aufgabenfülle sowie der teilweise komplizierten Sachverhalte einen unterschiedlichen Stand in der Ausarbeitung der Pläne. In bezug auf die gemeinsame Planungsarbeit der Länder Brandenburg und Berlin besitzt der Landesentwicklungsplan für den engeren Verflechtungsraum Priorität. Durch ihn wird der bereits rechtskräftige Flächennutzungsplan für die Hauptstadt mit der Umlandentwicklung verknüpft und angepaßt. Darüber hinaus ist der Ordnungsbedarf in diesem Gebiet durch den bestehenden Ansiedlungsdruck groß und die Gefahr räumlicher Fehlentwicklungen besonders akut. Wegen der größeren Übersichtlichkeit in der Zielstellung und der vorhandenen Vorarbeiten hat jedoch der Landesentwicklungsplan I „Zentralörtliche Gliederung" den fortgeschrittensten Bearbeitungsstand.

7.3.1 Landesentwicklungsplan I „Zentralörtliche Gliederung"

Mit dem Konzept der zentralen Orte als klassischem Instrument der Raumordnung wird eine Verbesserung der Versorgungsgerechtigkeit angestrebt und damit dem Gleichwertigkeitsgrundsatz für die Raumentwicklung entsprochen.

Im Landesentwicklungsplan werden – den realen siedlungsstrukturellen Gegebenheiten des Landes weitgehend Rechnung tragend – sieben verschiedene zentralörtliche Stufungen unterschieden, vier im Bereich der Ober- und Mittelzentren, drei bei den unteren Stufen (vgl. Abb. 113). Während Ober- und Mittelzentren sowie Mittelbereiche im Plan konkret festgelegt sind, erfolgt die Bestimmung von Grund- und Kleinzentren sowie der Nahbereiche durch die Regionalplanung. Im Erläuterungsteil des LEP I angegebene Kriterien zur Einwohnerzahl, Erreichbarkeit und Regelausstattung in den einzelnen Stufen sollen einerseits die Kontrolle des Zielerfüllungsstandes im Planungsprozeß erleichtern und andererseits bei der Bestimmung der zentralen Orte unterer Stufe ein vergleichbares Vorgehen ermöglichen.

Bei der Festlegung der Ober- und Mittelzentren wird der Entwicklungsaspekt der Planung besonders deutlich. Potsdam und Cottbus erreichen als Zentren gerade den Status der Oberstufe, während Frankfurt (Oder) und Brandenburg (Havel) erheblichen Entwicklungsbedarf haben, was in weitaus stärkerem Maße noch für Eberswalde und Neuruppin zutrifft. Das Fehlen einer gewachsenen Städtehierarchie insbesondere im Norden Brandenburgs macht sich hier nachteilig bemerkbar. Auch bei den Mittelzentren wurden einige kleine Kreisstädte der neuen Großkreise bewußt ausgewählt (Beeskow, Belzig, Herzberg),

Verwaltungsgrenzen nach Kreis-, Amts- und Gemeindeneugliederu
Stand: April 1993

Stand: 22.03.1994

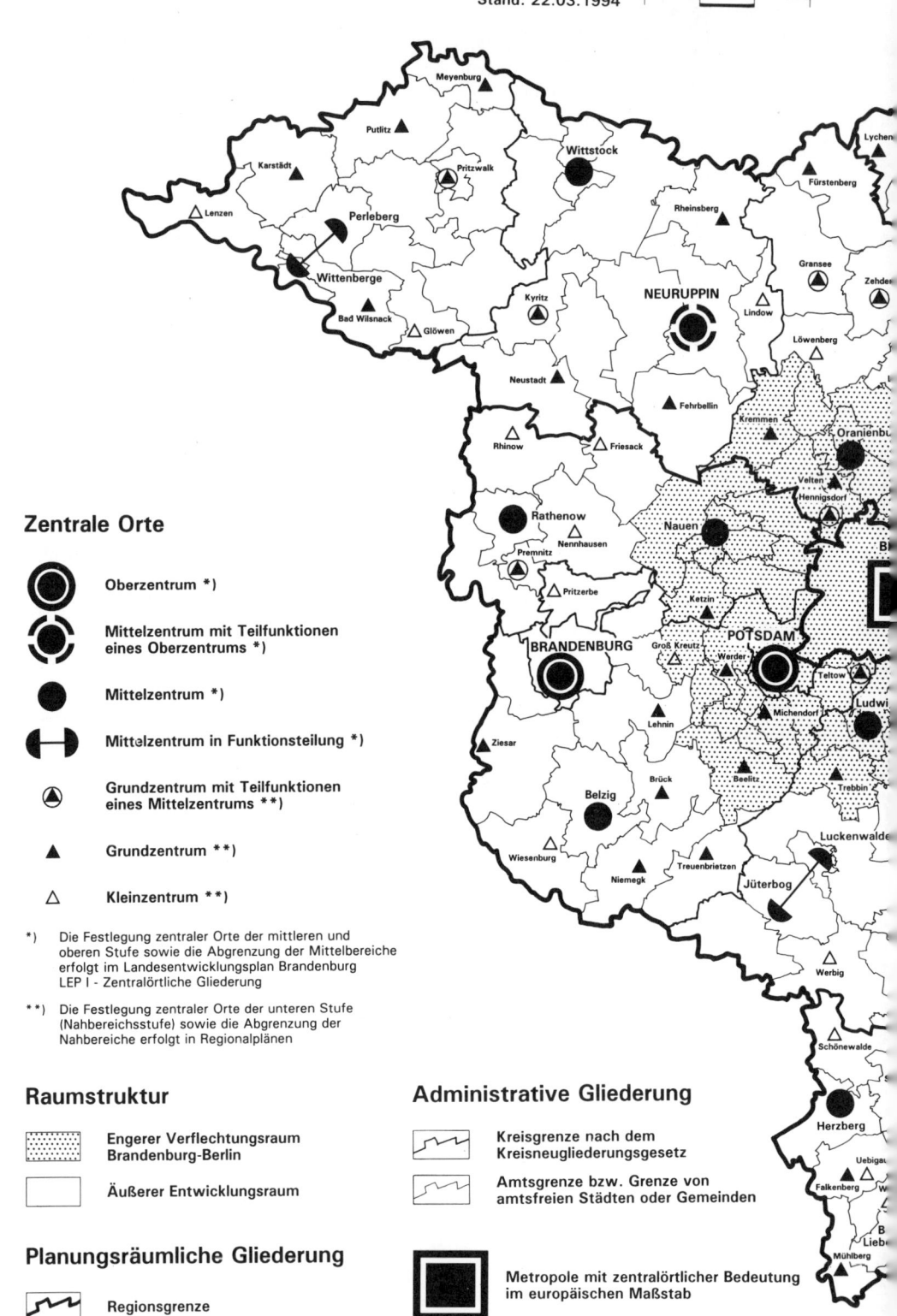

0　　10　　20　　30 km

Zentrale Orte

- ◉ **Oberzentrum** *)
- ⊕ **Mittelzentrum mit Teilfunktionen eines Oberzentrums** *)
- ● **Mittelzentrum** *)
- ⊢●⊣ **Mittelzentrum in Funktionsteilung** *)
- ◬ **Grundzentrum mit Teilfunktionen eines Mittelzentrums** **)
- ▲ **Grundzentrum** **)
- △ **Kleinzentrum** **)

*) Die Festlegung zentraler Orte der mittleren und oberen Stufe sowie die Abgrenzung der Mittelbereiche erfolgt im Landesentwicklungsplan Brandenburg LEP I - Zentralörtliche Gliederung

**) Die Festlegung zentraler Orte der unteren Stufe (Nahbereichsstufe) sowie die Abgrenzung der Nahbereiche erfolgt in Regionalplänen

Raumstruktur

- ▒ **Engerer Verflechtungsraum Brandenburg-Berlin**
- ☐ **Äußerer Entwicklungsraum**

Planungsräumliche Gliederung

- ⌇ **Regionsgrenze**

Administrative Gliederung

- ⌇ **Kreisgrenze nach dem Kreisneugliederungsgesetz**
- ⌇ **Amtsgrenze bzw. Grenze von amtsfreien Städten oder Gemeinden**
- ▣ **Metropole mit zentralörtlicher Bedeutung im europäischen Maßstab**

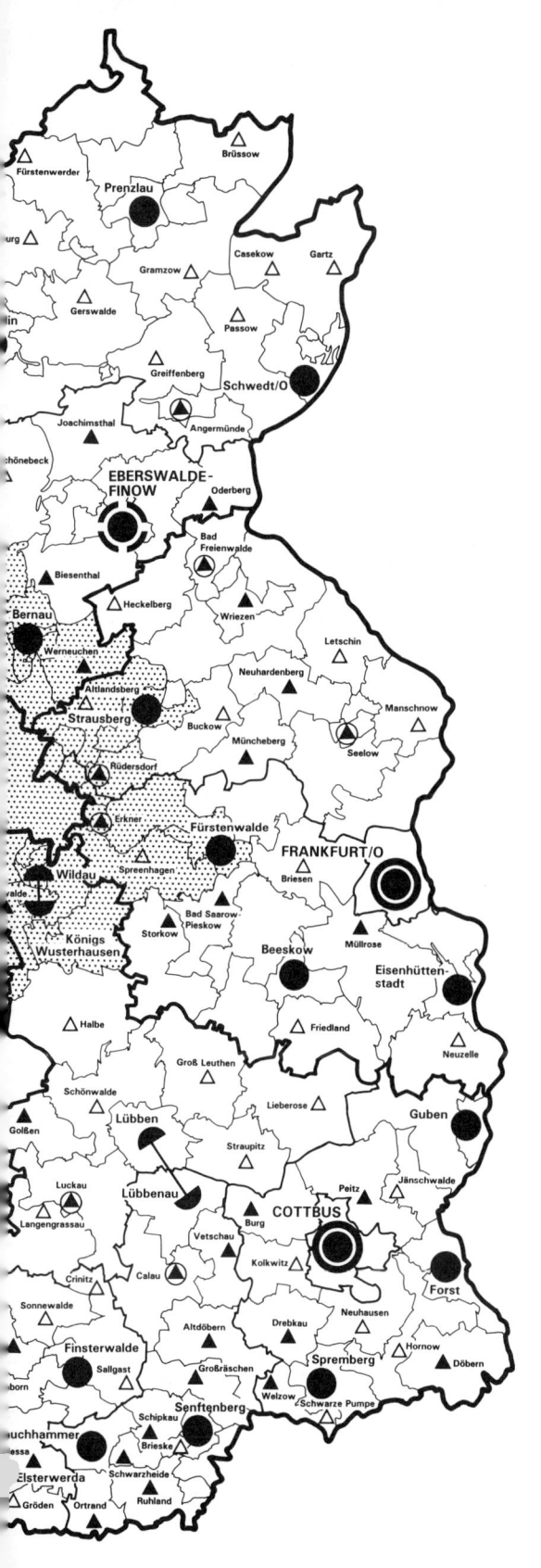

Abb. 113:
Vorschlag der Landesplanungsbehörde zur Zentralörtlichen Gliederung Brandenburgs 1994

Quelle: Landesentwicklungsplan Brandenburg – 1. Entwurf 1994, Anlage zum Erläuterungsbericht LEP I

um sie in der Peripherie des ländlichen Raumes durch gezielten Ausbau der Infrastruktur zu fördern. Inwieweit sich alle ausgewählten Mittelzentren des engeren Verflechtungsraumes unter dem wachsenden Einfluß von Berlin und angesichts der Eigenentwicklung vieler großstadtnaher Gemeinden tatsächlich zu derartigen Zentren entwickeln, bleibt fraglich. Die zunehmende Funktionsteilung zwischen den Zentren im Ballungsgebiet und die Überlagerung von Einflußbereichen verhindert hier die Ausprägung klarer zentralörtlicher Strukturen. Der in einem solchen Kontext häufig bezweifelten Wirksamkeit des zentralörtlichen Konzepts in hochentwickelten Raumstrukturen kann angesichts der ländlich geprägten Räume in weiten Teilen Brandenburgs nicht grundsätzlich zugestimmt werden. Daß aber über die zentralörtlichen Funktionen hinaus einer Reihe von Siedlungszentren weitere spezifische Aufgaben zu übertragen sind, wird durch die Schwerpunktsetzungen im Leitbild der Dezentralen Konzentration deutlich. Das wird im Integrierten Gesamtplan (LEP II) seine landesplanerische Umsetzung finden.

7.3.2
Sektorale Planung und Raumwirksamkeit – Beispiel: Landschaftsplanerisches Gutachten Engerer Verflechtungsraum Brandenburg-Berlin

Naturschutz und Landschaftspflege sind durch ihre fachliche Planung (vgl. auch

Kap. 7.4) eng mit der Raumordnung und Landesplanung verbunden. Parallel zum Landesentwicklungsplan für den engeren Verflechtungsraum (LEP eV) wurde das landschaftsplanerische Gutachten zur Erarbeitung der Freiraumentwicklungsziele für diesen Raum in Auftrag gegeben. Dadurch konnten landschaftsplanerische Entwicklungsaussagen in die laufende Bearbeitung des LEP eV eingehen.

Das landschaftsplanerische Gutachten formuliert räumliche Entwicklungsziele für drei Raumkategorien mit unterschiedlichem Schutzanspruch:

– Freiraum mit besonderem Schutz- und Entwicklungsanspruch,
– Freiraum mit Schutz- und Entwicklungsanspruch,
– Freiraum mit großflächigem Ressourcenschutz- und Entwicklungsbedarf.

Einbezogen in diese Raumkategorien werden Biotop- und Artenschutz, landschaftsbezogene Erholung und Naturhaushalt und Ressourcenschutz. Während die Gebiete für Naturschutz- und Biotopverbund durch den Ausweis als Vorranggebiete wirksam gesichert werden können, ist der Erhalt städtischer Großgrünräume, stadtnaher Erholungsgebiete und die Entwicklung der Regionalparks Barnim, Teltow und Döberitzer Heide weitaus schwieriger gegenüber anderen Raumnutzungsinteressen zu sichern, obwohl sie als Freiräume höchster Priorität festgelegt sind. Hier sind für die Umsetzung dieser Entwicklungsziele vor allem regionale und kommunale Planungsträger gefordert.

Insgesamt wurde durch die sehr detaillierte Erarbeitung der landschaftsplanerischen Entwicklungsziele die Abgrenzung von Freiraum und Siedlungsgebieten im Verflechtungsraum Brandenburg-Berlin wesentlich erleichtert.

7.3.3
Planungen auf kommunaler Ebene

Städtebauliche Entwicklungsplanung als informelle und Bauleitplanung mit Flächennutzungs- und Bebauungsplan als formelle Planung bilden seit 1990 auch die Grundlage für die räumliche Planung in den Kommunen im Osten Deutschlands. Diese Planungsstufe konnte bisher noch nicht ausreichend entwickelt werden. Das trifft auch für das Land Brandenburg zu. Zum einen liegt das an der Fülle der Aufgaben, die die Kommunen mit dem Aufbau der kommunalen Selbstverwaltung zu lösen hatten, zum anderen waren übergeordnete Behörden, die für Genehmigungen, aber auch für Beratung zur Verfügung stehen sollten, selbst noch im Aufbau begriffen. Schließlich war der Handlungsdruck in den Kommunen sehr groß, so daß viele raumverändernde Maßnahmen durch Übergangsregelungen sanktioniert wurden. Hinzu kommt, daß die Gemeinden im Land Brandenburg im Durchschnitt sehr klein sind. Das erschwert die Finanzierung der Planung. Ende des Jahres 1993 hatten von den 1813 Gemeinden des Landes 790 Flächennutzungspläne aufgestellt, davon waren 659 landesplanerisch beurteilt und 23 genehmigt worden (Brandenburg regional" '93).

Überdurchschnittlich ist der Bedarf an Flächen im engeren Verflechtungsraum. Dabei muß beachtet werden, daß alle Planungsregionen – wenn auch in unterschiedlichem Maße – Anteil am engeren Verflechtungsraum haben, jedoch die Regionen Havelland/Fläming und Prignitz/Oberhavel mit ihren Durchschnittswerten am höchsten liegen.

Als nachteilig für die raumstrukturelle Entwicklung muß auch der Umstand gewertet werden, daß noch keines der vier Oberzentren des Landes einen bestätigten Flächennutzungsplan besitzt.

In dieser Hinsicht besitzt der hauptstädtische Ballungskern einen deutlichen Planungsvorsprung.

Flächennutzungsplanung Berlin

Die Stadt Berlin hatte für ihre städtebaulichen Planungen etwas günstigere Voraussetzungen. Der Westteil der Stadt konnte auf einen Flächennutzungsplan aus dem Jahre 1988 zurückgreifen, im Osten lag der Generalbebauungsplan von 1981 vor. Mit dem räumlichen Strukturkonzept hatte die Stadt seit 1991 für ihren Gesamtraum eine Art städtebauliche Vorplanung. Auf dieser Grundlage wurde schließlich der Flächennutzungsplan im Jahre 1994 verabschiedet. Er geht von der vorhandenen Stadtstruktur aus, setzt auf Innenentwicklung und Stadtumbau. Als Schwerpunkt wird dabei der Rand der Innenstadt zwischen Lehrter Bahnhof und Schöneberger Kreuz gesehen, aber auch durch Mauerfall und Industrierückbau brachgefallene Flächen an Spree und Havel. Stadterweiterungen werden angesichts des großen Nachholebedarfs bei Wohnraum und eines angenommenen Wanderungsgewinnes im Nordostraum der Stadt geplant. Der Planungshorizont erstreckt sich bis zum Jahre 2010 und baut vor allem auf Schätzungen der Einwohnerentwicklung der Stadt auf (s. a. Kap. 6.1.3.).

7.3.4
Grenzübergreifende Planungen mit der Republik Polen

Die brandenburgisch-polnische Zusammenarbeit im Grenzraum beider Länder ist in die generelle gesamtstaatliche Zusammenarbeit einbezogen. Am 2. Juli 1992 wurde die Deutsch-Polnische Raumordnungskommission gegründet. Neben dem Bundesministerium für Raumordnung, Bauwesen und Städtebau gehören ihr auf deutscher Seite die an Polen grenzenden Länder Mecklenburg-Vorpommern, Sachsen und Brandenburg sowie Berlin an.

Die Deutsch-Polnische Raumordnungskommission verabschiedete drei Empfehlungen zur Zusammenarbeit auf den Gebieten der Bauleitplanung, der regionalen/überregionalen Planung und der raumbedeutsamen Vorhaben.

Kooperation der jeweils zuständigen Planungsebenen, Zielvorgaben der räumlichen Planung in gemeinsam definierten Teilgebieten und konkrete Maßnahmen für die wirtschaftliche, kulturelle und ökologische Entwicklung der Grenzgebiete werden als Hauptaufgaben gesehen.

Neben zahlreichen auf staatlicher, regionaler und kommunaler Ebene geknüpften Kontakten wurden drei kommunal orientierte *Euroregionen* zwischen Brandenburg und Polen gegründet:

– Pomerania,
– Pro Europa Viadrina,
– Spree-Neiße-Bober (s. a. Abb. 17).

Unter der aktiven Mitarbeit der Planungsreferate Ost und Süd des Ministeriums für Umwelt, Naturschutz und Raumordnung Brandenburg (MUNR) sind für die Euroregionen Pro Europa Viadrina und Spree-Neiße-Bober umfangreiche „Grenzüberschreitende Entwicklungs- und Handlungskonzepte" erstellt worden, die sich über die Geschäftsstellen der Euroregionen, die Ministerien des Landes, den Bund bis hin zu den EG-Behörden in Brüssel bereits in Umsetzung befinden.

Die Abteilung Raumordnung und Braunkohlenplanung des MUNR unterhält zu den drei angrenzenden Wojewodschaften Arbeitskontakte, die vor allem durch die Mitarbeit der Planungsreferate Ost und Süd in den Euroregionen intensiviert werden.

Als Grundlage für die Erarbeitung eines gemeinsamen Entwicklungskonzeptes konnte zunächst Einvernehmen über einheitliche Legenden zu Karteninhalten für die Grenzräume beider Seiten erzielt werden.

7.4 Landschafts- und Umweltplanung in Berlin und Brandenburg

7.4.1 Brandenburg

Mit dem Entstehen des Landes Brandenburg und der Bildung des Ministeriums für Umwelt, Naturschutz und Raumordnung (MUNR) wurden die verschiedenen Aufgabenbereiche der Landschafts- und Umweltplanung konzipiert und schrittweise umgesetzt:

– Naturschutz mit Landschaftsplanung, Biotopschutz und Artenschutz
– Immissionsschutz
– Gewässerschutz
– Bodenschutz und Altlastensanierung

Naturschutz

Wesentliche Grundlage des Naturschutzes im Land stellt das Brandenburgische Naturschutzgesetz (BbgNatschG) vom Mai 1992 dar. Der Naturschutz wird in Brandenburg durch die Obere Naturschutzbehörde – die Abteilung Naturschutz im Ministerium für Umwelt, Naturschutz und Raumordnung – und im Landesumweltamt Brandenburg sowie durch die Unteren Naturschutzbehörden in den Landkreisen und kreisfreien Städten wahrgenommen (Übersicht 29). Gegenwärtige Zielstellung des Gebietsnaturschutzes ist es, die bestehenden Naturschutzgebiete weiterzuentwickeln und auch flächenmäßig von 3,8% auf etwa 10% der Landesfläche zu vergrößern. Hierzu bestehen in Brandenburg gute Voraussetzungen, da viele wenig be-

Übersicht 29: Organisation des Naturschutzes in Brandenburg

Quelle: MUNR: Umweltbericht Brandenburg 1992.

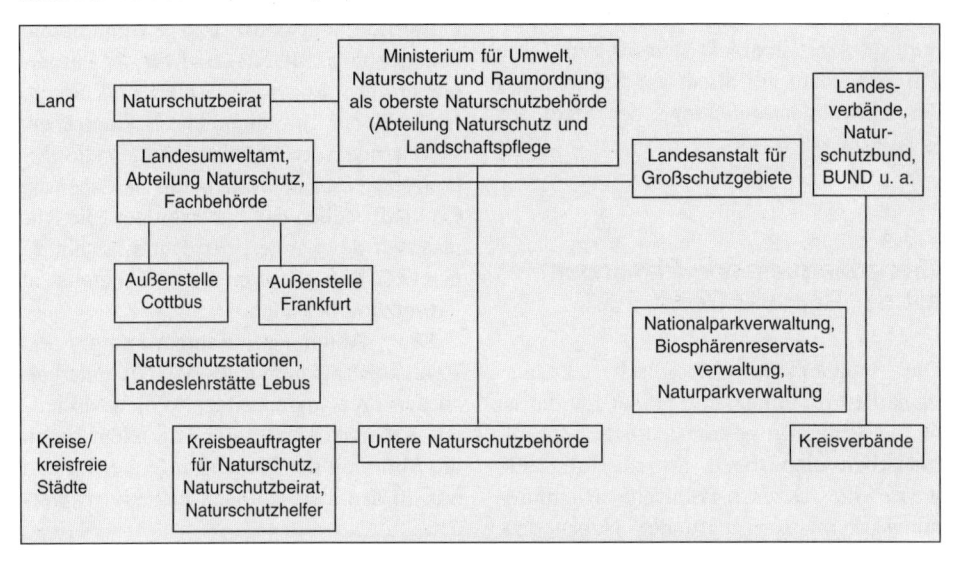

Planungsgebiet	Planungsträger	Planungs- ebene	Maßstab der Planungs- kartierung	Integration in die räumliche Gesamt- planung
Land	Fachminister	Landschafts- programm	1:200000	Landesentwicklungs- programm/Landesent- wicklungsplan
Großschutzgebiete (Nationalparke, Naturparke, Biosphären- reservate)	Oberste Natur- schutzbehörde	Landschafts- rahmenplan	1:50000 bzw. 1:25000	Regionalplan
Braunkohlentage- baugebiete	Oberste Natur- schutzbehörde	Landschafts- rahmenplan	1:50000	Braunkohlen- und Sanierungsplan/ Regionalplan
Kreis/Region	Untere Natur- schutzbehörden	Landschafts- rahmenplan	1:50000	Regionalplan
Gemeinde	Träger der Bauleitplanung	Landschaftsplan	1:10000 bis 1:5000	Flächennutzungsplan
Gemeinde	Träger der Bauleitplanung	Grünordnungs- plan	1:2000 bis 1:500	Bebauungsplan/ Vorhaben- und Erschließungsplan (/selbständiger Grünordnungsplan)

Quelle: MUNR: Umweltbericht Brandenburg 1992

Übersicht 30: Planungsebenen der Landschaftsplanung in Brandenburg und ihr Verhältnis zur räumlichen Gesamtplanung

lastete, naturnahe und wertvolle Biotope und Biotopkomplexe bestehen, die die dafür erforderlichen Voraussetzungen erfüllen. Einen besonderen Stellenwert besitzen dabei die ehemaligen Truppenübungsplätze (s. Kap. 6.2.6), die dafür besonders geeignet sind.

Grundbausteine sind die bestehenden und geplanten Großschutzgebiete wie:

- die Biosphärenreservate Schorfheide-Chorin und Spreewald (1292 km^2),
- der Nationalpark „Unteres Odertal" (227 km^2) und die
- die Naturparke Brandenburgische Elbtalaue (617 km^2), Märkische Schweiz (205 km^2) sowie Niederlausitzer Heidelandschaft (483 km^2).

Weitere Großschutzgebiete sind in Vorbereitung.

Die entsprechenden Entwicklungsaufgaben werden fachlich durch die Landesanstalt für Großschutzgebiete in Eberswalde geführt.

Die besondere Stellung der Landschaftsplanung im Unterschied zum Gebietsnaturschutz ergibt sich aus deren flächendeckenden Aufgaben, wobei die Konversionsflächen derzeit noch nicht berücksichtigt wurden. Die Landschaftsplanung stellt das Hauptinstrument bei der

Sicherung und Entwicklung der Funktionsfähigkeit des Naturhaushaltes und der Nutzungsfähigkeit der Naturgüter dar. Die Planungsebenen der Landschaftsplanung werden in Übersicht 30 – auch im Verhältnis zur räumlichen Gesamtplanung – dargestellt. Begonnen wurde in Brandenburg letztlich zeitgleich auf allen Ebenen. Probleme durch fehlende übergeordnete Planungen waren dadurch nicht zu vermeiden. Der Landschaftsrahmenplanung der Landkreise und kreisfreien Städte (Maßstab der Karten 1 : 50000) wird ein besonderer Stellenwert eingeräumt, da Ziele von Naturschutz und Landschaftspflege für die Beurteilung der Umweltverträglichkeit von Anlagen und Planungen (s. a. SCHAEPE, PEPER 1993) vorliegen müssen. Für die Braunkohlentagebaugebiete sowie Großschutzgebiete wurden wegen der Ableitung der spezifischen Ziele von Landschaftspflege und Naturschutz ebenfalls derartige Planungen – zunächst in einer ersten Stufe (Vorstudie) – erarbeitet. 1995 abgeschlossen wird die Vorstudie zum Landschaftsprogramm, das die Leitlinien von Naturschutz und Landschaftspflege für das gesamte Land herausarbeitet (Maßstab der Karten 1 : 200000).

Einen wesentlichen Stellenwert besitzt die Umweltverträglichkeitsuntersuchung und deren Prüfung durch die zuständige Fachbehörde nach dem „Gesetz über die Umweltverträglichkeitsprüfung (UVPG)" des Bundes. Bei UVP-pflichtigen Anlagen (vgl. Anlage zu § 3) ist insbesondere § 8 „Eingriffe in Natur und Landschaft" des „Gesetzes über Naturschutz und Landschaftspflege (BNatSchG)" des Bundes von 1987 bedeutsam. Für behördliche Bewilligungen, Genehmigungen, Planfeststellungen und sonstige Entscheidungen sind hier bedeutsame Grundsätze festgelegt. Landschaftspflegerische Begleitpläne haben die behördlichen Auflagen für ein genehmigungspflichtiges Vorhaben umzusetzen.

Bedeutsam für das mit ca. 3000 Seen hervorragend ausgestattete Land Brandenburg ist eine Untersuchung der Güte der stehenden Gewässer im Rahmen des Projektes „Seenkataster" (s. a. MIETZ, VIETINGHOFF 1994). Ähnlich bedeutsam ist das begonnene Kataster der vielen eindrucksvollen und gut erhaltenen Alleen, die nach § 32 BbgNatSchG unter Schutz gestellt sind. Die naturschutzfachlichen Belange der Konversionsflächen mit ihren hohen Naturwertigkeiten (s. a. Kap. 6.2.6) werden durch die Naturschutzstation Beeskow fachlich untersucht und betreut.

Eine ebenso umfassende Aufgabe ist die flächendeckende Kartierung der Biotope Brandenburgs auf der Grundlage der Color-Infrarot-Aufnahmen, die im Maßstab 1 : 10000 seit 1991 erarbeitet und 1995 abgeschlossen wird. Bereits zum Ende des Jahres 1995 (ZIMMERMANN 1994) soll die selektive Biotopkartierung auf der Grundlage von Geländekartierungen im Maßstab 1 : 25000 nach einem ersten Bearbeitungsdurchlauf abgeschlossen werden. Die Aufnahme der Daten in ein digitales Biotopkataster sichert nicht nur die Verwendung bei Umweltverträglichkeitsuntersuchungen, Landschaftsplanungen und landschaftspflegerischen Begleitplänen, sondern stellt auch Referenzdaten für den Artenschutz zur Verfügung, da dieser wirksam nur über die Erhaltung der Lebensräume möglich ist (s. a. KAULE 1986). Der Artenbestand (s. Kap. 2.2.6) sowie die Anzahl der geschützten Arten nach „Rote Liste Brandenburg" ist relativ groß. Auf die Bestandssituation und -entwicklung der verschiedenen Tiergruppen sind das Landesumweltamt Brandenburg, die Unteren Naturschutzbehörden und die Naturschutzverbände mit ihren zahlreichen Fachgruppen konzentriert.

Die Erfassung des Waldzustandes, der Schutz und die Entwicklung der Waldbestände werden durch die Einrichtungen des

Ministeriums für Ernährung, Landwirtschaft und Forsten, insbesondere die Landesanstalt für Forstplanung sowie die Bundesforstämter für die militärischen und ehemals militärisch genutzten Wald- und Forstflächen und die Forstämter für die restlichen Forstflächen wahrgenommen. Fragen des Naturschutzes und der Erholung sind dabei ebenso zu berücksichtigen wie der naturnahe und standortgerechte Waldumbau.

Bodenschutz und Altlasten

Der Boden als Naturgut sowohl für die Produktion land- und forstwirtschaftlicher Kulturen als auch als die gesamte Fläche Brandenburgs erfassendes Transformations- und Speichermedium wird durch die entsprechenden Abteilungen Bodenschutz und Altlasten der Landesebene im Ministerium für Umwelt, Naturschutz und Raumordnung und im Landesumweltamt sowie auf der Ebene der Landkreise und kreisfreien Städte verantwortlich geführt.

Hierzu gehören als wesentliche Aufgaben:

- die Inventarisierung und Zustandserfassung der Bodenflächen Brandenburgs,
- die Bewertung von Böden bezüglich ihrer Seltenheit und ihres Schutzzustandes,
- die Erfassung der Bodenkontaminationen, Altablagerungen, Altlasten und Altlastverdachtsflächen,
- die Sanierung von Altlasten.

Einen großen Stellenwert nimmt die Vermeidung von Abfällen, deren Sortierung und Verwertung, die Vorbehandlung wie Rottung und Kompostierung und die geordnete Ablagerung von Abprodukten ein. Brandenburg hat sich zur Minderung der Luftbelastung und vor allem wegen der stofflichen Verwertung für die kalte Vorbehandlung, also gegen die Müllverbrennung, ausgesprochen. Alle Maßnahmen können im Komplex dazu beitragen, Ablagerungen und Bodenbelastungen der Zukunft in Brandenburg zu vermeiden oder zu vermindern. Eine besondere Stellung nehmen die Transporte von Siedlungsmüll von Berlin nach Brandenburg ein, die bereits vor 1989 in einem hohen Umfang realisiert wurden.

Luftreinhaltung

Die Luftreinhaltung in Brandenburg richtet sich auf die Reduzierung der verschiedenen Inhaltsstoffe wie Schwefeldioxid, Stickoxide, Kohlenmonoxid sowie Kohlendioxid, Kohlenwasserstoffe, Ozon und Stäube. Hierbei besteht eine Aufgabe in der Erfassung der Emissionssituation, indem flächendeckend für ein Emissionskataster alle stationären Emittenten wie Industrieanlagen, Kraft- und Heizwerke und der Hausbrand ermittelt werden. Wegen der ständig größer werdenden Bedeutung der Emissionen aus dem Verkehr, insbesondere dem Straßenverkehr, sind auch mobile Quellen einzuschließen. Hierfür werden in Brandenburg auch die Immissionen ermittelt, was durch ein automatisches Netz von 14 Meßstationen realisiert wird, in denen vor allem Schwefeldioxid, aber auch die obengenannten anderen Kriterien gemessen werden (Umweltbericht 1992).

Über das Bundes-Imissionsschutzgesetz (BImSchG) und die entsprechenden Anordnungen werden Fragen der Anlagensicherheit, besonders belastete Räume, Störfälle, Smogsituationen und zahlreiche Maßnahmen zur Minderung von Luftschadstoffen und Lärm geregelt.

Gewässerschutz

Schutz, Reinhaltung und Sanierung der Gewässer – sowohl der fließenden und stehenden Oberflächengewässer als auch der

Grundwässer – stellen eine zentrale Aufgabe von Umweltplanung und Naturschutz in Brandenburg dar, die sich nicht nur aus der Sicherung des Trinkwassers für die Bevölkerung ergibt. Mit den Unteren Wasserbehörden nehmen das Ministerium für Umwelt, Naturschutz und Raumordnung sowie das Landesumweltamt Brandenburg folgende Aufgaben in Angriff:

- Bilanzierung des Wasserdargebotes,
- Bereitstellung qualitativ hochwertigen Trinkwassers und von Brauchwasser,
- Abwasserbehandlung,
- Gewässergütemessung und Reinhaltung von Oberflächen- und Grundwasser.

Wesentliche Defizite bestehen in Brandenburg nach wie vor bei der Abwasserbehandlung. In Verantwortung der gegründeten Abwasserverbände werden gegenwärtig zahlreiche Kläranlagen errichtet, die einen Anschluß des überwiegenden Teils der Bevölkerung Brandenburgs an die Abwasserbehandlung ermöglichen. Allerdings sind dabei überdimensionierte Projekte durch das Ministerium gefördert worden, wodurch nicht nur die Abwasserbehandlung regional sehr teuer werden kann, sondern auch die Vorflut großer Kläranlagen, insbesondere kleiner Gewässer mit geringem Durchfluß, potentiell sehr belastet wird.

Bedeutsam ist die wasserwirtschaftliche Rahmenplanung, bei der die Schutzzonen bei bestehenden Trinkwassergewinnungsanlagen sowie auch Trinkwasservorbehaltsgebiete für die künftige Wasserversorgung ermittelt und über die Arbeit der Schutzzonenkommissionen der Landkreise und kreisfreien Städte gesichert werden. Hier werden auch Einleitungen genehmigt, solange keine Einleitungen verhindert werden können und eine Reinigung möglich ist. Einen besonderen Platz nehmen die Routinebeprobungen der Flüsse und Seen sowie des Grundwassers ein. So besteht u. a. ein Netz mit 34 Grundwassergütemeßstellen (Umweltbericht 1992).

Einen „aktiven" Gewässerschutz stellen auch die zahlreichen, durch das Ministerium geförderten Projekte zum naturnahen Gewässerausbau, die Gewässerunterhaltung durch die Wasser- und Bodenverbände sowie die Gewässersanierung dar.

7.4.2
Berlin

Die Umwelt- und Landschaftsplanung des Landes Berlin wird nicht nur durch die Besonderheit des Überwiegens bebauter Flächen, sondern auch durch die juristische Situation bestimmt, daß Berlin keine Landschaftsplanung besitzt. Alle Vorhaben zur Erfassung und Planung der Umweltsituation sind somit in die Flächennutzungsplanung der Stadt eingeordnet. Zuständige Behörde ist hierfür die Senatsverwaltung für Stadtentwicklung und Umweltschutz (SenStadtUm), während alle landeskulturellen und umweltplanerischen Fragen im Rahmen der Bauleitplanung den Bezirken obliegen.

Die Untersuchung und Bewertung des Zustandes der natürlichen Umwelt in der Stadt werden im „Umweltatlas" dokumentiert, der 1984 in Berlin (West) begonnen wurde und alle bedeutsamen Bereiche von Natur und Landschaft wie Naturschutz, Luftbelastungen, Bodenkontaminationen und andere Konfliktbereiche sowie Maßnahmen des Gewässer-, Immissions- und Bodenschutzes ausweist. Mit der Vereinigung beider Stadthälften wurde die Bearbeitung für den östlichen Teil der Stadt begonnen. 1994 lagen bereits wesentliche Ergebnisse der Zustandsbewertung von Natur und Landschaft der gesamten Stadt vor, die für die Berücksichtigung der Belange von Natur- und Umweltschutz eine wichtige Grundlage darstellen.

7.5
Schlußbemerkungen

Aus den bisherigen Darlegungen geht hervor, daß Raum- und Umweltplanung in Brandenburg und Berlin seit der Wende und Wiedervereinigung in kurzer Zeit einen relativ hohen Stand erreicht haben.

Dies geschah in einem Teil Deutschlands, der in der Nachkriegszeit fast ein halbes Jahrhundert durch die Grenzen des Kalten Krieges geteilt war, hinter denen gegensätzliche Gesellschaftssysteme raumwirksam geworden sind. Nichtsdestoweniger konnte im einzelnen auf einige Ergebnisse und Grundlagen der Territorialplanung und des Umweltschutzes aus DDR-Zeiten (z. B. Natur- und Landschaftsschutzgebiete, Naturparke und Biosphärenreservate, Siedlungsnetzplanungen u. ä.) in Brandenburg und Ostberlin zurückgegriffen werden. Westberlin war bei Beachtung seiner spezifischen Lage in das altbundesdeutsche und EG-Planungssystem integriert. Gegenwärtig gilt es nun, die übergreifenden Ziele der Raumordnung und des Umweltschutzes, die nach gleichwertigen, aber differenzierten Lebensverhältnissen mit ökologisch vertretbarer nachhaltiger Wirksamkeit streben, in der Gesamtregion von Berlin und Brandenburg schrittweise zu verwirklichen. Dies geschieht in einem Raum, in dem sich gravierende politische, sozio-ökonomische, wirtschaftliche und soziale, demographische und mentale Strukturumbrüche in Brandenburg und im Ostteil Berlins mit tiefgreifenden wirtschaftsstrukturellen Veränderungen im Westteil der deutschen Hauptstadt unweit der gegenwärtigen Ostgrenze der Bundesrepublik Deutschland und der Europäischen Union wechselseitig durchdringen.

Darüber hinaus werden sie in diesem geschichts- und zukunftsträchtigen Großraum Deutschlands mit einer extrem ausgeprägten Heterogenität der Raumstruktur konfrontiert. Dies kommt u. a. in dem steilen Dichtegefälle zwischen dem Regionskern, der hochurbanen Millionenstadt Berlin, dem Umland als brandenburgischem Teilraum des engeren Verflechtungsraumes Berlin/Brandenburg und dem äußeren Entwicklungsraum Brandenburgs zum Ausdruck: Die Bevölkerungsdichtewerte zwischen den genannten drei strukturprägenden Teilräumen dieser Großregion verhalten sich wie 37 : 2 : 1.

Daran sind ambivalente räumliche Entwicklungsbedingungen für eine ausgewogene Raumnutzung und -gestaltung gebunden. Sie können unter den Bedingungen der Marktwirtschaft und der kommunalen Selbstverwaltung bis zu einem gewissen Grade durch eine zwischen Berlin und Brandenburg gut aufeinander abgestimmte Raumordnung, Umwelt-, Regional- und Landschaftsplanung für die Gesamtheit der Region und deren Teilräume durchaus noch in günstige Entwicklungsrichtungen gebracht werden.

– Nach vorwiegend extensiven Phasen und Formen der Stadtentwicklung im West- und vor allem im Ostteil Berlins kann jetzt die Stadterneuerung (Sanierung und Modernisierung, Neubau in innerstädtischen Bereichen einerseits – Erhaltung, Umstrukturierung und Komplettierung in den außenbezirklichen Bereichen andererseits) im Mittelpunkt gegenwärtiger und künftiger Stadtgestaltung stehen. *Urbanisierung* und *Reurbanisierung* prägen damit in der Gegenwart und absehbaren Zukunft die Entwicklung der *Hauptstadt Berlin*, die als *Regionskern* auf längere Sicht auch wieder metropolitane Züge annehmen könnte.

– Das *Umland* Berlins in seiner Funktion als enger Verflechtungs-, Ergänzungs- und Entlastungsraum der Millionenstadt wird gegenwärtig und in naher Zukunft –

im Unterschied zu anderen, hypertrophierten hauptstädtischen und metropolitanen Regionen noch aufnahme- und entwicklungsfähig – durch *suburbane Prozesse* (wieder) stärker beeinflußt werden. Darin werden sowohl tertiäre Bereiche (Ausweitung und Intensivierung der Wohn-, Erholungs- und Dienstleistungsfunktionen) als auch - stärker gebremst – sekundäre Bereiche (Randwanderung der Berliner Industrie) einbezogen sein.

Wenn diese raumwirksamen Prozesse der Suburbanisierung ökologisch und sozial verträglich in die vorhandenen Siedlungs- und Verkehrsnetze integriert werden, d. h. Zersiedelung der Landschaft (Freiräume) und „Wildwuchs" weitgehend vermieden werden können, dürften in diesem Teilraum die Existenzbedingungen der Menschen, die Standortbedingungen für die Wirtschaft sowie die Erhaltungs- und Regenerierungsbedingungen für die Natur nachhaltig gesichert werden.

– Die vorwiegend intensive bzw. raumregulierte Entwicklung im urbanen Kern und suburbanen Umland Berlin-Brandenburgs muß mit einer wirtschaftlich effizienten, sozial und ökologisch verträglichen Nutzung des regional differenzierten Bevölkerungs-, Natur-, Wirtschafts- und Kulturpotentials aller Teile des *äußeren Entwicklungsraumes* im Land Brandenburg verbunden werden. Dabei muß vor allem einer weiteren Entagrarisierung in den für die Landwirtschaft geeigneten Teilräumen Einhalt geboten werden. Die bergbaulichen und industriellen Kerne müssen saniert sowie innovativ und marktgerecht umstrukturiert werden. Bei notwendigen Neuansiedelungen von Gewerbe in den produzierenden und dienstleistenden Bereichen müssen zusammen mit den Forderungen des Leitbildes der Dezentralen Konzentration arbeitsteilige Beziehungen innerhalb der Gesamtregion Berlin-Brandenburg („Städtenetze", „integrierte Standortentwicklung") stärker beachtet werden. Die großen natürlichen und kulturellen Potenzen für den Tourismus und die Naherholung in den ländlichen, suburbanen und urbanen Teilräumen in dieser Großregion könnten ganz im Sinne von sustainable development auf lange Sicht genutzt werden. Diese übergreifenden Entwicklungsziele und -bedingungen werden in Abhängigkeit von den wirtschaftlichen und demographischen Wachstumsfaktoren und -prozessen Richtung, Ausmaß und Tempo der Raumentwicklung in dieser wichtigen Region Deutschlands und Europas entscheidend beeinflussen. Die Ziele, Methoden und Instrumentarien der ressort- und dimensionsübergreifenden Raum- und Umweltplanung müssen sich an diesen Bedingungen orientieren. Sie müssen mit und auch ohne Fusion von Berlin und Brandenburg den äußerst komplizierten Struktur- und Entwicklungsproblemen gerade in diesem Teil des geeinten Deutschlands gewachsen sein, die in diesem Band der *„Perthes Länderprofile"* im vorgegebenen Rahmen – natur- und historisch-geographisch eingebunden – angesprochen werden sollten.

Literatur (Auswahl)

Agrarbericht der Bundesregierung 1991–1994: Bonn

Akademie für Raumforschung und Landesplanung (Hrsg.), 1993: Materialien zur Fortentwicklung des Föderalismus in Deutschland, H. 200, Hannover

Akademie für Raumforschung und Landesplanung (Hrsg.), 1994: Raumordnungspolitik in Deutschland. Wissenschaftliche Plenarsitzung 1993. In: Forschungs- und Sitzungsberichte der ARL, Nr. 197, Hannover

ALBRECHT, G., 1910: Die Landesentwicklung der Mark Brandenburg. In: Landeskunde der Provinz Brandenburg, II. Band, Die Geschichte, S. 1–52, Berlin

ALBRECHT, G., und W., 1991: Die Entwicklung der Gebietsfunktion Erholung im binnenländischen Mecklenburg von 1945–1989. In: Greifswalder Beiträge zur Rekreationsgeographie/Freizeit- und Tourismusforschung, Bd. 2, S. 17–39, Greifswald

Amtliches Gemeindeverzeichnis für das Gebiet des Deutschen Reiches ..., 1941: 2. Aufl., Beilage, Berlin

Anteil von Ausländern an der Wohnbevölkerung der Berliner Stadtbezirke 1994: s. Statistisches Landesamt Berlin (Hrsg.), Statistische Berichte, Berlinstatistik, 1994

Arbeitsgemeinschaft PROGNOS-ARP-Lahmeyer-WIB, 1992: Raumordnerisches Strukturkonzept für das Land Brandenburg, Basel/Berlin/Frankfurt

Arbeitsgemeinschaft Regionales Strukturkonzept Brandenburg-Berlin, 1992: Regionales Strukturkonzept für den Verflechtungsraum Brandenburg-Berlin, Kurzfassung, Berlin, Dortmund, Potsdam, Weßling

ARNDT, M., und KUJATH, H.-J., 1994: Das Ganze ist mehr als die Summe der Teile – Gedanken zur Raumordnungskonferenz Brandenburg-Berlin. Institut für Regionalentwicklung und Strukturplanung (IRS), Berlin

ARNOLD, L., und KUHLMANN, K., 1994: Wasserwirtschaft und Bergbau in der Lausitz. In: Braunkohle 7, Düsseldorf

Atlas Berlin, 1987: Braunschweig

Atlas zur Geschichte, 1989: Bd. 1, 4. Aufl., Gotha

Auf dem Weg zur Wirtschaftsmetropole Berlin, 1992: Empfehlungen der strukturpolitischen Expertenkommission des Senators für Wirtschaft und Technologie: Berlin (unveröffentlicht)

AUHAGEN, A., und SCHAEPE, A., 1991: Grundsätze und Leitlinien der Entwicklungsplanung für das Biosphärenreservat „Schorfheide – Chorin", Groß-Schönebeck

Aus- und Einfuhr des Landes Brandenburg, 1994: März 1994, Statistische Berichte, G III 1/m03/94, Landesamt für Datenverarbeitung und Statistik (Hrsg.), Potsdam

Ausstattung der Berliner Bezirke mit sozialer Infrastruktur 1992, 1993: Senatsverwaltung für Stadtentwicklung und Umweltschutz Berlin (Hrsg.), Berlin

BARSCH, H., 1973: Landschaftsanalyse, Teil 1, Lehrbriefe für das Fernstudium, Potsdam

BARSCH, SCHWARZKOPF und SÖLLNER, 1993: Naturräume in der Region Berlin und Brandenburg, Potsdam

BECK, F. (Hrsg.), 1973–92: Historisches Ortslexikon für Brandenburg, 9 Bände, Weimar

Beiheft zu ZIMM, A. (Hrsg.), 1990: Berlin (Ost); HOFMEISTER, B., 1990: Berlin (West), Darmstadt/Gotha

BENZ, A., 1993: Neue Formen der Zusammenarbeit zwischen den Ländern. In: Materialien zur Fortentwicklung des Föderalismus in Deutschland, Bd. 200, S. 116–144, Akademie für Raumforschung und Landesplanung (Hrsg.), Hannover

BERKNER, A., und SPENGLER, R., 1991: Die hydrogeographischen und wasserwirtschaftlichen Bedingungen in den neuen Bundesländern. In: Geographische Rundschau, 43, H. 10, S. 580–589, Braunschweig

Berlin. 800 Jahre Geschichte in Wort und Bild, 1980: Berlin

Berlin – Brandenburg. Ein Land für alle: s. Regierender Bürgermeister von Berlin, Senatskanzlei (Hrsg.), 1995

Berliner Morgenpost vom 4. 10. 1994 und 9. 10. 1994, Berlin

Berliner Zeitung vom 31. 5. 1994, 6. 10. 1994, 8. 12. 1994 und 9. 12. 1994, Berlin

Berlinstatistik vom 30. 6. 1994: Statistisches Landesamt Berlin (Hrsg.), Berlin

BEUTLER, H. und D., 1992: Das Naturschutzgebiet „Lieberoser Heide" auf dem Truppenübungsplatz Lieberose. In: Naturschutz und Landschaftspflege, H. 1, Potsdam

Der Bezirk Cottbus – Beiträge zur Geographie des Kohle- und Energiezentrums der DDR, 1969: Bezirkskabinett für Weiterbildung der Lehrer und Erzieher Cottbus (Hrsg.), Cottbus

Der Bezirk Cottbus – Beiträge zur Kohle- und Energiewirtschaft, 1982, Exkursionsführer der IX. Wissenschaftlichen Arbeitstagung des Fachverbandes der Schulgeographen der DDR, Mai 1982 (als Manuskript gedruckt), Cottbus

BIRKHOLZ, K., 1993: Der räumlich-strukturelle Wandel in der Region Brandenburg-Berlin. In: Geographische Rundschau, 45, H. 10, S. 564–573, Braunschweig

BISMARCK, U. v., 1994: Herzstück für ein modernes, städteverträgliches Verkehrssystem. In: Foyer, H. 2, 1994, Berlin

BLASCHKE, K., 1990: Alte Länder – Neue Länder. Zur territorialen Neugliederung der DDR. In: Aus Politik und Zeitgeschichte, Beilage zu: Das Parlament, Bonn 1990, Nr. 27, S. 39–54, Bonn

BLASCHKE, K., 1992: Das Werden der neuen Bundesländer. In: Auf dem Weg zur Realisierung der Einheit Deutschlands. Schriftenreihe der Gesellschaft für Deutschlandforschung, Bd. 35, Jahrbuch 1991, S. 127–142, Berlin

BÖER, W., 1967: Vorschlag einer Einteilung des Territoriums der Deutschen Demokratischen Republik in Gebiete mit einheitlichem Großklima. In: Zeitschrift für Meteorologie, 17, H. 9–12, S. 267–275, Potsdam

BORJAK, W., 1959: Die Entwicklung der Spremberger Textilindustrie. In: Heimatkalender Kreis Spremberg 1959, Spremberg

BRAMER, H., u. a., 1991: s. Physische Geographie Mecklenburg-Vorpommern . . ., Brandenburg regional ′93: s. Landesumweltamt Brandenburg (Hrsg.)

Braunkohle und Umwelt im Lausitzer Revier, 1991: In: Lausitzer Braunkohle Aktiengesellschaft, 3, H. 1, Senftenberg

BRUNN, G., 1994: Europäische Hauptstädte im Vergleich. In: SÜSS, W. (Hrsg.), Hauptstadt Berlin, Bd. 1, S. 193–218, Berlin

BRUNNER, H., und HEINE, D., 1982: Einige Ergebnisse lokalklimatischer Untersuchungen im Havelländischen Obstbaugebiet, Potsdamer Forschungen, Reihe B, H. 29, S. 37–45, Potsdam

Bundesforschungsanstalt für Landeskunde und Raumordnung (Hrsg.), 1993:Raumentwicklung. Politik für den Standort Deutschland, H. 57, Bonn

Bundesministerium für Raumordnung, Bauwesen und Städtebau (Hrsg.), 1991 und 1994: Raumordnungsbericht 1991 und 1993, Bonn

Bundesministerium für Raumordnung, Bauwesen und Städtebau (Hrsg.), 1993: Raumordnungspolitischer Orientierungsrahmen. Leitbilder für die räumliche Entwicklung der Bundesrepublik Deutschland, Bonn

Burger und Lübbenauer Spreewald, 1994: Werte der deutschen Heimat, Weimar

BWI, Wirtschaftsdienst Brandenburg, 1994: 4, H. 19, Potsdam

DDR. Ökonomische und Soziale Geographie, 1990, Gotha

Deutsches Institut für Wirtschaftsforschung (DIW), 1993: Strukturelle Anpassungsprozesse in der Region Berlin-Brandenburg. In: DIW-Wochenbericht Nr. 32, Berlin

Deutsches Institut für Wirtschaftsforschung Berlin, 1994: Wanderungen von Ost- nach Westdeutschland. In: DIW-Wochenbericht, Nr. 9, Berlin

DIEPGEN, E., 1994: Der Umzug von Parlament und Regierung in die deutsche Hauptstadt Berlin. In: SÜSS, W. (Hrsg.), Hauptstadt Berlin, Bd. 1, S. 43–54, Berlin

DITTNER, O., 1939: Landwirtschaft, Bergbau und Industrie des Kreises Spremberg, Frankfurt/O.

DÖRSCHEL, W. (Hrsg.), 1989: Verkehrsgeographie. Eisenbahntransporttechnik, 6. Aufl., Berlin

DUDEK, R., 1993: Wie die neuen Bundesländer entstanden – ein Rückblick. In: Akademie für Raumforschung und Landesplanung (Hrsg.), Materialien zur Fortentwicklung des Föderalismus in Deutschland, Bd. 200, S. 84–115, Hannover

EBERWEIN, M., 1994: Aufforstung. In: Naturschutz und Landschaftspflege in Brandenburg, H. 1, S. 37–40, Potsdam

ECKART, K., 1989: DDR. (Reihe Länderprofile – Geographische Strukturen, Daten, Entwicklungen), Stuttgart

ECKART, K., 1990: Die neuen Länder. Produktionsstandort Brandenburg, DIHT (Hrsg.), Bonn
ECKART, K., MARCINEK, J., VIEHRIG, H. (Hrsg.), 1993: Räumliche Bedingungen und Wirkungen des sozial-ökonomischen Umbruchs in Berlin-Brandenburg. In: Schriftenreihe der Gesellschaft für Deutschlandforschung, Bd. 36, Berlin
ECKART, K., WOLLKOPF, H.-F., u. a., 1994: Landwirtschaft in Deutschland, Beiträge zur Regionalen Geographie, Bd. 36, Leipzig
Einfuhr und Ausfuhr von Berlin (Westteil und Ostteil) 1993 nach Ländergruppen, 1994: Senatsverwaltung für Wirtschaft und Technologie Berlin (Hrsg.), 1994, Wirtschaftsbericht Berlin 1994, Berlin
Elbe-Elster-Land, 1993: Kreisverwaltung Bad Liebenwerda (Hrsg.), Merseburg
ELLGER, CH., 1990: Zur Stadtentwicklung von West-Berlin – bevölkerungs- und wirtschaftsgeographische Grundzüge. In: Zeitschrift für den Erdkundeunterricht, 42, H. 7, 1990, S. 225–235, Berlin
ELSNER, E., und NITSCH, R., 1992: 725 Jahre Kladow einmal statistisch betrachtet. In: Statistisches Landesamt Berlin (Hrsg.), Berliner Statistik, Sonderausgabe, H. 6, Berlin
empirica – Gesellschaft für Struktur- und Stadtforschung, 1992: Regionales Strukturkonzept für den engeren Verflechtungsraum Brandenburg-Berlin, Bonn
Entwurf Landschaftsrahmenplanung Land Brandenburg, 1994: Büro Rosenkranz, Berlin (unveröff.)
ERNST, W., 1993: Länderneugliederung. In: Akademie für Raumforschung und Landesplanung (Hrsg.), Materialien zur Fortentwicklung des Föderalismus in Deutschland, Bd. 200, S. 43–57, Hannover

FEGE, B., GRINGMUTH, W., und SCHULZE, G., 1987: Die Hauptstadt Berlin und ihre Wirtschaft, Berlin
FIJALKOWSKI, J., 1994: Berlin als multikulturelle Stadt. In: SÜSS, W. (Hrsg.), Hauptstadt Berlin, Bd. 1, S. 419–434, Berlin
FISCHER, W., PÖTSCH, J., 1994: Botanische Wanderungen, Leipzig
Fischer Weltalmanach, 1994, Frankfurt/Main
Flächennutzungsplan Berlin 1994, s. Senatsverwaltung für Stadtentwicklung und Umweltschutz Berlin (Hrsg.), 1994
FUCHS, G., 1992: Die Bundesrepublik Deutschland. Mit aktualisierten Daten 1989 und einem Ausblick auf die neuen Bundesländer (Reihe Länderprofile – Geographische Strukturen, Daten, Entwicklungen), Stuttgart
FUCHS, G., KÜMMERLE, U., RICHTER, H., und SCHMIDT, H., 1992: Deutschland. In: BENDER, H. U., und VON DER RUHREN, N. (Hrsg.), S II, Länder und Regionen, Stuttgart u. a.

Gesetz zur Einführung der Regionalplanung und Braunkohlen- und Sanierungsplanung im Land Brandenburg (Reg Bk PLG) vom 13. 05. 1993. In: Gesetz- und Verordnungsblatt für das Land Brandenburg, Teil I – Gesetze. 18. Mai 1993, Nr. 11, Potsdam
GÖRMAR, W., MACIUGA, T., MARETZKE, ST., und MÖLLER, F. O., 1993: Wanderungsprozesse in Deutschland 1991. In: Bundesforschungsanstalt für Landeskunde und Raumordnung (Hrsg.), Materialien zur Raumentwicklung, H. 50, S. 39–63, Bonn
Grundlinie zur städtebaulich-architektonischen Gestaltung der Hauptstadt der DDR: s. Magistrat von Berlin, Hauptstadt der DDR

HAASE, G., SCHMIDT, R., u. a., 1981, Karte 6, Böden. In: Atlas DDR, Gotha
HABER, W., 1991: Wasser aus ökologischer Sicht. In: Mitteilungen des Wasserverbandstages Bremen, Niedersachsen, Sachsen-Anhalt und der Landesverbände der Wasser- und Bodenverbände in Hessen und Rheinland-Pfalz, Nr. 73, S. 1–6
HÄGE, K., und BEUTLER, D., 1994: Sanierung von Bergbauflächen im Lausitzer Braunkohlenrevier. In: Braunkohle, H. 7, Düsseldorf
HASS, M., und NITZ, J., 1991: Berlin/Brandenburg, Regionale Wirtschaftsstrategien, Berlin
HASS, M., (Hrsg.) 1992: Landesreport Berlin, Berlin, München
HAUG, H., 1994: Landschaftspflegeverbände in Brandenburg, Naturschutz und Landschaftspflege in Brandenburg, H. 2, S. 35–39, Potsdam
HENDL, M., 1969: Grundzüge des Klimas im Havel-Spree-Raum zwischen Nördlichem und Südlichem Landrücken. In: Wissenschaftliche Abhandlungen der Geographischen Gesellschaft der DDR, Bd. 10, Gotha/Leipzig
HERRMANN, J., u. a., 1987: Berlin, Werte unserer Heimat, Berlin
HERZFELD, H., (Hrsg.), 1968: Berlin und die Provinz Brandenburg im 19. und 20. Jahrhundert, Berlin
HEYER, E., 1959: Besonderheiten im Klima des Landes Brandenburg. In: Wissenschaftliche

Zeitschrift der PH Potsdam, Math.-Nat. Reihe, 5, H. 1, S. 31–36, Potsdam
HEYER, E., 1965: Das Klima im Bereich der beiden deutschen Staaten, Fernstudium der Lehrer, Potsdam
HOFFMANN, R., 1993: Das Raumordnerische Strukturkonzept für das Bundesland Brandenburg. In: Zeitschrift für den Erdkundeunterricht, 45, H. 11, S. 388–395, Berlin
HOFMEISTER, B., 1990: Berlin (West). Eine geographische Strukturanalyse der zwölf westlichen Bezirke. 2., vollständig überarbeitete Aufl., Darmstadt/Gotha
HUPFER, P., und CHMIELEWSKI, F.-M., 1990: Das Klima von Berlin, Berlin

IHK: s. Industrie- und Handelskammer zu Berlin (Hrsg.)
Industrie- und Handelskammer zu Berlin (Hrsg.), 1995: Wirtschaftsentwicklung und Raumplanung in der Region Berlin-Brandenburg, Modelle, Tendenzen, Erfordernisse, Berlin
Industrie- und Handelskammer zu Berlin (Hrsg.), 1995: Entwicklungsstrategien für Industriestandorte in der Region Berlin-Brandenburg. Von der Flächensicherung zur Standortqualifizierung, Berlin
Informationskarte Tourismus 1:75000, Niederlausitz, Spree-Neiße-Kreis, 1994, Amt für Wirtschafts- und Verkehrsförderung, Forst
Institut für Regionalentwicklung und Strukturplanung (Hrsg.) 1992: Regionales Strukturkonzept für den engeren Verflechtungsraum Brandenburg-Berlin, Regio, Beiträge des IRS, H. 1, Berlin
Institut für Regionalentwicklung und Strukturplanung (Hrsg.), 1993: Der Wirtschaftsraum Brandenburg-Berlin. Bestimmungsfaktoren für die räumliche Entwicklung, Regio, Beiträge des IRS, H. 3, Berlin
Institut für Regionalentwicklung und Strukturplanung (Hrsg.), 1993: Stadterweiterungen im Umkreis von Metropolen, Regio, Beiträge des IRS H. 1, Berlin
Institut für Regionalentwicklung und Strukturplanung (Hrsg.), 1994: Großsiedlungen in Mittel- und Osteuropa, Regio, Beiträge des IRS, H. 4, Berlin
Institut für Regionalentwicklung und Strukturplanung (Hrsg.) 1994: Raumordnung in Brandenburg und Berlin. Dokumentation der Raumordnungskonferenz. Brandenburg-Berlin am 6./7. Juni 1994 in Eberswalde, Regio, Beiträge des IRS, No. 5. Berlin

Institut für angewandte Wirtschaftsforschung Berlin (IAW), 1992: Landesreport Brandenburg, Berlin
IRS: s. Institut für Regionalentwicklung und Strukturplanung

JBAG – Projektbeschreibung, Ermittlung von Altlasten- Verdachtsflächen auf den Liegenschaften der Westgruppe der sowjetischen Truppen, 1994: WGT, unveröff. Bericht, Ottobrunn
JACOB, G. (Hrsg.), 1984: Verkehrsgeographie, Gotha
JEDICKE, E., 1990: Biotopverbund, Stuttgart

KEHRER, G., 1987: Die Hauptstadt der DDR, Berlin, als Zentrum von Industrie und Forschung. In: Zeitschrift für den Erdkundeunterricht, 39, H. 2/3, S. 49–58, Berlin
KEIDERLING, G., 1987: Berlin 1945–1986. Geschichte der Hauptstadt der DDR, Berlin
KLEMM, K., und KREILKAMP, E., 1993: Institut für Tourismus, Freie Universität Berlin (Hrsg.), Das Ausflugsverhalten der Berliner. In: Berichte und Materialien des Instituts für Tourismus der Freien Universität Berlin, Nr. 13, S. 111–135, Berlin
Klett, Geschichte und Geschehen, A 3, 1995, Stuttgart
KOHL, H., u. a. (Hrsg.), 1969: Ökonomische Geographie der Deutschen Demokratischen Republik, Gotha/Leipzig
KOHL, H., u. a. (Hrsg.), 1974: Die Bezirke der Deutschen Demokratischen Republik. Ökonomische Geographie, Gotha/Leipzig
KOHL, H., u. a. (Hrsg.), 1976: Ökonomische Geographie der Deutschen Demokratischen Republik, 3, überarbeitete und ergänzte Aufl., Gotha/Leipzig
Konversion im Land Brandenburg, Militärflächen der WGT und aktueller Stand der Freigabe, 1993: IRS Berlin, Berlin
KRAMM, H. J. (Hrsg.), 1989: Der Bezirk Potsdam. Geographische Exkursionen, Geographische Bausteine, Neue Reihe, H. 6, Gotha
KRAMM, H. J. (Hrsg.), 1989: Der Bezirk Frankfurt/Oder. Geographische Exkursionen, Geographische Bausteine, Neue Reihe, H. 9, Gotha
KRAUSCH, D., 1993: Potentiell-natürliche Vegetation Brandenburgs, Karte 1:200000, Ökologische Ressourcenplanung, Berlin
KRENZLIN, A., 1983: Die Siedlungsformen der Provinz Brandenburg. Erläuterungsheft, Veröffentlichungen der Historischen Kommis-

sion zu Berlin, Historischer Atlas von Brandenburg, Neue Folge, Lieferung 2, Berlin
KUNZMANN, K. R., 1994:
Berlin im Zentrum europäischer Städtenetze. In: SÜSS, W. (Hrsg.), Hauptstadt Berlin, Bd. 1, S. 233–246, Berlin

LAHMANN, E., 1984:
Luftverunreinigungen in Berlin (West), Senatsverwaltung für Stadtentwicklung und Umweltschutz Berlin (Hrsg.), Berlin
Länderarbeitsgemeinschaft Wasser (LAWA), 1985: Richtlinien der Länderarbeitsgemeinschaft Wasser, Berlin
Landesamt für Datenverarbeitung und Statistik Brandenburg, 1993/1994: Statistische Jahrbücher 1991, 1993 und 1994, Land Brandenburg, Potsdam
Landesamt für Datenverarbeitung und Statistik Brandenburg, 1994: Statistische Berichte. Bergbau und Verarbeitendes Gewerbe, Land Brandenburg, 1993, Juli 1994, Potsdam
Landesumweltamt Land Brandenburg (Hrsg.), 1995: Charakteristik des Landkreises Spree-Neiße, Potsdam
Landkreis Bad Liebenwerda, 1992: Kreisverwaltung Bad Liebenwerda (Hrsg.), Merseburg
Landkreis Dahme-Spreewald, 1994: Pressestelle Landkreis Dahme-Spreewald (Hrsg.), Lübben
Landkreis Finsterwalde, 1992: Landratsamt Finsterwalde (Hrsg.), Merseburg
Landkreis Herzberg, 1992: Kreisverwaltung Herzberg (Hrsg.), Merseburg
Landesumweltamt Brandenburg (Hrsg.), 1994: Brandenburg regional '93, Potsdam
Die LAUBAG – ein Unternehmen mit Zukunft, 1991:
In: Lausitzer Braunkohle Aktiengesellschaft, 2, H. 4, Senftenberg
LAUBAG (Hrsg.), 1993
Braunkohle und Braunkohlentagebaue im brandenburgischen Teil des Lausitzer Reviers, 1993, Senftenberg
LAUBAG (Hrsg.), 1993: LAUBAG, Zahlen und Fakten 1993, Senftenberg
LAWA, 1985: s. Länderarbeitsgemeinschaft Wasser
LEHMANN, R., 1963: Geschichte der Niederlausitz, Berlin
LEHMANN, R., 1978: Historisches Ortslexikon der Niederlauitz, Marburg

LEONHARD, H., 1955: Die Entwicklung der Cottbuser Textilindustrie. In: Märkische Heimat, H. 1, Potsdam
LEUPOLT, B., 1993: Entwicklung der Industrie in Berlin-Brandenburg. In: Geographische Rundschau, 45, H. 10, S. 594–599, Braunschweig
LIEDTKE, H., 1973: Die nordischen Vereisungen in Mitteleuropa, Karte 1:1 000 000, Bonn-Bad Godesberg
LIEDTKE, H., 1975: Die nordischen Vereisungen in Mitteleuropa (Erläuterungen zu einer farbigen Übersichtskarte im Maßstab 1:1 Mio), 2. Aufl., Forschungen zur Deutschen Landeskunde, 204, Trier
LOTZMANN, E., 1990: Territoriale Auswirkungen des großflächigen Braunkohlenbergbaus im Bezirk Cottbus bei besonderer Beachtung der Siedlungsstruktur. In: Information zur Raumentwicklung, H. 40, BfLR (Hrsg.), Bonn

Magistrat von Berlin, Hauptstadt der DDR, Bezirksbauamt, Büro für Städtebau (Hrsg.), 1987: Grundlinie zur städtebaulich-architektonischen Gestaltung der Hauptstadt der DDR, Berlin, Berlin
MAMPEL, S., 1992: Föderalismus in Deutschland. In: Auf dem Weg zur Realisierung der Einheit Deutschlands, Schriftenreihe der Gesellschaft für Deutschlandforschung, Bd. 35, Jahrbuch 1991, S. 95–126, Berlin
MARCINEK, J., und NITZ, B., 1973: Das Tiefland der Deutschen Demokratischen Republik, Gotha
MARCINEK, J., und ZAUMSEIL, L., 1993: Brandenburg und Berlin im physisch-geographischen Überblick. In: Geographische Rundschau, 45, H. 10, S. 556–563, Braunschweig
MAXIMYTSCHEW, I. und F., 1994: Berlin – deutsche Hauptstadt in der Mitte Europas. Osteuropäische Perzeption. In: SÜSS, W. (Hrsg.), Hauptstadt Berlin, Bd. 1, S. 313–330, Berlin
MARETZKE, ST., 1994: Deindustrialisierung ostdeutscher Regionen – eine bittere Realität! – Regionalbarometer neue Länder. In: BfLR-Mitteilungen 3/Juni 1994, S. 1–3, Bonn
Melderechtlich registrierte Ausländer am Ort der Hauptwohnung in Berlin Ende 1993 nach Alter, Geschlecht und Staatsangehörigkeit: s. Statistisches Landesamt Berlin (Hrsg.), Statistische Berichte, Berlinstatistik 1994
Meteorologischer Dienst Potsdam, 1987: Klimatologische Normalwerte. In: Klimadaten der DDR, Reihe B, Bd. 14, Potsdam

MELF: s. Ministerium für Ernährung, Landwirtschaft und Forsten des Landes Brandenburg
MICHAEL, TH., 1994: Die Milchgenossenschaft „Heideland" Groß-Briesen e. G. In: Zeitschrift für den Erdkundeunterricht, 46, H. 6, 1994, S. 236–248, Berlin
MIETZ, O., und VIETINGHOFF, H., 1994: Die Gewässergütesituation von 62 Seen des Potsdamer Seengebietes. In: Naturschutz und Landschaftspflege in Brandenburg, H. 2, S. 29–34, Potsdam
Ministerium für Ernährung, Landwirtschaft und Forsten des Landes Brandenburg (Hrsg.), 1992: Bericht zur Lage der Land-, Ernährungs- und Forstwirtschaft des Landes Brandenburg 1992, Potsdam
Ministerium für Ernährung, Landwirtschaft und Forsten des Landes Brandenburg (Hrsg.), 1992: Der Brandenburger Weg. Agrarpolitisches Programm für den Systemwandel in der Landwirtschaft, Potsdam
Ministerium für Ernährung, Landwirtschaft und Forsten des Landes Brandenburg (Hrsg.), 1994: Bericht zur Lage der Land-, Ernährungs- und Forstwirtschaft des Landes Brandenburg 1993, Potsdam
Ministerium für Stadtentwicklung, Wohnen und Verkehr des Landes Brandenburg (Hrsg.) 1994: Städtebaubericht 1994, Schriftenreihe, H. 9, Potsdam
Ministerium für Umwelt, Naturschutz und Raumordnung des Landes Brandenburg (Hrsg.), 1992: Brandenburger Umwelt-Journal 1992: Nr. 6/7, Dezember 1992 (Sonderheft Raumordnung), Potsdam
Ministerium für Umwelt, Naturschutz und Raumordnung des Landes Brandenburg (Hrsg.), 1993: Gutachten zum Raumordnerischen Strukturkonzept für das Land Brandenburg, Potsdam
Ministerium für Umwelt, Naturschutz und Raumordnung des Landes Brandenburg (Hrsg.), 1993: Immissionsschutzbericht 1992, Potsdam
Ministerium für Umwelt, Naturschutz und Raumordnung des Landes Brandenburg (Hrsg.), 1993: Umweltbericht 1992, Potsdam
Ministerium für Umwelt, Naturschutz und Raumordnungdes Landes Brandenburg, (Hrsg.), 1994: Braunkohlen-Sanierungsplanung im Land Brandenburg, Potsdam
Ministerium für Umwelt, Naturschutz und Raumordnung des Landes Brandenburg (Hrsg.), 1994: Landesentwicklungsplan I, „Zentralörtliche Gliederung", Entwurf vom 22. 03. 1994, Potsdam
Ministerium für Umwelt, Naturschutz und Raumordnung des Landes Brandenburg (Hrsg.), 1994: Landschaftsplanerisches Gutachten Engerer Verflechtungsraum, Potsdam
Ministerium für Wirtschaft, Mittelstand und Technologie des Landes Brandenburg (Hrsg.), 1992: Jahreswirtschaftsbericht Brandenburg 1992, Potsdam
Ministerium für Wirtschaft, Mittelstand und Technologie des Landes Brandenburg (Hrsg.), 1994: Jahreswirtschaftsbericht Brandenburg 1994, Potsdam
MOSER, H., 1994: Die Berliner Wirtschaft im Zeichen der Vereinigung. In: SÜSS, W. (Hrsg.), Hauptstadt Berlin, Bd. 1, S. 343–362, Berlin
MÜLLER, B., und SCHMOOK, R. (Hrsg.), 1991: Berlin und Brandenburg – Vom Zusammenwachsen einer Region – Katalog zur gleichnamigen Ausstellung, Presse- und Informationsamtes des Landes Berlin (Hrsg.), Berlin
MÜNCHHEIMER, W., 1954: Die Neugliederung Mitteldeutschlands bei der Wiedervereinigung. Göttingen

Neufassung des Raumordnungsgesetzes vom 28. 04. 93: In: Bundesgesetzblatt, Teil I, 6. Mai 1993, Nr. 19, S. 630ff., Bonn
NEUMANN, P., 1992: Berlin-Marzahn und Berlin-Märkisches Viertel. Ein Vergleich von Großwohnsiedlungen in Ost und West. Arbeitsberichte 21, AG Angewandte Geographie Münster e. V., Münster
NOLTE, D., und ZIEGLER, A., 1994: Neue Wege einer regional- und sektoralorientierten Strukturpolitik in den neuen Ländern. In: Informationen zur Raumentwicklung, 1994, H. 4, S. 255–265, Bundesforschungsanstalt für Landeskunde und Raumordnung (Hrsg.), Bonn-Bad Godesberg

Ökologische Ressourcenplanung Berlin, 1991, Berlin
Ökonomische und Soziale Geographie, 1990, s. DDR. Ökonomische und Soziale Geographie
OSTWALD, W. (Hrsg.), 1989: Die DDR im Spiegel ihrer Bezirke, Berlin

Perspektiven der Erwerbstätigkeit in Berlin, 1994: In: DIW-Wochenbericht, Nr. 44, Deutsches Institut für Wirtschaftsforschung (Hrsg.), Berlin

PFANNSCHMIDT, M., 1933: Die Industriesiedlung in der Umgebung von Berlin. Erweiterter Sonderdruck aus Zentralblatt der Bauverwaltung vereinigt mit Zeitschrift für Bauwesen, 53 (83), H. 9/10, Berlin

PFANNSCHMIDT, M., 1937: Die Industriesiedlung in Berlin und in der Mark Brandenburg, Stuttgart/Berlin

PFOHL, E., und FRIEDRICH, E., o. J (1928): Karte „Mitteldeutsches Braunkohlengebiet". In: Die Deutsche Wirtschaft in Karten, Berlin

Physische Geographie Mecklenburg-Vorpommern, Brandenburg, Sachsen-Anhalt, Sachsen, Thüringen, 1991: Gotha

POPP, K, 1994: Technologiezentren in Europa. In: Zeitschrift für den Erdkundeunterricht, 46, H. 9, S. 320–352, Berlin

PRIES, E., 1993: Falsch angelegte Aufforstungen schaden nicht nur dem Naturschutz. In: Naturschutz und Landschaftspflege in Brandenburg, H. 3, S. 16–18, Potsdam

PRIES, E., und BUKOWSKY, H., 1993: Das Naturschutzgebiet „Kleine Schorfheide". In: Naturschutz und Landschaftspflege in Brandenburg, H. 4, S. 23–31, Potsdam

Provisorischer Regionalausschuß – Planungsgruppe Potsdam, 1990: Grundlagen und Zielvorstellungen für die Entwicklung der Region Berlin, 1, Bericht – 5/90, Berlin

Putzgers Historischer Schul-Atlas, 1911: 35. Ausgabe, Bielefeld und Leipzig

Ratgeber Konversion, 1994: WGT-Liegenschaften im Landeseigentum, Ergänzungsinformation Nr. 3, Land Brandenburg, Potsdam

Raumordnungsberichte 1991 und 1993: s. Bundesministerium für Raumordnung, Bauwesen und Städtebau

Raumstrukturelle Situation in der Bundesrepublik Deutschland: s. Bundesministerium für Raumordnung, Bauwesen und Städtebau, 1993

Raumordnungspolitischer Orientierungsrahmen. Leitbilder für die räumliche Entwicklung der Bundesrepublik Deutschland: s. Bundesministerium für Raumordnung, Bauwesen und Städtebau, 1993

Regierender Bürgermeister von Berlin, Senatskanzlei (Hrsg.), 1995: Berlin-Brandenburg. Ein Land für alle, Berlin

Region Berlin, Statistische Informationen, 1990: H. 1, Berlin

Regio: s. Institut für Regionalentwicklung und Strukturplanung

RINGLER, A, 1991: Die Vereinigung als Chance für den deutschen Naturschutz (Teil 2), Natur und Landschaft, 3, S. 120–131, Potsdam

ROTHE, G., 1994: Gleichwertige Lebensbedingungen unter besonderer Berücksichtigung der Verhältnisse in den neuen Bundesländern. In: Raumordnungspolitik in Deutschland. Forschungs- und Sitzungsberichte der ARL, Nr. 197, S. 35–47, Hannover

RUMPF, H., u. a, 1989: Die Stadt-Umland-Region der Hauptstadt der DDR, Berlin. In: Gebietsentwicklung in der DDR, Studie, Berlin

RUMPF, H., ZAUMSEIL, L., LEUPOLT, B., und SCHULZ, M., 1989: Die Stadt-Umland-Region der Hauptstadt der DDR, Berlin. Bedingungen, Tendenzen und Probleme der Gebietsentwicklung in der DDR. Studie des Arbeitskreises „Komplexgeographische Fragen der Gebietsentwicklung", Hauptforschungsrichtung Geographie-Hydrologie an der AdW der DDR (unveröffentlicht), Dresden

RUMPF, H., ZAUMSEIL, L., und ZIMM, A., 1990: Die hauptstädtische Ballungs- und Stadt-Umland-Region in Berlin, den Bezirken Frankfurt und Potsdam. In: Ökonomische und soziale Geographie der DDR, Gotha

RUMMEL, W., 1990: Stand und Schlußfolgerungen zur Nährstoffbelastung der wichtigsten Gewässer in Berlin-Ost, Kolloquium „Nährstoffbelastung der Gewässer in Berlin und Umgebung", Berlin

RUTZ, W., 1991: Die Wiedererrichtung der östlichen Bundesländer, ihr Zuschnitt und dessen Vorläufigkeit. In: Die Zukunft des kooperativen Föderalismus in Deutschland, Berichte und Studien der Hanns-Seidel-Stiftung e.V., Bd. 63, Reihe Grundsatzfragen, S. 105/142, Bayreuth

RUTZ, W., 1991: Die Wiedererrichtung der östlichen Bundesländer. Kritische Bemerkungen zu ihrem Zuschnitt. In: Bundesforschungsanstalt für Landeskunde und Raumordnung (Hrsg.), Raumforschung und Raumordnung, 49, H. 5, S. 279–286, Köln

RUTZ, W., SCHERF, K., und STRENZ, W., 1993: Die fünf neuen Bundesländer – Historisch begründet, politisch gewollt und künftig vernünftig?, Darmstadt

RYSLAVY, T., 1993: Zur Bestandssituation ausgewählter Vogelarten in Brandenburg. In: Naturschutz und Landschaftspflege in Brandenburg, H. 3, S. 4–10, Potsdam

SAUPE, G., 1993(a): Naherholung im Verflechtungsraum Berlin-Brandenburg. In: Geographische Rundschau, 45, H. 10, S. 608–614, Braunschweig

SAUPE, G., 1993(b): Naherholung im westlichen Umland von Berlin-Brandenburg. Räumliche Struktur und aktueller Wandel. In: Räumliche Bedingungen und Wirkungen des sozial-ökonomischen Umbruchs in Berlin-Brandenburg. Schriftenreihe der Gesellschaft für Deutschlandforschung, Bd. 36, Berlin

SCAMONI, A., u. a., 1975: Karte 12, Natürliche Vegetation. In: Atlas DDR, Gotha

SCHAEPE, A., und PEPER, H., 1993: Stand der Landschaftsrahmenplanung in Brandenburg. In: Naturschutz und Landschaftspflege in Brandenburg, H. 2, S. 4–7, Potsdam

SCHÄUBLE, W., 1994: Veränderungen ertragen, Veränderungen bewältigen – Berlin als Symbol deutschen Miteinanders. In: SÜSS, W. (Hrsg.), Hauptstadt Berlin, Bd. 1, S. 25–38, Berlin

SCHERF, K., 1959: Die brandenburgische Textilindustrie im 18. und 19. Jahrhundert und ihre standortbildenden Faktoren. In: Wissenschaftliche Zeitschrift der Pädagogischen Hochschule Potsdam, Gesellschaftsw.-Sprachw. Reihe, 5, 1959/60, H. 1, Potsdam

SCHERF, u. a., 1990: s. DDR. Ökonomische und Soziale Geographie

SCHERF, K., 1993: Verflechtungsraum Berlin-Brandenburg – Entwicklungschancen und Konflikte. In: Analytisch-konzeptionelle Grundlagen für eine Kreisentwicklungskonzeption des künftigen Großkreises Bad Freienwalde – Seelow – Strausberg, 1. Zwischenbericht, Juni 1993, Teil I, Anlage 1, Berlin – Bad Freienwalde (unveröff.)

SCHERF, K., 1994: Kreisentwicklungskonzeptionen für die neugebildeten Kreise des Landes Brandenburg. In: Die Neue Verwaltung, H. 2, S. 4–9, Berlin

SCHERF, K., ZAUMSEIL, L., 1990: Zur politisch-administrativen Neugliederung des Gebiets der DDR. In: Raumforschung und Raumordnung, 48, H. 4/5, S. 231–240, Köln

SCHMIDT, H., 1993: Der Erholungsraum Potsdam – räumlich-materielle Grundlagen. In: Berichte und Materialien Nr. 13, Institut für Tourismus, Freie Universität Berlin 1993

SCHMIDT, W. (Hrsg.), 1992: Das Havelland um Werder, Lehnin und Ketzin, Werte der deutschen Heimat, Leipzig

SCHÖLLER, P., 1986: Städtepolitik, Stadtumbau und Stadterhaltung in der DDR, Erdkundliches Wissen, H. 81, Stuttgart

SCHOLZ, E., 1962: Die naturräumliche Gliederung Brandenburgs, Potsdam

SCHOLZ, E., 1970: Geomorphologische Übersichtskarte der Bezirke Potsdam, Frankfurt/Oder und Cottbus, 1:500000, Potsdam

SCHULDT, K., 1993: Arbeitspendler im Land Brandenburg, LASA-Studie Nr. 17, Landesagentur für Struktur und Arbeit Brandenburg GmbH (Hrsg.), Potsdam

SCHULTZE, J., o. J.: Die Mark Brandenburg, 2. Aufl., Berlin

SCHWIRTEN, D., 1994: Entwicklungstendenzen in der Lausitzer Braunkohle. In: Braunkohle 8, Düsseldorf

SEFZIK, B.-H., und KNOP, S., 1985: Oderbruch, Leipzig

Senatsverwaltung für Bau- und Wohnungswesen, Berlin (Hrsg.), 1992: Großsiedlungen – Montagebau in Berlin (Ost). Bestandsaufnahme und Bewertung der industriell errichteten Wohngebäude. Städtebau und Architektur, Bericht 8, Berlin

Senatsverwaltung für Stadtentwicklung und Umweltschutz (Hrsg.), 1984: Emissionskataster Industrie, Berlin

Senatsverwaltung für Stadtentwicklung und Umweltschutz (Hrsg.), 1984: Emissionskataster Kraftfahrzeugverkehr für das Belastungsgebiet Berlin, Berlin

Senatsverwaltung für Stadtentwicklung und Umweltschutz (Hrsg.), 1984, 1994: Umweltatlas, Berlin

Senatsverwaltung für Stadtentwicklung und Umweltschutz (Hrsg.), 1986: Umweltatlas Berlin, Karten 1:50000 und Text zu Boden, Flächennutzung, Klima, Wasser, Biotope, Verkehr/Lärm, Berlin

Senatsverwaltung für Stadtentwicklung und Umweltschutz (Hrsg.), 1990: Räumliche Entwicklung in der Region Berlin – Planungsgrundlagen, Berlin

Senatsverwaltung für Stadtentwicklung und Umweltschutz (Hrsg.), 1992: Räumliches Strukturkonzept. Grundlagen für die Flächennutzungsplanung Berlin, Berlin

Senatsverwaltung für Stadtentwicklung und Umweltschutz (Hrsg.), 1992: Sektorale Entwicklungskonzepte. Stadträumliches Konzept für die Entwicklung Berlins zum Dienstleistungszentrum, Berlin

Senatsverwaltung für Stadtentwicklung und Umweltschutz (Hrsg.), 1993: Projekte der räumlichen Planung in Berlin, Berlin

Senatsverwaltung für Stadtentwicklung und Umweltschutz (Hrsg.), 1994: Flächennutzungsplan Berlin 1994, Berlin

Senatsverwaltung für Stadtentwicklung und Umweltschutz (Hrsg.), 1994: Flächennutzungsplan Berlin, Erläuterungsbericht, Berlin Senatsverwaltung für Stadtentwicklung und Umweltschutz (Hrsg.) 1994: Umweltatlas Berlin, Karten 1:50000 und Text zu Boden, Wasser, Erste Gesamtberliner Ausgabe, Berlin

Senatsverwaltung für Stadtentwicklung und Umweltschutz (Hrsg.), 1995: Karte „Stadtökologische Raumeinheiten", Berlin

Senatsverwaltung für Wirtschaft und Technologie (Hrsg.), 1994: Wirtschaftsbericht Berlin 1994, Berlin

SEITE, B., 1994: Die Bedeutung der Hauptstadt Berlin für die neuen Länder. In: SÜSS, W. (Hrsg.), Hauptstadt Berlin, Bd. 1, S. 179–192, Berlin

750 Jahre Berlin, 1986: Thesen, Berlin

SINZ, M., 1994: Vom Rand in die Mitte – europäische Einflüsse auf die Position Berlins. In: SÜSS, W. (Hrsg.), Hauptstadt Berlin, Bd. 1, S. 219–232, Berlin

Software Union, Gesellschaft für Unternehmensberatung mbH, Bereich Regionale Wirtschaftsforschung (Hrsg.), 1993: Strukturanalyse der Wirtschaft des Landes Brandenburg, Berlin

Spreewald (Wanderatlas), 1989, Berlin/Leipzig

Stadtentwicklungskonzeption „Cottbus 2000" (Entwurf zur 2. Lesung), 1991, Stadtverwaltung Cottbus, Cottbus

Statistisches Landesamt Berlin (Hrsg.), 1990: Region Berlin, Statistische Informationen, Bevölkerung und Wohnungen, Berlin

Statistisches Landesamt Berlin (Hrsg.), Statistische Berichte, Berlinstatistik 1994: Berlin

Statistische Berichte des Landesamtes für Datenverarbeitung und Statistk Brandenburg, Potsdam

Statistische Jahrbücher 1991, 1993 und 1994, Land Brandenburg: Potsdam

Statistische Jahrbücher 1993 und 1994 für Berlin, Berlin

Statistisches Jahrbuch 1993 und 1994 für die Bundesrepublik Deutschland.
Bundesamt für Statistik (Hrsg.) Wiesbaden

Statistische Jahrbücher der DDR 1955–1990, Berlin

Statistische Praxis, 1952: H. 7, Berlin

STREMME, H., 1953: Bodenkarte 1:500000 der DDR, Leipzig

STROSCHEIN, CH., in Zusammenarbeit mit Gregotti Associati int., 1993: Die Landschaft und Berlin. Gedanken über eine gemeinsame polyzentrische Landesentwicklung Brandenburg/Berlin, Land Brandenburg (Hrsg.), Berlin, Potsdam

STROSCHEIN, CH., 1994: Metropole Berlin, Land Berlin (Hrsg.), Berlin

Strukturpolitische Expertenkommission des Senators für Wirtschaft und Technologie, 1992: Auf dem Weg zur Wirtschaftsmetropole Berlin, Berlin

STURM, R., 1994: Deutscher Föderalismus und Berlin als Hauptstadt. In: SÜSS, W. (Hrsg.), Hauptstadt Berlin, Bd. 1, S. 165–178, Berlin

SUKOPP, H., u. a., 1974: Ökologische Charakteristik von Großstädten, besonders anthropogene Veränderungen von Klima, Boden und Vegetation. In: Zeitschrift für Hochschulforschung der Technischen Universität Berlin, 4, S. 469–488, Berlin

SÜSS, W. (Hrsg.), 1994: Hauptstadt Berlin, Bd. 1, Berlin

SÜSS, W., 1994: Berlin auf dem Weg zur nationalen Hauptstadt und europäischen Metropole – Zur Einführung. In: SÜSS, W. (Hrsg.), Hauptstadt Berlin, Bd. 1, S. 11–24, Berlin

SÜSS, W., und RABE, H., 1994: Was wird aus Berlin? Stadtmanagement zwischen Globalität und Lokalität. In: SÜSS, W. (Hrsg.), Hauptstadt Berlin, Bd. 1, S. 447–472, Berlin

Terra, Unser Land Brandenburg, 1991 ff. Stuttgart

THIEME, S., 1993: Agrarstruktureller Wandel im Havelländischen Obstbaugebiet. In: Geographische Rundschau, 45, H. 10, S. 600–606, Braunschweig

TIETZE, W., u. a. (Hrsg.), 1990: Geographie Deutschlands (Bundesrepublik Deutschland), Staat – Natur – Wirtschaft, Stuttgart

THYMIAN, C.-F., 1994: Die Berliner Bauwirtschaft nach der Wiedervereinigung – Herausforderungen und Perspektiven. In: SÜSS, W. (Hrsg.), Hauptstadt Berlin, Bd. 1, S. 363–384, Berlin

VIEHRIG, H., und POKORNY, R., 1993: Potsdam. Hauptstadt des Landes Brandenburg. In: Geographische Rundschau, 45, H. 10, S. 581–587, Braunschweig

Vorschaltgesetz zum Landesplanungsgesetz und Landesentwicklungsprogramm für das Land Brandenburg vom 6. 12. 1991, 1992, Potsdam

WALLERT, W. (Hrsg.), 1994: Folienmappe Weltstädte, Berlin, Gotha

WARMBOLD, U., und VOGT, A., 1994: Geotechnische Probleme und technische Möglichkeiten der Sanierung und Sicherung setzungsfließgefährdeter Kippen und Restlochböschungen in der Niederlausitz. In: Braunkohle, 7, Düsseldorf

WEISSE, R., 1991: Glazialmorphologie und geoökologische Probleme des Potsdamer Raumes. In: Geographische Rundschau, 43, H. 10, S. 590–596, Braunschweig

WEISSE, R., 1993: Geschichte und Perspektive des Havelländischen Obstanbaugebietes um Werder, westlich von Potsdam. In: Zeitschrift für den Erdkundeunterricht, 45, H. 1, S. 18–27, Berlin

WERNER, F., 1990: Ballungsraum Berlin, Raumstrukturen und Planungsvorstellungen. Beiträge und Materialien zur Regionalen Geographie, H. 4, Institut für Geographie der Technischen Universität Berlin, Berlin

WETZLAUGK, U., 1993: Die geteilte Stadt in einem geteilten Land. In: Hauptstadt Berlin. Informationen zur politischen Bildung, 240, 3. Quartal 1993 (Sonderaufl. der Landeszentrale für politische Bildungsarbeit Berlin), Berlin

Die Wirtschaft der neuen Bundesländer. Daten, Fakten, Perspektiven. Ausgabe 1994: Wiesbaden

Wirtschaftsatlas Neue Bundesländer, 1994: Gotha

Zentrales Einwohnerregister Ostberlin

ZIENER, K., 1993: Wandel in der zentralörtlichen Gliederung Brandenburgs. In: Geographische Rundschau, 45, H. 10, S. 574–580, Braunschweig

ZIMM, A. (Hrsg.), 1990: Berlin (Ost) und sein Umland. 3., durchgesehene Aufl., Darmstadt/Gotha

ZIMM, A., 1993: Berlin als Metropole – Anspruch, Wirklichkeit, Tendenzen. In: Beiträge zur Geschichte der Arbeiterbewegung, H. 3, 1993, S. 3–15, Berlin

ZIMMERMANN, F., 1994: Biotopkartierung Brandenburg – Liste der Kartiereinheiten. Landesumweltamt Brandenburg (Hrsg.), Potsdam

ZIMMERMANN, F., 1994: Biotopkartierung Brandenburg – Erfassungsstand und Umsetzung. In: Naturschutz und Landschaftspflege in Brandenburg, H. 2, S. 4–8, Potsdam

Berlin und Brandenburg

Fakten, Zahlen, Übersichten

1 Die Stellung von Berlin und Brandenburg in der Bundesrepublik Deutschland

Statistischer Vergleich

	Berlin	Rang	Brandenburg	Rang	Deutschland
Bevölkerung gesamt 1992 (1000)	3465,7	8	2542,7	12	80974,6
Bevölkerungsveränderung je 1000 Einwohner 1992	+6	10	+/–0	12	+9
Natürlicher Saldo je 1000 Einwohner 1992	–3,6	11	–6,3	14	–0,9
Bevölkerungsentwicklung 1992 gegenüber 1990 (%)	+0,3	10	–1,4	12	+1,5
Durchschnittliche Haushaltsgröße 1992 (Personen)	1,94	15	2,43	2	2,26

Quelle: Statistisches Bundesamt, Statistisches Jahrbuch 1994; eigene Berechnungen

Tab. A 1.1: Bevölkerungsstand und -entwicklung von Berlin und Brandenburg im deutschen Gesamtrahmen

Land	Gesamt-bevölkerung (1000)	Bevölkerungsanteile der Altersgruppen (%)					
		<6 Jahre	6-<18 Jahre	18-<25 Jahre	25-<45 Jahre	45-<65 Jahre	≥65 Jahre
Schleswig-Holstein	2679,6	6,6	11,6	9,8	30,1	26,0	15,9
Hamburg	1688,8	5,7	10,1	9,1	31,9	26,0	17,1
Niedersachsen	7577,5	6,7	12,3	9,8	30,5	24,8	15,8
Bremen	685,8	5,8	10,5	9,6	30,9	25,9	17,4
Nordrhein-Westfalen	17679,2	6,8	12,1	9,3	31,1	25,4	15,3
Hessen	5922,6	6,3	11,7	9,3	32,2	25,0	15,4
Rheinland-Pfalz	3881,0	6,8	12,3	9,1	31,4	24,4	16,0
Baden-Württemberg	10148,7	7,1	12,6	9,9	32,0	24,2	14,3
Bayern	11770,3	6,9	12,3	9,7	31,7	24,4	15,1
Saarland	1084,0	6,3	11,6	8,7	32,1	25,3	16,0
Berlin	*3465,7*	*6,2*	*12,3*	*8,6*	*33,7*	*25,3*	*13,8*
Brandenburg	*2542,7*	*6,3*	*16,6*	*8,2*	*31,1*	*25,3*	*12,5*
Mecklenburg-Vorpommern	1865,0	6,8	17,8	8,4	31,7	23,9	11,3
Sachsen	4641,0	5,9	15,1	8,0	29,0	25,9	16,1
Sachsen-Anhalt	2797,0	6,1	15,3	8,4	30,0	25,8	14,5
Thüringen	2545,8	6,2	15,9	8,5	30,4	24,9	14,1
Neue Länder und Berlin (Ost)	15685,4	6,2	15,8	8,3	30,5	25,3	13,9
Früheres Bundes-gebiet	65289,2	6,7	12,1	9,5	31,5	24,9	15,3
Deutschland	80974,6	6,6	12,8	9,3	31,3	25,0	15,0

Quelle: Statistisches Bundesamt, Statistisches Jahrbuch 1994; eigene Berechnungen

Tab. A 1.2: Bevölkerungsstand und -struktur von Berlin und Brandenburg im deutschen Gesamtrahmen 1992

	Wanderungen Berlins			Wanderungen Brandenburgs		
Herkunfts-/Zielgebiet	Zuzüge absolut	Fortzüge absolut	Saldo absolut	Zuzüge absolut	Fortzüge absolut	Saldo absolut
Schleswig-Holstein	2189	3489	−1300	568	1745	−1177
Hamburg	1696	1815	−119	281	924	−636
Niedersachsen	5443	7521	−2078	1732	7092	−5360
Bremen	616	635	−19	162	580	−418
Nordrhein-Westfalen	8010	7915	+95	2898	9226	−6328
Hessen	3370	3834	−464	911	2736	−1825
Rheinland-Pfalz	1477	1843	−366	628	2060	−1432
Baden-Württemberg	5595	5426	+169	1846	4739	−2903
Bayern	5246	6537	−1291	1797	4636	−2839
Saarland	412	338	+74	165	266	−101
Berlin	–	–	–	*9436*	*9876*	*−440*
Brandenburg	*9876*	*9436*	*+440*	–	–	–
Mecklenburg-Vorpommern	2588	1744	+844	2126	2013	+118
Sachsen	3276	2176	+1100	2850	3164	−315
Sachsen-Anhalt	1980	1288	+692	1663	1793	−130
Thüringen	1269	1269	0	786	1152	−366
Deutschland	53043	55266	−2223	27849	52002	−24153

Quelle: Statistisches Bundesamt, Statistisches Jahrbuch 1994; eigene Berechnungen

Tab. A 1.3: Wanderungsverflechtung Berlins und Brandenburgs mit dem übrigen Bundesgebiet 1992

	Anteil der Nutzungsart (%)					
	Siedlungs-fläche	Verkehrs-fläche	Landwirt-schafts-fläche	Wald-fläche	Wasser-fläche	sonstige
Schleswig-Holstein	7,1	5,2	48,1	37,6	1,0	0,9
Hamburg	44,2	11,6	29,1	4,5	8,1	2,8
Niedersachsen	6,9	4,8	62,7	20,8	2,1	2,1
Bremen	41,6	11,9	31,3	1,9	11,5	2,8
Nordrhein-Westfalen	13,2	6,4	52,6	24,7	1,7	1,0
Hessen	7,7	6,5	43,8	39,8	1,3	0,8
Rheinland-Pfalz	6,7	5,9	43,8	40,5	1,4	1,6
Baden-Württemberg	7,1	5,2	48,1	37,6	1,0	0,9
Bayern	5,0	4,1	52,8	34,2	1,8	2,0
Saarland	12,9	6,0	45,5	33,4	0,9	1,3
Berlin	*55,6*	*12,4*	*6,7*	*17,5*	*6,4*	*2,5*
Brandenburg	*4,1*	*3,3*	*50,2*	*34,7*	*3,4*	*3,1*
Mecklenburg-Vorpommern	3,3	2,5	64,8	21,2	5,5	2,5
Sachsen	6,3	3,6	57,0	26,4	1,8	3,0
Sachsen-Anhalt	5,5	3,5	63,6	21,2	1,7	4,6
Thüringen	4,1	3,8	54,5	31,8	1,2	4,4
Neue Länder und Berlin (Ost)	4,6	3,3	57,6	27,3	2,9	3,4
Früheres Bundesgebiet	7,6	5,1	53,5	30,0	1,9	1,6
Deutschland	6,7	4,6	54,7	29,2	2,2	2,2

Quelle: Statistisches Bundesamt, Statistisches Jahrbuch 1994; eigene Berechnungen

Tab. A 1.4: Anteil der Nutzungsarten an der Bodenfläche von Berlin und Brandenburg im deutschen Gesamtrahmen 1993

Land	Wohnungsbestand		Wohnfläche (m²)		Wohnräume	
	gesamt	je 1000 Einwohner	je Wohnung	je Einwohner	je Wohnung	je Einwohner
Schleswig-Holstein	1 171 246	437	84,7	37,0	4,4	1,9
Hamburg	800 784	474	70,4	33,4	3,9	1,8
Niedersachsen	3 126 100	413	92,0	38,0	4,7	1,9
Bremen	328 209	479	75,2	36,0	4,1	1,9
Nordrhein-Westfalen	7 442 743	421	82,3	34,7	4,3	1,8
Hessen	2 456 708	415	89,5	37,1	4,5	1,9
Rheinland-Pfalz	1 600 920	413	95,4	39,4	4,8	2,0
Baden-Württemberg	4 127 805	407	89,5	36,4	4,6	1,9
Bayern	4 899 028	416	90,2	37,5	4,6	1,9
Saarland	453 516	418	95,5	40,0	4,8	2,0
Berlin	*1 734 320*	*500*	*67,6*	*33,9*	*3,5*	*1,8*
Brandenburg	*1 092 956*	*430*	*66,0*	*28,4*	*3,9*	*1,7*
Mecklenburg-Vorpommern	760 512	408	64,1	26,1	3,9	1,6
Sachsen	2 200 316	474	62,2	29,5	3,8	1,8
Sachsen-Anhalt	1 251 197	447	65,4	29,3	3,9	1,8
Thüringen	1 100 988	432	68,2	29,5	4,1	1,8
Neue Länder und Berlin (Ost)	7 046 900	449	64,5	29,0	3,8	1,7
Früheres Bundesgebiet	27 500 448	421	86,7	36,5	4,4	1,9
Deutschland	34 547 348	427	82,2	35,1	4,3	1,8

Quelle: Statistisches Bundesamt, Statistisches Jahrbuch 1994; eigene Berechnungen

Tab. A 1.5: Wohnungsbestand und -struktur von Berlin und Brandenburg im deutschen Gesamtrahmen 1992

Raumeinheit	Anteil am Bruttoinlandsprodukt Deutschlands (%)			Entwicklung des Bruttoinlandsprodukts 1993 gegenüber 1991 (%)
	1991	1992	1993	
Berlin (West)	3,5	3,4	3,4	+6,3
Berlin (Ost)	0,6	0,7	0,8	+48,3
Brandenburg	1,1	1,3	1,5	+41,8
Neue Länder und Berlin (Ost)	6,4	7,7	8,9	+52,3
Früheres Bundesgebiet	93,6	92,3	91,1	+7,5
Deutschland	100,0	100,0	100,0	+10,4

Quelle: Arbeitskreis Volkswirtschaftliche Gesamtrechnung der Länder; eigene Berechnungen

Tab. A 1.6: Bruttoinlandsprodukt von Berlin und Brandenburg im deutschen Gesamtrahmen

Raumeinheit	Anteile an Bruttowertschöpfung aller Wirtschaftsbereiche 1993 (%)				
	Land- und Forstwirtschaft, Fischerei	Produzierendes Gewerbe	Handel und Verkehr	Dienstleistungsunternehmen	Staat, private Haushalte
Berlin (West)	0,2	38,4	12,8	30,0	18,5
Berlin (Ost)	0,0	25,0	11,6	38,8	24,6
Brandenburg	1,6	38,2	12,5	24,1	23,5
Neue Länder und Berlin (Ost)	1,3	35,4	11,9	28,0	23,4
Früheres Bundesgebiet	1,1	36,4	14,1	34,8	13,6
Deutschland	1,1	36,3	13,9	34,2	14,5

Quelle: Arbeitskreis Volkswirtschaftliche Gesamtrechnung der Länder; eigene Berechnungen

Tab. A 1.7: Bruttowertschöpfung zusammengefaßter Wirtschaftsbereiche von Berlin und Brandenburg im deutschen Gesamtrahmen 1993

	Anteile der Warengruppen an Gesamtausfuhr Deutschlands 1993 (%)					
	Ausfuhr insgesamt	Energiewirtschaft	Gewerbliche Wirtschaft	Rohstoffe	Halbwaren	Fertigwaren
Berlin	1,9	2,9	1,8	1,0	0,7	1,9
Brandenburg	0,4	0,9	0,4	0,9	1,2	0,3
Mecklenburg-Vorpommern	0,5	2,4	0,4	0,6	0,7	0,3
Sachsen	0,9	0,8	0,9	1,0	0,7	0,9
Sachsen-Anhalt	0,6	1,8	0,5	0,6	1,0	0,5
Thüringen	0,5	0,7	0,5	1,1	1,1	0,5
Neue Länder und Berlin (Ost)[1]	2,9	6,7	2,7	4,3	4,8	2,6
Früheres Bundesgebiet[1]	85,5	84,6	86,0	83,1	85,8	86,0
Deutschland[1]	100,0	100,0	100,0	100,0	100,0	100,0

[1] Differenzen zu 100 durch ausgeführte Waren, deren Ursprungsland innerhalb Deutschlands nicht festgestellt werden konnte

Quelle: Statistisches Bundesamt, Statistisches Jahrbuch 1994; eigene Berechnungen

Tab. A 1.8: Ausfuhr im Spezialhandel von Berlin und Brandenburg im deutschen Gesamtrahmen 1993 nach Ursprungsländern und Warengruppen

	Anteile der Warengruppen an Gesamteinfuhr Deutschlands 1993 (%)					
	Einfuhr insgesamt	Energie-wirtschaft	Gewerbliche Wirtschaft	Rohstoffe	Halb-waren	Fertig-waren
Berlin	1,4	2,8	1,3	0,4	1,1	1,4
Brandenburg	0,8	0,4	0,9	6,1	1,0	0,4
Mecklenburg-Vorpommern	0,3	0,4	0,3	0,3	0,9	0,2
Sachsen	0,9	0,7	1,0	0,5	2,5	0,8
Sachsen-Anhalt	0,5	0,4	0,5	2,9	0,8	0,3
Thüringen	0,4	0,3	0,4	0,1	0,3	0,4
Neue Länder und Berlin (Ost)[1]	3,1	2,6	3,2	9,9	5,8	2,3
Früheres Bundesgebiet[1]	92,6	94,0	94,0	87,1	93,3	94,6
Deutschland[1]	100,0	100,0	100,0	100,0	100,0	100,0

[1] Differenzen zu 100 durch eingeführte Waren, deren Zielland innerhalb Deutschlands nicht festgestellt werden konnte

Quelle: Statistisches Bundesamt, Statistisches Jahrbuch 1994; eigene Berechnungen

Tab. A 1.9: Einfuhr im Generalhandel von Berlin und Brandenburg im deutschen Gesamtrahmen 1993 nach Zielländern und Warengruppen

	Anteile an Deutschland gesamt 1991/1993 (%)			
	Betriebe	Beschäftigte	Gesamtumsatz	Auslandsumsatz
Berlin	k.A./2,7	k.A./2,5	k.A./3,2	k.A./1,5
Brandenburg	k.A./1,7	k.A./1,6	k.A./0,8	k.A./0,2
Neue Länder und Berlin (Ost)	13,1/12,2	19,0/9,8	4,7/5,1	2,6/2,4
Früheres Bundesgebiet	86,9/87,8	81,0/91,2	95,3/94,9	97,4/97,6
Deutschland	100/100	100/100	100/100	100/100

Quelle: Statistisches Bundesamt, Statistisches Jahrbuch 1994; eigene Berechnungen

Tab. A. 1.10: Betriebe, Beschäftigte und Umsatz in Bergbau und Verarbeitendem Gewerbe von Berlin und Brandenburg im deutschen Gesamtrahmen

	Industriebesatz (Industriebeschäftigte je 1000 Einwohner)				Veränderung 1994 gegenüber 1991 (auf %)
	1991	1992	1993	1994	
Berlin (Ost)	91,8	46,5	32,4	29,1	31,7
Brandenburg	114,2	72,7	50,3	42,1	36,9
Mecklenburg-Vorpommern	63,2	37,8	28,7	26,9	42,6
Sachsen	147,4	76,4	53,9	47,1	32,0
Sachsen-Anhalt	152,5	103,4	61,6	51,2	33,6
Thüringen	162,2	68,7	48,7	44,4	27,4
Neue Länder und Berlin (Ost)	131,5	69,0	49,1	46,5	35,4

* jeweils Monat Januar

Quelle: NOLTE/ZIEGLER 1994, S. 255–265,

Tab. A 1.11: Veränderung des Industriebesatzes in der ostdeutschen Industrie von 1991 bis 1994 *

2 Berlin und seine 23 Bezirke

Statistischer Vergleich

Raumeinheit	Bevölkerung gesamt 1993 (1000)	Bevölkerungsveränderung 1993 gegenüber dem Vorjahr je 1000 Einwohner	Natürlicher Saldo 1993 je 1000 Einwohner
Mitte	82,1	−2,7	−1,7
Tiergarten	94,8	−8,1	−1,5
Wedding	167,7	4,6	1,0
Prenzlauer Berg	145,9	9,4	−5,0
Friedrichshain	105,8	5,6	−5,3
Kreuzberg	156,7	−3,1	−3,7
Charlottenburg	183,2	−3,8	−4,5
Spandau	217,5	−3,3	−5,0
Wilmersdorf	145,2	1,0	−6,9
Zehlendorf	99,9	6,3	−9,7
Schöneberg	155,4	−1,2	−0,6
Steglitz	190,2	4,1	−6,0
Tempelhof	190,8	6,3	−5,7
Neukölln	314,1	4,9	−1,4
Treptow	106,3	11,4	−6,4
Köpenick	108,7	6,1	−8,1
Lichtenberg	165,6	−2,0	−5,0
Weißensee	52,8	22,2	−10,1
Pankow	106,5	−0,9	−7,0
Reinickendorf	254,8	5,4	−6,2
Marzahn	163,5	−7,7	−1,1
Hohenschönhausen	119,3	−1,0	−0,7
Hellersdorf	134,6	13,6	3,1
Berlin (Ost)	1291,1	3,7	−3,8
Berlin (West)	2170,3	1,6	−4,0
Berlin	3461,4	2,4	−4,0

Quelle: Statistisches Landesamt Berlin; eigene Berechnungen

Tab. A 2.1: Bevölkerungsstand, -entwicklung und -dichte sowie Siedlungsdichte in Berlin 1993

Räumlicher Saldo 1993 je 1000 Einwohner	Entwicklung der Bevölkerung 1993 gegenüber dem Vorjahr (%)	Entwicklung der Bevölkerung 1993 gegenüber 1990 (%)	Bevölkerungsdichte 1993 (Einwohner je km²)	Siedlungsdichte (ohne Verkehrsfläche) 1993 (Einwohner je km² Siedlungsfläche)
−1,0	0,1	2,7	7676	11623
−6,6	−0,7	−0,2	7072	10298
3,6	0,4	1,7	10910	14332
14,4	0,6	1,8	13336	15739
10,8	0,0	−1,9	10815	14508
0,6	0,3	1,8	15093	22838
0,8	−0,4	−1,0	6042	9018
1,6	−0,7	−2,3	2366	4851
8,0	−0,2	−1,2	4223	12340
16,0	0,4	1,4	1416	3576
−0,6	−0,4	−0,6	12645	20079
10,1	0,4	0,1	5953	7791
11,9	0,6	1,6	4677	6511
6,3	0,4	2,2	6991	8954
17,7	1,1	3,9	2617	3564
14,2	0,4	−0,6	854	3168
3,0	−0,5	−1,1	6281	7774
32,3	2,0	2,0	1751	2690
6,1	−0,1	−0,7	1722	3581
11,7	0,5	2,1	2848	5928
−6,6	−0,9	−2,3	5190	6737
−0,3	−0,2	0,8	4589	7129
10,6	1,1	11,3	4784	5755
7,5	0,2	1,2	3201	5794
5,6	0,1	0,6	4468	7975
6,4	0,1	0,8	3893	6993

Raumeinheit	Bevölkerungsanteile an der Gesamtbevölkerung (%)					
	weiblich	<15 Jahre	15–<20 Jahre	20–<45 Jahre	45–<65 Jahre	≥65 Jahre
Mitte	51,5	16,6	4,6	42,2	26,3	10,3
Tiergarten	50,4	14,8	4,3	46,8	21,5	12,6
Wedding	50,5	16,4	4,7	44,3	21,9	12,7
Prenzlauer Berg	51,5	15,2	4,3	46,3	21,9	12,3
Friedrichshain	51,2	15,4	3,8	45,7	22,1	13,0
Kreuzberg	49,1	17,7	5,1	49,8	18,8	8,6
Charlottenburg	52,6	11,9	3,7	41,3	26,6	16,5
Spandau	52,8	14,4	4,4	36,2	28,5	16,5
Wilmersdorf	54,3	11,0	3,5	38,2	28,4	18,9
Zehlendorf	53,8	13,5	4,9	32,4	30,3	18,9
Schöneberg	51,6	14,3	4,3	45,5	22,9	13,0
Steglitz	54,4	12,9	4,1	36,6	28,0	18,4
Tempelhof	53,7	13,4	4,2	35,9	28,6	17,9
Neukölln	51,6	15,2	4,6	40,9	25,3	14,0
Treptow	52,5	14,7	4,6	34,6	30,9	15,2
Köpenick	52,5	14,4	4,8	33,5	31,7	15,6
Lichtenberg	51,2	13,8	5,5	37,3	31,9	11,5
Weißensee	52,2	14,1	4,5	35,7	30,4	15,3
Pankow	53,2	14,6	5,4	35,9	29,3	14,8
Reinickendorf	52,7	14,1	4,5	35,3	29,2	16,9
Marzahn	50,7	22,6	8,8	43,1	19,9	5,6
Hohenschönhausen	50,6	24,6	6,4	45,5	17,6	5,9
Hellersdorf	51,2	28,6	4,8	46,2	14,8	5,6
Berlin (Ost)	51,5	18,1	5,4	41,0	24,7	10,8
Berlin (West)	52,3	14,2	4,4	39,9	26,0	15,5
Berlin	52,0	15,6	4,7	40,3	25,7	13,7

Quelle: Statistisches Landesamt Berlin; eigene Berechnungen

Tab. A 2.2: Bevölkerungsstruktur in Berlin 1993

Raumeinheit	Anteile am Gesamtwohnungsbestand (%)			Einwohner je Wohnung	Wohnräume je Einwohner	Wohnfläche je Einwohner (m²)
	Wohnungen mit n Räumen					
	1 und 2	3 und 4	5 und mehr			
Mitte	21,9	65,1	13,0	1,8	1,9	35,1
Tiergarten	22,6	65,7	11,7	1,9	1,7	35,4
Wedding	20,4	71,6	8,0	2,0	1,6	31,4
Prenzlauer Berg	26,5	67,3	6,2	1,6	1,9	36,7
Friedrichshain	27,5	66,2	6,3	1,6	1,9	37,6
Kreuzberg	20,6	67,1	12,3	2,1	1,6	32,3
Charlottenburg	18,2	65,0	16,8	1,8	1,9	40,5
Spandau	13,5	68,6	17,9	2,1	1,7	33,1
Wilmersdorf	17,2	63,8	19,0	1,7	2,1	43,2
Zehlendorf	9,0	53,0	38,0	2,2	2,0	41,7
Schöneberg	18,1	65,4	16,5	1,9	1,8	38,3
Steglitz	12,5	66,1	21,4	1,9	1,9	38,9
Tempelhof	12,7	68,0	19,3	2,0	1,8	35,7
Neukölln	16,9	68,5	14,6	2,0	1,7	33,7
Treptow	11,4	74,3	14,3	1,9	1,8	31,5
Köpenick	12,3	72,6	15,1	2,0	1,8	31,9
Lichtenberg	15,6	71,0	13,4	2,1	1,7	29,4
Weißensee	12,7	73,6	13,7	1,9	1,8	31,4
Pankow	11,8	73,9	14,3	1,9	1,8	33,0
Reinickendorf	13,6	63,6	22,8	2,0	1,8	35,3
Marzahn	18,2	58,6	23,2	2,5	1,5	25,3
Hohenschönhausen	15,6	64,6	19,8	2,5	1,5	25,6
Hellersdorf	12,8	66,6	20,6	2,5	1,5	26,4
Berlin(Ost)	17,7	68,3	14,0	2,0	1,7	30,8
Berlin(West)	16,1	66,1	17,8	2,0	1,8	36,1
Berlin	16,7	66,9	16,4	2,0	1,8	34,1

Quelle: Statistisches Landesamt Berlin, F II 4 – j 93, Wohngebäude und Wohnungen in Berlin 1993; eigene Berechnungen

Tab. A 2.3: Wohnen in Berlin 1993

Raumeinheit	Gesamtfläche (km²)	Anteile der Flächenarten (%)					
		Landwirtschaft	Wald	Siedlungen	Verkehr	Wasser	sonstige
Mitte	10,7	0,0	0,0	66,0	30,3	3,6	0,1
Tiergarten	13,4	0,1	0,0	68,7	24,6	6,6	0,0
Wedding	15,4	0,3	0,0	76,1	21,2	1,0	1,4
Prenzlauer Berg	10,9	0,0	0,0	84,7	14,1	0,0	1,2
Friedrichshain	9,8	0,1	0,0	74,5	15,6	9,6	0,2
Kreuzberg	10,4	0,0	0,0	66,1	31,6	2,2	0,1
Charlottenburg	30,3	0,4	2,4	67,0	24,1	3,2	2,9
Spandau	91,9	11,3	17,9	48,8	11,3	9,5	1,2
Wilmersdorf	34,4	0,0	44,4	34,2	16,1	5,3	0,0
Zehlendorf	70,5	0,3	33,7	39,6	10,8	15,2	0,4
Schöneberg	12,3	0,0	0,0	63,0	36,8	0,2	0,0
Steglitz	32,0	0,4	0,1	76,4	17,3	1,9	3,9
Tempelhof	40,8	2,3	1,1	71,8	23,7	1,1	0,0
Neukölln	44,9	4,1	0,1	78,1	16,0	1,7	0,0
Treptow	40,6	7,2	4,7	73,4	8,5	0,8	5,4
Köpenick	127,4	3,3	49,9	27,0	3,1	15,9	0,8
Lichtenberg	26,4	0,8	0,8	80,8	12,5	2,6	2,5
Weißensee	30,1	27,7	0,6	65,1	4,6	0,4	1,6
Pankow	61,9	25,2	19,3	48,1	5,0	1,2	1,2
Reinickendorf	89,5	5,3	22,0	48,0	15,9	8,3	0,5
Marzahn	31,5	4,6	0,6	77,0	13,0	0,6	4,2
Hohenschönhausen	26,0	26,2	1,3	64,4	6,1	0,9	1,1
Hellersdorf	28,1	6,8	2,0	83,1	4,4	1,5	2,2
Berlin(Ost)	403,4	10,3	19,6	55,2	7,0	6,0	1,9
Berlin(West)	485,7	3,8	15,7	56,0	16,8	6,7	1,0
Berlin	889,1	6,2	17,5	55,7	12,4	6,4	1,8

Quelle: Statistisches Landesamt Berlin, Statistisches Jahrbuch 1994; eigene Berechnungen

Tab. A 2.4: Fläche und Flächennutzung in Berlin 1993

Kurzcharakteristiken

Bezirk Charlottenburg

Fläche: 30,3 km²; 3,4% der Stadtfläche
Bevölkerung: 180945 Einwohner
(31. 8. 1994)
5,2% der Stadtbevölkerung
Bevölkerungsdichte: 5972 Ew./km²

Der Bezirk liegt in der Mitte des Westteiles von Berlin und wird teilweise von Spree und Havel (Stößensee) sowie von Kanälen (Charlottenburger Verbindungskanal, Hohenzollern-Kanal, Landwehrkanal) begrenzt bzw. durchflossen. Hauptverkehrsstraßen und Stadtautobahn, Fernbahn, S- und U-Bahn sowie Buslinien verbinden Charlottenburg mit anderen Stadtteilen und Gebieten außerhalb Berlins. Bedeutende Verkehrsknoten sind die Bahnhöfe Zoologischer Garten und Westkreuz sowie das Autobahndreieck am Funkturm. Charlottenburg nimmt flächenmäßig eine mittlere Position unter den Berliner Bezirken ein, gehört aber zu den bevölkerungsreichsten mit überdurchschnittlicher Einwohnerdichte.

Charakteristisch ist die strukturelle Vielfalt des Bezirkes. In der Wirtschaft dominiert der Dienstleistungssektor. Charlottenburg ist herausragendes Messe- und Medienzentrum von internationalem Rang. Im südwestlichen Teil konzentrieren sich mit dem Funkturm (seit 1926), Messegelände, Internationalen Congreß Centrum (ICC) sowie Rundfunk und Fernsehen (Sender Freies Berlin) Wahrzeichen Berlins und Stätten mit Ausstellungen von Weltruf (Grüne Woche, Internationale Tourismusbörse, Funkausstellung).

Der Bezirk erlitt im Zweiten Weltkrieg schwere Schäden an Wohn- und Repräsentationsbauten (rd. 40% zerstört bzw. stark beschädigt). Daran erinnert u. a. die Ruine der Kaiser-Wilhelm-Gedächtniskirche am Breitscheidplatz, dem Zentrum der City im Westteil Berlins und Ausgangspunkt der weltberühmten Einkaufs-, Flanier- und Vergnügungsmeile Kurfürstendamm, einem der bekanntesten Wahrzeichen der Stadt. Der Citybereich ist Standort hochrangiger Einrichtungen von Handel, Finanzwirtschaft (Börse, Banken), Behörden (u. a. Bundesverwaltungsgericht), Gastronomie und Beherbergung, Kultur und Bildung (Deutsche Oper, Theater, Technische Universität, Hochschule der Künste, Museen: Deutsches Rundfunkmuseum, Ägyptisches Museum, Käthe-Kollwitz-Museum, Museum für Alltagskunde im ältesten Bürgerhaus von Charlottenburg [Schustehrusstraße]).

Weit über den Bezirk hinaus bekannt ist Schloß Charlottenburg als letzte barocke Hohenzollern-Residenz Berlins mit seinen Kunstschätzen, weiträumigen Parkanlagen (Vorbild Versailles) und Mausoleum. Die Gedenkstätte Plötzensee und das Portal der ehemaligen Synagoge Fasanenstraße sind Mahnmale an die Nazizeit. Der Bezirk ist Standort bedeutender Berliner Sportstätten, wie dem Reichssportfeld im Westen mit seinen Sportanlagen Olympiastadion und Waldbühne, Mommsenstadion, Eissport- und Deutschlandhalle für Wettkämpfe von internationalem Rang u. a. Großveranstaltungen. Neben dem Schloßgarten ist der Volkspark Jungfernheide ein reizvolles Naherholungsgebiet. Kleingartenanlagen sind vor allem im Norden und Westen des Bezirkes verbreitet.

Bezirk Friedrichshain

Fläche: 9,8 km^2; 1,1% der Stadtfläche
Bevölkerung: 105 174 (31. 8. 1994)
3,0% der Stadtbevölkerung
Bevölkerungsdichte: 10 732 Ew./km^2

Der flächenmäßig kleinste Bezirk liegt im Südosten der Innenstadt Berlins an der Spree. Friedrichshain ist ein bedeutendes Verkehrsgebiet als Kreuzungs-, Ziel- und Ausgangsraum wichtiger Straßen, S-Bahn- und U-Bahnstrecken, Straßenbahn- und Buslinien sowie des Fernbahn- und Wasserstraßenverkehrs über die Spree. Hervorragende Verkehrsknoten sind die Bahnhöfe Berlin-Hauptbahnhof (u. a. Ausgangspunkt der Schnellbahnverbindung nach Hannover), Ostkreuz, Frankfurter Allee und der Osthafen an der Spree als eine der größten Hafenanlagen Berlins. Im Unterschied zu seiner Flächengröße nimmt Friedrichshain nach der Einwohnerzahl nicht die letzte Position ein und gehört zu den Berliner Bezirken mit der größten Bevölkerungsdichte.

Die industriellen Traditionen des Bezirkes unterlagen einem wesentlichen Wandel, an die Stelle der früher profilbestimmenden Großindustrie sind Klein – und Mittelbetriebe getreten, und der Dienstleistungsbereich befindet sich im Aufschwung.

Friedrichshain zählte zu den im Zweiten Weltkrieg am schwersten zerstörten Bezirken (zwei Drittel seines Gebietes). Mit dem Wiederaufbau und der Neugestaltung verband sich eine Mischung alter und neuer städtebaulicher Strukturen. Die verbreiteten Mietskasernen-Viertel wurden teilweise modernisiert, sind aber noch weitgehend sanierungswürdig. Neubauviertel und städtebauliche Dominanten entstanden in unterschiedlicher Bauweise und Gestaltung (u. a. Großblock- und Plattenbauweise, Fassadenverkleidung) u. a. in der Karl-Marx-Allee, der Frankfurter Allee, im Bereich des Bersarinplatzes und des Platzes der Vereinten Nationen. Die Magistralen sind wichtige Geschäfts- und Einkaufsstraßen.

Das bedeutendste Naherholungsgebiet und bekannteste Wahrzeichen des Bezirkes ist der vielbesuchte Volkspark Friedrichshain (52 ha), eine der größten Grünanlagen in der Berliner Innenstadt. Anziehungspunkte sind der prächtige Märchenbrunnen (Westeingang) sowie der große Bunkerberg (78 m) und der Kleine Bunkerberg (67 m) als höchste Erhebungen aus Trümmeraufschüttungen über Bunkeranlagen („Mont Klamott"). Im Park, an dessen Rand sich das bekannte Krankenhaus Friedrichshain erstreckt, befinden sich mehrere Gedenkstätten. Am Südostrand des Volksparkes an der Landsberger Allee liegt mit dem Sport- und Erholungszentrum (SEZ) eine weit über den Bezirk hinaus beliebte Stätte für sportliche Betätigung und Erholung. Zu anderen Sehenswürdigkeiten gehören die Laubenganghäuser (1949) und das neungeschossige Punkthaus an der Weberwiese (1951/52) in der Karl-Marx-Allee als erste Wohnbauten im Ostteil der Stadt nach 1945. Nach dem Fall der Mauer entstand auf einem 1,3 km langen Abschnitt zwischen Oberbaumbrücke und Straße der Pariser Kommune die wohl weltweit längste Freiluftgalerie mit zeitgenössischen Gemälden.

Bezirk Hellersdorf

Fläche: 28,1 km²; 3,1% der Stadtfläche
Bevölkerung: 135 878 Einwohner
(31. 8. 1994)
3,9% der Stadtbevölkerung
Bevölkerungsdichte: 4836 Ew./km²

Der Bezirk im Osten Berlins erstreckt sich entlang eines größeren Abschnittes der östlichen Stadtgrenze und wird im Westen vom Lauf der Wuhle begrenzt. Hellersdorf entstand im Zusammenhang mit dem Aufbau einer Großwohnsiedlung in Plattenbauweise erst 1986 aus den Ortsteilen Hellersdorf, Kaulsdorf und Mahlsdorf und ist der jüngste Bezirk Berlins. Das gilt insbesondere auch für die Altersstruktur der Bevölkerung (ein Drittel der Einwohner sind derzeit Kinder und Jugendliche). Eine S-Bahnstrecke, die in den 80er Jahren vom U-Bahnhof Tierpark (Bezirk Lichtenberg) bis in das östliche Umland verlängerte U-Bahnlinie (meist oberirdische Streckenführung) sowie Hauptverkehrsstraßen (u. a. Alt-Kaulsdorf und Alt-Mahlsdorf, Blumberger Damm), Buslinien und eine Straßenbahnlinie durchqueren den Bezirk und verbinden die Ortsteile untereinander, mit der Innenstadt, anderen Stadtteilen und Gebieten außerhalb Berlins. Der S- und U-Bahnhof Wuhletal ist ein wichtiger Verkehrsknoten. Hellersdorf nimmt nach Fläche und Bevölkerung eine mittlere Position unter den Berliner Bezirken ein. Seine Einwohnerdichte liegt etwas über dem Durchschnitt der Stadt.

Die Wirtschaft hat keine traditionellen Anknüpfungsmöglichkeiten und wird im Zusammenhang mit der Entwicklung der Infrastruktur neu strukturiert. Dabei spielt die Schaffung vielseitiger Branchen- und Arbeitsstättenkomplexe eine große Rolle. Dazu gehören der Auf- und Ausbau des Gewerbeparkes Mahlsdorf (Produktion, Lagerhaltung, Dienstleistungen) und des neuen Stadtteilzentrums am U-Bahnhof Hellersdorf (Handel, Gewerbe, Verwaltung, Kultur und Freizeit). In der Wohnbebauung ist eine gebietsspezifische Zweiteilung deutlich. Während im nördlichen Teil des Bezirkes (Ortsteil Hellersdorf) die mehrgeschossigen Häuser des kompakten Neubaukomplexes dominieren, herrschen im locker bebauten südlichen Teil (Ortsteile Kaulsdorf und Mahlsdorf) Siedlungs-, Einfamilienhäuser und Villengebiete vor. Einen Schwerpunkt der weiteren städtebaulichen Entwicklung des Bezirkes bildet die Sanierung der Bausubstanz in Kaulsdorf und Mahlsdorf und die Erschließung der Hellersdorfer City.

Hellersdorf hat nur wenig Wald und Gewässer. Die bedeutendste Grünfläche und Naherholungslandschaft ist der Kaulsdorfer Busch mit einigen naheliegenden kleineren Seen (u. a. Butzer See, Habermannsee). Eine besondere Sehenswürdigkeit des Bezirkes ist Berlins einziges Feuerstätten-Museum in Mahlsdorf.

Bezirk Hohenschönhausen

Fläche: 26,0 km²; 2,9% der Stadtfläche
Bevölkerung: 119 312 Einwohner
(31. 8. 1994)
3,5% der Stadtbevölkerung
Bevölkerungsdichte: 4589 Ew./km²

Dieser Bezirk im Nordosten Berlins wurde 1985 aus den damals zu Weißensee gehörenden Ortsteilen Hohenschönhausen, Falkenberg, Wartenberg und Malchow mit dem Aufbau einer Großwohnsiedlung in Plattenbauweise am östlichen Stadtrand gebildet und ist nach Hellersdorf zweitjüngster Bezirk der Stadt.

Über Hauptverkehrsstraßen, eine von Nordwesten nach Südosten den Bezirk querende S-Bahnstrecke, Fernbahn, Straßenbahn- und Omnibuslinien sind die Ortsteile untereinander und mit anderen Stadtteilen und Gebieten außerhalb Berlins verbunden.

Nach Fläche und Einwohnerzahl nimmt Hohenschönhausen nur eine mittlere Position unter den Berliner Bezirken ein, hat jedoch eine etwas über dem Durchschnitt liegende Einwohnerdichte.

Aufgrund der ausgeprägten Wohnfunktion des Bezirkes und des hohen Anteils jüngerer, mobiler Jahrgänge an der Wohnbevölkerung sind viele Erwerbstätige in anderen Stadtteilen beschäftigt (u. a. Innenstadt). In der Wirtschaft dominiert der Dienstleistungssektor und gewinnt mit dem Ausbau der Infrastruktur weiter an Bedeutung (z. B. Einkaufszentrum am Prerower Platz). Ein Teil der Bezirksfläche, vor allem das nördliche Hohenschönhausen, wird landwirtschaftlich-gärtnerisch genutzt (Gemüseanbau, Blumenzucht). Die Wohnbebauung ist durch eine Mischstruktur gekennzeichnet. Neben der dominanten neuen Großwohnsiedlung existieren Altbaugebiete in Form von Kleinhaus- und Reihenhaussiedlungen (Stadtrandsiedlungen in Falkenberg, Malchow usw.), der Gartenstadt im Bereich Oranke- und Obersee sowie dörflicher Strukturen vor allem im nördlichen Teil des Bezirkes (Falkenberg, Wartenberg, Malchow).

Der Bezirk verfügt mit dem großzügig angelegten Sportforum Berlin (Bereich Konrad-Wolf-Straße/Weißenseer Weg) über ein national und international bekanntes Zentrum des Leistungssportes für viele Sportarten. Der Hallenkomplex wird erneuert (Neubau einer Werferhalle) und neben Training und Wettkampf auch für andere Veranstaltungen genutzt (Kulturveranstaltungen, Kongresse).

Reizvolle Naherholungsgebiete sind der Orankesee mit Freibad und der von einem Park umgebene Obersee, weiterhin die unter Naturschutz stehende Wiesen- und Erlenbruchlandschaft im Nordwesten mit dem Malchower See als Mittelpunkt. Dieses Gebiet hat große Bedeutung für die Erhaltung der einheimischen Fauna (Laichplätze, Niststätten) und ist durch einen Lehrpfad erschlossen. Sehenswert sind alte Zeugen der ländlichen Bau- und Wohnweise, z. B. gutsherrliche Schlösser (Hohenschönhausen, Malchow), Dorfkirchen (Hohenschönhausen), Bauernhäuser und Katen (Malchow, Wartenberg).

Bezirk Köpenick

Fläche: 127,4 km²; 14,3% der Stadtfläche
Bevölkerung: 108 952 Einwohner
(31. 8. 1994)
3,2% der Stadtbevölkerung
Bevölkerungsdichte: 855 Ew./km²

Köpenick ist nach der Fläche der weitaus größte Berliner Bezirk, hat allerdings nur eine niedrige Einwohnerzahl und die geringste Einwohnerdichte Berlins. Er nimmt mit den Ortsteilen Köpenick, Oberschöneweide, Grünau, Friedrichshagen, Schmöckwitz, Müggelheim und Rahnsdorf fast den gesamten Südosten der Stadt ein und wird z. T. von der Spree und Seen (Zeuthener See, Seddinsee) begrenzt. Durch S-Bahn, Hauptverkehrsstraßen, Straßenbahn und Buslinien sind die Ortsteile untereinander und mit anderen Stadtteilen und Gebieten außerhalb Berlins verkehrsmäßig verbunden. Die Gewässer haben große Bedeutung für den Erholungs- und Güterverkehr.

Der Bezirk ist traditionell eines der größten und landschaftlich attraktivsten Ausflugs- und Erholungsgebiete Berlins. Rund die Hälfte von Köpenick ist mit Wald bedeckt, und fast ein Sechstel (16%) nehmen Gewässer ein, darunter neben dem größten See Berlins, dem Großen Müggelsee (766,7 ha), die wichtigsten Seen im Ostteil der Stadt (Seddinsee 376,0 ha, Langer See 283,7 ha). Südwestlich des Müggelsees liegen die Müggelberge (115 m), die höchste Erhebung Berlins und ebenfalls ein bekanntes Wahrzeichen der Stadt (Müggelturm, 29 m, Aussichtsplattform, Restaurant); Teufelssee und Wanderlehrpfad. Östlich von Müggelheim liegt die Krumme Laake, das größte Naturschutzgebiet der Stadt. Das Müggelseegebiet (Spreetunnel, Bäder) und seine Umgebung ist nicht nur landschaftlich reizvoll und ein hochfrequentiertes Erholungsgebiet, sondern auch herausragendes Reservoir für die Trinkwasserversorgung Berlins (größtes Wasserwerk der Stadt in Friedrichshagen). Auch das traditionsreiche Wassersportzentrum Grünau (Dahme-Regattastrecke) und das größte Berliner Freizeit- und Erholungszentrum (FEZ) in der Wuhlheide (120 ha) sind vielbesuchte Orte. Oberschöneweide ist einer der bedeutendsten Industriestandorte im Ostteil der Stadt (u. a. Elektrotechnik, Elektronik, Kabelherstellung). Nach einer Phase des Strukturzerfalls (Anfang der 90er Jahre) begann die Entwicklung zu einem modernen Industrie- und Gewerbegebiet. Auch in anderen Teilen des Bezirkes vollzieht sich wirtschaftlicher Wandel und Aufschwung (u. a. Entstehung eines Wohn- und Gewerbeparks in Rahnsdorf).

Köpenick verfügt mit seinen Ortsteilen von unterschiedlichem Charakter über zahlreiche Sehenswürdigkeiten. Ein attraktiver Erlebnisbereich und Wahrzeichen ist die unter Denkmalschutz stehende Altstadt von Köpenick mit ihrem mittelalterlichen Siedlungskern. Besonderer Anziehungspunkt ist die Schloßinsel mit Barockschloß (Kunstgewerbemuseum). Museen, Galerien, eine Gedenkstätte für die Köpenicker Blutwoche 1933 sowie das Volksfest mit alljährlicher Rathausbesetzung (Hauptmann von Köpenick, 1906) prägen das Kulturleben. Zur Verbesserung der Wohnsituation gibt es Großprojekte des Wohnungsbaues in Müggelheim und Hessenwinkel.

Bezirk Kreuzberg

Fläche: 10,4 km²; 1,2% der Stadtfläche
Bevölkerung: 156561 Einwohner
(31. 8. 1994)
4,5% der Stadtbevölkerung
Bevölkerungsdichte: 15054 Ew./km²

Der nach seinem Wahrzeichen, dem Kreuzberg (66 m), benannte Bezirk liegt im Süden der Innenstadt. Kreuzberg ist durch ein dichtes U-Bahn- und Straßennetz, S-Bahnstrecken, Fernbahn und Buslinien mit anderen Stadtteilen und Gebieten außerhalb Berlins verbunden. Der Landwehrkanal (mit Urbanhafen) quert den Bezirk von Nordwesten nach Südosten bis zu seiner Mündung in die Spree. Bedeutende Verkehrsknoten sind die Bahnhöfe Hallesches Tor und Kottbusser Tor. Kreuzberg ist flächenmäßig nach Friedrichshain der kleinste Bezirk Berlins, nimmt aber nach der Einwohnerzahl eine mittlere Position ein und hat die höchste Einwohnerdichte von allen Berliner Bezirken.

Kreuzberg weist entwicklungsgeschichtlich und strukturell viele Ähnlichkeiten mit dem Prenzlauer Berg auf (u. a. Wirtschafts- und Bebauungsstruktur). Auch hier ist die räumliche Verflechtung von Wohn- und Gewerbefunktionen (mittelständische Betriebe) in den Wohnquartieren gebietstypisch („Kreuzberger Mischung"). Im Zweiten Weltkrieg wurde der Bezirk schwer zerstört, über 60% der Wohnungen waren unbewohnbar. Allerdings waren die verbreiteten Mietskasernenviertel relativ wenig betroffen, vor allem im Südosten, so daß ein hoher Altbaubestand die Wohnbedingungen bestimmt. Durch eine zielstrebige und weitsichtige Erhaltung und Sanierung wertvoller Altbauten sowie den Wohnungsneubau auf geeigneten Flächen wurde Kreuzberg als Beispiel für „behutsame Stadterneuerung" international bekannt.

Der Bezirk hat den höchsten Ausländeranteil in Berlin mit hoher Konzentration von türkischen Bürgern, besonders im Südosten. Sie sind zum festen Bestandteil und wichtigen Wirtschaftsfaktor geworden und prägen teilweise das Straßenbild. Einrichtungen von überregionaler Bedeutung sind der Blumengroßmarkt, die Postgirozentrale, Zentrale der AOK, Berliner Zentralbibliothek (Amerika-Gedenkbibliothek), das Berlin-Museum (rekonstruiertes Kammergericht) sowie Berliner Behörden (Senatsverwaltung für Stadtentwicklung und Umweltschutz) und Dienststellen der Bundesrepublik (Bundesdruckerei) sowie Zweigstellen des Europäischen Patentamtes. Eine Besonderheit ist der Weinbau am Kreuzberg (Kreuz-Neroberger) in Europas nördlichstem Weinanbaugebiet. Ein traditionsreicher Erholungs- und Erlebnisbereich ist der Viktoriapark im Südwesten mit dem Nationaldenkmal (20 m hohes Monument) zur Erinnerung an die Befreiungskriege 1813–1815 auf dem Kreuzberg, künstlichem Wasserfall und einer der größten Berliner Brauereien. Ein spezifisches Flair verleiht dem Bezirk die vielschichtige Kulturszene, in der alle Spielarten kultureller Betätigung vorkommen (freie Theatergruppen, Ateliers in alten Fabriketagen, Ausstellungen, Kabaretts, Galerien). Dazu gehören auch die Klein- und Kleinstverlage der Handpressen als eine Kreuzberger Besonderheit.

Bezirk Lichtenberg

Fläche: 26,4 km²; 3,0% der Stadtfläche
Bevölkerung: 166 254 Einwohner
(31. 8. 1994)
4,8% der Stadtbevölkerung
Bevölkerungsdichte: 6298 Ew./km²

Der Bezirk im Osten Berlins schließt östlich an die Innenstadt an und liegt mit seinem südwestlichen Teil unmittelbar an der Spree und am Rummelsburger See. Mit Bildung des Bezirkes Marzahn 1979 wurden diesem mehrere Ortsteile von Lichtenberg zugeordnet; seitdem umfaßt der Bezirk die Ortsteile Lichtenberg, Friedrichsfelde, Karlshorst und Rummelsburg. Lichtenberg erfüllt wichtige Verkehrsfunktionen. Bedeutendster Verkehrsknoten ist der Bahnhof Lichtenberg als Ziel-, Ausgangs- und Kreuzungspunkt des Nah- und Fernverkehrs (S-Bahn, U-Bahn, Fernbahn). Ein Schwerpunkt des Güterverkehrs ist der Betriebsbahnhof Rummelsburg. Durch Hauptverkehrsstraßen (u. a. Frankfurter Allee, Landsberger Allee), Straßenbahn- und Buslinien ist der Bezirk mit anderen Stadtteilen und Gebieten außerhalb Berlins verbunden. Lichtenberg nimmt flächenmäßig nur eine mittlere Position unter den Berliner Bezirken ein, gehört aber zu den bevölkerungsreichsten mit einer erheblich über dem Durchschnitt liegenden Einwohnerdichte.

Traditionell bedeutende Wirtschaftsbereiche Lichtenbergs sind Industrie und Gewerbe (Elektrotechnik, Maschinenbau, Chemie u. a.) vor allem im nördlichen Teil (Herzbergstraße, Josef-Orlopp-Straße, Siegfriedstraße), wo ausgebaut und neugestaltet wird (Dienstleistungen; Gewerbe, Wohnen), und im südwestlichen Teil (zwischen Köpenicker Chaussee und Spree). Entwickelt sind Lagerwirtschaft (u. a. Baustoffe) und Energieerzeugung (Heizkraftwerk Klingenberg). Der Dienstleistungssektor ist im Aufschwung. Die Wohnbebauung zeigt Mischstruktur von Altbauquartieren (meist sanierungswürdig) und Neubaukomplexen (Hans-Loch-Viertel, Landsberger Allee/Weißenseer Weg, Frankfurter Allee, Am Tierpark). Städtebauliche Großprojekte sind am Rummelsburger See geplant (neuer Stadtteil). Lichtenberg hat Sehenswürdigkeiten, Gedenkstätten und kulturelle Einrichtungen, die z. T. national und international bedeutend sind (Tierpark, seit 1955, mit reich ausgestattetem Schloß Friedrichsfelde). Ein traditionelles Wahrzeichen ist die Trabrennbahn Karlshorst (seit Ende des 19. Jh.). An die Unterzeichnung der deutschen Kapitulation am 8. Mai 1945 erinnert in Karlshorst eine Gedenkstätte. Mit den Traditionen der deutschen Arbeiterbewegung verbunden ist die Gedenkstätte der Sozialisten in Friedrichsfelde (u. a. Grabstätten von R. Luxemburg und K. Liebknecht). Die Forschungs- und Gedenkstätte im ehemaligen Hauptsitz der DDR-Staatssicherheit (Normannenstraße) untersucht und dokumentiert DDR-Geschichte. Bildungseinrichtungen von überregionaler Bedeutung sind die Fachhochschule für Technik und Wirtschaft, Berufsakademie Berlin, Hotelakademie sowie die Verwaltungsakademie und Fachhochschule für Verwaltung und Rechtspflege. Erholungsangebote in Wohnungsnähe sind die Grünanlage am Fennpfuhl, der Stadtpark und Kleingartenanlagen.

Bezirk Marzahn

Fläche: 31,5 km²; 3,5% der Stadtfläche
Bevölkerung: 162 767 Einwohner
(31. 8. 1994)
4,7% der Stadtbevölkerung
Bevölkerungsdichte: 5167 Ew./km²

Dieser Bezirk liegt im Osten Berlins. Ortsteile sind Marzahn und Biesdorf. Die Wuhle fließt in Nord-Süd-Richtung entlang der Ostgrenze. Marzahn wurde 1979 im Zuge des Aufbaus einer Großwohnsiedlung in Plattenbauweise sowie unter Einbeziehung alter Siedlungsgebiete (Alt-Marzahn, Biesdorf) gebildet und ist einer der jüngsten Bezirke Berlins. Er ist durch Straßen, Straßenbahn- und Buslinien, S-Bahn- und eine U-Bahnstrecke erschlossen und mit anderen Stadtteilen (besonders der Innenstadt) sowie Gebieten außerhalb Berlins verkehrsmäßig verbunden. Nach der Fläche nimmt Marzahn nur eine mittlere Position unter den Berliner Bezirken ein, gehört aber zu den bevölkerungsreicheren mit einer deutlich über dem Durchschnitt der Stadt liegenden Einwohnerdichte.

In der Wirtschaft ist der produzierende Sektor entwickelt und gewinnt an Bedeutung durch eines der größten Berliner Industrie- und Gewerbegebiete (u. a. Elektronik, Kraftwerksanlagenbau, Anlagen- und Werkzeugmaschinenbau), die Gründung eines Gewerbehofes und den Aufbau eines Technologieparks. Der Ausbau der Infrastruktur fördert den Aufschwung des Dienstleistungssektors (z. B. Entwicklung von Einkaufszentren). Ein architektonisch herausragendes Bauwerk und Wahrzeichen des Bezirkes ist der neue Gewerbekomplex „Die Pyramide" (Landsberger Allee/Ecke Rhinstraße) mit Europas größter Lichtuhr als besondere Attraktion. Obwohl das Stadtbild überwiegend durch Neubaukomplexe mit mehrgeschossigen Wohn- und Gesellschaftsbauten geprägt wird, ist das Wohnumfeld abwechslungsreich gestaltet. Ältere Siedlungen mit Einfamilienhäusern und Gärten sowie Kleingartenanlagen sind bei Nutzern und Anwohnern beliebt.

Reizvolle Erlebnis- und Erholungsbereiche sind der rekonstruierte Dorfkern Alt-Marzahn (unter Denkmalschutz) und der Erholungspark Marzahn. Der Dorfkern läßt die ursprüngliche Anlage eines Angerdorfes erkennen (Kirche, Schule, Post, Häuser, Höfe). Ein interessantes Wahrzeichen von Marzahn ist die funktionstüchtige Bockwindmühle. Der attraktive Erholungspark (21 ha) am Fuß des ca. 50 m hohen Kienberg ist vielseitig gestaltet und bietet Einblicke in die Traditionen der Berliner Gartenbaukunst. Der Park ist Bestandteil eines größeren Grünzuges (300 ha), der entlang der Wuhle als Naherholungsgebiet gestaltet wird. Marzahner Sehenswürdigkeiten sind vor allem das Schloß Biesdorf (Alt Biesdorf) mit seinem alten Landschaftspark (14 ha) als „historische Perle" des Bezirkes, das Dorfmuseum (Außenstelle des Märkischen Museums) und das Marzahner Heimatmuseum. Bedeutende Einrichtungen der Kulturszene mit vielseitigen Freizeitangeboten sind die Kunsthalle Galerie „M" und das Freizeitzentrum an der Marzahner Promenade. Das jährlich im Mai stattfindende Volksfest „Marzahner Frühling" ist bereits eine beliebte Tradition im Kulturleben des Bezirkes.

Bezirk Mitte

Fläche: 10,7 km²; 1,2% der Stadtfläche
Bevölkerung: 81 766 Einwohner
(31. 8. 1994)
2,4% der Stadtbevölkerung
Bevölkerungsdichte: 7642 Ew./km²

Der Bezirk ist Zentrum Berlins mit dem historischen Siedlungskern der Stadtentwicklung beiderseits der Spree (Cölln und Berlin) und dem größten Teil der ehemaligen City von Groß-Berlin. Er bildete das Stadtzentrum von Ostberlin. Hauptstraßen, S-Bahn- und U-Bahnstrecken, Fernbahn, Straßenbahn- und Buslinien verbinden ihn mit anderen Stadtteilen und Gebieten außerhalb Berlins. Verkehrsknoten sind die Bahnhöfe Friedrichstraße und Alexanderplatz. Mitte ist nach Fläche und Einwohnerzahl einer der kleinsten Berliner Bezirke, hat aber eine überdurchschnittliche Einwohnerdichte.

Das Profil des Bezirkes wird bestimmt von hochrangigen Einrichtungen hauptstädtischer Funktionen (Bürogebäude des Bundestages, ausländische Botschaften und Vertretungen), der Berliner Stadtverwaltung (Rotes Rathaus, Preußischer Landtag) sowie von Kultur und Wissenschaft (u. a. Deutsches Theater, Berliner Ensemble, Volksbühne, Deutsche Staatsoper, Humboldt-Universität, Deutsche Staatsbibliothek, Museen). Das abwechslungsreiche und zunehmend attraktivere Stadtbild der „Wiege" Berlins ist charakteristisches Merkmal des Bezirkes. Er erlitt die schwersten Kriegszerstörungen. Im Ergebnis von Wiederaufbau, Neu- und Umgestaltung entstanden unterschiedlich strukturierte Wohngebiete. Neben Mischstrukturen sind fast unveränderte Altbaugebiete (Scheunenviertel), modernisierte Altbauquartiere (Torstraße) und Neubaugebiete (u. a. Wilhelmstraße, Leipziger Straße) vorhanden. Die Anziehungskraft von Mitte besteht besonders in der Vielfalt und Einmaligkeit weltbekannter Sehenswürdigkeiten (u. a. Schinkel-Bauten) und Erlebnisbereiche (u. a. die „Kulturmeile" „Unter den Linden" zwischen Brandenburger Tor und Schloßplatz mit Gedenkstätte „Neue Wache"; Gendarmenmarkt mit Konzerthaus – ehemals Schauspielhaus –, Französischem und Deutschem Dom; Spreeinsel mit weltberühmten musealen Schätzen (u. a. Pergamon-Museum); Nikolai-Viertel mit Altberliner Flair um die älteste Kirche Berlins und Alexanderplatz mit Fernsehturm (365 m) als höchstes Bauwerk und Wahrzeichen der Stadt.

Abseits der Achse Brandenburger Tor – Alexanderplatz sind u. a. das „Scheunenviertel" mit seinem Kiez-Flair, die Oranienburger Straße mit der Neuen Synagoge und besonderer Kunst- und Kulturszene (u. a. Tacheles-„Theater") und das Gebiet um den Hackeschen Markt (Hackesche Höfe, Große Hamburger Straße, Sophienstraße), u. a. mit Gedenkstätten an jüdisches Leben im Bezirk. Eine Besonderheit stellt der Bärenzwinger am Märkischen Museum mit den beliebten Berliner Wappentieren dar. Die städtebaulich-funktionale Wiederherstellung und Ausgestaltung in Verbindung von historischen und modernen Strukturen wird am Baugeschehen in der Friedrichstraße und auf dem Pariser Platz deutlich. Die weltberühmte Friedrichstraße wird erstrangige Bummelmeile und exklusive Einkaufsstraße Berlins.

Bezirk Neukölln

Fläche: 44,9 km²; 5,1% der Stadtfläche
Bevölkerung: 314 726 Einwohner
(31. 8. 1994)
9,1% der Stadtbevölkerung
Bevölkerungsdichte: 7009 Ew./km²

Der bevölkerungsreichste Bezirk Berlins mit den Ortsteilen Neukölln (hieß bis 1912 Rixdorf), Britz, Buckow und Rudow erstreckt sich südlich der Innenstadt bis zur Stadtgrenze. Hauptverkehrsstraßen, eine S-Bahn-, zwei U-Bahnstrecken und Buslinien verbinden die Ortsteile untereinander und mit anderen Stadtteilen und Gebieten außerhalb Berlins. Wichtige Wasserstraßen sind der Landwehrkanal und Teltowkanal, die vom Neuköllner Schiffahrtskanal verbunden werden, sowie der Britzer Zweigkanal, der Neukölln über den Bezirk Treptow an die Spree anschließt. Verkehrsknoten sind der S- und U-Bahnhof Neukölln und der Hafen Britz-Ost. Neukölln gehört auch zu den flächengrößten Berliner Bezirken und hat eine erheblich über dem Stadtdurchschnitt liegende Einwohnerdichte.

Neukölln ist traditionell ein Arbeiter- und Industriebezirk, produzierendes Gewerbe und Handel sind profilbestimmende Wirtschaftsbereiche. Mehrere Branchen sind mit Unternehmen und Standorten von nationaler und internationaler Bedeutung vertreten, u. a. der größte Hersteller von Herzschrittmachern in Deutschland und Europa, Kaffeeröstereien, Herstellung und Export von Filtertüten und Zigaretten. Wichtige Branchenvertreter sind ferner die Berliner Kindl Brauerei, eine Schokoladen- und Kakaofabrik und ein Filmkopierwerk. Die Wohnbauten erlitten nur relativ wenig Kriegsschäden, so daß die gebietsspezifischen Strukturmerkmale mit der dichten Mietskasernenbebauung im Norden (Ortsteil Neukölln) und der aufgelockerten Bebauung (u. a. Wohnsiedlungen) im mittleren und südlichen Teil erhalten blieben. Als größtes Projekt des Neubaues entstand in den 60er und 70er Jahren die Großwohnsiedlung Gropiusstadt südlich von Buckow nahe der Stadtgrenze (über 50 000 Einwohner). Wohnungsneubau größeren Umfanges ist in Rudow-Süd geplant. Die Altbauquartiere wurden längerfristig saniert, darunter als erstes das geschlossen mit Mietskasernen bebaute Rollberg-Viertel im Ortsteil Neukölln. Hochrangige und weit über den Bezirk hinaus bekannte Einkaufsmeile ist die Karl-Marx-Straße.

Neukölln hat nur wenig Wald, aber zahlreiche Sehenswürdigkeiten, reizvolle Erlebnisbereiche und attraktive Erholungsgebiete. Seit der Bundesgartenschau 1985 verfügt es mit dem Britzer Garten über ein großes zusammenhängendes und eines der schönsten Erholungsgebiete Berlins mit einem künstlichen See. Die nach dem Vorbild eines englischen Landschaftsgartens gestaltete Anlage enthält verschiedene Sehenswürdigkeiten (u. a. Pumpenhaus mit „Katastrophenbrunnen") und wurde beliebtes Ausflugsziel für Einwohner und Gäste des Bezirkes. Vielbesucht ist auch der traditionsreiche Volkspark Hasenheide mit der Rixdorfer Höhe (69,5 m); Kleingartenanlagen sind über den ganzen Bezirk verteilt, vor allem aber im mittleren Teil anzutreffen. Sehenswert sind die Alte Dorfschmiede und die Bethlehemskirche (15. Jh.) an der ehemaligen Dorfaue von Rixdorf.

Bezirk Pankow

Fläche: 61,9 km²; 7,0% der Stadtfläche
Bevölkerung: 107079 Einwohner
(31. 8. 1994)
3,1% der Stadtbevölkerung
Bevölkerungsdichte: 1730 Ew./km²

Der Bezirk im Norden Berlins erstreckt sich mit den Ortsteilen Pankow, Niederschönhausen (mit Schönholz und Nordend), Rosenthal (mit Wilhelmsruh), Buchholz, Blankenfelde und Buch von der Stadtgrenze bis zur Innenstadt. Den Ostteil durchquert von Norden nach Süden die Panke, und den mittleren Teil durchzieht in Ost-West-Richtung der Nordgraben, eine Kanalverbindung zwischen Panke und Tegeler See (Bezirk Reinickendorf). Hauptstraßen einschließlich Stadtautobahn, S-Bahn, U-Bahn, Fernbahn, Straßenbahn- und Buslinien verbinden die Ortsteile untereinander sowie mit anderen Stadtteilen und Gebieten außerhalb Berlins. Wichtige Verkehrsknoten sind die Bahnhöfe Pankow und Bornholmer Straße. Pankow gehört zu den flächenmäßig größten Bezirken, nimmt aber nach der Einwohnerzahl nur eine mittlere Position ein und liegt mit seiner Bevölkerungsdichte weit unter dem Berliner Durchschnitt.

In der Wirtschaftsstruktur ist Wilhelmsruh ein traditioneller Standort der Großindustrie (Kraftwerksindustrie), es überwiegen aber kleine und mittlere Betriebe im produzierenden Gewerbe, der Dienstleistungssektor dominiert. Ein Großstandort mit überregionaler Bedeutung ist das Klinikum in Buch als Krankenhaus- und Forschungskomplex. Mit der Ansiedlung von Behörden und Angestellten von Regierung, Botschaften u. a. m. steigt die Bedeutung von Pankow als Standort hauptstädtischer Funktionen. Landwirtschaft und Gärtnerei wird vor allem in den Ortsteilen Blankenfelde und Buchholz betrieben (u. a. Gemüse, Obst, Obstweinherstellung). Die relativ aufgelockerte Bebauung ist gekennzeichnet durch eine Mischstruktur von Altbaugebieten (Pankow), Neubaugebieten (Buch) und ländlichen Wohnsiedlungen (Buchholz, Stadtrandsiedlung Blankenfelde). Die Modernisierung und Sanierung von Altbaugebieten sowie der Wohnungsneubau bestimmen die städtebauliche Entwicklung.

Pankow verfügt traditionell über vielseitige, umfangreiche und weit über den Bezirk hinaus bekannte Grünanlagen, Erholungsgebiete und reizvolle Erlebnisbereiche. Dazu gehören mehrere Parks, u. a. Bürgerpark, Schloßpark Niederschönhausen, Waldpark Schönholzer Heide, der Bucher Wald, die botanische Anlage Arkenberge, das Freibad Pankow sowie der beliebte Panke-Wanderweg. Pankow hat die größten Kleingartenflächen aller Berliner Bezirke. Die zahlreichen Kleingartenanlagen sind vor allem in den Ortsteilen Niederschönhausen, Rosenthal und Buchholz konzentriert. Die umfangreiche Bewaldung ehemaliger Rieselfelder begann in den 80er Jahren. Städtebauliche Sehenswürdigkeiten und Kulturstätten sind das Rathaus Pankow (mit Ratskeller), Schloß Niederschönhausen (Stätte der 2+4-Abschlußverhandlungen zur deutschen Wiedervereinigung 1990), Holländerhaus in Niederschönhausen und Kavaliershaus Pankow sowie Schloßpark und Schloßkirche Buch, Ehrenmal Schönholz, Arnold-Zweig-Archiv und die Kirchenbauten.

Bezirk Prenzlauer Berg

Fläche: 10,9 km²; 1,2% der Stadtfläche
Bevölkerung: 145 226 Einwohner
(31. 8. 1994)
4,2% der Stadtbevölkerung
Bevölkerungsdichte: 13 323 Ew./km²

Der Bezirk erstreckt sich im Nordosten der Innenstadt Berlins. Auf eine Erhebung im südlichen Teil zwischen Schönhauser Allee und Greifswalder Straße geht der Bezirksname zurück. Prenzlauer Berg ist durch leistungsfähige Straßen, S-Bahn, U-Bahn, Fernbahn, Straßenbahn- und Buslinien mit anderen Stadtteilen und Gebieten außerhalb Berlins verbunden. Der wichtigste Verkehrsknoten ist der S- und U-Bahnhof Schönhauser Allee. Prenzlauer Berg gehört nach der Fläche zu den kleinsten Berliner Bezirken, nimmt nach der Einwohnerzahl eine mittlere Position ein, ist aber nach Kreuzberg der Bezirk mit der zweithöchsten Einwohnerdichte Berlins.

Prenzlauer Berg hat entwicklungsgeschichtlich und strukturell viele Ähnlichkeiten mit anderen Innenstadtbezirken (besonders mit Kreuzberg), ist aber unverwechselbar. Die Mietskasernen-Bebauung mit enger räumlicher Verflechtung von Wohnen und Gewerbe (Hinterhofindustrie) blieb weitgehend erhalten. Der Wohnraumbestand erlitt nur geringe Kriegsschäden, der Bezirk besitzt deshalb nur kleinere Neubauviertel (Greifswalder und Storkower Straße, Ernst-Thälmann-Park). Die meist über 100 Jahre alte, oft historisch wertvolle und erhaltenswerte Bausubstanz wurde in der jüngsten Vergangenheit nur vereinzelt rekonstruiert (Arnimplatz, Husemannstraße). Der Bezirk bildet daher das größte Sanierungsgebiet Berlins. In der Wirtschaft dominiert der Dienstleistungssektor, neben seiner ausgesprochenen Streulage ist das Gewerbe im Bereich Storkower Straße räumlich stärker konzentriert.

Prenzlauer Berg hat trotz des Fehlens großer Repräsentationsbauten viele Sehenswürdigkeiten und Erlebnisbereiche. Alte Wahrzeichen sind der Wasserturm mit Wohnungen (Knaackstraße), Immanuelkirche (Prenzlauer Allee) und Gethsemane-Kirche (Stargarder Straße). Neu ist das Carl-Zeiß-Großplanetarium am S-Bahnhof Prenzlauer Allee. Wichtige Geschäftsstraßen sind die drei Nord-Süd-Magistralen (Schönhauser und Prenzlauer Allee, Greifswalder Straße), besonders die modernisierte Wohn- und Geschäftsstraße Schönhauser Allee mit der als Hochbahn geführten U-Bahn und einem alten Jüdischen Friedhof. Sehenswürdigkeiten abseits der Hauptverkehrsstraßen sind u. a. die Synagoge (Rykestraße), die alte Badeanstalt (Oderberger Straße), der Prater (Kastanienallee) sowie Wohn- und Geschäftsbauten verschiedener Bauperioden mit schöner Fassadengestaltung. Die „Kulturbrauerei" (Knaackstraße), Reste des Gaswerkes (Ernst-Thälmann-Park), die Schaubühne (Puppentheater) und zahlreiche andere kulturelle Einrichtungen mit eigenem Profil sind Bestandteil des besonderen Flairs von Prenzlauer Berg. Wichtige Naherholungsgebiete sind der Volkspark Prenzlauer Berg (34 ha, bis 93 m ansteigende Trümmeraufschüttung), der Volkspark Anton Saefkow und der Ernst-Thälmann-Park. Eine bekannte Sportstätte ist der Friedrich-Ludwig-Jahn-Sportpark. Box- und Radsporthalle sind im Bau.

Bezirk Reinickendorf

Fläche: 89,5 km²; 10,1% der Stadtfläche
Bevölkerung: 254520 Einwohner
(31. 8. 1994)
7,3% der Stadtbevölkerung
Bevölkerungsdichte: 2844 Ew./km²

Der flächenmäßig drittgrößte Berliner Bezirk erstreckt sich mit den Ortsteilen Reinickendorf, Wittenau, Tegel, Heiligensee, Hermsdorf, Lübars, Frohnau und Waidmannslust im Nordwesten von der Stadtgrenze bis zur Innenstadt. Die Havel und der Hohenzollernkanal im Süden begrenzen ihn nach Westen, das Tegeler Fließ (Landschaftsschutzgebiet) und der Nordgraben (Verbindung zur Panke) queren den östlichen Bezirksteil und münden an dessen Nordende in den Tegeler See (Tegeler Hafen). Durch den Flughafen Tegel ist Reinickendorf ein hervorragender Luftverkehrsknoten. Leistungsfähige Straßen einschließlich Stadtautobahn, Eisenbahnstrecken, eine S-Bahn- und U-Bahnstrecke sowie Buslinien durchziehen den Bezirk und verbinden verkehrsmäßig die Ortsteile untereinander, mit anderen Stadtteilen, besonders mit der Innenstadt, und Gebieten außerhalb Berlins. Die Wasserstraßen sind vor allem für den Güterverkehr bedeutsam.

Die Verlängerung der Nord-Süd-Strecke der S-Bahn Schönholz (Pankow) – Priesterweg (Steglitz) bis Tegel (Verlängerung nach Hennigsdorf begonnen) führte zur weiteren Verbesserung der Verkehrslage von Reinickendorf. Nach Fläche und Einwohnerzahl nimmt Reinickendorf eine Spitzenposition unter den Berliner Bezirken ein; die Einwohnerdichte liegt allerdings deutlich unter dem Durchschnitt.

Der Bezirk ist traditionell Standort der Großindustrie mit den Borsigwerken (Maschinenbau) in Tegel (Borsigwalde). Handel und Dienstleistungen sind bedeutende Wirtschaftsbereiche, bäuerliche Landwirtschaft und gärtnerische Landnutzung werden im nordöstlichen Teil (Lübars) betrieben. Typische siedlungsstrukturelle Merkmale sind lockere Bebauung mit viel Grün und unterschiedlich strukturierte Wohngebiete. Großstädtischen Charakter haben Großwohnsiedlungen in Reinickendorf (Aroser Allee „Weiße Stadt", aus den 20er Jahren) und in Wittenau das Märkische Viertel (aus den 60er Jahren, ca. 60000 Einwohner). Ländliche Wohngebiete weisen die ehemaligen Angerdörfer auf, z. B. Heiligensee und Lübars. Villen- und Landhauskolonien sind verbreitet (z. B. Gartenstadt Frohnau).

Fast ein Drittel Reinickendorfs sind Wald- und Gewässerflächen. Die reizvolle Wald-Seen-Landschaft mit Tegeler Forst und Jungfernheide, der Havel und ihren Seen (Tegeler See und Großer Malchsee, Nieder-Neuendorfer See, Heiligensee) im westlichen Teil des Bezirkes sowie kleinere Seen im östlichen Teil (u. a. Flughafensee, Hermsdorfer See) bietet ein attraktives Erholungs- und Freizeitangebot. Besondere Erlebnisbereiche sind die Freizeitparke in Tegel und Lübars sowie der Schloßpark Tegel, Kleingartenanlagen sind weit verbreitet. Sehenswert sind Schloß Tegel (Schinkel-Bau) und Landhaus der Familie Humboldt. Ein Museum erinnert u. a. an Wilhelm von Humboldt, Begründer der Berliner Universität, und Alexander von Humboldt, berühmter Naturforscher und Geograph.

Bezirk Schöneberg

Fläche: 12,3 km²; 1,4% der Stadtfläche
Bevölkerung: 154 663 Einwohner
(31. 8. 1994)
4,5% der Stadtbevölkerung
Bevölkerungsdichte: 12 574 Ew./km²

Der Bezirk mit den Ortsteilen Schöneberg und Friedenau erstreckt sich südwestlich der Innenstadt. Charakteristisches Strukturmerkmal von Schöneberg ist das dichte Verkehrsnetz (über ein Drittel der Bezirksfläche), mit dem er die erste Position im Westteil der Stadt einnimmt. Leistungsstarke und hochfrequentierte Straßen einschließlich Stadtautobahn, vier U-Bahnlinien, zwei S-Bahnstrecken sowie ein dichtes Netz von Buslinien durchqueren Schöneberg und weisen es verkehrsmäßig als einen Durchgangsbezirk aus. Wichtige Verkehrsknoten sind die U-Bahnhöfe Nollendorfplatz und Bayrischer Platz, der S-Bahnhof und das Autobahnkreuz Schöneberg. Der Bezirk gehört flächenmäßig zu den kleinsten und hat nach der Einwohnerzahl nur eine mittlere Position, mit seiner weit über dem Durchschnitt liegenden Einwohnerdichte zählt er jedoch zu den am dichtesten besiedelten Bezirken Berlins.

In der Wirtschaft dominiert der Dienstleistungssektor (Handel, Verkehr, Versicherungen, Finanzinstitutionen, Gaststätten- und Beherbergungswesen), das produzierende Gewerbe ist relativ gering entwickelt. Der größte Teil des Wohnraumbestandes besteht aus Altbauten, die vor Ende des Ersten Weltkrieges entstanden (vorrangig Mietskasernen). Die Verbesserung der Wohnbedingungen in den Altbauquartieren erfordert umfangreiche Sanierungsmaßnahmen. Durch eine Mischstruktur der Bebauung mit Landhäusern und Mietskasernen sowie nur geringe Kriegsschäden ist Friedenau im Südwesten eine beliebte Wohngegend (besonders für Schriftsteller und Künstler). Grüne Oasen sind die über den Bezirk verstreuten Parkanlagen. Ein zusammenhängendes Kleingartengebiet liegt im Südosten zwischen S-Bahn und Stadtautobahn. Schöneberg ist Standort von Einrichtungen mit überbezirklicher Bedeutung wie der Hauptverwaltung der Berliner Verkehrsgesellschaft (BVG), des Fernmeldeamtes Winterfeldtstraße, der Verbraucherzentrale und des Sendegebäudes vom bundesweiten „Deutschlandradio" (ehemals RIAS).

Sehenswürdigkeiten sind das Alte Rathaus (1949–1991 Sitz des Senats von Westberlin) mit der Freiheitsglocke (Geschenk der USA, 1950 von US-General Clay übergeben) im 70 m hohen Turm. Sie ist die größte Glocke Berlins, eine Nachbildung der „Liberty Bell" in Philadelphia und läutet jeden Tag. Das Rathaus ist neben seiner Verwaltungsfunktion für den Bezirk Museum und wichtiger Veranstaltungsort (Konzerte, Tagungs- und Kongreßzentrum). Weitere Sehenswürdigkeiten sind die originalgetreu wiederaufgebaute schöne Dorfkirche des alten Dorfes Schöneberg sowie die W.-Foerster-Sternwarte und das Planetarium auf der Erhebung Insulaner (75 m) an der südlichen Bezirksgrenze. Wichtige Träger des kulturellen Lebens sind ferner zahlreiche Galerien, mehrere Museen (u. a. Postmuseum) und Theater.

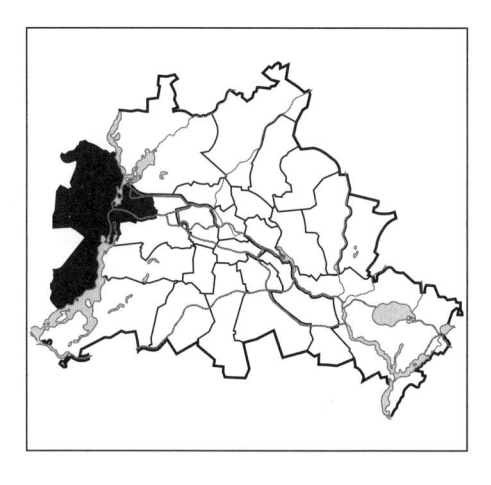

Bezirk Spandau

Fläche: 91,9 km²; 10,3% der Stadtfläche
Bevölkerung: 217313 Einwohner
(31. 8. 1994)
6,3% der Stadtbevölkerung
Bevölkerungsdichte: 2365 Ew./km²

Der flächenmäßig zweitgrößte Bezirk Berlins nimmt mit den Ortsteilen Spandau, Siemensstadt, Haselhorst, Staaken, Gatow und Kladow den Westen der Stadt ein. Seine Westgrenze wird weitgehend von der Havel markiert, die Spandau in nord-südlicher Richtung durchfließt (17 km). Charakteristisches und landschaftlich reizvolles Lagemerkmal ist der hohe Anteil am Flußsystem von Havel und Spree im Berliner Stadtgebiet. Im Bereich der Spandauer Altstadt vereinigt sich die Havel mit der von Osten einen Teil des Bezirkes querenden Spree. Die schnellste Verbindung zwischen Spandau (Altstadt) und der Berliner Innenstadt gewährleistet seit 1984 eine U-Bahnlinie, der S-Bahnanschluß wird wiederhergestellt. Einige Hauptstraßen, Fernbahn, Havel und Spree verbinden den Bezirk mit anderen Stadtteilen und Gebieten außerhalb Berlins. Die Ortsteile sind zum großen Teil über Buslinien miteinander verbunden. Nach der Fläche und Einwohnerzahl gehört Spandau zur Spitzengruppe der Berliner Bezirke, liegt bei der Einwohnerdichte weit unter dem Durchschnitt. Spandau ist einer der bedeutendsten Industriebezirke Berlins und traditionell Standort der Großindustrie mit Unternehmen von Weltgeltung, u. a. Siemens, Osram, BMW, die vor allem im Industriegebiet Siemensstadt konzentriert sind (Elektrotechnik, Elektronik, Telekommunikation, Maschinenbau usw.). Ein weiteres Industriegebiet entstand am Brunsbütteler Damm (u. a. modernste Druckerei Europas). Der Dienstleistungssektor gewinnt an Bedeutung. Die Wohnfunktion Spandaus befindet sich seit Ende des Zweiten Weltkrieges in anhaltendem Aufschwung. Im Zuge umfangreicher Neubautätigkeit entstanden u. a. die Großwohnsiedlungen Falkenhagener Feld und Heerstraße-Nord. Geplant ist die „Wasserstadt" Spandau als Wohnstadt auf ehemaligem Industriegelände beiderseits der Havel in Haselhorst und Siemensstadt (mit Gewerbe- und Dienstleistungsunternehmen). Die attraktivste Sehenswürdigkeit des Bezirkes ist die historische Altstadt, nach dem Zweiten Weltkrieg wiederaufgebaut. Sie vermittelt einen Eindruck vom mittelalterlichen Siedlungskern der Stadt mit der reich ausgestatteten Nikolaikirche als bedeutendstem Bauwerk (77 m) und Wahrzeichen, dem imposanten Rathaus und dem relativ großen Marktplatz. Straßen und Gäßchen laden zum Bummeln und Einkaufen ein (u. a. Carl-Schurz-Straße). Nordöstlich der Altstadt liegt auf einer Landspitze zwischen Spreemündung und Havel die Zitadelle mit dem Juliusturm (36 m), ebenfalls ein geschichtsträchtiges Wahrzeichen der alten Havelstadt. Sie ist von hoher Anziehungskraft, auch durch kulturelle Veranstaltungen (u. a. alljährlich mittelalterliches Burgfest im Herbst). Der Spandauer Forst mit dem Naturschutzgebiet Teufelsbruch sowie die Gewässer von Spree und Havel bieten viele Erholungsmöglichkeiten und reizvolle Erlebnisbereiche (Sportanlagen von überregionaler Bedeutung, z. B. Regattastrecke auf der Havel).

Bezirk Steglitz

Fläche: 31,9 km²; 3,6% der Stadtfläche
Bevölkerung: 190512 Einwohner
(31. 8. 1994)
5,5% der Stadtbevölkerung
Bevölkerungsdichte: 5972 Ew./km²

Dieser äußere Bezirk mit den Ortsteilen Steglitz, Lichterfelde und Lankwitz liegt an der Stadtgrenze im Süden Berlins. Er hat ein leistungsfähiges Straßennetz einschließlich Stadtautobahn, zwei S-Bahnstrecken in Nord-Süd-Richtung, eine im nördlichen Teil (Ortsteil Steglitz) endende U-Bahnstrecke und Buslinien sowie den ihn querenden Teltow-Kanal mit den Häfen Lankwitz, Steglitz und Lichterfelde. Sie verbinden die Ortsteile mit anderen Stadtteilen und Gebieten außerhalb Berlins. Durch die Verlängerung der Nord-Süd-Strecke der S-Bahn Schönholz (Pankow)-Priesterweg bis Lichterfelde-Ost hat sich die Verkehrslage des Bezirkes weiter verbessert. Ein wichtiger Verkehrsknoten ist der Bereich von S-Bahnhof Steglitz und U-Bahnhof Rathaus Steglitz. Der Bezirk gehört zu den bevölkerungsreichsten Berlins, steht aber nach der Fläche erst an zehnter Stelle; seine Einwohnerdichte liegt über dem Durchschnitt der Stadt.

In der Wirtschaft ist der produzierende Sektor vor allem mit Klein- und Mittelbetrieben im Ortsteil Lichterfelde vertreten, mit räumlicher Konzentration am Teltow-Kanal. Wichtiger sind Handel und andere Dienstleistungen. Eine hervorragende und attraktive Einkaufsmeile von überregionaler Bedeutung für den Süden Berlins bildet die Schloßstraße. Hier haben viele renommierte Geschäfte sowie große Warenhäuser, u. a. Karstadt, Hertie, Wertheim, ihren Standort. Hier steht auch das „Forum Steglitz" (fünfgeschossiges Einkaufszentrum mit zahlreichen kleinen Fachgeschäften und 30 m hohem Turmrestaurant). Ein auffälliges Bauwerk ist der „Steglitzer Kreisel" (gegenüber dem alten Rathaus), u. a. durch sein 30geschossiges Bürohochhaus (130 m) als Verwaltungs- (Bezirksamt), Geschäfts- und Hotelzentrum. Steglitz ist ein Bezirk mit architektonisch abwechslungsreicher Bebauung und ausgeprägter Wohnfunktion. Infolge der hohen Schäden am Wohnraumbestand durch den Zweiten Weltkrieg (Zerstörungen von mehr als 40%) entstanden viele Neubaukomplexe, in denen etwa die Hälfte der Einwohner lebt. Dazu gehören offen bebaute Wohngebiete, in denen Einfamilienhäuser und Reihenhäuser dominieren (u. a. „Thermometersiedlung" in Lichterfelde-Süd). Bemerkenswert im Altbaubestand sind zahlreiche Villen aus der Gründerzeit mit altem Baumbestand (Fichtenberg). Steglitz gehört zu den „grünsten" Bezirken Berlins und bietet durch Grünanlagen, Parks und Kleingärten attraktive Erholungsmöglichkeiten und reizvolle Erlebnisbereiche. Bekannt ist die flächengrößte Grünanlage des Bezirkes, der Botanische Garten (42 ha) mit Palmenhaus (25 m hoch); bedeutsam sind weiterhin der Stadtpark (18 ha) nördlich des Teltow-Kanals, der Gemeindepark Lankwitz (10 ha) und der Schloßpark Lichterfelde. Besondere Sehenswürdigkeit ist die Gedenkstätte für den Luftfahrtpionier Otto Lilienthal. Zu den Hauptträgern des kulturellen Lebens gehören Schloßpark-Theater und Botanisches Museum.

Bezirk Tempelhof

Fläche: 40,8 km²; 4,6% der Stadtfläche
Bevölkerung: 190 817 Einwohner
(31. 8. 1994)
5,5% der Stadtbevölkerung
Bevölkerungsdichte: 4677 Ew./km²

Der Bezirk im Süden Berlins erstreckt sich mit seinen Ortsteilen Tempelhof, Mariendorf, Marienfelde und Lichtenrade zwischen Innenstadt und südlicher Stadtgrenze. Tempelhof ist Standort eines Berliner Flughafens und traditionsreicher Knoten im nationalen und internationalen Flugverkehr. Der Flughafen entstand zwischen den beiden Weltkriegen als Berliner Zentralflughafen (1938 eröffnet) und wurde insbesondere in der Zeit der Blockade von Berlin (West) 1948/49 als Lande- und Startplatz für die Versorgung des Westteiles der Stadt durch Flugzeuge der Westmächte („Rosinenbomber") weltweit bekannt. Daran erinnert das Luftbrückendenkmal am Platz der Luftbrücke nordwestlich des Flughafengeländes. Leistungsfähige Straßen und die Stadtautobahn, die S-Bahn-, U-Bahn- und Fernbahnstrecken, Buslinien und der Teltow-Kanal verbinden die Ortsteile untereinander und mit anderen Stadtteilen und Gebieten außerhalb Berlins. Wichtige Verkehrsknoten sind neben dem Flughafen der Bereich von S-Bahnhof Tempelhof und U-Bahnhof Tempelhofer Damm sowie der Güterbahnhof Tempelhof. Der Bezirk gehört nach Fläche und Einwohnerzahl zu den größten Berlins mit nur knapp über dem Durchschnitt liegender Einwohnerdichte.

Tempelhof entwickelte sich zu einem bedeutenden Industrie- und Gewerbebezirk. Wichtige Leitlinien der Standortverteilung sind Verkehrstrassen wie der Teltow-Kanal und die Eisenbahnlinie nach Zossen mit den östlich der Strecke entstandenen Industrie- und Gewerbekomplexen Mariendorf-Marienfelde. Die Bebauung von Tempelhof ist relativ aufgelockert; wegen der Baulandreserven wurde es nach dem Kriege wichtiger Aufnahmebezirk für Wohnungssuchende aus anderen Stadtteilen. Damit verband sich eine rege Bautätigkeit, die zu einer baulichen Mischstruktur führte. Neubauten wechseln mit älteren Reihenhäusern, Ein- und Zweifamilienhäusern sowie ausgesprochenen Villengebieten (z. B. in Lichtenrade). Entlang des Tempelhofer Dammes entwickelte sich ein größeres Einkaufszentrum.

Der Bezirk verfügt nur über eine geringe Wald- und Gewässerfläche. Die wichtigsten Gebiete für die Naherholung sind Parkanlagen wie der Volkspark Mariendorf und der Freizeitpark Marienfelde. In diesen Ortsteilen vor allem sind auch Kleingärten verbreitet. Der Bezirk ist ein attraktives Zentrum des Pferdesportes in der Hauptstadt durch die bekannte und vielbesuchte Trabrennbahn Mariendorf. Sehenswürdigkeiten von eigenem Reiz sind noch erhaltene alte dörfliche Strukturen und Bauwerke wie die Dorfkirche in Marienfelde (13. Jh.), eines der ältesten Gebäude Berlins, und der Dorfanger mit Teich und Dorfkirche aus Granitfindlingen in Lichtenrade. Ein besonderes Baudenkmal ist das 1925/26 errichtete „Ullsteinhaus" als erstes Hochhaus der Stadt aus Stahlbeton.

Bezirk Tiergarten

Fläche: 13,4 km^2; 1,5% der Stadtfläche
Bevölkerung: 93 999 Einwohner
(31. 8. 1994)
2,7% der Stadtbevölkerung
Bevölkerungsdichte: 7015 Ew./km^2

Der Bezirk im Westen der Innenstadt umfaßt Teile der ehemaligen und neueren City im Westteil Berlins. Die Spree quert ihn in ost-westlicher Richtung, von ihr und vom Charlottenburger Verbindungskanal, z. T. westlich vom Spandauer Schiffahrtskanal und Westhafenkanal mit BEHALA-Westhafen und Nordhafen im Norden wird er begrenzt, den südlichen Teil durchzieht der Landwehrkanal. Südlich der Spree liegt der Tiergarten (einst kurfürstliches Jagdrevier), mit seinen Gewässern (u. a. Neuer See) und dem Englischen Garten eine der größten und reizvollsten Parkanlagen Berlins. Leistungsfähige Hauptstraßen, S-Bahn- und U-Bahnstrecken, Fernbahn, Wasserstraßen und Buslinien verbinden Tiergarten mit anderen Stadtteilen und Gebieten außerhalb Berlins. Wichtige Verkehrsknoten sind der Große Stern, der Bahnhof Putlitzstraße, Lehrter Güterbahnhof und Westhafen. Tiergarten ist der Fläche nach ein kleinerer Berliner Bezirk, hat nach der Einwohnerzahl eine der letzten Positionen, aber eine überdurchschnittliche Bevölkerungsdichte.

Traditionell sind Industrie und Gewerbe sowie Dienstleistungen bedeutende Wirtschaftsbereiche. Es existieren zahlreiche Einrichtungen von überregionaler Bedeutung, z. B. der Justiz (u. a. Kriminalgericht, Landessozialgericht, Landesarbeitsgericht), der Versorgung (u. a. Obst- und Gemüsegroßmarkt, Fleischgroßmarkt, Hafenbetriebe) und Bundesdienststellen. Tiergarten war 1945 einer der am schwersten zerstörten Bezirke der Innenstadt. Im Zuge des Wiederaufbaues (Hansaviertel u. a.) und der Neugestaltung von Wohn- und Arbeitsbereichen (Heinrich-Zille-Siedlung, Wohn- und Geschäftshäuser am Lützowplatz u. a. m.) entstanden die bezirkstypischen Mischstrukturen.

Bekannte Sehenswürdigkeiten, Kultur- und historische Stätten sind Schloß Bellevue (Berliner Amtssitz des Bundespräsidenten), Reichstagsgebäude, Siegessäule (Großer Stern), Sowjetisches Ehrenmal und Kulturforum zwischen Tiergarten und Landwehrkanal mit Philharmonie, Nationalgalerie, Staatsbibliothek, Kunstgewerbemuseum, Gedenkstätte Deutscher Widerstand sowie die Kongreßhalle mit Haus der Kulturen der Welt, die Akademie der Künste und der ehemalige Hamburger Bahnhof (Ausstellungs- und Veranstaltungsstätte). Besonders attraktiv ist der weltbekannte Zoologische Garten.

Auf- und Ausbau des neuen Regierungsviertels am Spreebogen mit Kanzleramt, Bundesrat, Bebauung des Moabiter Werders, Umbau des Reichstages und Neugestaltung von Teilen des im Kriege völlig zerstörten Diplomatenviertels zwischen Tiergarten und Landwehrkanal (Diplomatische Vertretungen, Dienstleistungen, Wohnungen, Vertretungen der Bundesländer) erweitern die hauptstädtische Funktion, andere städtebauliche Großprojekte (Neubebauung Potsdamer Platz, Lehrter Bahnhof, Auto- und Eisenbahntunnel durch den Tiergarten) erhöhen die Attraktivität des Bezirkes.

Bezirk Treptow

Fläche: 40,6 km²; 4,6% der Stadtfläche
Bevölkerung: 106 362 Einwohner
(31. 8. 1994)
3,1% der Stadtbevölkerung
Bevölkerungsdichte: 2620 Ew./km²

Der Bezirk im Südosten Berlins erstreckt sich von der Innenstadt bis zur Stadtgrenze mit den Ortsteilen Treptow, Plänterwald, Baumschulenweg, Niederschöneweide, Johannisthal, Adlershof, Altglienicke und Bohnsdorf. Er wird weitgehend begrenzt durch die Spree (Osten), den Landwehrkanal (Norden) und den Teltow-Kanal (Westen). Durch S-Bahn, Hauptstraßen, Fernbahn, Wasserstraßen (u. a. Britzer Zweigkanal), Straßenbahn- und Buslinien sind die Ortsteile untereinander sowie mit anderen Stadtteilen und Gebieten außerhalb Berlins verbunden. Der Bahnhof Schöneweide ist bedeutender Verkehrsknoten. Treptow gehört zu den flächengrößten Bezirken Berlins, nimmt aber nach der Einwohnerzahl nur eine hintere Position ein. Seine Einwohnerdichte liegt unter dem Durchschnitt.

Die wirtschaftliche Entwicklung kennzeichnet Aufschwung und Wandel. Die traditionell profilbestimmenden Bereiche Industrie, Gewerbe und Wissenschaft werden neu strukturiert und befinden sich im Ausbau. Dazu gehören Branchen wie Chemie, Fahrzeugbau, Umwelttechnik, Bau von Großkühlaggregaten sowie der Auf- und Ausbau des wissenschaftsinnovativen Großstandortes (rd. 140 000 m²) in Adlershof-Johannisthal (Forschungseinrichtungen, Wirtschaftsunternehmen) mit eigenem Wohnquartier. Eines der größten Gewerbegebiete Berlins entsteht im Bereich der Elsenbrücke auf ehemaligem Betriebsgelände (EAW-Werke) an der Spree (110 m hoher Büroturm), dazu ein Wohnpark. Städtebauliche Schwerpunkte sind die Erneuerung und Erhaltung der alten Dorfkerne (Bohnsdorf, Altglienicke) und bis zur Gründerzeit-Bebauung reichender Strukturen sowie der Wohnungsneubau, insbesondere in Altglienicke.

Der Bezirk ist traditionell ein bedeutendes Berliner Erholungs- und Ausflugsgebiet wegen der umfangreichen Ausstattung mit Grünflächen (zweite Position im Ostteil der Stadt) und der Spreelage. Traditionsreiche Wahrzeichen sind der Treptower Park und das stadtbekannte Ausflugslokal „Zenner". Beliebt sind die Fahrten mit der „Weißen Flotte" (Stern- und Kreisschiffahrt) von der Anlegestelle am S-Bahnhof Treptower Park. Rege besucht sind auch Spreepark (Vergnügungspark) und Plänterwald (mit „Eierhäuschen") am Spreeufer sowie die Landschaftsschutzgebiete Königsheide und Köllnische Heide. Zahlreiche Kleingartenanlagen sind über den Bezirk verbreitet. Sehenswürdigkeiten und Wahrzeichen sind das sowjetische Ehrenmal von 1949 (größte Gedenkstätte in Deutschland) und die Archenhold-Sternwarte (1906 eröffnet, weltgrößtes Linsenrohr) im Treptower Park, die Insel der Jugend in der Spreebucht vor dem Treptower und Kulturpark mit Brücke zum Festland und dem Abtei-Restaurant. Bekannt sind ferner das Rathaus, die alte Dorfkirche von Bohnsdorf und der ehemalige Wasserturm von Altglienicke sowie der ehemalige Flugplatz in Johannisthal und das Arboretum in Baumschulenweg.

Bezirk Wedding

Fläche: 15,4 km^2; 1,7% der Stadtfläche
Bevölkerung: 166 816 Einwohner
(31. 8. 1994)
4,8% der Stadtbevölkerung
Bevölkerungsdichte: 10 832 Ew./km^2

Der Bezirk liegt im Nordwesten der Innenstadt von Berlin. Die Panke durchquert von Norden nach Süden den östlichen Teil des Bezirkes, und der Plötzensee im Südwesten ist der größte See. Durch ein dichtes Straßennetz, U-Bahn- und S-Bahnstrecken sowie Buslinien ist Wedding verkehrsmäßig erschlossen und mit anderen Stadtteilen verbunden. Wichtige Verkehrsknoten sind der S- und U-Bahnhof Gesundbrunnen, der zu einem der wichtigsten Berliner Bahnhöfe ausgebaut wird, und der U-Bahnhof Leopoldplatz. Wedding gehört nach der Fläche zu den kleineren Berliner Bezirken, aber zu den bevölkerungsreichsten mit hoher Bevölkerungsdichte.

In der Wirtschaft des Bezirkes vollzog sich ein Strukturwandel. Im traditionellen Industriebezirk mit bedeutender Großindustrie (u. a. AEG-Standort) und Mischstruktur von Wohnen und Arbeiten (Hinterhofindustrie) entwickelten sich Handel und Dienstleistungen zu führenden Wirtschaftsbereichen (etwa zwei Drittel der Erwerbstätigen). Der produzierende Sektor blieb aber wichtiger Wirtschaftsbereich, u. a. durch Großstandorte der Pharmazeutischen Industrie (Schering) und die Entwicklung von Gewerbehöfen auf ehemaligen Industriearealen. Mit dem Strukturwandel wurde der Wedding zunehmend auch hervorragender Standort wissenschaftlich-innovativer Einrichtungen (Technologie- und Innovationspark TIB, Innovations- und Gründerzentrum BIG, Forschungsstätten, u. a. Institut für Arzneimittelforschung, Robert-Koch-Institut, Institut für Mikroelektronik). Bedeutende medizinische Einrichtungen sind das Deutsche Herzzentrum und das Rudolf-Virchow-Krankenhaus.

Die Wohnbedingungen im Wedding sind durch dichte Mietkasernenbebauung geprägt. Der Wohnraumbestand erlitt im Zweiten Weltkrieg schwere Schäden. Mit dem Wiederaufbau erfolgte langfristig eine umfassende Sanierung, Modernisierung und Erhaltung der Altbaugebiete sowie der Auf- und Ausbau neuer Wohnviertel (z. B. Wohnsiedlungen Schillerhöhe, Schillerpark, Friedrich-Ebert-Siedlung). Durch die weitsichtige Stadterneuerung verbesserten sich die Wohnbedingungen. Hauptgeschäftsstraßen sind Müllerstraße und Badstraße. Wichtige Naherholungsgebiete sind die Grünanlagen Volkspark Rehberge (86 ha) mit Freilichtbühne, Schillerpark (25 ha), Volkspark Humboldthain (23 ha mit Bunkerberg) und der Goethepark. Eine Nord-Süd-Grünachse zieht sich mit Kleingartenanlagen entlang der Panke.

Sehenswürdigkeiten und kulturelle Erlebnisbereiche im Wedding sind die Kirchenbauten von K. F. Schinkel (Alte Nazarethkirche [Leopoldplatz] und St. Paulskirche [Badstraße/Prinzenallee]), die größte europäische Bildhauerwerkstatt, mehrere Galerien, das Zuckermuseum, Anti-Kriegs-Museum und ein Urnenfriedhof mit Mahnmal. Gebietsspezifische Kultureinrichtung ist das Heimatmuseum im ältesten Weddinger Schulgebäude (Pankstraße), wo Traditionspflege des Industrie- und Arbeiterbezirks betrieben wird.

Bezirk Weißensee

Fläche: 30,1 km²; 3,4% der Stadtfläche
Bevölkerung: 53 821 Einwohner
(31. 8. 1994)
1,6% der Stadtbevölkerung
Bevölkerungsdichte: 1788 Ew./km²

Der Bezirk erstreckt sich im Nordosten Berlins zwischen Innenstadt und Stadtgrenze. Nach einer Verwaltungsneugliederung umfaßt er seit 1986 Weißensee und die ehemals Pankower Ortsteile Heinersdorf, Blankenburg und Karow. Über Hauptstraßen, Fernbahn, die S-Bahnstrecke nach Bernau (über Blankenburg, Karow) sowie Straßenbahn- und Omnibuslinien sind die Ortsteile mit anderen Stadtteilen und Gebieten außerhalb Berlins verbunden. Wichtige Verkehrsknoten sind das Bahnkreuz zwischen den S-Bahnhöfen Blankenburg und Karow sowie der Bahnhof Pankow-Heinersdorf. Weißensee hat die geringste Einwohnerzahl aller Berliner Bezirke, nimmt aber nach der Fläche eine mittlere Position ein. Die Bevölkerungsdichte liegt weit unter dem Durchschnitt der Hauptstadt.

Die traditionelle Gewerbefunktion Weißensees wird vor allem von Klein- und Mittelbetrieben verschiedener Branchen im südlichen Teil des Bezirkes fortgesetzt. Überregionale Bedeutung haben Standorte der Nahrungs- und Genußmittelindustrie (Milchhof, Bierbrauerei, Herstellung alkoholfreier Getränke). Das Gewerbe- und Industriegebiet zwischen Liebermannstraße und Darßer Straße wird ausgebaut, bei Erhalt historisch wertvoller Industriebauten (Niles-Werke). Der Dienstleistungssektor befindet sich im Aufschwung. Die wichtigste Geschäfts- und Einkaufsstraße ist die Berliner Allee. Die Bebauung ist in den Ortsteilen unterschiedlich dicht und durch eine Mischstruktur von Alt- und Neubaugebieten gekennzeichnet. Teilweise sind noch alte dörfliche Strukturen erkennbar (Grundriß des Angerdorfes Blankenburg). Zur Überwindung von Kriegsschäden an der Bausubstanz entstanden seit den 50er Jahren neben Lückenbauten neue Wohngebiete (u. a. am Hamburger Platz, an der Else-Jahn-Straße, Kniprodeallee sowie zwischen Buschallee und Falkenberger Straße). Eine wesentliche Verbesserung der Wohnbedingungen erfolgt durch Sanierung und Modernisierung der Altbaugebiete und umfangreiche Neubautätigkeit. Großprojekte des Wohnungsneubaues sind in den Ortsteilen Karow, Blankenburg und Weißensee geplant.

Ein Kennzeichen des Bezirkes sind verschiedene ausgedehnte Grün- und Freizeitanlagen, die besondere Erlebnisbereiche darstellen. Bekannte und beliebte Naherholungsgebiete sind der „Weiße See" mit Freibad, Park und Freilichtbühne (jährliches Blumenfest) sowie das Naturschutzgebiet „Fauler See". Kleingartenanlagen erreichen erhebliche Flächengrößen (u. a. in Blankenburg und Malchow). Besondere kulturhistorische Sehenswürdigkeit ist der Jüdische Friedhof im Südosten von Weißensee (Zugang Herbert-Baum-Straße); er wurde 1880 eingeweiht, ist der größte seiner Art in Deutschland und ein bedeutendes Denkmal jüdischer Kultur-, Geistes- und Leidensgeschichte. Sehenswert sind ferner Dorfkirchen und alte Wohnhäuser in Blankenburg und Karow. Vielbesucht sind die Radrennbahn Weißensee und das Stadion Buschallee.

Bezirk Wilmersdorf

Fläche: 34,4 km^2; 3,9% der Stadtfläche
Bevölkerung: 144 689 Einwohner
(31. 8. 1994)
4,2% der Stadtbevölkerung
Bevölkerungsdichte: 4206 Ew./km^2

Der im Westen durch die Havel begrenzte Bezirk mit den Ortsteilen Wilmersdorf, Schmargendorf und Grunewald liegt im Südwesten Berlins. Hauptstraßen und Stadtautobahn (Avus), S-Bahn-, U-Bahn- und Buslinien sowie die Wasserstraße der Havel verbinden den Bezirk verkehrsmäßig mit anderen Stadtteilen und seine Ortsteile untereinander. Wilmersdorf gehört nach der Fläche zu den größeren Bezirken, hat nach der Einwohnerzahl nur eine mittlere Position, aber eine überdurchschnittliche Einwohnerdichte.

Ein gebietsspezifisches Strukturmerkmal des Bezirkes ist das Nebeneinander von pulsierender Großstadt (Ortsteil Wilmersdorf), kleinstädtischen Strukturen (Ortsteil Schmargendorf) und waldreicher Naturlandschaft (Ortsteil Grunewald). In der Wirtschaft dominiert der Dienstleistungssektor gegenüber dem produzierenden Gewerbe. Rund um den Fehrbelliner Platz hat sich eines der größten Berliner Verwaltungszentren entwickelt mit der Bundesanstalt für Angestellte (BfA), verschiedenen Senatsverwaltungen (Inneres, Bau- und Wohnungswesen) und dem Rathaus Wilmersdorf. Hier liegt auch ein bedeutendes Handels- und Einkaufszentrum (Kaufhäuser, Einzelhandelsgeschäfte). Die Wohnfunktion des Bezirkes ist ausgeprägt; locker bebauten Gebieten stehen dicht bebaute wie im Zentrum des Ortsteiles Wilmersdorf gegenüber. Wilmersdorf ist traditionell ein attraktives und bevorzugtes Wohngebiet für gutsituierte Bevölkerungsschichten, besonders im Citybereich des Kurfürstendammes sowie in den Villenkolonien im Gebiet der künstlich geschaffenen Grunewaldseen (Diana-, Koenigs-, Hertha- und Hubersee) und in Schmargendorf. Zur Verbesserung der Wohnbedingungen in dem während des Zweiten Weltkrieges erheblich zerstörten Bezirk ist im Norden (Raum Halensee) ein umfangreiches Wohnungsbauprojekt geplant. Das kulturelle und wissenschaftliche Leben bestimmen vor allem Einrichtungen wie die Schaubühne (Lehniner Platz), zahlreiche Galerien, das Max-Planck-Institut für Bildungsforschung, eine Einrichtung der Physikalischen Grundlagenforschung (Elektronenbeschleuniger „BESSY") u. a.

Im Bezirk besteht ein reiches und vielseitiges Angebot an Naherholungsgebieten, Ausflugszielen und Sehenswürdigkeiten. Fast die Hälfte der Fläche (44,5%) sind von Wald bedeckt mit räumlichem Schwerpunkt im Grunewald-Anteil, und auch Kleingartenanlagen sind verbreitet. Attraktive und beliebte Ziele im Grunewald sind der Teufelsberg (111 m hoher Trümmerberg, eine der höchsten Erhebungen Berlins), die Seen (Teufelssee, Grunewaldsee, Hundekehlesee), Naturschutzgebiete (Teufels-, Hundekehlefenn, Saubucht) und das Naturschutzzentrum Ökowerk sowie an der Havel die Halbinsel Schildhorn und der Grunewaldturm. Auf den Tennisplätzen im Grunewald finden hochrangige Wettkämpfe statt. Eine besondere Sehenswürdigkeit ist das historische Rathaus von Schmargendorf mit seinem malerischen Standesamt.

Bezirk Zehlendorf

Fläche: 70,5 km²; 7,9% der Stadtfläche
Bevölkerung: 99 455 Einwohner
(31. 8. 1994)
2,9% der Stadtbevölkerung
Bevölkerungsdichte: 1411 Ew./km²

Der Bezirk umfaßt den Südwesten Berlins mit den Ortsteilen Zehlendorf, Dahlem, Nikolassee, Wannsee und Schlachtensee. Im Westen wird er von Havel und Wannsee, im Süden teilweise von Griebnitzsee und Teltow-Kanal begrenzt. Durch die Stadtautobahn (Avus), Hauptstraßen (u. a. Königstraße, Potsdamer Chaussee, Clay-Allee), Nord-Süd-Strecken der S-Bahn, U-Bahn und Fernbahn sowie Buslinien sind die Ortsteile untereinander und mit anderen Stadtteilen und Gebieten außerhalb der Stadt verbunden. Auf Havel und Teltow-Kanal herrscht reger Personen- und Güterverkehr. Der Stadtteil Wannsee ist ein wichtiger Verkehrsknoten im Schienen-, Straßen- und Wasserstraßenverkehr (Personenschiffahrt, Hafen). Zehlendorf ist einer der flächengrößten Bezirke Berlins mit relativ geringer Einwohnerzahl und vor Köpenick mit der zweitniedrigsten Einwohnerdichte.

Wald- und Gewässerflächen, vor allem im westlichen Teil konzentriert, nehmen etwa die Hälfte Zehlendorfs ein. Der vorwiegend besiedelte östliche Teil ist durch aufgelockerte Bebauung gekennzeichnet (Villen, Ein- und Zweifamilienhäuser, Reihenhäuser, Wohnquartiere mit niedriger Geschoßzahl). Diese charakteristischen Strukturmerkmale weisen Zehlendorf traditionell als bevorzugte Wohngegend für gutsituierte Bevölkerungsschichten und reizvolles Erholungsgebiet aus.

Die attraktive und vielbesuchte Erholungslandschaft wird im nördlichen Teil durch den Grunewald-Anteil mit Schlachtensee, Krummer Lanke, Naturschutzgebiet Langes Luch und Havelanteil mit der Insel Schwanenwerder geprägt. Im südlichen Teil (Wannsee) treten neben Wald- und Parkanlagen (Volkspark Klein-Glienicke) Gewässer stärker in Erscheinung (Großer Wannsee, mit 260,0 ha einer der größten und schönsten Seen Berlins, Kleiner Wannsee, Pohle- und Stölpchensee, der langgestreckte Griebnitzsee [55,0 ha] und der Havelanteil mit Pfaueninsel); auch Schäferberg (103 m) mit dem Fernmeldeturm. Im vielseitigen Freizeitangebot (u. a. Wandern, Reiten, Golf, Tennis) sind Wassersport, Dampferfahrten und Bäder beliebt (Strandbad Wannsee als „Lido von Berlin"). Bekannte Sehenswürdigkeiten sind u. a. das Naturschutzgebiet Pfaueninsel, das Schloß Glienicke und Jagdschloß Klein-Glienicke („Internationale Begegnungsstätte") nahe dem ehemaligen Grenzübergang Glienicker Brücke nach Potsdam, Jagdschloß Grunewald am Grunewaldsee (mit Gemäldegalerie), die Waldseen und weitere Naturschutzgebiete.

Zehlendorf hat eine bedeutende wissenschaftlich-kulturelle Funktion. Es ist Standort wichtiger Einrichtungen internationalen Rangs wie der Freien Universität (FU), der größten Universität Berlins, des Hahn-Meitner-Institutes für Kernforschung und der Stiftung Preußischer Kulturbesitz. Kulturelle Anziehungspunkte sind die Museen (u. a. für Völkerkunde, Museumsdorf Düppel), Galerien (u. a. Skulpturengalerie), die „Ruine der Künste" und das Literarische Colloquium Berlin.

3 Brandenburg und seine 14 Landkreise sowie 4 kreisfreien Städte

Statistischer Vergleich

Raumeinheit	Bevölkerung gesamt 1993 (1000)	Bevölkerungsveränderung 1993 gegenüber dem Vorjahr je 1000 Einwohner	Natürlicher Saldo 1993 je 1000 Einwohner
Kreisfreie Städte (KS)			
KS Brandenburg (Havel)	89,2	−7,7	−6,4
KS Cottbus	128,1	−5,8	−4,5
KS Frankfurt (Oder)	83,9	−12,8	−5,1
KS Potsdam	139,3	−3,9	−4,7
Landkreise (LK)			
Barnim	149,1	2,6	−7,0
Dahme-Spreewald	141,7	−0,1	−7,0
Elbe-Elster	139,1	−0,1	−7,4
Havelland	128,7	−3,1	−6,8
Märkisch-Oderland	170,0	−5,9	−6,7
Oberhavel	166,2	2,7	−6,7
Oberspreewald-Lausitz	159,8	−8,0	−7,5
Oder-Spree	187,8	5,1	−6,6
Ostprignitz-Ruppin	116,9	−2,0	−6,5
Potsdam-Mittelmark	172,2	8,1	−6,4
Prignitz	103,7	−9,1	−7,8
Spree-Neiße	152,2	9,4	−7,8
Teltow-Fläming	145,9	−8,3	−8,3
Uckermark	163,7	−8,5	−5,0
Kreisfreie Städte (KS)	440,5	−6,9	−5,1
Landkreise (LK)	2097,0	−0,9	−6,9
Land Brandenburg	2537,5	−2,0	−6,6

Quelle: Landesamt für Datenverarbeitung und Statistik Brandenburg; eigene Berechnungen

Tab. A 3.1: Bevölkerungsstand, -entwicklung und -dichte sowie Siedlungsdichte in Brandenburg 1993

Räumlicher Saldo 1993 je 1000 Einwohner	Entwicklung der Bevölkerung 1993 gegenüber dem Vorjahr (%)	Entwicklung der Bevölkerung 1993 gegenüber 1990 (%)	Bevölkerungsdichte 1993 (Einwohner je km²)	Siedlungsdichte (ohne Verkehrsfläche) 1993 (Einwohner je km² Siedlungsfläche)
−1,3	−0,8	−2,8	448	3699
−1,3	−0,6	−2,8	853	5248
−7,7	−1,3	−2,6	568	5276
0,8	−0,4	−1,2	1273	5120
9,7	0,3	−0,7	100	2075
6,9	0,0	−0,5	63	1340
7,4	0,0	−2,2	74	2143
3,8	−0,3	−1,8	75	1676
0,8	−0,6	−2,1	80	1723
9,4	0,3	−1,3	93	1712
−0,5	−0,8	−3,1	131	2468
11,7	0,5	−2,3	84	2026
4,5	−0,2	−1,1	47	1843
14,6	0,8	0,1	64	1849
−1,3	−0,9	−4,7	49	1827
17,2	0,9	−2,3	92	2345
−0,1	−0,8	−2,2	70	1941
−3,5	−0,8	−3,3	54	1848
−1,8	−0,7	−2,3	726	4807
6,0	−0,1	−1,9	73	1882
4,6	−0,2	−2,0	86	2104

Raumeinheit	Bevölkerungsanteile an der Gesamtbevölkerung (%)					
	weiblich	<15 Jahre	15–<20 Jahre	20–<45 Jahre	45–<65 Jahre	≥65 Jahre
Kreisfreie Städte (KS)						
KS Brandenburg (Havel)	51,7	17,4	5,5	36,9	27,2	13,0
KS Cottbus	51,4	19,5	6,1	40,8	23,2	10,4
KS Frankfurt (Oder)	51,6	19,7	7,2	40,9	22,5	9,7
KS Potsdam	51,9	18,3	6,0	38,8	25,2	11,7
Landkreise (LK)						
Barnim	50,9	18,4	6,2	37,6	25,6	12,1
Dahme-Spreewald	51,0	17,8	5,7	36,3	26,6	13,5
Elbe-Elster	51,3	18,2	6,0	36,5	24,4	14,8
Havelland	51,3	18,1	5,7	36,6	26,6	13,1
Märkisch-Oderland	50,6	19,1	6,3	37,1	25,5	12,1
Oberhavel	51,1	18,2	5,8	37,1	26,4	12,5
Oberspreewald-Lausitz	51,0	18,1	6,0	36,5	25,8	13,6
Oder-Spree	51,1	18,6	6,1	37,4	25,5	12,3
Ostprignitz-Ruppin	50,7	19,5	6,2	38,8	23,0	12,5
Potsdam-Mittelmark	50,9	18,0	5,7	37,3	25,4	13,5
Prignitz	51,7	18,5	5,7	36,3	24,9	14,6
Spree-Neiße	51,3	18,6	6,0	37,4	24,0	13,9
Teltow-Fläming	51,3	18,6	5,7	37,0	25,3	13,4
Uckermark	50,6	19,6	6,5	38,0	24,5	11,4
Kreisfreie Städte (KS)	51,6	18,7	6,2	39,4	24,5	11,2
Landkreise (LK)	51,0	18,5	6,0	37,2	25,3	13,0
Land Brandenburg	51,1	18,6	6,0	37,5	25,1	12,8

Quelle: Landesamt für Datenverarbeitung und Statistik Brandenburg; eigene Berechnungen

Tab. A 3.2: Bevölkerungsstruktur 1993 in Brandenburg

Raumeinheit	Anteile am Gesamtwohnungsbestand (%)			Einwohner je Wohnung	Wohnräume je Einwohner	Wohnfläche je Einwohner (m^2)
	Wohnungen mit n Räumen					
	1 und 2	3 und 4	5 und mehr			
Kreisfreie Städte						
KS Brandenburg (Havel)	10,6	76,3	13,1	2,1	1,7	28,2
KS Cottbus	12,8	70,1	17,1	2,3	1,6	26,5
KS Frankfurt (Oder)	16,6	65,8	17,6	2,2	1,6	27,1
KS Potsdam	15,2	67,1	17,7	2,2	1,7	28,9
Landkreise (LK)						
Barnim	8,9	67,5	23,6	2,3	1,7	28,9
Dahme-Spreewald	9,8	60,8	29,4	2,4	1,7	28,8
Elbe-Elster	6,7	60,3	33,0	2,4	1,7	29,8
Havelland	8,5	66,7	24,8	2,3	1,7	28,7
Märkisch-Oderland	8,6	62,2	29,2	2,4	1,7	28,8
Oberhavel	10,8	65,2	24,0	2,2	1,7	29,1
Oberspreewald-Lausitz	7,6	67,6	24,8	2,3	1,7	28,3
Oder-Spree	10,3	65,1	24,6	2,3	1,7	28,2
Ostprignitz-Ruppin	9,0	61,5	29,5	2,4	1,6	28,6
Potsdam-Mittelmark	7,4	57,5	35,1	2,5	1,7	29,7
Prignitz	7,2	62,2	30,6	2,2	1,9	31,4
Spree-Neiße	13,4	62,1	24,5	2,3	1,7	28,9
Teltow-Fläming	9,5	61,4	29,1	2,3	1,7	29,5
Uckermark	9,8	63,6	26,6	2,4	1,6	27,8
Kreisfreie Städte (KS)	13,8	69,7	16,5	2,2	1,6	27,7
Landkreise (LK)	9,2	63,2	27,6	2,3	1,7	29,0
Land Brandenburg	10,0	64,4	25,6	2,3	1,7	28,7

Quelle: Landesamt für Datenverarbeitung und Statistik Brandenburg, F II 4 – j 93, Wohngebäude und Wohnungen in Berlin 1993; eigene Berechnungen

Tab. A 3.3: Wohnen in Brandenburg 1993

Raumeinheit	Gesamt-fläche (km²)	Anteile der Flächenarten (%)					
		Land-wirtschaft	Wald	Sied-lungen	Verkehr	Wasser	sonstige
Stadtkreise (SK)							
KS Brandenburg (Havel)	199,3	30,7	30,3	12,1	3,8	19,6	3,5
KS Cottbus	150,3	37,1	21,8	16,2	6,2	1,8	16,9
KS Frankfurt (Oder)	147,6	49,4	25,3	10,8	5,7	4,1	4,7
KS Potsdam	109,4	22,1	31,6	24,9	6,9	11,6	2,9
Landkreise (LK)							
Barnim	1494,9	36,7	47,0	4,8	3,5	5,2	2,8
Dahme-Spreewald	2260,8	41,7	42,3	4,7	3,6	3,9	3,8
Elbe-Elster	1889,6	51,9	35,2	3,4	3,5	1,6	4,4
Havelland	1706,8	58,9	25,4	4,5	3,5	3,4	4,3
Märkisch-Oderland	2128,3	64,2	22,5	4,6	3,4	2,5	2,8
Oberhavel	1794,9	43,9	39,8	5,4	3,4	4,0	3,5
Oberspreewald-Lausitz	1216,6	35,9	36,3	5,3	4,0	3,0	15,5
Oder-Spree	2242,9	38,9	47,9	4,1	3,2	3,8	2,1
Ostprignitz-Ruppin	2510,6	55,2	33,9	2,5	2,8	3,3	2,3
Potsdam-Mittelmark	2690,9	48,2	39,4	3,5	3,6	2,9	2,4
Prignitz	2123,2	68,3	22,3	2,7	3,0	1,8	1,9
Spree-Neiße	1661,6	36,7	45,6	3,9	3,6	2,8	7,4
Teltow-Fläming	2090,6	46,8	37,8	3,6	3,1	1,7	7,0
Uckermark	3058,2	63,3	22,0	2,9	2,4	5,0	4,4
Kreisfreie Städte (KS)	606,6	35,3	27,2	15,1	5,4	10,0	7,0
Landkreise (LK)	28869,9	50,6	34,9	3,9	3,2	3,2	4,2
Land Brandenburg	29476,5	50,2	34,7	4,1	3,3	3,4	4,3

Quelle: Landesamt für Datenverarbeitung und Statistik Brandenburg, C I 9–4j /93 – Flächenerhebung im Land Brandenburg 1993 nach Art der tatsächlichen Nutzung; eigene Berechnungen

Tab. A 3.4: Fläche und Flächennutzung in Brandenburg 1993

Kurzcharakteristiken

Landeshauptstadt Potsdam

Fläche: 109 km^2
Bevölkerung: 139 300 Ew. (1993)
Bevölkerungsdichte: 1273 Ew./km^2
Sitz des Landtages, der Landesregierung und von Landesbehörden

Als Oberzentrum und bevölkerungsreichste Stadt Brandenburgs kann Potsdam auf ein eigenständiges Profil als Landeshaupt- und Universitätsstadt, Wissenschafts- und Medienzentrum sowie hochrangiges Ziel des Tourismus verweisen. In unmittelbarer Nachbarschaft zur Bundeshauptstadt Berlin profitiert die Stadt gleichermaßen von ihrer Lage im engeren Verflechtungsraum um Berlin und der in Dichte und Qualität hier gut entwickelten Verkehrsinfrastruktur (Berliner Autobahnring [A 10], Anbindung an die Trasse des IC/ICE, Flughafennähe) wie auch von hochwertigen Potentialen der Potsdamer Parklandschaft (unter UNESCO-Schutz seit 1990) mit Park und Schloß Sanssouci als internationalem Tourismusmagnet an der Spitze.

Der Strukturanpassungsprozeß in den Jahren nach der Wiedervereinigung hat bewirkt, daß in historischer Kontinuität die Hauptfunktion Potsdams als Landeshauptstadt und Dienstleistungszentrum stärker als in der Vergangenheit hervortritt (Landesregierung, Landtag, Hauptsitze der Landesbehörden, Universität und Medienzentrum). Das verarbeitende Gewerbe hat große Einbußen erlitten. Ein erheblicher Teil der freigesetzten Arbeitskräfte konnte in nahegelegenen Stadtbezirken Berlins einen Arbeitsplatz finden.

An der neugegründeten Universität Potsdam sind gegenwärtig an vier Teilstandorten 7500 Studenten eingeschrieben. Namhafte Forschungseinrichtungen wie das hochangesehene Geoforschungszentrum, das Institut für Astrophysik, das Institut für Klimafolgenforschung im Wissenschaftspark „Albert Einstein" (Telegrafenberg) oder das Institut für Ernährungsforschung (Rehbrücke) vervollkommnen die „Wissenschaftslandschaft" der Stadt. Der Hochschulbereich wird ergänzt durch die Deutsche Hochschule für Film- und Fernsehen und die Fachhochschule Potsdam. In Potsdam-Babelsberg knüpft die Entwicklung einer Medienstadt in Kombination von Film- und Fernsehproduktion, Dienstleistungs-, Hotel- und Freizeitnutzung an die großen Traditionen des Studiostandortes an.

Der starke Besucherstrom zu den Parkanlagen der Stadt (1993 1,6 Mio. Personen) ist vorrangig Tagestourismus, zudem das Hotel- und Dienstleistungsangebot in der Stadt noch nicht ausreichend entwickelt ist.

Schwerpunkte kommunaler Planung sind gegenwärtig die Sanierung der barocken Innenstadt, der behutsame Umbau anderer denkmalgeschützter Stadtteile (Weberviertel) und die Entwicklung des Kernbereiches der Stadt beiderseits der Havel sowie auch von Stadtteilzentren. Am Kirchsteigfeld wächst das größte Wohnungsbauvorhaben des Landes Brandenburg. Nach dem Abzug der russischen Truppen aus dem Raum Potsdam-Nord stehen dort umfangreiche Konversionsaufgaben an, die zugleich der weiteren Stadtentwicklung neue Chancen eröffnen.

Kreisfreie Stadt Cottbus

Fläche: 150,3 km²
Bevölkerung: 128 100 Ew. (1993)
Bevölkerungsdichte: 853 Ew./km²
Kreissitz: Cottbus

Die Stadt Cottbus ist nach der Landeshauptstadt Potsdam die bevölkerungsreichste Stadt des Bundeslandes und zählt zu den vier Oberzentren Brandenburgs. Mit Einrichtungen von Bundes- und Landesbehörden (Oberfinanzdirektion, Bundesknappschaft, Landessozialamt) und der Technischen Universität sowie der Fachhochschule Lausitz besitzt sie überregionale Funktionen und gilt als Wirtschafts- und Dienstleistungszentrum der brandenburgischen Niederlausitz.

Cottbus ist als Schnittpunkt von Fern-, Regionalbahnen und Bundesstraßen der herausragende Verkehrsknotenpunkt der Region. Über die jetzt vierspurige Autobahn A 15 hat die Stadt eine leistungsfähige Anbindung an den Berliner Ring (A 10) und auch grenzüberschreitend nach Wrocław (Breslau).

Die Stadt hat sich seit dem 13. Jh. in der Spreeniederung auf nacheiszeitlichen Sandablagerungen mit teilweise hohem Grundwasserstand entwickelt. Im Osten und Nordosten wurde die bauliche Entwicklung bisher durch Bergbauschutzgebiete eingegrenzt. Seit der Wiedervereinigung erfolgten erste Um- und Neubaumaßnahmen im Stadtzentrum, die sich bisher günstig auf die Urbanität der Stadt ausgewirkt haben.

Vor 1990 war das funktionale Profil von Cottbus neben der Verwaltungsfunktion für den ehemaligen Bezirk vorrangig von der Kohle- und Energiewirtschaft, darunter auch als Wohnstadt der Beschäftigten in Tagebauen und Kraftwerken der Umgebung, von Betrieben der Elektrotechnik, in Textil- und Bekleidungsindustrie und im Nahrungsmittelgewerbe sowie von der Bauwirtschaft geprägt. Der Umbau der Wirtschaftsstruktur brachte in diesen Branchen einen erheblichen Beschäftigtenrückgang auf ein Viertel des Personalbestandes (1994). Dafür haben sich der Dienstleistungssektor mit Bundes- und Landesbehörden, der Handel und das Handwerk günstig entwickelt. Die Technische Universität mit ihrer Profilierung auf Architekturwesen, Maschinenbau und Umwelttechnik und >2000 Studenten (1994) bietet den Unternehmen der Region Transferleistungen an.

Flächenangebote für die Neuansiedlung von Unternehmen bestehen an aufgegebenen altindustriellen Standorten, aber auch in neuen Gewerbegebieten in Merzdorf, Dissenchen und Sielow. Chancen für die künftige wirtschaftliche Entwicklung der Stadt eröffnen sich auch durch die weitgespannten Sanierungsaufgaben in der Braunkohlewirtschaft der Region, der Entwicklung und Nutzung von Umwelttechnologien und im Ausbau erhaltener Kernbereiche des Verarbeitenden Gewerbes, besonders im Bekleidungs- und Nahrungsgütersektor.

Mit der Bundesgartenschau 95 wurde in Cottbus an das Erbe des großen Landschaftsarchitekten Hermann Fürst von Pückler-Muskau und den von ihm gestalteten Landschaftspark Cottbus-Branitz angeknüpft. Dies wird auch im Zusammenhang mit dem Spreewald-Tourismus als eine Chance für das wirtschaftliche Profil in der Zukunft bewertet.

Kreisfreie Stadt Frankfurt (Oder)

Fläche: 148 km²
Bevölkerung: 83 900 Ew. (1993)
Bevölkerungsdichte: 568 Ew./km²
Kreissitz: Frankfurt (Oder)

Die Stadt Frankfurt (Oder) besitzt eine vergleichsweise günstige Standortsituation als Grenzübergangspunkt an der europäischen Ost-West-Verkehrsachse Berlin-Warschau-Moskau und hat eine „Brückenfunktion" zu den perspektivreichen Märkten Osteuropas. Die brandenburgische Landesplanung betrachtet Frankfurt als Oberzentrum im Oderland und als Regionales Entwicklungszentrum (REZ) im grenznahen Raum.

Mit dem wirtschaftlichen Strukturwandel nach 1989/90 ist die früher dominierende „Säule" der Wirtschaft in Gestalt der Halbleiterindustrie (1989 8000 Beschäftigte) zusammengebrochen. An die Stelle der alten bezirklichen Verwaltungseinrichtungen sind Landesbehörden (Außenstellen der Landeszentralbank, Landesumweltamt, Landesamt für Datenverarbeitung und Statistik) getreten.

Die Stadtverwaltung fördert eine Wiederbelebung der Elektronikindustrie am Orte, zumal das Institut für Halbleiterphysik erhalten blieb und sich ein Neubeginn der Mikroelektronikindustrie (SMJ-Werk, Technologie-Park Markendorf I) abzeichnet. Die Erschließung des Gewerbeparkes Markendorf II als Ansiedlungsort für kleine und mittelständische Unternehmen ist 1995 angelaufen.

Langfristig sollte Frankfurt (Oder) weitere wirtschaftliche Impulse aus der Entwicklung einer Euroregion im Verein mit polnischen Städten zwischen Kietz/Kostrzyn im Norden und Eisenhüttenstadt/Krosno im Süden erhalten.

In den letzten Jahren hat sich der wirtschaftliche Schwerpunkt der Stadt eindeutig zur Dienstleistungsfunktion einschließlich Handel und Verkehr verschoben. Hier knüpft Frankfurt bewußt an seine Tradition als Messe- und Handelsplatz an (geplanter Aufbau eines World Trade Center, Fachmessen).

Die bis 1997 abgeschlossene vierspurige Sanierung der Autobahn (A 12), des Schienenweges zwischen Berlin und Frankfurt (160 km/h) sowie der Ausbau des Grenzüberganges Frankfurt-Swiecko (Polen) werden eine spürbare Entlastung der heute noch dramatischen Situation im grenzüberschreitenden Verkehr nach sich ziehen.

Eine Aufwertung des Kernbereichs der Stadt erfolgte bisher durch Modernisierung und Neubau im Zentrum mit der Eröffnung von Bankhäusern, Büro- und Handelseinrichtungen. Konkurrenten für den Einzelhandel der Innenstadt sind einerseits das peripher gelegene Spitzkrug-Multi-Center (SMC) und partiell auch der Markt im benachbarten polnischen Słubice. Die weitere städtebauliche Ausgestaltung der Innenstadt und von Stadtteilzentren (Frankfurt-Süd) steht gegenwärtig im Vordergrund der Bemühungen.

Mit der neugegründeten Europa-Universität Viadrina (1993 1500 Studenten, darunter 580 polnischer Herkunft) setzt Frankfurt historische Traditionen als Universitätsstadt (1506 bis 1811) fort.

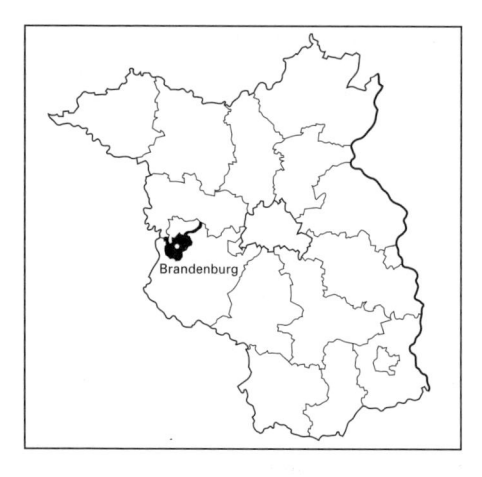

Kreisfreie Stadt Brandenburg (Havel)

Fläche: 199 km²
Bevölkerung: 89 200 Ew. (1993)
Bevölkerungsdichte: 448 Ew./km²
Kreissitz: Brandenburg (Havel)

Nach der Landeshauptstadt Potsdam und Cottbus ist Brandenburg (Havel) die drittgrößte Stadt des Landes und wird landesplanerisch als Ober- und Regionales Entwicklungszentrum (REZ) im äußeren Entwicklungsraum Brandenburgs bewertet. Dabei liegt die Stadt relativ nahe zur Bundeshauptstadt Berlin und zur Landeshauptstadt Potsdam.

Vorteilhaft für die künftige Stadtentwicklung sollte sich die Lage an den Hauptmagistralen des West-Ost-Verkehrs in Brandenburg (Autobahn Hannover-Berliner Ring (A 2), B 1/B 102, Eisenbahnstrecke Magdeburg-Berlin mit Regionalexpreß Brandenburg-Potsdam-Berlin und Untere-Havel-Wasser-Straße) auswirken. Die Stadt hat zwischen 1989 und 1993 >6100 Einwohner verloren.

Ohne Zweifel sind die Bevölkerungsverluste zu einem bedeutenden Teil durch den Umbruch der wirtschaftlichen Existenzbedingungen in der Stadt verursacht. Seit 1989 ist die Zahl der industriellen Arbeitsplätze in der Stadt auf weniger als ein Fünftel des ursprünglichen Bestandes zurückgegangen. Das überalterte und technisch verschlissene Siemens-Martin-Stahlwerk (früher 2400 Beschäftigte) wurde wie auch das Panzerreparaturwerk Kirchmöser und andere Industriebetriebe stillgelegt. Einen heute verfügbaren „industriellen Kern" in der Stadt, um den in Zukunft mittelständische Betriebe wachsen könnten, bilden das vom italienischen Riva-Konzern übernommene Elektro-Stahl- und Drahtwerk, eine neue Anlage des Heidelberger Druckmaschinenwerkes und die Zahnradfabrik der Friedrichshafen AG. Chancen für die wirtschaftliche Stabilisierung der Stadt ergeben sich auch aus einem beachtlichen Baugewerbe. Durch den Zugang von neuen Betriebsstätten erstarkten ebenso in den letzten Jahren das Handwerk, der Einzelhandel und die Dienstleistungen. Hierzu gehört ebenfalls die Gründung einer Fachhochschule mit den Ausbildungsschwerpunkten in Technikwissenschaften, Betriebswirtschaftslehre und Informatik (1992). Der innerstädtische Einzelhandel muß sich allerdings der Konkurrenz eines großen, peripher gelegenen Einzelhandels- und Gewerbezentrums bei Wust erwehren.

Große Probleme bereitet die Sanierung der Innenstadt mit den Stadtteilen Dominsel, Altstadt und Neustadt. Auch der Ausbau der innerstädtischen Infrastruktur gehört zu den Hauptproblemen der weiteren Stadtentwicklung. Die Schadstoffbelastung der Luft und der Gewässer ist erheblich zurückgegangen. Jedoch sind Bodenkontaminationen im Altstahlwerk und auf ehemaligen Militärflächen zu berücksichtigen.

Für die Naherholung bieten sich die Grünzüge und Gewässer der Havel-Seen-Kette in der Umgebung der Stadt an.

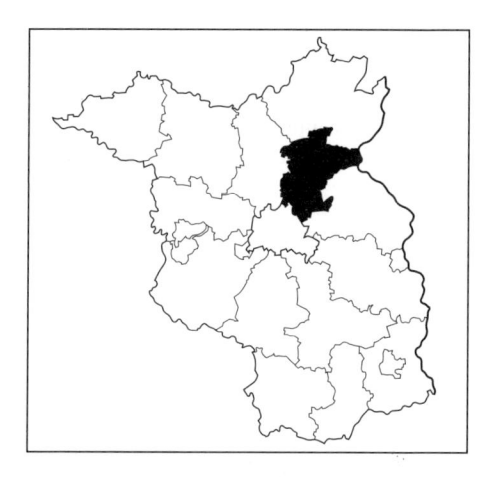

Landkreis Barnim

Fläche: 1495 km²
Bevölkerung: 149 143 Ew. (1993)
Bevölkerungsdichte: 100 Ew./km²
Kreissitz: Eberswalde

Der aus den bisherigen Kreisen Bernau und Eberswalde gebildete Landkreis Barnim ist der zweitkleinste im Land, weist aber die zweithöchste Bevölkerungsdichte auf.

Die namengebende Platte des Barnim im Süden, das vorgelagerte Eberswalder Urstromtal, die Britzer Platte und die Schorfheide im Norden sowie die Odertalniederung im Nordosten prägen die Landschaft des Kreises, der mit einem Waldanteil von fast 50% und einem Gewässeranteil von mehr als 5% über beträchtliche Erholungspotentiale verfügt, die von Berlin leicht erreichbar sind.

Neben der Nachbarschaftslage zu Berlin im Südosten kann zukünftig die Nachbarschaft zu Polen im Osten zu einem zweiten Standortvorteil werden. Das setzt vor allem eine Wiederbelebung der traditionellen Verbindung Berlin-Eberswalde-Stettin voraus. Mit der Autobahn A 11, den Bundesstraßen Nr. 2 und 109 sowie den Bahnlinien von Berlin über Bernau und Eberswalde nach Mecklenburg-Vorpommern sind dafür gute verkehrliche Voraussetzungen gegeben. Während der Berliner Ring den Kreis im äußersten Süden schneidet, stellen die B 167, der Finow- und der Oder-Havel-Kanal mit dem Schiffshebewerk Niederfinow im zentralen Teil des Kreises wichtige West-Ost-Verbindungen dar.

Stärker besiedelte Teilräume des Kreises befinden sich im Südwesten – von Zepernick über Bernau bis Biesenthal und von Basdorf über Wandlitz bis Klosterfelde – und in der traditionellen Industriezone beiderseits des Finowkanals.

Vom agrarstrukturellen Wandel besonders betroffen sind die agrarisch geprägten süd- und nordöstlichen Teile des Kreises. Während der Nordosten des Kreises dem einstweilig sichergestellten Nationalpark „Untere Oder" zugeordnet ist, gehört der übrige nördliche Bereich zum Biosphärenreservat „Schorfheide-Chorin" (1292 km²). Hier wurde Anfang 1994 ein einzigartiges Großprojekt gestartet, bei dem ökologische Landnutzungssysteme der Zukunft erarbeitet werden sollen.

Die regionale Differenziertheit des Kreises widerspiegelt sich auch in der unterschiedlichen Verteilung der Gewerbegebiete – fünfzehn im Südwesten, nur fünf in der Region um Eberswalde. Im Gegensatz zu Bernau ist es am traditionellen Industriestandort Eberswalde-Finow gelungen, einige industrielle Kerne zu erhalten, jedoch nur auf einem stark reduzierten Beschäftigungsniveau.

Besondere Stabilisierungs- und Entwicklungsfunktionen für den Landkreis Barnim wird künftig die Kreisstadt Eberswalde wahrnehmen, die sich zu einem Mittelzentrum mit Teilfunktionen eines Oberzentrums entwickelt. Mit der Forstfachhochschule und der Landesanstalt für Großschutzgebiete verfügt die Stadt über ein beträchtliches Wissenschaftspotential.

Eine eigenständige Entwicklung werden auch die zum engeren Verflechtungsraum gehörenden 30 Gemeinden nehmen. Insbesondere Bernau rechnet mit einem erheblichen Bevölkerungszuwachs.

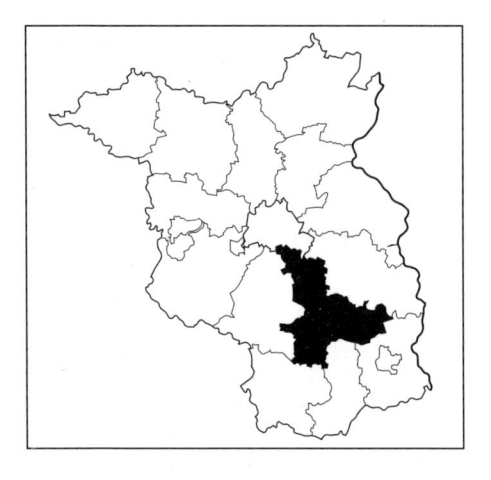

Landkreis Dahme-Spreewald

Fläche: 2268 km²
Bevölkerung: 141 700 Ew. (1993)
Bevölkerungsdichte: 63 Ew./km²
Kreissitz: Lübben (Spreewald)

Der Landkreis Dahme-Spreewald wurde 1993 aus den Altkreisen Königs Wusterhausen, Lübben und Luckau gebildet. Es entstand ein sehr heterogen zusammengesetzter Kreis, der sich von der Stadtgrenze Berlins bis in den Spreewald und die Ausläufer des Niederen Flämings und des Niederlausitzer Landrückens erstreckt.

Erhebliches Erholungspotential besitzt der Kreis mit dem Dahme-Seengebiet (Naturpark), dem Spreewald und dem Niederen Fläming/Niederlausitzer Landrücken (Naturparkprojekt). Das 75 km lange und 16 km breite Niederungsgebiet des Spreewaldes mit seinen Fließen, Wiesen und urwüchsigen Wäldern wurde zum Biosphärenreservat erklärt. Es zieht jährlich Tausende Besucher an.

Lübben (1993 15 139 Ew.) ist Tor zum Unter- und Oberspreewald. Es wird sich zum geistig-kulturellen Mittelpunkt des Landkreises entwickeln. Dabei gilt der Pflege des sorbischen Brauchtums besondere Aufmerksamkeit.

Kulturhistorisch wertvolle Zeugnisse beherbergen die kleinen Städte. Luckau (1993: 5703 Ew.) bietet architektonische Kostbarkeiten und schmucke Häuserfassaden als Zeichen des Reichtums vergangener Jahrhunderte.

Königs Wusterhausen (1993: 17 623 Ew.), 1919 Geburtsort des deutschen Rundfunks, entwickelt sich als funktionsteiliges Mittelzentrum mit Wildau zu einem Dienstleistungs- und Geschäftsort.

Der Dahme-Spreewald-Kreis ist verkehrstechnisch sehr gut erschlossen. Die Hauptstrecken Berlin-Görlitz und Berlin-Dresden durchqueren das Kreisgebiet. Königs Wusterhausen hat S-Bahnanschluß nach Berlin. Durch den Kreis führen die Autobahnen A 10 (Berliner Ring) und A 13 Berlin-Dresden mit Abzweig A 15 nach Cottbus/Breslau. Insgesamt acht Bundesstraßen erschließen den Kreis, wovon die B 87 Leipzig-Frankfurt (Oder) und die B 96 Berlin-Bautzen die bedeutendsten sind. Reaktiviert werden sollte der Massenguthafen Königs Wusterhausen.

Als größtes Verkehrsprojekt im Kreis steht der Ausbau des Flughafens Schönefeld zur Diskussion. Die exponierte Lage der Industrie- und Siedlungsgemeinden im Norden des Kreises mit ihrer direkten Verbindung zur Hauptstadt Berlin erfährt durch das Flughafenprojekt eine noch weitere Aufwertung. Ausgedehnte Gewerbegebiete im engeren Verflechtungsraum zu Berlin wie auch entlang der Achse Berlin-Cottbus sind interessante Wirtschaftsstandorte mit kalkulierbaren Alternativen für Investoren.

Aus- und Weiterbildung als wichtige Voraussetzungen für regionales Wirtschaftswachstum haben im Dahme-Spreewald-Kreis Priorität. Die Technische Fachhochschule Wildau setzt neue Akzente durch praxisbezogene Studienstrukturen und aktiven Technologietransfer. Das Technologie- und Berufsbildungszentrum Königs Wusterhausen e.V. gehört zu den größten Ausbildungseinrichtungen für gewerblich-technische Berufe im Land Brandenburg.

Landkreis Elbe-Elster

Fläche: 1890 km²
Bevölkerung: 139 100 Ew. (1993)
Bevölkerungsdichte: 74 Ew./km²
Kreissitz: Herzberg (Elster)

Der Landkreis Elbe-Elster entstand aus den Altkreisen Herzberg, Bad Liebenwerda und Finsterwalde. Nach Fläche und Bevölkerungsdichte erreicht er mittlere Werte im Land.

Die Kreisstadtfunktion erhielt im Sinne der Dezentralen Konzentration die Stadt Herzberg. Als Mittelzentrum des Kreises werden Finsterwalde, das zu entwickelnde Mittelzentrum Herzberg und das funktionsteilige Mittelzentrum Bad Liebenwerda-Elsterwerda ausgewiesen.

Ausgedehnte Waldflächen, die dem Niederlausitzer Heideland zuzuordnen sind, mit Endmoränenzügen im Norden haben im Kreis einen besonderen Landschaftswert. Der Kreis verfügt über eine große Anzahl von Naturschutz- und Landschaftsschutzgebieten. Der künftige Naturpark „Niederlausitzer Heidelandschaft" (480 km²) soll neben der Pflege und Gestaltung der Landschaft insbesondere auch eine vermarktbare Landschaftsqualität aufweisen und wartet auf touristische Erschließung. In unmittelbarer Nähe liegt die Kurstadt Bad Liebenwerda. Landschaftlich wertvoll ist auch der Niederungsbereich von Elbe und Elster, wo in den Flußauen hervorragende Kies- und Kiessandvorkommen lagern. Sie sind bedeutsamer Wirtschaftsfaktor, der Abbau kann aber nur bei Umweltverträglichkeit und landschaftsgerechter Folgenutzung Akzeptanz finden.

Die Deutsche Bahn erschließt den Kreis durch die Strecken Berlin-Doberlug-Kirchhain-Elsterwerda-Falkenberg, Cottbus Leipzig, Horka-Elsterwerda-Falkenberg-Dessau, Jüterbog-Falkenberg-Riesa und Herzberg-Falkenberg. Straßenseitig ist der Kreis über die B 87, die B 96, die B 183 und die B 169 gut erschlossen. Der Elbhafen Mühlberg besitzt vor allem wegen der beträchtlichen Kiesverfrachtung („Elbekies Mühlberg") ein bedeutendes Wirtschaftspotential.

An Elbe und Elster, aber auch um Sonnenwalde sind die größten zusammenhängenden Landwirtschaftsgebiete zu finden.

Insbesondere der Eisenbahnknotenpunkt Falkenberg unterliegt derzeit durch Personalabbau einem starken Strukturwandel. Die ausgewiesenen Gewerbegebiete bei Falkenberg, Uebigau sowie die Umnutzung des Konversionsgebietes Lönnewitz bieten dort Ansätze der Ansiedlung von Gewerbe. Sich entwickelnde Gewerbegebiete befinden sich weiter in Finsterwalde-Massen und im benachbarten Konversionsgebiet Flugplatz Finsterwalde-Schacksdorf, in Elsterwerda-Ost und -West, Herzberg-Süd und Schlieben.

Industrielle und gewerbliche Kerne des Kreisgebietes sind Elsterwerda (Milchwerk, Impulsa, Baubeschläge und Elsterkeramik, Kalksandsteinwerk und Elstermode), Brottewitz (Südzucker), Bad Liebenwerda (Mineralbrunnen, Reiss Zeichentechnik), Herzberg (Armaturenwerk, Futtermittelwerk, Chemiehandel, Druckerei) und Finsterwalde (Elektromaschinenbau, Metall-, Holz- und Baubetriebe).

Saniert wird das Moorbad Bad Liebenwerda, die dortige Rheumaklinik ist bereits fertiggestellt; ein Neubau ist das Gebietskrankenhaus Herzberg.

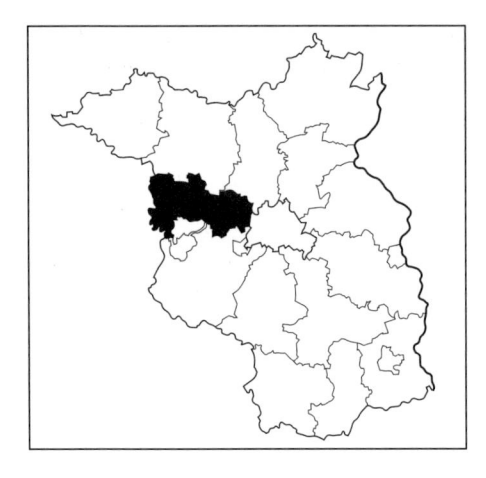

Landkreis Havelland

Fläche: 1707 km^2
Bevölkerung: 128700 Ew. (1993)
Bevölkerungsdichte: 75 Ew./km^2
Kreissitz: Rathenow

Der aus den Altkreisen Rathenow und Nauen gebildete Landkreis liegt bei Fläche und Bevölkerung im Durchschnitt des Landes. Als Kreisstadt wurde im Sinne der „Dezentralen Konzentration" das größere, aber wirtschaftlich geschwächte Rathenow (1993 28953 Ew.) dem kleineren Nauen (1993: 10594 Ew.) am Rand des „Berliner Speckgürtels" vorgezogen.

Weiträumige Niederungen des trapezförmigen Flußverlaufes der Havel und ihres Nebenflusses Rhin prägen das Landschaftsbild, unterbrochen durch pleistozäne Platten und Ländchen.

Die wirtschaftsgeographische Lage wird durch die Nachbarschaft der Bundeshauptstadt Berlin sowie der kreisfreien Städte Potsdam (Landeshauptstadt) und Brandenburg (Havel) bestimmt. Wichtige Eisenbahnstrecken, die z. T. ausgebaut werden (Berlin-Nauen-Hamburg, Berlin-Rathenow-Hannover, Berlin-Potsdam-Brandenburg-Magdeburg-Rhein-Ruhr-Gebiet, der Berliner Ring (Bahn und Autobahn A 10) im Osten, die Bundesstraßen B 5, 102, 188 und 273 sowie B 1, Havel und Havelkanal erschließen das Kreisgebiet.

Im Osten liegen stärker besiedelte Teilräume (Falkensee, Brieselang, Dallgow, Schönwalde) im Verdichtungs- und engeren Verflechtungsraum des Berliner Umlandes. Seit dem Mauerfall werden Umlandbeziehungen insbesondere mit dem Westteil Berlins revitalisiert (Pendlerströme nach Berlin, Randwanderung Berliner Unternehmen). Die Errichtung großer Verbrauchermärkte und Dienstleistungszentren sowie von Güter-, Post- und Warenverteilungszentren mit allen positiven und auch negativen Auswirkungen kennzeichnen die Entwicklung am Westrand Berlins.

Im Zusammenhang vor allem mit dem sprunghaft gestiegenen Autoverkehr und dem Ausbau des öffentlichen Nahverkehrs ist der Berliner Ausflugsverkehr ins Umland – vorzugsweise in die gewässer- und waldreichen südlichen und östlichen Teile des Kreises – erheblich gewachsen (dort Reiterhöfe und Golfplätze). Der private Wohnungsbau hat vorrangig in verkehrsgünstigen und landschaftlich attraktiven Teilen des Umlandes eingesetzt, was häufig mit Eigentumskonflikten verbunden ist.

Im Westen des Kreises existiert eine Siedlungskette, deren industrielles Kerngebiet (Stahlindustrie in Brandenburg, chemische Industrie in Premnitz, optische Industrie in Rathenow) stark geschwächt wurde.

In der Mitte des Kreises erstreckt sich ein weiter, dünnbesiedelter ländlicher Raum, der zwar stark in Mitleidenschaft gezogen wurde, jedoch für eine auf den Großabsatzmarkt Berlin orientierte Frischmilch-, Obst- und Gemüsewirtschaft – einschließlich ökologischen Landbaus –, aber auch für eine partielle Extensivierung der Vieh- und Weidewirtschaft (inklusive Pferdehaltung für den Reitsport) insgesamt günstige Standortbedingungen hat.

Durch die Revitalisierung naturnaher Landschaften im Havelländischen Luch und Rhinluch mit ihrer spezifischen Flora und Fauna wachsen dort die Potenzen für einen erlebnisorientierten, sanften Tourismus.

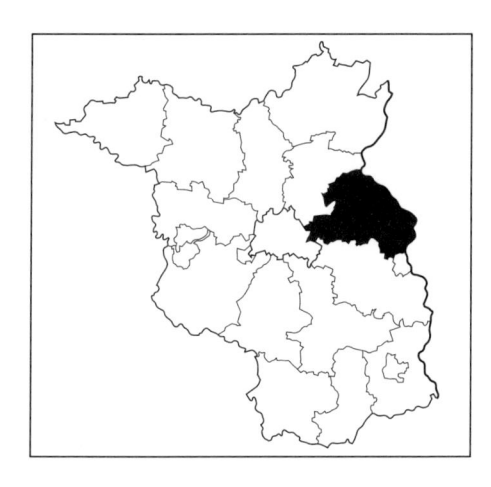

Landkreis Märkisch-Oderland

Fläche: 2128 km²
Bevölkerung: 170000 Ew. (1993)
Bevölkerungsdichte: 80 Ew./km²
Kreissitz: Seelow

Der Kreis entstand im Jahre 1993 aus dem Flächenbestand der Altkreise Strausberg, Seelow und Bad Freienwalde. Er gehört zu den flächenmäßig größten und bevölkerungsreichsten Landkreisen des Bundeslandes. Allerdings konzentriert sich die Bevölkerung auf den berlinnahen Raum mit Bevölkerungsdichten in den Randgemeinden zwischen 400/500 Ew./km², während dann im östlich folgenden ländlichen Raum des Barnim und im Oderbruch die Dichte nur noch bei 40/50 Ew./km² auf Ämterbasis liegt. Beinahe die Hälfte der Bevölkerung wohnt im engeren Verflechtungsraum um Berlin.

Die Landwirtschaft des Kreisgebietes basiert auf der Nutzung der flachwelligen Grundmoränenflächen des Barnim und der Lebus-Platte, die im Osten steil zum Oderbruch hin abfallen. Einzelne Höhen erreichen im Oberbarnim über 150 m NN (Semmelberg 158 m), dagegen liegt das im Mittel 15 km breite Oderbruch im Süden nur 14 m und an seinem Nordende 4 m über dem Meeresspiegel. Die Lebuser Hochfläche und der überwiegende Teil des Barnim stellen heute wie auch das Oderbruch Ackerland dar.

Die Nachbarschaft zur Bundeshauptstadt verhilft dem Westteil des Kreises zu einer besonders günstigen wirtschafts- und verkehrsgeographischen Lage (A 10, Berliner S-Bahn-Netz). Dem grenzüberschreitenden Verkehr nach Polen dienen die Übergänge bei Küstrin-Kietz (B 1), Hohenwutzen bei Bad Freienwalde (B 158) und die Eisenbahnstrecke Berlin-Kostrzyn (Küstrin). Das geringe Industriepotential von Märkisch-Oderland konzentriert sich auf den Raum Strausberg, obgleich auch dort beispielsweise im Rüdersdorfer Gebiet (Rüdersdorfer Zement AG) eine starke Schrumpfung der Zahl der industriellen Arbeitsplätze erfolgte. Ansätze zu neuer gewerblicher Ansiedlung zeigen sich nahe Berlin u. a. in Neuenhagen, Fredersdorf-Vogelsdorf und Altlandsberg.

Der Agrarsektor hat erhebliche Einbußen erlitten.

Für den Ausbau des Nahtourismus bietet der Kreis im Strausberger Wald- und Seengebiet, im Naturpark „Märkische Schweiz" um Buckow und im Gamengrund nahe Bad Freienwalde mannigfaltige Bezugspunkte.

Die Zuordnung der Kreisstadtfunktion an die Kleinstadt Seelow (1993: 5240 Ew.) ist mit dem Ziel verbunden, dem östlichen Teil des Kreises zusätzliche Entwicklungsimpulse zu verleihen.

Vor allem nahe Berlin liegen aber die Siedlungsschwerpunkte Strausberg (1993: 27987 Ew.), Neuenhagen bei Berlin (1993: 11208 Ew.), Rüdersdorf (1993: 11078 Ew.) und Petershagen/Eggersdorf (1993: 8265 Ew.).

Einen neuen Aufschwung hat das Kurbad im peripher gelegenen Bad Freienwalde (1993: 11269 Ew.) genommen.

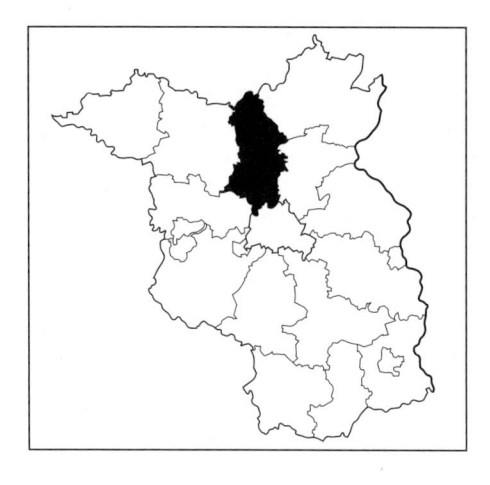

Landkreis Oberhavel

Fläche: 1795 km^2
Bevölkerung: 166 200 Ew. (1993)
Bevölkerungsdichte: 93 Ew./km^2
Kreissitz: Oranienburg

Der Landkreis entstand aus den Altkreisen Oranienburg und Gransee. Bei vergleichsweise geringer Fläche, aber hoher Einwohnerzahl hat er die drittgrößte Bevölkerungsdichte unter den Landkreisen Brandenburgs.

Endmoränenzüge, flachwellige Grundmoränen und Ländchen, Eberswalder Urstromtal in zentraler Ost-West-Erstreckung, Niederungsgebiete im Havelverlauf (Nord-Süd), Talsandflächen und Sander bestimmen die abwechslungsreiche Jungglaziallandschaft.

Günstig ist die Verkehrsstruktur mit von Berlin ausgehenden Süd-Nord-Radialen und mehrere Querverbindungen: Eisenbahnfernstrecken Berlin-Rostock über Fürstenberg, Regionalbahnen von Berlin nach Neuruppin bzw. Templin und Prenzlau sowie Neuruppin-Templin über Löwenberg (wichtiger regionaler Verkehrsknoten); S-Bahn-Erschließung von Berlin bis Oranienburg, Ausbau bis Hennigsdorf begonnen; im Bundesautobahnnetz der Berliner Ring (A 10) im Süden und Berlin-Rostock (A 24); die Bundesstraßen B 96, B 167, B 273 und die Wasserstraßen Oder-Havel-Kanal, Oranienburger Kanal, Vosskanal, Havel.

Die wirtschaftsgeographische Raumstruktur ist sehr heterogen. Es existiert im Süden eine etwa 20 km breite, an Berlin anschließende Zone intensiver Wohnansiedlung mit vormals starken industriell-gewerblichen Standorten und gut entwickeltem Verkehrsnetz und ein davon ausgehendes schmales Verdichtungsband entlang der B 96 bis Nassenheide/Löwenberg. Ansonsten dominieren kleinere ländliche Siedlungen mit landwirtschaftlichen, teilweise forstwirtschaftlichen Grundlagen, ehemals auf die Kleinstädte als Arbeitszentren orientiert.

Im südlichen Teil des Kreises konnten durch Pendelwanderung nach Berlin, durch Firmenausgründungen aus den alten Großbetrieben und durch die Erhaltung industrieller Kerne (Hennigsdorf: Schienenfahrzeugbau und Stahlproduktion, Velten: Kachel- bzw. Fliesenproduktion und Margarineherstellung) die Folgen des wirtschaftsstrukturellen Umbruchs etwas besser abgefangen werden als im stark agrarisch geprägten Norden. Hier sind mit dem Zusammenbruch der Industriestandorte in Zehdenick (Mikroelektronik-Zulieferer und Ziegelindustrie) und dem Abzug der GUS-Truppen aus Fürstenberg wichtige lokale Arbeitsmärkte verloren gegangen, die nur langsam ersetzt werden.

Nah- und Ferienerholung sind traditionelle Nutzungen in den Wald- und Seengebieten. Um Oranienburg spielen Wochenenderholung (Freizeithäuser der Berliner Bevölkerung) und Ausflugsverkehr die wichtigste Rolle. Um Fürstenberg – Neuglobsow und Himmelpfort ist die Ferienerholung wichtiger Faktor für die örtliche Wirtschaft. Wachsende Freizeitangebote orientieren sich auch auf den Nahraum Berlin (Pferdepensionen, Sportboot-Liegeplätze). Ein Freizeitpark auf ehemals landwirtschaftlich genutzten Flächen nahe Häsen ist raumordnerisch befürwortet, jedoch wurde bisher nicht investiert.

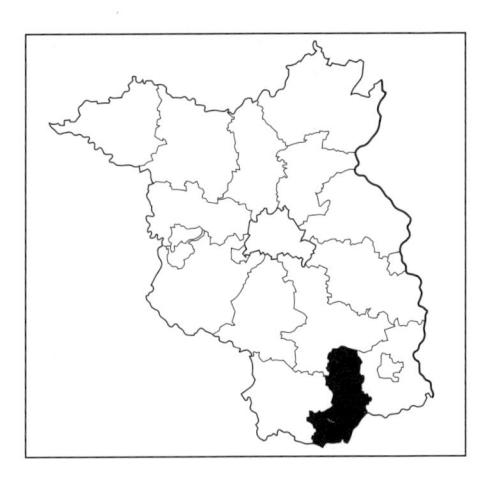

Landkreis Oberspreewald-Lausitz

Fläche: 2217 km²
Bevölkerung: 159 800 Ew. (1993)
Bevölkerungsdichte: 131 Ew./km²
Kreissitz: Senftenberg

Der Landkreis Oberspreewald-Lausitz entstand 1993 aus den Altkreisen Calau und Senftenberg. Als Kreissitz wurde Senftenberg bestimmt. Er hat bei mittlerer Flächengröße die höchste Einwohnerdichte des Landes Brandenburg.

In West-Ost-Richtung streichen durch den Kreis die Endmoränenzüge des Niederlausitzer Grenzwalls, nördlich davon liegt das Baruther, südlich das Lausitzer Urstromtal. Ein landschaftliches Kleinod des Kreises ist im Norden das Biosphärenreservat Oberspreewald mit seiner einzigartigen Park- und Waldlandschaft, die von unzähligen Fließen, Bächen und Kanälen durchzogen wird und jährlich Hunderttausende Besucher anzieht (Hauptziele: Lübbenau, Lehde und Leipe).

Verkehrsmäßig ist der Kreis durch die Hauptbahnen Berlin-Cottbus-Görlitz, Cottbus-Dresden, Cottbus-Leipzig, Dessau-Lauchhammer-Hoyerswerda und die Nebenstrecke Lübbenau-Calau-Kamenz, straßenseitig durch die Autobahnen A 13 Richtung Dresden und A 15 von Lübbenau-Cottbus sowie die Bundesstraßen B 115, B 96 und B 169 (dringender Ausbau und Ortsumgehungen erforderlich) gut erschlossen.

Ab 1850 begann im Raum Lauchhammer–Senftenberg der zielgerichtete Braunkohlenabbau im Lausitzer Kernrevier. Um die Jahrhundertwende entstanden zahlreiche Brikettfabriken. Der enorme Ausbau der Kohle- und Energiewirtschaft auf Braunkohlenbasis nach 1945 führte u. a. zum Bau der ersten Braunkohlenkokerei der Welt in Lauchhammer (heute abgerissen). In den 60er Jahren trat der Braunkohlenbergbau aus dem Kernrevier heraus, neue Tagebauaufschlüsse waren mit dem Neubau der Kraftwerke Lübbenau und Vetschau 1964 und 1967 verbunden, die 1997 geschlossen werden. Auch die Brikettproduktion im Kreisgebiet wird aufgegeben. Damit wird deutlich, der Landkreis Oberspreewald-Lausitz unterliegt dem stärksten Strukturwandel in Brandenburg. Mittelstand, neue Technologien, Tourismus und Dienstleistungen sind gefragt. Ehemals laufende, aber auch die bald ausgekohlten Braunkohlentagebaue gehören heute zu den umfassenden Sanierungsplangebieten in der Lausitz.

Neben der Entwicklung von Altindustrieflächen zu gewerblicher Nutzungsmöglichkeit sind im sensiblen Umgang mit der Natur touristische Angebote zu erarbeiten. Ab 1995 beginnt die Flutung ehemaliger Großtagebaue, die insgesamt 30–40 Jahre in Anspruch nehmen wird und in deren Ergebnis zahlreiche landschaftsprägende Tagebauseen entstehen werden.

Neben den genannten Wasserbaumaßnahmen entstehen auf den Kippenflächen neue Waldgebiete mit Mischwaldcharakter und Sträuchern als tierischer Lebensraum unter besonderer Beachtung von Naturschutzaspekten. Die 150 Jahre zurückreichende forstliche Monokultur der Lausitz soll so zurückgedrängt werden. Durch das bessere Verhältnis zwischen wirtschaftlicher, ökologischer und Erholungsfunktion besteht so die Chance, eine zukunftsweisende Funktional- und Flächennutzungsstruktur für den Oberspreewald-Lausitz-Kreis aufzubauen.

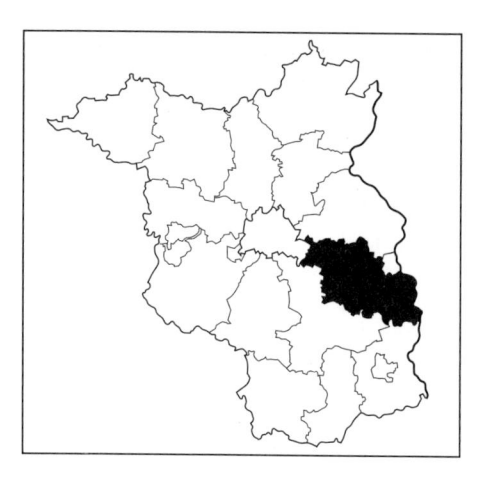

Landkreis Oder-Spree

Fläche: 2243 km²
Bevölkerung: 187800 Ew. (1993)
Bevölkerungsdichte: 84 Ew./km²
Kreissitz: Beeskow

Der Landkreis gehört zu den flächenmäßig größten und bevölkerungsreichsten des Bundeslandes. Allerdings entfallen über vier Zehntel seiner Bevölkerung auf die Städte Eisenhüttenstadt (1992: 46378 Ew.) und Fürstenwalde/Spree (1993: 33941 Ew.).

Ein Landschaftsmosaik von flachwelligen Grundmoränenplatten, Sanderflächen, eingelagerten rinnenförmigen Seen- und Flußsystemen wie Spree- und Schlaubetal wird hier überragt von Moränenhügeln bis 162 m NN Höhe. Im Norden und Osten wird das Heide- und Seengebiet, fast die Hälfte des Kreisgebietes ist von Forstflächen (Kiefern und Kiefernmischwald) bedeckt, von der Berlin-Fürstenwalder Spreeniederung und dem Fürstenberger Odertal eingerahmt.

In seiner wirtschafts- und siedlungsgeographischen Lage wird das Kreisgebiet durch die Nähe zur Bundeshauptstadt mit Anteilen am engeren Verflechtungsraum mit Berlin, zum Oberzentrum Frankfurt (Oder) und durch die Grenzposition zur Republik Polen geprägt.

In der Spreeniederung bündeln sich im Norden tangential wichtige Verkehrsstrassen mit teilweise internationaler Bedeutung (Eisenbahn Berlin-Fürstenwalde-Frankfurt [Oder], die Autobahn A 12 mit dem Anschluß an den Berliner Ring A 10 und der Oder-Spree-Kanal). Im Osten stellt das Odertal eine bedeutsame Verkehrsmagistrale (Regionalbahn Frankfurt [Oder], Bundesstraße B 112 und die Oder) dar. Wegen des dynamisch wachsenden Grenz- und Transitverkehrs mit Polen und dem wirtschaftlichen Ausbau der Oder-Spree-Region ist Rekonstruktion und Weiterentwicklung der Verkehrsinfrastruktur eine wesentliche Aufgabe.

Im engeren Verflechtungsraum Berlins befinden sich der strukturstärkere Nordwesten des Kreises mit dem Industriestandort Erkner, berlinnahen Wohnsiedlungen sowie in größerer Entfernung das Mittelzentrum Fürstenwalde. In diesem berlinnahen Raum wohnen fast vier Zehntel der Bevölkerung.

Bei der Strukturanpassung blieb der Industriestandort Fürstenwalde bei dezimiertem industriellen Arbeitsplatzangebot bisher erhalten. Das Ringen um die EKO-Stahl AG in Eisenhüttenstadt stand in Zusammenhang mit dessen Funktion als industrieller Kern und potentieller Wachstumspol im Ostteil des Kreises. Von seiner Entwicklung hängt der wirtschaftliche Aufschwung an der Oder ab.

Chancen für einen umweltschonenden Tourismus im Kreisgebiet ergeben sich aus dem Naturpotential des ostbrandenburgischen Heide- und Seengebietes (Scharmützelsee, Storkow, Schwielochsee).

Die Beeskower Moränenplatte um die Kreisstadt ist ein stärker landwirtschaftlich geprägter Raum, der wie das ganze Kreisgebiet im marktwirtschaftlichen Anpassungsprozeß des Agrarsektors erheblich an Arbeitsplätzen (>50%) und Produktionsfläche (um 20%) verloren hat.

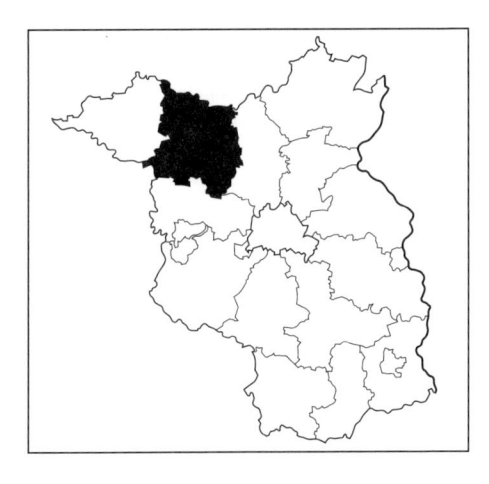

Landkreis Ostprignitz-Ruppin

Fläche: 2511 km^2
Bevölkerung: 116900 Ew. (1993)
Bevölkerungsdichte: 47 Ew./km^2
Kreissitz: Neuruppin

Bei der Kreisreform von 1993 entstand der Landkreis Ostprignitz-Ruppin aus den ehemaligen Kreisen Kyritz, Wittstock und Neuruppin. Die Stadt Neuruppin wurde zum Sitz der Kreisverwaltung. Im Land Brandenburg zählt der Kreis neben dem Kreis Prignitz zu den flächengrößten, aber auch zu den am wenigsten besiedelten. Seine stark unterdurchschnittliche Bevölkerungsdichte wird vor allem von den bevölkerungsarmen Landstrichen im Norden beeinflußt.

In diesem Teil des Kreises erstreckt sich das nahezu geschlossene Waldgebiet der Wittstock-Ruppiner Heide, das nach Osten hin in das Wald-Seen-Gebiet zwischen Neuruppin und Rheinsberg übergeht. Unter den südlich angrenzenden Grundmoränenplatten (Kyritz, Ruppin) ist die Ruppiner Platte mit noch vergleichsweise höherer Ackerwertigkeit zu den ertragreichsten Landwirtschaftsgebieten des nördlichen Brandenburg zu rechnen. Das grünlandreiche Luchland an Rhin und unterer Dosse bietet bevorzugt für die Rinderhaltung Möglichkeiten. Im Rahmen der Anpassung an marktwirtschaftliche Verhältnisse erlitt die Landwirtschaft aber erhebliche Arbeitsplatzeinbußen.

Ebenso ging im Kreis die Zahl der Beschäftigten im Verarbeitenden Gewerbe zwischen 1991 und 1994 auf nur noch ein Viertel des Personalbestandes zurück. In Neuruppin mußten die Elektrophysikalischen Werke (1989 noch 3500 Beschäftigte) und in Wittstock ein großes Obertrikotagenwerk (2400 Beschäftigte) die Produktion einstellen.

Die Abwanderung von junger Bevölkerung ist beträchtlich. Allein zwischen 1989 und 1993 betrug der Verlust an Bevölkerung 3400 Personen.

Positive Entwicklungsimpulse auf dem Arbeitsmarkt gehen von neuen Gewerbegebieten in Neuruppin (Treskow) und in Wittstock („Wittstocker Kreuz" bei Heiligengrabe) aus. Besonders in der Nähe des Autobahnabzweigs Wittstock (A 24/A 19) haben sich hier ansiedlungswillige Unternehmen niedergelassen.

Nach Stand vom März 1994 konnten bisher im Kreis 1200 gewerbliche Arbeitsplätze neu geschaffen werden. In letzter Zeit hat auch das Fremdenverkehrsgewerbe in Anlehnung an die Wald-Seen-Gebiete des Ruppiner Landes (Neuruppin, Rheinsberg, Lindow) und die Dosse-Seenkette nahe Kyritz an Bedeutung gewonnen, jedoch wirkt sich der Mangel an touristischer Infrastruktur ungünstig aus.

Zahlreiche ehemalige militärische Liegenschaften im Umkreis von Neuruppin könnten künftig nach vorangegangener Sanierung Möglichkeiten für gewerbliche Nutzung und Wohnzwecke bieten.

Die Stadt Neuruppin (1993: 33249 Ew.) besitzt in der Landesplanung einen hohen Stellenwert als Regionales Entwicklungszentrum des Städtekranzes um Berlin. Im Norden ist Wittstock/Dosse (1993: 14007 Ew.) für den Ausbau zum Mittelzentrum vorgesehen. Wichtige Städte sind auch Kyritz (1993: 9845 Ew.), Neustadt (Dosse) und Rheinsberg.

Landkreis Potsdam-Mittelmark

Fläche: 2683 km^2
Bevölkerung: 172224 Ew. (1993)
Bevölkerungsdichte: 64 Ew./km^2
Kreissitz: Belzig

Der Landkreis Potsdam-Mittelmark entstand im wesentlichen aus den bisherigen Kreisen Belzig, Potsdam-Land und Brandenburg-Land. Er steht nach der Fläche und Einwohnerzahl an zweiter Stelle im Land.

Das Landschaftsbild wird vor allem durch die Havelniederung im Norden, den Hohen und Niederen Fläming im Süden, das vorgelagerte Baruther Urstromtal sowie mehrere Platten (Nauener, Teltower, Lehnin-Glindower, Beelitzer) geprägt. Um die Natur zu schützen, sind zahlreiche Gebiete des Kreises unter Naturschutz gestellt und in Naturpark-Planungen aufgenommen worden.

Das ungefähr 5000 ha große Kerngebiet der Nuthe-Nieplitz-Niederung soll ebenfalls als Naturschutzgebiet ausgewiesen werden.

Im „Autobahndreieck" zwischen A 2, A 9 und A 10 gelegen, mit den Fernstraßen B 1 im Norden und B 2 im Osten, den Bahnstrecken von Berlin- Potsdam-Magdeburg-Hannover bzw. über Dessau nach Halle/Leipzig sowie der Havelwasserstraße besteht eine ausgebaute Verkehrsinfrastruktur.

Darauf basierend, bildet die Entwicklungsachse Brandenburg-Belzig-Treuenbrietzen ein Dreieck, das den Rahmen für eine differenzierte, insgesamt aber dynamische wirtschaftliche und soziale Entwicklung im Kreis bilden kann.

Die Verteilung der 29 neugeschaffenen bzw. in Erschließung befindlichen Gewerbegebiete und der zu erwartende Bedarf an Gewerbeflächen widerspiegeln die unterschiedliche Raumstruktur des Kreises. Während der zum engeren Verflechtungsraum gehörende Teil des Kreises unter starkem Ansiedlungsdruck steht, ist das übrige Kreisgebiet ländlich geprägt, d. h. dünn besiedelt und besonders vom agrarstrukturellen Wandel betroffen. Die größte Entwicklungsdynamik weist gegenwärtig der Raum Teltow-Stahnsdorf-Kleinmachnow auf, der bis 1990 Standort von drei Großbetrieben der elektrotechnischen und elektronischen Industrie mit mehr als 14000 Beschäftigten war. Auf einem ca. 60 ha großen Gelände entsteht hier das größte innerstädtische Gewerbezentrum in den neuen Bundesländern. Mitte 1994 befanden sich dort rund 5000 Arbeitsplätze, davon etwa 1000 bei Siemens Anlagenbau. Als weitere Großprojekte sind das Technologie- und Gewerbezentrum Kleinmachnow/Dreilinden und der „FASHION-Park" der Berliner Modebranche geplant. Umstritten sind die Vorhaben in Plötzin, der Freizeitpark Uetz-Paaren und das Wohn- und Golfplatzprojekt „Seddiner See" bei Wildenbruch.

In den ländlich geprägten, sehr dünn besiedelten (<40 Ew./km^2) Gebieten im Westen und Süden des Kreises werden wirtschaftliche Entwicklungschancen vor allem im Bau- und Dienstleistungsgewerbe sowie im Handwerk gesehen (Modellvorhaben Wiesenburg des Bundesbauministeriums).

Aufgrund seiner attraktiven Wald- und Seenlandschaften, der vielen historischen Baudenkmäler und anderer Sehenswürdigkeiten ergeben sich für den Kreis beträchtliche Chancen im Freizeitbereich und im Erholungswesen.

Landkreis Prignitz

Fläche: 2123 km^2
Bevölkerung: 103 700 Ew. (1993)
Bevölkerungsdichte: 49 Ew./km^2
Kreissitz: Perleberg

Der Landkreis Prignitz entstand im Zuge der Kreisreform von 1993 aus den Altkreisen Perleberg und Pritzwalk. Zum Sitz der Kreisverwaltung wurde Perleberg gewählt.

Die Prignitz bietet weithin das Bild einer waldarmen Ackerlandschaft, die sich vor allem auf der lehmig-sandigen Prignitzer und Kyritzer Platte entwickelt hat. Vermoorte schmale Flußniederungen wie an der Löcknitz, Stepenitz und Karthane mit Wiesen- und Weidenutzung ziehen nach Süden zur Elbe hin. Auf den stärker sandigen Flächen des Parchim-Meyenburger Sanders und der Talsande der Perleberger Heide stocken meist Kiefernwälder. Im Nordwesten und Norden erheben sich die pleistozänen Hügelgebiete der Ruhner Berge (177 m NN) und der bewaldeten Endmoränen zwischen Gerdshagen und Freyenstein. Während stark lehmige Grundmoränenflächen auch weiterhin Ackerbau erlauben, ist heute auf stark sandigen Böden vielerorts die Ackerbrache vertreten.

Der wirtschaftliche Aufschwung trägt in den ländlich-peripheren Räumen noch wenig Früchte. Auch die Nutzung des Fremdenverkehrspotentials im Naturpark Elbaue und im oberen Stepenitztal vermag hier wenig Abhilfe zu bringen. Die großen Beschäftigungsverluste in der Land- und Forstwirtschaft wie auch in der Industrie des Kreises rufen große Arbeitsmarktprobleme hervor. Allein am traditionsreichen Industriestandort Wittenberge (1993: 25 936 Ew.) ist von vier industriellen Großbetrieben nur noch das Ausbesserungswerk der Deutschen Bahn AG vertreten.

Schon in den früheren Jahrzehnten hatte das Kreisgebiet erhebliche Bevölkerungsverluste zu verzeichnen, die sich in den letzten Jahren noch verstärkten. Der Kreis muß so den Neubeginn aus einer besonders schwierigen Ausgangslage heraus bewältigen. Die Erschließung neuer Gewerbegebiete konzentriert sich auf die Städte Wittenberge, Perleberg (1993: 14 681 Ew.), und Pritzwalk (1993: 11 737 Ew.). In Wittenberge ist man bemüht, die altindustriellen Industriebrachen in die Neuansiedlung mittelständischen Gewerbes standörtlich einzubeziehen. Dabei bietet gerade Wittenberge mit dem Schnittpunkt der Eisenbahnlinie Berlin-Hamburg, dem Elbschiffahrtsweg (Elbhafen) und Bundesstraßen eine gute Verkehrsinfrastruktur. Allerdings liegen diese Stadt und Perleberg noch autobahnfern. Der projektierte, teilweise vierspurige Ausbau der B 189 von der A 24 (Berlin-Hamburg) über Pritzwalk nach Perleberg verleiht den Städten in der Zukunft bessere Entwicklungschancen. Bisher nutzt der neue Gewerbepark Prignitz die günstige Lage an der A 24 nahe Falkenhagen bei Pritzwalk erfolgreich und hat sich zu einem bedeutenden Gewerbestandort entwickelt. In Funktionsteilung mit Perleberg erfüllt Wittenberge die Aufgaben eines Mittelzentrums für den Landkreis.

Landkreis Spree-Neiße

Fläche: 1662 km²
Bevölkerung: 152 200 Ew. (1993)
Bevölkerungsdichte: 92 Ew./km²
Kreissitz: Forst (Lausitz)

Der südöstlichste Kreis des Landes Brandenburg entstand 1993 aus den Altkreisen Guben, Forst, Spremberg und großen Teilen des Landkreises Cottbus. Der im Landesmaßstab große Kreis hat eine vergleichsweise hohe Bevölkerungsdichte.

Von West nach Ost verläuft durch das Kreisgebiet in Fortsetzung des Flämings der Niederlausitzer Landrücken (Lausitzer Grenzwall). Nördlich davon liegt das Baruther Urstromtal mit Oberspreewald und Peitzer Niederung. Östlich des Urstromtales steigt das Gelände mit der Hornoer Hochfläche und den Kaltenborner Bergen bei Guben auf 100 bis 117 m NN an. Zwischen diesen einheitlichen Großformen erstrecken sich Grundmoränen und Sander der Cottbuser Sandplatte. Einzigartig in Mitteleuropa ist der Oberspreewald mit seinen Fließen, Kanälen und Bächen. Dieses südliche Teilgebiet des Biosphärenreservates „Spreewald" zieht um Burg zahlreiche Touristen an. Landschaftlich reizvoll sind auch das Spreetal zwischen Spremberg und Cottbus mit dem Stau- und Speicherbecken sowie das Guben-Forster-Neißetal. Bei Guben befinden sich mehrere eiszeitlich geprägte Seen, die zum Naturpark „Ostbrandenburgisches Heide- und Seengebiet" gehören. Das Teichgebiet Peitz ist ein Feuchtgebiet mit internationaler Bedeutung für Wasservögel. Tagebauseen ergänzen die Erholungsmöglichkeiten.

Der Kreis ist sorbisches Siedlungsgebiet und historisch wie aktuell eng mit der Entwicklung der Stadt Cottbus verbunden.

Verkehrsmäßig ist der Kreis gut erschlossen (Eisenbahnstrecken Berlin-Cottbus-Görlitz, Leipzig-Cottbus-Frankfurt [Oder], Frankfurt [Oder]-Cottbus-Dresden). Das Eisenbahnnetz wird durch die Kohleverbindungsbahnen zu den Tagebauen und Kraftwerken ergänzt. A 15, B 97, 112, 115, 122 und 156 erschließen das Kreisgebiet straßenseitig. Die Verkehrsverbindungen sind durch den Grenzverkehr nach Polen stark belastet.

In der Ausstattung von Einrichtungen der sozialen Infrastruktur, bei der Wohn- und Gewerbeansiedlung partizipiert der Landkreis vom Oberzentrum Cottbus.

Die drei Langzeittagebaue des Landes Brandenburg, Cottbus-Nord, Jänschwalde und Welzow-Süd, befinden sich im Spree-Neiße-Kreis. Künftig werden die Kraftwerke Jänschwalde mit 3000 MW und die Neubaukraftwerke Schwarze Pumpe mit 1800 MW in Brandenburg die stabilen Kraftwerksstandorte sein. Weiterer Arbeitsplatzabbau in der Kohle- und Energiewirtschaft ist allerdings vorprogrammiert.

Die traditionellen Wirtschaftszweige Textil- und Glasindustrie zeigen Ansatzpunkte des Weiterbestehens, z. B. in Forst, Spremberg, Drebkau oder Tschernitz. Der Chemiestandort Guben konnte durch Übernahme in die Hoechstwerke erhalten werden. Baustoffindustrie, Forst- und Fischereiwirtschaft sind ergänzende Erwerbszweige. Trotzdem ist die Arbeitslosenquote im östlichen Teil des Kreises hoch.

Mit der Bildung der Euroregion Spree-Neiße-Bober wird eine Belebung der grenzübergreifenden Zusammenarbeit mit Polen erwartet.

Landkreis Teltow-Fläming

Fläche: 2092 km²
Bevölkerung: 145932 Ew. (1993)
Bevölkerungsdichte: 70 Ew./km²
Kreissitz: Luckenwalde

Der Landkreis Teltow-Fläming ging im wesentlichen aus den Altkreisen Zossen, Luckenwalde und Jüterbog hervor. Unter den Brandenburger Landkreisen nimmt er nach Fläche sowie Einwohnerzahl und -dichte eine mittlere Position ein.

Das Landschaftsbild wird geprägt durch die Grundmoränenplatte des Teltows im Norden und den Niederen Fläming im Süden, getrennt durch das Baruther Urstromtal.

Der Kreis ist durch den sechsspurigen südlichen Berliner Autobahnring und stark überlastete Bundesfernstraßen (B 96 und 101 sowie die diese querverbindenden B 102, 115 und 246) sowie Fern- und Regionalbahnstrecken (Berlin – Dresden bzw. Halle/Leipzig, Falkenberg – Potsdam) an die Bundeshauptstadt und die Landeshauptstadt angebunden.

Der Kreis Teltow-Fläming war und ist noch ländlich geprägt (1993: 46,8% LN; 37,8% Wald). Zukünftig werden sich jedoch die Entwicklungsunterschiede zwischen dem nördlichen und südlichen Kreisgebiet weiter verstärken. Davon zeugen bereits jetzt Großvorhaben und Gewerbegebiete, die sich insbesondere im Raum Ludwigsfelde/Genshagen/Dahlewitz („Industriepark" und „Preußenpark" Ludwigsfelde, „Brandenburg-Park" Genshagen) konzentrieren. Dort hat sich u. a. die Nutzfahrzeugindustrie auf dem Gelände der ehemaligen IFA- Automobilwerke und in Dahlewitz niedergelassen, weitere Investoren (u. a. Coca Cola, McDonalds, Elco Klöckner Heiztechnik in Genshagen) haben bereits Verträge unterzeichnet. Insgesamt rechnet man deshalb in den nächsten zehn Jahren mit 15 000 bis 20 000 neuen Arbeitsplätzen im nördlichen Kreisgebiet, aber nur mit 2000 bis 3000 im Südteil.

Besonders hart traf der wirtschaftliche Strukturwandel die Städte Luckenwalde und Jüterbog. So ging die Zahl der Arbeitsplätze in der Industrie des Altkreises Luckenwalde zwischen 1990 und 1993 von 8200 auf 2200 zurück. Lichtblicke gibt es mit der Inbetriebnahme eines Großsägewerkes und eines Getränkebetriebes für die strukturschwache Region um Baruth im Südosten.

Der Kreis Teltow-Fläming hatte den größten Anteil militärisch genutzter Liegenschaften in Brandenburg (38 000 ha). Für das Konversionsprojekt Wünsdorf gibt es nichts Vergleichbares (geschätzter Sanierungsaufwand 2,5 Mrd. DM). Neben einem deutsch-russischen Wirtschaftszentrum ist die Ansiedlung von Behörden sowie Gewerbe- und Dienstleistungsbetrieben geplant. Auch in Jüterbog wurden etwa zwei Drittel der Stadt von den GUS-Streitkräften genutzt.

In den beiden ehemaligen Garnisonstädten setzt man große Hoffnungen auf den geplanten Großflughafen Berlin-Brandenburg International (BBI). Ganz gleich, wie die für 1995 vorgesehene Standortentscheidung ausfällt – ob Jüterbog-Ost, Sperenberg oder Schönefeld-Süd –, der Kreis Teltow-Fläming würde in jedem Fall von diesem großen Arbeitgeber der Region profitieren.

Landkreis Uckermark

Fläche: 3058 km²
Bevölkerung: 163 700 Ew. (1993)
Bevölkerungsdichte: 54 Ew./km²
Kreissitz: Prenzlau

Der Landkreis ist eine Zusammenlegung der Altkreise Angermünde, Prenzlau, Templin und des Stadtkreises Schwedt. Er gehört zu den flächengrößten, aber dünnbesiedelten brandenburgischen Landkreisen.

Naturräumlich zur Mecklenburger Seenplatte und deren Rückland gehörig, sind alle Formen der jungpleistozänen Landschaft vorhanden. Den Osten prägt das Odertal.

Die Verkehrssituation ist im östlichen Teil günstig; dort verbinden Verkehrsmagistralen wie die Eisenbahnstrecken Berlin-Angermünde-Szczecin (Stettin) bzw. Angermünde-Prenzlau-Stralsund oder die Bundesautobahn A 11 Berlin-Prenzlau-Landesgrenze Polen- Szczecin die Bundeshauptstadt mit Küstenstädten. Der Raum Templin/Lychen im Westen ist nur durch untergeordnete Verkehrswege erschlossen.

Der Kreis bildet den ländlich- peripheren Nordosten des Landes und hat eine vergleichsweise homogene Raumstruktur. Mehr als die Hälfte der Gemeinden hat weniger als 300 Einwohner. Mit Ausnahme von Prenzlau sind leistungsfähige Zentren kaum entwickelt. Eine größere Zahl von Kleinzentren (Landstädte und größere Dörfer) versorgen die Bevölkerung mit Gütern und Dienstleistungen. Siedlungsstrukturelle Ausnahme ist die Stadt Schwedt, die sich durch den Aufbau eines petrolchemischen Werkes und einer großen Papierfabrik innerhalb von anderthalb Jahrzehnten von einer Kleinstadt (Tabakverarbeitung und -handel) zu einer industriellen Mittelstadt entwickelt hatte.

Wirtschaftliche Grundlage im übrigen Gebiet war die Landwirtschaft auf ertragreichen Grundmoränenböden für eine Verarbeitungsindustrie landwirtschaftlicher Produkte, vor allem in Prenzlau und Angermünde. Mit dem strukturellen Umbruch dieser Bereiche nach 1990 und dem Arbeitsplatzrückbau im monostrukturierten Schwedt (Oder) ging eine erhebliche wirtschaftliche Schwächung einher, die sich in überdurchschnittlich hohen Arbeitslosenquoten und Wanderungsverlusten (Schwedt und Prenzlau) niederschlug.

Entwicklungsimpulse werden vor allem auf der Achse Eberswalde- Angermünde-Schwedt deutlich. So konnte sich Schwedt mit Erdölverarbeitung, Papier- und Kartonagenherstellung als industrieller Kern im Grenzraum zu Polen behaupten. Gewerbegebiete in Pinnow (militärische Konversion, Medizin- und Umwelttechnik, Häuser- und Fensterbau) und weitere Projekte in Angermünde sind Ansätze zur Stabilisierung der Wirtschaftsstruktur im Südraum.

Im Westteil des Kreises entwickelt sich Templin – anknüpfend an bestehende Traditionen – zu einem Zentrum für Fremdenverkehr und Tourismus. Dabei wirkt sich die Nachbarschaftslage zum Feldberger Seengebiet und zum Biosphärenreservat Schorfheide – Chorin günstig aus (Projekt „Märkische Eiszeitstraße").

Im Grenzgebiet zu Polen hat der Kreis Anteil an der Euroregion Pomerania. Hier kann Schwedt (Oder) bei verbesserter Verkehrsinfrastruktur (Ausbau Grenzübergang und Straßennetz, Anschluß an die Oder-Wasserstraße) als Entwicklungszentrum an Bedeutung gewinnen.

Verzeichnis der Abbildungen

Abb. 1:	Räumliche Situation der Länder Berlin und Brandenburg	21
Abb. 2:	Kreisgliederung des Landes Brandenburg 1950	25
Abb. 3:	Bezirks- und Kreisgliederung auf dem Territorium Brandenburg 1952	26
Abb. 4:	Verwaltungsgliederung des Landes Brandenburg	
	a) 1990 (vor der administrativen Neugliederung)	30
	b) nach der administrativen Neugliederung 1993	31
Abb. 5:	Verwaltungsgliederung Berlins	36
	a) 1995	
	b) Neugliederungsentwurf (kleine Variante)	
	c) Neugliederungsentwurf (große Variante)	
Abb. 6:	Pleistozäne Eisrandlagen in der Region Berlin und Brandenburg	40
Abb. 7:	Naturräume in der Region Berlin und Brandenburg	43
Abb. 8:	Potentielle natürliche Vegetation in der Region Berlin und Brandenburg	56
Abb. 9:	Braunkohle und Braunkohlentagebaue im brandenburgischen Teil des Lausitzer Reviers	57
Abb. 10:	Geologischer Schnitt durch den Tagebau Welzow-Süd	59
Abb. 11:	Jährliche Niederschläge und Klimagebiete in der Region Berlin und Brandenburg	66
Abb. 12:	Charakteristische jährliche Niederschläge zwischen Nördlichem und Südlichem Landrücken	67
Abb. 13:	Angenäherte langjährige mittlere Niederschlagsverteilung in Berlin	68
Abb. 14:	Böden in der Region Berlin und Brandenburg	80
Abb. 15:	Großlandschaften der Region Berlin und Brandenburg	83
Abb. 16:	Wachstumsregionen im europäischen Binnenmarkt	92
Abb. 17:	Planungsregionen im deutsch-polnische Grenzraum	94
Abb. 18:	Raumstrukturelle Situation in der Bundesrepublik Deutschland Deutschland	96
Abb. 19:	Personenverkehrsströme zwischen den Verdichtungsräumen in Deutschland 1993	98
Abb. 20:	Bevölkerungsdichte in Brandenburg 1992 nach Kreisen (Altkreisen)	100
Abb. 21:	Einfuhr und Ausfuhr von Berlin (Westteil und Ostteil) 1993 nach Ländergruppen	106
Abb. 22:	Funktionelle Kreistypen im Land Brandenburg 1989	108
Abb. 23:	Funktionelle Kreistypen im Land Brandenburg 1992	109
Abb. 24:	Territorialentwicklung Brandenburg-Preußens 1415/17–1795	118
Abb. 25:	Historische Territorialgliederung auf dem Gebiet der heutigen Neuen Bundesländer a) Erste Hälfte des 19. Jahrhunderts	120
	b) Vor Beginn des Zweiten Weltkrieges	121
Abb. 26:	Brandenburg 1939–1990	122
	a) Während des Zweiten Weltkrieges b) 1945–1990	
Abb. 27.1:	Standortverteilung der Textilindustrie in Brandenburg westlich von Oder und Neiße um 1900	128
Abb. 27.2:	Standortverteilung von Braunkohlenabbau und Braunkohlenindustrie im Lausitzer Revier und in benachbarten Regionen Ende der 20er Jahre des 20. Jahrhunderts	131
Abb. 28:	Abwanderung der Berliner Textilindustrie im 19. Jahrhundert	133
Abb. 29:	Innere Gliederung Berlins um 1860	135
Abb. 30:	Randwanderung und Standortentwicklung der metallverarbeitenden Großindustrie Berlins zwischen 1890 und 1925	138
Abb. 31:	Funktionsteilige Viertel (gebietstypische Funktionsbereiche) der ehemaligen City von Groß-Berlin	139
Abb. 32:	Rückgang der Bevölkerungszahl in der Stadtmitte von Berlin 1885-1930 in Zusammenhang mit der Citybildung	140

Abb. 33:	1920 in Groß-Berlin aufgegangene Städte, Landgemeinden und Gutsbezirke	143
Abb. 34:	Verwaltungsgliederung von Groß-Berlin 1920	144
Abb. 35:	Standortverteilung und Größengruppen der elektrotechnischen Industrie in Groß-Berlin 1931	148
Abb. 36:	Grundschema des S-Bahnnetzes von Groß-Berlin 1939	150
Abb. 37:	Zonale Gliederung Groß-Berlins und seines Einflußgebietes bis 1945	155
Abb. 38:	Rieselfelder der Stadt Berlin und umliegender Gemeinden um 1915	156
Abb. 39:	Zerstörte Wohnungen in Berlin 1945	160
Abb. 40:	Politisch-administrative Gliederung der Viersektorenstadt Berlin 1948	165
Abb. 41:	Das neue Umland von Berlin-West 1961–1990	167
Abb. 42.1:	Die City von Berlin-West 1989 Abb. 42.2: Das Cityband in Berlin-West	172/173
Abb. 43:	Bevölkerungsveränderungen in Berlin-West 1987 gegenüber 1961	184
Abb. 44:	Anteil der Arbeiter an den Erwerbstätigen am Wohnort in Berlin-West 1987	185
Abb. 45:	Anteil der Ausländer an der Bevölkerung von Berlin-West 1987	186
Abb. 46:	Arbeitsstättengebiet am Rande der Ostberliner Stadtbezirke Marzahn, Hohenschönhausen und Lichtenberg Mitte der 80er Jahre	192
Abb. 47:	Produktionsbetriebe und infrastrukturelle Einrichtungen im Ostberliner Industriegebiet Helmholtzplatz Mitte der 80er Jahre	193
Abb. 48:	Wohngebiete in Berlin (Ost) nach dem Zeitraum ihrer Entstehung	200
Abb. 49:	Grundstruktur der Flächennutzung der Stadt-Umland-Region von Berlin-Ost Ende der 80er Jahre	202
Abb. 50:	Räumliche Gliederung und Entwicklung von Berlin-Ost Mitte der 80er Jahre	204
Abb. 51:	Berlin – City-Ost	205
Abb. 52:	Struktur des Stadtzentrums von Berlin-Ost Mitte der 80er Jahre	205
Abb. 53:	Wohnungsbestand von Berlin-West und -Ost 1949–1988	209
Abb. 54:	Wohnungsneubau in Berlin-West und -Ost 1949–1987	210
Abb. 55:	Industriedichte in Brandenburg (Stand: Dez. 1989)	224
Abb. 56:	Bauabschnitte und Betriebskreuze des Berliner Eisenbahnaußenringes	228
Abb. 57:	Veränderung der Einwohnerzahlen in den Altkreisen auf dem Gebiet des heutigen Landes Brandenburg und in Berlin-Ost 1950–1991	231
Abb. 58:	Verteilung der Bevölkerung auf Gemeindegrößengruppen in den DDR-Bezirken Potsdam, Frankfurt (Oder) und Cottbus 1965–1989	233
Abb. 59:	Standortverteilung der Industrie im DDR-Bezirk Potsdam 1973	236
Abb. 60:	Arbeitspendelwanderung in die Zielorte Potsdam, Stahnsdorf, Teltow und Ludwigsfelde 1981	237
Abb. 61:	Wichtige Standorte im DDR-Bezirk Cottbus 1971	240
Abb. 62:	Entwicklung von Eisenhüttenstadt bis Ende der 80er Jahre	245
Abb. 63:	Bevölkerungsentwicklung in der Stadtregion Berlin-Ost	248
Abb. 64:	Raumstruktur der Industrie in der Stadt-Umland-Region Berlin-Ost Ende der 80er Jahre	250
Abb. 65.	Migration nach Berlin-Ost aus den Kreisen der DDR-Bezirke Potsdam und Frankfurt (Oder) 1971 und 1980	252
Abb. 66:	Pendelwanderungen im Ballungsgebiet Berlin-Ost/Potsdam 1971	253
Abb. 67:	Naherholung im Umland von Berlin-Ost vor 1990	254
Abb. 68:	Flächenvergleich zwischen Berlin und dem Ruhrgebiet	258
Abb. 69:	Veränderung der Einwohnerzahl in den Berliner Stadtbezirken von Ende 1989 bis Mitte 1994	260
Abb. 70:	Sozial-demographische Altersstrukturtypen der Bevölkerung Berlins 1994	262
Abb. 71:	Bevölkerung Berlins Ende 1993, darunter Deutsche und Ausländer im West- und Ostteil der Stadt	264
Abb. 72:	Melderechtlich registrierte Ausländer am Ort der Hauptwohnung in Berlin Ende 1993	265
Abb. 73:	Anteil von Ausländern an der Wohnbevölkerung der Berliner Stadtbezirke Mitte 1974	266

Verzeichnis der Abbildungen 467

Abb. 74:	Räumliche Verteilung der Wanderungsgewinne und -verluste Berlins nach Stadtbezirken 1993	268
Abb. 75:	Wanderungssalden der Bezirke Berlins 1993	269
Abb. 76:	Verhältnis von Arbeitslosen zu Personen im Erwerbstätigen Alter bezogen auf die Wohnbevölkerung der Berliner Bezirke 1994	273
Abb. 77:	Mittleres monatliches Nettoeinkommen der Privathaushalte in Berlin 1993	275
Abb. 78:	Wohnlagenkarte des Mietspiegels in Berlin 1994	276
Abb. 79:	Pilzkonzept der Streckenführung des schienengebundenen Verkehrs in Berlin und Randgebieten	283
Abb. 80:	Anteil der Erwerbstätigen an den Erwerbspersonen in den Berliner Stadtbezirken im Mai 1992	288
Abb. 81:	Struktur der Industriebeschäftigten in Berlin im Frühjahr 1994	292
Abb. 82:	Standortverteilung des Verarbeitenden Gewerbes in Berlin 1993 (Beschäftigte nach Bezirken im Herbst 1993)	293
Abb. 83:	Sektorales Konzept für die räumliche Entwicklung des Produzierenden Gewerbes in Berlin	294
Abb. 84:	Gewerbegebiete im Ostteil Berlins 1993	295
Abb. 85:	Gliederung Berlins nach Gebietstypen, orientiert an den Stadtbezirksgrenzen	302
Abb. 86:	Vergleich von Szenarien der Bevölkerungsentwicklung von Berlin 1992–2002	303
Abb. 87:	Schema der räumlichen Gliederung der Stadt-Umland-Region Berlin-Brandenburg	305
Abb. 88:	Funktionale Gliederung der Berliner Innenstadt Anfang der 90er Jahre	309
Abb. 89:	Preisgekrönter Entwurf der Berliner Architekten Axel Schultes und Charlotte Frank für das Parlamentsviertel im Berliner Spreebogen	310
Abb. 90:	Großbauvorhaben in der Berliner Friedrichstraße	312
Abb. 91:	Wohnungsbaupotentiale in Berlin nach Bauarten	316
Abb. 92:	Perspektive des Braunkohlenbergbaus und der Bergbausanierung im Lausitzer Revier	329
Abb. 93:	Industriedichte in Brandenburg im Dezember 1992	330
Abb. 94:	Berlin und Brandenburg im Rahmen der Verkehrsprojekte Deutsche Einheit – Straßennetz	337
Abb. 95:	Berlin und Brandenburg im Rahmen der Verkehrsprojekte Deutsche Einheit – Schienennetz	338
Abb. 96:	Übernachtungen in Brandenburg nach Tourismusregionen 1993	342
Abb. 97:	Übernachtungen in der Tourismusregion Havelland 1992 und 1993	345
Abb. 98:	Schwerpunkträume für Freizeit und Erholung im Havelland in den 90er Jahren	347
Abb. 99:	Konzeption zur DDR-Territorialplanung zur Gestaltung der Bergbaufolgelandschaft im Raum Senftenberg bis nach 2020 im Jahre 1989	348
Abb. 100:	Die brandenburgische Landeshauptstadt Potsdam und ihre Entwicklung	354
Abb. 101:	Wanderungen zwischen Berlin und Brandenburg 1991–1993	356
Abb. 102:	Wanderungssalden durch Bevölkerungsaustausch zwischen Berlin und Brandenburg 1991–1993	358
Abb. 103:	Durchschnittsalter der Zu- bzw. Fortzüge innerhalb der Region Brandenburg-Berlin in Relation zum Durchschnittsalter der Gesamtbevölkerung 1991	361
Abb. 104:	Binnenwanderungssaldo absolut und Hauptwanderungsströme in der Region Brandenburg-Berlin 1991	362
Abb. 105:	Herkunft der in Berlin-West tätigen sozialversicherungspflichtigen Beschäftigten 1991–1993	365
Abb. 106:	In Berlin-West sozialversicherungspflichtig Beschäftigte aus dem Land Brandenburg und ihre Herkunft nach Arbeitsamtbezirken	367
Abb. 107:	Verkehrsverbund Berlin-Brandenburg – VBB (1994 bestehende Tarifgemeinschaft)	369
Abb. 108:	Raumordnerisches Leitbild der Dezentralen Konzentration in Brandenburg– Regionale Entwicklungszentren auf der Grundlage der zentralörtlichen Gliederung	375
Abb. 109:	Ebenen der räumlichen Planung in Brandenburg in den 90er Jahren	378

Abb. 110: Planungsregionen des Landes Brandenburg 379
Abb. 111: Ebenen der räumlichen Planung in Brandenburg und Berlin 380
Abb. 112: Planungsräume für Teilraumkonzepte in Brandenburg 381
Abb. 113: Vorschlag der Landesplanungsbehörde zur Zentralörtlichen Gliederung
Brandenburgs 1994 384

Vorderes Vorsatz:
Berlin und Brandenburg: Höhenschichten   Berlin und Brandenburg: Landwirtschaft
Hinteres Vorsatz:
Berlin und Brandenburg: Bevölkerungsdichte   Berlin und Brandenburg: Wirtschaftsräume
Quelle der Vorsatzkarten:
ALEXANDER „Kleiner Atlas Berlin und Brandenburg", 1993

Verzeichnis der Tabellen

Tab. 1:	Bevölkerungsproportionen zwischen Berlin und den kreisfreien Städten in Brandenburg	20
Tab. 2:	Alte und neue Kreisgliederung im Land Brandenburg	34
Tab. 3:	Historische Veränderungen der Wald- und Wiesenfläche im Oberspreewald	53
Tab. 4:	Wasserbedarf im Land Brandenburg im Jahr 1991	73
Tab. 5:	Gehölzarten und deren Anteile in Brandenburg	86
Tab. 6:	Vergleich der neuen Bundesländer und Berlins nach ihrer Wirtschaftskraft (Bruttoinlandprodukt) für 1992 und 1993	102
Tab. 7:	Sektorale Struktur des Sozialproduktes der Bundesrepublik Deutschland nach ausgewählten Sektoren und Regionen (Bundesländern) 1993	103
Tab. 8:	Export und Import des Landes Brandenburg, Umfang und Struktur 1991–1994	104
Tab. 9:	Aus- und Einfuhr des Landes Brandenburg nach Ländergruppen 1994	105
Tab. 10:	Ausgewählte Indikatoren des Bergbaus und Verarbeitenden Gewerbes in der Bundesrepublik Deutschland 1992	107
Tab. 11:	Ergebnisse der regionalen Wirtschaftsförderung in den Neuen Bundesländern (1990–1995)	110
Tab. 12:	Bevölkerungsentwicklung ausgewählter Städte und Gemeinden Brandenburgs bis 1939	123
Tab. 13:	Bevölkerungsentwicklung ausgewählter Städte und Gemeinden Brandenburgs bis 1939	125
Tab. 14:	Anzahl der Betriebe und Beschäftigten in der Textilindustrie an einigen bedeutenden Standorten der Niederlausitz vor 1945	129
Tab. 15:	Der Braunkohlentagebau in der Niederlausitz im Aufschwung (vor dem Ersten Weltkrieg)	130
Tab. 16:	Anteil der Niederlausitz an der Braunkohlenwirtschaft in Ostdeutschland 1936	130
Tab. 17:	Entwicklung der Bevölkerung in Berlin 1640–1861	134
Tab. 18:	Entwicklung der Bevölkerung in Berlin 1871–1918	141
Tab. 19:	Entwicklung der Bevölkerung in den Städten und in ausgewählten Landgemeinden auf dem Gebiet der späteren Einheitsgemeinde Groß-Berlin 1890–1910	142
Tab. 20:	Die industriewirtschaftliche Stellung Berlins im Deutschen Reich 1928	147
Tab. 21:	Lage der Industriebetriebe mit mehr als 200 Beschäftigten in Groß-Berlin 1937	149
Tab. 22:	Entwicklung der Bevölkerung in Groß-Berlin 1920–1945	151
Tab. 23:	Bevölkerungswachstum der Umlandkreise von Groß-Berlin nach Entfernungszonen 1925–1939	153
Tab. 24:	Verluste an Wohnungen und Rückgang der Bevölkerungszahl von Berlin infolge des Zweiten Weltkrieges	161

Verzeichnis der Tabelle

Tab. 25:	Die vier Sektoren der Alliierten in Groß-Berlin	164
Tab. 26:	Politisch-administrative Gliederung, Fläche und Bevölkerung von Berlin-West nach Bezirken 1989	168
Tab. 27:	Wertmäßiger Umfang der Bundeshilfe für Berlin (West) 1952–1985	169
Tab. 28:	Arbeitsstätten und Beschäftigte in Berlin (West) 1970–1987 nach Wirtschaftszweigen	170
Tab. 29:	Beschäftigungsabbau im Verarbeitenden Gewerbe (Industrie und Handwerk) von Berlin (West) 1970–1987	171
Tab. 30:	Bruttowertschöpfung in Berlin West nach Wirtschaftsbereichen 1970 und 1987	176
Tab. 31:	Entwicklung der Industrie von West-Berlin 1950–1987 nach wichtigen Branchen und ausgewählten Kennwerten	177
Tab. 32:	Regionale Verteilung von Betrieben und Beschäftigten im Verarbeitenden Gewerbe von Berlin-West a) Industrieverteilung in Bezug auf die Ringbahn 1958 b) Verteilung nach Stadtbezirken 1960–1990	178
Tab. 33:	Bedeutungswandel der Verkehrsträger im Öffentlichen Personennahverkehr von Berlin (West) 1952–1987	180
Tab. 34:	Herkunftsgebiete der Zuzüge nach Berlin (West) in beiden deutschen Staaten 1950–1961	182
Tab. 35:	Volksgruppen in Berlin-West nach ihrem Anteil an der ausländischen Bevölkerung	183
Tab. 36:	Politisch-administrative Gliederung von Berlin (Ost) nach Stadtbezirken 1989	189
Tab. 37:	Wirtschaftsbereiche von Berlin-Ost nach dem Beschäftigtenanteil	190
Tab. 38:	Produktion ausgewählter Erzeugnisse der Industrie in Berlin (Ost) 1985	191
Tab. 39:	Öffentlicher Personennahverkehr von Berlin (Ost) 1985	195
Tab. 40:	Bevölkerungswachstum von Berlin (Ost) und seine Quellen 1976–1988	196
Tab. 41:	Entwicklung der Altersstruktur der Bevölkerung von Berlin (Ost) nach Hauptaltersgruppen	197
Tab. 42:	Fertiggestellte Wohnungen in Berlin (Ost) 1971 bis 1985	199
Tab. 43:	Teilräume von Berlin (Ost) nach Flächen- und Bevölkerungsanteilen 1976 und 1989	203
Tab. 44:	Betriebsgrößenstruktur der LPG in den drei brandenburgischen Bezirken 1961	218
Tab. 45:	Obstflächen im Kooperationsverband „Havelobst"	220
Tab. 46:	Durchschnittliche jährliche Obsterzeugung im Kooperationsverband „Havelobst"	220
Tab. 47:	Die wichtigsten Obst- und Gemüseproduzenten im Havelländischen Obstbaugebiet 1989	221
Tab. 48:	Anteile von Industrie und Landwirtschaft an der Erwerbstätigkeit in den Brandenburgischen Bezirken 1955 und 1989	223
Tab. 49:	Entwicklung des Campingwesens in den brandenburgischen Bezirken 1974, 1980 und 1989	226
Tab. 50:	Dichte des Verkehrswegenetzes in der brandenburgischen Region um 1989	227
Tab. 51:	Bevölkerungsentwicklung ausgewählter Städte und Gemeinden Brandenburgs 1950–1993	230
Tab. 52:	Anteil der Regionen an der Wohnbevölkerung des Bezirkes Potsdam 1971, 1981 und 1989	238
Tab. 53:	Förderung von Rohbraunkohle und damit zusammenhängende Abraumbewegungen im Bezirk Cottbus 1988	239
Tab. 54:	Leistungskennziffern der Kohle- und Energiewirtschaft im Bezirk Cottbus	241
Tab. 55:	Das Umland von Berlin-Ost nach politisch-territorialen Einheiten 1989	249
Tab. 56:	Teilräume des Umlandes von Berlin (Ost) nach ausgewählten Kennwerten	255
Tab. 57:	Einwohnerzahl Berlins Ende 1989 und Mitte 1994 sowie deren Veränderung, differenziert nach Berlin-West und Berlin-Ost sowie nach räumlichen Bezirksgruppen (Innen- und Außenbezirke)	259
Tab. 58:	Anteil strukturbestimmender Altersgruppen an den Einwohnern Berlins, differenziert nach Berlin-West und -Ost, sowie deren Veränderung von Ende 1991 bis Mitte 1994	261

Tab. 59:	Anteil ausgewählter Staaten und Regionen an den melderechtlich registrierten Ausländern am Ort der Hauptwohnung in Berlin 1993	261
Tab. 60:	Vergleich sozial-demographischer Altersgruppen der Berliner Bevölkerung unter besonderer Berücksichtigung der Ausländer 1994	262
Tab. 61:	Wanderungen über die Grenze von Berlin nach Herkunfts- und Zielgebieten 1993	267
Tab. 62:	Wanderungen über die Grenze von Berlin (Ausland, Inland) sowie innerhalb von Berlin, Wanderungssalden 1993	268
Tab. 63:	Räumliche Mobilität der Bevölkerung innerhalb Berlins 1993, differenziert nach verschiedenen Distanzen sowie nach dem West- und Ostteil	270
Tab. 64:	Angleichung der Arbeitslosenquoten zwischen dem Ostteil und Westteil Berlins 1991–1995	271
Tab. 65:	Qualifikationsstruktur der Arbeitslosen im Raum Berlin-Brandenburg, differenziert nach Berlin-West, Berlin-Ost und Brandenburg 1993	272
Tab. 66:	Mittleres Nettoeinkommen der Privathaushalte in Berlin, differenziert nach Berlin-Ost und Berlin-West sowie nach Bezirken 1992 und 1993	274
Tab. 67:	Durchschnittsgröße der Privathaushalte sowie Anteil der Ein-Personen-Haushalte in Berlin 1992, differenziert nach Berlin-Ost und Berlin-West sowie nach Stadtbezirken	274
Tab. 68:	Nutzergruppen und Kapazitätsanteile an wichtigen Einrichtungen und Anlagen der sozialen und kulturellen Infrastruktur in den östlichen Neubaubezirken Berlins, bezogen auf Gesamtberlin 1992	278
Tab. 69:	Kraftwerksstandorte und deren Kapazitäten in Berlin 1995	284
Tab. 70:	Motorisierung des Individualverkehrs (PKW-Besatz) in Berlin 1993	285
Tab. 71:	Veränderung der Zahl der Erwerbstätigen in den Neuen Ländern und Berlin-Ost nach Wirtschaftsbereichen des Verarbeitenden Gewerbes 1989–1993	286
Tab. 72:	Erwerbstätige in Berlin, differenziert nach ausgewählten Wirtschaftsbereichen sowie nach dem Westteil und Ostteil der Stadt 1989–1993	287
Tab. 73:	Beschäftigte im Verarbeitenden Gewerbe im West- und Ostteil Berlins 1991–1994	290
Tab. 74:	Gewerbegebiete im Ostteil Berlins 1993	296
Tab. 75:	Büroflächenbestand in ausgewählten deutschen Großstädte Anfang der 90er Jahre	297
Tab. 76:	Stadtgebiet von Berlin nach Flächennutzungsarten und Wohndichte sowie nach Stadtbezirken 1993/94	301
Tab. 77:	Wachstumsrahmen für die Stadtentwicklung Berlins für den Zeitraum 1990–2010	304
Tab. 78:	Planungskonzept zur Zentralhierarchie in Berlin für das Jahr 2010	314
Tab. 79:	Anzahl und Struktur der landwirtschaftlichen Unternehmen im Land Brandenburg	320
Tab. 80:	Landwirtschaftsbetriebe, ihre LN und Erwerbstätigen gruppiert nach Rechtsformen im Land Brandenburg	320
Tab. 81:	Anbaustruktur im Land Brandenburg	321
Tab. 82:	Gartenbaulich genutzte Flächen im Land Brandenburg	322
Tab. 83:	Tierbestände im Land Brandenburg	322
Tab. 84:	Entwicklung der Beschäftigtenzahlen im Bergbau und Verarbeitenden Gewerbe nach hauptbeteiligten Wirtschaftszweigen (Betriebskonzept) im Land Brandenburg	325
Tab. 85:	Regionale Verteilung von Bergbau und Verarbeitendem Gewerbe in Brandenburg 1992	326
Tab. 86:	Betriebsgrößenverhältnisse im Bergbau und Verarbeitenden Gewerbe in Brandenburg nach Beschäftigten 1993	327
Tab. 87:	Förderung von Rohbraunkohle 1993 in der Lausitz	327
Tab. 88:	Altlastenverdacht von militärischen Bereichen	349
Tab. 89:	Städtebauliche Lage freiwerdender militärischer Liegenschaften in Deutschland	350

Verzeichnis der Tabellen

Tab. 90:	Verteilung der Bevölkerung nach Gemeindegrößengruppen in Brandenburg 1993	352
Tab. 91:	Wanderungsverflechtung zwischen Berlin und Brandenburg 1990	357
Tab. 92:	Hauptwanderungsquellen bzw. -ziele der Region Brandenburg-Berlin im übrigen Bundesgebiet 1991	359
Tab. 93:	Wanderungsverflechtungen innerhalb des Landes Brandenburg 1991	360
Tab. 94:	Sozialversicherungspflichtig Beschäftigte in Westberlin 1991–1993	364
Tab. 95:	Westberlineinpendler aus Brandenburg 1991–1993	366
Tab. 96:	Derzeitige und mögliche Kapazitäten der bestehenden Berliner Flughäfen	371

Anhang

Tab. A 1.1:	Bevölkerungsstand und -entwicklung von Berlin und Brandenburg im deutschen Gesamtrahmen 1992	406
Tab. A 1.2:	Bevölkerungsstand und -struktur von Berlin und Brandenburg im deutschen Gesamtrahmen 1992	407
Tab. A 1.3:	Wanderungsverflechtung Berlins und Brandenburgs mit dem übrigen Bundesgebiet 1992	408
Tab. A 1.4:	Anteil der Nutzungsarten an der Bodenfläche von Berlin und Brandenburg im deutschen Gesamtrahmen 1993	409
Tab. A 1.5:	Wohnungsbestand und -struktur von Berlin und Brandenburg im deutschen Gesamtrahmen 1992	410
Tab. A 1.6:	Bruttoinlandsprodukt von Berlin und Brandenburg im deutschen Gesamtrahmen 1991–1993	410
Tab. A 1.7:	Bruttowertschöpfung zusammengefaßter Wirtschaftsbereiche von Berlin und Brandenburg im deutschen Gesamtrahmen 1993	411
Tab. A 1.8:	Ausfuhr im Spezialhandel von Berlin und Brandenburg im deutschen Gesamtrahmen1993 nach Ursprungsländern und Warengruppen	411
Tab. A 1.9:	Einfuhr im Generalhandel von Berlin und Brandenburg im deutschen Gesamtrahmen 1993 nach Zielländern und Warengruppen	412
Tab. A 1.10:	Betriebe, Beschäftigte und Umsatz in Bergbau und Verarbeitendem Gewerbe von Berlin und Brandenburg im deutschen Gesamtrahmen	412
Tab. A 1.11:	Veränderung des Industriebesatzes in der ostdeutschen Industrie von 1991 bis 1994	413
Tab. A 2.1:	Bevölkerungsstand, -entwicklung und -dichte sowie Siedlungsdichte in Berlin 1993	414
Tab. A 2.2:	Bevölkerungsstruktur in Berlin 1993	416
Tab. A 2.3:	Wohnen in Berlin 1993	417
Tab. A 2.4:	Fläche und Flächennutzung in Berlin 1993	418
Tab. A 3.1:	Bevölkerungsstand, -entwicklung und -dichte sowie Siedlungsdichte in Brandenburg 1993	442
Tab. A 3.2:	Bevölkerungsstruktur 1993 in Brandenburg	444
Tab. A 3.3:	Wohnen in Brandenburg 1993	445
Tab. A 3.4:	Fläche und Flächennutzung in Brandenburg 1993	446

Verzeichnis der Übersichten

Übersicht 1:	Vor- und Nachteile einer Länderfusion von Berlin und Brandenburg – Argumentation	15
Übersicht 2:	Die wichtigsten Regelungen des Staatsvertrages zur Länderfusion von Berlin und Brandenburg	19
Übersicht 3:	Geologisch-geomorphologische Typen der Glaziallandschaft Brandenburgs	44
Übersicht 4:	Landschaftstypen des Ober-Spreewaldes und deren Struktur	54
Übersicht 5:	Wasserbilanz des Niederlausitzer Braunkohlegebietes	58
Übersicht 6:	Charakteristik der Naturräume Brandenburgs	64
Übersicht 7:	Seentypen Brandenburgs	72
Übersicht 8:	Verteilung der LAWA-Güteklassen auf die 1990/91 im Land Brandenburg klassifizierten Wasserläufe	74
Übersicht 9:	Geschütztheitsgrade des Grundwassers in Brandenburg	76
Übersicht 10:	Lockergesteine Brandenburgs und deren Verbreitung	77
Übersicht 11:	Charakteristik und Fruchtbarkeit von Böden in Brandenburg	79
Übersicht 12:	Biotoptypen Brandenburgs und deren Naturraumbedingungen	84
Übersicht 13:	Potentiale und Risiken der Großlandschaften Brandenburgs	87
Übersicht 14:	Standortvorteile und Standortnachteile der Region Berlin-Brandenburg	114
Übersicht 15:	Wohngebietsentwicklung in Berlin (West) und Berlin (Ost) in der Nachkriegszeit (1945–1990)	211
Übersicht 16:	Übersicht zu Zielen und Methoden der Wirtschafts-, Sozial-, Umwelt-, Raumordnungs-, Regional- und Kommunalpolitik in der DDR	215
Übersicht 17:	Entwicklungsetappen der Brandenburgischen Landwirtschaft zwischen 1945 und 1989	219
Übersicht 18:	Stadtentwicklung in Brandenburg 1950–1989	232
Übersicht 19:	Umfrage zum Zusammenwachsen Berlins	257
Übersicht 20:	Die Berliner Stadtbezirke – sozial-demographische Altersstrukturtypen der Bevölkerung Berlins Mitte 1994	263
Übersicht 21:	Zum kulturellen Potential Berlins	279
Übersicht 22:	Entwicklung des Fernsprechverkehrs in Berlin	285
Übersicht 23:	Rangfolge der zehn wichtigsten Bestimmungsfaktoren für Standortentscheidungen	298
Übersicht 24:	Kriterien zur Beurteilung von Mikrostandorten	299
Übersicht 25:	Das Lausitzer Braunkohlenrvier im Juli 1990	331
Übersicht 26:	Produktionsleistungen der Lausitzer Braunkohlen AG (LAUBAG) 1993	332
Übersicht 27:	Landesplanung im Raum Berlin-Brandenburg 1912–1948	377
Übersicht 28:	Landesentwicklungspläne (LEP) in Brandenburg	382
Übersicht 29:	Organisation des Naturschutzes in Brandenburg	388
Übersicht 30:	Planungsebenen der Landschaftsplanung in Brandenburg und ihr Verhältnis zur räumlichen Gesamtplanung	389

Register

Abfallentsorgung 70; 74f.; 93; 256; 313; 356
Absatz- und Bezugsmöglichkeiten 190
Absatzmarkt 106; 155; 175
Abwanderung 17; 93; 99; 106; 141; 151; 169; 181; 196f.; 232; 249; 271; 273; 358; 360; 374
Abwasserentsorgung 47; 153; 226
Ackerbau 40; 52; 61; 159; 217; 218; 234; 321
Adsorptionsfähigkeit der Böden 76
Agglomerationsraum 97; 356f.
Agrarproduktion 217f.; 323
Agrarreform 321
Agrarregionen 113
agrarstrukturelle Vorplanung (AVP) 323
Akademie der Wissenschaften 136; 189; 206; 282
Akademien 16; 18; 136; 281; 343
Alleen 90; 390
Alliierte 24; 163
Altbausubstanz 183; 198f.
Altersstruktur 98; 181; 197
Altlasten 77; 81; 222; 291; 326; 328; 333; 350; 353; 388; 391
Altmoränengebiet 49; 59f.; 62
Arbeitskräfte 106f.; 113; 123; 139; 147; 154; 174; 190; 197f.; 242; 271
Arbeitskräftebesatz 107; 320
Arbeitskräfteressourcen 243
Arbeitskräftesituation 197
Arbeitslosigkeit 39; 101; 169; 181; 197; 260; 262; 271ff.; 365
Arbeitsmarkt 137; 235; 271f.; 363f.; 366
Arbeitsmöglichkeiten 113; 234; 341
Arbeitspendelung 100; 154; 204; 207; 235; 238; 235; 251; 271; 363; 366
Arbeitsplatzabbau 106; 109; 319; 359; 364
Arbeitsplätze 99; 105; 154; 171; 196; 204; 207; 234; 270; 272; 298; 303; 326; 328; 335
Arbeitsstättengebiete 191f.
Artenschutz 42; 386; 388; 390
Askanierzeit 118; 216
Ausflugsgebiet 194
Ausländer 183; 260; 263; 265
Ausländerfeindlichkeit 262
ausländische Vertretungen 188
Außenhandel 104f.; 324
Autobahnring 16; 193; 247
Automobilbau 176

Ballungskern 97; 234; 373; 387
Banken 139; 141; 169; 175; 272; 275; 297; 317
Barnim 37; 46f.; 68; 82; 86; 113; 152; 158; 315f.; 378; 386
Baruther Urstromtal 51; 158; 234
Baustoffindustrie 112; 154; 159; 251; 291
Bekleidungsindustrie 137; 139; 147; 176
Belastungsgebiete 62; 70
Bergbau 59ff.; 105; 126; 218; 223; 241; 324f.; 331ff.; 353; 359
Berliner Mauer 187; 208; 282; 308; 335
Berliner Urstromtal 45; 63; 244
Berlinförderung 25; 92; 106; 270; 285f.
Beschäftigte 129; 154; 169f.; 197; 238; 246; 282; 287; 289; 324; 328; 332; 363; 364; 365; 366
Besiedlung 116; 119; 351
Betriebsgrößen 157; 217
Bevölkerung 14; 18; 26; 28f.; 36; 39; 74; 92; 97f.; 99; 101; 113; 117; 122f.; 126f.; 132ff.; 141; 146f.; 151; 153; 161f.; 181; 183; 186; 194; 196; 199ff.; 214; 216; 222ff.; 229; 234f.; 238; 242ff.; 249ff.; 258; 260; 263; 265; 268f.; 273; 287; 302; 318; 352; 355f.; 360; 363; 392
Bevölkerungsabnahme 100; 151; 181; 184; 231; 249
Bevölkerungsbewegung 99; 182; 197; 229
Bevölkerungsdichte 20; 22; 33; 36; 50; 74; 97; 119; 151; 153; 184; 243; 249; 352
Bevölkerungskonzentration 153; 185; 201; 207; 231; 238; 249
Bevölkerungspotential 97; 101; 340
Bevölkerungsrückgang 119; 123; 197; 231; 258; 352; 361
Bevölkerungsstruktur 181; 195; 258
Bevölkerungsverdichtung 153; 183; 187; 249
Bevölkerungswachstum 98f.; 124; 137; 151; 153; 190; 195ff.; 258; 303
Bevölkerungszahl 20; 27; 33; 36; 132; 141; 181; 231; 361; 363
Bewässerung 53; 158; 220
Bezirk Cottbus 27; 218; 222; 239; 241f.; 359
Bezirk Frankfurt 217; 221; 243
Bezirk Neubrandenburg 27; 30
Bezirk Potsdam 216; 234; 238
Bezirk Schwerin 27; 30; 216
Bezirke 12; 26ff.; 33; 38f.; 43; 47; 70; 73; 93; 146; 148; 151; 159; 163; 168; 174;

179; 183; 186; 188; 192; 198; 201; 204; 208; 214ff.; 222f.; 226; 229; 232; 242; 249; 258; 265; 266ff.; 272; 275; 300; 306; 376
Bildungswesen 39; 172
Binnenhafen 126; 150; 229
Binnenschiffahrt 126; 193; 229; 284; 313; 339
Biosphärenreservate 42; 389; 393
Biotope 44f.; 50; 85; 343; 351; 386; 389f.
Binnenwanderung 361f.
Blockade 25; 164; 227
Böden 42f.; 46ff.; 63; 69; 76f.; 79ff.; 157f.; 234; 350; 391
Bodenerosion 221
Bodenfruchtbarkeit 80; 234
Bodenkontaminationen 221; 391f.
Bodennutzung 80; 319
Bodenpreise 137; 154
Bodenreform 217
Bodenschutz 81; 388; 391
Branchenstruktur 133; 137; 147; 154; 170; 176; 179; 190; 223; 251; 291
Brandenburger Randlage 51f.; 63; 343
Braunkohleförderung 46; 90
Braunkohleindustrie 331
Braunkohlenrevier 42; 53; 58; 124; 221; 242; 331; 333
Bruttoinlandprodukt (BIP) 101
Bundesbehörden 174
Bundesstraßen 16; 336
BVG 179
chemische Industrie 137; 147; 154; 176; 190

City 70; 141f.; 146; 151; 154; 174; 208; 269; 308; 313
Citybildung 99; 141; 273; 300
Coelln 91; 116; 133

Deindustrialisierung 105; 108; 285; 324; 330
Dienstleistungsbereich 16; 111; 171; 303; 306
Dienstleistungssektor 111; 139; 149; 170; 174; 303; 306
Dienstleistungswirtschaft 174
Diversifizierung 110; 112; 331
Druckereigewerbe 147; 172; 176

Einigungsprozeß 13; 95
Einwanderungspolitik 119; 303; 306
Einwohner 34; 40; 119; 130; 134; 141; 146; 151; 153; 160; 162; 174; 181; 196; 198; 201; 228; 231; 242ff.; 258; 297; 303; 315f.; 341; 343; 357; 360f.; 365; 374
Einwohnerzahl 30ff.; 146; 151; 210; 214; 231; 246; 352; 383

Eisenbahn 16; 91; 93; 97; 181; 228; 243; 313; 336; 339
Eisenbahnbau 134; 137; 157
Eisenbahnnetz 59; 126; 137; 158; 246; 337
Eisenhüttenkombinat Ost (EKO) 222
Elektroindustrie 134; 137; 147; 150; 176; 199; 289
Emissionen 40; 60; 70; 242; 328; 391
Emissionskataster 70; 391
Energieindustrie 27; 104; 221; 239; 332
Entagrarisierung 108; 394
Entwässerungen 50; 90
Entwicklungsimpulse 251; 370
Erdölverarbeitung 105; 112; 222; 229
Erholungsgebiete 186; 201; 340; 386
Erholungswesen 113; 201; 252; 340; 386
Erwerbstätigkeit 222f.; 272
Euroregionen 95; 112; 387
Exporte 104f.; 137

Fahrzeugbau 137; 147; 176; 190; 222f.; 229; 244; 251; 334
Fauna 42; 50; 53; 85f.; 90; 351
Feldgemüseproduktion 159
Fertilität 99
Feuchtbiotope 53; 61
Finanzzentrum 14; 149; 175
Fischfang 158f.
Flächengröße 27; 33ff.; 97; 351
Flächennutzung 75f.; 153
Flächennutzungsplan 49; 303; 313; 373; 380; 383; 386f.
Flächenpotential 97
Flächenrecycling 48
Flughafen 48; 180; 229; 300; 317; 368; 370f.
Flüsse 41; 50; 72; 74; 86; 193; 392
Föderalismus 14; 25; 28
Fördermaßnahmen 169
Forschungskapazitäten 113; 173; 281
Forsten 40; 86; 391
Forstnutzung 81
Forstwirtschaft 50; 81; 86; 100; 103; 106; 217; 221; 318; 344
Freie Universität 172
Fremdenverkehr 42; 100; 113; 159; 186f.; 201; 224; 234; 247; 340f.; 344f.
Friedrich II. 119; 159

Gartenbau 217; 320; 323
Gaskombinat Schwarze Pumpe 229; 239
Gebietsreform 18; 31f.; 35; 38
Gebietswasserhaushalt 59; 61
Geburtenrate 99; 182; 242; 259
Gemeindegrößengruppen 352
Gemüseanbau 53; 157f.; 220
Genossenschaften 219; 319; 321

Gesundheitswesen 39; 160
Getreide 107; 155; 158; 218
Gewässer 46; 49f.; 72; 152; 346; 390; 391; 392
Gewässerschutz 388; 391; 392
Gewässergüte 46; 50; 76
Gewerbeflächen 40; 70; 112; 177; 306f.
Glasindustrie 127; 128; 129
glazial gestalteter Landschaftsraum 113
Glaziallandschaft 49; 62ff.; 75; 158
Großfeuerungsanlagenverordnung 327; 333
Großgemeinde Berlin 119; 124
Großindustrie 134; 137f.; 147f.; 151; 191f.; 199; 217; 238; 319; 324; 328
Großlandschaften 43; 90
Großstadt 22; 40; 132ff.; 166; 168; 181; 187; 247; 308; 341; 352; 354
Großtagebaue 53; 222; 327
Grundstoffindustrie 105; 222
Grundwasser 42; 46; 52; 59; 61; 70; 75ff.; 81; 158; 392
Güterumschlag 193; 339
Güterverkehr 137; 150; 228; 284

Handel 123; 133; 174; 177; 187; 191; 204; 244; 297
Handwerk 113; 123; 146; 171
Hauptstadtdebatte 30
Hauptstadtfunktionen 168; 171; 190; 278; 317
Hauptstraßen 193
Havelland 18; 34; 36f.; 117; 153; 157; 217; 225f.; 286; 339; 341; 344; 346; 368; 378; 386
Havelseen 42; 46; 225
Hochflächen 40; 43; 49; 76; 343
Hochschulen 189; 235; 282
Hoher Fläming 40; 66

ICC 175; 280
Immissionsbelastung 76; 187
Immissionsschutz 388
Industrialisierung 123; 154; 217f.; 221
Industrie 40; 47; 70; 74; 77; 81; 93; 104; 111ff.; 124; 126; 132ff.; 146ff.; 154; 159; 171; 175ff.; 187ff.; 199; 203; 216; 218; 221; 223; 234f.; 241; 243ff.; 259; 278; 286f.; 297ff.; 302; 306; 317; 324; 331; 333; 350; 364; 370; 394
Industrieanlagen 48; 162; 221; 333; 391
Industriearbeitsplätze 105; 303
Industriebereiche 175; 190
Industriebesatz 105f.
Industriebranchen 111; 137f.; 154; 171
Industrieentwicklung 190; 221; 223; 242; 244; 335

Industrieorte 99; 249
Industrieproduktion 149; 190f.
Industriestadt 136; 175; 189f.
Industriestandorte 42; 81; 149; 154; 191; 222f.; 243; 291
Industriestruktur 111; 251
Infiltration 46; 76; 81
Infrastruktur 40; 103; 110ff.; 160; 199; 203; 220; 244; 249; 256; 277f.; 282; 286; 302f.; 306; 317f.; 323f.; 353; 355; 374; 376; 381; 385
Inlandeisbedeckung 62
Insellage 92; 166ff.; 175; 179ff.; 187; 246; 289
Intensivierung 180; 208; 218; 247; 394
Investitionen 197; 199; 216; 222; 249; 323; 327; 332; 335
Investitionsförderungen 176
Investitionsschwerpunkt 188
Isolierung 104; 166; 168

Jungmoränengebiet 63; 72

Kanäle 71; 126; 193
Kartoffeln 81; 107; 155; 158; 217f.; 252; 321
Kleingärten 47; 156; 187; 201; 247; 252
Kollektivierung Landwirtschaft 217
Kommunalstruktur 33; 35; 36
Kongreßwesen 298; 341
Kontamination 81; 349; 350
Konversionsflächen 85; 100; 112; 350; 390
Konzentrationsprozesse 17; 36; 46; 74; 100; 141; 175; 186; 189; 191; 196; 217ff.; 238; 249; 262; 306f.; 313; 315; 335; 373ff.; 385; 394
Kooperationsverband (KOV) Havellost 219f.
Kraftfahrzeuge 180; 194; 228
Kreisbetriebe für Landtechnik (KfL) 218
Kreiszentren 216
Kultur und Kunst 12; 39; 50; 93; 95; 111; 115; 136; 150; 172; 187ff.; 204f.; 235; 243; 280f.; 298f.; 308; 311; 317; 346
Kulturlandschaft 118; 319; 345f.
Kulturstadt Europas, Berlin 172; 187

Lagebedingungen 91; 93; 97, 168; 188; 318
Lagerstätten 43; 62; 64
Land Lebus 119; 123; 158
Landbau 50; 322; 343
Länderfusion 11ff.; 299
Länderstruktur 23ff.; 32
Landesfläche 42; 190; 374; 388
Landesfremdenverkehrsverband 341
Landesplanung 33, 38; 368; 376; 379; 381; 386

Landschaften 11; 18; 31; 37; 40ff.; 49; 52; 57; 62; 70; 81; 90; 152; 155; 187; 333; 344; 346
Landschaftspflege 53; 82; 322; 341; 385; 390
Landschaftsrahmenplanung 61; 390
Landschaftszerstörung/-verbrauch 64; 222; 239
Landwirtschaft 50; 68; 74; 100; 106ff.; 155; 157; 199; 217f.; 234; 244; 251; 319; 323; 340ff.; 391; 394
Lausitz 29; 36; 46; 70; 129f.; 325f.; 352; 378
Lebensmittelindustrie 154; 190; 192
LKW 40; 157
Landwirtschaftliche Nutzfläche (LN) 159; 217f.; 241; 319ff.
Lößregion 51; 79
Landwirtschaftliche Produktionsgenossenschaften (LPG) 217f.; 319; 323
Luft 42; 47f.; 66ff.; 70; 81; 333
Luftbrücke 164
Luftbelastung 391
Luftverkehr 154; 164; 180; 194; 311; 339; 368ff.
Luftkorridore 180; 227
Luftverschmutzung 76; 391

Mark Brandenburg 25; 40; 117; 132; 135; 137; 146; 152; 217
Marshallplan 169
Maschinenbau 111; 137; 154; 175f.; 222; 291
Metallindustrie 134
Metallverarbeitung 138; 246
Metropole 31; 91; 95; 111; 132; 146; 149; 151f.; 217; 281; 299; 313; 316ff.
Mietskasernen 135; 142; 151; 208
Migranten 181; 196f.; 251
Migration 99; 134; 196f.; 214; 223; 355
Milchviehwirtschaft 107; 217; 234
Militärflugplätze 339
Mittellandkanal 126; 227
Mobilität 234; 268ff.; 352
Motorisierung 180; 194; 284; 335; 340; 364
Müllverbrennungsanlagen 70
Museen 141; 172; 189; 203; 225; 280

Naherholung 42; 152; 156; 186; 201; 340ff.; 394
Naherholungsraum 187; 252
Naturhaushalt 48; 51; 53; 62; 303; 351; 386
natürliche Bevölkerungsbewegung 182; 197; 229
Naturraumpotentiale 22; 62; 100
Naturschutz 53; 82; 86; 341; 350f.; 370; 376; 385ff.
Naturschutzgebiete 42; 322; 343; 388

Neumark 118; 125; 162
Niederlausitz 17f.; 27ff.; 50; 54; 58; 60; 64; 71; 85; 90; 105; 110; 112; 118; 123ff.; 221; 223; 331; 334; 341; 346; 349; 363; 374; 381
Niedermoore 46; 50ff.; 81
Niederschläge 50; 66ff.; 76
Niederungen 40; 49f.; 54; 57; 64ff.; 76; 79; 80; 82; 85; 113; 119; 127
Nutzungsmuster 53; 90

Oberflächenformen 49; 68
Obst 155ff.; 217; 219; 321
Obstanbau 69;113; 155ff.; 219
Oderbruch 67; 72; 79; 85; 113; 157; 158f.; 162
Öffentlicher Personennahverkehr (ÖPNV) 179f.; 277; 299

Personalabbau 324; 332; 363
Personenbeförderung 179; 194
Planungsregionen 18; 378; 386
Pleistozän 51; 62
Pommern 91; 123
Potsdam 12; 25; 27; 30ff.; 46; 70ff.; 112; 119; 124; 134; 152ff.; 162; 188; 193; 196; 201; 214ff.; 336; 339; 344ff.; 376; 383
Potsdamer Abkommen 24
Preußen 18; 25; 119; 125; 132
Prignitz 17f.; 27; 31; 36; 40; 43; 49f.; 63; 66f.; 71; 83; 86; 90; 105; 113; 117; 119; 123; 216f.; 341; 363f.; 378; 386
Produktionskapazitäten 113; 190; 334
produzierendes Gewerbe 113; 170
Provinz Brandenburg 14; 25; 116; 119; 123; 153; 162; 215

Qualifikationsstruktur 197

Randkreise 231; 234
Randwanderung 124; 137; 149; 151; 154; 185; 201; 207; 221; 235; 286; 298; 394
Rationalisierungsmaßnahmen 175; 332
Raumentwicklung 22; 100; 303; 373; 380; 383; 394
Raumkategorien 222; 374; 386
räumliche Struktur 139; 148; 166; 177; 192
Raumordnung 17; 29; 38; 100; 311; 350; 370; 373; 376; 381; 383; 386ff.
Raumordnungsgesetz 95; 376
Raumsituation 146; 163; 166; 168; 188
Raumstruktur 26; 95; 97; 116; 137f.; 207; 217; 234; 258; 277; 291; 393
Regeneration 42; 74; 111
Regierungsfunktionen 111; 257; 299
Regionalbahnsystem 368

Regionalplanung 17; 18; 29; 376ff.; 383
Regionalstrukturen 95; 105
Reichsbahnaußenring 193
Reichsbevölkerung 147
Reichsgründung 116; 123
Reichshauptstadt 91; 126; 136; 141; 146; 152; 154; 157; 159; 161; 221
Rekultivierung 60; 222; 225; 333f.
Residenz 14; 116; 123; 132; 136
Ressourcen 42; 64
Revitalisierung 166; 249; 301; 307; 314; 355; 367
Rheinland 33; 34; 97; 118
Rieselfelder 47f.; 155; 247; 300; 307
Rinderhaltung 158
Roggen 81; 217f.
Rote Liste Brandenburg 54; 390
Rüstungsindustrie 124; 149ff.; 251

Sachsen 27; 31; 33; 59; 71; 97; 101; 105; 119; 127; 132; 158; 215; 223; 242; 271; 325; 332; 334; 346; 359; 387
Sander 40; 63; 69; 76; 81; 343
Schienenverkehr 124; 157; 189; 207; 229; 313; 317
Schlesien 91; 123
Schwarze Pumpe 59f.; 81; 222; 229; 239; 327; 331ff.; 359
Seenkataster 74; 390
Seenreichtum 71; 201; 225
Segregation 39; 141; 151; 270; 273
Sektoralkreise 18; 37
Siedlungen 50; 52; 60; 76; 119; 123; 130; 133; 137; 146; 152ff.; 183; 185; 226; 238; 241; 243; 246; 249; 344; 350; 352
Siedlungsgebiete 124; 185
Siedlungsgründung 116ff.
Siedlungsnetz 97; 118; 183; 215ff.
Solifluktionserscheinungen 63
Sozialstruktur 151; 323
Sozialwesen 270; 277
Sozialwohnungen 262; 275
Spezialisierung 157; 191; 217; 219
Spreeathen 136
Spreetal 43; 45f.; 61
Spreewald 42; 50ff.; 72; 85; 90; 157f.; 225; 322; 336; 341; 345; 353; 378; 389
Stadt des deutschen Films 150
Stadtautobahn 40; 180
Stadtbevölkerung 133; 183; 201; 249
Stadtbezirke 18; 28; 38; 180; 188; 191f.; 198; 201; 269; 277; 291; 297; 307; 315
Stadtentwicklung 132ff.; 146; 161ff.; 183; 188; 197; 208; 214; 244; 300; 304; 307; 315f.; 392f.
Stadterneuerung 183; 315; 355; 393

Städtetourismus 187; 203; 225
Stadtgestaltung 136; 196; 393
Stadtklima 68
Stadtstaat 15; 18; 20; 97; 101
Stadtstruktur 188; 199; 203; 208; 300ff.; 387
Stadtzentren 162; 306f.
Stadtzentrum Berlin 31; 46; 48; 124; 159; 174; 181; 194f.; 198; 203ff.; 269; 278; 297; 300; 307; 313
Stagnation 196; 226
Stahlindustrie 105; 154; 222f.
Standortbedingungen 106; 111; 154; 166; 217; 319; 394
Standortfaktoren 111; 115; 190; 288; 298
Standortkomplexe 189ff.
Standortnachteile 115; 168f.; 175f.
Standortpräferenzen 270; 286
Standortraum 139; 141; 177; 192
Standortsituation 137; 224; 251
Standortverlagerungen 191
Standortverteilung 137; 148; 177; 192; 277; 291
Standortvorteile 112ff.; 297
Staubemissionen 242
Steine und Erde 291
Sterberate 181; 226
Stiftung Preußischer Schlösser und Gärten 18
Straßenverkehr 48f.; 70; 76; 118; 124; 158; 174; 180; 189; 191ff.; 203ff.; 225; 228; 235; 244; 280ff.; 311; 315; 335f.; 339; 391
Straßenbahn 151; 179; 194; 203ff.; 225; 228; 235; 244; 280ff.; 284; 311; 315; 336; 339
Streckennetze 179; 194; 195
Strukturwandel 111; 133; 141; 179; 215; 217; 243; 273; 285; 289; 323; 327; 340; 345; 363
Stundenböden 54; 158
Suburbanisierung 49; 100; 137; 152; 266; 373; 394
Sümpfungswässer 59; 61; 334

Tagebau 57ff.; 129; 132; 347
Teltow 40; 44; 112f.; 124; 152ff.; 222; 234; 238; 288; 335; 339; 350; 368; 386
Territorialgliederung 29; 119
Tertiärisierung der Wirtschaft 291; 297; 394
Tierproduktion 218; 246; 319
Totalreservate 53
Tourismus 100; 112f.; 159; 173; 186; 203; 317; 323; 340ff.; 354f.; 394
Transitverkehr 166; 180; 189
Transport 48; 157f.; 175; 220; 228
Transrapid 283; 317; 338
Trinkwasser 61; 74ff.; 160; 360
Trockenbiotope 53; 86
Truppenübungsplätze 42; 349f.; 389

Überschwemmungen 51; 52
Uckermark 17f.; 31; 34; 37; 40; 42; 71; 82f.; 86; 90; 112f.; 118; 123; 158; 216f.; 344; 363; 378
Umland von Berlin 12ff.; 26; 29; 34; 37; 47; 49; 68; 70; 76; 93; 97; 99ff.; 106; 112; 122f.; 126; 137; 149; 151ff.; 161; 166; 168; 174; 185ff.
Umlandkreise 124; 153; 223; 249; 357
Umweltbelastung 49; 284
Universitäten 136; 152; 165; 172; 175; 189; 206; 281f.; 355
Urstromtäler 71f.; 119

Vegetation 47ff.; 59; 62f.; 69; 71; 76; 79; 82; 85; 343; 351
Verkehr 39; 40; 48; 76; 93; 123; 179f.; 187; 194; 284; 299; 311; 335f.; 355; 367ff.; 391
Verkehrsbauten 208; 283
Verkehrsbedingungen 134; 154; 180
Verkehrsdichte 194; 278
verkehrsgeographische Lage 91; 93; 243
Verkehrsinfrastruktur 158; 227; 239; 330
Verkehrsknoten 134; 150; 194; 308
Verkehrslage 97; 154; 288
verkehrsmäßige Erschließung 158
Verkehrsmittel 141; 179; 194
Verkehrsnetz 93; 112; 227; 282; 370
verkehrsräumliche Anbindung 124
verkehrsräumliche Entwicklung 93; 313
Verkehrsströme 126; 195; 208; 247; 336
Verkehrsstruktur 159; 179; 190; 193; 208; 380
Verkehrsträger 179; 181; 194; 284
Verkehrstrassen 52; 97; 153; 177
Verkehrsverbindungen 190; 199; 208; 247; 368
Verkehrsverbund 299; 355; 367; 368
Versicherungen 169; 272; 275; 297; 317
Versiegelung 40; 46f.; 76
Versorgung 159; 174; 188; 203; 229; 247; 333; 382
Verwaltungsreform 26; 28; 38; 216
Viermächtestatus 25
Viersektorenstadt 163
Volkseigene Güter (VEG) 217
Vorkriegszeit 11; 160; 221; 224; 226; 276
Vorortbahnen 124; 138; 151

Wälder 82; 85f.; 152; 252
Wanderungsgewinne 98; 231f.; 243; 266ff.; 352; 358; 361
Wanderungsverluste 231; 259; 267; 358
Wasser 42; 59; 62; 64; 73; 76; 124; 199; 221; 247; 300; 302; 306; 334; 347; 392
Wasserbilanz 59

Wasserqualität 61; 187; 343
Wasserstraßen 91; 126; 137; 149f.; 157; 193; 235; 243; 339
Wasserversorgung 46; 252; 392
Wegzüge 181; 196; 251
Weichselvereisung 51f.; 343
Weizen 159; 217ff.
Weltwirtschaftskrise 129; 149; 154
Werder 112; 153; 155ff.; 220; 323; 345f.
Wertschöpfung 102
Westprignitz 27
westslawische Bevölkerung 117
Winderosion 70
Windwirkungen 70
Wirtschaft 17; 22; 26; 93; 102; 104f.; 110f.; 132; 134; 152; 161; 169f.; 175; 177; 183; 189; 199
Wirtschaftskraft 101f.
Wirtschaftsleitungen 189
Wirtschaftspotentiale 95
Wirtschaftsstruktur 103; 105; 109; 110; 133; 152; 174
Wirtschaftszentrum 146
Wissenschaft 93; 111; 136; 147; 150; 172; 187; 189f.; 204f.; 235; 279ff.; 316f.
Wochenenderholung 187; 201
Wochenendgrundstücke 226; 252
Wohnbedingungen 135; 141; 154; 185; 195; 196ff.; 210; 214
Wohnbevölkerung 17; 141; 154; 185; 241; 246; 263; 267
Wohnfunktion 28; 154; 159; 183; 207; 306; 308; 316
Wohngebiete 141; 146; 151; 185; 195; 198; 214; 256; 276; 306f.; 353
Wohnlagen 276; 316
Wohnungsbau 196f.; 223; 229; 231; 242; 249; 269; 287; 302; 307
Wohnungsbedarf 311; 315
Wohnungsbestand 159; 183; 199
Wohnungsneubau 28; 199; 201; 231; 238; 307
Wohnungspotential 183

Zentralismus 188
Zentralortstruktur 113; 215
Zersiedlung 17; 226; 303
Zisterzienser 118; 157
Zuckerrüben 159; 217
Zuwanderung 93; 123; 127; 141; 181f.; 196; 229; 242; 357
Zuzüge 181; 183; 356; 359
Zwiebeln 53; 158
Zwischenbetriebliche Einrichtungen (ZBE) der Landwirtschaft 218; 220; 319

Länderprofile bei Perthes

Arnold, Adolf: **Algerien**
3-623-00665, 224 S., Hardcover

Bähr, Jürgen: **Chile**
3-12-928751, 204 S., kart.

Böhn, Dieter: **China**
Volksrepublik China, Taiwan,
Hongkong und Macao
3-12-928892, 320 S., kart.

Breuer, Toni: **Spanien**
3-12-928831, 259 S., kart.

Bronger, Dirk, u. a.: **Indien**
3-623-00667, Hardcover, ersch. noch 1995

Bünstorf, Jürgen: **Argentinien**
3-12-928905, 206 S., kart.

Engelhard, Karl: **Tansania**
3-623-00662, 295 S., Hardcover

Frankenberg, Peter: **Tunesien**
3-12-928741, 172 S., kart.

Freund, Bodo: **Portugal**
3-12-928761, 149 S., kart.

Fuchs, Gerhard:
Die Bundesrepublik Deutschland
mit Anhang „Auf dem Weg zu gemeinsamen Strukturen: Ausgangsbedingungen in den neuen Bundesländern"
3-12-928904, 296 S., kart.

Gläßer, Ewald: **Dänemark**
3-12-928781, 180 S., kart.

Gläßer, Ewald, Klaus Vossen und Claus-Peter-Woitschützke:
Nordrhein-Westfalen
3-12-928882, 249 S., kart.

Gormsen, Erdmann: **Mexiko**
3-623-00668, 368 S., Hardcover

Hahn, Roland: **USA**
3-12-928901, 287 S., kart.

Heineberg, Heinz: **Großbritannien**
3-12-928801, 247 S., kart.

Höhfeld, Volker: **Türkei**
3-623-00663, 284 S.,Hardcover

Kapala, Alice: **Polen**
3-12-928899, 260 S., kart.

Kühne, Siegfried: **Malaysia**
3-12-928771, 187 S., kart.

Kullen, Siegfried: **Baden-Württemberg**
3-12-928805, 312 S., kart.

Lamping, Heinrich: **Australien**
3-12-928895, 182 S., kart.

Leser, Hartmut: **Namibia**
3-12-928841, 259 S., kart.

Lindemann, Rolf: **Norwegen**
3-12-928871, 193 S., kart.

Mikus, Werner: **Peru**
3-12-928802, 230 S., kart.

Möller, Ilse: **Hamburg**
3-12-928891, 248 S., kart.

Müller-Hohenstein, Klaus, und Herbert Popp:
Marokko
3-12-928803, 229 S., kart.

Müller, Jürg: **Brasilien**
3-12-928881, 278 S., kart.

Pletsch, Alfred: **Frankreich**
3-12-928732, 256 S., kart.

Röll, Werner: **Indonesien**
3-12-928711, 206 S., kart.

Scherf, Konrad, und Hans Viehrig (Hrsg.)
Berlin und Brandenburg
3-623-00671, 480 S. Hardcover

Schmidt-Kallert, Einhard: **Ghana**
3-623-00661, 232 S., Hardcover

Scholz, Fred (Hrsg.): **Die kleinen Golfstaaten**
3-12-928894, 240 S., kart.

Vogelsang, Roland: **Kanada**
3-623-00680, 356 S., Hardcover

Vorlaufer, Karl: **Kenya**
3-12-928898, 261 S., kart.

Wiebe, Dietrich: **Afghanistan**
3-12-928861, 195 S., kart.

Wiese, Bernd: **Senegal**
3-623-00664, 160 S., Hardcover

Bevölkerungsdichte

Landesdurchschnittswert
in Brandenburg, 1992:
86 Einwohner pro km²
in Berlin, 1992:
3863 Einwohner pro km²
in Brandenburg und Berlin, 1992:
196 Einwohner pro km²

Einwohner / km²	Bevölkerungsdichte
unter 50	sehr schwach bevölkert
50 – 100	schwach bevölkert
100 – 200	durchschnittlich bevölkert
200 – 500	überdurchschnittlich bevölkert
500 – 2 500	hohe Bevölkerungsverdichtung
über 2 500	höchste Bevölkerungsverdichtung

Größe der Städte nach Einwohnerzahlen

- über 1 000 000
- 100 000 – 250 000
- 50 000 – 100 000
- 10 000 – 50 000
- unter 10 000 (in Auswahl)

1 : 1 500 000

0 10 20 30 km

(Die Einwohnerzahlen der Städte sind in den Bevölkerungsdichtestufen bereits enthalten. Großstädte über 100 000 Einwohner sind rot dargestellt.)